科学出版社“十三五”普通高等教育本科规划教材
大学数学全程解决方案系列

微 积 分

（经管类）

（第三版）

隋如彬　张　瑜　杨兴云　主编

科 学 出 版 社

北　京

内 容 简 介

本书是根据教育部“经济管理类本科数学基础课程教学基本要求”,并结合编者长期在教学第一线积累的丰富教学经验编写而成. 全书共 11 章,内容包括:函数、极限与连续、导数与微分、微分中值定理与导数的应用、不定积分、定积分及其应用、多元函数微分学、二重积分、无穷级数、微分方程、差分方程. 本书按节配置适量习题,每章配有总习题,书末附有习题参考答案及提示,便于读者参考. 全书以经济类、管理类学生易于接受的方式,科学、系统地介绍了微分与积分的基本内容,重点介绍了微积分的方法及其在经济、管理中的应用.

本书可作为高等学校经济类、管理类及文史类各专业本科生的微积分课程教材,也可作为硕士研究生考前学习用书.

图书在版编目(CIP)数据

微积分:经管类/隋如彬,张瑜,杨兴云主编. —3 版. —北京:科学出版社,2016.7

(科学出版社“十三五”普通高等教育本科规划教材·大学数学全程解决方案系列)

ISBN 978-7-03-049307-1

Ⅰ.①微… Ⅱ.①隋… Ⅲ.①微积分-高等学校-教材 Ⅳ.①O172

中国版本图书馆 CIP 数据核字(2016)第 150029 号

责任编辑:李鹏奇 王 静 / 责任校对:彭 涛
责任印制:师艳茹 / 封面设计:迷底书装

科 学 出 版 社 出版
北京东黄城根北街 16 号
邮政编码:100717
http://www.sciencep.com

三河市骏杰印刷有限公司印刷
科学出版社发行 各地新华书店经销

*

2007 年 8 月第 一 版 开本:720×1000 1/16
2016 年 7 月第 三 版 印张:32 3/4
2022 年 8 月第二十四次印刷 字数:643 000

定价:56.00 元

(如有印装质量问题,我社负责调换)

《大学数学全程解决方案系列》序

目前,高等数学、线性代数、概率论与数理统计等大学数学类公共课的教材版本比较多,其中不乏一些优秀教材,它们在教育部统一的教学规范、教学设计、教学安排等框架内,为全国高等院校师生的教学和学习提供了方方面面的服务.但从另一方面来说,不同区域的高校在师资力量、教学习惯、教学环境、学生来源、学生层次、学生求学目的等方面都存在着不小的差异,由此造成对教材的需求也存在着一些差异.在遵照执行教育部对大学数学类公共课教学的统一要求的前提下,我想,这些差异主要来自于对这些统一要求的具体实施和尝试.

为了更好地提高教学效果,充分挖掘区域内的教学资源,增加区域内教师的交流与互动,优化创新和谐的教研氛围,培育更加适应本地区高校的优秀教材,科学出版社在广泛调研的基础上,组织了黑龙江地区高校最优秀、最有经验的教师,拟编写一套集主教材、教辅、课件为一体的立体化教材,并努力争取进入国家级优秀教材的行列.为此科学出版社、哈尔滨工业大学数学系联合于 2006 年 5 月 27 日在哈尔滨工业大学召开了《大学数学全程解决方案系列》规划教材会议.在这次会议上,大家推荐我作为这套丛书的编委会主任,盛情难却,我想,若能和大家共同努力,团结协作,认真领会教育部的有关精神,凭借科学出版社的优秀品牌,做出一套大学数学类的优秀教材,也的确是一件有意义的事情.

为此,我们编委会成员就这套教材作了几次讨论和交流,希望在以下方面有所突破:

在教学内容上,有较大创新,紧跟时代步伐,从知识点讲述,到例题、习题,都要体现时代的特色.

在教学方法上,充分体现各学校的优秀教学成果,集中黑龙江地区优秀的教学资源,力求代表最好的教学水平.

在教学手段上,充分发挥先进的教学理念,运用先进的教学工具,开发立体化的教学产品.

在教材设计上,节约课时,事半功倍(比如在教材上给学生预留较大的自主空间,让有进一步学习愿望的学生能够自主学习;开发的课件让老师节约课时,精心设计的练习册,让老师节约更多的检查作业的时间).

在教学效果上,满足对高等数学有不同要求的教师、学生,让教师好用,让学生适用.

如今,这套丛书终于要面世了,今年秋季有《微积分(经管类)》、《线性代数(经管类)》、《线性代数(理工类多学时)》、《线性代数(理工类少学时)》、《概率论与数理统计》、《数学建模》等教材陆续出版. 但我想,尽管我们的初衷是美好的,教材中必定还会存在这样那样的问题,敬请各位读者、专家批评指正.

感谢哈尔滨工程大学、哈尔滨理工大学、黑龙江大学、哈尔滨师范大学、哈尔滨商业大学、黑龙江工程学院、黑龙江科技学院、哈尔滨医科大学、齐齐哈尔大学、佳木斯大学、绥化学院、黑龙江农垦职业学院、黑龙江建筑职业技术学院、黑龙江农业工程职业学院等兄弟院校领导的支持,科学出版社高等教育出版中心,哈尔滨工业大学理学院、数学系的领导与老师为这套丛书的出版也付出了努力,在此一并致谢.

王　勇

2007 年 7 月于哈尔滨工业大学

第三版前言

本教材是针对普通高等学校财经管理类各专业编写的教材，在教学实践中得到了使用该教材的广大教师和同学们的热情鼓励和关心，同时也收到了一些诚恳的意见和建议，因此在第二版的基础上综合了各方面的智慧，对第二版进行再修订. 本次修订做了如下工作：

(1) 对某些定理的叙述及安排进行了调整，使其更能适合于财经类学生的学习；

(2) 由于各学校、各专业对数学学习的要求程度不同，课时也有所不同，因此本版对一些定理证明较复杂一些的，通过加注(*)的方法，来提醒授课教师可做删减处理；

(3) 更换了部分例题；

(4) 增加或更换了部分习题，使得对同学们思维训练的题型能够与时俱进.

参与第三版修订工作的教师，除了原作者外，还有张瑜、任中贵、曲国坤、孔令霞、吴娟、李万涛、王涛、周玉英、肖成河、刘春梅、谭慧莉、范洪霞等老师，他们辛勤的投入和付出是本版能顺利地与读者见面所不可或缺的.

一本教材的成长与编著者和关注及使用它的广大教师们的心血浇灌是离不开的. 只有时时地汇聚广大教师和读者的智慧，才有可能使其继承历史经典的同时，又能注入时代的特征.

编　者

2016 年 2 月

第一版前言

我国的高等教育从规模到层次都发生着巨大而深刻的变化.为培养更多具有创新能力的高素质人才,相应的教育理念、教学模式、教学内容也必须进行调整和优化.本书就是在这样的背景下孕育而生的.

作为黑龙江省级精品课程(经济数学)建设的重要组成部分,本书在编写时,参照教育部"经济类与管理类专业面向21世纪教学内容和课程体系改革计划"的精神,遵循教育部"经济管理类本科数学基础课程教学基本要求",在深入研究近年"全国硕士研究生入学统一考试大纲(数学三、四)"中有关微积分部分规定的基础上,进行精心设计与策划,充分体现了经济类、管理类各专业本科数学基础课程的改革趋势.本书的特点体现在以下几个方面:

1. 从几何直观、科学技术及经济管理的实例出发,引入微积分学的基本概念、理论和方法,然后再以模型方法与实际相结合.

2. 将经典数学的系统性、严谨性、逻辑性与本教材所适用的学科、专业特点相结合,把握合理的"度",叙述深入浅出,启迪思维,便于学生理解,培养数学素质,并适度渗透数学发展历程中的人文精神.在讲解过程中对分层教学进行了合理的规划,带有"*"部分的内容,适用于多学时,且对数学要求较高的各专业.

3. 在继承和保持经典微积分教材优点的同时,又进行了大胆的创新和突破.

4. 强调基础训练和思维能力的培养,在正文中给出了各类例题的同时,对综合程度高的例题进行详细的剖析,按节配备适量的习题,每章又配备了总习题,总习题中(A)为基础训练与综合训练题;(B)为历年考研真题.书末附有习题参考答案及提示,便于自学.

5. 教学内容的讲解注重学以致用,努力培养学生应用数学知识分析、研究和解决实际问题,特别是经济、管理领域中问题的能力,同时与考研大纲接轨,为有志于深造的同学提供一本理想的基础教材.

本书的编写是集体智慧的结晶,也是多年教学与考研辅导丰富经验的累积.本书由隋如彬教授担任主编,吴刚、杨兴云担任副主编,参加编写工作的还有:高春涛、王树忠、周玉英、肖成河.

本教材在编写过程中得到哈尔滨工业大学理学院王勇教授的指导和帮助，在此表示衷心的感谢. 同时还要感谢哈尔滨商业大学教务处和基础科学学院领导及黑龙江大学数学科学学院领导对本书的支持和鼓励.

本书在编写过程中参考了许多国内外教材，在此一并致谢.

由于编者水平有限，书中难免存在不妥之处，期盼读者批评指正，使之能在教学实践中渐趋完善.

编　者

2007 年 5 月

目　录

第1章　函　　数

初等数学基本上属于常量数学,而高等数学是关于变量的数学.客观世界中的变量都不是孤立存在的,它们相互依存、相互作用、相互联系,研究变量之间这些关系的工具之一就是函数,引进了函数这一工具,我们就可以借此研究事物和经济运动规律及运动过程.正像恩格斯所言:"由于有了变量,才在数学中引进了运动与辩证法."本章将介绍函数的简单性态以及反函数、复合函数、基本初等函数和初等函数等概念,这都是我们进一步学习的基础知识.

1.1　集　　合

1.1.1　集合

1. 集合的概念

集合是数学中最基本的概念之一.通常将具有某种特定性质的事物的总体称为**集合**,组成这个集合的每一个事物称为该集合的**元素**.

习惯上常用大写拉丁字母 $A,B,C,X,Y,\cdots$ 表示集合,用小写拉丁字母 $a,b,c,x,y,\cdots$ 表示集合中的元素.对于给定的集合 A 和元素 a,二者的关系是确定的,要么 a 在集合 A 中,记作 $a\in A$,读作 a 属于 A;要么 a 不在集合 A 中,记作 $a\notin A$,读作 a 不属于 A,二者必居其一.

含有有限个元素的集合称为**有限集**;含有无穷多个元素的集合称为**无限集**;不含任何元素的集合称为**空集**,用 $\varnothing$ 表示.

表示集合的方法主要有两种:一是列举法,二是描述法.列举法,就是把集合中的所有元素一一列举出来.如集合 A 由 $a_1,\cdots,a_n$ 所组成,则可以将其表示为 $A=\{a_1,\cdots,a_n\}$;而描述法,则是强调指出具有某种性质 P 的元素 x 的全体所组成,通常表示成

$$A=\{x|x\text{ 具有性质 }P\},$$

例如,集合 A 是方程 $x^2-3x+2=0$ 的解集,就可表示成 $A=\{x|x^2-3x+2=0\}$,再如,集合 B 是不等式 $0<3x-2\leqslant 1$ 的解集,则可表示成 $B=\{x|0<3x-2\leqslant 1\}$.

2. 集合与集合间的关系

设 A、B 是两个集合,若对任意 $a\in A\Rightarrow a\in B$,则称 A 是 B 的子集,记作 $A\subset B$

（读作 A 含于 B）或 $B\supset A$（读作 B 包含 A）；若 $A\subset B$ 且 $B\subset A$，则称 A 与 B 相等，记作 $A=B$. 规定 $\varnothing\subset A$，其中 A 为任何集合.

如果集合的元素都是数，则称其为**数集**. 常用的数集有

(1) 自然数集（或非负整数集）记作 $\mathbf{N}$，即

$$\mathbf{N}=\{0,1,2,\cdots,n,\cdots\};$$

(2) 正整数集记作 $\mathbf{N}^+$，即

$$\mathbf{N}^+=\{1,2,3,\cdots,n,\cdots\};$$

(3) 整数集记作 $\mathbf{Z}$，即

$$\mathbf{Z}=\{\cdots,-n,\cdots,-2,-1,0,1,2,\cdots,n,\cdots\};$$

(4) 有理数集记作 $\mathbf{Q}=\left\{\dfrac{p}{q}\,\middle|\,p\in\mathbf{Z},q\in\mathbf{N}^+\text{ 且 }p,q\text{ 互质}\right\}$；

(5) 实数集记作 $\mathbf{R}$；正实数集记作 $\mathbf{R}^+$.

1.1.2　集合的运算

1. 集合的运算

集合间的基本运算有三种：并、交、差.

设有集合 A、B，它们的**并集**记作 $A\cup B$，

$$A\cup B\triangleq\{x\,|\,x\in A\text{ 或 }x\in B\}.$$

集合 A 与 B 的**交集**记作 $A\cap B$（或 AB），

$$A\cap B\triangleq\{x\,|\,x\in A\text{ 且 }x\in B\}.$$

集合 A、B 的**差集**记作 $A\backslash B$，

$$A\backslash B\triangleq\{x\,|\,x\in A\text{ 且 }x\notin B\}.$$

由上述定义可知，$A\cup B$ 是由所有属于 A 或者属于 B 的元素组成的集合；而 $A\cap B$ 是由所有既属于 A 又属于 B 的元素组成的集合；差集 $A\backslash B$ 是由所有属于 A 而不属于 B 的元素组成的集合.

通常我们将所研究的某一问题纳入到某个大集合 Ω 中进行，所研究的其他集合都是 Ω 的子集，此时我们称 Ω 为**全集**. 而将 $\Omega\backslash A$ 称为 A 的**补集**或**余集**，用 A^c 表示，即记 $A^c=\Omega\backslash A$. 如 $\Omega=\mathbf{R}$ 时，集合 $A=\{x\,|\,-1<x\leqslant 1\}$，则 $A^c=\{x\,|\,x\leqslant -1$ 或 $x>1\}$.

2. 集合的运算规律

集合的运算满足如下运算规律：

设 A、B、C 及 $A_i(i=1,2,3,\cdots)$ 为 Ω 中的集合，则

(1) $A\cup B=B\cup A$，$A\cap B=B\cap A$；

(2) $(A\cup B)\cup C=A\cup(B\cup C)$，$(A\cap B)\cap C=A\cap(B\cap C)$；

(3) $A\cap(B\cup C)=(A\cap B)\cup(A\cap C)$，$A\cup(B\cap C)=(A\cup B)\cap(A\cup C)$；

(4) $(A\cup B)^{c}=A^{c}\cap B^{c}$，$(A\cap B)^{c}=A^{c}\cup B^{c}$；

(5) $\left(\bigcup\limits_{i=1}^{\infty}A_i\right)^{c}=\bigcap\limits_{i=1}^{\infty}A_i^{c}$，$\left(\bigcap\limits_{i=1}^{\infty}A_i\right)^{c}=\bigcup\limits_{i=1}^{\infty}A_i^{c}$.

以上运算规律均可依据集合相等的定义加以证明，留给读者一试.

1.1.3 区间与邻域

区间是常用的一类数集，大体可以分为有限区间和无限区间.

1. 有限区间

设 a,b 为实数，且 $a<b$，通常有如下定义与记法：

(1) 闭区间　$[a,b]=\{x\mid a\leqslant x\leqslant b\}$；

(2) 开区间　$(a,b)=\{x\mid a<x<b\}$；

(3) 半开区间　$[a,b)=\{x\mid a\leqslant x<b\}$，

$(a,b]=\{x\mid a<x\leqslant b\}$.

以上区间称为有限区间，a、b 称为区间端点，a 为左端点，b 为右端点，数 $b-a$ 称为这些区间的长度. 从几何上看，这些区间是数轴上长度有限的线段，可以用图 1-1(a)、(b)、(c)和(d)在数轴上表示出来.

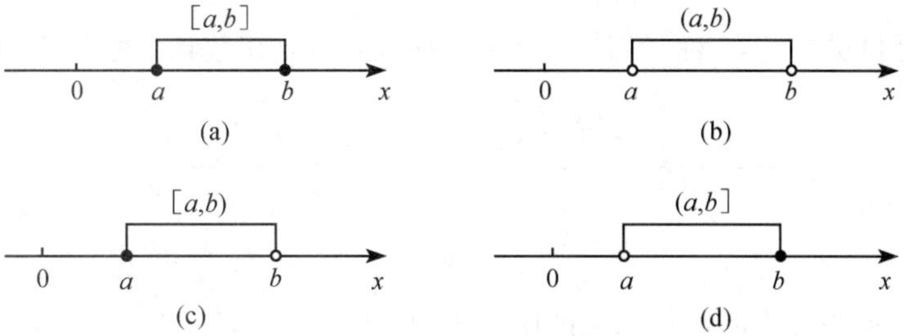

(a)　(b)　(c)　(d)

图 1-1

2. 无限区间

引进记号 $+\infty$（读作正无穷大）及 $-\infty$（读作负无穷大），则可类似地给出无限区间的定义和记法.

(1) $[a,+\infty)=\{x\mid x\geqslant a\}$；

(2) $(a,+\infty)=\{x\mid x>a\}$；

(3) $(-\infty,b]=\{x\mid x\leqslant b\}$；

(4) $(-\infty,b)=\{x\mid x<b\}$；

(5) $(-\infty,+\infty)=\mathbf{R}$.

前四个无限区间同样可以在数轴上分别用图 1-2(a)、(b)、(c)和(d)表示，而$(-\infty,+\infty)$就是整个实数轴.

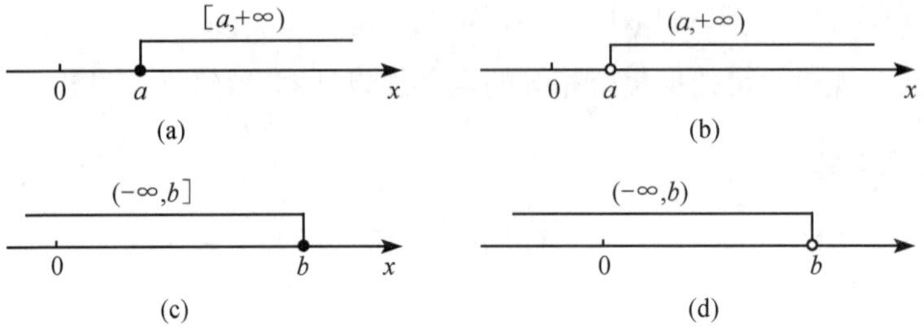

图 1-2

以后在不需要特别强调区间是开还是闭，以及是有限还是无限的情形下，我们就简单地称之为**区间**，通常用字母 I 表示.

3. 邻域及去心邻域

邻域也是我们经常用到的概念. 设 $a,\delta\in\mathbf{R}$，其中 $\delta>0$，称开区间$(a-\delta,a+\delta)$为点 a 的 $\boldsymbol{\delta}$ **邻域**，记为 $U(a,\delta)$，即

$$U(a,\delta)=(a-\delta,a+\delta)=\{x\,|\,a-\delta<x<a+\delta\}$$
$$=\{x\,|\,|x-a|<\delta\}.$$

点 a 称为邻域的中心，δ 称为邻域的半径. $U(a,\delta)$可以在数轴上表示为图 1-3.

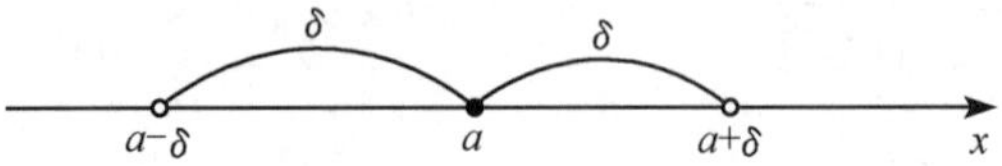

图 1-3

有时用到的数集需要把邻域的中心去掉，邻域 $U(a,\delta)$去掉中心 a 后，称为点 a 的去心 δ 邻域，记作 $\mathring{U}(a,\delta)$，即

$$\mathring{U}(a,\delta)=(a-\delta,a)\cup(a,a+\delta)=\{x\mid 0<|x-a|<\delta\},$$

是两个开区间的并集，见图 1-4.

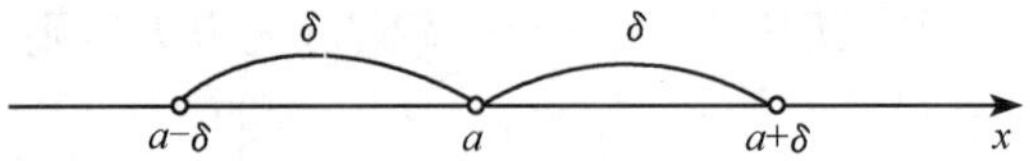

图 1-4

为表达方便，有时把开区间$(a-\delta,a)$称为 a 的**左** $\boldsymbol{\delta}$ **邻域**，把开区间$(a,a+\delta)$称为 a 的**右** $\boldsymbol{\delta}$ **邻域**.

有时在研究某一变化过程中,无需指明 a 的某邻域(或去心邻域)的半径,此时就简单地记为 $U(a)$(或 $\mathring{U}(a)$),读作 a 的某邻域(或 a 的某去心邻域).

习　题　1.1

1. 如果 $A=\{x|5<x<7\}$,$B=\{x|x>6\}$.求:

(1) $A\cup B$;　(2) $A\cap B$;　(3) $A\backslash B$.

2. 已知集合 $A=\{a,2,4,5\}$,$B=\{1,3,4,b\}$.若 $A\cap B=\{1,4,5\}$,求 a 和 b.

3. 解下列不等式:

(1) $x^2>16$;　(2) $0<|x-4|\leqslant 2$;

(3) $|x+1|>2$;　(4) $|x+1|<|x|$.

4. 用区间表示下列不等式的解:

(1) $|x|\geqslant 5$;　(2) $|3x-2|<1$;

(3) $|x-a|<\varepsilon$　(a 为常数,$\varepsilon>0$);

(4) $|2x+1|>|x-1|$.

1.2　函　数

1.2.1　函数的概念

在研究自然现象、客观规律和经济现象、经济规律过程中,往往会遇到各种不同的量,其中有的量在过程中始终不变,保持一定的数值,这种量叫做**常量**;还有一些量在过程中是变化着的,可以取不同的数值,这种量叫做**变量**.通常用字母 a,b,c 等表示常量,用字母 x,y,z 等表示变量.但变量没有孤立存在的,变量和变量之间往往都相互作用、相互依赖和相互影响,而函数是描述变量之间相互依存关系的重要工具之一.函数是微积分学中的基本概念,研究函数的局部性质、整体性质、函数的分解与合成以及函数的变化规律构成了微积分的基本内容.下面我们给出函数的定义.

定义 1-1　设在某变化过程中有两个变量 x 和 y,变量 x 在一个给定的数域 D 中取值,如果对于 D 中每个确定的变量 x 的取值,变量 y 按照一定的法则总有唯一确定的数值与之对应,则称 y 是 x 的函数,记作

$$y=f(x),\quad x\in D,$$

其中 x 称为**自变量**,y 称为**因变量**,D 称为**定义域**,记作 D_f,即 $D_f=D$.

函数定义中,对每个取定的 $x_0\in D$,按照对应法则 f,总有唯一确定的值 y 与之对应,这个值称为函数 $y=f(x)$在点 x_0 处的**函数值**,记作

$$f(x_0)\quad 或\quad y\big|_{x=x_0}=f(x_0).$$

当 x 取遍 D 的各个数值时,对应的函数值全体组成的数域称为函数的**值域**,记作 R_f,即

$$R_f=\{y \mid y=f(x), x\in D\}.$$

表示函数的记号除了常用 f 外，还可用其他的英文字母或希腊字母，如“g”、“φ”、“F”、“G”、“Φ”等. 相应地函数可以记作 $y=g(x)$，$y=\varphi(x)$，$y=F(x)$等. 有时还直接用因变量的记号来表示函数，即把函数记作 $y=y(x)$. 但在研究同一问题时，与该问题相关的几个不同函数，要用不同的记号加以区别.

由函数的定义可知，构成函数的基本要素有两个：一是对应法则，二是定义域. 而值域是由以上二者派生出来的，若两个函数的对应法则和定义域都相同，则我们认为这两个函数相同，而不在意它们的自变量和因变量采用何字母表示. 如 $y=x\sin\dfrac{1}{x}$，$x\in(-\infty,0)\cup(0,+\infty)$和 $s=t\sin\dfrac{1}{t}$，$t\in(-\infty,0)\cup(0,+\infty)$，这两个函数是相同的.

函数定义域的确定，取决于两种不同的研究背景：一是有实际应用背景的函数；二是抽象地用算式表达的函数. 前者定义域的确定取决于变量的实际意义；而后者定义域的确定是使得算式有意义的一切实数组成的集合，这种定义域称为函数的**自然定义域**. 例如，函数 $y=\pi x^2$，若 x 表示圆的半径，y 表示圆的面积，则定义域的确定属于前者，此时 $D_f=[0,+\infty)$；若不考虑 x 的实际意义，则其自然定义域为 $D_f=(-\infty,+\infty)$.

在函数的定义中，我们用“唯一确定”来表明所讨论的函数都是**单值函数**. 当 D 中的某些 x 值有多于一个 y 值与之对应时，我们称之为**多值函数**. 例如，变量 x 和 y 之间的对应法则由方程$\dfrac{x^2}{a^2}+\dfrac{y^2}{b^2}=1$ 所给出. 显然，对任意 $x\in(-a,a)$，对应着 y 有两个值. 所以方程确定了一个多值函数，我们往往根据问题的性质或研究的需要，取其**单值分支** $y=\dfrac{b}{a}\sqrt{a^2-x^2}$或 $y=-\dfrac{b}{a}\sqrt{a^2-x^2}$进行分析和讨论. 本书只讨论单值函数.

函数的表示方法主要有三种：表格法、图形法、解析法(公式法). 将解析法和图形法相结合来研究函数，可以将抽象问题直观化，借助于几何方法研究函数的有关特性. 相反，一些几何问题也可借助函数来做理论研究. 所谓函数 $y=f(x)$的图形，指的是坐标平面上的点集

$$\{(x,y) \mid y=f(x), x\in D\}.$$

一个函数的图形通常是平面内的一条曲线(图 1-5). 图中的 R_f 表示函数 $y=f(x)$的值域.

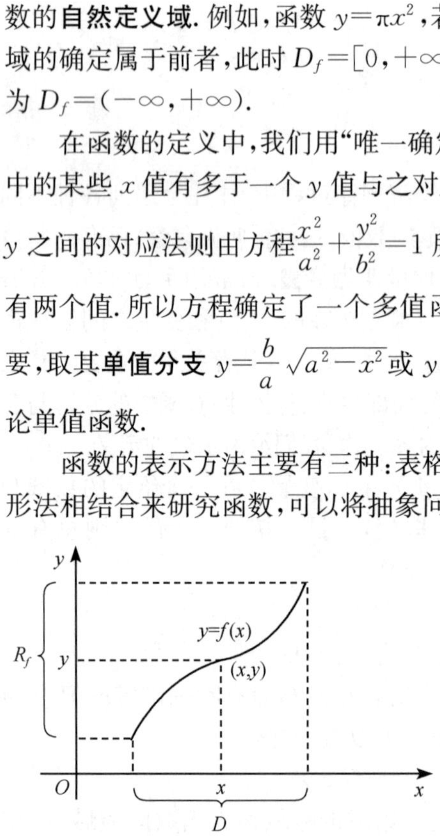

图 1-5

例 1-1　求函数 $y=\sqrt{16-x^2}+$

$\ln\sin x$ 的定义域.

解　函数的定义域就是使表达式有意义的全体 x，即

$$D_f=\left\{x\left|\begin{matrix}16-x^2\geqslant 0\\ \sin x>0\end{matrix}\right.\right\}=\left\{x\left|\begin{matrix}-4\leqslant x\leqslant 4\\ 2n\pi<x<(2n+1)\pi,n\in\mathbf{Z}\end{matrix}\right.\right\}$$
$$=[-4,-\pi)\cup(0,\pi).$$

例 1-2　设函数 $f(x)=\begin{cases}2+x, & x\leqslant 0,\\ 2^x, & x>0,\end{cases}$ 求：

(1) 函数的定义域；

(2) $f(0),f(-1),f(3),f(a),f[f(-1)]$；

(3) 画出函数的图形.

解　(1) 函数的定义域应是

$$D_f=(-\infty,0]\cup(0,+\infty)$$
$$=(-\infty,+\infty).$$

(2) 因 $0\in(-\infty,0]$，$-1\in(-\infty,0]$此时 $f(x)=2+x$，得 $f(0)=2+0=2$，$f(-1)=2+(-1)=1$.

因 $3\in(0,+\infty)$，此时 $f(x)=2^x$，得 $f(3)=2^3=8$.

当 $a\leqslant 0$ 时，$f(a)=2+a$；当 $a>0$ 时，$f(a)=2^a$.

因 $f(-1)=1$，所以 $f[f(-1)]=f(1)=2^1=2$.

(3) 函数 $f(x)$的图形如图 1-6 所示.

下面给出几个以后常用的函数.

例 1-3　绝对值函数

$$y=|x|=\begin{cases}-x, & x<0,\\ x, & x\geqslant 0\end{cases}$$

的定义域 $D=(-\infty,+\infty)$，值域 $R_f=[0,+\infty)$，它的图形如图 1-7 所示.

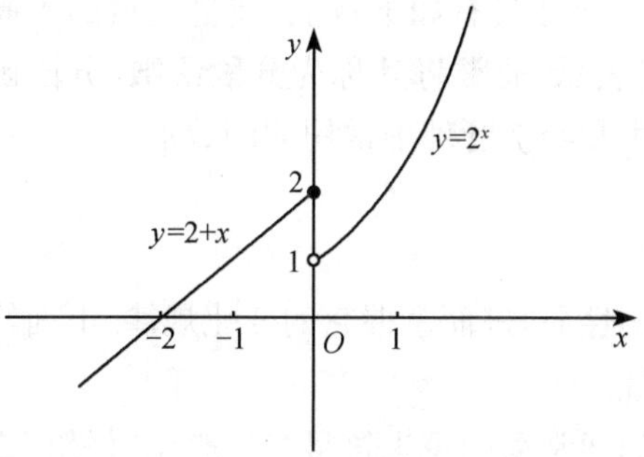

图 1-6

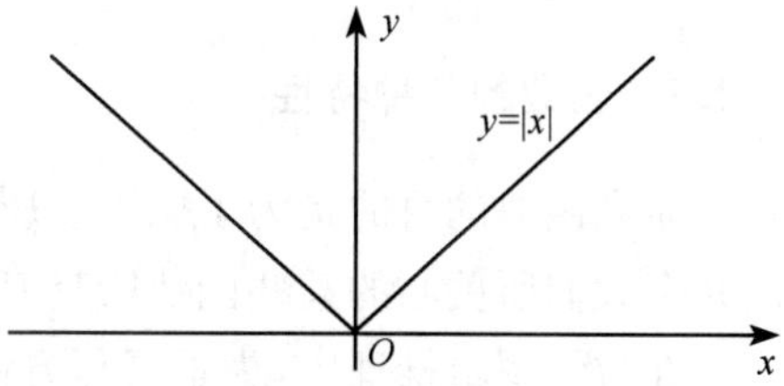

图 1-7

例 1-4　符号函数

$$y=\operatorname{sgn}x=\begin{cases}-1, & x<0,\\ 0, & x=0,\\ 1, & x>0.\end{cases}$$

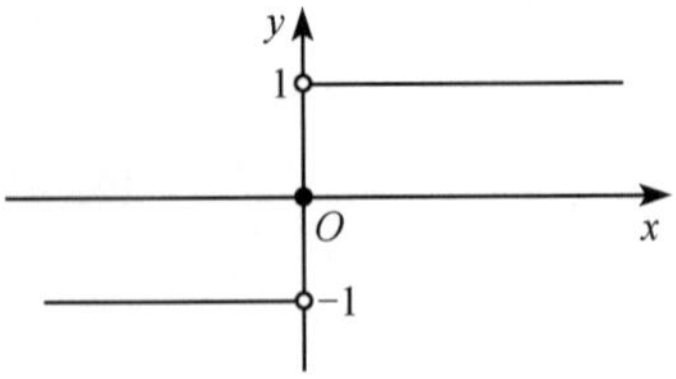

图 1-8

它的定义域 $D=(-\infty,+\infty)$，值域 $R_f=\{-1,0,1\}$，它的图形如图 1-8 所示. 显然，对任意 $x\in(-\infty,+\infty)$ 有 $|x|=x\operatorname{sgn}x$.

例 1-5　取整函数 $y=[x]$.

对任意实数 x，用 $[x]$ 表示不超过 x 的最大整数. 例如，$\left[-\frac{4}{3}\right]=-2$，$[2]=2$，$[\sqrt{10}]=3$. 这个函数可以分段表示如下(图 1-9)：

$$y=[x]=n,\quad n\leqslant x<n+1\quad (n\in\mathbf{Z}).$$

它的定义域 $D=(-\infty,+\infty)$，值域 $R_f=\mathbf{Z}$.

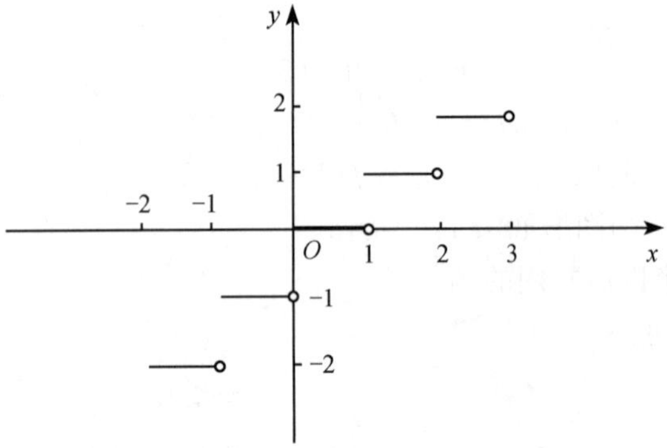

图 1-9

这里请读者注意，例 1-2～例 1-5 这几个函数具有如下特征：在自变量的不同变化范围内，其对应法则是由不同的解析式表示，通常将其称为**分段函数**. 分段函数是一个函数，它也是在自然科学、工程技术和经济管理中常用的函数形式.

1.2.2　函数的几种特性

研究函数的目的是为了探索它所具有的性质，进而掌握它的变化规律. 下面给出几个我们所关心的某些函数所具有的特性.

在数学逻辑推理中，为了书写方便，我们通常采用逻辑符号“$\forall$”表示“任给”或“每一个”；逻辑符合“$\exists$”表示“存在”或“找到”.

1. 函数的有界性

设函数 $y=f(x)$ 的定义域为 D_f，实数集 $X\subset D_f$，如果存在数 Q，使得对 $\forall x\in X$ 都有

$$f(x)\leqslant Q$$

成立，则称函数 $f(x)$ 在 X 上**有上界**，而 Q 称为 $f(x)$ 在 X 上的一个上界. 如果存在数 P，使得对 $\forall x\in X$ 都有

$$f(x)\geqslant P$$

成立，则称函数 $f(x)$ 在 X 上**有下界**，而 P 称为 $f(x)$ 在 X 上的一个下界. 如果存在正数 M，使得对 $\forall x\in X$ 都有

$$|f(x)|\leqslant M$$

成立，则称 $f(x)$ 在 X 上有界. 如果这样的 M 不存在，就称 $f(x)$ 在 X 上**无界**；即对 $\forall M>0$，$\exists x_1\in X$，使得 $|f(x_1)|>M$，则称 $f(x)$ 在 X 上无界.

可以证明（留给读者一试）：**函数 $f(x)$ 在 X 上有界的充分必要条件是它在 X 上既有上界又有下界.**

由于 $|f(x)|\leqslant M\Leftrightarrow -M\leqslant f(x)\leqslant M$，从几何直观上看，如果 $f(x)$ 在 X 上有界，则其图形位于两条直线 $y=-M$ 和 $y=M$ 之间，如图 1-10 所示（其中 $X=[a,b]$）.

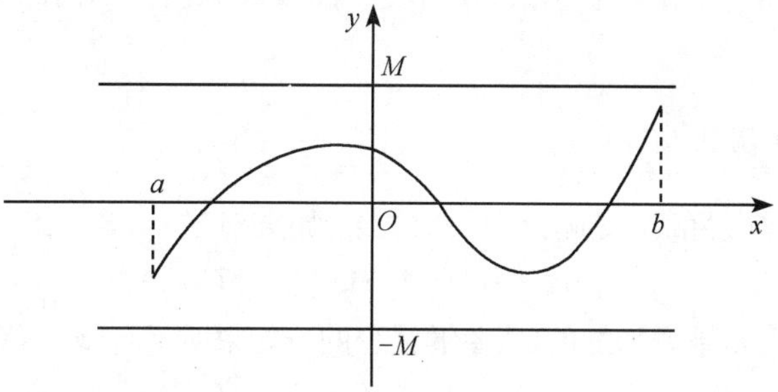

图 1-10

例如，函数 $f(x)=\sin x$，在其定义域 $(-\infty,+\infty)$ 内有界，因取任何正数 $M\geqslant 1$，都有 $|f(x)|=|\sin x|\leqslant M$. 数 1 和 -1 分别为它的一个上界和下界. 再如函数 $g(x)=\dfrac{x}{1+x^2}$，在其定义域 $(-\infty,+\infty)$ 内也有界，只要取正数 $M\geqslant\dfrac{1}{2}$，都有 $|g(x)|=\left|\dfrac{x}{1+x^2}\right|\leqslant M$. 数 $\dfrac{1}{2}$ 和 $-\dfrac{1}{2}$ 分别为它的一个上界和下界.

例 1-6　讨论函数 $f(x)=\begin{cases}\dfrac{1}{x}, & x\neq 0,\\ 0, & x=0\end{cases}$ 分别在区间 $[0,1]$、$[1,+\infty)$、$[-1,1]$ 上的有界性.

解　(1) 当 $x\in[0,1]$时,恒有 $f(x)\geqslant 0$,从而 $f(x)$在$[0,1]$上有下界,取 $P=0$ 即为其一个下界. 但无上界,因对任意的 Q(不妨设 $Q>1$),取 $x_0=\frac{1}{2Q}\in(0,1]$,则有

$$f(x_0)=\frac{1}{x_0}=2Q>Q,$$

所以 $f(x)$在$[0,1]$上有下界而无上界.

(2) 当 $x\in[1,+\infty)$时,取 $M=1$,则有

$$|f(x)|=\left|\frac{1}{x}\right|\leqslant M,$$

从而 $f(x)$在$[1,+\infty)$上有界.

(3) 当 $x\in[-1,1]$时,对任意的正数 M(不妨设 $M\geqslant 1$),取 $x_1=\frac{-1}{2M}\in[-1,1]$,则有

$$|f(x_1)|=\left|\frac{1}{x_1}\right|=2M>M,$$

从而 $f(x)$在$[-1,1]$上无界,且既无上界又无下界.

特别值得注意:讨论函数的有界性,不仅要考虑函数表达式,还要关注自变量的取值范围 X. 同一个函数表达式,在自变量的不同取值范围内的有界性也可能存在较大差别.

2. 函数的单调性

设函数 $y=f(x)$的定义域为 D_f,$X\subset D_f$,如果对$\forall x_1,x_2\in X$且 $x_1<x_2$ 有

$$f(x_1)<f(x_2)(\text{或 } f(x_1)>f(x_2)),$$

则称 $f(x)$在 X 上是**单调增加**的(或**单调减少**的);如果对$\forall x_1,x_2\in X$且 $x_1<x_2$ 有

$$f(x_1)\leqslant f(x_2)(\text{或 } f(x_1)\geqslant f(x_2)),$$

则称 $f(x)$在 X 上是**单调不减**的(或**单调不增**的). 函数的以上性质统称为**单调性**.

如果 $y=f(x)$在区间 I 上是单调增加(或减少)函数,则称区间 I 为函数 $f(x)$的**单调增加(或减少)区间**.

从几何直观上看,单调增加函数的图形是 X 上随 x 的增加而上升的曲线(图 1-11);单调减少函数的图形是 X 上随 x 的增加而下降的曲线(图 1-12).

例如,函数 $f(x)=(x-1)^2-1$ 在$(-\infty,1]$上是单调减少的,在区间$[1,+\infty)$上是单调增加的;但在 $D_f=(-\infty,+\infty)$上 $f(x)$却不具有单调性(图 1-13).

又如,函数 $f(x)=\frac{1}{x}$在$(-\infty,0)$上是单调减少的,在$(0,+\infty)$上也是单调减少的;但在 $D_f=(-\infty,0)\cup(0,+\infty)$上却也不具有单调性(图 1-14).

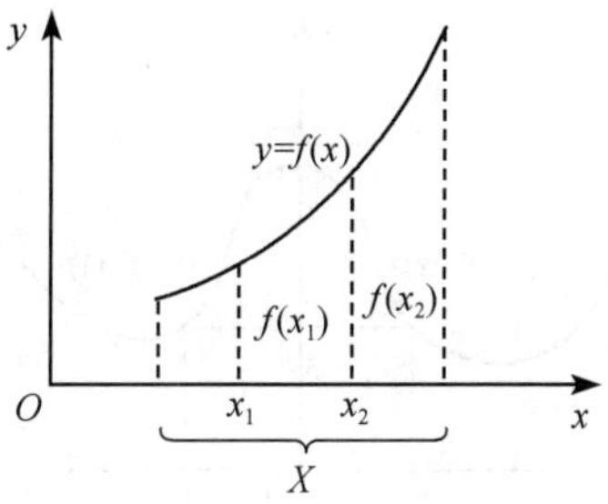

图 1-11

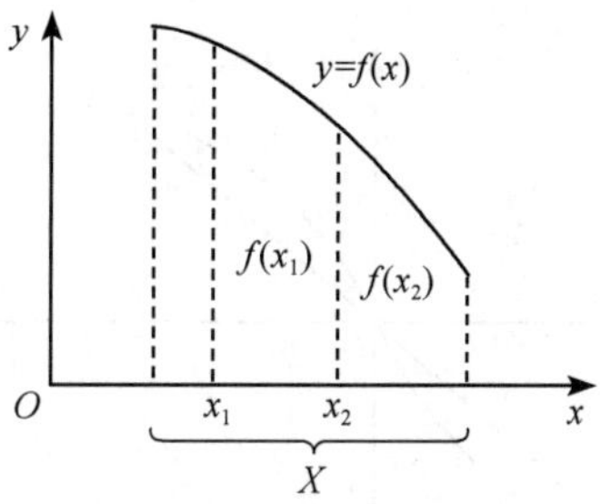

图 1-12

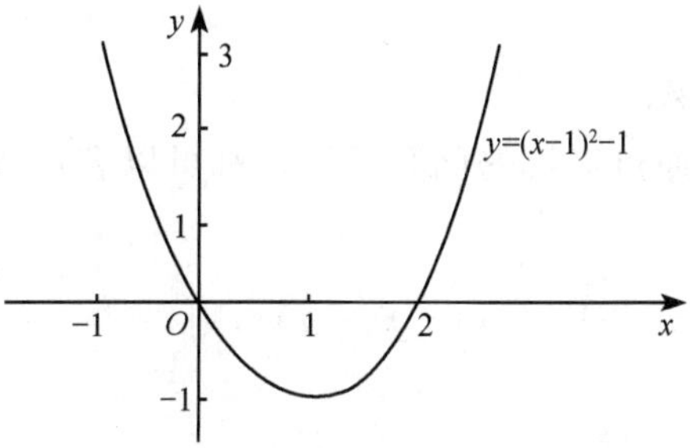

图 1-13

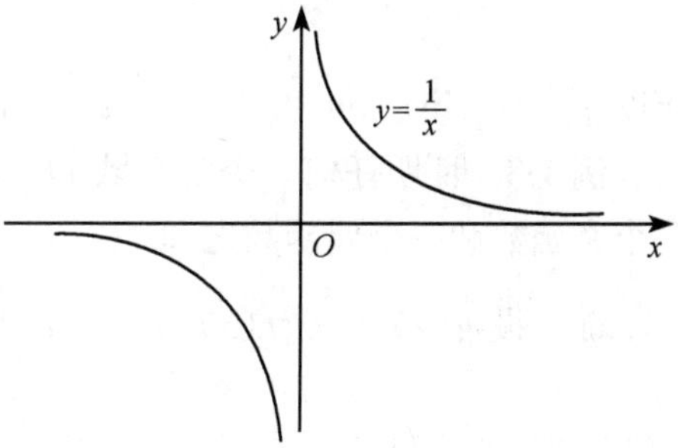

图 1-14

3. 函数的奇偶性

设函数 $f(x)$ 的定义域 D_f 是关于原点对称的数集，即对 $\forall x\in D_f$，有 $-x\in D_f$. 如果对 $\forall x\in D_f$ 有

$$f(-x)=-f(x),$$

则称 $f(x)$ 为**奇函数**；如果对 $\forall x\in D_f$ 有

$$f(-x)=f(x),$$

则称 $f(x)$ 为**偶函数**；如果 $f(x)$ 既非奇函数，又非偶函数，则称 $f(x)$ 为**非奇非偶函数**.

从几何直观上，奇函数的图形关于坐标原点对称（图 1-15）；偶函数的图形关于 y 轴对称（图 1-16）.

例如，函数 $y=c$、$y=x^{2n}$ $(n\in\mathbf{N})$、$y=\cos x$ 等均为偶函数；函数 $y=x^{2n+1}$ $(n\in\mathbf{N})$、$y=\sin x$，$y=\tan x$ 等均为奇函数；而函数 $y=\sin x+\cos x$ 则为非奇非偶函数.

例 1-7　判断函数 $f(x)=\sin x^2\cdot\log_2(x+\sqrt{1+x^2})$ 的奇偶性.

解　函数 $f(x)$ 的定义域为 $(-\infty,+\infty)$，对 $\forall x\in(-\infty,+\infty)$ 有

$$\begin{aligned}f(-x)&=\sin(-x)^2\cdot\log_2(-x+\sqrt{1+(-x)^2})=\sin x^2\cdot\log_2(-x+\sqrt{1+x^2})\\&=\sin x^2\log_2\frac{1}{x+\sqrt{1+x^2}}=-\sin x^2\log_2(x+\sqrt{1+x^2})\\&=-f(x),\end{aligned}$$

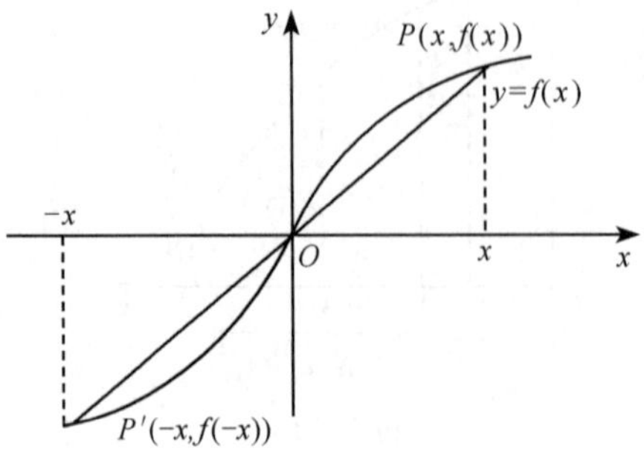

图 1-15

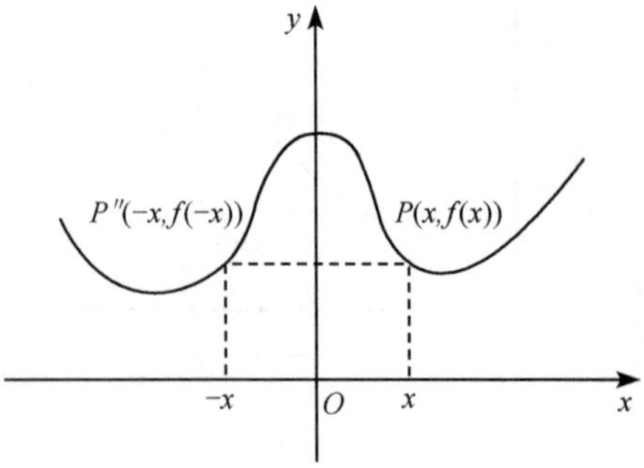

图 1-16

所以 $f(x)=\sin x^2\log_2(x+\sqrt{1+x^2})$为奇函数.

例 1-8　证明任何一个定义域 D_f 关于原点对称的函数 $f(x)$，都可以表示成一个奇函数和一个偶函数之和.

证　设 $g(x)=\frac{1}{2}[f(x)+f(-x)]$，$h(x)=\frac{1}{2}[f(x)-f(-x)]$，则

$$g(-x)=\frac{1}{2}[f(-x)+f(x)]=g(x),h(-x)=\frac{1}{2}[f(-x)-f(x)]=-h(x).$$

从而 $g(x)$为偶函数，而 $h(x)$为奇函数，且有

$$f(x)=\frac{1}{2}[f(x)+f(-x)]+\frac{1}{2}[f(x)-f(-x)]=g(x)+h(x).$$

所以 $f(x)$可以表示成一个奇函数和一个偶函数之和.

4. 函数的周期性

设函数 $y=f(x)$的定义域 D_f，如果存在正数 T，使得对 $\forall x\in D_f$，有 $x+T\in D_f$，且

$$f(x+T)=f(x)$$

恒成立，则称 $f(x)$为**周期函数**，T 称为 $f(x)$的一个**周期**.

显然，如果 T 是 $f(x)$的一个周期，则对 $\forall n\in\mathbf{N}^+$，nT 也是 $f(x)$的周期. 通常我们所说的周期函数的周期往往是指**最小正周期**.

例如，$y=\sin(wx+\varphi)$和 $y=\cos(wx+\varphi)$都是以$\frac{2\pi}{|w|}$为周期的周期函数；而 $y=\tan(wx+\varphi)$和 $y=\cot(wx+\varphi)$则是以$\frac{\pi}{|w|}$为周期的周期函数.

从几何直观上看，若 $y=f(x)$，$x\in D_f$ 是以 T 为周期的周期函数，在每个长度为 T，左端点相距为 $kT(k\in\mathbf{N}^+)$的区间上，函数图形有相同的形状(图 1-17).

例 1-9　设函数 $y=f(x)$是以 T 为周期的周期函数，证明函数 $y=f(ax)(a>$

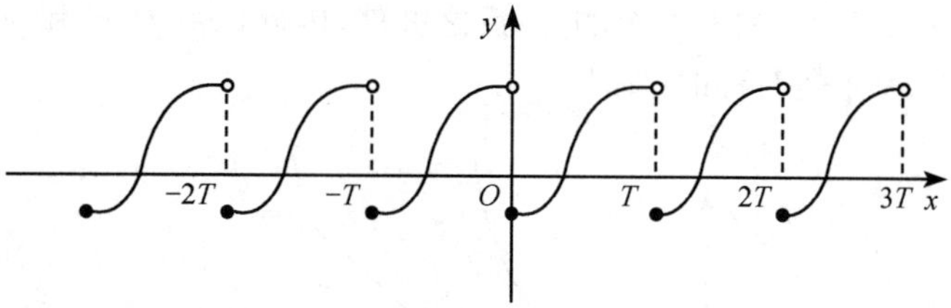

图 1-17

0)是以$\frac{T}{a}$为周期的周期函数.

证　只需证明

$$f(ax)=f\left[a\left(x+\frac{T}{a}\right)\right].$$

因为 $f(x)$以 T 为周期,所以

$$f(ax)=f(ax+T),$$

即

$$f(ax)=f\left[a\left(x+\frac{T}{a}\right)\right],$$

所以 $f(ax)$是以$\frac{T}{a}$为周期的周期函数.

1.2.3　反函数

在初等数学中已熟知反函数的概念. 如对数函数 $y=\log_a x\,(a>0$ 且 $a\neq1)$与指数函数 $y=a^x(a>0$ 且 $a\neq1)$互为反函数;$y=\tan x, x\in\left(-\frac{\pi}{2},\frac{\pi}{2}\right)$与函数 $y=\arctan x$ 互为反函数等. 一般说来,在函数关系中,自变量和因变量是相对的. 例如我们把圆的面积 S 表示为半径 r 的函数:$S=\pi r^2(r\geqslant0)$,也可以把半径 r 表示为面积 S 的函数:$r=\sqrt{S/\pi}(S\geqslant0)$. 就这两个函数而言,我们可以把后一个函数看作是前一个函数的反函数,也可以把前一个函数看作是后一个函数的反函数.

定义 1-2　给定函数 $y=f(x)$,其定义域 D_f,值域为 R_f,如果对于$\forall y\in R_f$,必定$\exists$唯一的 $x\in D_f$,使 $f(x)=y$,那么我们称在 R_f 上确定了 $y=f(x)$的反函数,记作

$$x=f^{-1}(y),\quad y\in R_f.$$

此时也称 $y=f(x)(x\in D_f, y\in R_f)$在 $\boldsymbol{D_f}$ **上是一一对应的**.

习惯上常以 x 记为自变量,y 记为因变量,故反函数又记为 $y=f^{-1}(x)$且 $D_{f^{-1}}=R_f, R_{f^{-1}}=D_f$,显然有 $f^{-1}[f(x)]=x$. 相对反函数 $y=f^{-1}(x)$来说,原来的函数 $y=f(x)$称为**直接函数**.

从几何直观上看,若点 $A(x,f(x))$是函数 $y=f(x)$的图形上的点,则 $A'(f(x),$

x)是反函数 $y=f^{-1}(x)$的图形上的点;反之亦然,因此,$y=f(x)$和 $y=f^{-1}(x)$的图形关于直线 $y=x$ 是对称的(图 1-18).

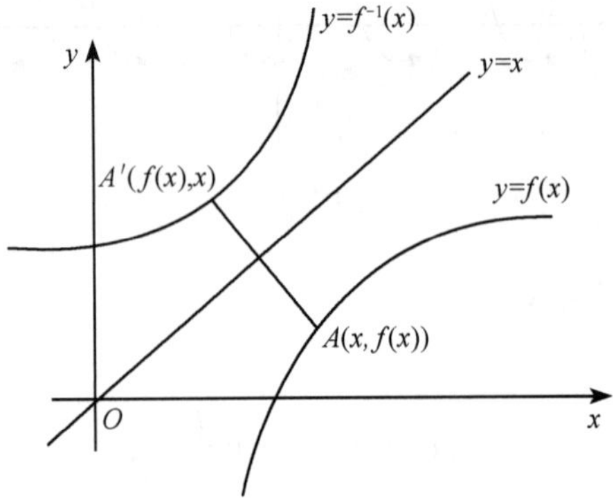

图 1-18

值得说明的是,并非所有的函数都有反函数,例如,函数 $y=x^2$ 在定义域 $D_f=(-\infty,+\infty)$上不是一一对应的,从而没有反函数;但 $y=x^2$,$x\in(-\infty,0]$有反函数 $y=-\sqrt{x}$,$x\in[0,+\infty)$. 现在我们要问函数 $y=f(x)$在什么条件下一定存在反函数,容易证明如下结论(留给读者证之):

定理 1-1(反函数存在定理)　单调函数 $y=f(x)$必存在单调的反函数 $y=f^{-1}(x)$,且 $y=f^{-1}(x)$具有与 $y=f(x)$相同的单调性.

例 1-10　求函数 $y=\dfrac{3^x-1}{3^x+1}$的反函数.

解　函数 $y=\dfrac{3^x-1}{3^x+1}$的定义域 $D_f=(-\infty,+\infty)$,值域为 $R_f=(-1,1)$. 由

$$y=\frac{3^x-1}{3^x+1}$$

可解得 $x=\log_3\dfrac{1+y}{1-y}$,变换 x 与 y 的位置,得反函数

$$y=\log_3\frac{1+x}{1-x}\quad(-1<x<1).$$

1.2.4　复合函数

在实际问题中经常出现这样的情形:在某变化过程中,第一个变量依赖于第二个变量,而第二个变量又依赖于另外一个变量. 例如,某产品的销售成本 C 依赖于销量 Q,$C=100+3Q$,而销量 Q 又依赖于销售价格 P,$Q=5e^{-\frac{1}{5}P}$,则通过 Q 销售成本 C 实际上依赖于销售价格 P,即 $C=100+15e^{-\frac{1}{5}P}$. 像这样在一定条件下,将一个函数“代入”到另一个函数中的运算称为函数的复合运算,而得到的函数称为复合

函数.

定义 1-3　设函数 $y=f(u)$的定义域为 D_f，函数 $u=\varphi(x)$的定义域为 D_φ，值域为 R_φ，当 $R_\varphi\cap D_f\neq\varnothing$时，记 $D=\{x\,|\,u=\varphi(x),x\in D_\varphi$ 且 $u\in D_f\}$，显然有 $D\subset D_\varphi$，对 $\forall x\in D$ 有 $u=\varphi(x)\in R_\varphi\cap D_f$ 与之对应，进而有 $y=f(u)$与之对应，这样通过变量 u 得出了以 x 为自变量，y 为因变量的函数，称为由 $y=f(u)$与 $u=\varphi(x)$构成的复合函数，记作

$$y=f[\varphi(x)],$$

而 u 称为**中间变量**. 但若 $R_\varphi\cap D_f=\varnothing$，则称 $y=f(u)$与 $u=\varphi(x)$二者不能进行复合运算.

复合函数是说明函数对应法则的某种表达方式的一个概念. 利用复合这个概念，有时可以把一个复杂的函数分解成若干简单的函数的某些运算，有时也可以利用几个简单的函数复合成一个较为复杂的函数. 例如，$y=\sin\ln x$ 可以看作是由 $y=\sin u$，和 $u=\ln x$ 复合而成的；同样函数 $y=e^u$，$u=\arctan x$ 二者可以复合成函数 $y=e^{\arctan x}$.

这里必须提醒读者注意：并非任意两个函数都能进行复合运算的. 例如，$y=f(u)=\arcsin u$ 和 $u=\varphi(x)=2+x^2$ 就不能进行复合运算，因 $R_\varphi\cap D_f=[2,+\infty]\cap[-1,1]=\varnothing$的缘故.

复合函数的概念还可推广到有限多个函数复合的情形. 例如 $y=3^{\sin\frac{1}{x}}$ 可以看成是由

$$y=3^u,\quad u=\sin v,\quad v=\frac{1}{x}$$

三个函数复合而成，其中 u、v 为中间变量，x 为自变量，y 为因变量.

例 1-11　设 $f(x)=\begin{cases}1, & |x|\leqslant 1,\\ 0, & |x|>1,\end{cases}$ 求 $f[f(x)]$.

解

$$f[f(x)]=\begin{cases}1, & |f(x)|\leqslant 1,\\ 0, & |f(x)|>1,\end{cases}$$

但因对 $\forall x\in(-\infty,+\infty)$有 $|f(x)|\leqslant 1$，所以

$$f[f(x)]=1,\quad x\in(-\infty,+\infty).$$

习　题　1.2

1. 判断下列各题中的两个函数是否相同，并说明理由：

(1) $y=x$ 与 $y=\sqrt{x^2}$；　　(2) $y=\ln x^2$ 与 $y=2\ln x$；

(3) $y=\dfrac{x^4-1}{x^2+1}$与 $y=x^2-1$；　　(4) $y=\csc^2 x-\cot^2 x$ 与 $y=1$；

(5) $y=f(x)$与$x=f(y)$；　(6) $y=\sin^2 x+\cos^2 x$与$y=1$.

2. 求下列函数的自然定义域：

(1) $y=\sqrt{x^3-8}$；　(2) $y=\ln(x^2-3x+2)$；

(3) $y=\arcsin\dfrac{x-1}{2}$；　(4) $y=\dfrac{1}{1-x^2}+\sqrt{x+2}$；

(5) $y=\tan(x+1)$；　(6) $y=\sqrt{\lg\dfrac{5x-x^2}{4}}$；

(7) $y=\begin{cases}2x+3, & x<-1,\\ 3-x, & x\geqslant -1;\end{cases}$　(8) $y=\begin{cases}\sqrt{4-x^2}, & |x|<2,\\ x^2-2, & 2<|x|<4.\end{cases}$

3. 设

$$f(x)=\begin{cases}3x, & |x|>1,\\ x^3, & |x|<1,\\ 3, & |x|=1.\end{cases}$$

求$f\left(\dfrac{\pi}{2}\right)$，$f\left(\dfrac{\sqrt{3}}{2}\right)$，$f(1)$，$f(0)$，并作出函数$y=f(x)$的图形.

4. 证明下列函数在指定区间上的单调性：

(1) $y=\sqrt{2x-x^2}$，$x\in[0,1]$；　(2) $y=x+\lg x$，$x\in(0,+\infty)$.

5. 判断下列函数的奇偶性：

(1) $y=x^5-\sin 2x$；　(2) $y=x^{\frac{1}{3}}(x-1)(x+1)$；

(3) $y=x\mathrm{e}^x$；　(4) $y=2\cos x+3$；

(5) $y=\dfrac{a^x-a^{-x}}{2}$；　(6) $y=\ln(x+\sqrt{1+x^2})$.

6. 下列函数中哪些是周期函数？如果是，请指出其周期：

(1) $y=\cos(2x-1)$；　(2) $y=|\sin x|$；

(3) $y=x\cos 3x$；　(4) $y=1+\tan\pi x$.

7. 求下列函数的反函数：

(1) $y=5-4x^3$；　(2) $y=\dfrac{1+3x}{5-2x}$；

(3) $y=\dfrac{1}{3}\sin 2x\left(-\dfrac{\pi}{4}<x<\dfrac{\pi}{4}\right)$；　(4) $y=1+\log_3(x+3)$.

8. 在下列各题中，求由所给函数复合而成的复合函数：

(1) $y=\sqrt{u}$，$u=2+\cos x$；　(2) $y=u^2$，$u=\ln v$，$v=\dfrac{x}{3}$；

(3) $y=\arctan u$，$u=\mathrm{e}^v$，$v=x^2$；　(4) $y=\log_a u$，$u=\sin v$，$v=2^x$.

9. 下列函数可以看成由哪些简单函数复合而成？

(1) $y=\arcsin\sqrt{\sin x}$；　(2) $y=\log_2^3\cos x$；

(3) $y=2^{\sin^3\frac{1}{x}}$；　(4) $y=\arctan[\tan^2(a^2+x^2)]$.

10. 设$f(x)=\begin{cases}1, & x<0,\\ 0, & x=0,\\ -1, & x>0,\end{cases}$求$f(x-1)$，$f(x^2-1)$.

11. 设 $f\left(x+\frac{1}{x}\right)=x^2+\frac{1}{x^2}$，求 $f(x)$.

12. 设 $f(x)=\frac{x}{1-x}$，求 $f(f(x))$ 和 $f(f(f(x)))$.

13. 已知函数 $f(x)=x^2$，$\varphi(x)=\sin x$，求下列复合函数：

(1) $f(f(x))$；　(2) $f(\varphi(x))$；

(3) $\varphi(f(x))$；　(4) $\varphi(\varphi(x))$.

1.3 基本初等函数与初等函数

1.3.1 基本初等函数

在微积分这门课程中，函数往往是研究问题的工具，有时也是研究对象. 常用的函数都是由常函数、幂函数、指数函数、对数函数、三角函数和反三角函数这些函数构成的，我们将这六类函数称为基本初等函数.

1. 常函数

函数

$$y=C \quad (C\text{ 是常数})$$

叫做**常函数**.

它的定义域 $D_f=(-\infty,+\infty)$，值域 $R_f=\{C\}$（图 1-19）.

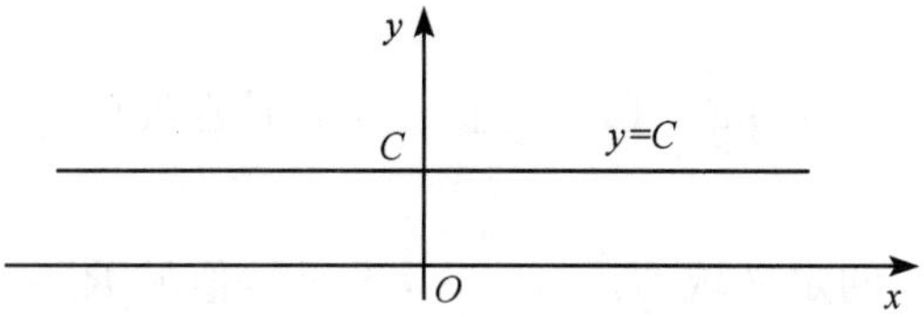

图 1-19

2. 幂函数

函数

$$y=x^{\mu} \quad (\mu\text{ 是常数})$$

叫做**幂函数**.

幂函数 $y=x^{\mu}$ 的定义域取决于 μ 的给定值. 例如，当 $\mu=3$ 时，$y=x^3$ 的定义域为 $(-\infty,+\infty)$；当 $\mu=\frac{3}{2}$ 时，$y=x^{3/2}$ 的定义域为 $[0,+\infty)$；当 $\mu=-\frac{5}{3}$ 时，$y=x^{-\frac{5}{3}}$ 的定义域为 $(-\infty,0)\cup(0,+\infty)$；当 $\mu=-\frac{3}{4}$ 时，$y=x^{-\frac{3}{4}}$ 的定义域为 $(0,+\infty)$；当

μ 为无理数时，规定 $y=x^{\mu}$ 的定义域为 $(0,+\infty)$. 总之，无论 μ 取何值，幂函数在 $(0,+\infty)$ 内有定义.

当 $y=x^{\mu}$ 中的 $\mu=1,2,3,\frac{1}{2},-1$ 时是最常见的幂函数，它们的图形如图 1-20 所示.

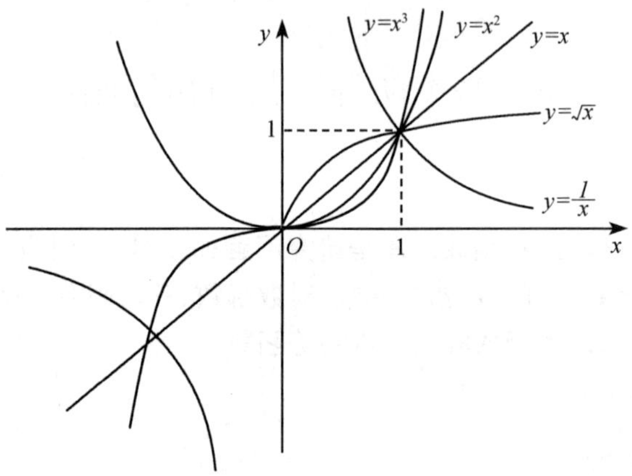

图 1-20

3. 指数函数

函数

$$y=a^{x}\quad (a>0 \text{ 且 } a\neq 1, a \text{ 是常数})$$

叫做**指数函数**.

指数函数 $y=a^{x}$ 的定义域 $D_f=(-\infty,+\infty)$，值域 $R_f=(0,+\infty)$. 当 $a>1$ 时，它是单调增加函数；当 $0<a<1$ 时，它是单调减少函数. 其图形总在 x 轴的上方，且通过 $(0,1)$ 点，如图 1-21、图 1-22 所示.

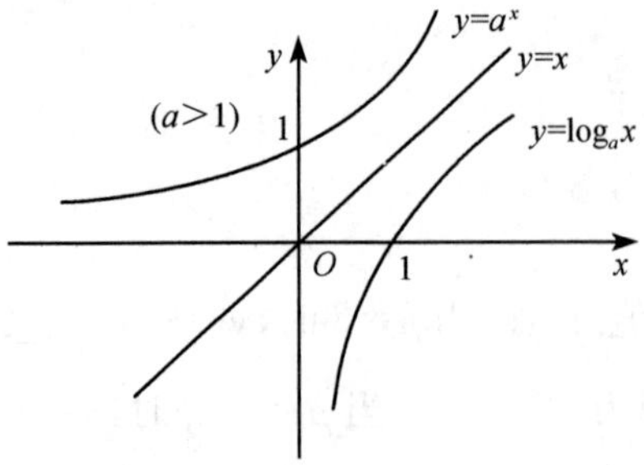

图 1-21

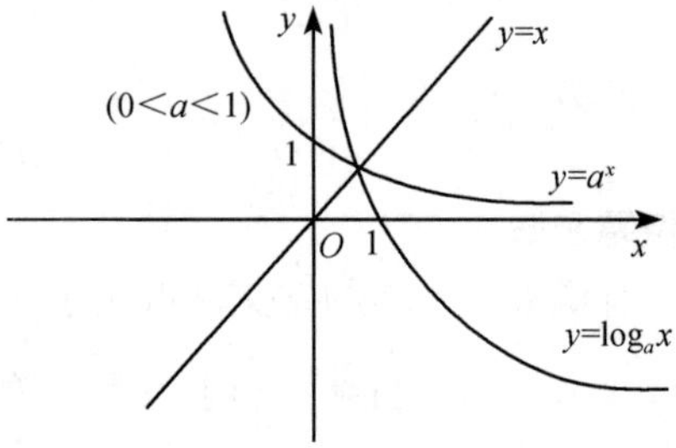

图 1-22

在微积分中,常用到以 e 为底的指数函数 $y=e^x$. 其中常数 e=2.7182818…是一个无理数.

4. 对数函数

函数

$$y=\log_a x \quad (a>0 \text{ 且 } a\neq 1, a \text{ 为常数})$$

叫做**对数函数**.

对数函数是指数函数的反函数,定义域 $D_f=(0,+\infty)$,值域 $R_f=(-\infty,+\infty)$. 当 $a>1$ 时,$y=\log_a x$ 是单调增加函数;当 $0<a<1$ 时,它是单调减少函数,其图形与 $y=a^x$ 关于直线 $y=x$ 对称(图 1-21 和图 1-22).

以常数 e 为底的对数函数 $y=\log_e x$ 叫做**自然对数函数**,简记作 $y=\ln x$.

5. 三角函数

常用的三角函数有

正弦函数 $y=\sin x$(图 1-23).

余弦函数 $y=\cos x$(图 1-24).

正切函数 $y=\tan x$(图 1-25).

余切函数 $y=\cot x$(图 1-26).

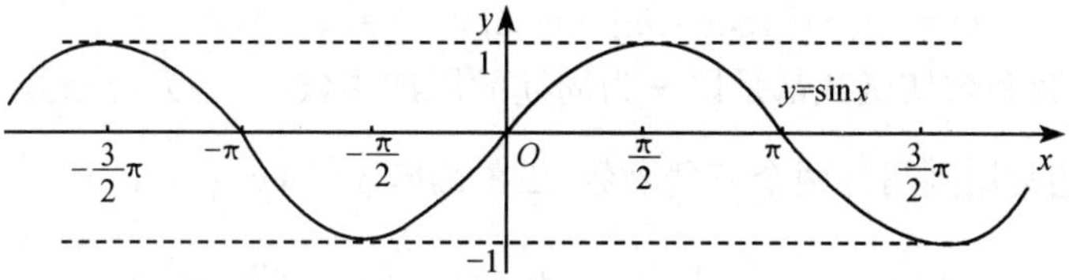

图 1-23

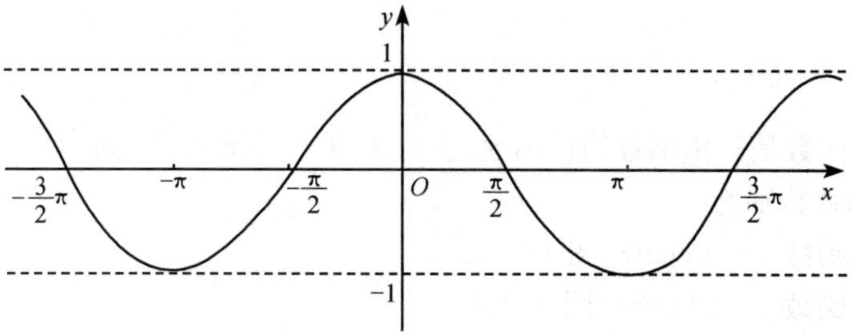

图 1-24

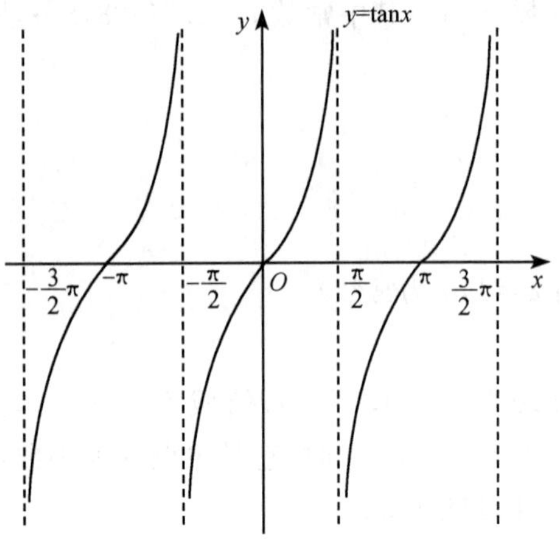

图 1-25

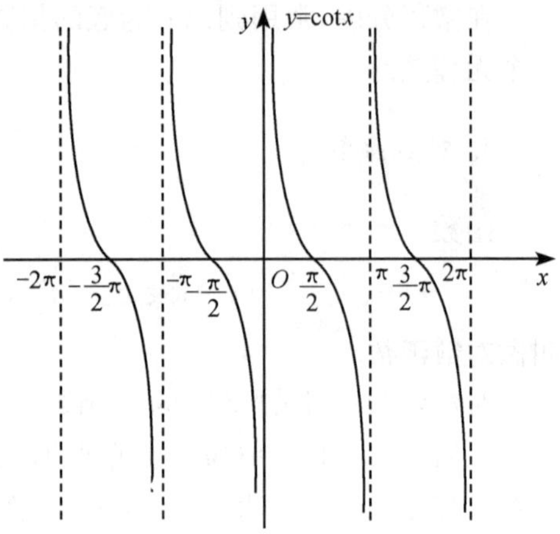

图 1-26

其中自变量是以弧度为单位来表示. $y=\sin x$ 与 $y=\cos x$ 的定义域均为$(-\infty,+\infty)$,值域均为$[-1,1]$;都是以 2π 为周期的周期函数且都有界;$y=\sin x$ 为奇函数,$y=\cos x$ 为偶函数.

正切函数 $y=\tan x$ 的定义域及值域分别为

$$D=\left\{x \mid x\in \mathbf{R}, x\neq n\pi+\frac{\pi}{2}, n\in \mathbf{Z}\right\},\quad R=(-\infty,+\infty).$$

余切函数 $y=\cot x$ 的定义域及值域分别为

$$D=\{x \mid x\in \mathbf{R}, x\neq n\pi, n\in \mathbf{Z}\},\quad R=(-\infty,+\infty).$$

正切函数和余切函数都是以 π 为周期的周期函数,且均为奇函数.

此外,还常用到另外两个三角函数:**正割函数** $y=\sec x\left(\text{其中 }\sec x=\frac{1}{\cos x}\right)$和**余割函数** $y=\csc x\left(\text{其中 }\csc x=\frac{1}{\sin x}\right)$. 二者都是以 2π 为周期的周期函数,并且在$\left(0,\frac{\pi}{2}\right)$内都是无界函数.

6. 反三角函数

反三角函数是三角函数的反函数. 三角函数 $y=\sin x$,$y=\cos x$,$y=\tan x$ 和$y=\cot x$ 的反函数分别为

反正弦函数 $y=\arcsin x$(图 1-27).

反余弦函数 $y=\arccos x$(图 1-28).

反正切函数 $y=\arctan x$(图 1-29).

反余切函数 $y=\operatorname{arccot} x$(图 1-30).

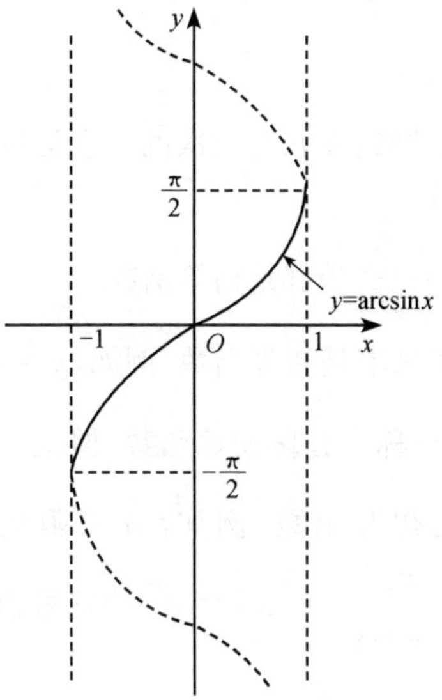

图 1-27

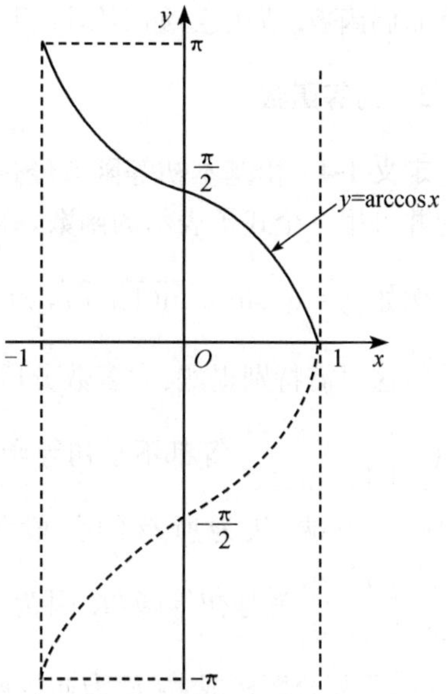

图 1-28

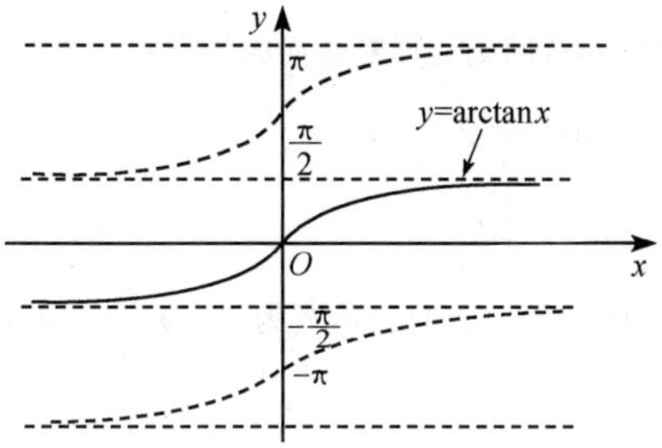

图 1-29

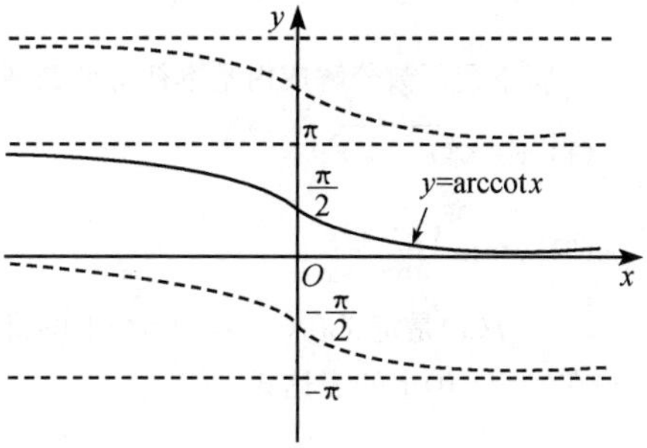

图 1-30

这四个反三角函数均为多值函数,我们按下列区间取其一个单值分支,称为**主值分支**,分别记作:

$y=\arcsin x$,定义域 $D=[-1,1]$,值域 $R=\left[-\frac{\pi}{2},\frac{\pi}{2}\right]$;

$y=\arccos x$,定义域 $D=[-1,1]$,值域 $R=[0,\pi]$;

$y=\arctan x$,定义域 $D=(-\infty,+\infty)$,值域 $R=\left(-\frac{\pi}{2},\frac{\pi}{2}\right)$;

$y=\operatorname{arccot} x$,定义域 $D=(-\infty,+\infty)$,值域 $R=(0,\pi)$.

反三角函数 $y=\arcsin x$ 和 $y=\arctan x$ 在其各自的定义域内为单调增加的且均为奇函数;而 $y=\arccos x$ 和 $y=\operatorname{arccot} x$ 在各自的定义域内是单调减少的且均为

非奇非偶函数. 请注意,如不作说明,以后所提到的反三角函数均指主值分支.

1.3.2　初等函数

定义 1-4　由基本初等函数经过有限次的四则运算和有限次的复合运算而形成的并可用一个式子表示的函数,称为**初等函数**.

例如,$y=\mathrm{e}^{\frac{1}{x}}\sin\sqrt{\ln(1+x)}$,$y=\dfrac{\sqrt{\arctan(1+x^2)}}{\ln(x+\sqrt{1+x^2})}$等都是初等函数.

但这里需特别提醒:大多数分段函数一般说来不是初等函数. 例如,$y=\mathrm{sgn}x$,$y=\begin{cases}\mathrm{e}^x, & x\geqslant 0,\\ x+1, & x<0\end{cases}$等都不是初等函数,它们可以称为**分段初等函数**. 但也不要走向另一个极端,认为所有的分段函数都不是初等函数. 例如,分段函数 $y=\begin{cases}x, & x\geqslant 0,\\ -x, & x<0\end{cases}$就是初等函数. 因为 $y=\begin{cases}x, & x\geqslant 0,\\ -x, & x<0\end{cases}=|x|=\sqrt{x^2}$,它可由 $y=\sqrt{u}$,$u=x^2$ 复合而构成,从而为初等函数.

习　题　1.3

1. 将下列函数分解成由基本初等函数或基本初等函数四则运算复合而成的形式:

(1) $y=\sqrt{x^3+\sqrt{x}}$;　　(2) $y=\arctan^2\dfrac{2x}{1-x^2}$;

(3) $y=\ln\dfrac{(1-x)\mathrm{e}^x}{\arccos x}$;　　(4) $y=\mathrm{e}^{\left(\frac{1-x^2}{1+x^2}\right)^{\frac{1}{3}}}$.

2. 设 $f(x)$是定义在$(-\infty,+\infty)$上的奇函数,在$(0,+\infty)$上的表达式为 $f(x)=x-x^2$,求 $f(x)$在$(-\infty,0)$上的表达式.

1.4　经济学中常用函数

科学的真谛正如庄子所言:"判天地之美,析万物之理."而数学又是揭示客观世界事物运动规律及社会、经济等演变规律的强有力的工具. 面对错综复杂的自然和经济问题时,数学工具的成功应用,会使问题的解决简洁而和谐. 在实际应用中往往是在合理假设下,建立起被研究问题的数学模型,通过数学表达式刻画问题中所涉及的主要变量间的关系. 然后应用有关数学知识及其他相关知识,对数学模型进行综合分析、研究,以达到解决问题的目的. 在经济分析中,对需求、价格、成本、收益、利润等经济量的关系研究,是经济数学最基本的任务之一. 但在现实问题中所涉及的变量较多,其间的相关性也异常复杂,作为讨论的初期,这里仅限于考察两个变量间的依赖关系.

1.4.1　需求函数与供给函数

1. 需求函数

某商品的社会需求与多种因素有关,诸如价格、收入水平、消费者的消费倾向、可替代产品的价格等. 为方便,这里只考虑商品需求量和商品价格之间的关系,而将其他因素暂时看成不变的量,这样商品的需求量就是商品价格的函数. 若用 Q 表示商品需求量,P 表示商品的价格,则

$$Q = Q(P)$$

称为需求函数. 同时将 $Q=Q(P)$ 的反函数 $P=P(Q)$ 也称为需求函数.

一般地,商品价格的上涨会使需求量减少,因此,需求函数是价格的单调减少函数(图 1-31).

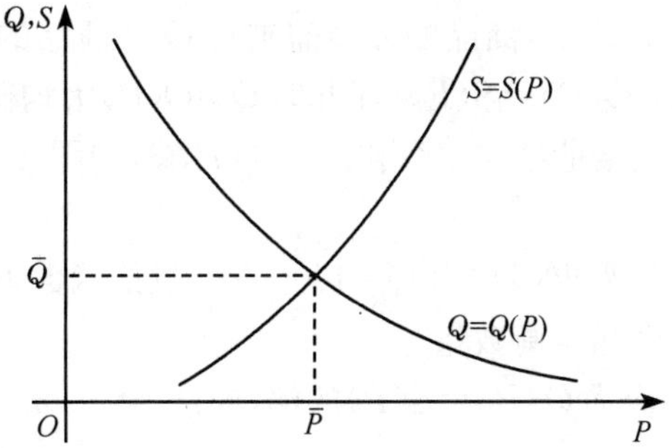

图 1-31

在经济管理中,人们根据统计规律,常用以下形式较简洁的初等函数来近似表达需求函数:

(1) 线性函数　$Q=a-bP$,其中 $a,b>0$;

(2) 幂函数　$Q=aP^{-b}$,其中 $a,b>0$;

(3) 指数函数　$Q=ae^{-bP}$,其中 $a,b>0$.

例如,设某商品需求函数为 $Q=100e^{-\frac{1}{5}P}$,当 $P=0$ 时,该商品的社会需求量为 $Q=100$,此时称为该商品的最大需求量(也是市场对该商品的饱和需求量).

2. 供给函数

某商品的供给量是指在一定的价格水平下,愿意并能够对社会提供的商品量. 影响商品供给量的因素多而复杂,这里依然将其他因素看成不变的量,仅考虑价格因素,即表示商品社会供给量 S 和商品价格 P 之间关系的函数

$$S = S(P)$$

称为供给函数. 同时将 $S=S(P)$ 的反函数 $P=P(S)$ 也称为供给函数.

一般地,商品价格的上涨会使供给量增加,因此,供给函数是价格的单调增加函数(图 1-31).

在经济管理中,人们根据统计规律,常用以下较简洁的初等函数来近似表达供给函数:

(1) 线性函数 $S=-a+bP$,其中 $a,b>0$;

(2) 幂函数 $S=aP^b$,其中 $a,b>0$;

(3) 指数函数 $S=ae^{bP}$,其中 $a,b>0$.

例如,某商品的供给函数为 $S=-20+5P$,当 $P=4$ 时,由于价格过低,该商品的社会供给量 $S=0$,即无人在该价格水平下供应该商品.

3. 均衡价格

某商品在价格水平 $\bar{P}$ 下,商品的社会需求量 Q 和商品的供给量 S 达到平衡,则称 $\bar{P}$ 为**均衡价格**. 即 $Q(\bar{P})=S(\bar{P})$. 而此时 $\bar{Q}=Q(\bar{P})$ 为**均衡数量**. 在同一个坐标系中作出需求曲线和供给曲线,二者相交于点 $(\bar{P},\bar{Q})$ 如图 1-31 所示,称 $(\bar{P},\bar{Q})$ 为**供需平衡点**.

例 1-12 某商品的需求函数为 $Q=100-3P$,供给函数为 $S=-50+2P$,试求该商品的市场均衡价格和均衡数量.

解 均衡价格 $\bar{P}$ 应为 $Q(P)=S(P)$ 的解,即

$$100-3P=-50+2P.$$

解得 $\bar{P}=30$ 为均衡价格. 而此时均衡数量

$$\bar{Q}=Q(\bar{P})=100-3\bar{P}=10.$$

1.4.2 成本函数

任何一项生产活动都需要投入,**总成本**是生产一定数量产品所需要的各种生产要素投入的费用总额. 总成本=固定成本+可变成本. 其中固定成本指的是不随产量的变化而改变的费用,如厂房费用、固定资产折旧以及行政管理费等;可变成本指的是随产量的变化而改变的费用,如原材料、燃料、动力以及计件工资等. 由此可见总成本函数 C 是产量(或销量)Q 的函数,即 $C=C(Q)$.

企业为提高经济效益降低成本,通常需要考察分摊到每个单位产品中的成本——即**平均成本**,以评价企业生产经营管理状况. 当产量(或销量)为 Q 时的平均成本为

$$\bar{C}(Q)=C(Q)/Q.$$

例 1-13　已知某产品的总成本函数为

$$C(Q)=200+5Q+\frac{1}{2}Q^2$$

求(1)固定成本;(2)产量 $Q=20$ 时的总成本;(3)平均成本;(4)$Q=20$ 时的平均成本.

解　由题意

(1) 固定成本即 $C(0)=\left(200+5Q+\frac{1}{2}Q^2\right)\Big|_{Q=0}=200.$

(2) $Q=20$ 时的总成本 $C(20)=\left(200+5Q+\frac{1}{2}Q^2\right)\Big|_{Q=20}=500.$

(3) 平均成本函数 $\overline{C}(Q)=\frac{C(Q)}{Q}=\frac{200}{Q}+5+\frac{Q}{2}.$

(4) $Q=20$ 时的平均成本 $\overline{C}(20)=\left[\frac{200}{Q}+5+\frac{Q}{2}\right]\Big|_{Q=20}=25.$

1.4.3　收益函数

收益是指销售一定数量商品所得的收入,它既是销量 Q 的函数,又是价格 P 的函数,即收益是价格与销量的乘积,若用 R 表示收益,则 $R=PQ$.

根据不同的研究目的,通过需求函数,既可以将收益函数表示成价格 P 的函数,也可以表示成销量 Q 的函数.

(1) 若需求函数 $Q=Q(P)$,则 $R=R(P)=PQ(P)$;

(2) 若需求函数 $P=P(Q)$,则 $R=R(Q)=P(Q)\cdot Q$.

例如,设某商品的需求函数为 $Q=20-2P$,若将收益表示为商品价格 P 的函数时则有

$$R=PQ(P)=20P-2P^2,$$

若将收益表示为商品需求量 Q 的函数时则有

$$R=P(Q)\cdot Q=10Q-\frac{1}{2}Q^2.$$

1.4.4　利润函数

企业生产经营活动的直接目的是获取利润.生产(或销售)一定数量商品的总利润 L 在不考虑税收的情况下,它是总收益 R 与总成本 C 之差,即

$$L=L(Q)=R(Q)-C(Q),$$

若考虑国家征收税费 T 的情况下,总利润为

$$L=L(Q)=R(Q)-C(Q)-T(Q).$$

例 1-14　设某企业销售某种商品,其需求函数为 $P=\alpha-\beta Q,\alpha,\beta>0$,总成本函数 $C=a+bQ+cQ^2(a,b,c>0)$.求(1) 总利润函数;(2) 国家征收税率为 t(即对每

个单位商品征收的金额)的情况下的税后利润函数.

解 (1) 在不考虑国家税收的情况下,利润为

$$\begin{aligned}L(Q) &= R(Q)-C(Q)=P(Q)\cdot Q-C(Q)\\&=\alpha Q-\beta Q^2-a-bQ-cQ^2\\&=(\alpha-b)Q-(\beta+c)Q^2-a.\end{aligned}$$

(2) 当销量为 Q 时,税收总额为 $T(Q)=tQ$,从而税后利润为

$$\begin{aligned}L(Q) &= R(Q)-C(Q)-T(Q)\\&=P(Q)\cdot Q-C(Q)-T(Q)\\&=(\alpha-b-t)Q-(\beta+c)Q^2-a.\end{aligned}$$

经济常识告诉我们:当销售成本 $C(Q)$ 超过销售收益 $R(Q)$ 时,则表明这种经营活动是亏本的;而当销售收益 $R(Q)$ 超过成本 $C(Q)$ 时,则产生利润;当利润 $L(Q)=0$,亦即 $R(Q)=C(Q)$ 时,则不盈不亏. 通常将 $L(Q)=0$ 的点 Q_0 称为**保本点**(**或盈亏临界点**).

例 1-15 某企业生产某商品的固定成本为 100 元,每增加生产一个单位商品,成本增加 2 元,该商品的销售价格 $P=10$ 元/单位,试求该商品的保本点.

解 依题意,成本函数 $C(Q)=100+2Q$,

收益函数 $R(Q)=10Q$,

则利润函数为

$$L(Q)=R(Q)-C(Q)=8Q-100 \overset{令}{=\!=} 0,$$

得保本点

$$Q_0=12.5,$$

即该商品至少生产 12.5 个单位才能保本.

1.4.5 库存函数

企业为保证生产经营的连续性,需要对原材料、半成品及产成品保证一定的库存. 但库存要付出一定的代价并承担一定的风险. 例如,有库存就要占有仓库等空间、占有一定的资金、进行保养和维护、还要承担一部分市场或自然损失等. 通过建立库存数学模型寻求最优库存成为研究内容之一.

设在计划期 T 内,对某种物品的总需求量为 D,每次进货批量 Q 保持不变,每次订货费 C_0,单位商品的价值为 U. 在计划期内单位商品的库存费用率 I 保持不变,需求是均匀的,在不允许缺货的条件下,讨论库存总费用的数学模型.

库存总费用 $C=$ 订货费用 C_1+ 存储费用 C_2.

订货费用 $C_1=C_0\cdot\dfrac{D}{Q}\left(\dfrac{D}{Q}\text{为计划期内的订货次数}\right)$;

存储费用 $C_2=\frac{1}{2}QUI\left(其中\frac{1}{2}Q为平均库存水平\right)$,从而,库存总费用 $C=C(Q)=\frac{C_0D}{Q}+\frac{1}{2}QUI$.

例 1-16 某生产企业对原材料 A 的年需求量为 3600 吨,每次订货费为 20 元,商品的单价为 200 元,单位商品的年存储费用率为 5%,又设原材料的消耗是均匀的,在不缺货的情形下求关于订货批量 Q 的库存费用函数.

解 由题设知 $D=3600,C_0=20,U=200,I=0.05$,从而,库存总费用为

$$C(Q)=\frac{72000}{Q}+5Q.$$

1.4.6 其他函数关系的建立

在解决现实问题时,经常通过建立函数,研究各个变量间的关系,以掌握变化规律,该方法属于数学模型法.为此需要明确问题中的自变量与因变量,根据题意建立函数关系式,然后确定函数的定义域.这里请注意,应用问题中的函数的定义域,除函数的解析式外,还要考虑变量在现实问题中的具体含义.

例 1-17 直线折旧问题.设一台设备的价值为 v(元),使用年限为 n 年,该设备使用寿命完结时的价值(即残值)为 c(元),则可折旧的价值为 $v-c$,平均每年的折旧费为$\frac{v-c}{n}$.若将 x 年末的折旧余额记为 y,则

$$y=v-\frac{v-c}{n}x,\quad 0\leqslant x\leqslant n.$$

若记 $k=-\frac{v-c}{n},b=v$,则 x 年末的折旧余额可表示成

$$y=kx+b.$$

通常将这种以线性函数为工具计算固定资产折旧的方法称为**直线折旧法**.

例 1-18 设有一块边长为 a 的正方形薄板,将它的四角剪去边长相等的小正方形制作一个无盖容器,试将容器的容积表示成小正方形边长的函数(图 1-32).

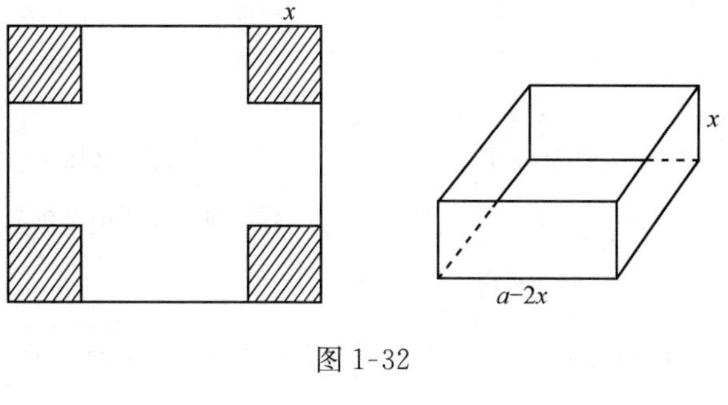

图 1-32

解　设剪去的小正方形的边长为 x，容器的容积为 V，则容器的底面积为 $(a-2x)^2$，高为 x，因此所求的函数关系为

$$V=x(a-2x)^2,\quad x\in\left(0,\frac{a}{2}\right).$$

本节给出了经济管理中常用到的几个函数，以及建立函数关系的方法，这样就为后面将要学习经济分析和其他问题的最优化问题奠定了基础.

习　题　1.4

1. 某种商品的需求函数与供给函数分别为

$$Q=300-6P,\quad S=26P-20,$$

求该商品的市场均衡价格和均衡数量.

2. 工厂生产某种产品，生产准备费 1000 元，可变资本 4 元，单位售价 8 元，求：

(1) 总成本函数；　　(2) 单位成本函数；

(3) 销售收入函数；　　(4) 利润函数.

3. 设生产某种商品 Q 件时的总成本为

$$C(Q)=20+2Q+0.5Q^2\text{（万元）}.$$

若每售出一件该商品的收入是 20 万元，求生产 20 件时的总利润和平均利润.

4. 某商场以每件 a 元的价格出售某种商品，若顾客一次购买 50 件以上，则超出 50 件的商品以每件 $0.8a$ 元的优惠价出售，试将一次成交的销售收入 R 表示成销售量 Q 的函数.

5. 在半径为 r 的球内嵌入一圆柱，试将圆柱的体积表示为其高的函数，并确定此函数的定义域.

6. 要设计一个容积为 $V=20\pi\text{m}^3$ 的有盖圆柱形储油桶，已知上盖单位面积造价是侧面的一半，而侧面单位面积造价又是底面的一半，设上盖的单位面积造价为 a 元/m^2，试将油桶的总造价 y 表示为油桶半径 r 的函数.

总 习 题 一

(A)

1. 填空题：

(1) 已知 $f(e^x)=a^x(x^2-1)$，则 $f(x)=$________.

(2) 设函数 $f(x)$ 的定义域为 $[0,1]$，则 $f(x+1)+f(x-1)$ 的定义域为________.

(3) 设 $f(x)=\dfrac{x+k}{kx^2+2kx+2}$ 的定义域是 $(-\infty,+\infty)$，则 k 的取值范围是________.

(4) 函数 $y=\sin x+\cos x$ 的周期是________.

(5) 已知函数 $y=f(x)$ 与 $y=g(x)$ 的图形对称于直线 $y=x$，且 $f(x)=\dfrac{e^x-e^{-x}}{e^x+e^{-x}}$，则 $g(x)=$

________.

2. 单项选择题：

(1) 函数 $f(x)=\dfrac{1}{\ln|x-5|}$的定义域是________.

A. $(-\infty,5)\cup(6,+\infty)$ B. $(-\infty,6)\cup(6,+\infty)$

C. $(-\infty,4)\cup(4,+\infty)$ D. $(-\infty,4)\cup(4,5)\cup(5,6)\cup(6,+\infty)$

(2) 下列各对函数中，$f(x)$与$g(x)$为同一函数的是________.

A. $f(x)=x-1$ 与 $g(x)=\dfrac{x^2-1}{x+1}$ B. $f(x)=\sqrt{1-\sin^2 x}$与$g(x)=\cos x$

C. $f(x)=x$ 与 $g(x)=\dfrac{x^2}{x}$ D. $f(x)=\dfrac{x\ln(1-x)}{x^2}$与$g(x)=\dfrac{\ln(1-x)}{x}$

(3) 设函数 $f(x)$在$(-\infty,+\infty)$内有定义，下列函数中必为偶函数的是________.

A. $y=|f(x)|$ B. $y=f(x^2)$

C. $y=f(x)-f(-x)$ D. $y=f(-x)$

(4) 函数 $y=\lg(x-1)$在区间________内有界.

A. $(1,+\infty)$ B. $(2,+\infty)$

C. $(1,2)$ D. $(2,3)$

(5) 设 $f(x)=\dfrac{x}{x-1}$，若以 $f(x)$表示 $f(3x)$，则正确的是________.

A. $\dfrac{3f(x)}{3f(x)-1}$ B. $\dfrac{3f(x)}{3f(x)-3}$

C. $\dfrac{3f(x)}{2f(x)+1}$ D. $\dfrac{3f(x)}{2f(x)-1}$

3. 设 $f(x)=e^{\arcsin x}$，$f[\varphi(x)]=x-1$，求 $\varphi(x)$的表达式及其定义域.

4. 设 $f(x)=\begin{cases}e^x, & x<1,\\ x, & x\geqslant 1,\end{cases}$ $\varphi(x)=\begin{cases}x+2, & x<0,\\ x^2-1, & x\geqslant 0.\end{cases}$ 求 $f[\varphi(x)]$.

5. 设 $f(x)=\begin{cases}1+x, & x<0,\\ 1, & x\geqslant 0,\end{cases}$ $g(x)=\begin{cases}x-1, & x<1,\\ 0, & x\geqslant 1.\end{cases}$ 求 $f(x)+g(x)$.

6. 已知生产某种商品的成本函数和收入函数分别为

$$C=10-8Q+Q^2,\quad R=4Q \quad (\text{单位，万元}).$$

(1) 求该商品的利润函数及销量为 6 台时的总利润；

(2) 确定该商品销量为 7 台时是否赢利.

(B)

1. 单项选择题：

(1) $f(x)=|x\sin x|e^{\cos x}\ (-\infty<x<+\infty)$是________.

A. 有界函数 B. 单调函数

C. 周期函数 D. 偶函数

(2) 设 $f(x)=\begin{cases}x^2, & x\leqslant 0,\\ x^2+x, & x>0,\end{cases}$ 则 $f(-x)$等于________.

A. $f(-x)=\begin{cases}-x^2, & x\leqslant 0\\ -(x^2+x), & x>0\end{cases}$　　B. $f(-x)=\begin{cases}-(x^2+x), & x<0\\ -x^2, & x\geqslant 0\end{cases}$

C. $f(-x)=\begin{cases}x^2, & x\leqslant 0\\ x^2-x, & x>0\end{cases}$　　D. $f(-x)=\begin{cases}x^2-x, & x<0\\ x^2, & x\geqslant 0\end{cases}$

(3) 设 $g(x)=\begin{cases}2-x, & x\leqslant 0,\\ x+2, & x>0,\end{cases}$ $f(x)=\begin{cases}x^2, & x<0,\\ -x, & x\geqslant 0,\end{cases}$ 则 $g[f(x)]=$________.

A. $\begin{cases}2+x^2, & x<0\\ 2-x, & x\geqslant 0\end{cases}$　　B. $\begin{cases}2-x^2, & x<0\\ 2+x, & x\geqslant 0\end{cases}$

C. $\begin{cases}2-x^2, & x<0\\ 2-x, & x\geqslant 0\end{cases}$　　D. $\begin{cases}2+x^2, & x<0\\ 2+x, & x\geqslant 0\end{cases}$

(4) 设 $f(x)=\begin{cases}1, |x|\leqslant 1,\\ 0, |x|>1.\end{cases}$ 则 $f\{f[f(x)]\}$等于________.

A. 0　　B. 1

C. $\begin{cases}1, & |x|\leqslant 1\\ 0, & |x|>1\end{cases}$　　D. $\begin{cases}0, & |x|\leqslant 1\\ 1, & |x|>1\end{cases}$

2. 已知 $f(x)=e^{x^2}$，$f[\varphi(x)]=1-x$，且 $\varphi(x)\geqslant 0$，求 $\varphi(x)$ 并写出它的定义域.

第 2 章 极限与连续

极限是在某一变化过程中研究变量的变化趋势而引出的非常重要的基本概念. 当我们学习并感受着微积分学思维的严谨、方法的精巧、应用的绝妙时,会发现极限概念、极限思想与方法是微积分产生和发展的理论基石. 本章讨论极限的概念(以描述法和分析法两种不同方式给出极限的定义,其中分析法供不同学习目标的读者选学,用“*”标明)、性质及基本计算方法,并在此基础上讨论函数的连续性.

2.1 数列的极限

2.1.1 数列的概念

数列极限思想的产生历史悠久,我国古代数学家刘徽的割圆术和古希腊数学家、天文学家欧多克索斯(Eudoxus)的穷竭法都是这一思想光辉的体现. 再如我国春秋战国时期的《庄子・天下篇》中载有这样一段话“一尺之棰,日取其半,万世不竭”,是说一尺长的棍,每天取下它的一半,则每天剩余的长度为

$$\frac{1}{2},\frac{1}{4},\frac{1}{8},\cdots,\frac{1}{2^n},\cdots$$

构成无穷多个数的序列,且伴随 n 的无限增大,剩余长度 $\frac{1}{2^n}$ 无限地趋近于 0,却永远不等于 0,这就是“万世不竭”的含义. 这里暗喻了无穷数列及其极限的思想萌芽.

定义 2-1 按照正整数的顺序排列起来的无穷多个数

$$x_1,x_2,\cdots,x_n,\cdots$$

称为**无穷数列**(简称**数列**),记作 $\{x_n\}$. 并把每个数称为数列的**项**,x_n 称为数列的**第 n 项**或**通项**.

若记

$$x_n = f(n),\quad n\in \mathbf{N}^+,$$

换一个角度看,实际上数列是定义在 $\mathbf{N}^+$ 上的函数.

例 2-1 下列均为数列

(1) $\left\{\frac{1}{2^n}\right\}:\frac{1}{2},\frac{1}{4},\frac{1}{8},\cdots,\frac{1}{2^n},\cdots$;

(2) $\left\{\frac{1}{n}\right\}:1,\frac{1}{2},\frac{1}{3},\cdots,\frac{1}{n},\cdots$;

(3) $\left\{\frac{n+(-1)^n}{n}\right\}$：$0,\frac{3}{2},\frac{2}{3},\frac{5}{4},\cdots,\frac{n+(-1)^n}{n},\cdots$；

(4) $\{(-1)^{n+1}\}$：$1,-1,1,\cdots,(-1)^{n+1},\cdots$；

(5) $\{n^2\}$：$1,4,9,\cdots,n^2,\cdots$.

由于实数与数轴上的点是一一对应的，因此，一个数列对应着数轴上无穷多个点构成的点列.

下面介绍两类具有特征的数列：有界数列及单调数列.

定义 2-2　如果数列$\{x_n\}$，$\exists M>0$，对$\forall n\in\mathbf{N}^+$都有

$$|x_n|\leqslant M,$$

则称数列$\{x_n\}$是**有界的**；如果上述的 M 不存在，即对$\forall M>0$，都$\exists k\in\mathbf{N}^+$使得

$$|x_k|>M,$$

则称数列$\{x_n\}$是**无界的**；如果$\exists A\in\mathbf{R}(B\in\mathbf{R})$，对$\forall n\in\mathbf{N}^+$都有

$$x_n\geqslant A(x_n\leqslant B),$$

则称数列$\{x_n\}$**有下界(有上界)**.

可以证明下列结论(请读者试证)：数列$\{x_n\}$有界的充要条件是数列$\{x_n\}$既有上界又有下界.

例 2-1 中数列(1)、(2)、(3)、(4)均有界，但数列(5)是无界数列.

定义 2-3　如果数列$\{x_n\}$，对$\forall n\in\mathbf{N}^+$都有

$$x_n\leqslant x_{n+1},$$

则称数列$\{x_n\}$是**单调增加的**；如果对$\forall n\in\mathbf{N}^+$都有

$$x_n\geqslant x_{n+1},$$

则称数列$\{x_n\}$是**单调减少的**. 单调增加数列与单调减少数列统称为**单调数列**.

例 2-1 中的数列(1)、(2)是单调减少，数列(5)是单调增加的，而数列(3)和(4)不具有单调性.

这里再介绍子数列的概念. 若在数列$\{x_n\}$中任意抽取无穷多项并保持各项在原数列$\{x_n\}$中的先后顺序，这样就得到一个新的数列，称其为原数列$\{x_n\}$的**子数列**(或**子列**). 如

$$x_1,x_3,\cdots,x_{2n-1},\cdots;$$

$$x_2,x_4,\cdots,x_{2n},\cdots$$

均为$\{x_n\}$的子列. 子数列一般记为$\{x_{n_k}\}$：

$$x_{n_1},x_{n_2},\cdots,x_{n_k},\cdots,$$

其中 $n_1<n_2<\cdots<n_k<n_{k+1}<\cdots$，而 n_k 为 x_{n_k} 在原数列中的下标，而 k 是 x_{n_k} 在子数列中的项的序号，显然有 $n_k\geqslant k$.

2.1.2　数列极限的描述性定义

我们特别关注数列伴随着 n 的增大，其变化趋势是否具有如下特征：当 n 无限增

大时，x_n 无限地接近某一常数 a. 通过观察会发现在例 2-1 中各数列的变化趋势.

(1) $\left\{\frac{1}{2^n}\right\}$：当 n 无限增大时，$\frac{1}{2^n}$无限接近于数 0；

(2) $\left\{\frac{1}{n}\right\}$：当 n 无限增大时，$\frac{1}{n}$无限接近于数 0；

(3) $\left\{\frac{n+(-1)^n}{n}\right\}$：当 n 无限增大时，$\frac{n+(-1)^n}{n}$无限接近于数 1；

(4) $\{(-1)^{n+1}\}$：当 n 无限增大时，$(-1)^{n+1}$不能无限地接近某一常数 a；

(5) $\{n^2\}$：当 n 无限增大时，n^2 也无限地增大，不会无限地接近任何一个常数. 下面给出极限的描述性定义.

定义 2-4 给定数列$\{x_n\}$，如果当 n 无限增大时，x_n 无限地接近于某个确定的常数 a，则称 a 为数列$\{x_n\}$当 n 趋向于无穷大时的**极限**，或称数列$\{x_n\}$当 n 趋向于无穷大时**收敛于 a**. 记作

$$\lim_{n\to\infty}x_n = a \quad 或 \quad x_n \to a \quad (n\to\infty).$$

否则，称数列$\{x_n\}$没有极限，或称数列$\{x_n\}$是**发散的**.

根据极限定义，我们有：

(1) $\lim\limits_{n\to\infty}\frac{1}{2^n}=0$；

(2) $\lim\limits_{n\to\infty}\frac{1}{n}=0$；

(3) $\lim\limits_{n\to\infty}\frac{n+(-1)^n}{n}=1$；

(4) $\lim\limits_{n\to\infty}(-1)^{n+1}$不存在；

(5) $\lim\limits_{n\to\infty}n^2$ 不存在.

另外通过直观观察不难发现，当$|q|<1$ 时，$\lim\limits_{n\to\infty}q^n=0$；而当$|q|>1$ 时，$\lim\limits_{n\to\infty}q^n$ 不存在. 综合以上，有：

$$\lim_{n\to\infty}q^n = \begin{cases} 0, & |q|<1, \\ 1, & q=1, \\ 不存在, & q=-1, \\ 不存在, & |q|>1. \end{cases}$$

*2.1.3 数列极限的分析定义

前面用直观描述性的方法给出了极限的定义，并用观察法去寻得数列的极限，除了像有的数列(如$\left(1+\frac{1}{n}\right)^n$等)很难通过观察而得到极限外，更主要的是其中"$n$ 无限增大时"，"x_n 无限地接近于 a"等语言都是模糊的，缺失了数学的严谨性与精

确性,像"n 无限增大"的含义到底是什么? "x_n 无限地接近于 a"应该如何去刻画? 下面我们对此展开讨论.

我们以数列 $\left\{\frac{n+(-1)^n}{n}\right\}$ 为例,前面已给出当 n 无限增大时,$x_n=\frac{n+(-1)^n}{n}$ 无限接近于数 1. 如何用精确的数学语言和数学表达式去刻画这一事实呢? 我们知道,刻画两个数 a 与 b 之间的接近程度可用绝对值 $|b-a|$ 来度量,在数轴上 $|b-a|$ 表示 a 点与 b 点间的距离,$|b-a|$ 越小则 a 与 b 的接近程度越高. 因此 x_n 接近于 1 的程度,可用 $|x_n-1|$ 来刻画.

因 $|x_n-1|=\left|\frac{n+(-1)^n}{n}-1\right|=\frac{1}{n}$,从而有:

(1) 事先给定小正数 0.01,欲使 $|x_n-1|=\frac{1}{n}<0.01$,只需 $n>100$,取正整数 $N=100$,则当 $n>N$ 后的所有各项 $x_{101},x_{102},\cdots$,都能使 $|x_n-1|<0.01$ 成立;

(2) 事先给定更小的正数 0.0001,欲使 $|x_n-1|=\frac{1}{n}<0.0001$,只需 $n>10000$,取正整数 $N=10000$,则当 $n>N$ 后的所有各项 $x_{10001},x_{10002},\cdots$,都能使 $|x_n-1|<0.0001$ 成立;

(3) 无论事先给出一个多么小的正数,欲使 $|x_n-1|$ 小于该小正数,都能做到,即都能找到那么"一个时刻"——正整数 N,当 n 大过 N 后的所有各项 x_n:x_{N+1},$x_{N+2},\cdots$,与数 1 的接近程度都小于事先给出的小正数;

(4) 为了说明 x_n 和数 1 的任意接近程度,一般地,给出任意小的正数 ε,欲使 $|x_n-1|<\varepsilon$,只需 $n>\frac{1}{\varepsilon}$,取 $N=\left[\frac{1}{\varepsilon}\right]$,当 $n>N$ 后的所有各项 $x_{N+1},x_{N+2},\cdots$,都与 1 的接近程度小于事先给出的任意小正数 ε. 此时就刻画出"n 无限地增大","x_n 与 1 无限接近"的实质. 由以上的讨论,我们给出数列极限的分析定义.

定义 2-5(ε-N 语言) 设 $\{x_n\}$ 为一数列,如果存在常数 a,对于 $\forall\varepsilon>0$(无论多么小),$\exists$ 正整数 N,使当 $n>N$ 时,有

$$|x_n-a|<\varepsilon,$$

则称 a 是数列 $\{x_n\}$ 当 $n\to\infty$ 时的极限. 记作

$$\lim_{n\to\infty}x_n=a \quad 或 \quad x_n\to a \quad (n\to\infty).$$

此时,又称数列 $\{x_n\}$ 收敛于数 a;如果不存在这样的数 a,则称数列 $\{x_n\}$ 没有极限,又称数列 $\{x_n\}$ 是发散的,习惯上说 $\lim\limits_{n\to\infty}x_n$ 不存在.

下面给出用 ε-N 语言刻画数列极限的几何直观解释:

若 $\lim\limits_{n\to\infty}x_n=a$,则对 $\forall\varepsilon>0$ 可以任意的小,$\exists$ 正整数 N,在 $\{x_n\}$ 中,$n>N$ 后的所有 x_n:$x_{N+1},x_{N+2},\cdots$,都满足 $|x_n-a|<\varepsilon\Leftrightarrow a-\varepsilon<x_n<a+\varepsilon$,即 $x_{N+1},x_{N+2},\cdots$,都落在 a 的 ε 邻域内,在这个邻域外,最多只有有限项:$x_1,\cdots,x_N$(图 2-1).

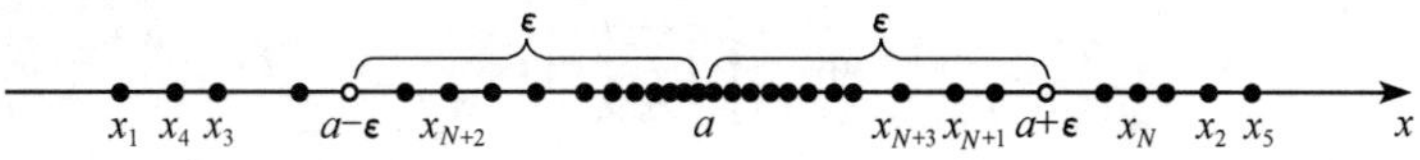

图 2-1

关于数列极限分析定义的几点说明：

(1) 正数 ε 的任意性刻画了 x_n 与 a 的任意接近程度；

(2) 正整数 N 与事先给定的正数 ε 有关，N 的确定依赖于给定的 ε，但 N 不唯一；

(3) 从极限的定义可见，数列极限存在与否，极限为何，与数列 $\{x_n\}$ 前面有限项无关. 若改变数列的有限项，将不会影响数列的极限.

* **例 2-2** 用数列极限的定义证明 $\lim\limits_{n\to\infty}\dfrac{3n+5}{2n+1}=\dfrac{3}{2}$.

证 令 $x_n=\dfrac{3n+5}{2n+1}$，$\left|x_n-\dfrac{3}{2}\right|=\left|\dfrac{3n+5}{2n+1}-\dfrac{3}{2}\right|=\dfrac{7}{2(2n+1)}<\dfrac{7}{n}$.

$\forall\varepsilon>0$，欲使 $\left|x_n-\dfrac{3}{2}\right|<\varepsilon$，只需 $\dfrac{7}{n}<\varepsilon$，即 $n>\dfrac{7}{\varepsilon}$. 取 $N=\left[\dfrac{7}{\varepsilon}\right]$，则当 $n>N$ 时，有 $\left|x_n-\dfrac{3}{2}\right|<\varepsilon$ 成立. 从而

$$\lim_{n\to\infty}\frac{3n+5}{2n+1}=\frac{3}{2}.$$

* **例 2-3** 设 $|q|<1$，证明 $\lim\limits_{n\to\infty}q^n=0$.

证 令 $x_n=q^n$，当 $q=0$ 时，结论显然成立. 以下设 $0<|q|<1$. $\forall\varepsilon>0$(设 $\varepsilon<1$)，因 $|x_n-0|=|q^n-0|=|q|^n$，欲使 $|x_n-0|<\varepsilon$，只要 $|q|^n<\varepsilon$，即 $n\ln|q|<\ln\varepsilon$. 因 $|q|<1$，$\ln|q|<0$，因此只需 $n>\dfrac{\ln\varepsilon}{\ln|q|}$，取 $N=\left[\dfrac{\ln\varepsilon}{\ln|q|}\right]$，则当 $n>N$ 时，就有 $|x_n-0|<\varepsilon$ 成立. 故 $\lim\limits_{n\to\infty}q^n=0$.

2.1.4 收敛数列的性质

下面讨论收敛数列的有关性质.

定理 2-1(极限的唯一性) 若数列 $\{x_n\}$ 收敛，则其极限唯一.

* **证** (反证法)设数列 $\{x_n\}$ 有两个极限 a 和 b，不妨设 $a<b$. 由于 $\lim\limits_{n\to\infty}x_n=a$，给定 $\varepsilon=\dfrac{b-a}{2}>0$，$\exists$ 正整数 N_1，当 $n>N_1$ 时，有 $|x_n-a|<\dfrac{b-a}{2}$，即

$$a-\frac{b-a}{2}<x_n<a+\frac{b-a}{2},$$

从而有

$$x_n < \frac{a+b}{2}. \tag{2-1}$$

又由于$\lim\limits_{n\to\infty}x_n=b$，对 $\varepsilon=\frac{b-a}{2}>0$，∃正整数 N_2，当 $n>N_2$ 时，有$|x_n-b|<\frac{b-a}{2}$，即

$$b-\frac{b-a}{2}<x_n<b+\frac{b-a}{2},$$

从而有

$$x_n > \frac{a+b}{2}. \tag{2-2}$$

取 $N=\max\{N_1,N_2\}$，则当 $n>N$ 时，有(2-1)、(2-2)式同时成立，即

$$\frac{a+b}{2}<x_n<\frac{a+b}{2},$$

这是不可能的，矛盾说明假设不真，从而$\lim\limits_{n\to\infty}x_n$ 存在则必唯一.

定理 2-2(收敛数列的有界性)　收敛数列必有界.

***证**　设数列$\{x_n\}$收敛于 a，由数列极限的定义，对于 $\varepsilon=1$，∃正整数 N，当 $n>N$ 时，有$|x_n-a|<1$ 成立. 于是，当 $n>N$ 时，有

$$|x_n|=|(x_n-a)+a|\leqslant|x_n-a|+|a|<1+|a|.$$

取 $M=\max\{|x_1|,|x_2|,\cdots,|x_N|,1+|a|\}$，则对 $\forall n\in\mathbf{N}^+$ 都有

$$|x_n|\leqslant M.$$

定理得证.

注(1)　由定理 2-2 可知，若数列$\{x_n\}$无界，则数列$\{x_n\}$一定发散；

注(2)　定理 2-2 的论断的逆命题不成立. 即有界数列不一定收敛. 例如，数列$\{(-1)^{n+1}\}$有界，但却是发散的. 所以数列有界是数列收敛的必要而非充分条件.

定理 2-3(收敛数列的保号性)　若$\lim\limits_{n\to\infty}x_n=a$，且 $a>0$(或 $a<0$)，则∃正整数 N，当 $n>N$ 时，恒有 $x_n>0$(或 $x_n<0$).

***证**　这里仅就 $a>0$ 的情形证明. 由$\lim\limits_{n\to\infty}x_n=a$，对 $\varepsilon=\frac{a}{2}>0$，∃正整数 N，当 $n>N$ 时，有

$$|x_n-a|<\frac{a}{2},$$

从而

$$x_n>a-\frac{a}{2}=\frac{a}{2}>0.$$

注　定理 2-3 表明，若数列极限 $a\neq0$，则该数列当 n 充分大以后，各项 x_n 将与其极限 a 保持同号.

推论 2-1　若数列$\{x_n\}$从某项起有 $x_n\geqslant0$(或 $x_n\leqslant0$)，且$\lim\limits_{n\to\infty}x_n=a$，那么 $a\geqslant0$

(或 $a\leqslant 0$)

*证 设数列$\{x_n\}$当$n>N_1$时有$x_n\geqslant 0$. 现用反证法证明. 若$\lim\limits_{n\to\infty}x_n=a<0$,由保号性定理知,∃正整数$N_2$,当$n>N_2$时,有$x_n<0$. 取$N=\max\{N_1,N_2\}$,当$n>N$时,按假定有$x_n\geqslant 0$,而由保号性定理有$x_n<0$,这矛盾,说明必有$a\geqslant 0$.

对数列$\{x_n\}$从某项起有$x_n\leqslant 0$的情形可类似证明.

定理 2-4(收敛数列与其子数列间的关系) 如果数列$\{x_n\}$收敛于a,则其任一子数列也收敛,且极限也是a.

注(1) 定理 2-4 表明,如果数列$\{x_n\}$中有一个子数列发散,则数列$\{x_n\}$也一定发散. 例如数列$\{n^{(-1)^{n-1}}\}$:$1,\frac{1}{2},3,\frac{1}{4},\cdots,n^{(-1)^{n-1}},\cdots$的子数列$\{x_{2k-1}\}$为发散子数列,从而数列$\{n^{(-1)^{n-1}}\}$必发散.

注(2) 定理 2-4 还表明,如果数列$\{x_n\}$中有两个收敛的子数列,但其极限不同,则数列$\{x_n\}$也必发散. 例如,数列$\{(-1)^{n+1}\}$,子数列$\{x_{2k-1}\}$收敛于1,而子数列$\{x_{2k}\}$收敛于-1,因此数列$\{(-1)^{n+1}\}$是发散的.

习 题 2.1

1. 观察下列数列的变化趋势,如果有极限,写出它们的极限:

(1) $x_n=\frac{(-1)^n}{2^n}$; (2) $x_n=\frac{n+1}{n}$;

(3) $x_n=(-1)^n n^2$; (4) $x_n=\frac{3n+4}{2n+5}$.

*2. 用极限的定义证明下列极限:

(1) $\lim\limits_{n\to\infty}\frac{2n+1}{n+2}=2$; (2) $\lim\limits_{n\to\infty}\left(1-\frac{1}{3^n}\right)=1$;

(3) $\lim\limits_{n\to\infty}\frac{\sin n}{n}=0$; (4) $\lim\limits_{n\to\infty}\frac{n!}{n^n}=0$.

*3. 若$\lim\limits_{n\to\infty}|a_n|=0$,证明$\lim\limits_{n\to\infty}a_n=0$.

*4. 如果数列$\{a_n\}$收敛,试证明$\lim\limits_{n\to\infty}a_{n+1}=\lim\limits_{n\to\infty}a_n$,反之亦然.

*5. 设$\lim\limits_{n\to\infty}x_n=0$,

(1) y_n为任意数列,能否推断$\lim\limits_{n\to\infty}x_ny_n=0$;

(2) y_n为有界数列,能否推断$\lim\limits_{n\to\infty}x_ny_n=0$.

2.2 函数的极限

前面对数列极限的讨论可以看作是对定义在正整数集上的函数$x_n=f(n)$,$n\in\mathbf{N}^+$当自变量n无限增大这一过程中,对应函数值$f(n)$的变化趋势的讨论. 下面我们来研讨定义在某个实数集上自变量连续取值的函数 $y=f(x)$ 的极限. 即讨论在自变量 x 的某一变化过程中，相应函数值 $f(x)$ 的变化趋势. 这里 $f(x)$ 的变化趋势是指在该过程中 $f(x)$ 能否无限地接近于某个确定的数 a. 这样就引出函数极限的概念.

函数极限与自变量的变化过程密切相联. 函数 $x_n=f(n), n\in\mathbf{N}^+$ 的变化过程只有 $n\to\infty$ 一个. 而函数 $y=f(x)$ 的自变量取值范围是某实数集，因此其自变量 x 的变化过程复杂而灵活，综合起来，主要有两种不同情形：(1) 自变量 x 的绝对值 $|x|$ 无限增大，即 $x\to\infty$（它还有两种特殊情形，一是 x 向正方向无限增大，即 $x\to+\infty$；一是 x 向负方向无限减小，即 $x\to-\infty$）；(2) 自变量 x 无限接近于定值 x_0，即 $x\to x_0$（它也有两种特殊情形，一是 x 从左边无限接近于 x_0，记作 $x\to x_0^-$；一是 x 从右边无限接近于 x_0，记作 $x\to x_0^+$）.

2.2.1　函数极限的描述性定义

1. $x\to\infty$ 时函数 $f(x)$ 极限的直观描述

引例 2-1　函数 $f(x)=\dfrac{x+1}{x}$，当 $x\to\infty$ 时，$f(x)$ 无限地接近于数 1(图 2-2)，则称数 1 是当 $x\to\infty$ 时，$f(x)$ 的极限. 一般有下面的描述性定义.

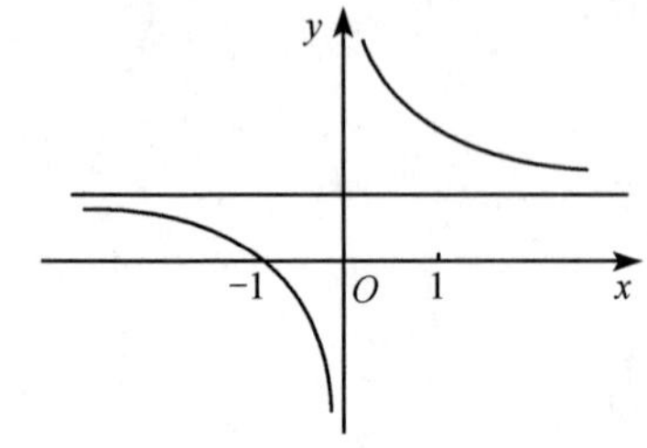

图 2-2

定义 2-6　给定函数 $y=f(x)$，当 $|x|$ 充分大以后有定义，如果当 $|x|$ 无限增大时，函数 $f(x)$ 无限地接近于确定数 A，则称数 A 为函数 $f(x)$ 当 x 趋向于无穷时的极限，记作

$$\lim_{x\to\infty}f(x)=A \quad 或 \quad f(x)\to A \quad (x\to\infty).$$

注　若将上述定义中的 $|x|$ 无限增大改成 x（或 $-x$）无限增大，函数的变化趋势还可以作类似的定义.

定义 2-7　函数 $y=f(x)$，当 x（或 $-x$）充分大以后有定义，如果当 x（或 $-x$）无限增大时，函数 $f(x)$ 无限地接近于确定数 A，则称数 A 为 $f(x)$ 当 x 趋向于正无穷大（或趋向于负无穷大）时的极限，记作

$$\lim_{x\to+\infty}f(x)=A（或\lim_{x\to-\infty}f(x)=A）.$$

由描述性定义并借助于基本初等函数的图形，不难得出下列函数的极限.

(1) $\lim\limits_{x\to\infty}\dfrac{x+1}{x}=1$；

(2) $\lim\limits_{x\to\infty}C=C$；

(3) $\lim\limits_{x\to+\infty}e^x$ 不存在（但是一种特殊的不存在，记作 $+\infty$）；

(4) $\lim\limits_{x\to-\infty}e^x=0$；

(5) $\lim\limits_{x\to+\infty}\arctan x=\dfrac{\pi}{2}$;

(6) $\lim\limits_{x\to-\infty}\arctan x=-\dfrac{\pi}{2}$;

(7) $\lim\limits_{x\to+\infty}\operatorname{arccot}x=0$;

(8) $\lim\limits_{x\to-\infty}\operatorname{arccot}x=\pi$;

(9) $\lim\limits_{x\to\infty}\sin x$ 不存在;

(10) $\lim\limits_{x\to\infty}\cos x$ 不存在.

从以上描述性定义易知如下结论:

$\lim\limits_{x\to\infty}f(x)=A$ 成立的充要条件是 $\lim\limits_{x\to+\infty}f(x)=\lim\limits_{x\to-\infty}f(x)=A$.

例如,$\lim\limits_{x\to\infty}e^x$,$\lim\limits_{x\to\infty}\arctan x$ 及 $\lim\limits_{x\to\infty}\operatorname{arccot}x$ 均不存在.

2. $x\to x_0$ 时函数 $f(x)$ 极限的直观描述

引例 2-2 函数 $f(x)=\dfrac{x^2-4}{x-2}$ 的定义域 $D_f=(-\infty,2)\cup(2,+\infty)$,当 x 无限接近于数 $2(x\neq2)$ 时,函数 $f(x)$ 无限地接近于数 4(图 2-3).则称数 4 为函数 $f(x)$ 当 $x\to2(x\neq2)$ 时的极限.一般有下面描述性定义.

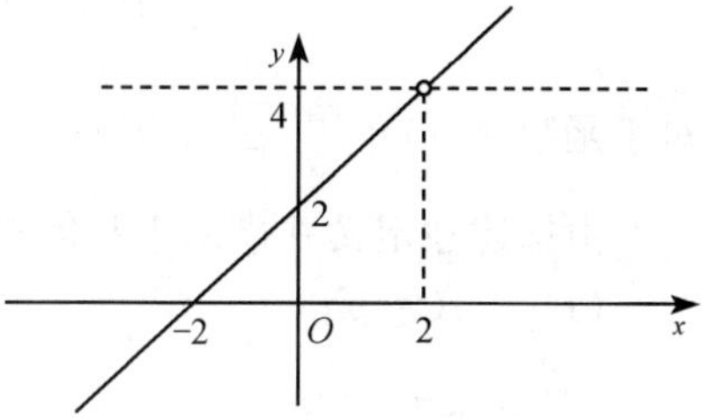

图 2-3

定义 2-8 设 $f(x)$ 在 $\mathring{U}(x_0)$ 内有定义,A 是一个常数.如果当自变量 x 无限地接近于 $x_0(x\neq x_0)$ 时,函数 $f(x)$ 无限地接近于数 A,则称 A 为 $f(x)$ 当 x 趋向于 x_0 时的极限,记作

$$\lim_{x\to x_0}f(x)=A \quad 或 \quad f(x)\to A \quad (x\to x_0).$$

由此可见,引例 2-2 中有 $\lim\limits_{x\to2}f(x)=4$.在解读定义时,有必要强调:(1) $x\to x_0$ 时 $f(x)$ 的极限是刻画 $f(x)$ 在 $\mathring{U}(x_0)$ 内当 $x\to x_0$ 时,$f(x)$ 的变化趋势,与 $f(x)$ 在 x_0 点处是否有定义,有定义时 $f(x_0)$ 为何都无关,同时,与 x 远离 x_0 时 $f(x)$ 的定义及取值状况也无关;(2) $x\to x_0$ 时的方式是任意的,既从大于 x_0 的一侧,也从小于 x_0 的一侧趋向于 x_0,$f(x)$ 都无限地趋向于数 A.这种极限实际上为**双侧极限**.

有时问题的要求,需要我们考虑 x 仅从 x_0 的一侧趋向于 x_0 时函数 $f(x)$ 的极限情形,即**单侧极限**问题.一般地,我们有下面描述性定义.

定义 2-9 设 $f(x)$ 在点 x_0 左侧(右侧)某邻域内有定义,A 是一个常数,如果 x 从 x_0 的左侧 $(x<x_0)$(右侧 $(x>x_0)$)无限地趋向于 x_0 时,函数 $f(x)$ 无限地趋向

于数 A,则称 A 为 $f(x)$在 x_0 处的左极限(右极限),记作

$$f(x_0^-)=\lim_{x\to x_0^-}f(x)=A \quad 或 \quad f(x)\to A(x\to x_0^-);$$

$$(f(x_0^+)=\lim_{x\to x_0^+}f(x)=A \quad 或 \quad f(x)\to A(x\to x_0^+)).$$

左极限和右极限统称为**单侧极限**. 可以证明如下结论:

$\lim\limits_{x\to x_0}f(x)=A$ 的充要条件是 $f(x_0^-)=f(x_0^+)=A$.

从而,当 $f(x_0^-)$和 $f(x_0^+)$只要有一个不存在,或二者都存在但不相等时,极限 $\lim\limits_{x\to x_0}f(x)$均不存在.

例 2-4　$f(x)=\dfrac{|x-1|}{x-1}$,求$\lim\limits_{x\to 1}f(x)$.

解　将 $f(x)$化为分段函数形式有

$$f(x)=\begin{cases}-1, & x<1,\\ 1, & x>1.\end{cases}$$

因此有

$$f(1^-)=\lim_{x\to 1^-}f(x)=\lim_{x\to 1^-}(-1)=-1,$$

$$f(1^+)=\lim_{x\to 1^+}f(x)=\lim_{x\to 1^+}1=1.$$

对于函数 $f(x)=\dfrac{|x-1|}{x-1}$,有 $f(1^-)\neq f(1^+)$,因此$\lim\limits_{x\to 1}f(x)$不存在.

由描述性定义并借助于几何直观不难得出下列函数的极限:

(1) $\lim\limits_{x\to x_0}C=C$;　　(2) $\lim\limits_{x\to x_0}x=x_0$;

(3) $\lim\limits_{x\to 0}\sin x=0$;　　(4) $\lim\limits_{x\to 0}\cos x=1$;

(5) $\lim\limits_{x\to 0^-}e^{\frac{1}{x}}=0$;　　(6) $\lim\limits_{x\to 0^+}e^{\frac{1}{x}}$不存在$(+\infty)$;

(7) $\lim\limits_{x\to 0^-}\arctan\dfrac{1}{x}=-\dfrac{\pi}{2}$;　　(8) $\lim\limits_{x\to 0^+}\arctan\dfrac{1}{x}=\dfrac{\pi}{2}$;

(9) $\lim\limits_{x\to 0^-}\operatorname{arccot}\dfrac{1}{x}=\pi$;　　(10) $\lim\limits_{x\to 0^+}\operatorname{arccot}\dfrac{1}{x}=0$;

(11) $\lim\limits_{x\to 0}\arctan\dfrac{1}{x}$不存在;　　(12) $\lim\limits_{x\to 0}\operatorname{arccot}\dfrac{1}{x}$不存在.

*2.2.2　函数极限的分析定义

1. $x\to\infty$时函数 $f(x)$极限的分析定义

前面关于$\lim\limits_{x\to\infty}f(x)=A$ 的直观描述定义,依然存在着"$|x|$无限增大时","$f(x)$无限接近于数 A"的模糊语言. 现在我们以 $f(x)=\dfrac{x+1}{x}$为例进行分析,然后给出该

极限严谨和明确化的刻画. 描述性定义中 $f(x)=\frac{x+1}{x}$"无限地接近于 1"这一结论成立,是在"$|x|$无限增大"这一条件下实现的. 比如,欲使得$|f(x)-1|=\left|\frac{x+1}{x}-1\right|=\frac{1}{|x|}<0.01$,只要$|x|>100$,即取 $X=100$,当$|x|>X$ 这一条件实现即可;又欲使得$|f(x)-1|<0.0001$,只要$|x|>10000$,即取 $X=10000$,当$|x|>X$ 这一条件实现即可;为刻画 $f(x)$和 1 的任意接近程度,取任意小的正数 ε,欲使得$|f(x)-1|<\varepsilon$,只要$|x|>\frac{1}{\varepsilon}$,即取 $X=\frac{1}{\varepsilon}$,当$|x|>X$ 这一条件实现即可. 以上表明,对任意给定的小正数 ε,关键能否找到一个时刻 $X>0$,在$|x|>X$ 实现条件下,有$|f(x)-1|<\varepsilon$ 成立. 通过以上分析,我们可以给出如下极限的分析定义.

定义 2-10(ε-X 语言) 设函数 $f(x)$当$|x|$大于某一正数时有定义. 如果 A 为一确定常数,对 $\forall\varepsilon>0$(无论多么小),都 $\exists X>0$,使当$|x|>X$ 时,有

$$|f(x)-A|<\varepsilon$$

成立,则称常数 A 为函数 $f(x)$当 $x\to\infty$时的极限,记作

$$\lim_{x\to\infty}f(x)=A \quad 或 \quad f(x)\to A \quad (x\to\infty).$$

定义 2-10 也可以简洁地表达为:

$\lim\limits_{x\to\infty}f(x)=A\Leftrightarrow\forall\varepsilon>0,\exists X>0$,当$|x|>X$ 时,有$|f(x)-A|<\varepsilon$.

注 如果 $x>0$ 且无限增大,那么只要将上述定义中的$|x|>X$ 改为 $x>X$,就可得 $\lim\limits_{x\to+\infty}f(x)=A$ 的定义;同样,如果 $x<0$ 而$|x|$无限增大,那么只要将$|x|>X$ 改为 $x<-X$,便得 $\lim\limits_{x\to-\infty}f(x)=A$ 的定义.

从几何直观上看,$\lim\limits_{x\to\infty}f(x)=A$ 是指:对于无论多么小的正数 ε,总能找到正数 X,当 x 满足$|x|>X$ 时,曲线 $y=f(x)$总是介于两条水平直线 $y=A-\varepsilon$ 和 $y=A+\varepsilon$ 之间,如图 2-4 所示.

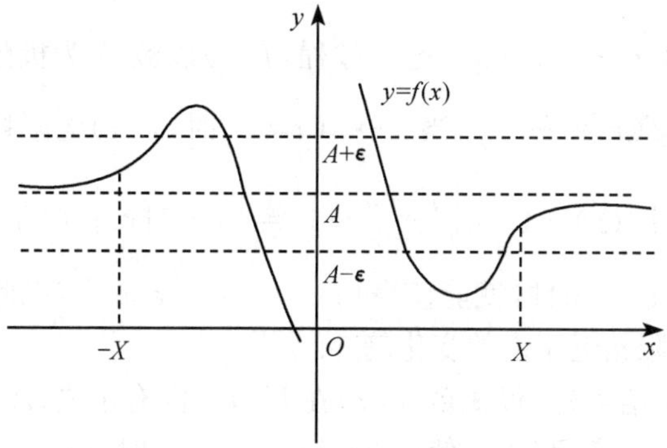

图 2-4

若 $\lim\limits_{x\to+\infty}f(x)=A$ 或 $\lim\limits_{x\to-\infty}f(x)=A$ 则称直线 $y=A$ 是曲线 $y=f(x)$ 的**水平渐近线**.

例 2-5 证明 $\lim\limits_{x\to\infty}\dfrac{3x-4}{2x+1}=\dfrac{3}{2}$.

证 当 $|x|>1$ 时，$\left|\dfrac{3x-4}{2x+1}-\dfrac{3}{2}\right|=\dfrac{11}{|4x+2|}<\dfrac{3}{|x|-1}$.

$\forall\varepsilon>0$，欲使 $\left|\dfrac{3x-4}{2x+1}-\dfrac{3}{2}\right|<\varepsilon$ 成立，在 $|x|>1$ 的条件下，只需 $\dfrac{3}{|x|-1}<\varepsilon$，即 $|x|>1+\dfrac{3}{\varepsilon}$，取 $X=1+\dfrac{3}{\varepsilon}$，则当 $|x|>X$ 时，有

$$\left|\frac{3x-4}{2x+1}-\frac{3}{2}\right|<\varepsilon$$

成立. 因此

$$\lim_{x\to\infty}\frac{3x-4}{2x+1}=\frac{3}{2}.$$

由此可知直线 $y=\dfrac{3}{2}$ 是曲线 $y=\dfrac{3x-4}{2x+1}$ 的水平渐近线.

例 2-6 证明 $\lim\limits_{x\to+\infty}e^{-x}=0$.

证 $\forall\varepsilon>0$（设 $\varepsilon<1$），欲使

$$|e^{-x}-0|=e^{-x}<\varepsilon$$

成立，只需 $-x<\ln\varepsilon$ 即 $x>-\ln\varepsilon=\ln\dfrac{1}{\varepsilon}$，取 $X=\ln\dfrac{1}{\varepsilon}$，则当 $x>X$ 时，有

$$|e^{-x}-0|<\varepsilon$$

成立，因此 $\lim\limits_{x\to+\infty}e^{-x}=0$.

从而可知直线 $y=0$ 是曲线 $y=e^{-x}$ 的水平渐近线.

2. $x\to x_0$ 时函数 $f(x)$ 极限的分析定义

在这里将给出 $x\to x_0(x\neq x_0)$ 这一过程，$f(x)$ 以数 A 为极限的严谨而明确的刻画. 先分析函数 $f(x)=\dfrac{x^2-4}{x-2}$，当 $x\to2(x\neq2)$ 时，$f(x)$ 无限接近于数 4 的实现条件：$\forall\varepsilon>0$，欲使 $|f(x)-4|=\left|\dfrac{x^2-4}{x-2}-4\right|=|x-2|<\varepsilon$，取 $\delta=\varepsilon$，当自变量 x 实现：$0<|x-2|<\delta$ 这一条件，就能使得 $|f(x)-4|<\varepsilon$ 成立，以此来描述 x 无限接近于 2 时，$f(x)$ 无限接近于 4 的变化趋势.

定义 2-11（ε-δ 语言） 设函数 $f(x)$ 在 $\mathring{U}(x_0)$ 内有定义，A 为确定常数. 如果 $\forall\varepsilon>0$（无论多么小），都 $\exists\delta>0$，使当 $0<|x-x_0|<\delta$ 时，有

$$|f(x)-A|<\varepsilon$$

成立,则称函数 $f(x)$ 当 x 趋向于 x_0 时,以 A 为极限,记作

$$\lim_{x\to x_0} f(x)=A \text{ 或 } f(x)\to A(x\to x_0).$$

定义 2-11 也可以简洁地表达为:

$\lim\limits_{x\to x_0} f(x)=A \Leftrightarrow \forall\varepsilon>0,\exists\delta>0$,使当 $0<|x-x_0|<\delta$ 时有 $|f(x)-A|<\varepsilon$.

注 若将上述定义 2-11 中条件 $0<|x-x_0|<\delta$,改换成条件 $0<x-x_0<\delta$,即为右极限 $\lim\limits_{x\to x_0^+} f(x)=A$ 的分析定义;若改换成 $0<x_0-x<\delta$,即为左极限 $\lim\limits_{x\to x_0^-} f(x)=A$ 的分析定义.

从几何直观上看,$\lim\limits_{x\to x_0} f(x)=A$ 是指:对于无论多么小的正数 ε,总能找到正数 δ,当 x 满足:$0<|x-x_0|<\delta$ 时,曲线 $y=f(x)$ 总是介于两条水平直线 $y=A-\varepsilon$ 和 $y=A+\varepsilon$ 之间,如图 2-5 所示.

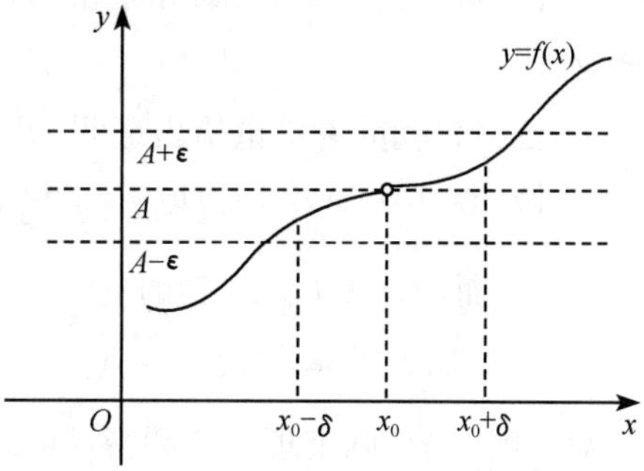

图 2-5

例 2-7 证明 $\lim\limits_{x\to 1}\dfrac{3x^2-2x-1}{x-1}=4$.

证 $\forall\varepsilon>0$,欲使 $\left|\dfrac{3x^2-2x-1}{x-1}-4\right|<\varepsilon$ 成立. 只需

$$\left|\frac{3x^2-2x-1}{x-1}-4\right|=\left|\frac{3(x-1)^2}{x-1}\right|=3|x-1|<\varepsilon$$

即可,取 $\delta=\dfrac{\varepsilon}{3}$,则当 $0<|x-1|<\delta$ 时,必有 $\left|\dfrac{3x^2-2x-1}{x-1}-4\right|<\varepsilon$ 成立,从而有 $\lim\limits_{x\to 1}\dfrac{3x^2-2x-1}{x-1}=4$.

例 2-8 证明 $\lim\limits_{x\to 0^+} e^{-\frac{1}{x}}=0$.

证 $\forall\varepsilon>0$(设 $\varepsilon<1$),欲使 $|e^{-\frac{1}{x}}-0|<\varepsilon$ 成立,只需 $|e^{-\frac{1}{x}}-0|=e^{-\frac{1}{x}}<\varepsilon$,即 $-\dfrac{1}{x}<\ln\varepsilon$,$x<-\dfrac{1}{\ln\varepsilon}$(注意 $\ln\varepsilon<0$ 这一事实),取 $\delta=-\dfrac{1}{\ln\varepsilon}$,则当 $0<x-0<\delta$ 时,有

$$|e^{-\frac{1}{x}}-0|<\varepsilon$$

成立,从而证得 $\lim\limits_{x\to 0^+} e^{-\frac{1}{x}}=0$.

2.2.3 函数极限的性质

函数极限有着与数列极限类似的性质,由于函数极限中自变量的变化过程较

多，下面仅就 $x\to x_0$ 和 $x\to\infty$ 两种情形给出结论，关于其他变化过程的相应结论，请读者自己给出.

定理 2-5(极限的唯一性)　如果 $\lim\limits_{x\to x_0}f(x)$ 存在(或 $\lim\limits_{x\to\infty}f(x)$ 存在)，则其极限唯一.

定理 2-6(局部有界性)　如果 $\lim\limits_{x\to x_0}f(x)=A$，则 $\exists M>0$ 和 $\delta>0$，使得当 $x\in\mathring{U}(x_0,\delta)$ 时，有 $|f(x)|\leqslant M$；如果 $\lim\limits_{x\to\infty}f(x)=A$，则 $\exists M>0$ 和 $X>0$，使得当 $|x|>X$ 时，有 $|f(x)|\leqslant M$.

* **证**　仅就前一结论给出证明. 另一结论的证明可类似给出.

因为 $\lim\limits_{x\to x_0}f(x)=A$，所以取 $\varepsilon=1>0$，则 $\exists\delta>0$，当 $0<|x-x_0|<\delta$ 时，有 $|f(x)-A|<1$. 从而，当 $x\in\mathring{U}(x_0,\delta)$ 时有

$$|f(x)|=|(f(x)-A)+A|\leqslant|f(x)-A|+|A|<1+|A|.$$

记 $M=1+|A|$，则定理 2-6 即得证明.

定理 2-7(局部保号性)　如果 $\lim\limits_{x\to x_0}f(x)=A$，而且 $A>0$(或 $A<0$)，则 $\exists\delta>0$，使得当 $x\in\mathring{U}(x_0,\delta)$ 时，有 $f(x)>0$(或 $f(x)<0$)；若 $\lim\limits_{x\to\infty}f(x)=A$，而且 $A>0$(或 $A<0$)，则 $\exists X>0$，使得当 $|x|>X$ 时，有 $f(x)>0$(或 $f(x)<0$).

下面仅就前一结论给出证明，另一结论类似可证.

* **证**　设 $A>0$，因 $\lim\limits_{x\to x_0}f(x)=A$，所以可取 $\varepsilon=\dfrac{A}{2}>0$，则 $\exists\delta>0$，当 $x\in\mathring{U}(x_0,\delta)$ 时，有 $|f(x)-A|<\dfrac{A}{2}$，从而有

$$f(x)>A-\frac{A}{2}=\frac{A}{2}>0.$$

关于 $A<0$ 的情形同理可证.

注　从定理 2-7 的证明过程中发现，在定理 2-7 的条件下，可得到如下更强的结论.

定理 2-7′　如果 $\lim\limits_{x\to x_0}f(x)=A(A\neq 0)$，则 $\exists\delta>0$，当 $x\in\mathring{U}(x_0,\delta)$ 时，有 $|f(x)|>\dfrac{|A|}{2}$.

由定理 2-7，易得如下结论：

推论 2-2　如果 $x\in\mathring{U}(x_0)$ 时，$f(x)\geqslant 0$(或 $f(x)\leqslant 0$)，且 $\lim\limits_{x\to x_0}f(x)=A$，则必有 $A\geqslant 0$(或 $A\leqslant 0$)；若 $|x|$ 充分大时，$f(x)\geqslant 0$(或 $f(x)\leqslant 0$)，且 $\lim\limits_{x\to\infty}f(x)=A$，则必有 $A\geqslant 0$(或 $A\leqslant 0$).

习 题 2.2

*1. 用极限的定义证明下列极限：

(1) $\lim\limits_{x\to 2}(2x+3)=7$；　　(2) $\lim\limits_{x\to\frac{1}{2}}\dfrac{4x^2-1}{2x-1}=2$；

(3) $\lim\limits_{x\to\infty}\dfrac{2x+3}{x}=2$；　　(4) $\lim\limits_{x\to\infty}\dfrac{3x^2-1}{x^2+1}=3$.

*2. 当 x 接近 3 到什么程度，$6x+1$ 与 19 的距离小于 0.01?

*3. 证明：若 $\lim\limits_{x\to x_0}f(x)=A$，则 $\lim\limits_{x\to x_0}|f(x)|=|A|$.

4. 设 $f(x)=\begin{cases}\dfrac{1}{x-1}, & x<0,\\ x, & 0<x<1,\\ 1, & x>1.\end{cases}$ 问极限 $\lim\limits_{x\to 0}f(x)$，$\lim\limits_{x\to 1}f(x)$ 是否存在，为什么？

5. 设函数 $f(x)=\begin{cases}x+a, & x\leqslant 1,\\ \dfrac{x-1}{x^2+1}, & x>1.\end{cases}$ 问 a 为何值时，$\lim\limits_{x\to 1}f(x)$ 存在.

2.3 无穷小量与无穷大量

2.3.1 无穷小量

在以极限为基础的理论和方法中，无穷小量发挥着重要作用，需要进行专门的讨论.

定义 2-12 在自变量的某一变化过程中，以零为极限的函数，称为无穷小量（或简称为无穷小）.

注 这里所说的自变量的变化过程包括 $x\to x_0$，$x\to x_0^+$，$x\to x_0^-$，$x\to\infty$，$x\to+\infty$，$x\to-\infty$，及 $n\to\infty$.

以 $x\to x_0$ 时 $f(x)$ 为无穷小量为例，也可以用 ε-δ 语言给出如下定义：$\lim\limits_{x\to x_0}f(x)=0\Leftrightarrow\forall\varepsilon>0$，$\exists\delta>0$，使当 $0<|x-x_0|<\delta$ 时，有 $|f(x)|<\varepsilon$.

其他变化过程的无穷小量可以类似地给出分析定义.

例如，$x\to 0$ 时，x，$x^n(n\in N^+)$，$\sin x$，$\tan x$，$\arcsin x$，$\arctan x$，$\ln(1+x)$，e^x-1，$1-\cos x$ 等均为常见的无穷小量；而 $x\to\infty$ 时，$\dfrac{1}{x}$，e^{-x^2}，$\arctan\dfrac{1}{x}$ 等也为无穷小量.

这里必须提醒读者，不要将无穷小量与很小的数（如 10^{-10}）混淆. 因再小的常数只要不是 0，它的极限就是它自身，而非 0，从而它不是无穷小量. 作为常数，只有 0 为无穷小量，除此之外，所有的无穷小量均为某个变化过程中的 0 为极限的函数.

下面的定理揭示了无穷小量与函数极限之间的关系.

定理 2-8　$\lim\limits_{x\to x_0}f(x)=A\Leftrightarrow f(x)=A+\alpha(x)$,其中 $\alpha(x)$是在同一变化过程 $x\to x_0$ 时的无穷小量.

***证**　必要性. 设 $\lim\limits_{x\to x_0}f(x)=A$,从而 $\forall\varepsilon>0$, $\exists\delta>0$,使当 $0<|x-x_0|<\delta$ 时,有

$$|f(x)-A|<\varepsilon.$$

令 $\alpha(x)=f(x)-A$,则当 $0<|x-x_0|<\delta$,有

$$|\alpha(x)|=|f(x)-A|<\varepsilon.$$

即

$$\lim_{x\to x_0}\alpha(x)=0.$$

充分性. 设 $f(x)=A+\alpha(x)$,其中 $\lim\limits_{x\to x_0}\alpha(x)=0$. 于是 $\forall\varepsilon>0$, $\exists\delta>0$,使当 $0<|x-x_0|<\delta$ 时,有

$$|f(x)-A|=|\alpha(x)|<\varepsilon,$$

即有

$$\lim_{x\to x_0}f(x)=A.$$

关于其他变化过程中极限与无穷小量间的关系也有类似上述定理的结果.

下面讨论无穷小量的性质,而在证明时,仅以 $x\to x_0$ 这一过程为代表展开讨论,其他情形的论证可以类似给出.

定理 2-9　有限个无穷小量之和还是无穷小量.

***证**　考虑两个无穷小量的和.

设 $x\to x_0$ 时,α,β 均为无穷小量,设 $\gamma=\alpha+\beta$.

因 $\lim\limits_{x\to x_0}\alpha=0$,所以 $\forall\varepsilon>0$,对于 $\frac{\varepsilon}{2}>0$, $\exists\delta_1>0$,当 $0<|x-x_0|<\delta_1$ 时,有

$$|\alpha|<\frac{\varepsilon}{2}.$$

又因 $\lim\limits_{x\to x_0}\beta=0$,所以对于 $\frac{\varepsilon}{2}>0$, $\exists\delta_2>0$,当 $0<|x-x_0|<\delta_2$ 时,有

$$|\beta|<\frac{\varepsilon}{2}.$$

取 $\delta=\min\{\delta_1,\delta_2\}$,则当 $0<|x-x_0|<\delta$ 时,有

$$|\alpha|<\frac{\varepsilon}{2}\quad 及\quad |\beta|<\frac{\varepsilon}{2}$$

同时成立,从而

$$|\gamma|=|\alpha+\beta|\leqslant|\alpha|+|\beta|<\frac{\varepsilon}{2}+\frac{\varepsilon}{2}=\varepsilon.$$

这就证明了当 $x\to x_0$ 时，$\gamma=\alpha+\beta$ 也是无穷小量.

有限个无穷小量之和的情形可以同样证明.

定理 2-10 有界变量与无穷小量的乘积还是无穷小量.

***证** 设函数 $f(x)$ 在 $\mathring{U}(x_0,\delta_1)$ 内是有界的，即 $\exists M>0$，对 $\forall x\in\mathring{U}(x_0,\delta_1)$ 时，有 $|f(x)|\leqslant M$. 又设 $x\to x_0$ 时，α 为无穷小量，即对 $\forall\varepsilon>0$，$\exists\delta_2>0$，当 $x\in\mathring{U}(x_0,\delta_2)$ 时，有 $|\alpha|<\frac{\varepsilon}{M}$ 成立.

取 $\delta=\min\{\delta_1,\delta_2\}$，则当 $x\in\mathring{U}(x_0,\delta)$ 时，有

$$|f(x)|\leqslant M \quad 及 \quad |\alpha|<\frac{\varepsilon}{M}$$

同时成立，从而

$$|\alpha f(x)|=|\alpha||f(x)|<M\cdot\frac{\varepsilon}{M}=\varepsilon.$$

这就证明了当 $x\to x_0$ 时，$\alpha\cdot f(x)$ 为无穷小量.

推论 2-3 常数与无穷小量的乘积还是无穷小量.

推论 2-4 有限个无穷小量的乘积还是无穷小量.

例如，$x\to0$ 时，x 为无穷小量，而对于 $\forall x\neq0$，都有 $\left|\cos\frac{1}{x^2}\right|\leqslant1$，从而 $\cos\frac{1}{x^2}$ 在 $x=0$ 的任何去心邻域内有界，从而有 $\lim\limits_{x\to0}x\cos\frac{1}{x^2}=0$；再如 $x\to\infty$ 时，$\frac{1}{x}$ 为无穷小量，而 $|\arctan x|<\frac{\pi}{2}$ 对 $\forall x\in R$ 成立，从而 $\lim\limits_{x\to\infty}\frac{\arctan x}{x}=0$.

2.3.2 无穷大量

我们首先给出无穷大量的描述性定义.

定义 2-13 在自变量 x 的某个变化过程中，若函数值的绝对值 $|f(x)|$ 无限增大，则称函数 $f(x)$ 在该变化过程中为无穷大量. 记作 $\lim f(x)=\infty$.

说明(1) 上述描述性定义中，记号"lim"下面没有标明自变量的变化过程，指的是前面所提到的七类变化过程中的某一个，以后表述中的这种记法含义相同. 但在同一公式中不同函数的极限应是在自变量的同一变化过程中的极限.

说明(2) 在某一变化过程中，$f(x)$ 为无穷大量的记法 $\lim f(x)=\infty$ 并不意味着 $f(x)$ 在这一过程中有极限，而是借助于这一记法表明极限不存在情形下这一特殊形态，为表达方便，有时我们也说"函数的极限为无穷大".

例如，$x\to0$ 时，$\frac{1}{x}$，$\csc x$，$\cot x$ 等函数为无穷大量；$x\to\infty$ 时，x，x^n $(n\in\mathbf{N}^+)$，

$\ln(1+x^2)$等也为无穷大量.

下面再给出无穷大量严格的分析定义.

* **定义 2-14**(M-δ 语言)　设 $f(x)$在 $\mathring{U}(x_0)$内有定义,如果对于 $\forall M>0$(无论多么大),$\exists\delta>0$,使当 $0<|x-x_0|<\delta$ 时,有

$$|f(x)|>M,$$

则称 $f(x)$为当 $x\to x_0$ 时的无穷大量.记作

$$\lim_{x\to x_0} f(x)=\infty.$$

其他变化过程的无穷大量的分析定义可以相应给出.如 $\lim\limits_{x\to\infty} f(x)=\infty$,只需将 $0<|x-x_0|<\delta$ 改成 $|x|>X$ 即可,这里不再赘述.

* **例 2-9**　证明 $\lim\limits_{x\to 0^+} e^{\frac{1}{x}}=+\infty$.

证　$\forall M>0$(不妨设 $M>1$),欲使得 $e^{\frac{1}{x}}>M$ 成立.只需$\dfrac{1}{x}>\ln M$,即 $0<x<\dfrac{1}{\ln M}$.取 $\delta=\dfrac{1}{\ln M}$,则当

$$0<x-0<\delta$$

时,有

$$e^{\frac{1}{x}}>M$$

成立,从而

$$\lim_{x\to 0^+} e^{\frac{1}{x}}=+\infty.$$

函数 $y=e^{\frac{1}{x}}$ 的图形如图 2-6 所示.直线 $x=0$ 是函数曲线 $y=e^{\frac{1}{x}}$ 的铅直渐近线.

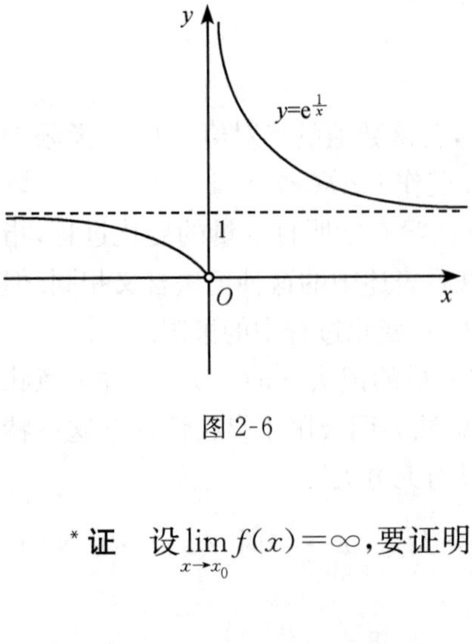

图 2-6

注　如果 $\lim\limits_{x\to x_0^+} f(x)=\infty$或 $\lim\limits_{x\to x_0^-} f(x)=\infty$,则直线 $x=x_0$ 是函数曲线 $y=f(x)$的**铅直渐近线.**

无穷大量和无穷小量之间有一种简单的关系.

定理 2-11　在自变量的某一变化过程中,如果 $f(x)$为无穷大量,则$\dfrac{1}{f(x)}$为无穷小量;反之,如果 $f(x)$为无穷小量,且 $f(x)\neq 0$,则$\dfrac{1}{f(x)}$为无穷大量.

* **证**　设$\lim\limits_{x\to x_0} f(x)=\infty$,要证明$\dfrac{1}{f(x)}$为无穷小量.

$\forall \varepsilon>0$，由$\lim\limits_{x\to x_0} f(x)=\infty$，对于$M=\dfrac{1}{\varepsilon}$，$\exists \delta>0$，当$0<|x-x_0|<\delta$时，有

$$|f(x)|>M=\frac{1}{\varepsilon},$$

从而

$$\left|\frac{1}{f(x)}\right|<\varepsilon,$$

所以$\dfrac{1}{f(x)}$当$x\to x_0$时为无穷小量.

反之，设$\lim\limits_{x\to x_0} f(x)=0$，且$f(x)\neq 0$，要证$\dfrac{1}{f(x)}$当$x\to x_0$时为无穷大量.

$\forall M>0$，根据无穷小的定义，对于$\varepsilon=\dfrac{1}{M}>0$，$\exists \delta>0$，当$0<|x-x_0|<\delta$时，有

$$|f(x)|<\varepsilon=\frac{1}{M},$$

由于$f(x)\neq 0$，从而

$$\left|\frac{1}{f(x)}\right|>M,$$

所以$\dfrac{1}{f(x)}$当$x\to x_0$时为无穷大量.

类似地对其他变化过程的各种情形亦可证明.

根据该定理，我们可将对无穷大量的研究转化为对无穷小量的研究，而无穷小量的分析正是微积分学中的精髓.

习　题　2.3

1. 下列诸变量中，哪些是无穷小量，哪些是无穷大量？

(1) x；　　(2) $x^2+0.1x$，当$x\to 0$时；

(3) $2^{-x}-1$，当$x\to 0$时；　　(4) $\ln x$，当$x\to 0^+$时；

(5) $\dfrac{1+(-1)^n}{n}$，当$n\to\infty$时；　　(6) $\sin\dfrac{1}{x}$，当$x\to 0$时.

2. 函数$y=\dfrac{\sin x}{(x-1)^2}$在怎样的变化过程中是无穷大量？在怎样的变化过程中是无穷小量？

*3. 用定义证明：

(1) $x\to 0$时，$x\cos\dfrac{1}{x}$为无穷小；　　(2) $x\to 0$时，$\dfrac{3x-1}{x}$为无穷大.

4. 求下列函数的极限：

(1) $\lim\limits_{x\to\infty}\dfrac{\sqrt{1+\cos x}}{x}$；　　(2) $\lim\limits_{x\to 0}(x^2+x)\sin\dfrac{1}{x}$.

2.4　极限运算法则

前面我们讨论的是极限的概念，本节讨论的是极限的求法，主要介绍极限的四则运算法则和复合函数的极限运算法则，利用这些法则，可以求某些极限. 在以后的章节中我们还将介绍求极限的其他理论工具和方法.

2.4.1　极限的四则运算法则

定理 2-12　如果 $\lim f(x)$ 与 $\lim g(x)$ 都存在，且 $\lim f(x)=A$，$\lim g(x)=B$，则

(1) $\lim[f(x)\pm g(x)]=\lim f(x)\pm\lim g(x)=A\pm B$；

(2) $\lim[f(x)g(x)]=\lim f(x)\cdot\lim g(x)=A\cdot B$；

(3) 若 $B\neq 0$，则 $\lim\dfrac{f(x)}{g(x)}=\dfrac{\lim f(x)}{\lim g(x)}=\dfrac{A}{B}$.

现仅就定理 2-12 中的(2)给出证明，(1)、(3)留给读者考虑.

证　根据无穷小量与极限间的关系定理，及 $\lim f(x)=A$ 和 $\lim g(x)=B$ 知 $f(x)=A+\alpha(x)$，$g(x)=B+\beta(x)$，其中 $\alpha(x)$，$\beta(x)$ 为同一过程的无穷小量，以下简记为 α，β，从而有

$$f(x)\cdot g(x)=[A+\alpha][B+\beta]=AB+(A\beta+B\alpha+\alpha\beta)=AB+\gamma,$$

其中 $\gamma=A\beta+B\alpha+\alpha\beta$ 为三个无穷小量之和，依然为无穷小，由 2.3 的定理 2-8 知

$$\lim[f(x)\cdot g(x)]=AB=[\lim f(x)]\cdot[\lim g(x)].$$

定理 2-12 中的(1)、(2)可推广到有限个函数的情形：若 $\lim f_i(x)=A_i(i=1,2,\cdots,n)$，则

$$\lim[f_1(x)+\cdots+f_n(x)]=\lim f_1(x)+\cdots+\lim f_n(x)=A_1+\cdots+A_n;$$

$$\lim[f_1(x)f_2(x)\cdots f_n(x)]=[\lim f_1(x)]\cdot[\lim f_2(x)]\cdots[\lim f_n(x)]=A_1A_2\cdots A_n.$$

定理 2-12 中的(2)有如下推论：

推论 2-5　如果 $\lim f(x)$ 存在，而 C 是常数，则

$$\lim[Cf(x)]=C\lim f(x).$$

这里只要注意到 $\lim C=C$ 由定理 2-12 中的(2)即得推论 2-5，因此求极限时，常数因子可以提到极限记号外面.

推论 2-6　如果 $\lim f(x)$ 存在，$n\in\mathbf{N}^+$，则

$$\lim[f(x)]^n=[\lim f(x)]^n.$$

这是因为

$$\lim[f(x)]^n=[\lim f(x)]\cdot[\lim f(x)]\cdots[\lim f(x)]=[\lim f(x)]^n.$$

显然，由推论 2-6 有

$$\lim_{x\to x_0}x^n=[\lim_{x\to x_0}x]^n=x_0^n.$$

注 由于数列是特殊的函数，其极限也自然符合上述函数极限的运算法则.

定理 2-13 如果 $\varphi(x)\geqslant\psi(x)$，而 $\lim\varphi(x)=a$，$\lim\psi(x)=b$，则 $a\geqslant b$.

证 令 $\Phi(x)=\varphi(x)-\psi(x)$，则 $\Phi(x)\geqslant 0$，由定理 2-12 有

$$\lim\Phi(x)=\lim[\varphi(x)-\psi(x)]=\lim\varphi(x)-\lim\psi(x)=a-b.$$

由 2.2 的定理 2-7 推论 2-2，有 $\lim\Phi(x)\geqslant 0$，即 $a-b\geqslant 0$，故 $a\geqslant b$.

例 2-10 设 $P_n(x)=a_0x^n+a_1x^{n-1}+\cdots+a_{n-1}x+a_n$，证明对 $\forall x\in\mathbf{R}$，有 $\lim\limits_{x\to x_0}P_n(x)=P_n(x_0)$.

证 因 $\lim\limits_{x\to x_0}P_n(x)=\lim\limits_{x\to x_0}(a_0x^n+a_1x^{n-1}+\cdots+a_{n-1}x+a_n)$

$$=a_0\lim_{x\to x_0}x^n+a_1\lim_{x\to x_0}x^{n-1}+\cdots+a_{n-1}\lim_{x\to x_0}x+\lim_{x\to x_0}a_n$$

$$=a_0x_0^n+a_1x_0^{n-1}+\cdots+a_{n-1}x_0+a_n=P_n(x_0).$$

由例 2-10 可见，多项式函数的极限 $\lim\limits_{x\to x_0}P_n(x)$ 就是 $P_n(x)$ 在 x_0 处的函数值 $P_n(x_0)$.

例 2-11 求 $\lim\limits_{x\to -3}(5x^2+7x-11)$.

解 由例 2-10 的结论有

$$\lim_{x\to -3}(5x^2+7x-11)=5\times(-3)^2+7\times(-3)-11=13.$$

例 2-12 设有理分式函数 $f(x)=\dfrac{P_n(x)}{Q_m(x)}=\dfrac{a_0x^n+a_1x^{n-1}+\cdots+a_{n-1}x+a_n}{b_0x^m+b_1x^{m-1}+\cdots+b_{m-1}x+b_m}$. 且 $Q_m(x_0)\neq 0$，证明 $\lim\limits_{x\to x_0}f(x)=f(x_0)$.

证 由定理 2-12 及例 2-10 有

$$\lim_{x\to x_0}f(x)=\lim_{x\to x_0}\frac{P_n(x)}{Q_m(x)}=\frac{\lim\limits_{x\to x_0}P_n(x)}{\lim\limits_{x\to x_0}Q_m(x)}=\frac{P_n(x_0)}{Q_m(x_0)}=f(x_0).$$

例 2-13 求 $\lim\limits_{x\to -1}\dfrac{x^5-4x^3+5}{3x^4-x^2+2}$.

解 因 $3\times(-1)^4-(-1)^2+2=4\neq 0$，由例 2-12

$$\lim_{x\to -1}\frac{x^5-4x^3+5}{3x^4-x^2+2}=\frac{(-1)^5-4\times(-1)^3+5}{4}=2.$$

注 在定理 2-12 的(3)中，强调 $\lim g(x)\neq 0$，若 $\lim g(x)=0$ 时，商的极限运算法则不能应用，相对复杂一些，需作特别考虑. 但对简单的情形，可进行代数恒等变形后酌情处理.

例 2-14 求 $\lim\limits_{x\to 2}\dfrac{3x^2-7x+2}{2x^2-x-6}$.

解 当 $x\to 2$ 时，$2x^2-x-6\to 0$，$3x^2-7x+2\to 0$，因此商的极限运算法则不能直接应用，但因分子及分母有公因式 $x-2$，而 $x\to 2$ 时，$x\neq 2$，即 $x-2\neq 0$，因此可

以采用约去分子和分母中的非零无穷小量 $x-2$ 而得.

$$\lim_{x\to 2}\frac{3x^2-7x+2}{2x^2-x-6}=\lim_{x\to 2}\frac{(x-2)(3x-1)}{(x-2)(2x+3)}=\lim_{x\to 2}\frac{3x-1}{2x+3}=\frac{5}{7}.$$

注 两个非零无穷小量比的极限,其结果可能存在,也可能不存在,通常称这一结构形式的极限为“$\frac{0}{0}$”型不定式.

例 2-15 求 $\lim\limits_{x\to 3}\frac{3x+4}{x^2+2x-15}$.

解 $x\to 3$ 时,$x^2+2x-15\to 0$,$3x+4\to 13\neq 0$,亦不能应用商的极限运算法则,但由于

$$\lim_{x\to 3}\frac{x^2+2x-15}{3x+4}=\frac{3^2+2\times 3-15}{3\times 3+4}=0,$$

由 2.3 的定理 2-11 可得

$$\lim_{x\to 3}\frac{3x+4}{x^2+2x-15}=\infty.$$

例 2-16 求 $\lim\limits_{x\to\infty}\frac{5x^3+2x-7}{3x^3-x^2+8}$.

解 当 $x\to\infty$ 时,分子和分母均为无穷大量,也不能直接应用商的极限运算法则,处理方法可以用多项式的最高次 x^3 去除分子及分母,然后取极限:

$$\lim_{x\to\infty}\frac{5x^3+2x-7}{3x^3-x^2+8}=\lim_{x\to\infty}\frac{5+\frac{2}{x^2}-\frac{7}{x^3}}{3-\frac{1}{x}+\frac{8}{x^3}}=\frac{5}{3}.$$

注 两个无穷大量比的极限,可能存在,也可能不存在,通常将这一结构形式的极限称为“$\frac{\infty}{\infty}$”型不定式. 再如例 2-17.

例 2-17 求 $\lim\limits_{x\to\infty}\frac{9x^2+10x+6}{x^3+2x-5}$.

解 先用 x^3 去除分子及分母,得极限

$$\lim_{x\to\infty}\frac{9x^2+10x+6}{x^3+2x-5}=\lim_{x\to\infty}\frac{\frac{9}{x}+\frac{10}{x^2}+\frac{6}{x^3}}{1+\frac{2}{x^2}-\frac{5}{x^3}}=\frac{0}{1}=0.$$

例 2-18 求 $\lim\limits_{x\to\infty}\frac{2x^4-9x+5}{3x^3+5x^2-11}$.

解 由 2.3 节的定理 2-11 及例 2-15 的方法简化后,有

$$\lim_{x\to\infty}\frac{2x^4-9x+5}{3x^3+5x^2-11}=\lim_{x\to\infty}\frac{2-\frac{9}{x^3}+\frac{5}{x^4}}{\frac{3}{x}+\frac{5}{x^2}-\frac{11}{x^4}}=\infty.$$

总结上述例 2-16，例 2-17，例 2-18 的规律性，对 $m,n\in\mathbf{N}^+$，当 $a_0\neq 0, b_0\neq 0$ 时，有

$$\lim_{x\to\infty}\frac{P_n(x)}{Q_m(x)}=\lim_{x\to\infty}\frac{a_0x^n+a_1x^{n-1}+\cdots+a_{n-1}x+a_n}{b_0x^m+b_1x^{m-1}+\cdots+b_{m-1}x+b_m}=\begin{cases}a_0/b_0, & m=n,\\ 0, & m>n,\\ \infty, & m<n.\end{cases}$$

例 2-19 求 $\lim\limits_{n\to\infty}\left(\frac{1^2}{n^3}+\frac{2^2}{n^3}+\cdots+\frac{n^2}{n^3}\right)$.

解 原式 $=\lim\limits_{n\to\infty}\frac{n(n+1)(2n+1)}{6n^3}=\lim\limits_{n\to\infty}\frac{1}{6}\left(1+\frac{1}{n}\right)\left(2+\frac{1}{n}\right)=\frac{1}{3}$.

此例提醒我们：无穷多个无穷小量之和不一定是无穷小量.

例 2-20 求 $\lim\limits_{x\to+\infty}(\sqrt{x^2+x+1}-\sqrt{x^2-x+1})$.

解 因 $x\to+\infty$ 时，$\sqrt{x^2+x+1}\to+\infty$，$\sqrt{x^2-x+1}\to+\infty$，所以不能应用函数差的极限运算法则求解. 通过分子有理化进行恒等变形，有

$$\begin{aligned}&\lim_{x\to+\infty}(\sqrt{x^2+x+1}-\sqrt{x^2-x+1})\\ =&\lim_{x\to+\infty}\frac{2x}{\sqrt{x^2+x+1}+\sqrt{x^2-x+1}}\\ =&\lim_{x\to+\infty}\frac{2}{\sqrt{1+\frac{1}{x}+\frac{1}{x^2}}+\sqrt{1-\frac{1}{x}+\frac{1}{x^2}}}=\frac{2}{2}=1.\end{aligned}$$

注 同方向的两个无穷大量差的极限，可能存在，也可能不存在，通常将这种特殊结构的极限形式称为"$\infty-\infty$"型不定式.

2.4.2 复合运算法则

定理 2-14（复合函数的极限运算法则） 设函数 $y=f[\varphi(x)]$ 是由函数 $y=f(u)$ 及函数 $u=\varphi(x)$ 复合而成，$f[\varphi(x)]$ 在 $\mathring{U}(x_0)$ 内有定义，若 $\lim\limits_{x\to x_0}\varphi(x)=u_0$，$\lim\limits_{u\to u_0}f(u)=A$，且 $\exists\delta>0$，当 $x\in\mathring{U}(x_0,\delta)$ 时，有 $\varphi(x)\neq u_0$，则

$$\lim_{x\to x_0}f[\varphi(x)]=\lim_{u\to u_0}f(u)=A.$$

注 复合函数的极限运算法则，为用变量代换法求极限提供了理论依据. 它表明，如果函数 $f(u)$ 和 $\varphi(x)$ 满足定理的条件，那么作代换 $u=\varphi(x)$，可将求 $\lim\limits_{x\to x_0}f[\varphi(x)]$ 化为求 $\lim\limits_{u\to u_0}f(u)$，这里 $u_0=\lim\limits_{x\to x_0}\varphi(x)$.

在上述定理中，把 $\lim\limits_{x\to x_0}\varphi(x)=u_0$ 换成 $\lim\limits_{x\to x_0}\varphi(x)=\infty$ 或 $\lim\limits_{x\to\infty}\varphi(x)=\infty$，而把 $\lim\limits_{u\to u_0}f(u)=A$ 换成 $\lim\limits_{u\to\infty}f(u)=A$，可得类似定理.

例 2-21 求 $\lim\limits_{x\to-\infty}(\sqrt{x^2+x+1}-\sqrt{x^2-x+1})$.

解　原式$\xlongequal[\substack{x\to-\infty\\u\to+\infty}]{\text{令}u=-x}\lim\limits_{u\to+\infty}(\sqrt{u^2-u+1}-\sqrt{u^2+u+1})$

$$=\lim_{u\to+\infty}\frac{-2u}{\sqrt{u^2-u+1}+\sqrt{u^2+u+1}}=\lim_{u\to+\infty}\frac{-2}{\sqrt{1-\frac{1}{u}+\frac{1}{u^2}}+\sqrt{1+\frac{1}{u}+\frac{1}{u^2}}}$$

$=-1.$

由例 2-20、2-21 的结果及结论：$\lim\limits_{x\to\infty}f(x)=A\Leftrightarrow\lim\limits_{x\to+\infty}f(x)=\lim\limits_{x\to-\infty}f(x)=A$ 知：

$$\lim_{x\to\infty}(\sqrt{x^2+x+1}-\sqrt{x^2-x+1})\text{不存在}.$$

习　题　2.4

1. 求下列极限：

(1) $\lim\limits_{x\to1}(x^3-2x+3)$；　(2) $\lim\limits_{n\to\infty}\dfrac{n^2-3}{(n-1)^2}$；

(3) $\lim\limits_{n\to\infty}\dfrac{(-1)^n+3^{n+1}}{(-2)^{n+1}+3^n}$；　(4) $\lim\limits_{x\to\infty}\dfrac{(2x-1)^{20}(3x+2)^{30}}{(5x+2)^{50}}$；

(5) $\lim\limits_{x\to+\infty}\dfrac{\sqrt{2x^2+x-1}}{\sqrt[3]{4x+1}}$；　(6) $\lim\limits_{x\to1}\dfrac{x^2-3x+2}{1-x^2}$；

(7) $\lim\limits_{x\to1}\dfrac{x^2+x-2}{x^3-x^2+x-1}$；　(8) $\lim\limits_{x\to1}\dfrac{x^n-1}{x-1}$($n$ 为正整数)；

(9) $\lim\limits_{x\to-8}\dfrac{\sqrt{1-x}-3}{2+\sqrt[3]{x}}$；　(10) $\lim\limits_{x\to0}\dfrac{\sqrt{1+x+x^2}-1}{x}$；

(11) $\lim\limits_{x\to1}\left(\dfrac{1}{x-1}+\dfrac{3}{1-x^3}\right)$；　(12) $\lim\limits_{x\to+\infty}x(\sqrt{x^2+1}-x)$；

(13) $\lim\limits_{n\to\infty}\left(1+\dfrac{1}{2}+\dfrac{1}{4}+\cdots+\dfrac{1}{2^n}\right)$；　(14) $\lim\limits_{n\to\infty}\left[\dfrac{1}{1\cdot6}+\dfrac{1}{6\cdot11}+\cdots+\dfrac{1}{(5n-4)(5n+1)}\right]$.

2. 由下列极限确定 a,b 的值：

(1) 已知$\lim\limits_{x\to2}\dfrac{x-2}{x^2+ax+b}=\dfrac{1}{8}$；　(2) $\lim\limits_{x\to1}\dfrac{x^2+ax+b}{x^2-1}=3$.

3. 设 $f(x)=\dfrac{4x^2+3}{x-1}+ax+b$，按下列条件确定 a,b 的值：

(1) $\lim\limits_{x\to\infty}f(x)=0$；　(2) $\lim\limits_{x\to\infty}f(x)=\infty$；

(3) $\lim\limits_{x\to\infty}f(x)=2$；　(4) $\lim\limits_{x\to0}f(x)=1$.

2.5　极限存在准则　两个重要极限

上节所介绍的求极限方法并非万能，当我们面对如下两个极限

$$\lim_{x\to0}\frac{\sin x}{x}\quad\text{及}\quad\lim_{x\to\infty}\left(1+\frac{1}{n}\right)^n$$

时，显得无能为力. 因此我们必须寻求和探索求极限的新的理论与方法. 本节将给出判断极限存在的两个准则，并以它们为理论工具求得上面提到的两个重要极限.

2.5.1 夹逼准则

求极限的夹逼准则，我们以数列的夹逼准则和函数的夹逼准则两种形式给出.

准则Ⅰ 如果数列$\{x_n\}$、$\{y_n\}$和$\{z_n\}$满足下列条件

(1) 对$\forall n\in\mathbf{N}^+$有$y_n\leqslant x_n\leqslant z_n$；

(2) $\lim\limits_{n\to\infty}y_n=a$，$\lim\limits_{n\to\infty}z_n=a$.

则数列$\{x_n\}$的极限存在，且$\lim\limits_{n\to\infty}x_n=a$.

***证** 因$n\to\infty$时，$y_n\to a$，所以对$\forall\varepsilon>0$，$\exists$正整数N_1，当$n>N_1$时，有$|y_n-a|<\varepsilon$，即$a-\varepsilon<y_n<a+\varepsilon$；又因$n\to\infty$时，$z_n\to a$，所以$\exists$正整数$N_2$，当$n>N_2$时，有$|z_n-a|<\varepsilon$，即$a-\varepsilon<z_n<a+\varepsilon$，取$N=\max\{N_1,N_2\}$，则当$n>N$时，有

$$a-\varepsilon<y_n<a+\varepsilon\text{ 和 }a-\varepsilon<z_n<a+\varepsilon$$

同时成立，又因对$\forall n\in\mathbf{N}^+$有$y_n\leqslant x_n\leqslant z_n$，从而当$n>N$时有

$$a-\varepsilon<y_n\leqslant x_n\leqslant z_n<a+\varepsilon,$$

因此，有

$$|x_n-a|<\varepsilon$$

成立，故$\lim\limits_{n\to\infty}x_n=a$得到证明.

对于函数极限也有相应的夹逼准则：

准则Ⅰ′ 如果函数$f(x)$，$g(x)$，$h(x)$满足条件：

(1) 对$\forall x\in\mathring{U}(x_0)$（或$|x|>X$）时，有

$$g(x)\leqslant f(x)\leqslant h(x);$$

(2) $\lim\limits_{\substack{x\to x_0\\(x\to\infty)}}g(x)=A$，$\lim\limits_{\substack{x\to x_0\\(x\to\infty)}}h(x)=A$.

则$\lim\limits_{\substack{x\to x_0\\(x\to\infty)}}f(x)$存在，且等于$A$.

准则Ⅰ′的证明类似于准则Ⅰ，留给读者一试，上述准则当$x\to x_0$及$x\to+\infty$的情形，我们借助于图2-7及图2-8给出其几何直观描述.

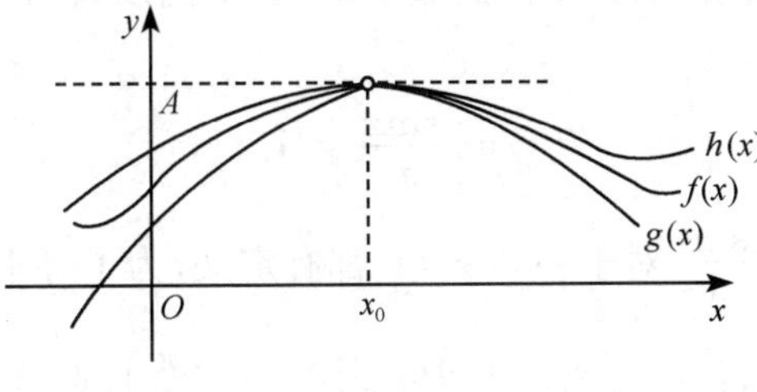

图 2-7

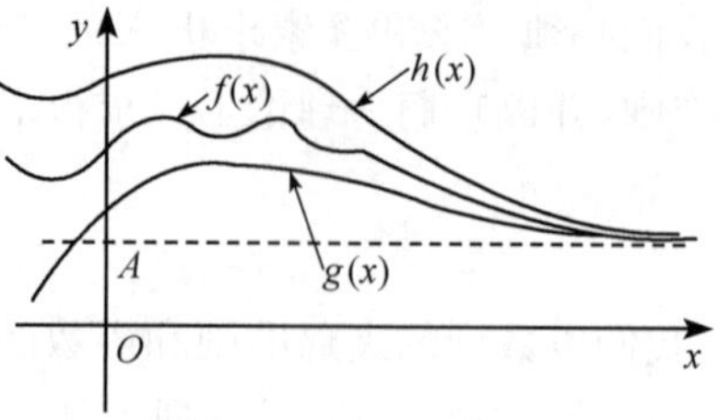

图 2-8

例 2-22　求 $\lim\limits_{n\to\infty}\left(\dfrac{1}{\sqrt{n^2+\pi}}+\dfrac{1}{\sqrt{n^2+2\pi}}+\cdots+\dfrac{1}{\sqrt{n^2+n\pi}}\right)$.

解　因为

$$\frac{n}{\sqrt{n^2+n\pi}}\leqslant\frac{1}{\sqrt{n^2+\pi}}+\frac{1}{\sqrt{n^2+2\pi}}+\cdots+\frac{1}{\sqrt{n^2+n\pi}}\leqslant\frac{n}{\sqrt{n^2+\pi}},$$

而

$$\lim_{n\to\infty}\frac{n}{\sqrt{n^2+n\pi}}=\lim_{n\to\infty}\frac{1}{\sqrt{1+\frac{\pi}{n}}}=1,\quad \lim_{n\to\infty}\frac{n}{\sqrt{n^2+\pi}}=\lim_{n\to\infty}\frac{1}{\sqrt{1+\frac{\pi}{n^2}}}=1,$$

由夹逼准则知

$$\lim_{n\to\infty}\left(\frac{1}{\sqrt{n^2+\pi}}+\frac{1}{\sqrt{n^2+2\pi}}+\cdots+\frac{1}{\sqrt{n^2+n\pi}}\right)=1.$$

例 2-23　求 $\lim\limits_{x\to+\infty}(1+3^x+5^x)^{\frac{1}{x}}$.

解　因 $x\to+\infty$ 为自变量的变化过程，所以考虑 $x>0$，

$$5<(1+3^x+5^x)^{\frac{1}{x}}<5\cdot 3^{\frac{1}{x}},$$

而 $\lim\limits_{x\to+\infty}5=5$，$\lim\limits_{x\to+\infty}5\cdot 3^{\frac{1}{x}}=5$.

由夹逼准则，得 $\lim\limits_{x\to+\infty}(1+3^x+5^x)^{\frac{1}{x}}=5$.

注　夹逼准则提供给我们这样的一个思想方法，当我们面对的极限复杂而难以求解时，可以不直接求解它，而是通过**适度**的放大与缩小去寻找两个极限易求且极限相等的函数(数列)，将其夹在中间，那么这个复杂的函数(数列)的极限必存在且等于这个公共极限. 作为准则 Ⅰ′的成功应用，我们以其为工具证明**第一个重要极限**：

$$\lim_{x\to 0}\frac{\sin x}{x}=1.$$

首先注意到函数$\dfrac{\sin x}{x}$对于一切 $x\neq 0$ 都有定义，为了寻求夹逼$\dfrac{\sin x}{x}$的函数，考察图 2-9 中的单位圆，设圆心角$\angle AOB=x\left(0<x<\dfrac{\pi}{2}\right)$，点 A 处的切线与OB 的延

长线相交于 D,又 $BC\perp OA$,从图中易见:

$\triangle AOB$ 面积<圆扇形 AOB 面积<$\triangle AOD$ 面积.

所以

$$\frac{1}{2}\sin x < \frac{1}{2}x < \frac{1}{2}\tan x,$$

即

$$\sin x < x < \tan x.$$

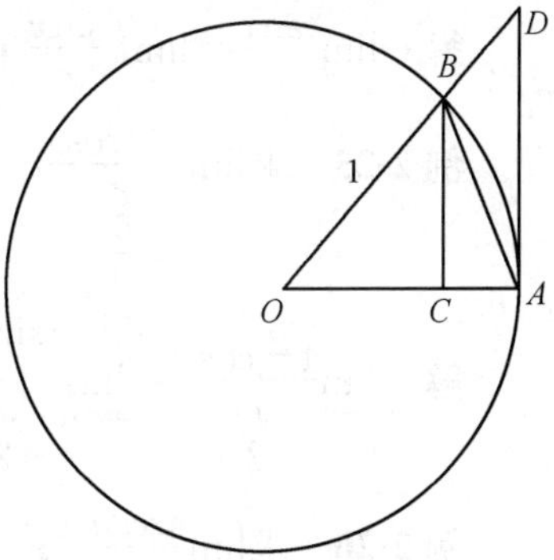

图 2-9

以 $\sin x(\sin x\neq 0)$去除上式,得 $1<\frac{x}{\sin x}<\frac{1}{\cos x}$或

$$\cos x < \frac{\sin x}{x} < 1, \qquad (2\text{-}3)$$

由于 $\cos x,\frac{\sin x}{x}$都是偶函数,所以当$-\frac{\pi}{2}<x<0$ 时,上面不等式仍成立,下面先来证明$\lim\limits_{x\to 0}\cos x=1$.

事实上,当 $0<|x|<\frac{\pi}{2}$时,

$$0<|\cos x-1|=1-\cos x=2\sin^2\frac{x}{2}<\frac{x^2}{2},$$

即

$$0<1-\cos x<\frac{x^2}{2}.$$

当 $x\to 0$ 时,$\frac{x^2}{2}\to 0$,由准则Ⅰ′有$\lim\limits_{x\to 0}(1-\cos x)=0$,所以

$$\lim_{x\to 0}\cos x=1.$$

由$\lim\limits_{x\to 0}\cos x=1$ 及准则Ⅰ′可知:$\lim\limits_{x\to 0}\frac{\sin x}{x}=1$.

这个极限非常重要,今后将经常用到,因此要注意到它的基本特征;分母是无穷小,分子中正弦函数的自变量与分母相同,利用复合函数求极限的运算法则可得到更一般的形式,在自变量的某变化过程中$\lim\varphi(x)=0(\varphi(x)\neq 0)$,则在自变量的同一变化过程中有

$$\lim\frac{\sin\varphi(x)}{\varphi(x)}=1.$$

事实上,令 $u=\varphi(x)$,则 $\varphi(x)\to 0$ 时,$u\to 0$,所以

$$\lim\frac{\sin\varphi(x)}{\varphi(x)}=\lim_{u\to 0}\frac{\sin u}{u}=1.$$

例 2-24 求$\lim\limits_{x\to 0}\frac{\tan x}{x}$.

解 $\lim\limits_{x\to 0}\dfrac{\tan x}{x}=\lim\limits_{x\to 0}\left(\dfrac{\sin x}{x}\cdot\dfrac{1}{\cos x}\right)=\lim\limits_{x\to 0}\dfrac{\sin x}{x}\cdot\lim\limits_{x\to 0}\dfrac{1}{\cos x}=1.$

例 2-25 求$\lim\limits_{x\to 0}\dfrac{1-\cos x}{\dfrac{x^2}{2}}$.

解 $\lim\limits_{x\to 0}\dfrac{1-\cos x}{\dfrac{x^2}{2}}=\lim\limits_{x\to 0}\dfrac{2\sin^2\dfrac{x}{2}}{\dfrac{x^2}{2}}=\lim\limits_{x\to 0}\left[\dfrac{\sin\dfrac{x}{2}}{\dfrac{x}{2}}\right]^2=1^2=1.$

例 2-26 求$\lim\limits_{x\to 0}\dfrac{\arcsin x}{x}$.

解 令 $t=\arcsin x$，则 $x=\sin t$，当 $x\to 0$ 时，有 $t\to 0$. 于是由复合函数的极限运算法则得

$$\lim_{x\to 0}\frac{\arcsin x}{x}=\lim_{t\to 0}\frac{t}{\sin t}=1.$$

例 2-27 若 $\alpha,\beta\neq 0$，求$\lim\limits_{x\to 0}\dfrac{\sin\sin\beta x}{\tan\alpha x}$.

解 $\lim\limits_{x\to 0}\dfrac{\sin\sin\beta x}{\tan\alpha x}=\lim\limits_{x\to 0}\left(\dfrac{\sin\sin\beta x}{\sin\beta x}\cdot\dfrac{\sin\beta x}{\beta x}\cdot\dfrac{\alpha x}{\tan\alpha x}\cdot\dfrac{\beta}{\alpha}\right)=\dfrac{\beta}{\alpha}.$

例 2-28 求$\lim\limits_{x\to 2}\dfrac{\sin|x-2|}{x-2}$.

解 因$\lim\limits_{x\to 2}\dfrac{\sin|x-2|}{x-2}=\lim\limits_{x\to 2}\left(\dfrac{\sin|x-2|}{|x-2|}\cdot\dfrac{|x-2|}{x-2}\right)$

$$=\lim_{x\to 2}\frac{\sin|x-2|}{|x-2|}\cdot\lim_{x\to 2}\frac{|x-2|}{x-2}=\lim_{x\to 2}\frac{|x-2|}{x-2},$$

而

$$\lim_{x\to 2^-}\frac{|x-2|}{x-2}=-1,\quad \lim_{x\to 2^+}\frac{|x-2|}{x-2}=1,$$

所以$\lim\limits_{x\to 2}\dfrac{\sin|x-2|}{x-2}$不存在.

2.5.2 单调有界收敛准则

我们曾证明：收敛数列一定有界，但有界数列却不一定收敛. 如若再加上单调性条件，就会得到如下关于数列的单调有界收敛准则.

准则Ⅱ 单调有界数列必有极限.

对准则Ⅱ的证明已超出本书的要求，在此从略. 从几何直观上看，准则Ⅱ的正确性是明显的，由于数列是单调的，点列 x_n，$n\in\mathbf{N}^+$ 在数轴上只可能向一个方向移动，所以只有两种可能情形：或者 x_n 沿数轴移向无穷远（$x_n\to+\infty$ 或 $x_n\to-\infty$）；

或者点 x_n 无限趋向于某一个定点 A(图 2-10),也就是数列 $\{x_n\}$ 趋向一个极限,但现在假定数列是有界的,而有界数列的点 x_n 都落在数轴上某个闭区间 $[-M,M]$ 内,因此上述第一种情形就不可能发生,这就意味着该数列只能趋向于一个极限,并且这个极限的绝对值不超过 M.

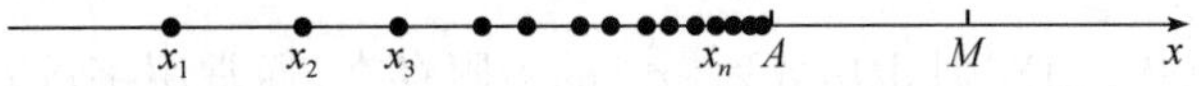

图 2-10

注 由于数列 $\{x_n\}$ 单调增加,那么 x_1 自然就是其下界;数列 $\{x_n\}$ 单调减少,那么 x_1 自然也就是其上界,正因为此,我们还可以将准则Ⅱ进行如下更具体的叙述:**单调增加且有上界的数列必有极限;单调减少且有下界的数列必有极限.**

作为准则Ⅱ的应用,我们讨论另一个重要极限

$$\lim_{x\to\infty}\left(1+\frac{1}{x}\right)^x.$$

(1) 考虑 x 取正整数 n 而趋向于 $+\infty$ 的情形.

设 $x_n=\left(1+\frac{1}{n}\right)^n$,我们来证数列 $\{x_n\}$ 单调增加且有上界,按牛顿二项公式,有

$$\begin{aligned}x_n=\left(1+\frac{1}{n}\right)^n&=1+\frac{n}{1!}\cdot\frac{1}{n}+\frac{n(n-1)}{2!}\cdot\frac{1}{n^2}+\frac{n(n-1)(n-2)}{3!}\cdot\frac{1}{n^3}+\cdots\\&\quad+\frac{n(n-1)\cdots(n-n+1)}{n!}\cdot\frac{1}{n^n}\\&=1+1+\frac{1}{2!}\left(1-\frac{1}{n}\right)+\frac{1}{3!}\left(1-\frac{1}{n}\right)\left(1-\frac{2}{n}\right)+\cdots\\&\quad+\frac{1}{n!}\left(1-\frac{1}{n}\right)\left(1-\frac{2}{n}\right)\cdots\left(1-\frac{n-1}{n}\right),\end{aligned}$$

类似地有

$$\begin{aligned}x_{n+1}=1+1&+\frac{1}{2!}\left(1-\frac{1}{n+1}\right)+\frac{1}{3!}\left(1-\frac{1}{n+1}\right)\left(1-\frac{2}{n+1}\right)+\cdots\\&+\frac{1}{n!}\left(1-\frac{1}{n+1}\right)\left(1-\frac{2}{n+1}\right)\cdots\left(1-\frac{n-1}{n+1}\right)\\&+\frac{1}{(n+1)!}\left(1-\frac{1}{n+1}\right)\left(1-\frac{2}{n+1}\right)\cdots\left(1-\frac{n}{n+1}\right).\end{aligned}$$

比较 x_n 和 x_{n+1} 的展开式的对应项,除前两项相等外,x_{n+1} 的每一项都大于 x_n 的对应项,且比 x_n 还多了为正值的最后一项,因此,对 $\forall n\in\mathbf{N}^+$,有

$$x_n<x_{n+1},$$

即数列 $\{x_n\}$ 是单调增加的. 下证数列 $\{x_n\}$ 有上界,若将 x_n 的展开式各项括号内的数用较大的数 1 代替,就得

$$x_n < 1+1+\frac{1}{2!}+\frac{1}{3!}+\cdots+\frac{1}{n!} < 1+1+\frac{1}{2}+\frac{1}{2^2}+\cdots+\frac{1}{2^{n-1}}$$

$$=1+\frac{1-\frac{1}{2^n}}{1-\frac{1}{2}}=3-\frac{1}{2^{n-1}}<3,$$

即数列$\{x_n\}$有上界. 由准则Ⅱ知数列$\{x_n\}$的极限存在，通常用字母 e 来表示这个极限值(是为了纪念瑞士伟大的数学家欧拉(Euler L，1707～1783)而采用了这一记法)，即

$$\lim_{n\to\infty}\left(1+\frac{1}{n}\right)^n=\mathrm{e}.$$

(2) 可以证明，当 x 取实数而趋向于$+\infty$或$-\infty$时，函数$\left(1+\frac{1}{x}\right)^x$的极限都存在，且都等于 e，即

$$\lim_{x\to\infty}\left(1+\frac{1}{x}\right)^x=\mathrm{e}.$$

这个数是无理数，它的值是

$$\mathrm{e}=2.718281828459045\cdots,$$

前面提到的指数函数 $y=\mathrm{e}^x$ 以及自然对数 $y=\ln x$ 中的底 e 就是这个常数.

(3) 利用变量代换 $t=\frac{1}{x}$，则当 $x\to\infty$时，$t\to 0$ 于是又有

$$\lim_{t\to 0}(1+t)^{\frac{1}{t}}=\mathrm{e}.$$

例 2-29　若 $\alpha\neq 0$，求$\lim\limits_{x\to\infty}\left(1+\frac{\alpha}{x}\right)^x$.

解　因 $\alpha\neq 0$，所以

$$\lim_{x\to\infty}\left(1+\frac{\alpha}{x}\right)^x=\lim_{x\to\infty}\left[\left(1+\frac{\alpha}{x}\right)^{\frac{x}{\alpha}}\right]^\alpha=\mathrm{e}^\alpha.$$

特别地，当$\alpha=-1$时，有$\lim\limits_{x\to\infty}\left(1-\frac{1}{x}\right)^x=\mathrm{e}^{-1}$；实际上，当$\alpha=0$时，$\lim\limits_{x\to\infty}\left(1+\frac{\alpha}{x}\right)^x=1=\mathrm{e}^\alpha$，因此对任意实常数$\alpha$，都有$\lim\limits_{x\to\infty}\left(1+\frac{\alpha}{x}\right)^x=\mathrm{e}^\alpha$成立. 同理可证$\lim\limits_{x\to 0}(1+\alpha x)^{\frac{1}{x}}=\mathrm{e}^\alpha$.

例 2-30　求$\lim\limits_{x\to 0}\frac{\ln(1+x)}{x}$.

解　$\lim\limits_{x\to 0}\frac{\ln(1+x)}{x}=\lim\limits_{x\to 0}\frac{1}{x}\ln(1+x)=\lim\limits_{x\to 0}\ln(1+x)^{\frac{1}{x}}=\ln\mathrm{e}=1.$

例 2-31　求$\lim\limits_{x\to 0}\frac{a^x-1}{x}$($a>0$ 且 $a\neq 1$).

解　令 $t=a^x-1$，则 $x=\frac{\ln(1+t)}{\ln a}$，且 $x\to 0$ 时，$t\to 0$，从而

$$\lim_{x\to 0}\frac{a^x-1}{x}=\lim_{t\to 0}\frac{t}{\ln(1+t)}\cdot\ln a=\ln a.$$

特别地，当 $a=\mathrm{e}$ 时，有 $\lim\limits_{x\to 0}=\frac{\mathrm{e}^x-1}{x}=1$.

在利用第二个重要极限来求解某些函数的极限时，常会遇到形如 $[f(x)]^{g(x)}$ 的函数的极限，如果 $\lim f(x)=A>0$，$\lim g(x)=B$，则可以证明

$$\lim[f(x)]^{g(x)}=A^B.$$

例 2-32 若 $\lim\limits_{x\to\infty}\left(\frac{x+2a}{x-a}\right)^x=8$，求 a.

解 由于

$$\lim_{x\to\infty}\left(\frac{x+2a}{x-a}\right)^x=\lim_{x\to\infty}\left[\left(1+\frac{3a}{x-a}\right)^{\frac{x-a}{3a}}\right]^{\frac{3ax}{x-a}}=\mathrm{e}^{3a}=8,$$

从而 $\mathrm{e}^a=2$，即 $a=\ln 2$.

例 2-33 求 $\lim\limits_{x\to 0}(1+\sin 3x)^{\cot 2x}$.

解 $$\lim_{x\to 0}(1+\sin 3x)^{\cot 2x}=\lim_{x\to 0}\left[(1+\sin 3x)^{\frac{1}{\sin 3x}}\right]^{\frac{\sin 3x}{\sin 2x}\cdot\cos 2x},$$

而

$$\lim_{x\to 0}(1+\sin 3x)^{\frac{1}{\sin 3x}}=\mathrm{e},\quad \lim_{x\to 0}\frac{\sin 3x}{\sin 2x}=\lim_{x\to 0}\left(\frac{\sin 3x}{3x}\cdot\frac{2x}{\sin 2x}\cdot\frac{3}{2}\right)=\frac{3}{2},$$

因此

$$\lim_{x\to 0}(1+\sin 3x)^{\cot 2x}=\mathrm{e}^{\frac{3}{2}}.$$

***例 2-34** 设 $a_1=2$，$a_{n+1}=\frac{1}{2}\left(a_n+\frac{1}{a_n}\right)(\forall n\in\mathbf{N}^+)$，求 $\lim\limits_{n\to\infty}a_n$.

解 先来证明数列 $\{a_n\}$ 单调且有界.

$$a_1=2>1,\quad a_2=\frac{1}{2}\left(a_1+\frac{1}{a_1}\right)=\frac{a_1^2+1}{2a_1}>1,$$

设 $a_k>1$，则

$$a_{k+1}=\frac{1}{2}\left(a_k+\frac{1}{a_k}\right)=\frac{{a_k}^2+1}{2a_k}>1,$$

由数学归纳法可知，对 $\forall n\in\mathbf{N}^+$，有 $a_n>1$，即数列 $\{a_n\}$ 有下界.

又因为，对 $\forall n\in\mathbf{N}^+$，有

$$a_{n+1}-a_n=\frac{1}{2}\left(a_n+\frac{1}{a_n}\right)-a_n=\frac{1-a_n^2}{2a_n}<0,$$

即 $a_{n+1}<a_n$，因此，数列 $\{a_n\}$ 单调减少，这就证明了数列 $\{a_n\}$ 单调且有界，所以必有极限，设 $\lim\limits_{n\to\infty}a_n=a$. 则

$$\lim_{n\to\infty}a_{n+1}=\lim_{n\to\infty}\frac{1}{2}\left(a_n+\frac{1}{a_n}\right),$$

即

$$a=\frac{1}{2}\left(a+\frac{1}{a}\right),$$

所以

$$a=\pm 1.$$

由题意及保号性定理,舍去负值 $a=-1$,那么有

$$\lim_{n\to\infty}a_n=1.$$

2.5.3 连续复利

设有某笔贷款 A_0(称为本金),年利率为 r,当每年结算一次时,第 t 年后的本利和为 A_t,那么,有

$$A_t=A_0(1+r)^t.$$

如果一年分 n 期计息,每次计息后的利息直接转为本金生息,年利率仍为 r,则每期利率便为$\frac{r}{n}$,那么 t 年后的本利和为

$$A_t=A_0\left(1+\frac{r}{n}\right)^{nt}.$$

如果计息期数 $n\to\infty$,即每时每刻计算复利,此时称为**连续复利**,则 t 年后的本利和为

$$A_t=\lim_{n\to\infty}A_0\left(1+\frac{r}{n}\right)^{nt}=\lim_{n\to\infty}A_0\left[\left(1+\frac{r}{n}\right)^{\frac{n}{\gamma}}\right]^{rt}=A_0\mathrm{e}^{rt}.$$

因此,在年利率为 r 的情形下,计算货币的时间价值,如若采用连续复利计算模型就有:

(1) 已知现值 A_0,求 t 年后的未来值 $A_t=A_0\mathrm{e}^{rt}$;

(2) 已知未来值 A_t,则贴现值为 $A_0=A_t\mathrm{e}^{-rt}$.

在金融界有人称 e 为银行家常数,其有趣的解释:当你年初存入银行 1 元钱,年利率为 10%,10 年后,连续复利的本利和恰为 e,即

$$A_{10}=A_0\mathrm{e}^{rt}=1\cdot\mathrm{e}^{0.1\times 10}=\mathrm{e}.$$

习　题　2.5

1. 求下列极限:

(1) $\lim\limits_{x\to\infty}x\sin\frac{1}{x}$;　　　　(2) $\lim\limits_{x\to 0}\frac{\sin\alpha x}{\sin\beta x}(\beta\neq 0)$;

(3) $\lim\limits_{x\to 0}\dfrac{x-\sin x}{x+\sin x}$；

(4) $\lim\limits_{x\to 0}\dfrac{\arcsin 3x}{\arctan 5x}$；

(5) $\lim\limits_{n\to\infty}2^n\cdot\sin\dfrac{x}{2^n}$；

(6) $\lim\limits_{x\to a}\dfrac{\sin x-\sin a}{x-a}$；

(7) $\lim\limits_{x\to 0^+}\dfrac{\sqrt{1-\cos x}}{x}$；

(8) $\lim\limits_{x\to 0}\dfrac{1-\sqrt{1+x^2}}{\tan^2 x}$.

2. 求下列极限：

(1) $\lim\limits_{n\to\infty}\left(1+\dfrac{3}{n}\right)^{-n}$；

(2) $\lim\limits_{x\to 0}(1-3x)^{2+\frac{1}{x}}$；

(3) $\lim\limits_{x\to\infty}\left(\dfrac{x+3}{x+1}\right)^x$；

(4) $\lim\limits_{x\to\infty}\left(\dfrac{x}{1+x}\right)^{x+3}$；

(5) $\lim\limits_{x\to 0}\sqrt[x]{1-2x}$；

(6) $\lim\limits_{x\to 0}(\cos x)^{\frac{1}{1-\cos x}}$；

(7) $\lim\limits_{x\to 0}(1+\tan x)^{\cot x}$；

(8) $\lim\limits_{x\to+\infty}\left(1-\dfrac{1}{x}\right)^{\sqrt{x}}$.

3. 用夹逼定理求下列极限：

(1) $\lim\limits_{n\to\infty}n\left(\dfrac{1}{n^2+1}+\dfrac{1}{n^2+2}+\cdots+\dfrac{1}{n^2+n}\right)$；

(2) $\lim\limits_{n\to\infty}\left(\dfrac{1}{n^2+n+1}+\dfrac{2}{n^2+n+2}+\cdots+\dfrac{n}{n^2+n+n}\right)$；

(3) $\lim\limits_{n\to\infty}\sqrt[n]{a_1^n+a_2^n+\cdots+a_m^n}$，其中 $a_i>0(i=1,2,\cdots,m)$.

4. 利用单调有界准则，证明下列数列极限存在，并求出极限值：

(1) $a_1=0,a_{n+1}=\sqrt{2+a_n}(n=1,2,\cdots)$；

(2) $0<a_1<\sqrt{3},a_{n+1}=\dfrac{3(1+a_n)}{3+a_n}(n=1,2,\cdots)$.

5. 现有 10 万元资金，按年利率 5%作连续复利计息，5 年后价值为多少？

6. 设年贴现率为 4%，按连续计息贴现，现投资多少万元，20 年后可得 50 万元？

2.6 无穷小量的比较

我们已经清楚，两个无穷小量的和、差及乘积依然为无穷小量，然而对无穷小量的商还没有展开系统的讨论. 请注意，前面我们讨论某变量在某过程中的极限是什么，但有时更关心该变量趋向于极限的速度的快慢，而结论 $\lim f(x)=A\Leftrightarrow\lim[f(x)-A]=0$ 告诉我们，其实上述问题归根结底是无穷小量趋向于 0 的速度快慢的问题，而无穷小量趋向于 0 的速度的快慢可用无穷小量比的极限来衡量. 如

$$\lim_{x\to 0}\frac{x^2}{x}=0,\quad \lim_{x\to 0}\frac{\sin x}{x}=1,\quad \lim_{x\to 2}\frac{x^2-4}{x-2}=4,\quad \lim_{x\to 0}\frac{x}{1-\cos x}=\infty.$$

两个无穷小量比的极限的各种不同情况，反映了不同无穷小量趋向于 0 的快慢程度. 当 $x\to 0$ 时，$x^2\to 0$ 比 $x\to 0$ 的速度要“快”，而 $\sin x\to 0$ 与 $x\to 0$ 的“快慢相仿”，但 $x\to 0$ 比 $1-\cos x\to 0$ 速度要“慢”，$x\to 2$ 时，$x^2-4\to 0$ 与 $x-2\to 0$ 速度“较

接近".

为了便于描述与鉴别两个无穷小量趋向于 0 的"相对速度",我们给出如下定义:

定义 2-15　设 α、β 是同一变化过程中的无穷小量,有:

(1) 如果 $\lim \dfrac{\beta}{\alpha}=0$,则称 β 是 α 的**高阶无穷小**,记作 $\beta=o(\alpha)$;

(2) 如果 $\lim \dfrac{\beta}{\alpha}=\infty$,则称 β 是 α 的**低阶无穷小**;

(3) 如果 $\lim \dfrac{\beta}{\alpha}=C(C\neq 0)$,则称 β 是 α 的**同阶无穷小**;

(4) 如果 $\lim \dfrac{\beta}{\alpha^k}=C(C\neq 0,k>0)$,则称 β 是 α 的 ***k* 阶无穷小**;

(5) 如果 $\lim \dfrac{\beta}{\alpha}=1$,则称 β 是 α 的**等价无穷小**,记作 $\beta\sim\alpha$.

例如,$\lim\limits_{x\to 0}\dfrac{\ln(1+2x)}{\sin 3x}=\dfrac{2}{3}$,则 $x\to 0$ 时,$\ln(1+2x)$ 是 $\sin 3x$ 的同阶无穷小;又由 $\lim\limits_{x\to 0}\dfrac{e^x-1}{x}=1$,从而 $x\to 0$ 时,$e^x-1\sim x$;再有 $\lim\limits_{x\to 1}\dfrac{\sin(x-1)^2}{x-1}=\lim\limits_{x\to 1}\left[\dfrac{\sin(x-1)^2}{(x-1)^2}\cdot(x-1)\right]=0$,故 $x\to 1$ 时,$\sin(x-1)^2=o(x-1)$.

例 2-35　证明 $x\to 0$ 时,当 $n\in \mathbf{N}^+$ 时,

$$\sqrt[n]{1+x}-1\sim\frac{x}{n}.$$

证　因为当 $x\to 0$ 时,$\sqrt[n]{1+x}-1\to 0$,令 $t=\sqrt[n]{1+x}-1$ 则 $x=(1+t)^n-1$,从而

$$\lim_{x\to 0}\frac{\sqrt[n]{1+x}-1}{\frac{x}{n}}=\lim_{t\to 0}\frac{nt}{(1+t)^n-1}=\lim_{t\to 0}\frac{nt}{nt+\frac{n(n-1)}{2}t^2+\cdots+t^n}$$

$$=\lim_{t\to 0}\frac{n}{n+\frac{n(n-1)}{2}t+\cdots+t^{n-1}}=1,$$

所以 $x\to 0$ 时,$\sqrt[n]{1+x}-1\sim\dfrac{x}{n}$.

关于等价无穷小,有下面两个结论.

定理 2-15　在同一变化过程中 α、β 均为无穷小量,则 $\beta\sim\alpha$ 的充要条件是 $\beta=\alpha+o(\alpha)$.

证　必要性　若 $\beta\sim\alpha$,则 $\lim\dfrac{\beta-\alpha}{\alpha}=\lim\dfrac{\beta}{\alpha}-1=0$. 因此 $\beta-\alpha=o(\alpha)$,亦即 $\beta=\alpha+o(\alpha)$.

充分性　若 $\beta=\alpha+o(\alpha)$，则

$$\lim\frac{\beta}{\alpha}=\lim\frac{\alpha+o(\alpha)}{\alpha}=\lim\left[1+\frac{o(\alpha)}{\alpha}\right]=1,$$

从而 $\beta\sim\alpha$.

定理 2-16　在同一变化过程中 $\alpha,\alpha',\beta,\beta'$ 均为无穷小量，$\alpha\sim\alpha'$，$\beta\sim\beta'$，且 $\lim\frac{\beta'}{\alpha'}$ 存在，则

$$\lim\frac{\beta}{\alpha}=\lim\frac{\beta'}{\alpha'}.$$

证　$\lim\frac{\beta}{\alpha}=\lim\left(\frac{\beta}{\beta'}\cdot\frac{\beta'}{\alpha'}\cdot\frac{\alpha'}{\alpha}\right)=\lim\frac{\beta}{\beta'}\cdot\lim\frac{\beta'}{\alpha'}\cdot\lim\frac{\alpha'}{\alpha}=\lim\frac{\beta'}{\alpha'}.$

注(1)　定理 2-16 表明，在求两个无穷小量比的极限时，分子和分母都可用其等价无穷小量来代替，如果选择恰当，可使计算过程得到简化. 应用该定理求极限的方法又称为等价无穷小量代换法.

注(2)　利用等价无穷小量代换法求极限，要求熟知常用的重要等价无穷小量. 为此我们将其列出，便于记忆和应用.

当 $x\to0$ 时，$x\sim\sin x\sim\tan x\sim\arcsin x\sim\arctan x\sim\ln(1+x)\sim e^x-1$；$1-\cos x\sim\frac{x^2}{2}$；$a^x-1\sim x\ln a$；$\sqrt[n]{1+x}-1\sim\frac{x}{n}$；$(1+x)^\alpha-1\sim\alpha x$(后面将给出证明).

例 2-36　求 $\lim\limits_{x\to0}\frac{\ln(1+\sin^2 2x)}{1-\cos3x}$.

解　当 $x\to0$ 时，$\ln(1+\sin^2 2x)\sim\sin^2 2x\sim(2x)^2=4x^2$，而

$$1-\cos3x\sim\frac{1}{2}(3x)^2=\frac{9}{2}x^2.$$

因此

$$\lim_{x\to0}\frac{\ln(1+\sin^2 2x)}{1-\cos3x}=\lim_{x\to0}\frac{4x^2}{\frac{9}{2}x^2}=\frac{8}{9}.$$

例 2-37　求 $\lim\limits_{x\to0}\frac{\sqrt{1+x\tan3x}-1}{(e^{\frac{x}{2}}-1)\arcsin5x}$.

解　当 $x\to0$ 时，

$$\sqrt{1+x\tan3x}-1\sim\frac{1}{2}x\tan3x\sim\frac{3}{2}x^2,\quad (e^{\frac{x}{2}}-1)\cdot\arcsin5x\sim\frac{x}{2}\cdot5x=\frac{5}{2}x^2,$$

所以

$$\lim_{x\to0}\frac{\sqrt{1+x\tan3x}-1}{(e^{\frac{x}{2}}-1)\arcsin3x}=\lim_{x\to0}\frac{\frac{3}{2}x^2}{\frac{5}{2}x^2}=\frac{3}{5}.$$

习　题　2.6

1. 比较下列无穷小的阶：

(1) 当 $x\to 0$ 时，x^3+100x^2 与 x^2；

(2) 当 $x\to 0$ 时，$\sqrt[3]{1+x}-1$ 与 $\frac{x}{3}$；

(3) 当 $x\to 1$ 时，$1-x$ 与 $1-\sqrt[3]{x}$；

(4) 当 $x\to 1$ 时，$\ln x$ 与 $(x-1)^2$.

2. 利用等价无穷小代换，求下列极限：

(1) $\lim\limits_{x\to 0}\frac{1-\cos ax}{\sin^2 bx}(b\neq 0)$；　　(2) $\lim\limits_{x\to 0}\frac{\ln(1+\tan^n x)}{[\ln(1+2x)]^n}$；

(3) $\lim\limits_{x\to 0}\frac{\cos x(e^{\tan x}-1)^2}{\sqrt{1+x\tan x}-1}$；　　(4) $\lim\limits_{x\to 1}\frac{\sqrt[3]{1+(x-1)^2}-1}{\sin^2(x-1)}$；

(5) $\lim\limits_{x\to\infty}(e^{\frac{2}{x}}-1)x$；　　(6) $\lim\limits_{x\to 0}\frac{\tan x-\sin x}{\sin^3 x}$.

3. 若 $x\to 0$ 时，$\sqrt{1+ax^2}-1$ 与 $\sin x^2$ 是等价无穷小量，求 a 的值.

4. 证明：

(1) 当 $x\to 1$ 时，$\ln x\sim x-1$；　　(2) 当 $x\to 0$ 时，$\sec x-1\sim\frac{x^2}{2}$.

2.7　函数的连续性与间断点

2.7.1　函数的连续性

在客观世界中有很多现象和事物的运动都是连续地变化着的，如动植物的生长、天体在轨道上运行、导弹飞行轨迹的形成等. 而刻画这种现象的工具之一就是连续函数. 例如，植物在生长过程中，当时间变化很微小时，植物生长的变化也很微小，这种特点就是所谓的连续性. 但自然界中有些事物在变化过程中有时会呈突变现象，如植物被意外折断、火箭外壳的自行脱落使质量突然减少等破坏连续性的情形，若用函数描述的话，这就是所谓的间断. 下面我们以极限为工具建立起函数连续的概念，并对函数的连续性展开讨论.

首先，介绍自变量和函数增量的概念：若函数 $y=f(x)$ 在 $U(x_0)$ 内有定义，自变量 x 变化的初值设为 x_0，变到终值 x，终值与初值的差 $x-x_0$ 称为**自变量的增量**，记作 Δx，即 $\Delta x=x-x_0$，Δx 可正可负，记号 Δx 并非 Δ 与变量 x 的乘积，而是一个不可分割的整体. 此时终值 $x=x_0+\Delta x$. 我们再来看函数 $y=f(x)$，当自变量 x 在 $U(x_0)$ 内由 x_0 变到 $x_0+\Delta x$ 时，函数 y 就相应地从 $f(x_0)$ 变到 $f(x_0+\Delta x)$，因此函数 y 的对应增量为

$$\Delta y = f(x_0 + \Delta x) - f(x_0).$$

这个关系的几何解释如图 2-11 和图 2-12 所示.

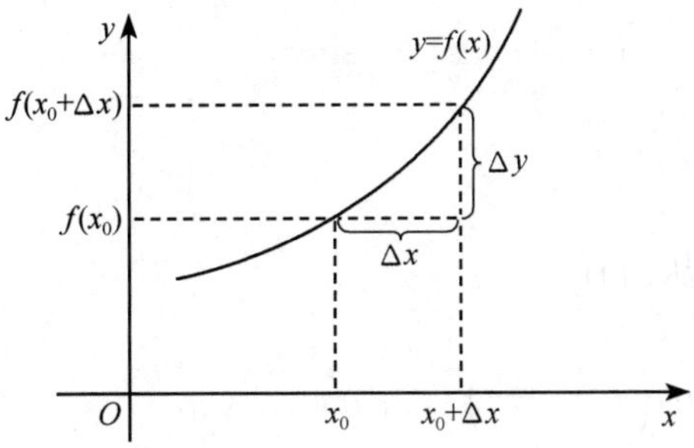

图 2-11

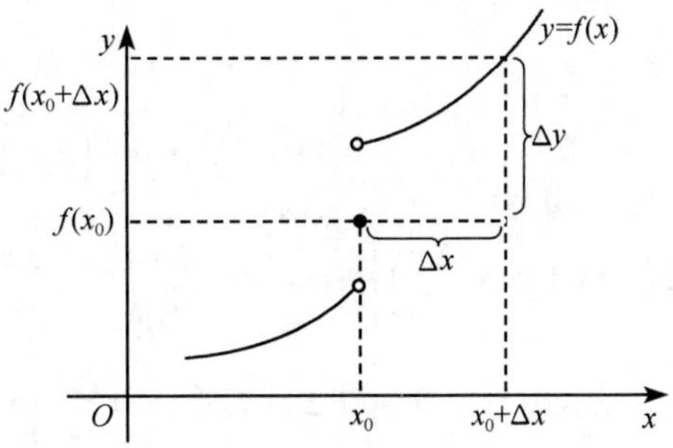

图 2-12

假如保持 x_0 不变,而让自变量的增量 Δx 变动,一般说来,函数 y 的增量 Δy 也要随着变化,通过对图 2-11 和图 2-12 所描述函数的几何直观可以发现:图 2-11 中函数 $y=f(x)$ 在 x_0 点处是连续的,其基本特征是当 $\Delta x\to 0$ 时,有 $\Delta y\to 0$;而图 2-12 中函数 $y=f(x)$ 在 x_0 处是不连续的,其基本特征是当 $\Delta x\to 0$ 时,$\Delta y\not\to 0$. 当我们掌握了连续曲线的特征,就可给出函数 $y=f(x)$ 在点 x_0 处连续的定义:

定义 2-16　设函数 $y=f(x)$ 在 $U(x_0)$ 内有定义,如果

$$\lim_{\Delta x\to 0}\Delta y = \lim_{\Delta x\to 0}[f(x_0+\Delta x) - f(x_0)] = 0,$$

则称函数 $y=f(x)$ 在点 x_0 连续.

设 $x=x_0+\Delta x$,则 $\Delta x\to 0\Leftrightarrow x\to x_0$,此时 $\Delta y=f(x_0+\Delta x)-f(x_0)\to 0\Leftrightarrow f(x)\to f(x_0)$,因此,函数 $y=f(x)$ 在点 x_0 连续的定义又可等价的叙述为:

等价定义 2-16′　设函数 $y=f(x)$ 在 $U(x_0)$ 内有定义,如果

$$\lim_{x\to x_0} f(x) = f(x_0),$$

则称函数 $y=f(x)$ 在点 x_0 连续.

函数 $f(x)$ 在 x_0 处连续性是由极限建立起来的,因此也可以给出连续的分析定义:

* **等价定义 2-16″**(ε-δ 语言)　函数 $y=f(x)$ 在点 x_0 连续 $\Leftrightarrow \forall \varepsilon>0, \exists \delta>0$,当 $|x-x_0|<\delta$ 时,有 $|f(x)-f(x_0)|<\varepsilon$.

例 2-38　证明 $f(x)=\mathrm{e}^x$ 在任意点 $x_0\in(-\infty,+\infty)$ 处连续.

证　对 $\forall x_0\in(-\infty,+\infty)$,$\Delta y=f(x_0+\Delta x)-f(x_0)=\mathrm{e}^{x_0+\Delta x}-\mathrm{e}^{x_0}=\mathrm{e}^{x_0}(\mathrm{e}^{\Delta x}-1)$,从而

$$\lim_{\Delta x\to 0}\Delta y = \lim_{\Delta x\to 0}[\mathrm{e}^{x_0}(\mathrm{e}^{\Delta x}-1)] = \mathrm{e}^{x_0}\cdot\lim_{\Delta x\to 0}(\mathrm{e}^{\Delta x}-1) = \mathrm{e}^{x_0}\cdot 0 = 0,$$

所以 $f(x)=e^x$ 在任意点 x_0 处连续.

例 2-39 证明对 $\forall x_0\in(-\infty,+\infty)$，$y=\sin x$ 在 x_0 处连续.

证 对 $\forall x_0\in(-\infty,+\infty)$有

$$\begin{aligned}\Delta y&=f(x_0+\Delta x)-f(x_0)=\sin(x_0+\Delta x)-\sin x_0\\&=2\sin\frac{\Delta x}{2}\cdot\cos\left(x_0+\frac{\Delta x}{2}\right).\end{aligned}$$

因 $\left|\cos\left(x_0+\frac{\Delta x}{2}\right)\right|\leqslant 1$，$\left|\sin\frac{\Delta x}{2}\right|\leqslant\left|\frac{\Delta x}{2}\right|$，从而有

$$0\leqslant|\Delta y|\leqslant 2\left|\sin\frac{\Delta x}{2}\right|\cdot\left|\cos\left(x_0+\frac{\Delta x}{2}\right)\right|\leqslant|\Delta x|.$$

由夹逼准则得 $\lim\limits_{\Delta x\to 0}\Delta y=0$，这就证明了 $y=\sin x$ 在$(-\infty,+\infty)$的任意点处都连续.

下面给出左连续及右连续的概念.

如果函数 $f(x)$满足

$$f(x_0^-)=\lim_{x\to x_0^-}f(x)=f(x_0)\quad\left(f(x_0^+)=\lim_{x\to x_0^+}f(x)=f(x_0)\right),$$

则称函数 $f(x)$在点 x_0 **左(右)连续**.

在区间上每一点都连续的函数，称作在该**区间上的连续函数**，或者说**函数在该区间上连续**. 如果区间包括端点，那么函数在右端点连续指的是左连续，在左端点连续指的是右连续.

在几何直观上：连续函数的图形是一条连续而不间断的曲线.

我们已经证明：对 $\forall x_0\in(-\infty,+\infty)$有 $\lim\limits_{x\to x_0}P_n(x)=P_n(x_0)$，$\lim\limits_{x\to x_0}e^x=e^{x_0}$，$\lim\limits_{x\to x_0}\sin x=\sin x_0$ 以及对 $\forall x_0\in(-\infty,+\infty)$且 $Q_m(x_0)\neq 0$，有 $f(x)=\dfrac{P_n(x)}{Q_m(x)}$满足 $\lim\limits_{x\to x_0}f(x)=f(x_0)$. 因此我们可以说多项式函数 $P_n(x)$，指数函数 e^x，三角函数 $\sin x$，以及有理分式函数 $f(x)=\dfrac{P_n(x)}{Q_m(x)}$在其定义域内的每一点都是连续的. 进一步我们不难证明：基本初等函数在其定义域内是连续的.

注 由极限与左右极限的关系不难得出结论

$$f(x)\text{ 在 }x_0\text{ 处连续}\Leftrightarrow f(x_0^-)=f(x_0^+)=f(x_0).$$

例 2-40 函数 $f(x)=\begin{cases}\dfrac{e^{\sin 2x}-1}{x}, & x<0,\\ A, & x=0,\\ (1+ax)^{\frac{1}{x}}, & x>0\end{cases}$ 在 $x=0$ 点连续，求 a,A.

解 $f(x)$为分段函数，由两个重要极限可得

$$f(0^-) = \lim_{x\to 0^-} f(x) = \lim_{x\to 0^-} \frac{e^{\sin 2x} - 1}{x} = \lim_{x\to 0^-} \frac{\sin 2x}{x} = 2,$$

$$f(0^+) = \lim_{x\to 0^+} f(x) = \lim_{x\to 0^+} (1 + ax)^{\frac{1}{x}} = e^a.$$

由于 $f(x)$ 在 $x=0$ 处连续 $\Leftrightarrow f(0^-)=f(0^+)=f(0)$，所以

$$2 = e^a = A \Rightarrow \begin{cases} a = \ln 2, \\ A = 2. \end{cases}$$

2.7.2 函数的间断点

设 $f(x)$ 在 $\mathring{U}(x_0)$ 内有定义的前提下，若 x_0 不是 $f(x)$ 的连续点，就称 x_0 为 $f(x)$ 的**间断点**. 因此，点 x_0 是 $f(x)$ 的间断点，那么无非是下列三种情形之一：

(1) 在 $\mathring{U}(x_0)$ 有定义，但在 $x=x_0$ 处无定义；

(2) 虽在 $x=x_0$ 处有定义，但 $\lim\limits_{x\to x_0} f(x)$ 不存在；

(3) 在 $x=x_0$ 处有定义，且 $\lim\limits_{x\to x_0} f(x)$ 存在，但 $\lim\limits_{x\to x_0} f(x) \neq f(x_0)$.

下面举例说明函数间断点的几种常见类型.

例 2-41 讨论函数 $f(x)=\dfrac{x^2-4}{x-2}$ 在 $x=2$ 处的连续性.

解 $f(x)$ 在 $(-\infty,2)\cup(2,+\infty)$ 有定义，但在 $x=2$ 处无定义，从而 $x=2$ 为 $f(x)$ 的间断点(图 2-13). 但该间断点有如下特征：

$$\lim_{x\to 2} \frac{x^2-4}{x-2} = 4,$$

即极限存在，只要我们补充定义 $f(2)$，令 $f(2)=4=\lim\limits_{x\to 2} f(x)$，则函数 $f(x)$ 在 $x=2$ 点处就连续了，为此我们把 $x=2$ 叫做函数 $f(x)=\dfrac{x^2-4}{x-2}$ 的可去间断点.

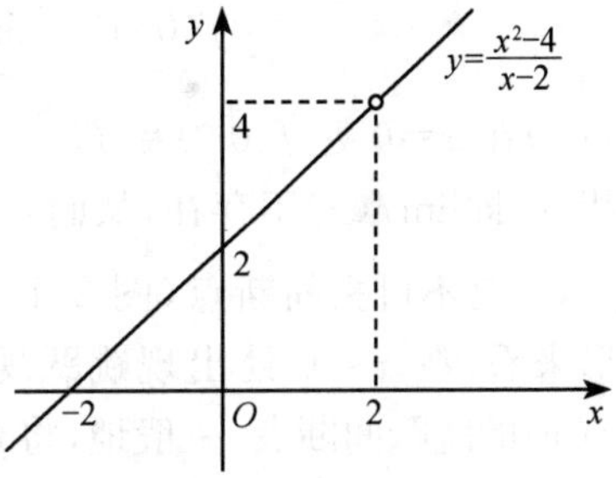

图 2-13

例 2-42 考察函数 $f(x)=\begin{cases} x\sin\dfrac{1}{x}, & x\neq 0, \\ 1, & x=0 \end{cases}$ 在 $x=0$ 点的连续性.

解 函数 $f(x)$ 在 $x=0$ 点有定义，$f(0)=1$，但是

$$\lim_{x\to 0} f(x) = \lim_{x\to 0} x\sin\frac{1}{x} = 0.$$

由此可见 $\lim\limits_{x\to 0} f(x) \neq f(0)$，故 $x=0$ 是 $f(x)$ 的间断点(图 2-14). 该间断点亦有这样的特征：$\lim\limits_{x\to 0} f(x)$ 存在，只要重新定义 $f(0)=\lim\limits_{x\to 0} f(x)=0$ 就会使得 $f(x)$ 在 $x=0$ 点连续，因此间断点 $x=0$ 也被称为 $f(x)$ 的可去间断点.

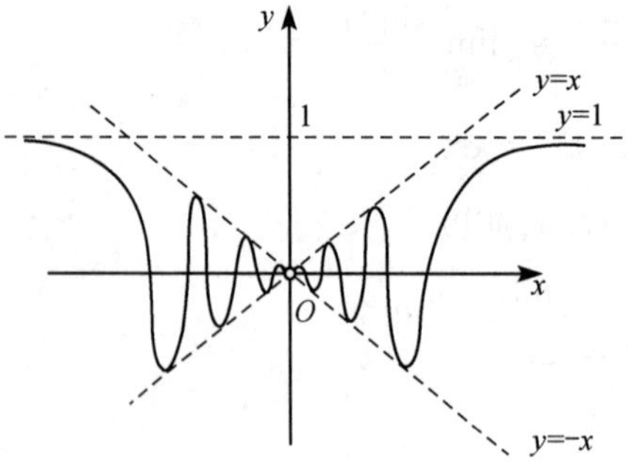

图 2-14

一般地,如果 x_0 是函数 $f(x)$ 的间断点,而极限 $\lim\limits_{x\to x_0}f(x)$ 存在,则称 x_0 为 $f(x)$ 的**可去间断点**,因为此时只要补充或重新定义 $f(x_0)$,令 $f(x_0)=\lim\limits_{x\to x_0}f(x)$,就会使得 $x=x_0$ 成为函数 $f(x)$ 的连续点,而去除 $x=x_0$ 这一间断点. 请注意:若 $x=x_0$ 为 $f(x)$ 的间断点,而 $\lim\limits_{x\to x_0}f(x)$ 不存在,此时无论补充或重新定义 $f(x_0)$ 为何值都不会有 $\lim\limits_{x\to x_0}f(x)=f(x_0)$,该间断点都不会去除,因而具有 $\lim\limits_{x\to x_0}f(x)$ 不存在这一特征的间断点 x_0 称为**不可去间断点**.

例 2-43　考察函数 $f(x)=\begin{cases}e^x, & x>0,\\ 0, & x=0,\\ x-1, & x<0\end{cases}$ 在 $x=0$ 处的连续性.

解　在 $x=0$ 点,$f(x)$ 有如下特征:

$$f(0^-)=\lim_{x\to 0^-}f(x)=\lim_{x\to 0^-}(x-1)=-1,$$

$$f(0^+)=\lim_{x\to 0^+}f(x)=\lim_{x\to 0^+}e^x=1.$$

$f(x)$ 在 $x=0$ 处 $f(0^-)$ 和 $f(0^+)$ 都存在,但二者不相等,即 $\lim\limits_{x\to 0}f(x)$ 不存在,从而 $x=0$ 为 $f(x)$ 的间断点,且为不可去间断点(图 2-15). 而从 $f(x)$ 的图形来看,在 $x=0$ 处出现跳跃现象,故称 $x=0$ 为 $f(x)$ 的跳跃间断点. 一般地,将 $f(x_0^-)$ 和 $f(x_0^+)$ 都存在,但 $f(x_0^-)\neq f(x_0^+)$ 的间断点 x_0 称为**跳跃间断点**.

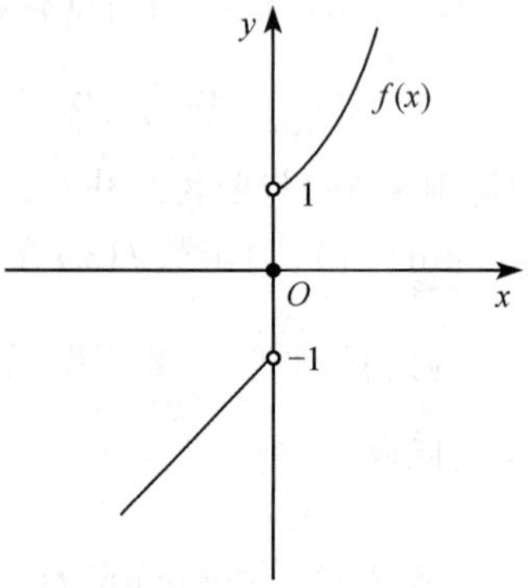

图 2-15

例 2-44　考察函数

$$f(x)=\begin{cases}\sin\dfrac{1}{x}, & x\neq 0,\\ 0, & x=0\end{cases}$$

在 $x=0$ 处的连续性.

解　函数 $f(x)$ 在 $x=0$ 处有定义 $f(0)=0$,但 $\lim\limits_{x\to 0}f(x)=\lim\limits_{x\to 0}\sin\dfrac{1}{x}$ 不存在. 当 $x\to 0$ 时,函数值在 -1 与 $+1$ 之间无限次地变动(图 2-16),故而形象地称点 $x=0$ 为函数 $f(x)$ 的振荡间断点. 一般地,在 $x\to x_0$ 的过程中,函数 $f(x)$ 在两个互异的

常数之间无限次地变动，则称为 x_0 为 $f(x)$ 的**振荡间断点**.

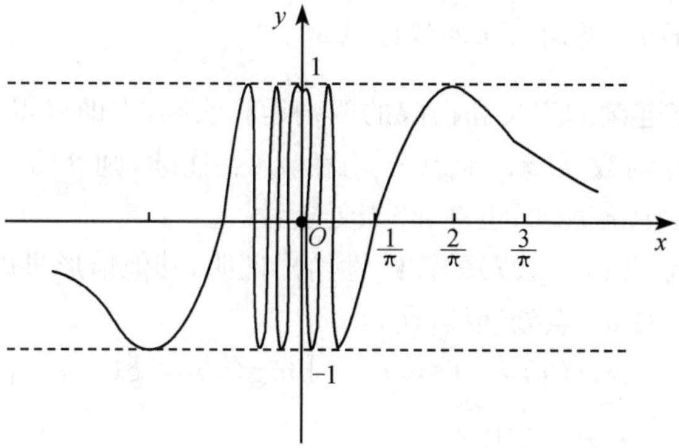

图 2-16

例 2-45 考察函数

$$f(x)=\begin{cases}\dfrac{x}{x-1}, & x\neq 1,\\ 1, & x=1\end{cases}$$

在 $x=1$ 点的连续性.

解 函数 $f(x)$ 在 $x=1$ 点有定义 $f(1)=1$；但在 $x=1$ 点处

$$\lim_{x\to 1}f(x)=\lim_{x\to 1}\frac{x}{x-1}=\infty.$$

故 $x=1$ 是 $f(x)$ 的间断点，且形象地称 $x=1$ 为 $f(x)$ 的无穷间断点(图 2-17). 一般地，把具有特征 $\lim\limits_{x\to x_0}f(x)=\infty$ 的间断点称为**无穷间断点**.

为了方便对函数间断点的讨论，我们通常按如下定义对函数的间断点进行分类：

定义 2-17 若 x_0 为 $f(x)$ 的间断点，而 $f(x_0^-)$ 及 $f(x_0^+)$ 都存在，则称 x_0 为函数 $f(x)$ 的**第一类间断点**；$f(x_0^-)$ 和 $f(x_0^+)$ 至少有一个不存在的间断点 x_0 称为 $f(x)$ 的**第二类间断点**.

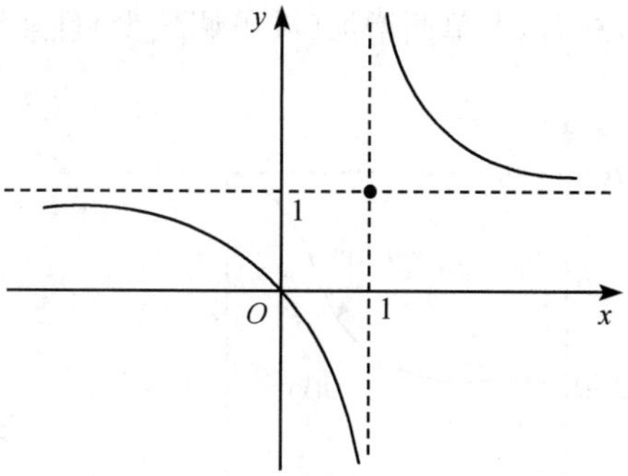

图 2-17

显然，除了第一类之外的间断点均为第二类间断点. 根据定义 2-17 可知上述的例 2-41、例 2-42、例 2-43 中的间断点为第一类间断点，而例 2-44、例 2-45 中的间断点为第二类间断点.

2.7.3 连续函数的运算法则

1. 连续函数的和、差、积、商的连续性

由函数在某点连续的定义和极限的四则运算法则，立即可得下面结论：

定理 2-17 若函数 $f(x)$ 与 $g(x)$ 均在 x_0 点连续，则 $f(x)\pm g(x)$，$f(x)\cdot g(x)$，$f(x)/g(x)(g(x_0)\neq 0)$ 也在 x_0 点处连续.

证 这里仅就 $f(x)\cdot g(x)$ 的连续性给出证明，其他情形可以类似证明.

因 $f(x)$，$g(x)$ 在 x_0 点处连续，所以

$$\lim_{x\to x_0} f(x)=f(x_0),\quad \lim_{x\to x_0} g(x)=g(x_0).$$

设 $F(x)=f(x)\cdot g(x)$，则

$$\begin{aligned}\lim_{x\to x_0} F(x)&=\lim_{x\to x_0}[f(x)\cdot g(x)]=\lim_{x\to x_0} f(x)\cdot \lim_{x\to x_0} g(x)\\&=f(x_0)\cdot g(x_0)=F(x_0).\end{aligned}$$

这就证明了 $F(x)=f(x)\cdot g(x)$ 在 x_0 处也是连续的.

例 2-46 因 $\sin x$，$\cos x$ 均在 $(-\infty,+\infty)$ 内连续，由定理 2-17 知 $\tan x=\dfrac{\sin x}{\cos x}$ 和 $\cot x=\dfrac{\cos x}{\sin x}$ 均在其定义域内是连续的.

2. 反函数与复合函数的连续性

定理 2-18（反函数的连续性） 如果函数 $y=f(x)$ 在区间 I_x 上单调增加（或单调减少）且连续，那么它的反函数 $x=f^{-1}(y)$ 也在对应的区间 $I_y=\{y\mid y=f(x),x\in I_x\}$ 上单调增加（或单调减少）且连续.

证明从略.

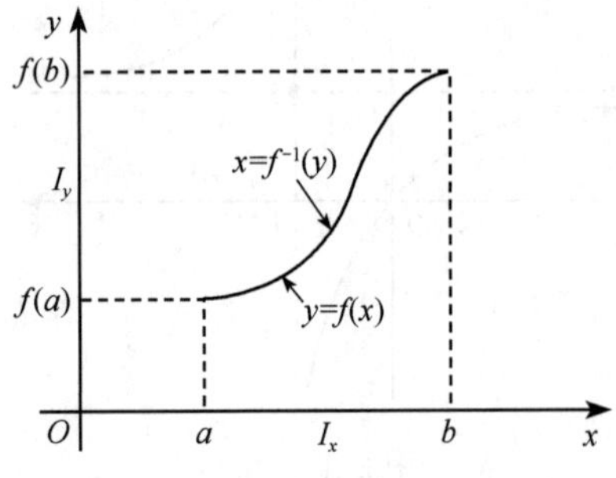

图 2-18

从几何直观上看，若 $f(x)$ 在 $[a,b]$ 上单调增加且连续（图 2-18），可见其反函数 $x=f^{-1}(y)$ 在 $[f(a),f(b)]$ 上也单调增加且连续.

例 2-47 $y=\sin x$ 在 $\left[-\dfrac{\pi}{2},\dfrac{\pi}{2}\right]$ 上单调增加且连续，由定理 2-18 知，其反函数 $y=\arcsin x$ 在 $[-1,1]$ 上也单调增加且连续. 同理可由定理 2-18 证得：$y=\arccos x$ 在 $[-1,1]$ 上单调减少且连续；$y=\arctan x$ 在 $(-\infty,+\infty)$ 内单调增加且连续；$y=\operatorname{arccot} x$ 在 $(-\infty,+\infty)$ 内单调减少且连续，总而言之，反三角函数在它们各自的定义域内是连续的.

由复合函数极限运算法则立即可得如下结论：

定理 2-19 设函数 $y=f[\varphi(x)]$ 由函数 $y=f(u)$ 及 $u=\varphi(x)$ 复合而成，若 $\lim\limits_{x\to x_0}\varphi(x)=u_0$，而函数 $y=f(u)$ 在 $u=u_0$ 处连续，则

$$\lim_{x\to x_0}f[\varphi(x)]=\lim_{u\to u_0}f(u)=f(u_0).$$

注 由于 $\lim\limits_{x\to x_0}\varphi(x)=u_0$，$f(u)$ 在 u_0 处连续，所以上式可以改写成下面形式：

即 $\lim\limits_{x\to x_0}f[\varphi(x)]=f(u_0)=f[\lim\limits_{x\to x_0}\varphi(x)]$，这说明在定理 2-19 的条件下，求 $f[\varphi(x)]$ 的极限时，极限符号和函数符号可以交换计算次序.

若将定理中 $x\to x_0$ 换成 $x\to\infty$，可得类似结论.

例 2-48 求 $\lim\limits_{x\to 0}e^{\frac{\sin 2x}{x}}$.

解 $y=e^{\frac{\sin 2x}{x}}$ 是由 $y=e^u$，$u=\dfrac{\sin 2x}{x}$ 复合而成，因 $\lim\limits_{x\to 0}\dfrac{\sin 2x}{x}=2$，而 $y=e^u$ 在 $u=2$ 处连续，所以

$$\lim_{x\to 0}e^{\frac{\sin 2x}{x}}=e^{\lim\limits_{x\to 0}\frac{\sin 2x}{x}}=e^2.$$

定理 2-20(复合函数的连续性) 设 $y=f[\varphi(x)]$ 是由 $y=f(u)$ 及 $u=\varphi(x)$ 复合而成，若 $u=\varphi(x)$ 在 $x=x_0$ 处连续，且 $\varphi(x_0)=u_0$ 而 $y=f(u)$ 在 $u=u_0$ 处连续，则复合函数 $y=f[\varphi(x)]$ 在 $x=x_0$ 处也连续.

证 只要在定理 2-19 中令 $u_0=\varphi(x_0)$，这就表示 $\varphi(x)$ 在点 x_0 处连续，于是有

$$\lim_{x\to x_0}f[\varphi(x)]=f(u_0)=f[\varphi(x_0)].$$

这就证明了复合函数 $y=f[\varphi(x)]$ 在 x_0 点连续.

例 2-49 讨论函数 $y=\arcsin\dfrac{1}{x}$ 的连续性.

解 函数 $y=\arcsin\dfrac{1}{x}$ 是由 $y=\arcsin u$ 及 $u=\dfrac{1}{x}$ 复合而成，而 $y=\arcsin u$ 在 $-1\leqslant u\leqslant 1$ 时是连续的，但 $u=\dfrac{1}{x}$ 在 $(-\infty,0)\cup(0,+\infty)$ 内是连续的，从而 $u=\dfrac{1}{x}$ 必在 $(-\infty,-1]\cup[1,+\infty)$ 是连续的，而当 $x\in(-\infty,-1]\cup[1,+\infty)$ 时，$u=\dfrac{1}{x}\in[-1,1]$，根据定理 2-19，函数 $y=\arcsin\dfrac{1}{x}$ 在 $(-\infty,-1]\cup[1,+\infty)$ 上是连续的，即 $y=\arcsin\dfrac{1}{x}$ 在其定义域内是连续的.

2.7.4 初等函数的连续性

前面证明了三角函数、反三角函数及指数函数在它们各自的定义域内是连续

的;由指数函数的单调性及连续性,再根据定理 2-18 可知对数函数 $y=\log_a x\ (a>0$ 且 $a\neq 1)$ 在其定义域 $(0,+\infty)$ 内也是单调连续的. 同时不难证明幂函数 $y=x^\mu$,对于任意给定的 $\mu\in\mathbf{R}$, $y=x^\mu$ 在其定义域内也是连续的.

综合起来可得如下结论:**基本初等函数在它们的定义域内都是连续的.**

请回顾初等函数的定义,结合基本初等函数的连续性,再应用本节的定理 2-17 和定理 2-20,可得下列重要结论:**一切初等函数在其定义区间内都是连续的.** 这里所谓的**定义区间**是指包含在定义域内的区间.

上述有关初等函数连续性的结论,为我们提供了一个求极限的方法:若 $f(x)$ 是初等函数,而 x_0 是 $f(x)$ 的定义区间内的点,则

$$\lim_{x\to x_0} f(x) = f(x_0).$$

例 2-50　求 $\lim\limits_{x\to 1}\dfrac{x^2+\ln(2-x)}{4\arctan x}$.

解　函数 $y=\dfrac{x^2+\ln(2-x)}{4\arctan x}$ 是初等函数,它在 $x=1$ 处有定义,所以 $x=1$ 是它的连续点,故有

$$\lim_{x\to 1}\frac{x^2+\ln(2-x)}{4\arctan x}=\frac{1^2+\ln(2-1)}{4\arctan 1}=\frac{1}{\pi}.$$

习　题　2.7

1. 讨论下列函数的连续性:

(1) $f(x)=\begin{cases} x, & -1\leqslant x\leqslant 1, \\ 1, & x<-1 \text{ 或 } x>1; \end{cases}$

(2) $f(x)=\begin{cases} \dfrac{\arctan x}{x}, & -1<x<0, \\ 2-x, & 0\leqslant x<1, \\ (x-1)\sin x-1, & x\geqslant 1; \end{cases}$

(3) $f(x)=\begin{cases} e^{\frac{1}{x}}, & x<0, \\ 0, & x=0, \\ \dfrac{\ln(1+x^2)}{x}, & x>0; \end{cases}$

(4) $f(x)=\dfrac{\ln(1-x^2)}{x(1-2x)}$.

2. 求下列函数的间断点,并指出其类型.

(1) $f(x)=\dfrac{x}{\sin x}$;　　(2) $f(x)=e^{-\frac{1}{x}}$;

(3) $f(x)=\dfrac{1}{\ln|x|}$;　　(4) $f(x)=\dfrac{e^{3x}-1}{x(x-1)}$;

(5) $f(x)=\dfrac{x^2-1}{x^2-3x+2}$；

(6) $f(x)=\begin{cases}\sin\dfrac{1}{x+1}, & x<-1,\\ 0, & x=0,\\ \dfrac{\sin x}{x}, & 0<|x|\leqslant 1,\\ 1, & x>1.\end{cases}$

3. 求下列极限：

(1) $\lim\limits_{x\to\frac{\pi}{6}}\ln(2\cos 2x)$；

(2) $\lim\limits_{x\to 0}\dfrac{\ln(1+x)}{x}$；

(3) $\lim\limits_{x\to a}\dfrac{\sin x-\sin a}{x-a}$；

(4) $\lim\limits_{x\to 0}\ln\dfrac{\sin x}{x}$；

(5) $\lim\limits_{x\to 0}\dfrac{\sqrt{x+1}-1}{x}$；

(6) $\lim\limits_{x\to 0}(x+e^x)^{\frac{1}{x}}$；

(7) $\lim\limits_{x\to 0}(1+2x)^{x+\frac{1}{x}}$；

(8) $\lim\limits_{x\to 0}(1+\sin x)^{\frac{1}{2x}}$；

(9) $\lim\limits_{x\to 0}\dfrac{e^x-1}{x}$；

(10) $\lim\limits_{x\to 0}\left(\dfrac{2x-1}{3x-1}\right)^{\frac{1}{x}}$；

(11) $\lim\limits_{x\to\infty}\left(1+\dfrac{1}{x}\right)^{\frac{x}{2}}$；

(12) $\lim\limits_{x\to+\infty}(\sqrt{x^2+x}-\sqrt{x^2-x})$.

4. 确定下列函数的定义域，并求常数 a 和 b，使函数在各自定义域内连续.

(1) $f(x)=\begin{cases}ax+1, & |x|\leqslant 1,\\ x^2+x+b, & |x|>1;\end{cases}$

(2) $f(x)=\begin{cases}\sqrt{1-x^2}, & -\dfrac{4}{5}<x<\dfrac{3}{5},\\ a+bx, & \text{其他；}\end{cases}$

(3) $f(x)=\begin{cases}\dfrac{1}{x}\sin x, & x<0,\\ a-1, & x=0,\\ x\sin\dfrac{1}{x}+b, & x>0.\end{cases}$

5. 设 $f(x)$在点 x_0 连续，证明：$|f(x)|$在点 x_0 也连续，并问其逆是否正确？

6. 设函数 $f(x)$与 $g(x)$在$[a,b]$上连续，证明：函数 $F(x)=\max\{f(x),g(x)\}$与 $\phi(x)=\min\{f(x),g(x)\}$在$[a,b]$上也连续.

2.8 闭区间上连续函数的性质

在闭区间上连续的函数有许多在理论和应用上很有价值的性质，有一些性质的几何直观很明显，但其证明却需用实数理论而超出本书的讨论范围. 本节我们以定理的形式对这些性质进行叙述，并给出几何解释.

2.8.1　最值定理与有界性定理

先介绍最值的概念.

定义 2-18　设函数 $f(x)$ 在区间 I 上有定义,如果 $\exists x_0 \in I$,使得对 $\forall x \in I$,都有

$$f(x) \leqslant f(x_0) \quad (\text{或 } f(x) \geqslant f(x_0)),$$

则称 $f(x)$ 在 x_0 处取得最大值(或最小值);$f(x_0)$ 称为 $f(x)$ 在区间 I 上的最大值(或最小值);x_0 称为 $f(x)$ 在 I 上的最大值点(或最小值点),最大值与最小值统称为最值. 通常用 M 和 m 分别记最大值和最小值.

定理 2-21(最值定理)　若 $f(x)$ 在闭区间 $[a,b]$ 上连续,则它在 $[a,b]$ 上一定可以取得其最大值和最小值,亦即一定 $\exists x_1, x_2 \in [a,b]$,使得对 $\forall x \in [a,b]$ 都有 $f(x_1) \leqslant f(x) \leqslant f(x_2)$. 此时 $m=f(x_1)$,$M=f(x_2)$.

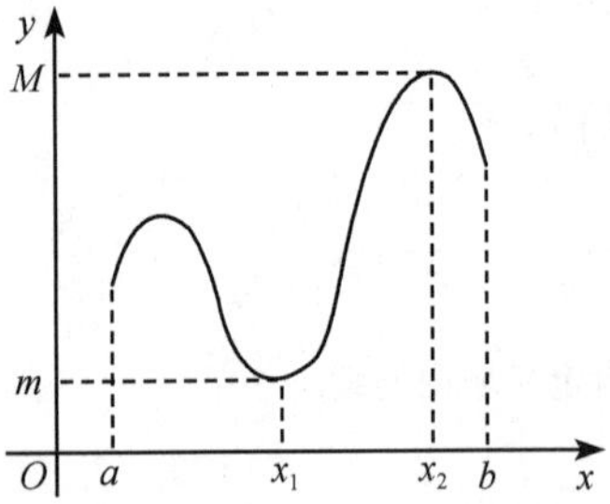

图 2-19

最值定理的几何意义:在闭区间 $[a,b]$ 上连续的函数 $y=f(x)$ 的曲线上,必有一点达到最低,也必有一点达到最高(图 2-19).

注　作为 $f(x)$ 在闭区间 $[a,b]$ 上取得最大值和最小值的充分条件(1)闭区间 $[a,b]$;(2) $f(x)$ 在 $[a,b]$ 上连续,这两个条件缺一不可,即缺少一个都有可能导致结论不真,例如,$f(x)=x$,在开区间 $(-1,1)$ 上连续,但在 $(-1,1)$ 上没有最大值,也没有最小值(图 2-20);再如函数

$$f(x)=\begin{cases} \dfrac{1}{x}, & x \in [-1,0) \cup (0,1], \\ 0, & x=0 \end{cases}$$

在闭区间 $[-1,1]$ 上有间断点 $x=0$,不满足连续性条件,同样,既没取得最大值,也没取得最小值. 如图 2-21 所示.

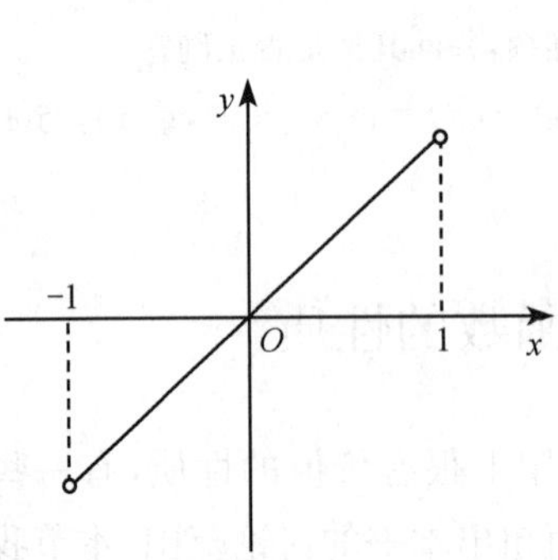

图 2-20

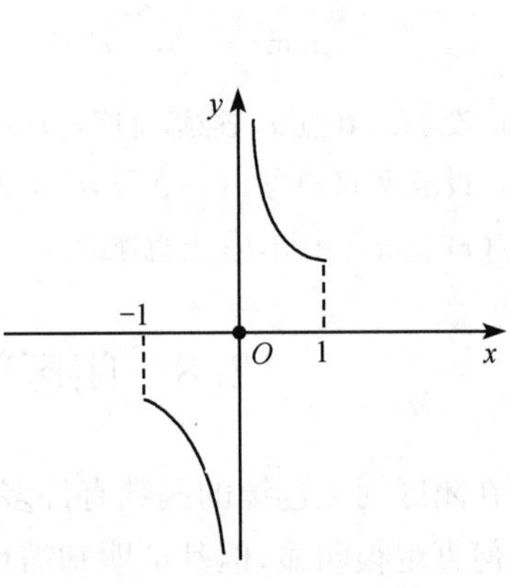

图 2-21

由最值定理很容易就可推得如下有界性定理.

推论 2-7(有界性定理) 若函数 $f(x)$ 在闭区间 $[a,b]$ 上连续,则它在 $[a,b]$ 上一定有界. 即 $\exists M>0$,对 $\forall x\in[a,b]$ 都有 $|f(x)|\leqslant M$.

证明留给读者一试. 同样,破坏定理 2-21 推论中两个条件而导致结论不真的例子,也请读者去列举.

2.8.2 零点定理与介值定理

如果 x_0 使 $f(x_0)=0$,则称 x_0 为函数 $f(x)$ 的零点.

定理 2-22(零点定理) 设函数 $f(x)$ 在闭区间上连续,且在区间端点处函数值异号,即 $f(a)\cdot f(b)<0$,则至少 $\exists$ 一点 $\xi\in(a,b)$,使得 $f(\xi)=0$.

从几何直观上看,定理 2-22 表明:如果连续曲线弧 $y=f(x)$ 的两个端点分别位于 x 轴的上、下两侧,那么这段弧与 x 轴至少有一个交点(图 2-22).

由定理 2-21 立即可推得下面更具一般性的定理.

定理 2-23(介值定理) 若函数 $f(x)$ 在闭区间 $[a,b]$ 上连续,且 $f(a)\neq f(b)$,则对于 $f(a)$ 与 $f(b)$ 之间的任何数 μ,至少 $\exists$ 一点 $\xi\in(a,b)$,使得 $f(\xi)=\mu$.

证 设 $\varphi(x)=f(x)-\mu$,则 $\varphi(x)$ 在 $[a,b]$ 上连续,且

$$\varphi(a)\cdot\varphi(b)=[f(a)-\mu][f(b)-\mu]<0,$$

从而 $\varphi(x)$ 在 $[a,b]$ 上满足零点定理条件,从而,至少 $\exists$ 一点 $\xi\in(a,b)$,使得 $\varphi(\xi)=0$,即 $f(\xi)=\mu$.

从几何直观上看,介值定理表明:在 $[a,b]$ 上的连续曲线 $y=f(x)$ 与水平直线 $y=\mu$(μ 在 $f(a)$ 与 $f(b)$ 之间)至少有一个交点(图 2-23).

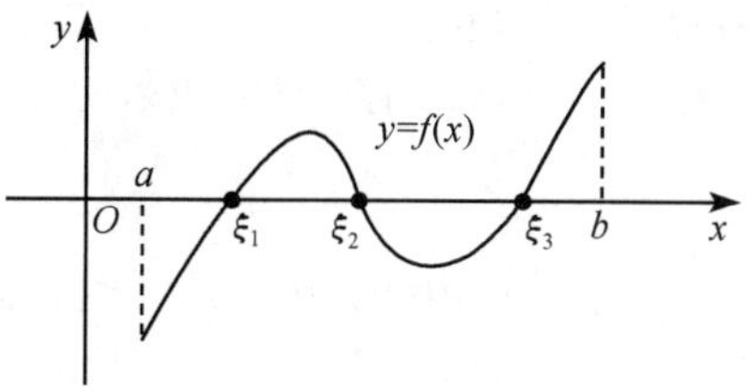

图 2-22

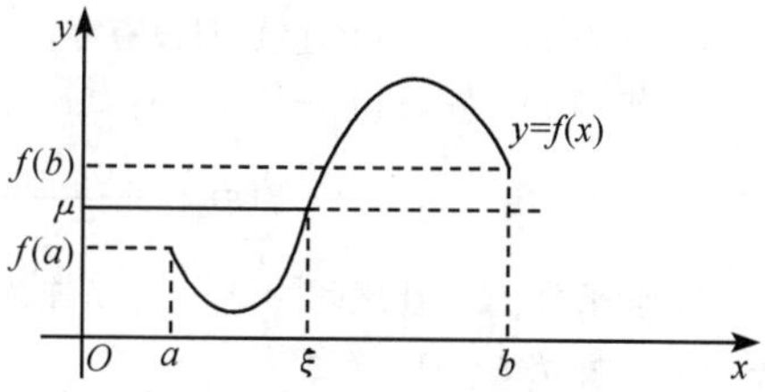

图 2-23

推论 2-8 在闭区间上连续的函数,必能取得它的最大值 M 和最小值 m 之间的任何值.

证 若 $M=m$,则结论显然成立,设 $m<M$,则 $\exists x_1,x_2\in[a,b]$ 且 $x_1\neq x_2$,使得 $f(x_1)=m,f(x_2)=M$,在以 x_1,x_2 为端点的闭区间上应用介值定理即得此推论.

例 2-51 证明方程 $e^x+x=3$ 在开区间 $(0,1)$ 内有唯一实根.

证 设 $f(x)=e^x+x-3$,则 $f(x)$ 在 $[0,1]$ 上连续,且

$$f(0)\cdot f(1)=(-2)\cdot(e-2)<0,$$

由零点定理知,至少∃一点 $\xi\in(0,1)$,使得

$$f(\xi)=0.$$

即方程在(0,1)内至少有一个实根 $x=\xi$.

又由于 $f(x)$在(0,1)内是单调增加的,因此,对任意的 $x\neq\xi$ 必有 $f(x)\neq f(\xi)=0$,从而 $x=\xi$ 为原方程的唯一实根.

例 2-52 设 $f(x),g(x)$均在$[a,b]$上连续,且 $f(a)<g(a),f(b)>g(b)$,证明至少存在一点 $\xi\in(a,b)$,使 $f(\xi)=g(\xi)$.

证 设 $\varphi(x)=f(x)-g(x)$,则 $\varphi(x)$在$[a,b]$上连续,且

$$\varphi(a)\cdot\varphi(b)=[f(a)-g(a)][f(b)-g(b)]<0,$$

由零点定理知,∃$\xi\in(a,b)$,使得 $\varphi(\xi)=0$,亦即 $f(\xi)=g(\xi)$.

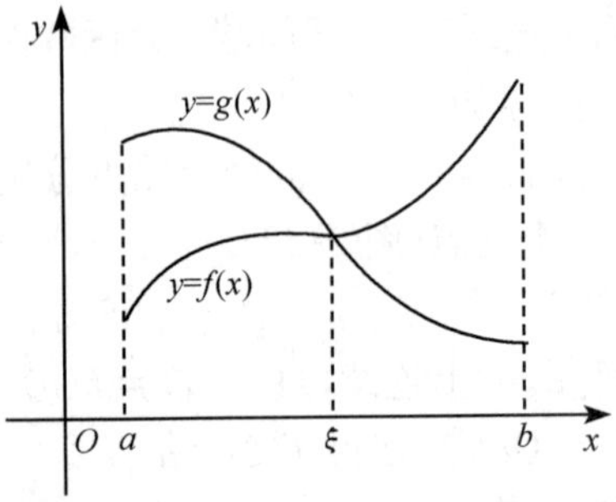

图 2-24

注 例 2-52 的几何意义非常明显,它表明:在满足题设条件的两条连续曲线弧 $y=f(x)$及 $y=g(x)$在开区间(a,b)内至少有一个交点 ξ(图 2-24).

习　题　2.8

1. 证明方程 $x^3-3x=1$ 在(1,2)内至少有一实根.

2. 证明方程 $x=a\sin x+b$,其中 $a>0,b>0$,至少有一正根,并且它不超过 $a+b$.

3. 设 $f(x)$在$[a,b]$上连续,且没有零点,证明 $f(x)$在$[a,b]$上不变号.

4. 若 $f(x)$在$[a,b]$上连续,$a<x_1<x_2<\cdots<x_n<b$,则在$[x_1,x_n]$内至少有一点 ξ,使

$$f(\xi)=\frac{f(x_1)+f(x_2)+\cdots+f(x_n)}{n}.$$

5. 设函数 $f(x)$在区间[0,1]上非负连续,且 $f(0)=f(1)=0$,则对实数 $a(0<a<1)$,必有 $\xi\in[0,1)$,使 $f(\xi+a)=f(\xi)$.

总 习 题 二

(A)

1. 填空题:

(1) 设 $f(x)=a^x(a>0,a\neq1)$,则 $\lim\limits_{n\to\infty}\frac{1}{n^2}\ln[f(1)f(2)\cdots f(n)]=$________.

(2) 如果 $\lim\limits_{x\to3}\frac{x^2-2x+k}{x-3}=4$,则 $k=$________.

(3) 当 $x\to\infty$ 时，$f(x)$ 与 $\dfrac{1}{x^2}$ 是等价无穷小量，则 $\lim\limits_{x\to\infty}3x^2f(x)=$________.

(4) 设函数 $f(x)$ 连续，且 $\lim\limits_{x\to 0}\left[\dfrac{f(x)}{x}-\dfrac{1}{x}-\dfrac{\sin x}{x^2}\right]=2$，则 $f(0)=$________.

(5) 函数 $f(x)=\lim\limits_{n\to\infty}\dfrac{1+x}{1+x^{2n}}$ 的连续区间是________.

2. 单项选择题：

(1) 下列变量在给定的变化过程中为无穷小量的是________.

A. $\sin x(x\to\infty)$　　B. $e^{\frac{1}{x}}(x\to 0)$

C. $\ln(1+x^2)(x\to 0)$　　D. $\dfrac{x-3}{x^2-9}(x\to 3)$

(2) 下列等式成立的是________.

A. $\lim\limits_{x\to 0}\dfrac{\sin x^2}{x}=1$　　B. $\lim\limits_{x\to\infty}\dfrac{\sin x}{x}=1$

C. $\lim\limits_{x\to 0}\dfrac{\sin x}{x^2}=1$　　D. $\lim\limits_{x\to 0}\dfrac{\tan x}{x}=1$.

(3) 下列各式正确的是________.

A. $\lim\limits_{x\to 0^+}(1+x)^{\frac{1}{x}}=1$　　B. $\lim\limits_{x\to 0^+}(1+x)^{\frac{1}{x}}=e$

C. $\lim\limits_{x\to\infty}\left(1-\dfrac{1}{x}\right)^x=-e$　　D. $\lim\limits_{x\to\infty}\left(1+\dfrac{1}{x}\right)^{-x}=e$

(4) 当 $x\to 0$ 时，若 $1-\cos(e^{x^2}-1)$ 与 2^mx^n 是等价无穷小，则 m,n 值分别为________.

A. $-1,4$　　B. $1,4$

C. $-1,2$　　D. $1,2$

(5) 函数 $f(x)=\begin{cases}e^{-\frac{1}{x-1}}, & x\neq 1,\\ 0, & x=1\end{cases}$ 在 $x=1$ 处________.

A. 左连续　　B. 右连续

C. 左右皆连续　　D. 连续

3. 应当怎样选择数 a 和 b，使得下列函数 $f(x)$ 在 $(-\infty,+\infty)$ 内连续.

(1) $f(x)=\begin{cases}\dfrac{\sin ax}{x}, & x<0,\\ 2, & x=0,\\ (1+bx)^{\frac{1}{x}}, & x>0,\end{cases}$ 其中 $a>0,b>0$；

(2) $f(x)=\begin{cases}(2x^2+\cos^2x)^{x^{-2}}, & x<0,\\ a, & x=0,\\ \dfrac{b^x-1}{x}, & x>0.\end{cases}$

4. 设 $f(x)=\begin{cases}x^2, & x\leqslant 1,\\ 2-x, & x>1,\end{cases}$ $g(x)=\begin{cases}x, & x\leqslant 1,\\ x+4, & x>1,\end{cases}$ 研究函数 $f[g(x)]$ 的连续性.

5. 求下列极限：

(1) $\lim\limits_{n\to\infty}\left(\frac{n}{n+2}\right)^n$；　　(2) $\lim\limits_{x\to 0}\frac{\sqrt{x+1}-1}{\sin 2x}$；

(3) $\lim\limits_{x\to+\infty}x(\sqrt{x^2+3}-\sqrt{x^2-1})$；　　(4) $\lim\limits_{x\to 0}\frac{\cos\alpha x-\cos\beta x}{x^2}$；

(5) $\lim\limits_{x\to+\infty}\ln(1+2^x)\ln\left(1+\frac{1}{x}\right)$；　　(6) $\lim\limits_{x\to 0}\left(\frac{1+x\cdot 2^x}{1+x\cdot 3^x}\right)^{\frac{1}{x^2}}$.

6. 当 $x\to 0$ 时，$\sqrt{1+ax^2}-1$ 与 $\sin^2 x$ 是等价无穷小量，求 a 的值.

7. 设函数 $f(x)=\begin{cases}\frac{\sin 2x}{x}, & x<0,\\ k, & x=0,\\ \frac{\ln(1+2x)}{x}, & x>0\end{cases}$ 在 $x=0$ 处连续，求 k 的值.

8. 证明：

(1) 曲线 $y=\sin x+x+1$ 在区间 $\left(-\frac{\pi}{2},\frac{\pi}{2}\right)$ 内与 x 轴至少有一个交点；

(2) 方程 $2^x=4x$ 在区间(0,0.5)内至少有一个实根.

9. 设函数在$[a,b]$上连续，且 $a<c<d<b$，试证明对任意正数 p 和 q，至少有一点 $\xi\in[c,d]$，使

$$pf(c)+qf(d)=(p+q)f(\xi).$$

(B)

1. 填空题：

(1) $\lim\limits_{n\to\infty}[\sqrt{1+2+3+\cdots+n}-\sqrt{1+2+\cdots+(n-1)}]=$________.

(2) $\lim\limits_{x\to 0}\frac{3\sin x+x^2\cos\frac{1}{x}}{(1+\cos x)\ln(1+x)}=$________.

(3) 若$\lim\limits_{x\to 0}\frac{\sin x}{e^x-a}(\cos x-b)=5$，则 $a=$________，$b=$________.

(4) 设$\lim\limits_{x\to\infty}\left(\frac{x+2a}{x-a}\right)^x=8$，则 $a=$________.

(5) 已知当 $x\to 0$ 时，$(1+ax^2)^{\frac{1}{3}}-1$ 与 $\cos x-1$ 是等价无穷小，则常数 $a=$________.

(6) 已知函数 $f(x)$满足$\lim\limits_{x\to 0}\frac{\sqrt{1+f(x)\sin 2x}-1}{e^{3x}-1}=2$，则$\lim\limits_{x\to 0}f(x)=$________.

2. 单项选择题：

(1) 设 $f(x)=2^x+3^x-2$，则当 $x\to 0$ 时________.

A. $f(x)$是 x 等价无穷小　　B. $f(x)$与 x 是同阶但非等价无穷小

C. $f(x)$是比 x 更高阶的无穷小　　D. $f(x)$是比 x 较低阶的无穷小

(2) 当 $x\to 1$ 时，函数$\frac{x^2-1}{x-1}e^{\frac{1}{x-1}}$的极限________.

A. 等于 2　　B. 等于 0

C. 为∞　　D. 不存在但不为∞

(3) 当 $x\to 0$ 时，下列四个无穷小量中，________是比其他三个更高阶的无穷小量.

A. x^2　　B. $1-\cos x$

C. $\sqrt{1-x^2}-1$　　D. $\tan x-\sin x$

(4) 设对任意的 x，总有 $\varphi(x)\leqslant f(x)\leqslant g(x)$，且 $\lim\limits_{x\to\infty}[g(x)-\varphi(x)]=0$，则 $\lim\limits_{x\to\infty}f(x)$ ______.

A. 存在且等于零　　B. 存在但不一定为零

C. 一定不存在　　D. 不一定存在

(5) 设 $f(x)$ 在 $(-\infty,+\infty)$ 内有定义，且 $\lim\limits_{x\to\infty}f(x)=a$，$g(x)=\begin{cases}f\left(\dfrac{1}{x}\right), & x\neq0,\\ 0, & x=0.\end{cases}$ 则 ______.

A. $x=0$ 必是 $g(x)$ 的第一类间断点

B. $x=0$ 必是 $g(x)$ 的第二类间断点

C. $x=0$ 必是 $g(x)$ 的连续点

D. $g(x)$ 在点 $x=0$ 处的连续性与 a 的取值有关

3. 求下列极限：

(1) $\lim\limits_{x\to0^+}(\cos\sqrt{x})^{\frac{\pi}{x}}$；　　(2) $\lim\limits_{x\to\infty}\left(\sin\dfrac{2}{x}+\cos\dfrac{1}{x}\right)^x$；

(3) $\lim\limits_{x\to0}\left(\dfrac{2+e^{\frac{1}{x}}}{1+e^{\frac{4}{x}}}+\dfrac{\sin x}{|x|}\right)$；　　(4) $\lim\limits_{x\to1}(1-x^2)\tan\dfrac{\pi}{2}x$；

(5) $\lim\limits_{x\to0}\left(\dfrac{a^x+b^x}{2}\right)^{\frac{3}{x}}$ 其中 $a>0,b>0$ 均为常数；

(6) $\lim\limits_{x\to0}\left(\dfrac{e^x+e^{2x}+\cdots+e^{nx}}{n}\right)^{\frac{1}{x}}$，其中 n 为给定的自然数.

4. 求函数 $f(x)=(1+x)^{\frac{x}{\tan\left(x-\frac{\pi}{4}\right)}}$ 在区间 $(0,2\pi)$ 内的间断点，并判断其类型.

5. 讨论函数 $f(x)=\dfrac{x\arctan\dfrac{1}{x-1}}{\sin\dfrac{\pi}{2}x}$ 的连续性，并指出间断点的类型.

6. 设 $f(x)=\lim\limits_{n\to\infty}\dfrac{x^{2n-1}+ax^2+bx}{x^{2n}+1}$ 为连续函数，试确定 a 和 b 的值.

7. 证明方程 $\dfrac{5}{x-1}+\dfrac{7}{x-2}+\dfrac{16}{x-3}=0$ 在 $(1,2)$ 与 $(2,3)$ 内至少有一个实根.

8. 设 $x_1=10$，$x_{n+1}=\sqrt{6+x_n}\ (n=1,2,\cdots)$，试证数列 $\{x_n\}$ 极限存在，并求此极限.

9. 设函数 $f(x)$ 在闭区间 $[0,1]$ 上连续，且 $f(1)=0$，$f\left(\dfrac{1}{2}\right)=1$，试证：存在 $\eta\in\left(\dfrac{1}{2},1\right)$，使 $f(\eta)=\eta$.

10. 设函数 $f(x)$ 在闭区间 $[0,a]$ 上连续，且 $f(0)=f(a)$，则方程 $f(x)=f\left(x+\dfrac{a}{2}\right)$ 在 $(0,a)$ 内至少有一个实根.

11. 设 $f(x)$ 在 $[0,1]$ 上连续，且 $f(0)=f(1)$，证明：对自然数 $n\geqslant2$，必有 $\xi\in(0,1)$，使得

$$f(\xi)=f\left(\xi+\frac{1}{n}\right).$$

第 3 章　导数与微分

微积分是人类智慧的伟大结晶，开创了科学的新纪元. 有了微积分，人类才有能力把握运动和过程. 它是人们认识客观世界运动规律、探索宇宙奥秘最重要的数学手段之一. 微积分学包含微分学和积分学两个主要部分，而微分学的最基本概念是导数与微分. 本章中，我们以极限为工具，建立导数与微分的概念，给出导数与微分的计算方法；以导数概念为基础，介绍经济学中两个重要概念：边际与弹性及其简单应用.

3.1　导数的概念

3.1.1　导数概念的引出

像其他学科一样，数学上的概念往往来源于解决实际问题的需要. 约在 17 世纪，面对的科学问题之一，即研究光线通过透镜的通道，为了应用反射定律，必须知道光线射入透镜的角度，该问题归纳为求曲线的切线和法线；又如在研究物体运动问题时，需求出物体在任意时刻的速度与加速度. 当时在力学、航海及天文学的发展中经常要面对类似问题，这就产生了极限基础上的导数概念.

1. 曲线切线的斜率

在介绍曲线切线的斜率之前，首先要搞清什么叫曲线的切线. 在初等数学中，将圆的切线定义为“与曲线只有一个交点的直线.”这种定义仅适用于少数曲线，如圆、椭圆等，而对一般的曲线而言显然有失妥当. 那么，如何定义并求出曲线的切线呢？该问题由法国数学家 Fermat 在 17 世纪以极限为工具得以解决.

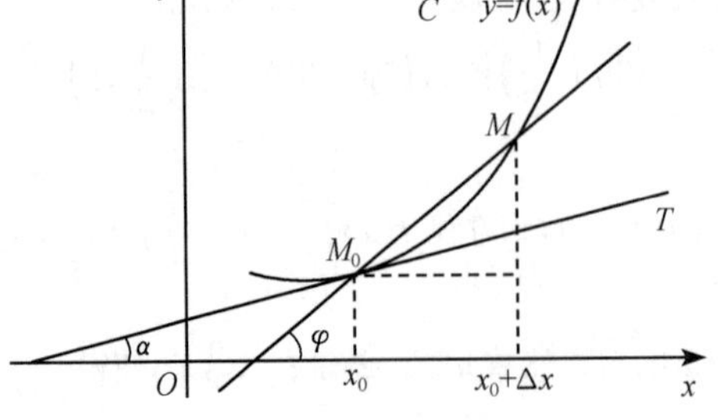

图 3-1

定义 3-1　设有曲线 C 及 C 上的一点 M_0，在点 M_0 外另取 C 上一点 M，作割线 M_0M，当动点 M 沿曲线 C 趋于点 M_0 时，若割线 M_0M 绕点 M_0 旋转而趋于极限位置 M_0T，直线 M_0T 就称为曲线 C 在点 M_0 处的切线. 这里极限位置的含义是：只要弦长 $|M_0M|$ 趋于零，$\angle MM_0T$ 也趋于零(图 3-1).

设曲线 C 的方程为 $y=f(x)$，

$M_0(x_0,y_0)$为C上一点，欲求曲线C在M_0处的切线的斜率，由切线为割线的极限位置，自然想到切线的斜率也应是割线斜率的极限. 因此，取C上另外一点$M(x_0+\Delta x,y_0+\Delta y)$，则割线$M_0M$的斜率为

$$k_{M_0M}=\tan\varphi=\frac{\Delta y}{\Delta x}=\frac{f(x_0+\Delta x)-f(x_0)}{\Delta x}.$$

若当点M沿曲线C趋向于M_0时，割线M_0M的极限位置存在，亦即C在M_0处的切线存在. 当M沿曲线C趋于M_0时，有$\Delta x\to 0$，此时切线M_0T的斜率

$$k=\lim_{M\to M_0}k_{M_0M}=\lim_{\Delta x\to 0}\frac{\Delta y}{\Delta x}=\lim_{\Delta x\to 0}\frac{f(x_0+\Delta x)-f(x_0)}{\Delta x},$$

这里$k=\tan\alpha$. 其中φ为割线M_0M的倾角，而α是切线M_0T的倾角. 于是，过点$M_0(x_0,f(x_0))$且以k为斜率的直线M_0T便是曲线C在M_0处的切线，同样M_0T的直线方程也就是切线方程.

2. 变速直线运动的瞬时速度

设有一质点M作直线变速运动，在该直线上取定原点及正向，建立坐标轴. 质点M的运动路程s是运动时间t的函数，记作$s=s(t)$. 则质点M从时刻t_0到$t_0+\Delta t$的时间间隔内运动的平均速度为

$$\bar{v}[t_0,t_0+\Delta t]=\frac{\Delta s}{\Delta t}=\frac{s(t_0+\Delta t)-s(t_0)}{\Delta t}.$$

在匀速运动中$\bar{v}$是常量，但在变速运动中，它不仅与t_0有关，与Δt也有关，当Δt很小时，$\bar{v}[t_0,t_0+\Delta t]$可以近似地看做质点在$t_0$时刻的速度，而且$\Delta t$越小，近似程度也就越好，误差也就越小. 利用极限的思想，当$\Delta t\to 0$时，$\bar{v}[t_0,t_0+\Delta t]$的极限如果存在，那么该极限便是质点在$t_0$时刻的速度，称之为质点$M$在$t_0$时刻的**瞬时速度**，记作$v(t_0)$，即

$$v(t_0)=\lim_{\Delta t\to 0}\bar{v}[t_0,t_0+\Delta t]=\lim_{\Delta t\to 0}\frac{\Delta s}{\Delta t}=\lim_{\Delta t\to 0}\frac{s(t_0+\Delta t)-s(t_0)}{\Delta t}.$$

前面我们讨论了切线斜率和瞬时速度两个问题，尽管具体内容不同，但却有着相同的数学形式，都可以归结为求函数的增量与自变量的增量比值的极限，即求函数对自变量的变化率. 在自然科学和社会科学中，许多问题(如电流强度、人口增长速度、经济发展速度、边际成本及边际利润等)都可以转化为上述极限形式进行研究，下面我们去掉变化率的具体内容，抽象出它们数量关系上的共同本质，这就是导数的概念.

3.1.2 导数的定义

1. 函数在一点处的导数与导函数

定义 3-2 设函数$y=f(x)$在$U(x_0)$内有定义，自变量x在x_0处取得增量

Δx，且 $x_0+\Delta x\in U(x_0)$ 时，相应地函数取得增量 $\Delta y=f(x_0+\Delta x)-f(x_0)$，如果 $\Delta x\to 0$ 时，$\dfrac{\Delta y}{\Delta x}$的极限存在，则称函数 $y=f(x)$在 x_0 点可导，并称这个极限为函数 $y=f(x)$在 x_0 点的导数，记作 $f'(x_0)$，即

$$f'(x_0)=\lim_{\Delta x\to 0}\frac{\Delta y}{\Delta x}=\lim_{\Delta x\to 0}\frac{f(x_0+\Delta x)-f(x_0)}{\Delta x}. \tag{3-1}$$

也可记作 $y'|_{x=x_0}$，$\left.\dfrac{\mathrm{d}y}{\mathrm{d}x}\right|_{x=x_0}$或$\left.\dfrac{\mathrm{d}f(x)}{\mathrm{d}x}\right|_{x=x_0}$.

函数 $f(x)$在 x_0 点可导有时也说成函数 $f(x)$在点 x_0 处导数存在.

导数的定义式也可以取下列等价形式：

(1) 若令 $x=x_0+\Delta x$，则 $\Delta x=x-x_0$ 且此时 $\Delta x\to 0\Leftrightarrow x\to x_0$，因此，得到等价形式

$$f'(x_0)=\lim_{x\to x_0}\frac{f(x)-f(x_0)}{x-x_0}. \tag{3-2}$$

(2) 在定义中，若以 h 代替 Δx，那么又有

$$f'(x_0)=\lim_{h\to 0}\frac{f(x_0+h)-f(x_0)}{h}. \tag{3-3}$$

导数概念是纯粹从数量方面来刻画变化率的本质，它反映了因变量随自变量的变化而变化的快慢程度.

注　如果当 $\Delta x\to 0$ 时，$\dfrac{\Delta y}{\Delta x}$的极限不存在，就称函数 $y=f(x)$在点 x_0 处不可导，如果不可导的原因是由于 $\Delta x\to 0$ 时，$\dfrac{\Delta y}{\Delta x}\to\infty$所致，对于这种情况，在不至于混淆其导数不存在的前提下，为表达方便，也往往说函数 $y=f(x)$在点 x_0 处的导数为无穷大，并记作 $f'(x_0)=\infty$.

上面讲的是函数在一点处可导. 如果函数 $y=f(x)$在开区间 I 内的每点处都可导，就称函数 $f(x)$在开区间 I 内可导. 这时对于任一 $x\in I$，都对应着 $f(x)$的一个确定的导数值，这样就构成了一个新的函数，这个函数叫做函数 $y=f(x)$的**导函数**，记作 y'，$f'(x)$，$\dfrac{\mathrm{d}y}{\mathrm{d}x}$或$\dfrac{\mathrm{d}f(x)}{\mathrm{d}x}$.

把(3-1)式中的 x_0 换成 x，即得导函数的定义式

$$f'(x)=\lim_{\Delta x\to 0}\frac{f(x+\Delta x)-f(x)}{\Delta x}.$$

注　在以上导函数定义式中，虽然 x 可以取区间 I 内的任何值，但在求极限的过程中，x 是常量，Δx 是变量.

导函数 $f'(x)$也简称导数，显然函数 $f(x)$在点 x_0 处的导数 $f'(x_0)$就是导函

数 $f'(x)$在 x_0 处的函数值，即

$$f'(x_0)=f'(x)\big|_{x=x_0}.$$

2. 求导数举例

下面利用导数定义求一些简单函数的导数.

例 3-1 求函数 $f(x)=C$(C 为常数)的导数.

解 $$f'(x)=\lim_{\Delta x\to 0}\frac{f(x+\Delta x)-f(x)}{\Delta x}=\lim_{\Delta x\to 0}\frac{C-C}{\Delta x}=0,$$

即$(C)'=0$.

这就是说，常数的导数等于 0.

例 3-2 求函数 $f(x)=x^n(n\in\mathbf{N}^+)$的导数.

解 由导数的定义及牛顿二项展开式，有

$$\begin{aligned}f'(x)&=\lim_{h\to 0}\frac{f(x+h)-f(x)}{h}=\lim_{h\to 0}\frac{(x+h)^n-x^n}{h}\\&=\lim_{h\to 0}\frac{nx^{n-1}h+\frac{n(n-1)}{2}x^{n-2}h^2+\cdots+h^n}{h}\\&=\lim_{h\to 0}\left(nx^{n-1}+\frac{n(n-1)}{2}x^{n-2}h+\cdots+h^{n-1}\right)=nx^{n-1},\end{aligned}$$

即$(x^n)'=nx^{n-1}$.

我们将在后面证明更一般的情形：幂函数 $y=x^\mu$(μ 为常数)，有$(x^\mu)'=\mu x^{\mu-1}$，利用该公式，可以很方便地求出幂函数的导数，例如：

(1) 当 $\mu=\frac{1}{2}$时，$y=x^{\frac{1}{2}}=\sqrt{x}$的导数为

$$y'=(x^{\frac{1}{2}})'=\frac{1}{2}x^{-\frac{1}{2}},\quad 即(\sqrt{x})'=\frac{1}{2\sqrt{x}}.$$

(2) 当 $\mu=-1$ 时，$y=x^{-1}=\frac{1}{x}$的导数为

$$y'=(x^{-1})'=-x^{-2},\quad 即\left(\frac{1}{x}\right)'=-\frac{1}{x^2}.$$

(3) 若 $y=\sqrt{x\sqrt{x\sqrt{x}}}$，求 y'时，可以先将函数写成

$$y=x^{\frac{7}{8}},$$

则 $y'=(x^{\frac{7}{8}})'=\frac{7}{8}x^{-\frac{1}{8}}$.

例 3-3 求函数 $f(x)=\sin x$ 的导数.

解 $$f'(x)=\lim_{\Delta x\to 0}\frac{f(x+\Delta x)-f(x)}{\Delta x}=\lim_{\Delta x\to 0}\frac{\sin(x+\Delta x)-\sin x}{\Delta x}$$

$$=\lim_{\Delta x\to 0}\frac{2\sin\frac{\Delta x}{2}\cdot\cos\left(x+\frac{\Delta x}{2}\right)}{\Delta x}=\lim_{\Delta x\to 0}\frac{\sin\frac{\Delta x}{2}}{\frac{\Delta x}{2}}\cdot\cos\left(x+\frac{\Delta x}{2}\right)$$

$$=\cos x,$$

即

$$(\sin x)'=\cos x.$$

类似的方法可得

$$(\cos x)'=-\sin x.$$

例 3-4　求函数 $f(x)=a^x(a>0$ 且 $a\neq 1)$ 的导数.

解　$f'(x)=\lim\limits_{\Delta x\to 0}\frac{f(x+\Delta x)-f(x)}{\Delta x}=\lim\limits_{\Delta x\to 0}\frac{a^{x+\Delta x}-a^x}{\Delta x}$

$$=a^x\lim_{\Delta x\to 0}\frac{a^{\Delta x}-1}{\Delta x}=a^x\ln a.$$

即 $(a^x)'=a^x\ln a$. 特别地，当 $a=\mathrm{e}$ 时，有 $(\mathrm{e}^x)'=\mathrm{e}^x$.

函数 $y=\mathrm{e}^x$ 的导数就是它自己，这是该函数所具有的独特性质.

例 3-5　求函数 $f(x)=\log_a x(a>0$ 且 $a\neq 1)$ 的导数.

解　$f'(x)=\lim\limits_{h\to 0}\frac{f(x+h)-f(x)}{h}=\lim\limits_{h\to 0}\frac{\log_a(x+h)-\log_a x}{h}$

$$=\lim_{h\to 0}\frac{1}{h}\log_a\frac{x+h}{x}=\lim_{h\to 0}\frac{1}{x}\cdot\frac{x}{h}\log_a\left(1+\frac{h}{x}\right)$$

$$=\frac{1}{x}\lim_{h\to 0}\log_a\left(1+\frac{h}{x}\right)^{\frac{x}{h}}=\frac{1}{x}\log_a\mathrm{e}=\frac{1}{x\ln a},$$

即

$$(\log_a x)'=\frac{1}{x\ln a}.$$

特别地，当 $a=\mathrm{e}$ 时，得自然对数函数的导数公式

$$(\ln x)'=\frac{1}{x}.$$

例 3-6　求函数 $f(x)=\begin{cases}x^2\sin\frac{1}{x}, & x\neq 0,\\ 0, & x=0\end{cases}$ 在 $x=0$ 处的导数.

解　由导数定义

$$f'(0)=\lim_{x\to 0}\frac{f(x)-f(0)}{x-0}=\lim_{x\to 0}\frac{x^2\sin\frac{1}{x}-0}{x-0}$$

$$=\lim_{x\to 0}x\sin\frac{1}{x}=0.$$

例 3-7 求函数 $f(x)=|x|$ 在 $x=0$ 处的导数.

解 $$\lim_{\Delta x\to 0}\frac{f(0+\Delta x)-f(0)}{\Delta x}=\lim_{\Delta x\to 0}\frac{|\Delta x|}{\Delta x}.$$

当 $\Delta x<0$ 时，$\frac{|\Delta x|}{\Delta x}=-1$，从而 $\lim\limits_{\Delta x\to 0^-}\frac{|\Delta x|}{\Delta x}=-1$；

当 $\Delta x>0$ 时，$\frac{|\Delta x|}{\Delta x}=1$，从而 $\lim\limits_{\Delta x\to 0^+}\frac{|\Delta x|}{\Delta x}=1$.

所以 $\lim\limits_{\Delta x\to 0}\frac{f(0+\Delta x)-f(0)}{\Delta x}$ 不存在，即 $f(x)=|x|$ 在 $x=0$ 处不可导.

3. 单侧导数

导数的定义是通过极限而定义的，而极限又有左极限和右极限的概念，由此也就引出左导数和右导数的概念.

定义 3-3 设函数 $y=f(x)$ 在点 x_0 处及其左邻域 $(x_0-\delta,x_0)$ 上有定义，如果极限

$$\lim_{\Delta x\to 0^-}\frac{f(x_0+\Delta x)-f(x_0)}{\Delta x}$$

存在，则称此极限为函数 $y=f(x)$ 在 x_0 处的**左导数**，记作 $f'_-(x_0)$，即

$$f'_-(x_0)=\lim_{\Delta x\to 0^-}\frac{f(x_0+\Delta x)-f(x_0)}{\Delta x}.$$

左导数也可以等价地写成

$$f'_-(x_0)=\lim_{x\to x_0^-}\frac{f(x)-f(x_0)}{x-x_0}.$$

类似地可以定义 $y=f(x)$ 在点 x_0 处的**右导数**，即

$$f'_+(x_0)=\lim_{\Delta x\to 0^+}\frac{f(x_0+\Delta x)-f(x_0)}{\Delta x},$$

或

$$f'_+(x_0)=\lim_{x\to x_0^+}\frac{f(x)-f(x_0)}{x-x_0}.$$

左导数和右导数统称为**单侧导数**.

根据函数在点 x_0 处极限存在的充要条件是函数在 x_0 处的左极限和右极限都存在且相等，可得下面结论：

$f(x)$ 在点 x_0 处可导，即 $f'(x_0)$ 存在 $\Leftrightarrow f'_-(x_0)$ 和 $f'_+(x_0)$ 都存在且相等.

若函数 $y=f(x)$ 在开区间 (a,b) 内可导，且 $f'_+(a)$ 和 $f'_-(b)$ 都存在，则称 $f(x)$ 在闭区间 $[a,b]$ 上可导.

通过上述定义,我们再来描述例 3-7 中函数 $f(x)=|x|$ 在 $x=0$ 处的可导性:由于 $f'_-(0)=-1,f'_+(0)=1$,从而 $f'_-(0)\neq f'_+(0)$,故 $f'(0)$不存在.

3.1.3　导数的几何意义

通过前面的讨论我们已经知道:函数 $y=f(x)$在点 x_0 处的导数 $f'(x_0)$在几何上表示曲线 $y=f(x)$在点 $M_0(x_0,f(x_0))$处的切线的斜率,即

$$k=\tan\alpha=f'(x_0),$$

其中 α 是切线的倾角(图 3-2).

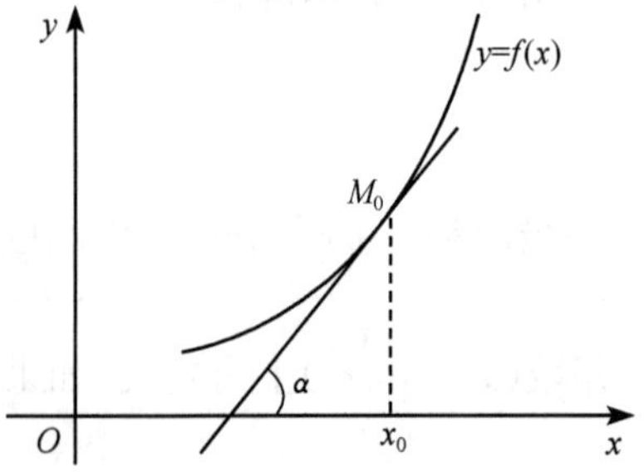

图 3-2

若 $f'(x_0)=\infty$,则说明连续曲线 $y=f(x)$的割线以垂直于 x 轴的直线 $x=x_0$ 为极限位置,即曲线 $y=f(x)$在点 $M_0(x_0,f(x_0))$处具有垂直于 x 轴的切线 $x=x_0$.

由导数的几何意义,并应用直线的点斜式方程,可知曲线 $y=f(x)$在点 $M_0(x_0,f(x_0))$处的切线方程为

$$y-f(x_0)=f'(x_0)(x-x_0).$$

我们将过切点 $M_0(x_0,f(x_0))$且与切线垂直的直线叫做曲线 $y=f(x)$在点 $M_0(x_0,f(x_0))$处的**法线**,若 $f'(x_0)\neq 0$,法线的斜率为 $-\dfrac{1}{f'(x_0)}$,从而曲线 $y=f(x)$在 $M_0(x_0,f(x_0))$处的法线方程为

$$y-f(x_0)=-\frac{1}{f'(x_0)}(x-x_0).$$

例 3-8　求余弦曲线 $y=\cos x$ 在点$\left(\dfrac{\pi}{4},\dfrac{\sqrt{2}}{2}\right)$处的切线方程和法线方程.

解　因为曲线在点$\left(\dfrac{\pi}{4},\dfrac{\sqrt{2}}{2}\right)$处切线的斜率为

$$k=y'\big|_{x=\frac{\pi}{4}}=-\sin x\Big|_{x=\frac{\pi}{4}}=-\frac{\sqrt{2}}{2},$$

从而所求切线方程为

$$y-\frac{\sqrt{2}}{2}=-\frac{\sqrt{2}}{2}\left(x-\frac{\pi}{4}\right),$$

即

$$4\sqrt{2}x+8y-(4+\pi)\sqrt{2}=0.$$

所求法线的斜率为

$$k_1=-\frac{1}{k}=\sqrt{2},$$

于是所求法线方程为

$$y-\frac{\sqrt{2}}{2}=\sqrt{2}\left(x-\frac{\pi}{4}\right),$$

即

$$4\sqrt{2}x-4y+(2-\pi)\sqrt{2}=0.$$

例 3-9 求曲线 $y=\ln x$ 上一点 M_0，使得该点处的法线平行于已知直线 $3x+y-1=0$.

解 设 M_0 点的坐标为$(x_0,\ln x_0)$.

因直线 $3x+y-1=0$ 的斜率为-3，由于 $M_0(x_0,\ln x_0)$点处的法线平行于已知直线，因此点 M_0 处的法线的斜率也为-3，这样便知 M_0 处的切线斜率

$$k=\frac{1}{3},$$

亦即

$$k=y'\big|_{x=x_0}=(\ln x)'\big|_{x=x_0}=\frac{1}{x}\bigg|_{x=x_0}=\frac{1}{x_0}=\frac{1}{3}.$$

从而 $x_0=3$. 故所求曲线 $y=\ln x$ 上其法线平行于直线 $3x+y-1=0$ 的点为 $M_0(3,\ln 3)$.

3.1.4 函数的可导性与连续性的关系

函数的连续性与可导性是逐点定义的，我们知道：函数 $y=f(x)$在 x_0 处连续$\Leftrightarrow \lim\limits_{\Delta x\to 0}\Delta y=0$；而在点 x_0 处可导$\Leftrightarrow \lim\limits_{\Delta x\to 0}\frac{\Delta y}{\Delta x}$存在. 下面就来讨论这两个概念间的关系.

定理 3-1 如果函数 $y=f(x)$在点 x_0 处可导，则 $f(x)$在 x_0 处必连续.

证 因为 $y=f(x)$在点 x_0 处可导，即

$$f'(x_0)=\lim_{\Delta x\to 0}\frac{\Delta y}{\Delta x},$$

其中 $\Delta y=f(x_0+\Delta x)-f(x_0)$，所以

$$\lim_{\Delta x\to 0}\Delta y=\lim_{\Delta x\to 0}\left(\frac{\Delta y}{\Delta x}\cdot\Delta x\right)=\lim_{\Delta x\to 0}\frac{\Delta y}{\Delta x}\cdot\lim_{\Delta x\to 0}\Delta x=f'(x_0)\cdot 0=0,$$

根据函数连续的定义知，$y=f(x)$在点 x_0 处连续.

注 定理的逆不成立，**即函数 $y=f(x)$在点 x_0 处连续，却不一定在 x_0 处可导.** 简单地说，可导一定连续，但连续不一定可导. 举例说明如下：

例 3-10 函数 $y=|x|=\sqrt{x^2}$为初等函数，在其定义域$(-\infty,+\infty)$内连续，但在例 3-7 中已讨论过，它在 $x=0$ 处不可导，从几何直观上看 $y=|x|$在原点处没有

切线(图 3-3).

例 3-11　函数 $y=f(x)=\sqrt[3]{x}$ 在区间 $(-\infty,+\infty)$ 内连续,但在 $x=0$ 处不可导. 这是因为在 $x=0$ 处有

$$\lim_{x\to 0}\frac{f(x)-f(0)}{x-0}=\lim_{x\to 0}\frac{\sqrt[3]{x}}{x}=\lim_{x\to 0}\frac{1}{x^{2/3}}=+\infty,$$

即 $f'(0)=+\infty$,意味着 $f(x)$ 在点 $x=0$ 处不可导. 从几何直观上表现为曲线 $y=\sqrt[3]{x}$ 在原点处具有垂直于 x 轴的切线 $x=0$(图 3-4).

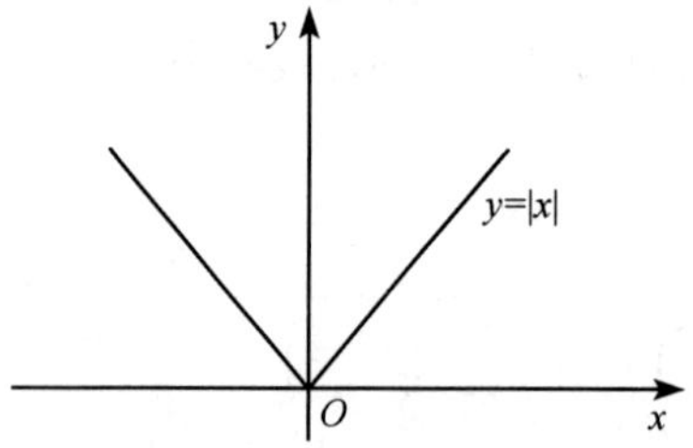

图 3-3

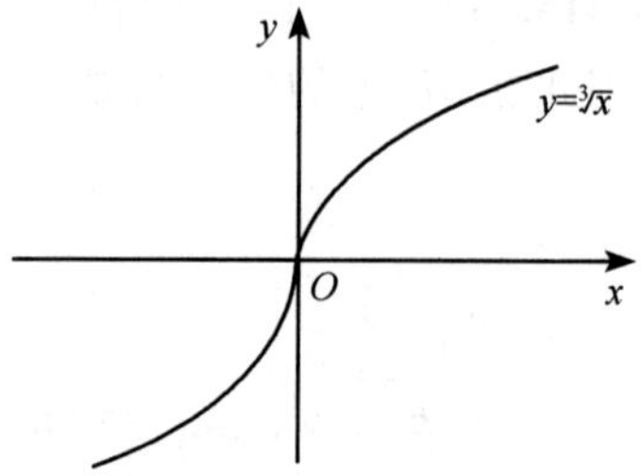

图 3-4

下面通过举例给出分段函数在分段点处的可导性的讨论方法.

例 3-12　设函数

$$f(x)=\begin{cases}e^x, & x\leqslant 0,\\ x^2+ax+b, & x>0\end{cases}$$

在点 $x=0$ 处可导,求 a,b.

解　由于 $f(x)$ 在点 $x=0$ 处可导,则 $f(x)$ 在 $x=0$ 处必连续,即 $f(0^-)=f(0^+)=f(0)$. 因为

$$f(0^-)=\lim_{x\to 0^-}f(x)=\lim_{x\to 0^-}e^x=1,$$

$$f(0^+)=\lim_{x\to 0^+}f(x)=\lim_{x\to 0^+}(x^2+ax+b)=b,$$

$$f(0)=1,$$

所以知 $b=1$. 又因为

$$f'_-(0)=\lim_{x\to 0^-}\frac{f(x)-f(0)}{x-0}=\lim_{x\to 0^-}\frac{e^x-1}{x}=1,$$

$$f'_+(0)=\lim_{x\to 0^+}\frac{f(x)-f(0)}{x-0}=\lim_{x\to 0^+}\frac{x^2+ax+1-1}{x}=a.$$

要使 $f(x)$ 在 $x=0$ 处可导,则应有 $f'_-(0)=f'_+(0)$,即

$$a=1.$$

所以,若 $f(x)$在点 $x=0$ 处可导,则有 $a=1,b=1$.

习 题 3.1

1. 一质点以初速度 v_0 向上作抛物运动,其运动方程为 $s=s(t)=v_0t-\frac{1}{2}gt^2$ ($v_0>2$ 为常数)

(1) 质点在 t 时刻的瞬时速度;

(2) 何时质点的速度为 0;

(3) 求质点回到出发点时的速度.

2. 设函数 $f(x)$在点 x_0 处可导,求

(1) $\lim\limits_{\Delta x\to 0}\frac{f(x_0-\Delta x)-f(x_0)}{\Delta x}$; (2) $\lim\limits_{h\to 0}\frac{f(x_0+h)-f(x_0-h)}{h}$;

(3) $\lim\limits_{\Delta x\to 0}\frac{f(x_0+a\Delta x)-f(x_0-b\Delta x)}{\Delta x}$($a,b$ 是常数).

3. 求下列函数的导数:

(1) $y=\sqrt[3]{x^2}$; (2) $y=\frac{1}{\sqrt{x}}$;

(3) $y=x^3\sqrt[5]{x}$; (4) $y=\frac{x^2\sqrt[3]{x^2}}{\sqrt{x^5}}$.

4. 设函数 $f(x)$在点 $x=1$ 处连续,且$\lim\limits_{x\to 1}\frac{f(x)}{x-1}=2$,求 $f'(1)$.

5. 求曲线 $y=\mathrm{e}^x$ 在点$(1,\mathrm{e})$处的切线方程与法线方程.

6. 讨论函数 $y=|\sin x|$在点 $x=0$ 处的连续性与可导性.

7. 设函数 $f(x)=\begin{cases}x^2, & x\leqslant 1,\\ ax+b, & x>1.\end{cases}$为了使函数在 $x=1$ 处连续且可导,a,b 应取什么值?

8. 已知 $f(x)=\begin{cases}\sin x, & x<0,\\ x, & x\geqslant 0.\end{cases}$求 $f'(x)$.

9. 已知 $f(x)=\begin{cases}\dfrac{x}{1+\mathrm{e}^{\frac{1}{x}}}, & x\neq 0,\\ 0 & x=0.\end{cases}$求 $f'_+(0)$及 $f'_-(0)$,又 $f'(0)$是否存在?

10. 若 $f(x)$为偶函数,且 $f'(0)$存在,证明:$f'(0)=0$.

3.2 函数的求导法则

前面我们从导数的定义出发求出了几个基本初等函数的导数,但是若对比较复杂的函数依然用定义去求导,就会比较困难,因此,就必须去探索导数运算的规律,使得初等函数的求导方便而快捷.下面我们就来介绍求导数的几个基本法则,

并给出基本初等函数的求导公式.

3.2.1　函数的和、差、积、商的求导法则

定理 3-2　如果函数 $u=u(x)$ 及 $v=v(x)$ 都在点 x 处具有导数,那么它们的和、差、积、商(分母为零的点除外)都在点 x 处具有导数,且

(1) $[u(x)\pm v(x)]'=u'(x)\pm v'(x)$;

(2) $[u(x)v(x)]'=u'(x)v(x)+u(x)v'(x)$;

(3) $\left[\dfrac{u(x)}{v(x)}\right]'=\dfrac{u'(x)v(x)-u(x)v'(x)}{v^2(x)}\quad(v(x)\neq 0)$.

以上三个法则都可以用导数的定义和极限的运算法则来证明,这里仅以(3)为例,(1)、(2)的证明可类似给出.

证

$$\begin{aligned}\left[\frac{u(x)}{v(x)}\right]'&=\lim_{\Delta x\to 0}\frac{\dfrac{u(x+\Delta x)}{v(x+\Delta x)}-\dfrac{u(x)}{v(x)}}{\Delta x}\\&=\lim_{\Delta x\to 0}\frac{u(x+\Delta x)v(x)-u(x)v(x+\Delta x)}{v(x+\Delta x)v(x)\Delta x}\\&=\lim_{\Delta x\to 0}\frac{[u(x+\Delta x)-u(x)]v(x)-u(x)[v(x+\Delta x)-v(x)]}{v(x+\Delta x)v(x)\Delta x}\\&=\lim_{\Delta x\to 0}\frac{\dfrac{u(x+\Delta x)-u(x)}{\Delta x}v(x)-u(x)\dfrac{v(x+\Delta x)-v(x)}{\Delta x}}{v(x+\Delta x)v(x)}\\&=\frac{u'(x)v(x)-u(x)v'(x)}{v^2(x)}.\end{aligned}$$

由定理 3-2 中的导数运算法则,不难得到如下结论:

推论 3-1　若函数 $u_1(x),u_2(x),\cdots,u_n(x)$ 均可导,则函数 $u_1(x)\pm u_2(x)\pm\cdots\pm u_n(x)$ 也可导,且有

$$[u_1(x)\pm u_2(x)\pm\cdots\pm u_n(x)]'=u_1'(x)\pm u_2'(x)\pm\cdots\pm u_n'(x).$$

推论 3-2　设 C 为常数,$u(x)$ 可导,则有

$$[Cu(x)]'=Cu'(x).$$

推论 3-3　若 $u(x),v(x),w(x)$ 均可导,则有

$$[u(x)v(x)w(x)]'=u'(x)v(x)w(x)+u(x)v'(x)w(x)+u(x)v(x)w'(x).$$

推论 3-4　若函数 $v(x)$ 可导,且 $v(x)\neq 0$,则有

$$\left[\frac{1}{v(x)}\right]'=-\frac{v'(x)}{v^2(x)}.$$

例 3-13　求函数 $y=5x^3+3^x-\sqrt[3]{x}-\log_2 x+\ln 2$ 的导数.

解　$y'=(5x^3)'+(3^x)'-(\sqrt[3]{x})'-(\log_2 x)'+(\ln 2)'$

$$=15x^2+3^x\ln3-\frac{1}{3}x^{-2/3}-\frac{1}{x\ln2}.$$

例 3-14 求函数 $y=\dfrac{x^3+2x^2-3\sqrt{x}+5}{\sqrt{x\sqrt{x\sqrt{x}}}}$ 的导数 y' 及 $y'|_{x=1}$.

解 $y=\dfrac{x^3+2x^2-3\sqrt{x}+5}{x^{\frac{7}{8}}}=x^{\frac{17}{8}}+2x^{\frac{9}{8}}-3x^{-\frac{3}{8}}+5x^{-\frac{7}{8}}.$

$$y'=\frac{17}{8}x^{\frac{9}{8}}+\frac{9}{4}x^{\frac{1}{8}}+\frac{9}{8}x^{-\frac{11}{8}}-\frac{35}{8}x^{-\frac{15}{8}}.$$

$$y'|_{x=1}=\frac{17}{8}+\frac{9}{4}+\frac{9}{8}-\frac{35}{8}=\frac{9}{8}.$$

例 3-15 求函数 $y=e^x\sin x\ln x$ 的导数.

解 $y'=(e^x)'\sin x\ln x+e^x(\sin x)'\ln x+e^x\sin x(\ln x)'$

$$=e^x\sin x\ln x+e^x\cos x\ln x+e^x\sin x\cdot\frac{1}{x}$$

$$=e^x\left(\sin x\ln x+\cos x\ln x+\frac{\sin x}{x}\right).$$

例 3-16 求正切函数 $y=\tan x$ 的导数.

解 $y'=(\tan x)'=\left(\dfrac{\sin x}{\cos x}\right)'=\dfrac{(\sin x)'\cos x-\sin x(\cos x)'}{\cos^2 x}$

$$=\frac{\cos^2 x+\sin^2 x}{\cos^2 x}=\frac{1}{\cos^2 x}=\sec^2 x,$$

即

$$(\tan x)'=\sec^2 x.$$

注 同理可得

$$(\cot x)'=-\csc^2 x.$$

例 3-17 求正割函数 $y=\sec x$ 的导数.

解 $y'=(\sec x)'=\left(\dfrac{1}{\cos x}\right)'=-\dfrac{(\cos x)'}{\cos^2 x}$

$$=\frac{\sin x}{\cos^2 x}=\sec x\tan x,$$

即

$$(\sec x)'=\sec x\tan x.$$

注 同理可得

$$(\csc x)'=-\csc x\cot x.$$

例 3-18 求函数 $y=\dfrac{1-\cos x}{x+\sin x}$ 的导数.

解　$y'=\left(\dfrac{1-\cos x}{x+\sin x}\right)'=\dfrac{(1-\cos x)'(x+\sin x)-(1-\cos x)(x+\sin x)'}{(x+\sin x)^2}$

$=\dfrac{\sin x(x+\sin x)-\sin^2 x}{(x+\sin x)^2}=\dfrac{x\sin x}{(x+\sin x)^2}.$

3.2.2　反函数的求导法则

到现在，在基本初等函数中，仅剩反三角函数的导数公式尚未给出，下面先讨论反函数的导数，而后给出反三角函数的导数公式.

定理 3-3　如果函数 $x=f(y)$ 在区间 I_y 内单调、可导且 $f'(y)\neq 0$，则它的反函数 $y=f^{-1}(x)$ 在区间 $I_x=\{x|x=f(y),y\in I_y\}$ 内也可导，且

$$[f^{-1}(x)]'=\frac{1}{f'(y)}\quad 或 \quad \frac{\mathrm{d}y}{\mathrm{d}x}=\frac{1}{\dfrac{\mathrm{d}x}{\mathrm{d}y}}.$$

证　由于 $x=f(y)$ 在 I_y 内单调、可导（此时必连续），由 2.7 节定理 2-18 可知，$x=f(y)$ 的反函数 $y=f^{-1}(x)$ 存在，且 $f^{-1}(x)$ 在 I_x 内也单调、连续.

任取 $x\in I_x$，给 x 以增量 $\Delta x(\Delta x\neq 0$ 且 $x+\Delta x\in I_x)$，由 $y=f^{-1}(x)$ 的单调性可知

$$\Delta y=f^{-1}(x+\Delta x)-f^{-1}(x)\neq 0,$$

于是有

$$\frac{\Delta y}{\Delta x}=\frac{1}{\dfrac{\Delta x}{\Delta y}},$$

由于 $y=f^{-1}(x)$ 连续，故

$$\lim_{\Delta x\to 0}\Delta y=0,$$

从而

$$[f^{-1}(x)]'=\lim_{\Delta x\to 0}\frac{\Delta y}{\Delta x}=\lim_{\Delta y\to 0}\frac{1}{\dfrac{\Delta x}{\Delta y}}=\frac{1}{f'(y)}.$$

上述结论可简单地说成：反函数的导数等于直接函数导数的倒数.

下面用上述结论来求反三角函数的导数.

例 3-19　求函数 $y=\arcsin x(-1<x<1)$ 的导数.

解　由于函数 $y=\arcsin x(-1\leqslant x\leqslant 1)$ 是 $x=\sin y\left(-\frac{\pi}{2}\leqslant y\leqslant\frac{\pi}{2}\right)$ 的反函数，而 $x=\sin y$ 在区间 $I_y=\left(-\frac{\pi}{2},\frac{\pi}{2}\right)$ 内单调可导，且满足 $(\sin y)'=\cos y\neq 0$，由定理 3-3 可知，在对应的区间 $I_x=(-1,1)$ 内 $y=\arcsin x$ 可导，因为在 $\left(-\frac{\pi}{2},\frac{\pi}{2}\right)$ 内有

$\cos y=\sqrt{1-\sin^2 y}$,故

$$(\arcsin x)'=\frac{1}{(\sin y)'}=\frac{1}{\cos y}=\frac{1}{\sqrt{1-\sin^2 y}}=\frac{1}{\sqrt{1-x^2}}.$$

从而得反正弦函数的导数公式:

$$(\arcsin x)'=\frac{1}{\sqrt{1-x^2}}\quad(-1<x<1).$$

注 用同样的方法可得反余弦函数的导数公式:

$$(\arccos x)'=-\frac{1}{\sqrt{1-x^2}}\quad(-1<x<1).$$

例 3-20 求函数 $y=\arctan x$ 的导数.

解 $y=\arctan x(-\infty<x<+\infty)$是 $x=\tan y\left(-\frac{\pi}{2}<y<\frac{\pi}{2}\right)$的反函数,而$x=\tan y$ 在$\left(-\frac{\pi}{2},\frac{\pi}{2}\right)$内单调、可导,且

$$(\tan y)'=\sec^2 y\neq 0.$$

由定理 3-3 可知,在对应区间 $I_x=(-\infty,+\infty)$内,$y=\arctan x$ 可导,且

$$(\arctan x)'=\frac{1}{(\tan y)'}=\frac{1}{\sec^2 y}=\frac{1}{1+\tan^2 y}=\frac{1}{1+x^2}.$$

从而得反正切函数的导数公式:

$$(\arctan x)'=\frac{1}{1+x^2}\quad(-\infty<x<+\infty).$$

注 用同样的方法可得反余切函数的导数公式:

$$(\operatorname{arccot} x)'=-\frac{1}{1+x^2}\quad(-\infty<x<+\infty).$$

从另外一个角度出发,利用三角学中的公式 $\arccos x=\frac{\pi}{2}-\arcsin x$ 及 $\operatorname{arccot} x=\frac{\pi}{2}-\arctan x$,再利用例 3-19 和例 3-20 的结果,也可以得到 $\arccos x$ 及 $\operatorname{arccot} x$ 的导数表达式.

3.2.3 复合函数的求导法则

前面讨论了函数四则运算求导法,导出了基本初等函数的导数,已能解决简单函数(即由基本初等函数经有限次四则运算而得到的函数)的求导问题,但对于大多数由基本初等函数经有限次复合运算而得到的初等函数,如 $y=\ln\sin x$,$y=e^{\tan x}$ 和 $y=\sqrt{\arctan\frac{1}{x}}$等的求导问题尚未得到解决,即我们还须回答这样的问题:它们可导否?若可导又如何求之?下面定理给予了答复.

定理 3-4　如果 $u=\varphi(x)$在点 x 可导，而 $y=f(u)$在相应点 $u=\varphi(x)$可导，则复合函数 $y=f[\varphi(x)]$在点 x 可导，且其导数为

$$\frac{\mathrm{d}y}{\mathrm{d}x}=f'(u)\cdot\varphi'(x)\quad 或\quad \frac{\mathrm{d}y}{\mathrm{d}x}=\frac{\mathrm{d}y}{\mathrm{d}u}\frac{\mathrm{d}u}{\mathrm{d}x}.$$

亦可简记作：$y'_x=y'_u\cdot u'_x$或$\{f[\varphi(x)]\}'=f'[\varphi(x)]\cdot\varphi'(x)$.

证　由于 $y=f(u)$在点 u 可导，因此

$$\lim_{\Delta u\to 0}\frac{\Delta y}{\Delta u}=f'(u)$$

存在，于是由极限与无穷小量的关系有

$$\frac{\Delta y}{\Delta u}=f'(u)+\alpha,$$

其中 α 是 $\Delta u\to 0$ 时的无穷小量，上式中 $\Delta u\neq 0$，两边同乘 Δu，得

$$\Delta y=f'(u)\Delta u+\alpha\cdot\Delta u.$$

当 $\Delta u=0$ 时，显然 $\Delta y=0$，这时我们不妨规定 $\alpha=0$，这样无论复合函数的中间变量 u 的增量 Δu 是否为 0，上式总成立. 用 $\Delta x\neq 0$ 除上式两边可得

$$\frac{\Delta y}{\Delta x}=f'(u)\frac{\Delta u}{\Delta x}+\alpha\cdot\frac{\Delta u}{\Delta x},$$

于是

$$\lim_{\Delta x\to 0}\frac{\Delta y}{\Delta x}=\lim_{\Delta x\to 0}\left[f'(u)\frac{\Delta u}{\Delta x}+\alpha\frac{\Delta u}{\Delta x}\right],$$

根据函数在某点可导必连续的性质知，当 $\Delta x\to 0$ 时，有 $\Delta u\to 0$，从而推得

$$\lim_{\Delta x\to 0}\alpha=\lim_{\Delta u\to 0}\alpha=0.$$

又因 $u=\varphi(x)$在点 x 可导，有

$$\lim_{\Delta x\to 0}\frac{\Delta u}{\Delta x}=\varphi'(x),$$

故

$$\lim_{\Delta x\to 0}\frac{\Delta y}{\Delta x}=f'(u)\cdot\lim_{\Delta x\to 0}\frac{\Delta u}{\Delta x},$$

即

$$\frac{\mathrm{d}y}{\mathrm{d}x}=f'(u)\cdot\varphi'(x).$$

定理证毕.

注意记号 $f'[\varphi(x)]$与$\{f[\varphi(x)]\}'$的区别，前者表示将 $u=\varphi(x)$作为求导的基本变量，即 $f'[\varphi(x)]=f'(u)|_{u=\varphi(x)}$；而后者表示将 x 作为求导的基本变量，即对 x 求导，它可以表示为 $f'[\varphi(x)]\cdot\varphi'(x)$.

对于由有限多个函数复合而成的多层复合函数，可以反复利用定理 3-4，如

$$y=f(u),\quad u=\varphi(v),\quad v=\psi(x),$$

所构成的复合函数 $y=f\{\varphi[\psi(x)]\}$满足相应的求导条件,则有

$$\frac{dy}{dx}=\frac{dy}{du}\cdot\frac{du}{dv}\cdot\frac{dv}{dx}=f'(u)\cdot\varphi'(v)\cdot\psi'(x).$$

例 3-21 $y=\ln\sin x$,求$\frac{dy}{dx}$.

解 $y=\ln\sin x$ 可以看成由 $y=\ln u,u=\sin x$ 复合而成,因此

$$\frac{dy}{dx}=\frac{dy}{du}\cdot\frac{du}{dx}=\frac{1}{u}\cdot\cos x=\frac{\cos x}{\sin x}=\cot x.$$

例 3-22 $y=e^{\tan x}$,求$\frac{dy}{dx}$.

解 $y=e^{\tan x}$可以看成由 $y=e^u,u=\tan x$ 复合而成,因此

$$\frac{dy}{dx}=(e^u)'_u\cdot(\tan x)'_x=e^u\cdot\sec^2x=e^{\tan x}\cdot\sec^2x.$$

例 3-23 $y=\sqrt{\arctan\frac{1}{x}}$,求$\frac{dy}{dx}$.

解 所给函数可看成由下列函数复合而成的函数

$$y=\sqrt{u},\quad u=\arctan v,\quad v=\frac{1}{x},$$

故

$$\begin{aligned}\frac{dy}{dx}&=y'_u\cdot u'_v\cdot v'_x=\frac{1}{2\sqrt{u}}\cdot\frac{1}{1+v^2}\cdot\left(-\frac{1}{x^2}\right)\\&=\frac{1}{2\sqrt{\arctan\frac{1}{x}}}\cdot\frac{1}{1+\frac{1}{x^2}}\cdot\left(-\frac{1}{x^2}\right)\\&=-\frac{1}{2(1+x^2)\sqrt{\arctan\frac{1}{x}}}.\end{aligned}$$

从以上求导过程可以看出复合函数的求导方式是从外层到内层逐层求导,故形象地称其为**链式规则**. 在对复合函数求导过程较熟练后,函数的复合结构可以不写出来,只要分清中间变量和自变量,把中间变量看作一个整体,然后逐层求导即可,这样可以提高求导速度.

例 3-24 $y=\sin\ln(x+\sqrt{x}+1)$,求 y'.

解 $y'=[\sin\ln(x+\sqrt{x}+1)]'=\cos\ln(x+\sqrt{x}+1)\cdot[\ln(x+\sqrt{x}+1)]'$

$$=\cos\ln(x+\sqrt{x}+1)\cdot\frac{1}{x+\sqrt{x}+1}(x+\sqrt{x}+1)'$$

$$=\cos\ln(x+\sqrt{x}+1)\cdot\frac{1}{x+\sqrt{x}+1}\left(1+\frac{1}{2\sqrt{x}}\right)$$

$$=\frac{(2\sqrt{x}+1)\cos\ln(x+\sqrt{x}+1)}{2x\sqrt{x}+2x+2\sqrt{x}}.$$

例 3-25　$y=\ln(x+\sqrt{x^2+a^2})$，求 y'.

解　$y'=[\ln(x+\sqrt{x^2+a^2})]'=\dfrac{1}{x+\sqrt{x^2+a^2}}(x+\sqrt{x^2+a^2})'$

$$=\frac{1}{x+\sqrt{x^2+a^2}}\left(1+\frac{x}{\sqrt{x^2+a^2}}\right)=\frac{1}{\sqrt{x^2+a^2}}.$$

例 3-26　$y=e^{\sin^2\frac{1}{x}}$，求 $\dfrac{dy}{dx}$.

解　$\dfrac{dy}{dx}=(e^{\sin^2\frac{1}{x}})'=e^{\sin^2\frac{1}{x}}\cdot\left(\sin^2\dfrac{1}{x}\right)'$

$$=e^{\sin^2\frac{1}{x}}\cdot 2\sin\frac{1}{x}\cdot\left(\sin\frac{1}{x}\right)'$$

$$=e^{\sin^2\frac{1}{x}}\cdot 2\sin\frac{1}{x}\cos\frac{1}{x}\cdot\left(-\frac{1}{x^2}\right)$$

$$=-\frac{1}{x^2}\cdot\sin\frac{2}{x}\cdot e^{\sin^2\frac{1}{x}}.$$

例 3-27　设 $x>0$，证明幂函数的导数公式

$$(x^\mu)'=\mu x^{\mu-1}.$$

证　因为 $x^\mu=e^{\mu\ln x}$，所以

$$(x^\mu)'=(e^{\mu\ln x})'=e^{\mu\ln x}\cdot(\mu\ln x)'$$

$$=x^\mu\cdot\mu\cdot\frac{1}{x}=\mu x^{\mu-1}.$$

例 3-28　$y=\ln|x|$，求 y'.

解　因为

$$\ln|x|=\begin{cases}\ln(-x), & x<0,\\ \ln x, & x>0.\end{cases}$$

所以，当 $x<0$ 时，$(\ln|x|)'=[\ln(-x)]'=\dfrac{1}{-x}(-x)'=\dfrac{1}{x}$，而当 $x>0$ 时，有

$$(\ln|x|)'=(\ln x)'=\frac{1}{x},$$

故

$$(\ln|x|)'=\frac{1}{x}.$$

3.2.4 基本求导法则与导数公式

基本初等函数的导数公式与本节中所讨论的求导法则，在初等函数的求导运算中起着重要的作用，我们必须熟练掌握它们，为了便于查阅，现在把这些导数公式和求导法则归纳如下：

1. 基本初等函数的求导公式

(1) $(C)'=0$；

(2) $(x^{\mu})'=\mu x^{\mu-1}$；

(3) $(\sin x)'=\cos x$；

(4) $(\cos x)'=-\sin x$；

(5) $(\tan x)'=\sec^2 x$；

(6) $(\cot x)'=-\csc^2 x$；

(7) $(\sec x)'=\sec x\cdot\tan x$；

(8) $(\csc x)'=-\csc x\cot x$；

(9) $(a^x)'=a^x\ln a$；

(10) $(\mathrm{e}^x)'=\mathrm{e}^x$；

(11) $(\log_a x)'=\dfrac{1}{x\ln a}$；

(12) $(\ln x)'=\dfrac{1}{x}$；

(13) $(\arcsin x)'=\dfrac{1}{\sqrt{1-x^2}}$；

(14) $(\arccos x)'=-\dfrac{1}{\sqrt{1-x^2}}$；

(15) $(\arctan x)'=\dfrac{1}{1+x^2}$；

(16) $(\operatorname{arccot} x)'=-\dfrac{1}{1+x^2}$.

2. 函数和、差、积、商的求导法则

设 $u=u(x)$，$v=v(x)$都可导，则

(1) $(u\pm v)'=u'\pm v'$；

(2) $(Cu)'=Cu'$(C是常数)；

(3) $(uv)'=u'v+uv'$；

(4) $\left(\dfrac{u}{v}\right)'=\dfrac{u'v-uv'}{v^2}(v\neq 0)$.

3. 反函数的求导法则

设 $x=f(y)$在区间 I_y 内单调，可导且 $f'(y)\neq 0$，则它的反函数 $y=f^{-1}(x)$在相应区间 $I_x=\{x|x=f(y),y\in I_y\}$内也可导，且

$$[f^{-1}(x)]'=\frac{1}{f'(y)}\quad\text{或}\quad\frac{\mathrm{d}y}{\mathrm{d}x}=\frac{1}{\dfrac{\mathrm{d}x}{\mathrm{d}y}}.$$

4. 复合函数求导法则

设 $y=f(u)$，而 $u=\varphi(x)$且 $f(u)$及 $\varphi(x)$都可导，则复合函数 $y=f[\varphi(x)]$的导数为

$$\frac{\mathrm{d}y}{\mathrm{d}x}=\frac{\mathrm{d}y}{\mathrm{d}u}\cdot\frac{\mathrm{d}u}{\mathrm{d}x}\quad\text{或}\quad y'(x)=f'(u)\cdot\varphi'(x).$$

下面再看几个运用这些法则和公式的例子.

例 3-29　$f(u)$为可导函数，$y=f(e^x)\cdot e^{f(x)}$，求 y'.

解　
$$\begin{aligned}y'&=[f(e^x)]'\cdot e^{f(x)}+f(e^x)\cdot[e^{f(x)}]'\\&=f'(e^x)\cdot e^x\cdot e^{f(x)}+f(e^x)\cdot e^{f(x)}\cdot f'(x)\\&=e^{f(x)}[e^xf'(e^x)+f(e^x)f'(x)].\end{aligned}$$

例 3-30　$f(u)$为可导函数，$y=f(\sqrt{1-x^2})\cdot\sqrt{1-f^2(x)}$，求 y'.

解　
$$\begin{aligned}y'&=[f(\sqrt{1-x^2})]'\sqrt{1-f^2(x)}+f(\sqrt{1-x^2})[\sqrt{1-f^2(x)}]'\\&=f'(\sqrt{1-x^2})\cdot\frac{-x}{\sqrt{1-x^2}}\cdot\sqrt{1-f^2(x)}+f(\sqrt{1-x^2})\frac{-f(x)\cdot f'(x)}{\sqrt{1-f^2(x)}}\\&=-xf'(\sqrt{1-x^2})\frac{\sqrt{1-f^2(x)}}{\sqrt{1-x^2}}-f(x)f'(x)\frac{f(\sqrt{1-x^2})}{\sqrt{1-f^2(x)}}.\end{aligned}$$

例 3-31　$y=\sin e^{\sqrt{x}}\cdot e^{\sin\sqrt{x}}$，求 y'.

解　
$$\begin{aligned}y'&=(\sin e^{\sqrt{x}})'e^{\sin\sqrt{x}}+\sin e^{\sqrt{x}}\cdot(e^{\sin\sqrt{x}})'\\&=\cos e^{\sqrt{x}}\cdot e^{\sqrt{x}}\cdot\frac{1}{2\sqrt{x}}\cdot e^{\sin\sqrt{x}}+\sin e^{\sqrt{x}}\cdot e^{\sin\sqrt{x}}\cdot\cos\sqrt{x}\cdot\frac{1}{2\sqrt{x}}\\&=\frac{1}{2\sqrt{x}}e^{\sin\sqrt{x}}(e^{\sqrt{x}}\cos e^{\sqrt{x}}+\cos\sqrt{x}\cdot\sin e^{\sqrt{x}}).\end{aligned}$$

习　题　3.2

1. 求下列函数的导数：

(1) $y=2\sqrt{x}-\frac{1}{x}+4\sqrt{3}$；　　(2) $y=5x^3-2^x+3e^x$；

(3) $y=(\sqrt{x}+1)\left(\frac{1}{\sqrt{x}}-1\right)$；　　(4) $y=3e^x\cos x$；

(5) $y=x^2\ln x$；　　(6) $y=x^2\cos x\ln x$；

(7) $y=\frac{e^x}{x^2}+\ln 3$；　　(8) $y=\frac{x+\ln x}{x+e^x}$；

(9) $y=x\sec x+\csc x$；　　(10) $y=\frac{2\tan x-1}{\tan x+1}$；

(11) $y=\frac{x^2-x}{x+\sqrt{x}}$；　　(12) $y=\frac{\cos 2x}{\sin x+\cos x}$.

2. 求曲线 $y=2\sin x+x^2$ 在横坐标为 $x=0$ 处的切线方程与法线方程.

3. 证明双曲线 $xy=a^2$ 上任意一点的切线与两坐标轴形成的三角形的面积等于常数 $2a^2$.

4. 求下列函数的导数：

(1) $y=(x^3-x)^5$；　　(2) $y=\cos(4-3x)$；

(3) $y=\ln(1+x^2)$；　(4) $y=\frac{1}{\sqrt{1-x^2}}$；

(5) $y=\arctan(e^x)$；　(6) $y=(\arcsin x)^2$；

(7) $y=\ln\ln\ln x$；　(8) $y=\ln\tan x$；

(9) $y=e^{-\frac{x}{2}}\cos 3x$；　(10) $y=\arccos\frac{1}{x}$；

(11) $y=\ln(\sec x+\tan x)$；　(12) $y=\frac{1-\ln x}{1+\ln x}$；

(13) $y=\ln\sqrt{1+\ln^2 x}$；　(14) $y=e^{\arctan\sqrt{x}}$；

(15) $y=\sqrt{4x-x^2}+4\arcsin\frac{\sqrt{x}}{2}$；　(16) $y=\frac{1}{2}\tan^2 x+\ln\cos x$；

(17) $y=e^{-\sin^2\frac{1}{x}}$；　(18) $y=\ln\cos\frac{1}{x}$；

(19) $y=\sqrt{x+\sqrt{x}}$；　(20) $y=\arcsin\sqrt{\frac{1-x}{1+x}}$.

5. 设函数 $f(x)$可导,求下列函数的导数：

(1) $y=f(x^2)$；　(2) $y=[xf(x^2)]^2$；

(3) $y=f(\sqrt{x}+1)$；　(4) $y=\ln[1+f^2(x)]$；

(5) $y=f(e^x)e^{f(x)}$；　(6) $y=f(\sin^2 x)+f(\cos^2 x)$.

6. 验证下列各函数满足相应的关系式：

(1) $y=e^{-x}+\frac{1}{2}(\cos x+\sin x)$, $y'+y=\cos x$；

(2) $y=\frac{x}{\cos x}$, $y'-y\tan x=\sec x$.

7. 证明：

(1) 可导的偶函数的导数是奇函数；

(2) 可导的奇函数的导数是偶函数；

(3) 可导的周期函数的导数是具有相同周期的周期函数.

8. 设函数 $f(x)$可导且导函数连续,$F(x)=f(x|x|)$,求 $F'(x)$.

3.3 高阶导数

质点在作变速直线运动时,设已知质点的运动方程为 $s=s(t)$,则物体运动的速度为 $v(t)=s'(t)$,而速度在 t 时刻的变化率

$$v'(t)=\lim_{\Delta t\to 0}\frac{v(t+\Delta t)-v(t)}{\Delta t}$$

就是质点运动在 t 时刻的加速度. 因此,加速度是速度的导数,也就是路程 $s(t)$的导数的导数,即质点在 t 时刻的加速度 $a(t)$为

$$a(t)=\frac{dv}{dt}=\frac{d}{dt}\left(\frac{ds}{dt}\right).$$

我们将它称为 $s(t)$ 对 t 的二阶导数，记作

$$a(t)=\frac{\mathrm{d}^2 s}{\mathrm{d}t^2} \text{ 或 } a(t)=s''(t).$$

定义 3-4　若函数 $y=f(x)$ 的一阶导数 $f'(x)$ 在点 x 可导，则称 $f'(x)$ 在点 x 的导数为函数 $y=f(x)$ 在点 x 的二阶导数，记作 $f''(x)$，$\frac{\mathrm{d}^2 f(x)}{\mathrm{d}x^2}$，$y''$ 或 $\frac{\mathrm{d}^2 y}{\mathrm{d}x^2}$，即

$$f''(x)=[f'(x)]'=\lim_{\Delta x\to 0}\frac{f'(x+\Delta x)-f'(x)}{\Delta x}.$$

这时也称 $f(x)$ 在点 x 二阶可导.

若函数 $y=f(x)$ 在区间 I 上每一点都二阶可导，则称它在区间 I 上二阶可导，并称 $f''(x)$ 为 $f(x)$ 在 I 上的二阶导函数，简称为**二阶导数**.

如果二阶导数 $f''(x)$ 仍可导，则称其导数为函数 $y=f(x)$ 的**三阶导数**，记作

$$f'''(x),\quad \frac{\mathrm{d}^3 f(x)}{\mathrm{d}x^3},\quad y''' \text{ 或 } \frac{\mathrm{d}^3 y}{\mathrm{d}x^3}.$$

依此类推，当 $y=f(x)$ 的 $n-1$ 阶导数 $f^{(n-1)}(x)$ 依然可导时，则称其导数为 $y=f(x)$ 的 ***n* 阶导数**，记作

$$f^{(n)}(x),\quad \frac{\mathrm{d}^n f(x)}{\mathrm{d}x^n},\quad y^{(n)} \text{ 或 } \frac{\mathrm{d}^n y}{\mathrm{d}x^n},$$

即

$$f^{(n)}(x)=[f^{(n-1)}(x)]'=\lim_{\Delta x\to 0}\frac{f^{(n-1)}(x+\Delta x)-f^{(n-1)}(x)}{\Delta x}.$$

函数 $y=f(x)$ 具有 n 阶导数，也说成是函数 $y=f(x)$ 为 n 阶可导. 为了表达方便，习惯上称 $f'(x)$ 为 $f(x)$ 一阶导数. 二阶及二阶以上的导数统称为**高阶导数**. 有时也把函数 $f(x)$ 本身称为 $f(x)$ 的零阶导数，即 $f(x)=f^{(0)}(x)$.

注　一个不能忽略的问题：若 $f^{(n)}(x)$ 在点 x 处存在，则其低阶导 $f^{(n-1)}(x)$ 就必然在点 x 的某个邻域内存在.

由高阶导数的定义知，求高阶导数就是多次接连地求导数，所以仍可用前面学过的求导方法来计算高阶导数.

例 3-32　$y=2x^3-5x^2+3x-7$，求 y''' 及 $y^{(4)}$.

解　$y'=6x^2-10x+3$，

$y''=12x-10$，

$y'''=12$，

$y^{(4)}=0$.

一般地，设 $y=a_0x^n+a_1x^{n-1}+\cdots+a_{n-1}x+a_n$，则

$$y^{(n)}=n!a_0,\quad y^{(n+1)}=0.$$

例 3-33　$y=\arctan x$，求 $y''|_{x=0}$ 及 $y'''|_{x=0}$.

解 $y'=\dfrac{1}{1+x^2}$,

$y''=\left(\dfrac{1}{1+x^2}\right)'=\dfrac{-2x}{(1+x^2)^2}$,

$y'''=\left[\dfrac{-2x}{(1+x^2)^2}\right]'=\dfrac{2(3x^2-1)}{(1+x^2)^3}$,

故

$$y''\big|_{x=0}=\left.\frac{-2x}{(1+x^2)^2}\right|_{x=0}=0,$$

$$y'''\big|_{x=0}=\left.\frac{2(3x^2-1)}{(1+x^2)^3}\right|_{x=0}=-2.$$

例 3-34 证明函数 $y=\sqrt{2x-x^2}$满足关系式

$$y^3y''+1=0.$$

证 对 $y=\sqrt{2x-x^2}$求导,得

$$y'=\frac{2-2x}{2\sqrt{2x-x^2}}=\frac{1-x}{\sqrt{2x-x^2}},$$

$$y''=\frac{-\sqrt{2x-x^2}-(1-x)\dfrac{2-2x}{2\sqrt{2x-x^2}}}{2x-x^2}$$

$$=\frac{-2x+x^2-(1-x)^2}{(2x-x^2)\sqrt{2x-x^2}}=-\frac{1}{(2x-x^2)^{3/2}}=-\frac{1}{y^3}.$$

于是

$$y^3y''+1=0.$$

下面介绍几个初等函数的 n 阶导数.

例 3-35 设 $y=a^x(a>0$ 且 $a\neq1)$,求 $y^{(n)}$.

解 $y'=a^x\ln a$,

$y''=a^x\ln^2 a$,

……

从而推得

$$y^{(n)}=a^x\ln^n a,$$

即

$$(a^x)^{(n)}=a^x\ln^n a.$$

特别地,当 $a=\mathrm{e}$ 时,则

$$(\mathrm{e}^x)^{(n)}=\mathrm{e}^x.$$

例 3-36 设 $y=\sin x$,求 $y^{(n)}$.

解 $y'=(\sin x)'=\cos x=\sin\left(x+\dfrac{\pi}{2}\right)$,

$$y''=\left[\sin\left(x+\frac{\pi}{2}\right)\right]'=\cos\left(x+\frac{\pi}{2}\right)=\sin\left(x+2\cdot\frac{\pi}{2}\right),$$

$$y'''=\left[\sin\left(x+2\cdot\frac{\pi}{2}\right)\right]'=\cos\left(x+2\cdot\frac{\pi}{2}\right)=\sin\left(x+3\cdot\frac{\pi}{2}\right),$$

……

从而推得

$$y^{(n)}=(\sin x)^{(n)}=\sin\left(x+n\cdot\frac{\pi}{2}\right).$$

同理,对函数 $y=\cos x$ 有

$$y^{(n)}=(\cos x)^{(n)}=\cos\left(x+n\cdot\frac{\pi}{2}\right).$$

例 3-37　设 $y=\ln(1+x)$,求 $y^{(n)}$.

解　$y'=\frac{1}{1+x}=\frac{0!}{1+x}$,

$$y''=-\frac{1}{(1+x)^2}=\frac{-1!}{(1+x)^2},$$

$$y'''=\frac{2}{(1+x)^3}=\frac{1\cdot 2}{(1+x)^3},$$

$$y^{(4)}=-\frac{6}{(1+x)^4}=\frac{-1\cdot 2\cdot 3}{(1+x)^4},$$

一般地可得

$$y^{(n)}=[\ln(1+x)]^{(n)}=(-1)^{n-1}\frac{(n-1)!}{(1+x)^n}.$$

例 3-38　设 $y=x^{\mu}$(μ 是任意常数),求 $y^{(n)}$.

解　$y'=\mu x^{\mu-1}$,

$y''=\mu(\mu-1)x^{\mu-2}$,

$y'''=\mu(\mu-1)(\mu-2)x^{\mu-3}$,

$y^{(4)}=\mu(\mu-1)(\mu-2)(\mu-3)x^{\mu-4}$,

一般地可得

$$y^{(n)}=\mu(\mu-1)(\mu-2)\cdots(\mu-n+1)x^{\mu-n}.$$

特别地,当 $\mu=n$ 时,有

$$y^{(n)}=n!.$$

另外,下面的定理对于某些函数的乘积的高阶导数是非常有用的.

定理 3-5　设函数 $u=u(x)$,$v=v(x)$均 n 阶可导,则有

$$(uv)^{(n)}=u^{(n)}v+nu^{(n-1)}v'+\frac{n(n-1)}{2!}u^{(n-2)}v''+\cdots$$
$$+\frac{n(n-1)\cdots(n-k+1)}{k!}u^{(n-k)}v^{(k)}+\cdots+uv^{(n)}$$

$$= \sum_{k=0}^{n} C_n^k u^{(n-k)} v^{(k)}.$$

定理中的结论称为**莱布尼茨**(Leibniz)**公式**. 这个公式可以这样记忆:把$(u+v)^n$ 按二项式定理展开写成

$$(u+v)^n = \sum_{k=0}^{n} C_n^k u^{n-k} v^k = \sum_{k=0}^{n} C_n^k u^k v^{n-k},$$

然后把 k 次幂换成 k 阶导数,再把左端的 $u+v$ 换成 uv,这样就得到莱布尼茨公式

$$(uv)^{(n)} = \sum_{k=0}^{n} C_n^k u^{(n-k)} v^{(k)} = \sum_{k=0}^{n} C_n^k u^{(k)} v^{(n-k)},$$

定理的证明留给读者作为课后练习.

例 3-39 设 $y=(x^2+2x+3)\sin 2x$,求 $y^{(20)}$.

解 设 $u=\sin 2x, v=x^2+2x+3$,则

$$u^{(k)} = 2^k \sin\left(2x + k\cdot\frac{\pi}{2}\right) \quad (k=1,2,\cdots,20),$$

$$v' = 2x+2, \quad v'' = 2, \quad v^{(k)} = 0 \quad (k=3,4,\cdots,20).$$

由莱布尼茨公式有

$$\begin{aligned} y^{(20)} &= [(x^2+2x+3)\sin 2x]^{(20)} \\ &= 2^{20}\sin(2x+10\pi)\cdot(x^2+2x+3) + 20\cdot 2^{19}\sin\left(2x+\frac{19}{2}\pi\right)\cdot(2x+2) \\ &\quad + \frac{20\times 19}{2!}\cdot 2^{18}\sin(2x+9\pi)\cdot 2 \\ &= 2^{20}(x^2+2x+3)\cdot\sin 2x - 20\cdot 2^{19}(2x+2)\cos 2x - 190\cdot 2^{19}\sin 2x \\ &= 2^{20}[(x^2+2x-92)\sin 2x - 20(x+1)\cos 2x]. \end{aligned}$$

习 题 3.3

1. 求下列函数的二阶导数:

(1) $y=2x^2+\ln x$; (2) $y=e^{-x}\sin x$;

(3) $y=\sqrt{a^2-x^2}$; (4) $y=\tan x$;

(5) $y=\frac{1}{x^3+1}$; (6) $y=\ln(x+\sqrt{1+x^2})$;

(7) $y=\cos^2 x\ln x$; (8) $y=\frac{x}{\sqrt{1-x^2}}$.

2. 设函数 $f(x)$二阶可导,求下列函数的二阶导数:

(1) $y=f(x^2)$; (2) $y=f\left(\frac{1}{x}\right)$;

(3) $y=f(e^x+x)$; (4) $y=\ln[f(x)]$.

3. 验证下列各函数满足相应的关系式：

(1) $y=e^{-x}(\sin x+\cos x)$，　$y''+y'+2e^{-x}\cos x=0$；

(2) $y=e^{\sqrt{x}}+e^{-\sqrt{x}}$，　$xy''+\frac{1}{2}y'-\frac{1}{4}y=0$.

4. 求下列函数的 n 阶导数：

(1) $y=xe^x$；　　(2) $y=x\ln x$；

(3) $y=\sin^2 x$；　　(4) $y=\frac{1-x}{1+x}$.

5. 求下列函数所指定的阶的导数：

(1) $y=e^x\cos x$,求 $y^{(4)}$；　　(2) $y=x^2\sin 2x$,求 $y^{(50)}$.

3.4　隐函数及由参数方程所确定的函数的导数

3.4.1　隐函数的导数

我们在前面所研究的函数都可以表示为 $y=f(x)$的形式,其中 $f(x)$是关于 x 的解析式. 例如

$$y=e^x\sin x,\quad y=x^2\arctan x$$

等,用上述解析表达式表示函数关系的函数称为**显函数**. 然而,表示函数的变量间对应关系的方法有多种,除了显函数外,还可以由一个二元方程 $F(x,y)=0$ 来确定函数关系 $y=y(x)$. 例如,方程

$$x^2\sin x+xy=1$$

确定了一个函数,因为当变量 x 在$(-\infty,0)\cup(0,+\infty)$内取值时,变量 y 有确定的值与之对应,因为对 $\forall x\in(-\infty,0)\cup(0,+\infty)$,$y$ 按照对应关系 $y=\frac{1}{x}-x\sin x$ 与 x 对应,这样由方程 $x^2\sin x+xy=1$ 所确定的函数称为**隐函数**.

一般地,如果变量 x 和 y 满足一个方程 $F(x,y)=0$,在一定条件下,当 x 取某区间内的任一值时,相应地总有满足这方程的唯一的 y 值存在,那么就称方程 $F(x,y)=0$ 在该区间内确定了一个隐函数 $y=y(x)$.

把一个隐函数化成显函数,叫做**隐函数的显化**. 例如,从方程 $x^2\sin x+xy=1$ 中解出 $y=\frac{1}{x}-x\sin x$ 就是将隐函数化成了显函数. 隐函数的显化有时是困难的,甚至是不可能的,例如,由方程

$$x+y^2+e^{xy}=1\quad 及\quad \sin(x+y)=2x+y-1$$

等所确定的隐函数就难以化成显函数. 这里也请注意,并非所有的二元方程 $F(x,y)=0$ 都能确定一个隐函数,例如,方程

$$e^{xy}+\sin^2(x+y)+1=0$$

就不能确定隐函数,因为没有任何函数能满足它.至于怎样的二元方程能确定隐函数,我们将在多元微分学中加以探讨.

尽管多数情况下,隐函数不能被显化,但有时需要计算隐函数的导数,因此我们希望有一种方法可以直接通过方程求出其所确定的隐函数的导数,而不在意它是否能被显化.

隐函数求导的基本思想是:把方程

$$F(x,y)=0$$

中的 y 看作 x 的函数 $y(x)$,方程两端对 x 求导,然后将 $\frac{\mathrm{d}y}{\mathrm{d}x}$ 解出即可.下面通过例子说明该方法.

例 3-40 求由方程 $xy^2+\mathrm{e}^{x+y}=\mathrm{e}$ 所确定的隐函数的导数 $\frac{\mathrm{d}y}{\mathrm{d}x}$ 及隐函数在 $x=0$ 处的导数 $\left.\frac{\mathrm{d}y}{\mathrm{d}x}\right|_{x=0}$.

解 方程两边分别对 x 求导,注意 y 是 x 的函数 $y(x)$,得

$$y^2+2xy\frac{\mathrm{d}y}{\mathrm{d}x}+\mathrm{e}^{x+y}\left(1+\frac{\mathrm{d}y}{\mathrm{d}x}\right)=0,$$

解出 $\frac{\mathrm{d}y}{\mathrm{d}x}$,有

$$\frac{\mathrm{d}y}{\mathrm{d}x}=-\frac{y^2+\mathrm{e}^{x+y}}{2xy+\mathrm{e}^{x+y}},$$

其中 y 是由方程 $xy^2+\mathrm{e}^{x+y}=\mathrm{e}$ 所确定的隐函数,将 $x=0$ 代入原方程,得 $y=1$,所以

$$\left.\frac{\mathrm{d}y}{\mathrm{d}x}\right|_{x=0}=\left.\frac{\mathrm{d}y}{\mathrm{d}x}\right|_{\substack{x=0\\y=1}}=-\frac{\mathrm{e}+1}{\mathrm{e}}.$$

例 3-41 求椭圆 $\frac{x^2}{4}+\frac{y^2}{9}=1$ 在点 $\left(\sqrt{2},\frac{3}{2}\sqrt{2}\right)$ 处的切线方程(图 3-5).

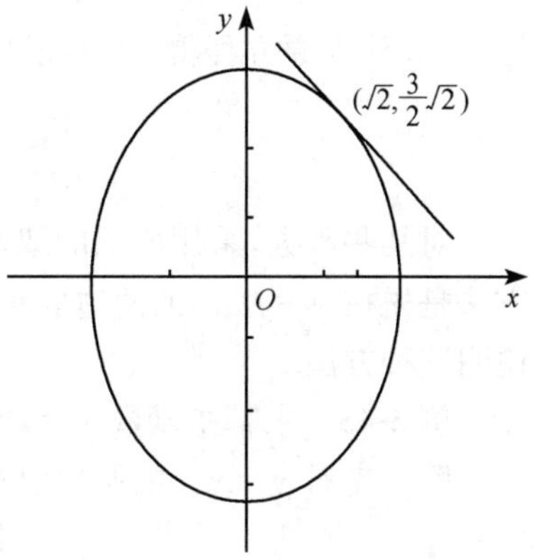

图 3-5

解 由导数的几何意义可知,所求切线的斜率为

$$k=y'\Big|_{\substack{x=\sqrt{2}\\y=\frac{3}{2}\sqrt{2}}}.$$

椭圆方程的两边分别对 x 求导,有

$$\frac{2x}{4}+\frac{2yy'}{9}=0,$$

解得

$$y'=-\frac{9}{4}\frac{x}{y}.$$

当 $x=\sqrt{2}$时，$y=\frac{3}{2}\sqrt{2}$代入上式得

$$y'\bigg|_{\substack{x=\sqrt{2}\\ y=\frac{3}{2}\sqrt{2}}}=-\frac{9}{4}\frac{x}{y}\bigg|_{\substack{x=\sqrt{2}\\ y=\frac{3}{2}\sqrt{2}}}=-\frac{3}{2}.$$

于是所求切线方程为

$$y-\frac{3}{2}\sqrt{2}=-\frac{3}{2}(x-\sqrt{2}),$$

即

$$3x+2y-6\sqrt{2}=0.$$

例 3-42　求由方程 $y=1+xe^y$ 所确定的隐函数的二阶导数$\frac{d^2y}{dx^2}$及$\frac{d^2y}{dx^2}\bigg|_{x=0}$.

解　应用隐函数求导法，得

$$\frac{dy}{dx}=e^y+xe^y\frac{dy}{dx},$$

于是

$$\frac{dy}{dx}=\frac{e^y}{1-xe^y}. \tag{3-4}$$

再对式(3-4)的两边对 x 求导，得

$$\frac{d^2y}{dx^2}=\frac{e^y\frac{dy}{dx}(1-xe^y)+e^y\left(e^y+xe^y\frac{dy}{dx}\right)}{(1-xe^y)^2}$$

$$=\frac{2e^{2y}-xe^{3y}}{(1-xe^y)^3},$$

把 $x=0$ 代入原方程得 $y=1$，所以

$$\frac{d^2y}{dx^2}\bigg|_{x=0}=\frac{d^2y}{dx^2}\bigg|_{\substack{x=0\\ y=1}}=2e^2.$$

对某些函数，采用所谓的**取对数求导法**求其导数比用通常的方法简便些. 这种方法是先在 $y=f(x)$的两边取对数，然后再求出 y 的导数. 我们通过下面的例子来说明这种方法.

例 3-43　求幂指函数 $y=x^{\sin x}(x>0)$的导数.

解　先对 $y=x^{\sin x}$的两边取对数，得

$$\ln y=\sin x\cdot\ln x,$$

上式两边对 x 求导，注意到 $y=y(x)$，得

$$\frac{1}{y}y' = \cos x \cdot \ln x + \frac{\sin x}{x},$$

于是 $y'=y\left(\cos x \cdot \ln x+\frac{\sin x}{x}\right)=x^{\sin x}\left(\cos x \cdot \ln x+\frac{\sin x}{x}\right)$.

注 对于一般形式的幂指函数

$$y = u^v \quad (u > 0), \tag{3-5}$$

如果 $u=u(x)$,$v=v(x)$都可导,则可两边先取对数

$$\ln y = v \ln u,$$

上式两边再对 x 求导,注意到 $y=y(x)$,$u=u(x)$,$v=v(x)$,得

$$\frac{1}{y}y' = v'\ln u + v \cdot \frac{1}{u}u',$$

于是

$$y' = y\left(v' \cdot \ln u + \frac{v}{u}u'\right) = u^v\left(v' \cdot \ln u + \frac{v}{u}u'\right).$$

另外,幂指函数(3-5)还可表示为

$$y = e^{v\ln u}.$$

这样,便可直接求得

$$y' = e^{v\ln u}\left(v' \cdot \ln u + v\frac{u'}{u}\right) = u^v\left(v' \cdot \ln u + \frac{v}{u}u'\right).$$

例 3-44 求由方程 $x=y^y$ 所确定函数的导数$\frac{dy}{dx}$.

解 两边取对数,得

$$\ln x = y \ln y.$$

两边对 x 求导,得

$$\frac{1}{x} = \frac{dy}{dx} \cdot \ln y + \frac{dy}{dx},$$

解出得

$$\frac{dy}{dx} = \frac{1}{x(1+\ln y)}.$$

例 3-45 求 $y=\sqrt[3]{\frac{(x-1)\sin 2x}{(2x+1)(3-5x)}}$的导数.

解 先在等式的两边取绝对值后再取对数,有

$$\ln|y| = \frac{1}{3}[\ln|x-1| + \ln|\sin 2x| - \ln|2x+1| - \ln|3-5x|],$$

两边再对 x 求导,由 3.2 节的例 3-28 有

$$\frac{1}{y}y' = \frac{1}{3}\left(\frac{1}{x-1} + 2\cot 2x - \frac{2}{2x+1} + \frac{5}{3-5x}\right),$$

于是有

$$y'=\sqrt[3]{\frac{(x-1)\sin2x}{(2x+1)(3-5x)}}\cdot\frac{1}{3}\left(\frac{1}{x-1}+2\cot2x-\frac{2}{2x+1}+\frac{5}{3-5x}\right).$$

注 容易验证，例 3-45 中的解法，若省略取绝对值一步所得的结果不变，因此习惯上使用取对数求导法，常略去取绝对值的步骤.

3.4.2 由参数方程所确定的函数的导数

在平面解析几何中已知道，以原点为中心，a 为长半轴，b 为短半轴的椭圆可表示为参数方程

$$\begin{cases}x=a\cos t,\\ y=b\sin t,\end{cases}\quad 0\leqslant t\leqslant 2\pi,$$

其中 t 为参数(离心角). 当 t 取定一个值时，就得到椭圆上的一个点 (x,y). 若 t 取遍 $[0,2\pi]$ 上所有实数时，就得到椭圆上的所有点.

如果把对应于同一个参数 t 的值 x，y(即曲线上同一点的横坐标和纵坐标)看成是对应的，那么就得到 y 与 x 之间的对应关系，也就是函数关系. 如果从参数方程中消去参数 t，可得

$$\frac{x^2}{a^2}+\frac{y^2}{b^2}=1,$$

这就是变量 x 与 y 的隐函数表达式.

一般地，若参数方程

$$\begin{cases}x=\varphi(t),\\ y=\psi(t),\end{cases}\tag{3-6}$$

确定了 y 与 x 之间的函数关系，则称此函数为由参数方程所确定的函数.

在实际问题中，需要计算由参数方程(3-6)所确定的函数的导数，但采用从方程(3-6)中消去参数 t 的方法有时是困难的. 因此，我们希望寻找一种方法能直接由参数方程(3-6)算出其所确定的函数的导数. 下面就来讨论由参数方程(3-6)所确定的函数的求导方法.

设在参数方程(3-6)中，函数 $x=\varphi(t)$ 具有单调连续反函数 $t=\varphi^{-1}(x)$，且此反函数能与函数 $y=\psi(t)$ 构成复合函数，那么由参数方程(3-6)所确定的函数可以看成是由函数 $y=\psi(t)$、$t=\varphi^{-1}(x)$ 复合而成的函数 $y=\psi[\varphi^{-1}(x)]$. 现在求这个复合函数的导数. 为此再假定函数 $x=\varphi(t)$、$y=\psi(t)$ 均可导，且 $\varphi'(t)\neq0$. 于是根据复合函数的求导法则与反函数的求导法则，有

$$\frac{\mathrm{d}y}{\mathrm{d}x}=\frac{\mathrm{d}y}{\mathrm{d}t}\frac{\mathrm{d}t}{\mathrm{d}x}=\frac{\mathrm{d}y}{\mathrm{d}t}\cdot\frac{1}{\frac{\mathrm{d}x}{\mathrm{d}t}}=\frac{\psi'(t)}{\varphi'(t)},\tag{3-7}$$

即

$$\frac{\mathrm{d}y}{\mathrm{d}x}=\frac{\psi'(t)}{\varphi'(t)} \quad 或 \quad \frac{\mathrm{d}y}{\mathrm{d}x}=\frac{y_t'}{x_t'}.$$

上式就是由参数方程(3-6)所确定的 x 的函数的导数公式. 如果进一步假设 $x=\varphi(t)$、$y=\psi(t)$还是二阶可导的,那么类似式(3-7)的过程又可得到函数的二阶导数公式

$$\frac{\mathrm{d}^2y}{\mathrm{d}x^2}=\frac{\mathrm{d}}{\mathrm{d}x}\left(\frac{\mathrm{d}y}{\mathrm{d}x}\right)=\frac{\mathrm{d}}{\mathrm{d}t}\left(\frac{\psi'(t)}{\varphi'(t)}\right)\cdot\frac{\mathrm{d}t}{\mathrm{d}x}=\frac{\varphi'(t)\psi''(t)-\varphi''(t)\psi'(t)}{\varphi'^2(t)}\cdot\frac{1}{\varphi'(t)},$$

即

$$\frac{\mathrm{d}^2y}{\mathrm{d}x^2}=\frac{\varphi'(t)\psi''(t)-\varphi''(t)\psi'(t)}{\varphi'^3(t)}. \tag{3-8}$$

注 在求二阶导数$\frac{\mathrm{d}^2y}{\mathrm{d}x^2}$时,也可不直接应用式(3-8),而是采用$\frac{\mathrm{d}^2y}{\mathrm{d}x^2}=\left[\frac{\psi'(t)}{\varphi'(t)}\right]_t'\Big/\varphi'(t)$的求导过程.

例 3-46 求星形线

$$\begin{cases}x=a\cos^3t,\\ y=a\sin^3t,\end{cases}$$

在 $t=\frac{\pi}{4}$ 的相应点 $M_0(x_0,y_0)$处的切线方程(图 3-6).

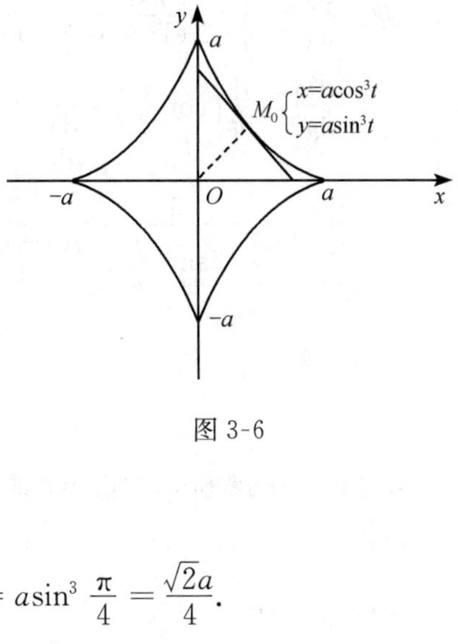

图 3-6

解 由 $t=\frac{\pi}{4}$得到

$$x_0=a\cos^3\frac{\pi}{4}=\frac{\sqrt{2}a}{4},\quad y_0=a\sin^3\frac{\pi}{4}=\frac{\sqrt{2}a}{4}.$$

椭圆在点 M_0 处的切线的斜率为

$$y'\Big|_{t=\frac{\pi}{4}}=\frac{y_t'}{x_t'}\Bigg|_{t=\frac{\pi}{4}}=\frac{3a\sin^2t\cos t}{-3a\cos^2t\sin t}\Bigg|_{t=\frac{\pi}{4}}=-\tan t\Big|_{t=\frac{\pi}{4}}=-1.$$

从而星形线在 $M_0\left(\frac{\sqrt{2}a}{4},\frac{\sqrt{2}a}{4}\right)$处的切线方程为

$$y-\frac{\sqrt{2}a}{4}=-\left(x-\frac{\sqrt{2}a}{4}\right),$$

即

$$x+y-\frac{\sqrt{2}}{2}a=0.$$

例 3-47　计算由摆线(图 3-7)的参数方程

$$\begin{cases} x = a(t-\sin t), \\ y = a(1-\cos t) \end{cases}$$

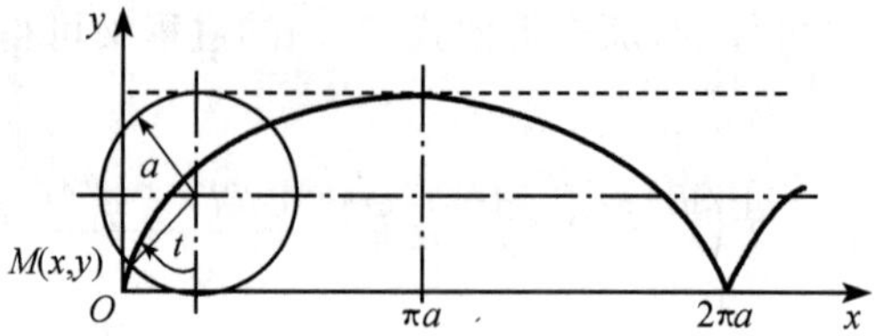

图 3-7

所确定的函数 $y=y(x)$的二阶导数.

解　$$\frac{dy}{dx}=\frac{y'_t}{x'_t}=\frac{a\sin t}{a(1-\cos t)}=\frac{\sin t}{1-\cos t}=\cot\frac{t}{2}\quad (t\neq 2n\pi, n\in \mathbf{Z}).$$

$$\frac{d^2y}{dx^2}=\frac{d}{dt}\left(\cot\frac{t}{2}\right)\cdot\frac{1}{\frac{dx}{dt}}$$

$$=-\frac{1}{2\sin^2\frac{t}{2}}\cdot\frac{1}{a(1-\cos t)}=-\frac{1}{a(1-\cos t)^2}\quad (t\neq 2n\pi, n\in \mathbf{Z}).$$

习　题　3.4

1. 求由下列方程所确定的隐函数的导数$\frac{dy}{dx}$:

(1) $\cos(xy)=x$;　　(2) $y^2-2xy+9=0$;

(3) $y=1-xe^y$;　　(4) $\arctan\frac{y}{x}=\ln\sqrt{x^2+y^2}$;

(5) $x+y=\ln(xy)$;　　(6) $x^y=y^x$.

2. 求曲线 $xy+\ln y=1$ 在点(1,1)处的切线方程与法线方程.

3. 求曲线 $x^2+y^2+xy=4$ 在 $x=2$ 处的切线方程.

4. 求由下列方程所确定的隐函数的二阶导数$\frac{d^2y}{dx^2}$:

(1) $y=1+xe^y$;　　(2) $b^2x^2+a^2y^2=a^2b^2$.

5. 利用对数求导法求下列函数的导数:

(1) $y=\sin x^{\cos x}$;　　(2) $y=x^{\frac{1}{x}}$;

(3) $y=\frac{x^2}{1-x}\sqrt[3]{\frac{3-x}{(3+x)^2}}$;　　(4) $y=\sqrt{x\sin x\sqrt{1-e^x}}$.

6. 求下列参数方程所确定的函数的指定阶导数：

(1) $\begin{cases} x=\dfrac{3at}{1+t^3}, \\ y=\dfrac{3at^2}{1+t^3}, \end{cases}$ 求$\dfrac{\mathrm{d}y}{\mathrm{d}x}$；　　(2) $\begin{cases} x=t(1-\sin t), \\ y=t\cos t, \end{cases}$ 求$\dfrac{\mathrm{d}y}{\mathrm{d}x}$；

(3) $\begin{cases} x=\mathrm{e}^t\sin t, \\ y=\mathrm{e}^t\cos t, \end{cases}$ 求$\left.\dfrac{\mathrm{d}y}{\mathrm{d}x}\right|_{t=\frac{\pi}{3}}$；　　(4) $\begin{cases} x=a\cos t, \\ y=b\sin t, \end{cases}$ 求$\dfrac{\mathrm{d}^2y}{\mathrm{d}x^2}$；

(5) $\begin{cases} x=f'(t), \\ y=tf'(t)-f(t), \end{cases}$ 设 $f''(t)$存在且不为零，求$\dfrac{\mathrm{d}^2y}{\mathrm{d}x^2}$；

(6) $\begin{cases} x=\ln(1+t^2), \\ y=t-\arctan t, \end{cases}$ 求$\dfrac{\mathrm{d}^3y}{\mathrm{d}x^3}$.

3.5 函数的微分

3.5.1 微分的定义

在许多实际问题中，要求研究当自变量发生微小改变时所引起的相应函数值的改变. 例如，一块正方形的薄片，测量其边长时产生了微小误差 Δx，其边长由实际上的 x_0 变为 $x_0+\Delta x$(图 3-8)，那么由此而引起的面积 A 的误差 ΔA 是多少呢？

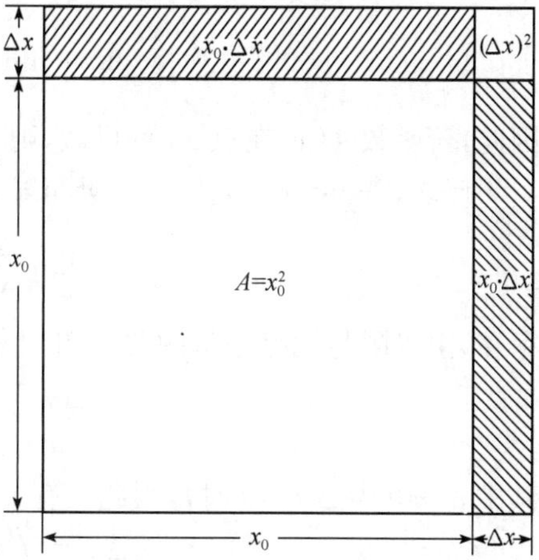

图 3-8

设此薄片的边长为 x，面积为 A，则 $A=x^2$. 由于测量产生的误差，引起面积的误差可以看成是自变量 x 由 x_0 取得增量 Δx 时，函数 $A(x)$取得的相应增量 ΔA，即

$$\begin{aligned}\Delta A &= A(x_0+\Delta x)-A(x_0) \\ &= (x_0+\Delta x)^2-x_0^2 \\ &= 2x_0\Delta x+(\Delta x)^2.\end{aligned}$$

从上式可以看出，ΔA 分成两部分，第一部分 $2x_0\Delta x$ 是 Δx 的线性函数，即图中带有斜线的两个矩形面积之和，第二部分$(\Delta x)^2$ 是图中右上角的小正方形的面积，当 $\Delta x\to 0$ 时，$(\Delta x)^2=o(\Delta x)$. 由此可见，如果边长的测量误差$|\Delta x|$很微小时，面积的改变量 ΔA 可近似地用第一部分来代替.

一般地，如果函数 $y=f(x)$满足一定条件，则函数的改变量 Δy 可表示为

$$\Delta y = A\Delta x + o(\Delta x),$$

其中 A 是不依赖于 Δx 的常数,因此 $A\Delta x$ 是 Δx 的线性函数,且它与 Δy 之差是比 Δx 高阶的无穷小,即 $\Delta y - A\Delta x = o(\Delta x)$,当 $A \neq 0$ 且 $|\Delta x|$ 很小时,我们就可以近似地用 $A\Delta x$ 来代替 Δy.

定义 3-5 设函数 $y=f(x)$ 在某区间内有定义,x_0 及 $x_0+\Delta x$ 在这区间内,如果函数的增量

$$\Delta y = f(x_0+\Delta x) - f(x_0)$$

可以表示为

$$\Delta y = A\Delta x + o(\Delta x), \tag{3-9}$$

其中 A 是不依赖于 Δx 的常数,那么称函数 $y=f(x)$ 在点 x_0 处是可微的,而 $A\Delta x$ 叫做函数 $y=f(x)$ 在点 x_0 处的**微分**,记作 $\mathrm{d}y|_{x=x_0}$,即

$$\mathrm{d}y|_{x=x_0} = A\Delta x.$$

下面讨论函数可微的条件. 设函数 $y=f(x)$ 在点 x_0 可微,则按定义有式(3-9)成立,式(3-9)的两边同除以 Δx,得

$$\frac{\Delta y}{\Delta x} = A + \frac{o(\Delta x)}{\Delta x},$$

令 $\Delta x \to 0$,对上式的两边取极限就得到

$$A = \lim_{\Delta x \to 0} \frac{\Delta y}{\Delta x} = f'(x_0).$$

因此,若函数 $f(x)$ 在点 x_0 处可微,则 $f(x)$ 在 x_0 处一定可导,且 $A=f'(x_0)$.

反之,若 $y=f(x)$ 在点 x_0 处可导,即

$$\lim_{\Delta x \to 0} \frac{\Delta y}{\Delta x} = f'(x_0)$$

存在,由极限与无穷小量的关系知,上式可以写成

$$\frac{\Delta y}{\Delta x} = f'(x_0) + \alpha,$$

其中 $\alpha \to 0$(当 $\Delta x \to 0$ 时),因此又有

$$\Delta y = f'(x_0)\Delta x + \alpha\Delta x. \tag{3-10}$$

因 $\alpha\Delta x = o(\Delta x)$,令 $A=f'(x_0)$,则 A 显然不依赖于 Δx,故式(3-10)相当于式(3-9),所以 $f(x)$ 在点 x_0 处亦可微.

通过以上的讨论,可得如下结论:

定理 3-6 函数 $y=f(x)$ 在点 x_0 处可微分的充分必要条件是函数 $f(x)$ 在 x_0 处可导,且当 $f(x)$ 在点 x_0 处可微时,其微分一定是 $\mathrm{d}y|_{x=x_0} = f'(x_0)\Delta x$.

根据微分的定义和定理 3-6 以下两点值得说明:

(1) 函数 $y=f(x)$ 在点 x_0 处的微分就是当自变量 x 产生增量 Δx 时,函数 y 的增量 Δy 的主要部分(此时要求 $A=f'(x_0)\neq 0$),而 $\mathrm{d}y = A\Delta x$ 又是 Δx 的线性函

数,故微分 $\mathrm{d}y$ 是 Δy 的**线性主部**. 当 $|\Delta x|$ 很小时,$o(\Delta x)$ 更加微小,这样有近似等式

$$\Delta y \approx \mathrm{d}y.$$

(2) 函数 $y=f(x)$ 在点 x_0 处可微与可导是等价的,且有 $\mathrm{d}y|_{x=x_0}=f'(x_0)\Delta x$. 因此,我们可以将函数在一点可导说成可微,也可以将可微说成可导而不加以区分,求函数的导数与微分的方法都可称为**微分法**. 研究函数导数或微分的问题都称为微分学. 但请注意,导数和微分是两个不同的概念,不能混淆. 导数 $f'(x_0)$ 是函数 $f(x)$ 在 x_0 处的变化率,而微分 $\mathrm{d}y|_{x=x_0}$ 是 $f(x)$ 在 x_0 处增量 Δy 的线性主部,导数的值只与 x 有关,而微分的值既与 x 有关,又与 Δx 有关.

若 $y=f(x)$ 在区间 I 内的每一点处都可微,称函数 $y=f(x)$ 在区间 I 内可微,对于 $x\in I$,有

$$\mathrm{d}y = f'(x)\Delta x \quad 或 \quad \mathrm{d}f(x) = f'(x)\Delta x.$$

再请注意:若 x 为自变量时,有

$$\mathrm{d}x = (x)'\Delta x = \Delta x,$$

因此,函数 $y=f(x)$ 的微分可以写成

$$\mathrm{d}y = f'(x)\mathrm{d}x \quad 或 \quad \mathrm{d}f(x) = f'(x)\mathrm{d}x.$$

将上式两端除以 $\mathrm{d}x$,就有

$$\frac{\mathrm{d}y}{\mathrm{d}x} = f'(x) \quad 或 \quad \frac{\mathrm{d}f(x)}{\mathrm{d}x} = f'(x).$$

因此,函数 $y=f(x)$ 在点 x 处的导数就是函数的微分与自变量的微分的商,所以导数又称**微商**.

例 3-48 已知函数 $y=\arctan x$. 求

(1) 函数的微分;

(2) 函数在 $x=1$ 处的微分;

(3) 函数在 $x=1$ 处,当 $\Delta x=0.02$ 时的微分.

解 (1) $\mathrm{d}y=(\arctan x)'\Delta x=\dfrac{1}{1+x^2}\Delta x$;

(2) $\mathrm{d}y|_{x=1}=\dfrac{1}{1+x^2}\Big|_{x=1}\cdot\Delta x=\dfrac{1}{2}\Delta x$;

(3) $\mathrm{d}y|_{\substack{x=1\\ \Delta x=0.02}}=\dfrac{\Delta x}{1+x^2}\Big|_{\substack{x=1\\ \Delta x=0.02}}=\dfrac{0.02}{2}=0.01.$

例 3-49 求函数 $y=\ln\sin e^x$ 的微分 $\mathrm{d}y$.

解 $\mathrm{d}y=y'\mathrm{d}x=\dfrac{1}{\sin e^x}\cdot\cos e^x\cdot e^x\mathrm{d}x$

$=e^x\cdot\cot e^x\mathrm{d}x.$

3.5.2　微分的几何意义

为了对微分概念有比较直观的了解,我们来讨论微分的几何意义.

在直角坐标系中,函数 $y=f(x)$ 的图形是一条曲线,对于某一固定的点 x_0,曲线上有一固定点 $M_0(x_0,y_0)$,当自变量 x 有微小增量 Δx 时,就得到曲线上另外一点 $M(x_0+\Delta x,y_0+\Delta y)$. 从图 3-9 可知

$$M_0Q=\Delta x,\quad QM=\Delta y.$$

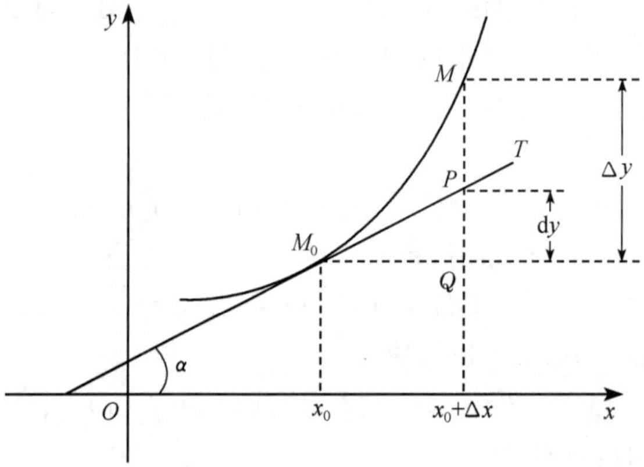

图 3-9

过点 M_0 作曲线的切线 M_0T,它的倾角为 α,则

$$QP=M_0Q\cdot\tan\alpha=\Delta x\cdot f'(x_0)=f'(x_0)\Delta x,$$

即

$$\mathrm{d}y\,|_{x=x_0}=QP.$$

由此可见,对于可微函数 $y=f(x)$ 而言,当 Δy 是曲线 $y=f(x)$ 上的点的纵坐标的增量时,$\mathrm{d}y$ 就是曲线的切线上点的纵坐标的相应增量. 当 $|\Delta x|$ 很小时,$|\Delta y-\mathrm{d}y|$ 比 $|\Delta x|$ 小得多,因此在点 M_0 的附近,我们可以用切线段来近似代替曲线段.

3.5.3　基本初等函数的微分公式与微分运算法则

对于可微函数 $y=f(x)$ 而言,要计算其微分,只需计算出其导数 $f'(x)$,然后利用公式

$$\mathrm{d}y=f'(x)\mathrm{d}x$$

求出即可. 因此可得如下微分公式和微分运算法则.

1. 基本初等函数的微分公式

由基本初等函数的导数公式,可以直接写出基本初等函数的微分公式. 为了便

于对照，现列表 3-1.

表 3-1

导数公式	微分公式
$(C)'=0$	$\mathrm{d}C=0$
$(x^\mu)'=\mu x^{\mu-1}$	$\mathrm{d}(x^\mu)=\mu x^{\mu-1}\mathrm{d}x$
$(a^x)'=a^x\ln a$	$\mathrm{d}(a^x)=a^x\ln a\mathrm{d}x$
$(\mathrm{e}^x)'=\mathrm{e}^x$	$\mathrm{d}(\mathrm{e}^x)=\mathrm{e}^x\mathrm{d}x$
$(\log_a x)'=\dfrac{1}{x\ln a}$	$\mathrm{d}(\log_a x)=\dfrac{1}{x\ln a}\mathrm{d}x$
$(\ln x)'=\dfrac{1}{x}$	$\mathrm{d}(\ln x)=\dfrac{1}{x}\mathrm{d}x$
$(\sin x)'=\cos x$	$\mathrm{d}(\sin x)=\cos x\mathrm{d}x$
$(\cos x)'=-\sin x$	$\mathrm{d}(\cos x)=-\sin x\mathrm{d}x$
$(\tan x)'=\sec^2 x$	$\mathrm{d}(\tan x)=\sec^2 x\mathrm{d}x$
$(\cot x)'=-\csc^2 x$	$\mathrm{d}(\cot x)=-\csc^2 x\mathrm{d}x$
$(\sec x)'=\sec x\tan x$	$\mathrm{d}(\sec x)=\sec x\tan x\mathrm{d}x$
$(\csc x)'=-\csc x\cot x$	$\mathrm{d}(\csc x)=-\csc x\cot x\mathrm{d}x$
$(\arcsin x)'=\dfrac{1}{\sqrt{1-x^2}}$	$\mathrm{d}(\arcsin x)=\dfrac{1}{\sqrt{1-x^2}}\mathrm{d}x$
$(\arccos x)'=-\dfrac{1}{\sqrt{1-x^2}}$	$\mathrm{d}(\arccos x)=-\dfrac{1}{\sqrt{1-x^2}}\mathrm{d}x$
$(\arctan x)'=\dfrac{1}{1+x^2}$	$\mathrm{d}(\arctan x)=\dfrac{1}{1+x^2}\mathrm{d}x$
$(\mathrm{arccot}\, x)'=-\dfrac{1}{1+x^2}$	$\mathrm{d}(\mathrm{arccot}\, x)=-\dfrac{1}{1+x^2}\mathrm{d}x$

2. 函数的四则运算微分法则

由导数的四则运算法则，可得相应的微分四则运算法则，为了便于对照，现列表 3-2 如下(设 $u=u(x)$，$v=v(x)$都可导)：

表 3-2

导数的四则运算法则	微分的四则运算法则
(1) $(u\pm v)'=u'\pm v'$	(1) $\mathrm{d}(u\pm v)=\mathrm{d}u\pm\mathrm{d}v$
(2) $(Cu)'=Cu'$	(2) $\mathrm{d}(Cu)=C\mathrm{d}u$
(3) $(uv)'=u'v+uv'$	(3) $\mathrm{d}(uv)=v\mathrm{d}u+u\mathrm{d}v$
(4) $\left(\dfrac{u}{v}\right)'=\dfrac{u'v-uv'}{v^2}(v\neq0)$	(4) $\mathrm{d}\left(\dfrac{u}{v}\right)=\dfrac{v\mathrm{d}u-u\mathrm{d}v}{v^2}(v\neq0)$

下面仅以商的微分法则为例给予证明，其他微分法则类似可证.

根据函数的微分表达式，有

$$\mathrm{d}\left(\frac{u}{v}\right)=\left(\frac{u}{v}\right)'\mathrm{d}x=\frac{u'v-uv'}{v^2}\mathrm{d}x.$$

由于 $u'\mathrm{d}x=\mathrm{d}u$，$v'\mathrm{d}x=\mathrm{d}v$ 可得

$$\mathrm{d}\left(\frac{u}{v}\right)=\frac{v\mathrm{d}u-u\mathrm{d}v}{v^2}.$$

3. 复合函数的微分法则

同复合函数的求导法则相对应，复合函数有如下微分法则：

设 $y=f(u)$，$u=\varphi(x)$ 均可导，则复合函数 $y=f[\varphi(x)]$ 的微分为

$$\mathrm{d}y=y'_x\mathrm{d}x=f'(u)\varphi'(x)\mathrm{d}x.$$

由于 $\varphi'(x)\mathrm{d}x=\mathrm{d}\varphi(x)=\mathrm{d}u$，所以，复合函数 $y=f[\varphi(x)]$ 的微分公式也可以写成

$$\mathrm{d}y=f'(u)\mathrm{d}u \text{ 或 } \mathrm{d}y=y'_u\mathrm{d}u.$$

由此可见，无论 u 是自变量还是中间变量（u 作为中间变量时，$u=\varphi(x)$ 可微分），微分形式：$\mathrm{d}y=f'(u)\mathrm{d}u$ 保持不变．这一性质称为**微分形式不变性**．这性质表明，当变换自变量时，微分形式 $\mathrm{d}y=f'(u)\mathrm{d}u$ 并不改变．

例 3-50　$y=\sqrt{\sin\sqrt{x+\sqrt{x}}}$，求 $\mathrm{d}y$.

解　函数可以看作由 $y=\sqrt{u}$，$u=\sin v$，$v=\sqrt{w}$，$w=x+\sqrt{x}$ 复合而成，从而

$$\begin{aligned}\mathrm{d}y&=\mathrm{d}\sqrt{u}=\frac{1}{2\sqrt{u}}\mathrm{d}u=\frac{1}{2\sqrt{u}}\mathrm{d}(\sin v)=\frac{1}{2\sqrt{u}}\cos v\mathrm{d}v\\&=\frac{1}{2\sqrt{u}}\cos v\mathrm{d}(\sqrt{w})=\frac{1}{2\sqrt{u}}\cos v\cdot\frac{1}{2\sqrt{w}}\mathrm{d}w\\&=\frac{1}{2\sqrt{u}}\cdot\cos v\cdot\frac{1}{2\sqrt{w}}\mathrm{d}(x+\sqrt{x})\\&=\frac{1}{2\sqrt{\sin\sqrt{x+\sqrt{x}}}}\cdot\cos\sqrt{x+\sqrt{x}}\cdot\frac{1}{2\sqrt{x+\sqrt{x}}}\cdot\left(1+\frac{1}{2\sqrt{x}}\right)\mathrm{d}x\\&=\frac{(1+2\sqrt{x})\cos\sqrt{x+\sqrt{x}}}{8\sqrt{x}\cdot\sqrt{x+\sqrt{x}}\cdot\sqrt{\sin\sqrt{x+\sqrt{x}}}}\mathrm{d}x.\end{aligned}$$

在求复合函数的导数时，可以不写出中间变量．在求复合函数的微分时，类似地也可以不写出中间变量，运用微分形式不变性逐层求微分，请看下面的例子．

例 3-51　$y=\mathrm{e}^{\arctan\frac{1}{x}}$，求 $\mathrm{d}y$.

解

$$\begin{aligned}\mathrm{d}y&=\mathrm{e}^{\arctan\frac{1}{x}}\mathrm{d}\left(\arctan\frac{1}{x}\right)\\&=\mathrm{e}^{\arctan\frac{1}{x}}\frac{1}{1+\left(\frac{1}{x}\right)^2}\mathrm{d}\left(\frac{1}{x}\right)\\&=\mathrm{e}^{\arctan\frac{1}{x}}\cdot\frac{1}{1+\left(\frac{1}{x}\right)^2}\cdot\left(-\frac{1}{x^2}\right)\mathrm{d}x\end{aligned}$$

$$=-\frac{1}{1+x^2}\cdot e^{\arctan\frac{1}{x}}dx.$$

例 3-52 求由方程 $x^2y+xe^{y^2}=1$ 所确定的隐函数 $y=y(x)$的微分.

解法 1 方程两边对 x 求导,有

$$2xy+x^2y'+e^{y^2}+xe^{y^2}\cdot 2y\cdot y'=0,$$

从而

$$y'=-\frac{2xy+e^{y^2}}{x^2+2xye^{y^2}}.$$

这样即可求得隐函数的微分

$$dy=-\frac{2xy+e^{y^2}}{x^2+2xye^{y^2}}dx.$$

这里是先求隐函数的导数,再写出其微分的求解过程,其实也可以直接用微分求之.

解法 2 对方程的两边求微分,有

$$d(x^2y)+d(xe^{y^2})=0,$$

即

$$yd(x^2)+x^2dy+e^{y^2}dx+xd(e^{y^2})=0,$$
$$2xydx+x^2dy+e^{y^2}dx+xe^{y^2}2ydy=0,$$

所以

$$dy=-\frac{2xy+e^{y^2}}{x^2+2xye^{y^2}}dx.$$

例 3-53 在下列等式左端的括号中填入适当的函数,使等式成立.

(1) d(　　)$=x^2dx$;

(2) d(　　)$=\cos\omega t\,dt$.

解 (1) 我们知道

$$d(x^3)=3x^2dx.$$

由此

$$x^2dx=\frac{1}{3}d(x^3)=d\left(\frac{x^3}{3}\right),$$

即

$$d\left(\frac{x^3}{3}\right)=x^2dx.$$

一般地,有

$$d\left(\frac{x^3}{3}+C\right)=x^2dx\quad(C\text{ 为任意常数}).$$

(2) 因为

$$\mathrm{d}(\sin\omega t) = \omega\cos\omega t\,\mathrm{d}t,$$

由此

$$\cos\omega t\,\mathrm{d}t = \frac{1}{\omega}\mathrm{d}(\sin\omega t) = \mathrm{d}\left(\frac{1}{\omega}\sin\omega t\right),$$

即

$$\mathrm{d}\left(\frac{1}{\omega}\sin\omega t\right) = \cos\omega t\,\mathrm{d}t.$$

一般地，有

$$\mathrm{d}\left(\frac{1}{\omega}\sin\omega t + C\right) = \cos\omega t\,\mathrm{d}t \quad (C\text{为任意常数}).$$

3.5.4　微分在近似计算中的应用

在一些工程问题和经济问题中，经常会遇到复杂的计算公式，直接用这些公式计算有时很困难，利用微分往往可以将这些复杂的计算公式转化为用简单的计算公式来近似代替.

通过前面的讨论可知，若 $y=f(x)$ 在点 x_0 处的导数 $f'(x_0)\neq 0$，且 $|\Delta x|$ 很小时，我们有 $\Delta y\approx \mathrm{d}y$. 而这个式子可以等价地写成如下两种形式：

$$\Delta y = f(x_0+\Delta x) - f(x_0) \approx f'(x_0)\Delta x, \tag{3-11}$$

或

$$f(x_0+\Delta x) \approx f(x_0) + f'(x_0)\Delta x. \tag{3-12}$$

在式(3-12)中令 $x=x_0+\Delta x$，即 $\Delta x=x-x_0$，那么(3-12)式可改写为

$$f(x) \approx f(x_0) + f'(x_0)(x-x_0). \tag{3-13}$$

如果 $f(x_0)$ 与 $f'(x_0)$ 都容易计算，那么可利用式(3-11)来近似计算 Δy，利用式(3-12)来近似计算 $f(x_0+\Delta x)$，或利用式(3-13)来近似计算 $f(x)$. 这种近似计算的实质就是用 x 的线性函数 $f(x_0)+f'(x_0)(x-x_0)$ 来近似表达函数 $f(x)$. 从导数的几何意义可知，这也就是用曲线 $y=f(x)$ 在点 $(x_0, f(x_0))$ 处的切线来近似代替该曲线(就切点邻近部分而言).

例 3-54　一个内直径为 10cm 的球壳体，球壳的厚度为 $\frac{1}{16}$cm. 试求球壳体积的近似值.

解　半径为 R 的球体体积为

$$V = \frac{4}{3}\pi R^3,$$

这里 $R=5$cm，$\Delta R=\frac{1}{16}$cm. 球壳的体积为 ΔV. 由微分近似计算公式(3-11)，有

$$\Delta V \approx \mathrm{d}V = V'_R\big|_{R=5}\cdot\Delta R = 4\pi R^2\big|_{R=5}\cdot\Delta R = 4\pi\cdot 5^2\cdot\frac{1}{16} \approx 19.63,$$

所以球壳体积的近似值为 $19.63(\mathrm{cm})^3$.

例 3-55 求 arctan1.02 的近似值.

解 取函数 $f(x)=\arctan x$，再取 $x_0=1,\Delta x=0.02$，由近似计算公式(3-12)，有

$$\begin{aligned}\arctan 1.02 &= f(x_0+\Delta x)\approx f(x_0)+f'(x_0)\Delta x\\ &=\arctan 1+\frac{1}{1+1^2}\cdot 0.02=\frac{\pi}{4}+0.01\\ &\approx 0.795.\end{aligned}$$

下面我们来推导一些常用的近似公式. 为此，在式(3-13)中令 $x_0=0$，于是当 $\Delta x=x$ 很小时，得

$$f(x)\approx f(0)+f'(0)x. \tag{3-14}$$

应用式(3-14)可以推得以下几个在工程上常用的近似公式(下面均假定 $|x|$ 很小)：

(1) $\sin x\approx x$；

(2) $\tan x\approx x$；

(3) $\mathrm{e}^x\approx 1+x$；

(4) $\ln(1+x)\approx x$；

(5) $\sqrt[n]{1+x}\approx 1+\dfrac{x}{n}$.

这里仅对(3)给出证明，其他几个近似计算公式可类似证明.

证 (3)取 $f(x)=\mathrm{e}^x$，那么 $f(0)=1,f'(0)=\mathrm{e}^x|_{x=0}=1$，代入式(3-14)便得

$$\mathrm{e}^x\approx 1+x.$$

例如，由以上近似计算公式可得如下近似计算结果：

(1) $\mathrm{e}^{0.01}\approx 1+0.01=1.01$；

(2) $\ln 0.997=\ln[1+(-0.003)]\approx -0.003$；

(3) $\sqrt[5]{0.995}=\sqrt[5]{1+(-0.005)}\approx 1+\dfrac{-0.005}{5}=0.999$.

习 题 3.5

1. 求下列函数的微分：

(1) $y=x^2\mathrm{e}^{2x}$； (2) $y=\ln\sqrt{1-x^2}$；

(3) $y=\ln^2(1-x)$； (4) $y=\mathrm{e}^x\sin^2 x$；

(5) $y=\arcsin\sqrt{x}$； (6) $y=\arctan\dfrac{x+1}{x-1}$；

(7) $y=\mathrm{e}^x+\mathrm{e}^{\mathrm{e}^x}+\mathrm{e}^{\mathrm{e}^{\mathrm{e}^x}}$； (8) $y=x^2\ln x^2+\sin^2 x$.

2. 将适当的函数填入下列括号内,使等式成立:

(1) d(　　) $=\frac{1}{x}\mathrm{d}x$;　　(2) d(　　) $=\mathrm{e}^{-2x}\mathrm{d}x$;

(3) d(　　) $=\frac{1}{\sqrt{x}}\mathrm{d}x$;　　(4) d(　　) $=\frac{1}{1+x^2}\mathrm{d}x$;

(5) d(　　) $=\frac{x}{1+x^2}\mathrm{d}x$;　　(6) d(　　) $=\sqrt{x+1}\mathrm{d}x$;

(7) d(　　) $=\frac{1}{\sqrt{1-x^2}}\mathrm{d}x$;　　(8) d(　　) $=\sec^2 3x\mathrm{d}x$.

3. 求由下列方程确定的隐函数 $y=y(x)$ 的微分 $\mathrm{d}y$:

(1) $y=x+\frac{1}{2}\sin y$;　　(2) $y^2=x+\arccos y$;

(3) $\mathrm{e}^{xy}=\sin 2x-y\ln x$;　　(4) $xy^2+\mathrm{e}^y=\cos(x+y^2)$.

4. 利用微分求下列各数的近似值:

(1) $\sqrt[3]{1.02}$;　　(2) $\sin 29°$;

(3) $\arccos 0.4995$;　　(4) $\tan 136°$.

5. 设钟摆的周期是1秒,在冬季摆长至多缩短0.01cm,试问此钟每天至多快几秒?

3.6　导数在经济分析中的应用

3.6.1　边际分析

导数又称变化率,在经济分析中,经常需要使用变化率的概念来描述一个变量 y 关于另一个变量 x 的变化情况,而变化率又分为平均变化率与瞬时变化率. 平均变化率就是函数增量与自变量增量之比. 比如我们常用到年产量的平均变化率、成本的平均变化率、利润的平均变化率等. 而瞬时变化率是当自变量的增量趋于零时平均变化率的极限,即函数对自变量的导数.

1. 边际的概念

如果函数 $y=f(x)$ 在点 x_0 处可导,则 $f(x)$ 在 $(x_0, x_0+\Delta x)$ 内的平均变化率为

$$\frac{\Delta y}{\Delta x}=\frac{f(x_0+\Delta x)-f(x_0)}{\Delta x};$$

在 x_0 处的瞬时变化率为

$$\lim_{\Delta x\to 0}\frac{\Delta y}{\Delta x}=\lim_{\Delta x\to 0}\frac{f(x_0+\Delta x)-f(x_0)}{\Delta x}=f'(x_0).$$

在经济分析中,称 $f'(x_0)$ 为 $f(x)$ 在 $x=x_0$ 处的边际函数值.

设在点 $x=x_0$ 处,x 从 x_0 处改变一个单位时,即 $\Delta x=1$ 时,函数 y 的增量

$\Delta y=f(x_0+1)-f(x_0)$，由微分在近似计算中的应用知道，Δy 可近似地表示为

$$\Delta y \approx \mathrm{d}y\Big|_{\substack{x=x_0\\ \Delta x=1}} = f'(x)\Delta x\Big|_{\substack{x=x_0\\ \Delta x=1}} = f'(x_0).$$

这表明 $f(x)$在点 x_0 处，当 x 改变一个单位时，y 近似改变 $f'(x_0)$个单位，在具体经济分析中解释边际函数值时，往往省略"近似"二字. 这样，我们可以给出如下定义：

定义 3-6 设函数 $y=f(x)$在 x 处可导，则称导数 $f'(x)$为 $f(x)$的**边际函数**. $f'(x)$在点 x_0 处的值 $f'(x_0)$称为**边际函数值**. 即当 $x=x_0$ 时，x 改变一个单位，y 改变 $f'(x_0)$个单位.

例 3-56 设函数 $y=10xe^{-\frac{x}{5}}$，试求 $x=10$ 时的边际函数值.

解 因为 $y'=10e^{-\frac{x}{5}}-2xe^{-\frac{x}{5}}=2e^{-\frac{x}{5}}(5-x)$. 所以 $y'|_{x=10}=-\dfrac{10}{e^2}$. 该值表明：当 $x=10$ 时，x 改变一个单位，y 改变 $-\dfrac{10}{e^2}$个单位. 具体地说，x 增加(减少)一个单位，y 减少(增加)$\dfrac{10}{e^2}$个单位.

2. 经济分析中常见的边际函数

1) 边际成本

总成本函数 $C(Q)$的导数

$$C'(Q) = \lim_{\Delta Q\to 0}\frac{C(Q+\Delta Q)-C(Q)}{\Delta Q}$$

称为**边际成本**.

对于产量只取整数单位的产品而言，一个单位的变化则是最小的变化. 现假设产品的数量是连续变化的，于是产品的单位可以无限细分，则边际成本就是产量为 Q 单位时的总成本的变化率. 显然，它近似地表示，当已经生产了 Q 单位产品时，再增加一个单位产品使总成本(近似地)增加的数量.

平均成本 $\overline{C}(Q)$的导数

$$\overline{C}'(Q) = \left[\frac{C(Q)}{Q}\right]' = \frac{QC'(Q)-C(Q)}{Q^2}$$

称为**边际平均成本**.

一般情况下，总成本 $C(Q)$为固定成本 C_0 与可变成本 $C_1(Q)$之和. 即

$$C(Q) = C_0 + C_1(Q),$$

而边际成本则为

$$C'(Q) = [C_0 + C_1(Q)]' = C_1'(Q).$$

显然，边际成本与固定成本无关 .

例 3-57　设某产品生产 Q 单位的总成本为

$$C(Q)=200+5Q+\frac{1}{20}Q^2,$$

求 $Q=20$ 时的总成本、平均成本及边际成本，并解释边际成本的经济意义.

解　由总成本函数 $C(Q)=200+5Q+\frac{1}{20}Q^2$，有

$$C(20)=320,$$

$$\overline{C}(20)=\frac{C(20)}{20}=16,$$

$$C'(20)=C'(Q)\big|_{Q=20}=\left(200+5Q+\frac{1}{20}Q^2\right)'\Big|_{Q=20}=\left(5+\frac{1}{10}Q\right)\Big|_{Q=20}=7.$$

因此，当 $Q=20$ 时的总成本 $C(20)=320$，平均成本 $\overline{C}(20)=16$，边际成本为 $C'(20)=7$. 其中边际成本 $C'(20)=7$ 的经济意义为：产量为 20 个单位时，再增加（减少）一个单位，成本将再增加（减少）7 个单位.

2）边际收益

总收益函数 $R(Q)$ 的导数

$$R'(Q)=\lim_{\Delta Q\to 0}\frac{R(Q+\Delta Q)-R(Q)}{\Delta Q}$$

称为**边际收益**. 它（近似地）表示销售 Q 个单位产品后，再销售一个单位的产品所增加的收益.

若已知需求函数 $P=P(Q)$，其中 P 为价格，Q 为销售量，则总收益 $R(Q)=QP(Q)$，边际收益则为 $R'(Q)=P(Q)+QP'(Q)$.

例 3-58　设某产品的需求函数 $Q=100-2P$，其中 P 为价格，Q 为销售量，求：

(1) 销量为 20 个单位时的总收益、平均收益与边际收益；

(2) 销量从 20 个单位增加到 30 个单位时，收益的平均变化率.

解　(1) 总收益为

$$R(Q)=QP(Q)=50Q-\frac{1}{2}Q^2.$$

销量为 20 个单位时的总收益 $R(20)=800$；平均收益为

$$\overline{R}(20)=\frac{R(Q)}{Q}\Big|_{Q=20}=40;$$

而边际收益为

$$R'(20)=\left(50Q-\frac{1}{2}Q^2\right)'\Big|_{Q=20}=30.$$

(2) 当销量从 20 个单位增加到 30 个单位时，收益的平均变化率为

$$\frac{\Delta R}{\Delta Q}=\frac{R(30)-R(20)}{30-20}=\frac{1050-800}{10}=25.$$

3）边际利润

总利润函数 $L=L(Q)$ 的导数

$$L'(Q)=\lim_{\Delta Q\to 0}\frac{L(Q+\Delta Q)-L(Q)}{\Delta Q}$$

称为**边际利润**. 它表示：若已经生产了 Q 个单位的产品，再多生产一个单位的产品总利润(近似的)**增加量**.

一般情况下，总利润函数 $L(Q)$ 等于总收益函数 $R(Q)$ 与总成本函数 $C(Q)$ 之差，即 $L(Q)=R(Q)-C(Q)$，则边际利润为

$$L'(Q)=R'(Q)-C'(Q).$$

亦即边际利润是边际收益与边际成本之差.

例 3-59 某企业对其产品情况进行了大量统计分析后，得到需求函数 $Q=200-2P$（P 为产品价格，单位：元；Q 为产品产量，单位：吨），而总成本函数为 $C(Q)=500+20Q$，试求产量 Q 为 50 吨、80 吨和 100 吨时的边际利润，并说明其经济意义.

解 由于总利润函数为

$$L(Q)=R(Q)-C(Q)=QP(Q)-C(Q)=80Q-\frac{1}{2}Q^2-500.$$

从而边际利润为

$$L'(Q)=80-Q.$$

则

$$L'(50)=L'(Q)\big|_{Q=50}=(80-Q)\big|_{Q=50}=30;$$
$$L'(80)=L'(Q)\big|_{Q=80}=(80-Q)\big|_{Q=80}=0;$$
$$L'(100)=L'(Q)\big|_{Q=100}=(80-Q)\big|_{Q=100}=-20.$$

上述结果的经济意义为：$L'(50)=30$ 表示产量已达 50 吨的基础上再增加生产一吨，总利润将增加 30 元；$L'(80)=0$ 表示产量已达 80 吨的基础上再增加生产一吨，总利润没有增加；$L'(100)=-20$ 表示产量已达 100 吨的基础上再增加生产一吨，总利润将减少 20 元.

由此例可见，若 $L'(Q)>0$，在产量为 Q 的基础上再增加生产一个单位，总利润将有所增加；若 $L'(Q)<0$，在产量为 Q 的基础上再增加生产一个单位，总利润将有所减少. 从而对企业而言，并非产量越大利润就越大，在产量取何值时利润才达到最大？该问题的详细讨论将在第 4 章进行.

4）边际需求

若 $Q=f(P)$ 是需求函数，则需求量 Q 对价格 P 的导数

$$\frac{dQ}{dP}=f'(P)=\lim_{\Delta P\to 0}\frac{f(P+\Delta P)-f(P)}{\Delta P}$$

称为**边际需求函数**.

$Q=f(P)$的反函数$P=f^{-1}(Q)$称为价格函数,价格对需求的导数$\frac{dP}{dQ}$称为**边际价格函数**,由反函数求导法则知

$$\frac{dP}{dQ}=\frac{1}{\frac{dQ}{dP}} \quad 或 \quad [f^{-1}(Q)]'=\frac{1}{f'(P)}.$$

例 3-60　某商品的需求函数为$Q=Q(P)=75-P^2$,求$P=5$时的边际需求,并说明其经济意义.

解　$Q'(P)=\frac{dQ}{dP}=-2P$,当$P=5$时的边际需求为

$$Q'(5)=Q'(P)|_{P=5}=-10.$$

其经济意义为:价格水平$P=5$,价格上涨(或下降)1 个单位,需求量将减少(或增加)10 个单位.

3.6.2　弹性分析

在边际分析中,所讨论的函数改变量与函数变化率是绝对改变量与绝对变化率,均属于绝对数范围.在对现实经济问题的分析中,仅用绝对数的概念是不足以深入分析问题的,例如:轿车的单价为 10 万元,涨价 10 元;鸡蛋每斤 2 元,也涨价 10 元.两种商品的价格的绝对改变量都是 10 元,但它们对经济和社会的影响和震动却有着巨大的差异:前者价格所增加的 10 元也许人们感受不到,但后者增加的 10 元对社会、经济和人们的生活却有着极大的冲击,其原因在于前者涨价的比率(即涨价与原价相比)是 0.01%,而后者涨价的比率为 500%.因此,我们有必要研究函数的相对改变量与相对变化率.

1. 弹性概念

定义 3-7　设函数$y=f(x)$在点x_0处可导,函数的相对改变量$\Delta y/y_0=[f(x_0+\Delta x)-f(x_0)]/f(x_0)$与自变量的相对改变量$\Delta x/x_0$之比

$$\frac{\Delta y/y_0}{\Delta x/x_0}$$

称为函数$f(x)$在x_0与$x_0+\Delta x$两点间的**相对变化率**,或称为**两点间的弹性**.当$\Delta x\to 0$时,$\frac{\Delta y/y_0}{\Delta x/x_0}$的极限称为函数$f(x)$在点$x_0$处的**相对变化率**,或称为**弹性**,记作

$$\left.\frac{Ey}{Ex}\right|_{x=x_0} \quad 或 \quad \frac{E}{Ex}f(x_0),$$

即

$$\left.\frac{Ey}{Ex}\right|_{x=x_0}=\lim_{\Delta x\to 0}\frac{\Delta y/y_0}{\Delta x/x_0}=\lim_{\Delta x\to 0}\left(\frac{x_0}{y_0}\frac{\Delta y}{\Delta x}\right)=\frac{x_0}{f(x_0)}f'(x_0).$$

对于一般的 x,如果 $y=f(x)$ 可导,且 $f(x)\neq 0$,则有

$$\frac{Ey}{Ex}=\lim_{\Delta x\to 0}\frac{\Delta y/y}{\Delta x/x}=\lim_{\Delta x\to 0}\left(\frac{x}{y}\frac{\Delta y}{\Delta x}\right)=\frac{x}{f(x)}f'(x).$$

它是 x 的函数,称为 $f(x)$ 的**弹性函数**,简称**弹性**.

函数 $f(x)$ 在点 x_0 处的弹性反映在 x_0 处随 x 的变化 $f(x)$ 的变化幅度的大小,也就是 $f(x)$ 对 x 变化反映的强烈程度或灵敏度. 具体地,$\frac{E}{Ex}f(x_0)$ 表示在点 x_0 处,当 x 改变 1%时,$f(x)$ 近似地改变 $\frac{E}{Ex}f(x_0)\%$. 在应用问题中解释弹性的具体意义时我们还是略去"近似"二字.

2. 弹性的四则运算

(1) $$\frac{E[f_1(x)\pm f_2(x)]}{Ex}=\frac{f_1(x)\frac{Ef_1(x)}{Ex}\pm f_2(x)\frac{Ef_2(x)}{Ex}}{f_1(x)\pm f_2(x)};$$

(2) $$\frac{E[f_1(x)\cdot f_2(x)]}{Ex}=\frac{Ef_1(x)}{Ex}+\frac{Ef_2(x)}{Ex};$$

(3) $$\frac{E\left[\frac{f_1(x)}{f_2(x)}\right]}{Ex}=\frac{Ef_1(x)}{Ex}-\frac{Ef_2(x)}{Ex}.$$

以上弹性的运算法则的证明,读者可以根据弹性的定义自己给出.

3. 经济分析中常见的弹性函数

1) 需求对价格的弹性

弹性在经济管理中是一个被广泛应用的概念. 经常以其为工具对经济规律和经济问题进行分析. 当定义中的函数为需求函数 $Q=f(P)$ 时,此时的弹性为需求量对价格的弹性.

设某商品的需求函数为 $Q=f(P)$,在 P_0 处可导,由于一般情形下 $Q=f(P)$ 单调减少,ΔP 和 ΔQ 符号相反,故 $\frac{\Delta Q/Q_0}{\Delta P/P_0}$ 和 $\frac{P_0}{f(P_0)}f'(P_0)$ 均为非正数,为了用正数表示弹性,我们称

$$\bar{\eta}[P_0,P_0+\Delta P]=-\frac{P_0}{Q_0}\frac{\Delta Q}{\Delta P}$$

为该商品在 P_0 和 $P_0+\Delta P$ **两点间的弹性**. 称

$$\eta\Big|_{P=P_0}=\eta(P_0)=-\frac{P_0}{f(P_0)}f'(P_0)$$

为该商品在点 P_0 处的需求弹性. 而在 P 点处的弹性

$$\eta=-\frac{P}{Q}\frac{\mathrm{d}Q}{\mathrm{d}P}=-\frac{P}{f(P)}f'(P)$$

称为**需求弹性函数**(简称需求弹性).

注　有时需求对价格的弹性还记作

$$E_{\mathrm{d}}=\frac{EQ}{EP}=-\frac{P}{Q}\frac{\mathrm{d}Q}{\mathrm{d}P}.$$

例 3-61　已知某商品的需求函数为 $Q=75-P^2$,求

(1) $\overline{\eta}[5,8]$;(2) $\eta(P)$;(3) $\eta(3)$、$\eta(5)$和 $\eta(8)$. 并说明其经济意义.

解　(1) 已知 $P_0=5$,则 $Q_0=75-P_0^2=50$.

当 $P=8$ 时,$Q=75-P^2=11$,故

$$\Delta P=P-P_0=3,\quad \Delta Q=Q-Q_0=-39,$$

$$\overline{\eta}[5,8]=-\frac{P_0}{Q_0}\frac{\Delta Q}{\Delta P}=-\frac{5}{50}\cdot\frac{-39}{3}=1.3,$$

它表示当商品价格 P 从 5 增至 8 时,在该区间上,P 从 5 每增加 1%,需求量 Q 从 50 平均减少 1.3%.

(2) $\eta(P)=-\dfrac{P}{f(P)}f'(P)=-\dfrac{P}{75-P^2}(-2P)=\dfrac{2P^2}{75-P^2}$.

(3) $\eta(3)=\dfrac{3}{11}$,它表示在 $P=3$ 时,价格上涨(下跌)1%,需求量减少(增加) $\dfrac{3}{11}$%;

$\eta(5)=1$,它表示在 $P=5$ 时,价格上涨(下跌)1%,需求量减少(增加)1%;

$\eta(8)=\dfrac{128}{11}$,它表示在 $P=8$ 时,价格上涨(下跌)1%,需求量减少(增加) $\dfrac{128}{11}$%.

当函数的弹性函数为常数时,称为**不变弹性函数**.

在经济分析中,通常认为某种商品的需求弹性对总收益有着直接的影响,根据需求弹性的大小,可分为下面三种情形加以说明:

情形Ⅰ,某商品的需求弹性 $\eta(P_0)>1$,则称该商品的需求量对价格富有弹性. 即价格变化将引起需求量的较大变化. 若将其价格提高 10%,则其需求量下降超过 10%,因而总收益减少;反之,若将其价格下降 10%,则其需求量增加将会超过 10%,因而总收益会增加. 即对富有弹性的商品,减价会使总收益增加,提价反而使总收益下降.

情形Ⅱ，若需求弹性 $\eta(P_0)=1$，则该商品在价格水平 P_0 下，具有单位弹性. 其价格上涨的百分数与需求下降的百分数相同，提价或降价其总收益不变.

情形Ⅲ，若需求弹性 $\eta(P_0)<1$，则该商品在价格水平 P_0 下，需求量对价格缺乏弹性，价格变化只能引起需求量的微小变化. 若将其价格提高 10%，则需求量减少低于 10%，因而总收益增加；反之，总收益减少. 对于缺乏弹性的商品，提价会使总收益增加，而减价会使总收益减少.

2) 供给量对价格的弹性

设商品供给量 S 是价格 P 的函数 $S=f(P)$，则供给量对价格的弹性定义为

$$\frac{ES}{EP}=\frac{P}{S}\frac{\mathrm{d}S}{\mathrm{d}P}.$$

也简称为供给弹性.

例 3-62 设某商品的供给函数为 $S=-20+5P$，求供给弹性函数及当 $P=6$ 时的供给弹性，并说明其经济意义.

解 供给弹性函数为

$$\frac{ES}{EP}=\frac{P}{S}\frac{\mathrm{d}S}{\mathrm{d}P}=\frac{5P}{-20+5P}.$$

故

$$\left.\frac{ES}{EP}\right|_{P=6}=\left.\frac{5P}{-20+5P}\right|_{P=6}=3.$$

它表示在 $P=6$ 时，价格再增加(减少)1%，供应量将增加(减少)3%.

3) 收益对价格的弹性

设某商品的需求函数 $Q=f(P)$，则收益关于价格的函数 $R(P)=PQ=Pf(P)$，则收益对价格的弹性定义为

$$\frac{ER}{EP}=\frac{P}{R}\frac{\mathrm{d}R}{\mathrm{d}P}.$$

也简称其为收益弹性.

例 3-63 已知某商品的需求函数为 $Q=50-2P$，求该商品的收益弹性函数及 $P=10$，$P=12.5$ 和 $P=15$ 时的收益弹性，并说明其经济意义.

解 收益函数为 $R(P)=PQ=50P-2P^2$，从而由定义可求得收益弹性函数为

$$\frac{ER}{EP}=\frac{P}{R}\frac{\mathrm{d}R}{\mathrm{d}P}=\frac{50-4P}{50-2P}.$$

故

$$\left.\frac{ER}{EP}\right|_{P=10}=\left.\frac{50-4P}{50-2P}\right|_{P=10}=\frac{1}{3};$$

$$\left.\frac{ER}{EP}\right|_{P=12.5}=\left.\frac{50-4P}{50-2P}\right|_{P=12.5}=0;$$

$$\left.\frac{ER}{EP}\right|_{P=15}=\left.\frac{50-4P}{50-2P}\right|_{P=15}=-\frac{1}{2}.$$

以上表明：$P=10$ 时，价格增加(减少)1%，总收益将增加(减少)$\frac{1}{3}$%；$P=12.5$ 时，价格增加(减少)1%，总收益将不改变；$P=15$ 时，价格增加(减少)1%，总收益将减少(增加)0.5%.

例 3-64　设某商品的需求函数为可导函数 $Q=Q(P)$，收益函数为 $R=R(P)=PQ(P)$，证明

$$\frac{EQ}{EP}+\frac{ER}{EP}=1.$$

证　因

$$\frac{ER}{EP}=\frac{P}{R}\frac{\mathrm{d}R}{\mathrm{d}P}=\frac{1}{Q(P)}[PQ(P)]'=\frac{1}{Q(P)}[Q(P)+PQ'(P)]$$

$$=1-\left[-\frac{P}{Q(P)}Q'(P)\right],$$

从而

$$\frac{ER}{EP}=1-\frac{EQ}{EP},$$

即

$$\frac{EQ}{EP}+\frac{ER}{EP}=1.$$

习　题　3.6

1. 设某厂每月生产产品的固定成本为 1000(元)，生产 Q 单位产品的可变成本为 $0.01Q^2+10Q$(元)，如果每单位产品的售价为 30 元，试求：边际成本，利润函数，边际利润为零时的产量.

2. 某加工厂生产某种产品的总成本函数和总收益函数分别为 $C(Q)=100+2Q+0.02Q^2$(元)与 $R(Q)=7Q+0.01Q^2$(元)，求边际利润函数及当日产量分别是 200 千克，250 千克和 300 千克时的边际利润，并说明其经济意义.

3. 设成本 C 关于产量 Q 的函数 $C(Q)=400+3Q+\frac{1}{2}Q^2$，需求量关于 P 的函数 $P=100Q^{-\frac{1}{2}}$，求：

(1) 边际成本，边际收益，边际利润，并说明它们的经济意义；

(2) 收益对价格的弹性.

4. 设某商品需求函数 $Q=10000\mathrm{e}^{-0.02P}$，求：

(1) 边际需求函数及价格 $P=100$ 时边际需求；

(2) 需求弹性；

(3) 价格为 $P=100$ 时需求弹性值，并说明其经济意义.

5. 指出下列需求关系中,价格 P 取何值时,需求是高弹性或低弹性的.

(1) $Q=100(2-\sqrt{P})$; (2) $P=\sqrt{a-bQ}$ $(a,b>0)$.

6. 求下列函数的弹性(其中 k,a 为常数):

(1) $y=kx^{a}$; (2) $y=e^{kx}$;

(3) $y=4-\sqrt{x}$; (4) $y=10\sqrt{9-x}$.

总习题三

(A)

1. 填空题:

(1) 设下述极限存在,则 $\lim\limits_{h\to\infty}h\left[f\left(a-\frac{1}{h}\right)-f(a)\right]=$________.

(2) 设 $f(t)=\lim\limits_{x\to\infty}t\left(\frac{x+t}{x-t}\right)^{x}$,则 $f'(t)=$________.

(3) 已知函数 $y=\frac{1}{\sqrt{u^2+v^2}}$,$u,v$ 均为 x 的可微函数,则 $dy=$________.

(4) 设函数 $f(x)$ n 阶可导,则 $f[(ax+b)]^{(n)}=$________.

(5) 曲线 $y=x+\sin^2 x$ 在 $\left(\frac{\pi}{2},1+\frac{\pi}{2}\right)$ 处的切线方程是________.

2. 单项选择题:

(1) 设函数 $f(x)$ 在点 x_0 处可导,则 $\lim\limits_{\Delta x\to 0}\frac{f(x_0+\Delta x)-f(x_0)}{\Delta x}$________.

A. 与 x_0,Δx 都有关 B. 仅与 x_0 有关,而与 Δx 无关

C. 仅与 Δx 有关,而与 x_0 无关 D. 与 x_0,Δx 都无关

(2) 设函数 $f(x)=x\ln 2x$,而且 $f'(x_0)=2$,则 $f(x_0)=$________.

A. $2e^{-1}$ B. 1 C. $\frac{1}{2}e$ D. e

(3) 设 $f(x)=\arctan x^2$,则 $\lim\limits_{x\to 2}\frac{f(x)-f(2)}{x-2}=$________.

A. $\frac{1}{17}$ B. $\frac{4}{17}$ C. $\frac{1}{5}$ D. $\frac{4}{5}$

(4) 设 $f(x)$ 在 $x=a$ 的某邻域内有定义,则 $f(x)$ 在 $x=a$ 处可导的一个充分条件是________.

A. $\lim\limits_{h\to+\infty}h\left[f\left(a+\frac{1}{h}\right)-f(a)\right]$存在 B. $\lim\limits_{h\to 0}\frac{f(a+2h)-f(a+h)}{h}$存在

C. $\lim\limits_{h\to 0}\frac{f(a+h)-f(a-h)}{2h}$存在 D. $\lim\limits_{h\to 0}\frac{f(a)-f(a-h)}{h}$存在

(5) 已知 $f(x)$ 在区间 (a,b) 内可导,且 $x_0\in(a,b)$,则下述结论成立的是________.

A. $\lim\limits_{x\to x_0}f(x)$未必等于 $f(x_0)$ B. $f(x)$在 x_0 未必可微

C. $\lim\limits_{x\to x_0} f'(x)=f'(x_0)$　　　　D. $\lim\limits_{x\to x_0}\dfrac{f^2(x)-f^2(x_0)}{x-x_0}=2f(x_0)f'(x_0)$

3. 设 $f(x)=\begin{cases} e^x-1, & x<0, \\ x+a, & 0\leqslant x<1, \\ b\sin(x-1)+1, & x\geqslant 1. \end{cases}$ 求 a,b,使得 $f(x)$ 在 $x=0$ 和 $x=1$ 处可导.

4. 求下列函数的导数 $\dfrac{dy}{dx}$:

(1) $y=\ln\tan\dfrac{x}{2}-\cos x\ln\tan x$;　　(2) $y=2^x\arcsin x-3\sqrt[3]{x^2}$;

(3) $y=[\sin\sqrt{1-2x}]^2$;　　(4) $y=2^{\sqrt{x+1}}-\ln|\sin x|$;

(5) $y=\left(1-\dfrac{1}{2x}\right)^x$;　　(6) $y=x\sqrt{x^2+a^2}+a^2\ln|x+\sqrt{x^2+a^2}|$.

5. 设 $y=y(x)$ 是由函数方程 $1+\sin(x+y)=e^{-xy}$ 在点 $(0,0)$ 附近所确定的隐函数,求 dy 及 $y=y(x)$ 在点 $(0,0)$ 处的法线方程.

6. 设 $f(0)=1,g(1)=2,f'(0)=-1,g'(1)=-2$,求

(1) $\lim\limits_{x\to 0}\dfrac{\cos x-f(x)}{x}$;　　(2) $\lim\limits_{x\to 0}\dfrac{2^x f(x)-1}{x}$;　　(3) $\lim\limits_{x\to 1}\dfrac{\sqrt{x}g(x)-2}{x-1}$.

7. 设 r_1,r_2 是代数方程 $r^2+pr+q=0$ 的两个相异实根,证明函数 $y=c_1e^{r_1x}+c_2e^{r_2x}$ $(c_1,c_2$ 是任意常数)满足方程 $y''+py'+qy=0$.

8. 已知曲线 $y=a\sqrt{x}(a>0)$ 与曲线 $y=\ln\sqrt{x}$ 在点 (x_0,y_0) 处有公切线,求

(1) 常数 a 及切点 (x_0,y_0);

(2) 过点 (x_0,y_0) 的公切线方程.

9. 设某商品需求量 Q 是价格 P 的单调减少函数:$Q=Q(P)$,其需求弹性 $\eta=\dfrac{2P^2}{192-P^2}>0$.

(1) 设 R 为总收益函数,证明 $\dfrac{dR}{dP}=Q(1-\eta)$;

(2) 求 $P=6$ 时,总收益对价格的弹性,并说明其经济意义.

(B)

1. 填空题:

(1) 已知 $y=f\left(\dfrac{3x-2}{3x+2}\right)$, $f'(x)=\arctan x^2$,则 $\left.\dfrac{dy}{dx}\right|_{x=0}=$________.

(2) 已知 $f'(x_0)=-1$,则 $\lim\limits_{x\to 0}\dfrac{x}{f(x_0-2x)-f(x_0-x)}=$________.

(3) 设方程 $e^{xy}+y^2=\cos x$ 确定 y 为 x 的函数,则 $\dfrac{dy}{dx}=$________.

(4) 设 $y=f(\ln x)e^{f(x)}$,其中 f 可微,则 $dy=$________.

(5) 已知曲线 $y=x^3-3a^2x+b$ 与 x 轴相切,则 b^2 可以通过 a 表示为 $b^2=$________.

2. 单项选择题：

(1) 设函数 $f(x)$ 对任意 x 均满足等式 $f(1+x)=af(x)$，且有 $f'(0)=b$，其中 a、b 为非零常数，则________.

A. $f(x)$ 在 $x=1$ 处不可导　　　　B. $f(x)$ 在 $x=1$ 处可导，且 $f'(1)=a$

C. $f(x)$ 在 $x=1$ 处可导，且 $f'(1)=b$　　D. $f(x)$ 在 $x=1$ 处可导，且 $f'(1)=ab$

(2) 设 $f(x)=\begin{cases}\sqrt{|x|}\sin\dfrac{1}{x^2}, & x\neq 0,\\ 0, & x=0.\end{cases}$ 则 $f(x)$ 在点 $x=0$ 处________.

A. 极限不存在　　　　B. 极限存在但不连续

C. 连续但不可导　　　　D. 可导

(3) 设周期函数 $f(x)$ 在 $(-\infty,+\infty)$ 内可导，周期为 4，又 $\lim\limits_{x\to 0}\dfrac{f(1)-f(1-x)}{2x}=-1$，则曲线 $y=f(x)$ 在点 $(5,f(5))$ 处的切线的斜率为________.

A. $\dfrac{1}{2}$　　B. 0　　C. -1　　D. -2

(4) 设函数 $f(x)$ 在点 $x=a$ 处可导，则函数 $|f(x)|$ 在点 $x=a$ 处不可导的充分条件是________.

A. $f(a)=0$ 且 $f'(a)=0$　　　　B. $f(a)=0$ 且 $f'(a)\neq 0$

C. $f(a)>0$ 且 $f'(a)>0$　　　　D. $f(a)<0$ 且 $f'(a)<0$

(5) 设函数 $f(x)$ 在区间 $(-\delta,\delta)$ 内有定义，若当 $x\in(-\delta,\delta)$ 时，恒有 $|f(x)|\leqslant x^2$，则 $x=0$ 必是 $f(x)$ 的________.

A. 间断点　　　　B. 连续而不可导的点

C. 可导的点且 $f'(0)=0$　　　　D. 可导的点且 $f'(0)\neq 0$

3. 设函数 $f(x)=\begin{cases}x^{\lambda}\sin\dfrac{1}{x}, & x\neq 0,\\ 0, & x=0.\end{cases}$ 问 λ 满足什么条件，$f(x)$ 在 $x=0$ 处：(1) 连续；(2) 可导；(3) 导数 $f'(x)$ 连续.

4. 设 f 具有二阶导数，求下列函数的二阶导数 $\dfrac{\mathrm{d}^2y}{\mathrm{d}x^2}$：

(1) $y=\sin[f(x^2)]$；　　(2) $y=f(x+y)$.

5. 求由下列方程所确定的函数 $y=y(x)$ 的导数 $\dfrac{\mathrm{d}y}{\mathrm{d}x}$：

(1) $x^{y^2}+y^2\ln x=4$；　　(2) $\begin{cases}x=\arctan t,\\ 2y-ty^2+\mathrm{e}^t=5.\end{cases}$

6. 设曲线 $f(x)=x^n$ 在点 $(1,1)$ 处的切线与 x 轴的交点为 $(\xi_n,0)$，求 $\lim\limits_{n\to\infty}f(\xi_n)$.

7. 设某产品的需求函数为 $Q=Q(P)$，收益函数为 $R=PQ$，其中 P 为产品价格，Q 为需求量（产品的产量），$Q(P)$ 为单调减函数，如果当价格为 P_0，对应产量为 Q_0 时，边际收益 $\left.\dfrac{\mathrm{d}R}{\mathrm{d}Q}\right|_{Q=Q_0}=a>0$，收益对价格的边际效应 $\left.\dfrac{\mathrm{d}R}{\mathrm{d}P}\right|_{P=P_0}=C>0$，需求对价格的弹性 $E_P=b>1$，求 P_0 和 Q_0.

8. 设某商品的需求函数为 $Q=100-5P$,其中价格 $P\in(0,20)$,Q 为需求量.

(1) 求需求量对价格的弹性 $E_d(E_d>0)$;

(2) 推导 $\frac{dR}{dP}=Q(1-E_d)$(其中 R 为收益),并用弹性 E_d 说明价格在何范围内变化时,降低价格反而使收益增加.

第 4 章　微分中值定理与导数的应用

第 3 章我们介绍了函数的导数概念及其计算方法. 导数所刻画的是函数在一点处的变化率,它反映的是函数在一点邻近的局部变化性态. 但在理论研究和实际应用中,常常需要知道函数在某一区间上的整体变化情况和它在区间内某些点处的局部变化性态之间的关系. 本章首先介绍中值定理,它所揭示的是函数在某区间上的整体性质与该区间内部某点处导数间的关系. 然后再以中值定理为理论基础,以导数为工具,解决某些特殊类型的极限的计算问题,以及函数曲线的某些性态和现实应用中的优化问题,并用这些知识进行经济分析.

4.1　微分中值定理

本节中,首先介绍罗尔(Rolle)定理,然后以它为基础推出拉格朗日(Lagrange)中值定理和柯西(Cauchy)中值定理.

4.1.1　罗尔定理

为了更方便地讨论罗尔定理,我们首先介绍费马(Fermat)引理.

让我们先来观察这样一个几何现象:函数曲线 $y=f(x)$ 在 $U(x_0)$ 内连续,且 $f(x_0)$ 为 $f(x)$ 在 $U(x_0)$ 内的最大值或最小值,如果曲线在点 $C(x_0,f(x_0))$ 处有切线,则切线一定是水平的(如图 4-1(a)、(b)所示). 费马引理就是对这一几何现象的理论刻画.

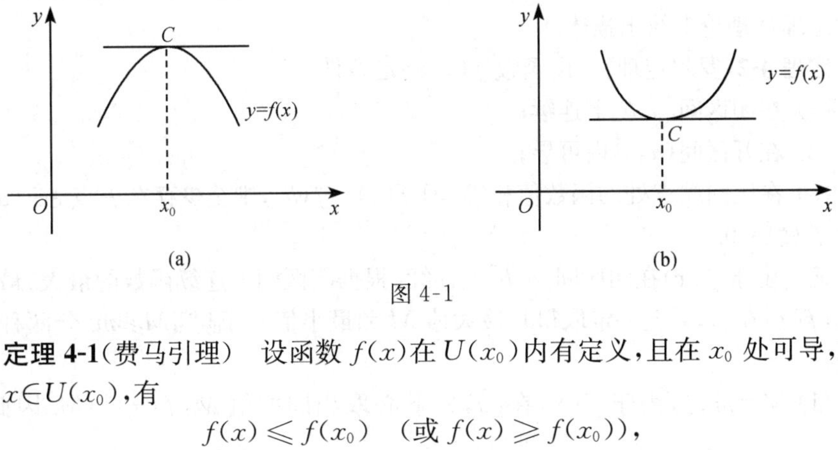

图 4-1

定理 4-1(费马引理)　设函数 $f(x)$ 在 $U(x_0)$ 内有定义,且在 x_0 处可导,如果对 $\forall x\in U(x_0)$,有

$$f(x)\leqslant f(x_0)\quad(\text{或 } f(x)\geqslant f(x_0)),$$

则 $f'(x_0)=0$.

证　设 $x\in U(x_0)$ 时，有 $f(x)\leqslant f(x_0)$（对 $f(x)\geqslant f(x_0)$ 的情形，可以类似地给出证明）. 于是对于 $\forall\, x_0+\Delta x\in U(x_0)$ 有 $f(x_0+\Delta x)\leqslant f(x_0)$，从而当 $\Delta x>0$ 时

$$\frac{f(x_0+\Delta x)-f(x_0)}{\Delta x}\leqslant 0;$$

当 $\Delta x<0$ 时，

$$\frac{f(x_0+\Delta x)-f(x_0)}{\Delta x}\geqslant 0.$$

根据函数 $f(x)$ 在 x_0 处可导的条件及极限的保号性，便得到

$$f'(x_0)=f'_+(x_0)=\lim_{\Delta x\to 0^+}\frac{f(x_0+\Delta x)-f(x_0)}{\Delta x}\leqslant 0,$$

$$f'(x_0)=f'_-(x_0)=\lim_{\Delta x\to 0^-}\frac{f(x_0+\Delta x)-f(x_0)}{\Delta x}\geqslant 0.$$

所以，$f'(x_0)=0$. 证毕.

通常将导数为 0 的点称为函数的**驻点**.

下面我们再从几何直观上引出罗尔定理：

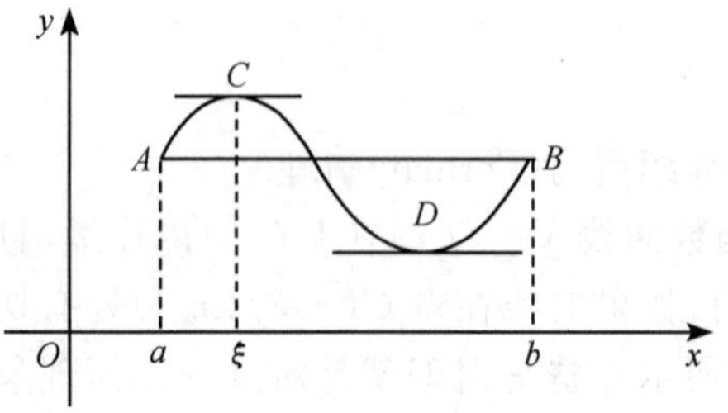

图 4-2

先让我们观察图 4-2. 设曲线弧 $\overset{\frown}{AB}$ 是函数 $y=f(x)$ 在 $x\in[a,b]$ 范围的图形，它是一条连续的曲线弧，除端点外处处有不垂直于 x 轴的切线，且两个端点处的纵坐标相等，即 $f(a)=f(b)$. 可以发现在曲线弧的最高点 C 处（或最低点 D 处），曲线有水平切线. 如果记 C 点的横坐标为 ξ，则有 $f'(\xi)=0$. 这一几何上的事实可由下面的定理从理论上给出描述.

定理 4-2（罗尔定理）　设函数 $f(x)$ 满足条件

(1) 在闭区间 $[a,b]$ 上连续；

(2) 在开区间 (a,b) 内可导；

(3) 在区间端点处的函数值相等，即 $f(a)=f(b)$，则至少存在一点 $\xi\in(a,b)$，使得 $f'(\xi)=0$.

证　由于 $f(x)$ 在闭区间 $[a,b]$ 上连续，根据闭区间上连续函数的最大、最小值定理，$f(x)$ 在 $[a,b]$ 上一定取得其最大值 M 和最小值 m. 显然 $M\geqslant m$. 分两种情形讨论：

(1) $M=m$ 时，由于 $f(x)$ 在 $[a,b]$ 上必取相同的值 M：$f(x)=M$. 因此，对

$\forall x\in(a,b)$都有$f'(x)=0$,此时,任取$\xi\in(a,b)$,有$f'(\xi)=0$.

(2) $M>m$时,因为$f(a)=f(b)$,则M和m中至少有一个不在区间端点处取得,亦即至少有一个是在(a,b)内取得,为确定起见,不妨设$M\neq f(a)$(对于$m\neq f(a)$类似可证),那么必定$\exists\xi\in(a,b)$使得$f(\xi)=M$,因此,对$\forall x\in[a,b]$有$f(x)\leqslant f(\xi)$,这样由费马引理可知$f'(\xi)=0$. 定理证毕.

需要说明的是,罗尔定理的条件是结论成立的充分条件,而非必要条件. 但定理中的三个条件缺少任何一个,都可能导致结论不成立. 例如,下面三个函数:

$$f(x)=\begin{cases}x, & 0<x\leqslant 1,\\ 1, & x=0,\end{cases}\quad \text{在区间}[0,1]\text{上};$$

$$g(x)=|x|,\quad \text{在区间}[-1,1]\text{上};$$

$$h(x)=x,\quad \text{在区间}[-1,1]\text{上},$$

分别不满足罗尔定理中的条件(1)、(2)、(3),因而导致定理中的结论不成立(如图 4-3(a)、(b)、(c)). 因此,在应用罗尔定理时,一定要验证定理中的三个条件是否具备.

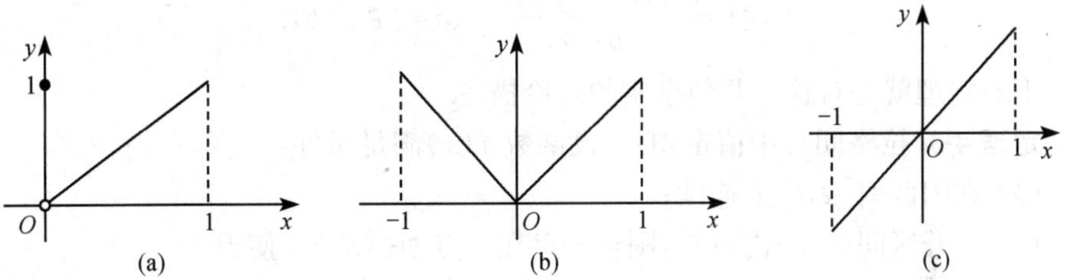

图 4-3

例 4-1 不求导数,判别函数

$$f(x)=x(x-1)(x-2)(x-3)$$

的导数$f'(x)=0$的实根数.

解 由于$f(x)$在$(-\infty,+\infty)$内有连续的导数,且

$$f(0)=f(1)=f(2)=f(3)=0,$$

从而$f(x)$在区间$[0,1]$、$[1,2]$、$[2,3]$上均满足罗尔定理的三个条件,那么根据罗尔定理,就$\exists\xi_1\in(0,1)$、$\xi_2\in(1,2)$、$\xi_3\in(2,3)$使得

$$f'(\xi_1)=0,\quad f'(\xi_2)=0,\quad f'(\xi_3)=0.$$

从而$f'(x)=0$至少有三个实根.

又因为$f'(x)=0$为三次方程,至多有三个实根. 从而方程$f'(x)=0$恰有三个实根.

4.1.2 拉格朗日中值定理

在罗尔定理中,条件(1)、(2)对于大多数函数而言是容易满足的,而条件(3)却不易满足，它直接导致了罗尔定理的应用范围缩小. 如果取消条件(3)，只要保留条件(1)、(2)也会得到具有较高理论价值的结论，即在微分学中极其重要的定理——拉格朗日(Lagrange)中值定理. 依然让我们先来观察一个几何现象：

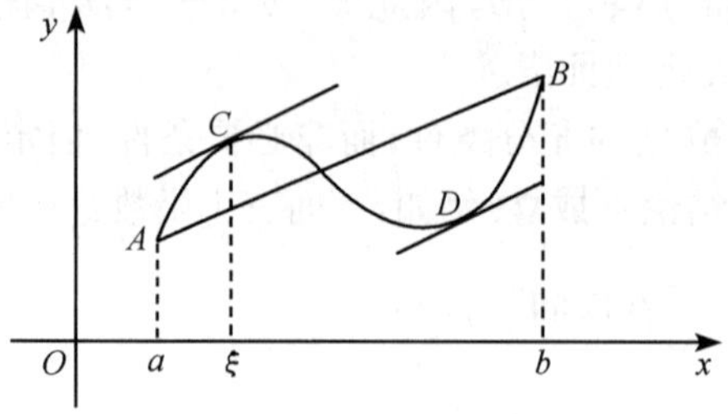

图 4-4

从图 4-4 可以看出，如果曲线弧 $\overparen{AB}$ 是连续的，除端点外处处具有不垂直于 x 轴的切线，则在曲线弧 $\overparen{AB}$ 上至少有一点 C(实际上在点 D 处也如此)，在该点处曲线的切线平行于弦 AB. 设曲线弧 $\overparen{AB}$ 的方程为 $y=f(x)$，两个端点的坐标分别为 $A(a,f(a))$，$B(b,f(b))$，则弦 AB 的斜率为

$$\frac{f(b)-f(a)}{b-a}.$$

设 C 点的坐标为 $(\xi,f(\xi))$，则有

$$f'(\xi)=\frac{f(b)-f(a)}{b-a}\quad (a<\xi<b).$$

下面定理就是对这一几何事实的理论描述.

定理 4-3(拉格朗日中值定理) 设函数 $f(x)$ 满足条件：

(1) 在闭区间 $[a,b]$ 上连续；

(2) 在开区间 (a,b) 内可导，则至少存在一点 $\xi\in(a,b)$，使得

$$f'(\xi)=\frac{f(b)-f(a)}{b-a}$$

或

$$f(b)-f(a)=f'(\xi)(b-a). \tag{4-1}$$

定理的证明我们尝试着能否以罗尔定理为工具来实现. 为此，希望能构造一个新的函数 $\varphi(x)$，使其满足罗尔定理的三个条件，同时要使罗尔定理的结论 $\varphi'(\xi)=0$ 正好与拉格朗日中值定理的结论等价. 这种方法称为**辅助函数法**. 具体分析如下：

欲证 $f(b)-f(a)=f'(\xi)(b-a)$，即证

$$f'(\xi)(b-a)-[f(b)-f(a)]=0,$$

也就是

$$\varphi'(\xi)=f'(\xi)(b-a)-[f(b)-f(a)]=0.$$

这里，若作辅助函数

$$\varphi(x)=f(x)(b-a)-[f(b)-f(a)]x,$$

则 $\varphi(x)$ 满足罗尔定理的三个条件：$\varphi(x)$ 在 $[a,b]$ 上连续，在 (a,b) 内可导，而在区间

端点处

$$\varphi(a) = f(a)(b-a) - [f(b)-f(a)]a = bf(a) - af(b),$$

$$\varphi(b) = f(b)(b-a) - [f(b)-f(a)]b = bf(a) - af(b).$$

且 $\varphi'(\xi)=0$ 与 $f(b)-f(a)=f'(\xi)(b-a)$ 等价.因此可如下证明.

证 引入辅助函数

$$\varphi(x) = f(x)(b-a) - [f(b)-f(a)]x.$$

显然 $\varphi(x)$ 在 $[a,b]$ 上连续,在 (a,b) 内可导,而 $\varphi(a)=\varphi(b)=bf(a)-af(b)$.

由 $\varphi(x)$ 在 $[a,b]$ 上满足罗尔定理的三个条件,从而有罗尔定理的结论:$\exists\xi\in(a,b)$,使

$$\varphi'(\xi) = f'(\xi)(b-a) - [f(b)-f(a)] = 0,$$

即

$$f(b)-f(a) = f'(\xi)(b-a).$$

定理证毕.

请注意,有两点值得说明:

(1) 构造辅助函数的方法不是唯一的,构造的辅助函数也不唯一.如还可以借助于几何直观构造,只要令 $\varphi(x)$ 为 $f(x)$ 与弦 AB 所在的直线方程作差又可以得到另外一个辅助函数

$$\varphi(x) = f(x) - f(a) - \frac{f(b)-f(a)}{b-a}(x-a),$$

同样可以实现证明定理的目的.请读者验证.

(2) 拉格朗日中值定理中的两个条件也是充分而非必要的,但两个条件缺少任何一个都有可能导致结论不成立.

拉格朗日中值定理实际上建立了函数与其导数之间的某种联系,这为我们借助于导数来研究函数提供了理论工具.

当 $f(a)=f(b)$ 时,拉格朗日中值定理的结论就成为罗尔定理的结论,因此罗尔定理是拉格朗日中值定理的特殊情形.

为了便于应用,公式(4-1)还可以改写成如下几种常用形式:

(1) 当 a,b 的大小不能确定时,可以写成

$$f(b)-f(a) = f'(\xi)(b-a), \quad \text{其中 } \xi \text{ 在 } a \text{ 与 } b \text{ 之间}. \tag{4-2}$$

(2) 若令 $a=x,b=x+\Delta x$,则式(4-2)又可写成

$$f(x+\Delta x) - f(x) = f'(\xi)\Delta x, \quad \text{其中 } \xi \text{ 在 } x \text{ 与 } x+\Delta x \text{ 之间}. \tag{4-3}$$

(3) 若令 $\xi=a+\theta(b-a)$,其中 $0<\theta<1$,则式(4-2)又可写成

$$f(b)-f(a) = f'[a+\theta(b-a)](b-a). \tag{4-4}$$

(4) 若令 $\xi=x_0+\theta\Delta x$,其中 $0<\theta<1$,则式(4-3)也可写成

$$f(x_0+\Delta x) - f(x_0) = f'(x_0+\theta\Delta x)\Delta x, \tag{4-5}$$

或

$$\Delta y = f'(x_0 + \theta \Delta x)\Delta x. \qquad (4\text{-}6)$$

注 函数的微分 $dy=f'(x_0)\Delta x$ 是函数的增量 Δy 的近似表达式，而(4-6)式却是 Δy 的精确表达式，因此公式(4-6)又称为**有限增量公式**，拉格朗日中值定理又称为**有限增量定理**. 由于它在微分学中占有重要地位，所以也称其为**微分中值定理**.

拉格朗日中值定理中的 ξ 只是强调了它在开区间内的存在性而未给出其具体值，这似乎令人不太满意，但在使用时，常常是只需知道其存在就足够了，下面的定理和例题的证明都说明了这一点.

定理 4-4 如果函数 $f(x)$ 在区间 I 上的导数恒为零，则 $f(x)$ 在区间 I 上是一个常数，即

$$f'(x) \equiv 0, \quad x \in I \Rightarrow f(x) \equiv C, \quad x \in I(C \text{ 为某常数}).$$

证 $\forall x_1, x_2 \in I$，且 $x_1 < x_2$，在 $[x_1, x_2]$ 上应用拉格朗日中值定理，有

$$f(x_2) - f(x_1) = f'(\xi)(x_2 - x_1) \quad (x_1 < \xi < x_2).$$

因为 $f'(x)=0$，所以 $f'(\xi)=0$，从而

$$f(x_2) - f(x_1) = 0, \quad \text{即} \quad f(x_1) = f(x_2).$$

由 x_1, x_2 的任意性知，必有 $f(x)=C$. 定理证毕.

推论 4-1 如果在区间 I 上恒有 $f'(x)=g'(x)$，则在区间 I 上恒有 $f(x)-g(x)=C$(C 为某常数).

只需引入辅助函数 $F(x)=f(x)-g(x)$，对 $F(x)$ 应用上面定理，即可得到上述推论.

例 4-2 证明 $|\arctan x| \leqslant |x|$.

证 当 $x=0$ 时，结论中的等号成立.

而当 $x \neq 0$ 时，设 $f(x)=\arctan x$，则 $f(x)$ 在闭区间 $[0,x]$ 或 $[x,0]$ 上满足拉格朗日中值定理条件，从而有

$$f(x) - f(0) = f'(\xi)(x - 0), \quad \xi \text{ 在 } 0 \text{ 和 } x \text{ 之间}.$$

即

$$\arctan x - \arctan 0 = \frac{x}{1+\xi^2}, \quad \xi \text{ 在 } 0 \text{ 和 } x \text{ 之间}.$$

从而

$$|\arctan x| = \frac{|x|}{1+\xi^2} \leqslant |x|.$$

例 4-3 证明不等式

$$\frac{b-a}{b} < \ln\frac{b}{a} < \frac{b-a}{a} \quad (0 < a < b).$$

证 设 $f(x)=\ln x$，则 $f(x)$ 在 $[a,b]$ 上连续，在 (a,b) 内可导，根据拉格朗日中值定理，有

$$f(b)-f(a)=f'(\xi)(b-a)\quad (a<\xi<b).$$

即

$$\ln b-\ln a=\frac{1}{\xi}(b-a)\quad (a<\xi<b).$$

由于 $a<\xi<b$,从而$\frac{1}{b}<\frac{1}{\xi}<\frac{1}{a}$,因此,有

$$\frac{b-a}{b}<\ln b-\ln a<\frac{b-a}{a},$$

即

$$\frac{b-a}{b}<\ln\frac{b}{a}<\frac{b-a}{a}.$$

4.1.3 柯西中值定理

定理 4-5(柯西中值定理) 如果函数 $f(x)$和 $g(x)$满足条件

(1) 在闭区间$[a,b]$上连续;

(2) 在开区间(a,b)内可导;

(3) 对$\forall x\in(a,b)$,$g'(x)\neq 0$,那么至少存在一点 $\xi\in(a,b)$,使得

$$\frac{f(b)-f(a)}{g(b)-g(a)}=\frac{f'(\xi)}{g'(\xi)}.$$

证 首先我们断定 $g(b)\neq g(a)$. 否则由罗尔定理,有 $x_0\in(a,b)$使 $g'(x_0)=0$,这与条件(3)矛盾.

按照在拉格朗日中值定理的证明中所采用的构造辅助函数的思想方法,可以引入辅助函数

$$\varphi(x)=f(x)[g(b)-g(a)]-g(x)[f(b)-f(a)].$$

显然 $\varphi(x)$在$[a,b]$上连续,在(a,b)内可导,且

$$\varphi(a)=\varphi(b)=f(a)g(b)-f(b)g(a).$$

从而 $\varphi(x)$在$[a,b]$上满足罗尔定理的三个条件. 由罗尔定理,至少存在一点 $\xi\in(a,b)$,使

$$\varphi'(\xi)=f'(\xi)[g(b)-g(a)]-g'(\xi)[f(b)-f(a)]=0,$$

整理后便得

$$\frac{f(b)-f(a)}{g(b)-g(a)}=\frac{f'(\xi)}{g'(\xi)}.$$

定理证毕.

注 若在定理中取 $g(x)=x$,即可得到拉格朗日中值定理. 由此可知,拉格朗日中值定理是柯西中值定理的特殊情形.

本节中的三个定理被称为中值定理的原因是：它们将函数值与开区间(a,b)内某个点ξ处的导数值联系起来.

例 4-4　设$0<a<b$，函数$f(x)$在$[a,b]$上连续，在(a,b)内可导，证明$\exists\xi\in(a,b)$，使

$$f(b)-f(a)=\xi f'(\xi)\ln\frac{b}{a}.$$

证　取$g(x)=\ln x$，则$f(x)$，$g(x)$在$[a,b]$上满足柯西中值定理的三个条件，由柯西中值定理，有$\exists\xi\in(a,b)$使

$$\frac{f(b)-f(a)}{g(b)-g(a)}=\frac{f'(\xi)}{g'(\xi)},$$

即

$$\frac{f(b)-f(a)}{\ln b-\ln a}=\frac{f'(\xi)}{\frac{1}{\xi}},$$

整理后便得

$$f(b)-f(a)=\xi f'(\xi)\ln\frac{b}{a}.$$

习　题　4.1

1. 验证下列函数在给定区间上是否满足罗尔定理的条件？若满足，求出定理中的ξ.

(1) $f(x)=x(x^2-1)$，　$x\in[-1,1]$；

(2) $f(x)=\ln\sin x$，　　$x\in\left[\frac{\pi}{6},\frac{5\pi}{6}\right]$.

2. 验证函数$f(x)=\arctan x$在区间$[0,1]$上是否满足拉格朗日中值定理的条件？若满足，求出定理中的ξ.

3. 验证函数$f(x)=x^2$，$g(x)=x^3$在区间$[1,2]$上是否满足柯西中值定理的条件？若满足，求出定理中的ξ.

4. 证明方程$x^3+x-1=0$有且仅有一个实根.

5. 设$a_0+\frac{a_1}{2}+\cdots+\frac{a_n}{n+1}=0$，证明多项式$f(x)=a_0+a_1x+\cdots+a_nx^n$在$(0,1)$内至少有一个零点.

6. 证明恒等式：$2\arctan x+\arcsin\frac{2x}{1+x^2}=\pi$，其中$x\geqslant 1$.

7. 证明下列不等式：

(1) $|\sin x-\sin y|\leqslant|x-y|$；

(2) 当$x>0$时，有$\frac{x}{1+x}<\ln(1+x)<x$；

(3) 当$0<b<a$，且$n>1$时，有$nb^{n-1}(a-b)<a^n-b^n<na^{n-1}(a-b)$；

(4) 当 $0<\alpha<\beta<\frac{\pi}{2}$ 时,有 $\frac{\beta-\alpha}{\cos^2\alpha}<\tan\beta-\tan\alpha<\frac{\beta-\alpha}{\cos^2\beta}$.

8. 已知函数 $f(x)$ 在 $[a,b]$ 上连续,在 (a,b) 内可导,且 $f(a)=f(b)=0$. 证明:至少存在一点 $\xi\in(a,b)$,使得 $f(\xi)+f'(\xi)=0$.

9. 若 $f(x)$ 在 $[a,b]$ 上连续,在 (a,b) 内有二阶导数,且 $f(a)=f(b)=0$,又 $f(c)<0$,其中 $a<c<b$,证明:至少存在一点 $\xi\in(a,b)$,使得 $f''(\xi)>0$.

10. 设函数 $f(x)$ 在区间 $[0,x]$ 上可导,且 $f(0)=0$,证明:至少存在一点 $\xi\in(0,x)$,使得 $f(x)=(1+\xi)\ln(1+x)f'(\xi)$.

4.2 洛必达法则

尽管在这之前已学习了许多求极限的方法,但对于像 $\lim\limits_{x\to0}\frac{x-\sin x}{x^3}$ 和 $\lim\limits_{x\to+\infty}\frac{x^{10}}{e^x}$ 等貌似简单的极限却无能为力,这样,就需要我们去探索求极限的新的理论工具. 当我们仔细观察会发现前者为两个无穷小量之比的极限,后者为两个无穷大量之比的极限,分别称为 $\frac{0}{0}$ 型和 $\frac{\infty}{\infty}$ 型未定式. 在这里之所以将 $\frac{0}{0}$ 型和 $\frac{\infty}{\infty}$ 型极限称为未定式,其原因在于它们有的存在,有的不存在. 这类极限不能直接用商的极限运算法则求得. 本节利用微分中值定理推导出求这类极限的一种简单而有效的方法——洛必达(L'Hospital)法则.

4.2.1 $\frac{0}{0}$ 型未定式

定理 4-6 设

(1) 当 $x\to x_0$ 时,函数 $f(x)$ 及 $g(x)$ 都以零为极限;

(2) 在点 x_0 的某去心邻域 $\mathring{U}(x_0)$ 内,$f'(x)$ 和 $g'(x)$ 都存在且 $g'(x)\neq0$;

(3) $\lim\limits_{x\to x_0}\frac{f'(x)}{g'(x)}=A$(或 ∞).

则有

$$\lim_{x\to x_0}\frac{f(x)}{g(x)}=\lim_{x\to x_0}\frac{f'(x)}{g'(x)}.$$

证 因当 $x\to x_0$ 时,$\frac{f(x)}{g(x)}$ 的极限与 $f(x_0)$ 及 $g(x_0)$ 无关,所以可以修改或补充定义 $f(x_0)=g(x_0)=0$,于是由条件(1)、(2)知,$f(x)$ 及 $g(x)$ 就在 $U(x_0)$ 内是连续的.

$\forall x\in\mathring{U}(x_0)$,函数 $f(x)$,$g(x)$ 在以 x_0 和 x 为端点的区间上满足柯西中值定理的条件,因此有

$$\frac{f(x)}{g(x)}=\frac{f(x)-f(x_0)}{g(x)-g(x_0)}=\frac{f'(\xi)}{g'(\xi)}\quad (\xi\text{ 在 } x_0 \text{ 与 } x \text{ 之间}).$$

在上式中令 $x\to x_0$ 对两端取极限,并注意到 $x\to x_0$ 时必有 $\xi\to x_0$,再根据条件(3)便得欲证明的结论.

定理 4-6 告诉我们:当 $\lim\limits_{x\to x_0}\frac{f'(x)}{g'(x)}$ 存在时,$\lim\limits_{x\to x_0}\frac{f(x)}{g(x)}$ 也存在且等于 $\lim\limits_{x\to x_0}\frac{f'(x)}{g'(x)}$;当 $\lim\limits_{x\to x_0}\frac{f'(x)}{g'(x)}$ 为无穷大时,极限 $\lim\limits_{x\to x_0}\frac{f(x)}{g(x)}$ 也是无穷大. 这种在一定条件下通过分子分母分别求导再求极限来确定未定式的值的方法称为洛必达(L'Hospital)法则.

这里有几点值得特别指出:

(1) 定理 4-6 中只给出了当 $x\to x_0$ 时 $\frac{0}{0}$ 型未定式的定值法,事实上,对于自变量的其他变化过程 $x\to x_0^-$,$x\to x_0^+$,$x\to\infty$,$x\to-\infty$,$x\to+\infty$ 都有类似的结论,这里不再一一重叙和证明了.

(2) 在应用上述定理时,一定要进行条件检验和极限的类型判断,对于不满足条件或极限类型不符合者不能盲目利用该结论.

(3) 如果 $\frac{f'(x)}{g'(x)}$ 在某变化过程中仍属 $\frac{0}{0}$ 型,且这时 $f'(x)$,$g'(x)$ 能满足定理中 $f(x)$,$g(x)$ 所要满足的条件,那么可以继续施用洛必达法则先确定 $\frac{f'(x)}{g'(x)}$ 的极限,从而确定 $\frac{f(x)}{g(x)}$ 的极限,以 $x\to x_0$ 为例,即

$$\lim_{x\to x_0}\frac{f(x)}{g(x)}=\lim_{x\to x_0}\frac{f'(x)}{g'(x)}=\lim_{x\to x_0}\frac{f''(x)}{g''(x)}.$$

且可以依此类推.

例 4-5　求 $\lim\limits_{x\to 0}\frac{(1+x)^\alpha-1}{\alpha x}(\alpha\neq 0)$.

解　当 $\alpha\neq 0$ 时,函数 $(1+x)^\alpha-1$ 及 αx 满足定理 4-6 的条件,由洛必达法则,有

$$\lim_{x\to 0}\frac{(1+x)^\alpha-1}{\alpha x}=\lim_{x\to 0}\frac{\alpha(1+x)^{\alpha-1}}{\alpha}=\lim_{x\to 0}(1+x)^{\alpha-1}=1.$$

即 $x\to 0$ 时,$(1+x)^\alpha-1\sim\alpha x$.

例 4-6　求 $\lim\limits_{x\to 3}\frac{3x^2-5x-12}{x^3-x^2-4x-6}$.

解　这是 $\frac{0}{0}$ 型未定式,由洛必达法则,有

$$\lim_{x\to 3}\frac{3x^2-5x-12}{x^3-x^2-4x-6}=\lim_{x\to 3}\frac{6x-5}{3x^2-2x-4}=\frac{13}{17}.$$

注意，上式中的$\lim\limits_{x\to 3}\frac{6x-5}{3x^2-2x-4}$已不是未定式，不能再用洛必达法则，否则会导致错误结果.

例 4-7 求$\lim\limits_{x\to 0}\frac{x-\sin x}{x^3}$.

解 $\lim\limits_{x\to 0}\frac{x-\sin x}{x^3}=\lim\limits_{x\to 0}\frac{1-\cos x}{3x^2}=\lim\limits_{x\to 0}\frac{\sin x}{6x}=\frac{1}{6}$.

例 4-8 求$\lim\limits_{x\to+\infty}\frac{\ln\left(1+\frac{1}{x}\right)}{\mathrm{arccot}x}$.

解 显然当$x\to+\infty$时，$\ln\left(1+\frac{1}{x}\right)$及$\mathrm{arccot}x$均为无穷小量，所以极限为$\frac{0}{0}$型未定式，由洛必达法则有

$$\lim_{x\to+\infty}\frac{\ln\left(1+\frac{1}{x}\right)}{\mathrm{arccot}x}=\lim_{x\to+\infty}\frac{\frac{1}{1+\frac{1}{x}}\left(-\frac{1}{x^2}\right)}{-\frac{1}{1+x^2}}$$

$$=\lim_{x\to+\infty}\frac{x^2+1}{x^2+x}=1.$$

4.2.2 $\frac{\infty}{\infty}$型未定式

对于$\frac{\infty}{\infty}$型未定式，也有与$\frac{0}{0}$型未定式相类似的求极限的方法，我们也称之为洛必达法则. 对于自变量的变化过程$x\to x_0$，$x\to x_0^-$，$x\to x_0^+$，$x\to\infty$，$x\to-\infty$，$x\to+\infty$都会出现$\frac{\infty}{\infty}$型未定式，我们这里仅对$x\to x_0$这一变化过程的$\frac{\infty}{\infty}$型未定式的洛必达法则，不加证明地给以叙述，其他过程可类似给出.

定理 4-7 设

(1) $x\to x_0$时，$f(x)$，$g(x)$均为无穷大量；

(2) 在x_0的某个去心邻域$\mathring{U}(x_0)$内，$f'(x)$和$g'(x)$都存在且$g'(x)\neq 0$；

(3) $\lim\limits_{x\to x_0}\frac{f'(x)}{g'(x)}=A$（或$\infty$）.

则有

$$\lim_{x\to x_0}\frac{f(x)}{g(x)}=\lim_{x\to x_0}\frac{f'(x)}{g'(x)}.$$

例 4-9　求 $\lim\limits_{x\to 0^+}\dfrac{\ln\sin 5x}{\ln\sin 3x}$.

解　这是$\dfrac{\infty}{\infty}$型未定式,由洛必达法则,有

$$\lim_{x\to 0^+}\frac{\ln\sin 5x}{\ln\sin 3x}=\lim_{x\to 0^+}\frac{5\cdot\dfrac{\cos 5x}{\sin 5x}}{3\cdot\dfrac{\cos 3x}{\sin 3x}}$$

$$=\lim_{x\to 0^+}\left(\frac{5}{3}\cdot\frac{\sin 3x}{\sin 5x}\cdot\frac{\cos 5x}{\cos 3x}\right)=1.$$

例 4-10　求 $\lim\limits_{x\to+\infty}\dfrac{\ln x}{x^\alpha}(\alpha>0)$.

解　$\lim\limits_{x\to+\infty}\dfrac{\ln x}{x^\alpha}=\lim\limits_{x\to+\infty}\dfrac{\dfrac{1}{x}}{\alpha x^{\alpha-1}}=\lim\limits_{x\to+\infty}\dfrac{1}{\alpha x^\alpha}=0.$

例 4-11　求 $\lim\limits_{x\to+\infty}\dfrac{x^{10}}{e^x}$.

解　$\lim\limits_{x\to+\infty}\dfrac{x^{10}}{e^x}=\lim\limits_{x\to+\infty}\dfrac{10x^9}{e^x}=\lim\limits_{x\to+\infty}\dfrac{90x^8}{e^x}$

$$=\cdots=\lim_{x\to+\infty}\frac{10!}{e^x}=0.$$

对数函数 $\ln x$,幂函数 $x^\alpha(\alpha>0)$,指数函数 e^x,当 $x\to+\infty$时均为无穷大量,从例 4-10、例 4-11 可以看出这三个函数趋向无穷大的速度却有较大差异,幂函数趋向无穷大的速度比对数函数快得多,而指数函数趋向无穷大的速度又比幂函数快得多.

4.2.3　$0\cdot\infty$、$\infty-\infty$、1^∞、0^0、∞^0 型未定式

前面介绍了$\dfrac{0}{0}$型和$\dfrac{\infty}{\infty}$型未定式,它们可以直接利用洛必达法则进行求解(只要满足定理条件). 但除此之外还有五种类型的未定式,它们是

$$0\cdot\infty、\infty-\infty、1^\infty、0^0、\infty^0.$$

尽管这五种类型的未定式不能直接利用洛必达法则进行求解,但通过适当的变型后,也可以转化为$\dfrac{0}{0}$型或$\dfrac{\infty}{\infty}$型,然后再利用洛必达法则. 如 $0\cdot\infty$型和$\infty-\infty$型通常是用代数方法将其转化为$\dfrac{0}{0}$或$\dfrac{\infty}{\infty}$型;而 1^∞型、0^0 型和∞^0 型都是先将函数 $u(x)^{v(x)}$化为 $e^{v(x)\ln u(x)}$后,成为 $0\cdot\infty$型,再化为$\dfrac{0}{0}$或$\dfrac{\infty}{\infty}$型未定式. 这种方法通常称为**取对数求极限法**.

例 4-12 求 $\lim\limits_{x\to 0^+} x\ln x$.

解 这是 $0\cdot\infty$型未定式，注意到

$$x\cdot\ln x=\frac{\ln x}{\dfrac{1}{x}},$$

当 $x\to 0^+$ 时，上式右端化为$\frac{\infty}{\infty}$型未定式，应用洛必达法则，有

$$\lim_{x\to 0^+} x\ln x=\lim_{x\to 0^+}\frac{\ln x}{\dfrac{1}{x}}=\lim_{x\to 0^+}\frac{\dfrac{1}{x}}{-\dfrac{1}{x^2}}=\lim_{x\to 0^+}(-x)=0.$$

例 4-13 求$\lim\limits_{x\to 0}\left(\dfrac{1}{x^2}-\dfrac{1}{x\tan x}\right)$.

解 这是$\infty-\infty$型未定式

$$\begin{aligned}\lim_{x\to 0}\left(\frac{1}{x^2}-\frac{1}{x\tan x}\right)&=\lim_{x\to 0}\frac{\tan x-x}{x^2\tan x}\\&=\lim_{x\to 0}\frac{\tan x-x}{x^3}（因为 x\to 0 时，\tan x\sim x）\\&=\lim_{x\to 0}\frac{\sec^2 x-1}{3x^2}=\frac{1}{3}\lim_{x\to 0}\frac{\tan^2 x}{x^2}=\frac{1}{3}.\end{aligned}$$

例 4-14 求 $\lim\limits_{x\to 0^+} x^x$.

解 这是 0^0 型未定式. 采用取对数求极限法及复合函数求极限法，有

$$\begin{aligned}\lim_{x\to 0^+} x^x&=\lim_{x\to 0^+}e^{x\ln x}=e^{\lim\limits_{x\to 0^+}x\ln x}\\&=e^{\lim\limits_{x\to 0^+}\frac{\ln x}{\frac{1}{x}}}=e^{\lim\limits_{x\to 0^+}\frac{\frac{1}{x}}{-\frac{1}{x^2}}}\\&=e^{\lim\limits_{x\to 0^+}(-x)}=e^0=1.\end{aligned}$$

例 4-15 求$\lim\limits_{x\to 0}\left(\dfrac{e^x+e^{2x}+\cdots+e^{nx}}{n}\right)^{\frac{1}{x}}$ $(n\in\mathbf{N}^+)$.

解 这是 1^∞型未定式.

$$\begin{aligned}\lim_{x\to 0}\left(\frac{e^x+e^{2x}+\cdots+e^{nx}}{n}\right)^{\frac{1}{x}}&=\lim_{x\to 0}e^{\frac{\ln(e^x+e^{2x}+\cdots+e^{nx})-\ln n}{x}}\\&=e^{\lim\limits_{x\to 0}\frac{\ln(e^x+e^{2x}+\cdots+e^{nx})-\ln n}{x}}\\&=e^{\lim\limits_{x\to 0}\frac{e^x+2e^{2x}+\cdots+ne^{nx}}{e^x+e^{2x}+\cdots+e^{nx}}}\\&=e^{\frac{1+2+\cdots+n}{n}}=e^{\frac{n+1}{2}}.\end{aligned}$$

例 4-16　求 $\lim\limits_{x\to+\infty}(x+\sqrt{1+x^2})^{\frac{1}{x}}$.

解　这是∞^0 型未定式.

$$\lim_{x\to+\infty}(x+\sqrt{1+x^2})^{\frac{1}{x}}=\lim_{x\to+\infty}e^{\frac{\ln(x+\sqrt{1+x^2})}{x}}=e^{\lim\limits_{x\to+\infty}\frac{\ln(x+\sqrt{1+x^2})}{x}}=e^{\lim\limits_{x\to+\infty}\frac{1}{\sqrt{1+x^2}}}=e^0=1.$$

洛必达法则是求未定式的一种有效的方法,但有时与其他求极限的方法(如等价无穷小代换等)相结合,会使得求解更加简洁.

最后还需指出,本节定理给出的是求未定式的一种方法,当定理条件满足时,所求的极限当然存在(或为∞),但当定理条件不满足时,所求极限不一定不存在,这就是说,当$\lim\dfrac{f'(x)}{g'(x)}$不存在时(等于无穷大的情形除外),$\lim\dfrac{f(x)}{g(x)}$依然可能存在.请看下例.

例 4-17　求极限$\lim\limits_{x\to0}\dfrac{x^2\sin\dfrac{1}{x}}{\sin x}$.

解　这是$\dfrac{0}{0}$型未定式,但

$$\lim_{x\to0}\frac{\left(x^2\sin\dfrac{1}{x}\right)'}{(\sin x)'}=\lim_{x\to0}\frac{2x\sin\dfrac{1}{x}-\cos\dfrac{1}{x}}{\cos x}$$

不存在$\left(因为\lim\limits_{x\to0}\cos\dfrac{1}{x}不存在\right)$,不满足定理 4-6 中的条件(3),因而不能使用洛必达法则.但请注意此时得不出原极限不存在的结论,实际上该极限通过适当变形后,有

$$\lim_{x\to0}\frac{x^2\sin\dfrac{1}{x}}{\sin x}=\lim_{x\to0}\left(\frac{x}{\sin x}\cdot x\sin\frac{1}{x}\right)=0.$$

上例说明,在利用洛必达法则求未定式时,由于定理条件的要求,它在使用时是有局限性的.

习　题　4.2

1. 用洛必达法则求下列极限:

(1) $\lim\limits_{x\to a}\dfrac{x^m-a^m}{x^n-a^n}(a\neq0)$;　　(2) $\lim\limits_{x\to0}\dfrac{e^x-x-1}{x^2}$;

(3) $\lim\limits_{x\to0}\dfrac{e^x+e^{-x}-2}{1-\cos x}$;　　(4) $\lim\limits_{x\to\frac{\pi}{2}}\dfrac{\ln\sin x}{(\pi-2x)^2}$;

(5) $\lim\limits_{x\to0^+}\dfrac{\ln\sin3x}{\ln\sin x}$； (6) $\lim\limits_{x\to+\infty}\dfrac{\ln(1+e^x)}{5x}$；

(7) $\lim\limits_{x\to1^-}\dfrac{\ln\tan\frac{\pi}{2}x}{\ln(1-x)}$； (8) $\lim\limits_{x\to\infty}x(e^{\frac{1}{x}}-1)$；

(9) $\lim\limits_{x\to1^+}(x-1)\tan\frac{\pi}{2}x$； (10) $\lim\limits_{x\to1}\left(\dfrac{x}{x-1}-\dfrac{1}{\ln x}\right)$；

(11) $\lim\limits_{x\to0}\left(\cot x-\dfrac{1}{x}\right)$； (12) $\lim\limits_{x\to+\infty}\left(\dfrac{2}{\pi}\arctan x\right)^x$；

(13) $\lim\limits_{x\to0^+}\left(\ln\dfrac{1}{x}\right)^x$； (14) $\lim\limits_{x\to0^+}(\sin x)^{\tan x}$.

2. 说明下列极限不能用洛必达法则求其极限，并用其他方法求出极限：

(1) $\lim\limits_{x\to\infty}\dfrac{x+\cos x}{x-\cos x}$； (2) $\lim\limits_{x\to+\infty}\dfrac{e^x-e^{-x}}{e^x+e^{-x}}$.

3. 设函数 $f(x)$二次可微，且 $f(0)=0, f'(0)=1, f''(0)=2$，试求$\lim\limits_{x\to0}\dfrac{f(x)-x}{x^2}$.

4. 设函数 $f(x)$二阶可导，证明：

$$\lim_{h\to0}\frac{f(x+h)+f(x-h)-2f(x)}{h^2}=f''(x).$$

5. 设 $f(x)=\begin{cases}\dfrac{g(x)-e^{-x}}{x}, & x\neq0,\\ 0, & x=0,\end{cases}$ 其中 $g(x)$有二阶连续导数，且 $g(0)=1, g'(0)=-1$.

(1) 求 $f'(x)$；

(2) 讨论 $f'(x)$在$(-\infty,+\infty)$上的连续性.

4.3 泰勒公式

在对客观世界许多复杂现象的研究和分析过程中，经常采用将复杂现象近似地分解成若干简单现象的叠加，以便于分析研究复杂现象的成因与规律. 而体现在数学中，就是把复杂函数近似地分解成简单函数的叠加. 我们又知道幂函数$\{(x-x_0)^n(n\in N)\}$就属于一类较简单的函数族，若能将复杂函数近似地分解成若干个$(x-x_0)^n$ 的叠加——即关于$(x-x_0)$的多项式，或看成是用多项式去逼近复杂函数，会对复杂函数的研究、分析和计算带来较大方便. 这一节我们就来讨论这一问题.

在第 3 章学习微分近似计算时已知道：若函数 $f(x)$在点 x_0 处可导，当$|\Delta x|=|x-x_0|$很小时，有

$$f(x)\approx f(x_0)+f'(x_0)(x-x_0).$$

这实际上就是用一次多项式

$$p_1(x)=f(x_0)+f'(x_0)(x-x_0)$$

来近似表示 $f(x)$，即在点 x_0 附近，有 $f(x)\approx p_1(x)$，且满足条件：$p_1(x_0)=f(x_0)$，$p_1'(x_0)=f'(x_0)$. 形成的误差为 $o(x-x_0)$.

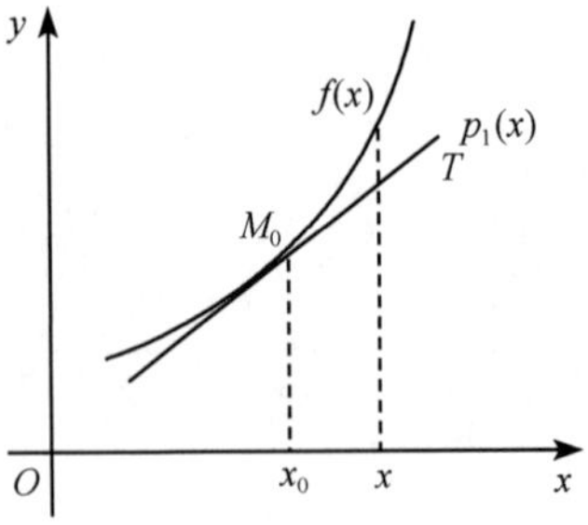

图 4-5

在几何直观上体现为：在点 $M_0(x_0,f(x_0))$ 附近，用曲线 $y=f(x)$ 在 M_0 点处的切线来近似代替曲线(图 4-5).

为了提高近似的程度，设想用 n 次多项式

$$p_n(x)=a_0+a_1(x-x_0)+\cdots+a_n(x-x_0)^n \tag{4-7}$$

在 x_0 点附近来近似代替 $f(x)$，在 $f^{(k)}(x_0)(k=0,1,\cdots,n)$ 已知的条件下，去寻求一个理想的 $p_n(x)$，充分利用已知条件，令其满足如下条件；

$$p_n^{(k)}(x_0)=f^{(k)}(x_0)\quad (k=0,1,2,\cdots,n). \tag{4-8}$$

根据以上 $n+1$ 个条件我们来确定 $p_n(x)$，实际上就是确定多项式 $p_n(x)$ 的 $n+1$ 个系数 $a_0,a_1,\cdots,a_n$.

对(4-7)式的两端分别对 x 求 k 阶导数($k=1,2,\cdots,n$)得

$$p_n'(x)=a_1+2a_2(x-x_0)+\cdots+na_n(x-x_0)^{n-1};$$
$$p_n''(x)=2!a_2+3\cdot 2a_3(x-x_0)+\cdots+n(n-1)a_n(x-x_0)^{n-2};$$
$$\cdots\cdots$$
$$p_n^{(n)}(x)=n!a_n.$$

令 $x=x_0$，并将其代入式(4-8)，得

$$\begin{cases}a_0=f(x_0)\\ a_1=f'(x_0)\\ 2!\ a_2=f''(x_0)\\ \cdots\cdots\\ n!\ a_n=f^{(n)}(x_0)\end{cases}\Rightarrow\begin{cases}a_0=f(x_0)\\ a_1=f'(x_0)\\ a_2=\dfrac{f''(x_0)}{2!}\\ \cdots\cdots\\ a_n=\dfrac{f^{(n)}(x_0)}{n!}\end{cases}$$

代入式(4-7)，得

$$p_n(x)=f(x_0)+f'(x_0)(x-x_0)+\frac{f''(x_0)}{2!}(x-x_0)^2+\cdots+\frac{f^{(n)}(x_0)}{n!}(x-x_0)^n.$$

上式称为函数 $f(x)$ 在点 x_0 处关于 $(x-x_0)$ 的 n 次**泰勒(Taylor)多项式**. 记函数 $f(x)$ 与 n 阶泰勒多项式之间的差为

$$R_n(x)=f(x)-p_n(x),$$

则 $f(x)=p_n(x)+R_n(x)$，即

$$f(x)=f(x_0)+f'(x_0)(x-x_0)+\frac{f''(x_0)}{2!}(x-x_0)^2+\cdots+\frac{f^{(n)}(x_0)}{n!}(x-x_0)^n+R_n(x).$$

通常称上式为函数 $f(x)$在点 x_0 处展开的**泰勒公式**或**泰勒展开式**,其中 $R_n(x)$称为 n 阶**泰勒公式的余项**.

多项式 $p_n(x)$是 $f(x)$在点 x_0 附近的近似表达,所形成的误差为$|R_n(x)|$,误差的大小体现了近似表达效果的优劣,而误差的大小又取决于 $R_n(x)$的取值情况.

定理 4-8(Taylor 中值定理) 设函数 $f(x)$在含有 x_0 的某开区间(a,b)内具有直到 $n+1$ 阶导数,则对$\forall x\in(a,b)$,有

$$f(x)=f(x_0)+f'(x_0)(x-x_0)+\frac{f''(x_0)}{2!}(x-x_0)^2+\cdots+\frac{f^{(n)}(x_0)}{n!}(x-x_0)^n+R_n(x), \tag{4-9}$$

其中

$$R_n(x)=\frac{f^{(n+1)}(\xi)}{(n+1)!}(x-x_0)^{n+1}\quad(\xi\text{ 在 }x_0\text{ 与 }x\text{ 之间}). \tag{4-10}$$

式(4-9)称为 $f(x)$在点 x_0 处**具有拉格朗日型余项的 n 阶泰勒公式**,而(4-10)式称为**拉格朗日型余项**.

在不需要余项的精确表达式时,还有下述结论:

定理 4-9 设函数 $f(x)$在含有 x_0 的某开区间(a,b)内有直到 n 阶导数,且 $f^{(n)}(x)$在(a,b)内连续,则对于任意 $x\in(a,b)$,有

$$f(x)=f(x_0)+f'(x_0)(x-x_0)+\frac{f''(x_0)}{2!}(x-x_0)^2+\cdots+\frac{f^{(n)}(x_0)}{n!}(x-x_0)^n+R_n(x), \tag{4-11}$$

其中

$$R_n(x)=o[(x-x_0)^n]\quad(x\to x_0\text{ 时}), \tag{4-12}$$

式(4-11)称为 $f(x)$在点 x_0 处**具有佩亚诺(Peano)型余项的 n 阶泰勒公式**,而式(4-12)称为**佩亚诺型余项**.

定理 4-8、定理 4-9 均可以利用柯西(Cauchy)中值定理给出证明,有兴趣的读者可以参看其他教材,这里从略.

值得指出的是:

(1) 定理 4-9 表明,当 $x\to x_0$ 时,n 次泰勒多项式近似表达函数 $f(x)$的误差$|R_n(x)|$是比$(x-x_0)^n$ 高阶的无穷小,比起微分近似计算的误差$o(x-x_0)$明显地提高了精确度,且精确度的提高可以通过对阶数 n 的选择来实现.

(2) 函数 $f(x)$的带有拉格朗日型余项和带有佩亚诺型余项的泰勒公式在应用时各有侧重.前者有利于研究函数在区间(大范围)上的性态,而后者有利于研究函数在一点(局部的)附近的性态.拉格朗日型余项给出了 $R_n(x)$的具体表达式,可以定量地估计误差,而佩亚诺型余项是对 $R_n(x)$的定性描述,并没有给出定量估计.

(3) 当 $n=0$ 时,泰勒公式就是拉格朗日中值公式:

$$f(x)=f(x_0)+f'(\xi)(x-x_0)\quad(\xi\text{ 在 }x_0\text{ 与 }x\text{ 之间}).$$

因此泰勒中值定理是拉格朗日中值定理的推广.

在泰勒公式中,若取 $x_0=0$,则 ξ 在 0 与 x 之间,因此可令 $\xi=\theta x(0<\theta<1)$,从而泰勒公式变成较简单的形式,又称为麦克劳林(Maclaurin)公式:

$$f(x)=f(0)+f'(0)x+\frac{f''(0)}{2!}x^2+\cdots+\frac{f^{(n)}(0)}{n!}x^n+R_n(x),$$

其中 $R_n(x)$ 为余项,其拉格朗日型余项为

$$R_n(x)=\frac{f^{(n+1)}(\theta x)}{(n+1)!}x^{n+1}\quad(0<\theta<1).$$

佩亚诺型余项为

$$R_n(x)=o(x^n)\quad(x\to 0).$$

例 4-18　将函数 $f(x)=\mathrm{e}^x$ 展开为 n 阶麦克劳林公式.

解　因为

$$f'(x)=f''(x)=\cdots=f^{(n)}(x)=\mathrm{e}^x,$$

所以

$$f(0)=f'(0)=f''(0)=\cdots=f^{(n)}(0)=1.$$

从而可得带有拉格朗日型余项的麦克劳林展式为

$$\mathrm{e}^x=1+x+\frac{x^2}{2!}+\cdots+\frac{x^n}{n!}+\frac{\mathrm{e}^{\theta x}}{(n+1)!}x^{n+1}\quad(0<\theta<1).$$

带有佩亚诺型余项的麦克劳林展式为

$$\mathrm{e}^x=1+x+\frac{x^2}{2!}+\cdots+\frac{x^n}{n!}+o(x^n).$$

由此可知,若把 e^x 用它的 n 次近似多项式表达为

$$\mathrm{e}^x\approx 1+x+\frac{x^2}{2!}+\cdots+\frac{x^n}{n!},$$

这时所产生的误差为

$$|R_n(x)|=\left|\frac{\mathrm{e}^{\theta x}}{(n+1)!}x^{n+1}\right|<\frac{\mathrm{e}^{|x|}}{(n+1)!}|x|^{n+1}\quad(0<\theta<1).$$

如果取 $x=1$,则得无理数 e 的近似式为

$$\mathrm{e}\approx 1+1+\frac{1}{2!}+\cdots+\frac{1}{n!}.$$

其误差

$$|R_n|<\frac{\mathrm{e}}{(n+1)!}<\frac{3}{(n+1)!}.$$

当 $n=10$ 时,可算出 $\mathrm{e}\approx 2.718282$,其误差小于 10^{-6}.

例 4-19　将函数 $f(x)=\sin x$ 展开为 n 阶麦克劳林公式.

解　因为

$$f^{(k)}(x)=(\sin x)^{(k)}=\sin\left(x+\frac{k\pi}{2}\right)\quad(k\in\mathbf{N}^+),$$

故

$$f^{(k)}(0)=\begin{cases}(-1)^{m-1}, & k=2m-1,\\ 0, & k=2m\end{cases}\quad (m\in\mathbf{N}^{+}),$$

所以 $f(x)=\sin x$ 的 $n(n=2m)$ 阶麦克劳林公式为

$$\sin x=x-\frac{x^3}{3!}+\frac{x^5}{5!}-\cdots+(-1)^{m-1}\frac{x^{2m-1}}{(2m-1)!}+R_{2m}(x),$$

其中拉格朗日型余项为

$$R_{2m}(x)=\frac{\sin\left[\theta x+(2m+1)\dfrac{\pi}{2}\right]}{(2m+1)!}x^{2m+1}\quad (0<\theta<1).$$

佩亚诺型余项为

$$R_{2m}(x)=o(x^{2m})\quad (x\to 0).$$

若取 $m=1$ 则得近似公式

$$\sin x\approx x.$$

这时误差为

$$|R_2(x)|=\left|\frac{\sin\left(\theta x+\dfrac{3}{2}\pi\right)}{3!}x^3\right|\leqslant\frac{|x|^3}{6}\quad (0<\theta<1).$$

若 m 分别取 2 和 3,则可得 $\sin x$ 的 3 次和 5 次多项式

$$\sin x\approx x-\frac{1}{3!}x^3 \text{ 和 } \sin x\approx x-\frac{1}{3!}x^3+\frac{1}{5!}x^5,$$

其误差依次不超过$\frac{1}{5!}|x|^5$ 和$\frac{1}{7!}|x|^7$.

另外,泰勒公式在许多理论证明中也发挥着重要作用.

习 题 4.3

1. 按$(x-1)$的幂展开函数 $f(x)=x^6$.
2. 按$(x+1)$的幂展开函数 $f(x)=1+3x+5x^2-2x^3$.
3. 利用已知函数的麦克劳林公式求出下列函数带佩亚诺型余项的麦克劳林公式:

(1) $f(x)=e^{-x^2}$; (2) $f(x)=\sin^2 x$;

(3) $f(x)=2^x$; (4) $f(x)=x\ln(1-x^2)$.

4. 求函数 $f(x)=\tan x$ 的带有拉格朗日型余项的 3 阶麦克劳林公式.
5. 利用泰勒公式进行近似计算:

(1) $\sqrt[12]{4000}$,精确到 10^{-4}; (2) $\ln 1.02$,精确到 10^{-5}.

4.4 函数的单调性与极值

4.4.1 函数单调性的判别法

在第 1 章中我们已经介绍了函数在区间上单调的概念. 从定义出发判断函数

的单调性有时繁杂而艰难，下面以导数为工具对函数的单调性进行研究.

先借助于几何直观对函数单调性进行分析：设函数 $f(x)$ 在闭区间 $[a,b]$ 上连续，在 (a,b) 内可导，如果 $y=f(x)$ 在 $[a,b]$ 上单调增加（单调减少），那么它的图形是一条沿 x 轴正向上升（下降）的曲线，其切线的斜率为非负的（非正的），即导数 $f'(x)\geqslant 0(\leqslant 0)$，由此可见，函数的单调性与导数的符号有密切联系（图 4-6）.

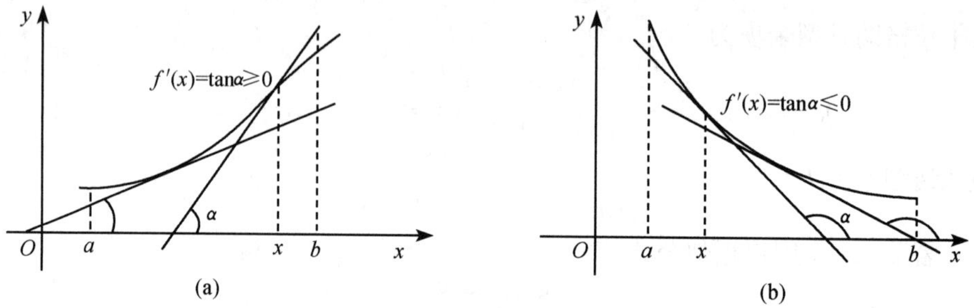

图 4-6

反过来，导数的符号又是否决定着函数的单调性呢？下面的定理回答了这一问题.

定理 4-10（函数单调性判别法）　设函数 $y=f(x)$ 在 $[a,b]$ 上连续，在 (a,b) 内可导.

(1) 如果在 (a,b) 内 $f'(x)>0$，则函数 $y=f(x)$ 在 $[a,b]$ 上单调增加；

(2) 如果在 (a,b) 内 $f'(x)<0$，则函数 $y=f(x)$ 在 $[a,b]$ 上单调减少.

证　对 $\forall x_1,x_2\in[a,b]$ 且 $x_1<x_2$，在区间 $[x_1,x_2]$ 上应用拉格朗日中值定理，$\exists\xi\in(x_1,x_2)$，使得

$$f(x_2)-f(x_1)=f'(\xi)(x_2-x_1).$$

(1) 若在 (a,b) 内 $f'(x)>0$，则 $f'(\xi)>0$，从而

$$f(x_2)-f(x_1)=f'(\xi)(x_2-x_1)>0,$$

因此 $f(x_1)<f(x_2)$，即 $y=f(x)$ 在 $[a,b]$ 上单调增加.

(2) 若在 (a,b) 内 $f'(x)<0$，则 $f'(\xi)<0$，从而

$$f(x_2)-f(x_1)=f'(\xi)(x_2-x_1)<0.$$

因此 $f(x_1)>f(x_2)$，即函数 $y=f(x)$ 在 $[a,b]$ 上单调减少. 定理证毕.

这里还要说明，若把定理 4-10 中的闭区间换成其他各种区间（包括无穷区间），那么结论也成立.

例 4-20　讨论函数 $y=e^x-x-1$ 的单调性.

解　函数 $y=e^x-x-1$ 的定义域为 $(-\infty,+\infty)$，而

$$y'=e^x-1.$$

当 $x<0$ 时，$y'<0$，函数单调减少；当 $x>0$ 时，$y'>0$，函数单调增加. 亦即 $(-\infty,0]$ 为函数的单调减少区间，而 $[0,+\infty)$ 为函数的单调增加区间.

例 4-21 讨论函数 $y=x-\arctan x$ 的单调性.

解 $y=x-\arctan x$ 的定义域为$(-\infty,+\infty)$,因

$$y'=1-\frac{1}{1+x^2}=\frac{x^2}{1+x^2},$$

在$(-\infty,+\infty)$内 $y'\geqslant 0$,而等号仅在 $x=0$ 处成立,因此函数在$(-\infty,+\infty)$内是单调增加的.

例 4-22 讨论函数 $y=3-\sqrt[3]{(x-2)^2}$ 的单调性.

解 函数 $y=3-\sqrt[3]{(x-2)^2}$ 的定义域为$(-\infty,+\infty)$,

$$y'=-\frac{2}{3}(x-2)^{-\frac{1}{3}}=-\frac{2}{3}\frac{1}{\sqrt[3]{x-2}}.$$

当 $x=2$ 时,y'不存在;但当 $x<2$ 时,$y'>0$,所以函数在区间$(-\infty,2]$内单调增加;又当 $x>2$ 时,$y'<0$,函数在区间$[2,+\infty)$内单调减少.

例 4-23 讨论函数 $y=5+\sqrt[3]{x-1}$ 的单调性.

解 函数 $y=5+\sqrt[3]{x-1}$ 的定义域为$(-\infty,+\infty)$,

$$y'=\frac{1}{3}(x-1)^{-\frac{2}{3}}=\frac{1}{3}\frac{1}{\sqrt[3]{(x-1)^2}}.$$

当 $x=1$ 时,y'不存在,当 $x\in(-\infty,+\infty)$时函数连续,且 $x<1$ 时,$y'>0$;$x>1$ 时,也有 $y'>0$,从而函数在$(-\infty,+\infty)$内单调增加.

通过以上例题我们可以发现,有些函数在其定义域内并不具有一致的单调性,而是按照某种方式将定义域划分成若干区间,在各个区间内具有单调性,这样的区间称为**单调区间**.而单调区间的分界点往往是驻点或导数不存在的点,而驻点和导数不存在的点并不一定是分界点.在讨论较复杂一点的函数的单调区间时,通常用驻点和不可导点划分区间,列表讨论.

例 4-24 讨论函数 $f(x)=\frac{x^3}{(x-1)^2}$ 的单调性.

解 函数 $f(x)$的定义域为$(-\infty,1)\cup(1,+\infty)$,且

$$f'(x)=\frac{x^2(x-3)}{(x-1)^3}.$$

令 $f'(x)=0$,得驻点 $x=0$ 和 $x=3$,用这两点将定义域划分成若干区间后列表 4-1.

表 4-1

x	$(-\infty,0)$	0	$(0,1)$	$(1,3)$	3	$(3,+\infty)$
$f'(x)$	+	0	+	−	0	+
$f(x)$	↗		↗	↘		↗

表中“+”、“−”号表示 $f'(x)$在相应区间上的符号,↗和↘分别表示 $f(x)$在相应区间上单调增加和单调减少.

例 4-25　证明不等式 $1+x\ln(x+\sqrt{1+x^2})\geqslant\sqrt{1+x^2}$ 在 $(-\infty,+\infty)$ 内成立.

证　取 $f(x)=1+x\ln(x+\sqrt{1+x^2})-\sqrt{1+x^2}$，只需证明在 $(-\infty,+\infty)$ 内 $f(x)\geqslant 0$ 即可.

由于 $f(x)$ 在 $(-\infty,+\infty)$ 内处处可导，且

$$f'(x)=\ln(x+\sqrt{1+x^2}),$$

当 $x=0$ 时，$f'(x)=0$；而 $x<0$ 时，$f'(x)<0$，因此函数 $f(x)$ 在 $(-\infty,0]$ 上单调减少，即当 $x<0$ 时，有

$$f(x)>f(0)=0.$$

又当 $x>0$ 时，$f'(x)>0$，因此函数 $f(x)$ 在 $[0,+\infty)$ 上单调增加，即当 $x>0$ 时，有

$$f(x)>f(0)=0.$$

综合上述讨论可知，对 $\forall x\in(-\infty,+\infty)$ 有

$$f(x)\geqslant 0,$$

即有

$$1+x\ln(x+\sqrt{1+x^2})\geqslant\sqrt{1+x^2}.$$

例 4-26　证明方程 $e^x-x=3$ 在 $(0,3)$ 内有且仅有一个实根.

证　设 $f(x)=e^x-x-3$，则 $f(x)$ 在 $[0,3]$ 上连续，且

$$f(0)=-2<0,\quad f(3)=e^3-6>0,$$

由零点定理可知，至少存在一点 $\xi\in(0,3)$，使 $f(\xi)=0$，即方程在 $(0,3)$ 内至少有一个实根 $x=\xi$.

又因为，对 $\forall x\in(0,3)$ 有

$$f'(x)=e^x-1>0,$$

从而函数 $f(x)$ 在 $[0,3]$ 上单调增加，即在 $(0,3)$ 内至多有一个零值点，亦即方程 $f(x)=0$ 最多有一个实根.

综上所述，方程 $f(x)=0$，也就是方程 $e^x-x=3$ 在区间 $(0,3)$ 内有唯一实根 $x=\xi$.

4.4.2　函数的极值

在优化理论和优化决策方法中，极值作为其基础知识有着举足轻重的作用. 下面我们来介绍这一概念.

定义 4-1　设函数 $f(x)$ 在点 x_0 的某邻域 $U(x_0,\delta)$ 内有定义.

(1) 若对 $\forall x\in\mathring{U}(x_0,\delta)$，有 $f(x)<f(x_0)$，则称 $f(x_0)$ 是 $f(x)$ 的一个极大值，而 x_0 称为 $f(x)$ 的极大值点；

(2) 若对 $\forall x\in\mathring{U}(x_0,\delta)$，有 $f(x)>f(x_0)$，则称 $f(x_0)$ 是 $f(x)$ 的一个极小值，而 x_0 称为 $f(x)$ 的极小值点.

极大值和极小值统称为函数的极值,极大、极小值点统称为函数的极值点.

函数极值的概念是一个局部性概念:如果 $f(x_0)$是函数 $f(x)$的一个极大值,那只是就 x_0 附近的一个局部范围而言;如果就 $f(x)$的整个定义域来说,$f(x_0)$不见得是最大值.关于极小值也如此.

对极值概念的理解可以借助于几何直观(图 4-7).

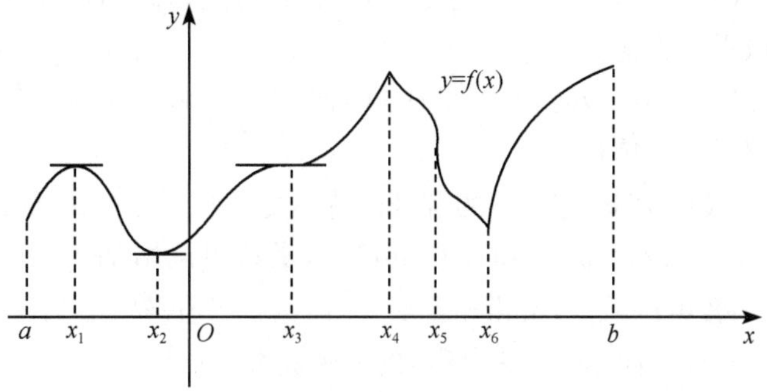

图 4-7

从上图可以看出,函数 $f(x)$在点 x_1,x_4 处取得极大值;在点 x_2,x_6 处取得极小值;但在点 x_3 和 x_5 处不取极值.就整个区间$[a,b]$而言,最大值和最小值既有可能在区间内部的极大值和极小值点处取得,也可能在区间的端点处取得,这又为我们在以后寻求函数在全局范围内的最大值和最小值提供了思路.

从图 4-7 中还可以看出,在函数取得极值处,函数的导数为零或导数不存在,但在导数为零或不存在的点却不一定取得极值.例如,图中的点 x_3 和 x_5 处,函数 $f(x)$并不取得极值.

由本章 4.1 节中费马引理可知,如果函数 $f(x)$在点 x_0 处可导,且 $f(x)$在点 x_0 处取得极值,那么 $f'(x_0)=0$.这就是可导函数取得极值的必要条件.现将此结论叙述成如下定理.

定理 4-11(可导函数极值存在的必要条件)　设函数 $f(x)$在 x_0 处可导,且在 x_0 处取得极值,那么必有 $f'(x_0)=0$.

定理 4-11 指出:可导函数 $f(x)$的极值点必定是它的驻点.但反过来,函数的驻点却不一定是极值点.例如,$f(x)=x^3$ 的导数 $f'(x)=3x^2$,$f'(0)=0$,即 $x=0$ 为函数的驻点,但却不是函数的极值点.所以,函数的驻点只是可能的极值点,而非一定是极值点.此外,函数的不可导点也可能是函数的极值点,例如,函数 $f(x)=|x|$在 $x=0$ 点处不可导,但却是函数的极小值点,同样函数的不可导点也只是可能的极值点,亦非必定的极值点,例如,$f(x)=\sqrt[3]{x}$在 $x=0$ 点处不可导,却也不是极值点.因此,在没有可导性假设下,对一般函数而言,极值存在的必要性定理应作如下刻画:

如果函数 $f(x)$ 在点 x_0 处取得极值,那么必有 $f'(x_0)=0$ 或 $f'(x_0)$ 不存在.

怎样判定函数在驻点或不可导点处究竟是否取得极值?若取极值,那么是取得极大值还是极小值?下面给出两个判定极值的充分条件.

定理 4-12(判别极值的第一充分条件)　设函数 $f(x)$ 在 x_0 处连续,且在 x_0 的某去心邻域 $\mathring{U}(x_0,\delta)$ 内可导.

(1) 若 $x\in(x_0-\delta,x_0)$ 时,有 $f'(x)>0$,而 $x\in(x_0,x_0+\delta)$ 时,有 $f'(x)<0$,则 $f(x)$ 在 x_0 处取得极大值;

(2) 若 $x\in(x_0-\delta,x_0)$ 时,有 $f'(x)<0$,而 $x\in(x_0,x_0+\delta)$ 时,有 $f'(x)>0$,则 $f(x)$ 在 x_0 处取得极小值;

(3) 若 $x\in\mathring{U}(x_0,\delta)$ 时,$f'(x)$ 的符号保持不变,则 $f(x)$ 在 x_0 处没有极值.

证　(1) 当 $x\in(x_0-\delta,x_0)$ 时,$f'(x)>0$,函数单调增加;当 $x\in(x_0,x_0+\delta)$ 时,$f'(x)<0$,函数单调减少,又由于函数 $f(x)$ 在 x_0 处连续,故当 $x\in\mathring{U}(x_0,\delta)$ 时,总有 $f(x)<f(x_0)$,从而 $f(x_0)$ 为 $f(x)$ 的一个极大值;

(2) 的证明类似;

(3) 因为 $f'(x)$ 不变号,所以当 $x\in\mathring{U}(x_0,\delta)$ 时,恒有 $f'(x)>0$ 或 $f'(x)<0$,即函数 $f(x)$ 在 $U(x_0,\delta)$ 内单调增加或单调减少. 因此 $f(x)$ 在 x_0 处不取极值.

根据上面两个定理,如果函数 $f(x)$ 在所讨论的区间内连续,除个别点外处处可导,那么就可以按下列步骤来求 $f(x)$ 在该区间内的极值点和相应的极值:

(1) 求出函数 $f(x)$ 的定义域,并求出 $f'(x)$;

(2) 求出 $f(x)$ 的全部驻点与不可导点;

(3) 判断 $f'(x)$ 在每个驻点及不可导点两侧邻近的符号;

(4) 应用定理 4-12 判定上述各点是否为函数的极值点,是极大值点还是极小值点,计算出各极值点处的函数值,即得出函数 $f(x)$ 的全部极值.

例 4-27　求函数 $f(x)=(x-1)\sqrt[3]{(x+4)^2}$ 的极值.

解　函数 $f(x)$ 的定义域为 $(-\infty,+\infty)$,而

$$f'(x)=\frac{5(x+2)}{3\sqrt[3]{x+4}}.$$

令 $f'(x)=0$,解得驻点 $x=-2$;$x=-4$ 为 $f(x)$ 的不可导点. 用以上两种点把定义域分成三个区间,其讨论结果见列表 4-2.

表 4-2

x	$(-\infty,-4)$	-4	$(-4,-2)$	-2	$(-2,+\infty)$
$f'(x)$	$+$	∞	$-$	0	$+$
$f(x)$	↗	极大值 0	↘	极小值 $-3\sqrt[3]{4}$	↗

由表可见,$f(x)$ 在 $x=-4$ 处取得极大值 0,在 $x=-2$ 处取得极小值 $-3\sqrt[3]{4}$.

例 4-28 求函数 $f(x)=\dfrac{x^3}{(x-1)^2}$ 的极值.

解 函数 $f(x)$ 的定义域为 $(-\infty,1)\cup(1,+\infty)$，而

$$f'(x)=\frac{x^2(x-3)}{(x-1)^3}.$$

令 $f'(x)=0$，解得驻点 $x=0$ 和 $x=3$. 用以上两点将定义域划分成若干子区间，并列表 4-3 讨论.

表 4-3

x	$(-\infty,0)$	0	$(0,1)$	$(1,3)$	3	$(3,+\infty)$
$f'(x)$	+	0	+	−	0	+
$f(x)$	↗	无极值	↗	↘	极小值 $\frac{27}{4}$	↗

由表 4-3 可见，$f(x)$ 在 $x=3$ 处取得极小值 $\dfrac{27}{4}$，但在驻点 $x=0$ 处却不取极值.

上述判别方法是以一阶导数为工具建立的. 如果函数 $f(x)$ 在驻点处的二阶导数存在且不为零时，也可以用下述定理来判定 $f(x)$ 在驻点处取得极大值还是极小值.

定理 4-13（判别极值的第二充分条件） 设函数 $f(x)$ 在 x_0 处具有二阶导数，且 $f'(x_0)=0$，$f''(x_0)\neq 0$，则

(1) 当 $f''(x_0)<0$ 时，函数 $f(x)$ 在 x_0 处取得极大值；

(2) 当 $f''(x_0)>0$ 时，函数 $f(x)$ 在 x_0 处取得极小值.

证 (1) 由于 $f''(x_0)<0$，按二阶导数的定义有

$$f''(x_0)=\lim_{x\to x_0}\frac{f'(x)-f'(x_0)}{x-x_0}<0.$$

由函数极限的局部保号性定理可知，$\exists\delta>0$，当 $x\in\mathring{U}(x_0,\delta)$ 时，有

$$\frac{f'(x)-f'(x_0)}{x-x_0}<0.$$

但 $f'(x_0)=0$，所以上式即

$$\frac{f'(x)}{x-x_0}<0.$$

从而当 $x\in(x_0-\delta,x_0)$ 时，有 $f'(x)>0$，而当 $x\in(x_0,x_0+\delta)$ 时，有 $f'(x)<0$，于是根据定理 4-12 知，$f(x)$ 在点 x_0 处取得极大值.

类似地可证明(2).

注 定理 4-13 中对 $f'(x_0)=0$ 且 $f''(x_0)=0$ 的情形没有给出结论. 事实上，在该情形下 $f(x)$ 在 x_0 处可能有极值，也可能没有极值，有极值时，可能有极大值，也可能有极小值. 例如 $f(x)=x^4$，$g(x)=-x^4$，$h(x)=x^3$ 在 $x=0$ 处的情形就可以

说明这一点. 但此时若以二阶导数为工具来讨论，就失去判别极值的充分性，那么还得用一阶导数在驻点左右邻近的符号来判定.

例 4-29　求函数 $f(x)=(x-1)^2(x+1)^3+1$ 的极值.

解　函数 $f(x)$的定义域为$(-\infty,+\infty)$.

$$f'(x)=(x-1)(x+1)^2(5x-1).$$

令 $f'(x)=0$，求得驻点，$x_1=-1$，$x_2=\frac{1}{5}$，$x_3=1$.

$$f''(x)=4(x+1)(5x^2-2x-1).$$

$f''\left(\frac{1}{5}\right)=-\frac{144}{25}<0$，$f''(1)=16>0$. 由定理 4-13 可知，$f\left(\frac{1}{5}\right)=\frac{4081}{625}$为函数 $f(x)$的极大值；$f(1)=1$ 为函数 $f(x)$的极小值. 又由于 $f''(-1)=0$，故定理 4-13 失效，但可用第一充分条件来判断. 注意到 $x<-1$ 时，$f'(x)>0$. 当$-1<x<\frac{1}{5}$时，也有 $f'(x)>0$，由定理 4-12 可知. 函数 $f(x)$在 $x=-1$ 点处不取极值.

习　题　4.4

1. 确定下列函数的单调区间：

(1) $y=x^3-3x^2-9x+4$；　　(2) $y=2x^2-\ln x$；

(3) $y=\frac{2x}{1+x^2}$；　　(4) $y=x+\sin x$；

(5) $y=x\sqrt{1-x^2}$；　　(6) $y=x-2\sin x(0\leqslant x\leqslant 2\pi)$.

2. 证明下列不等式：

(1) 当 $x>4$ 时，$2^x>x^2$；

(2) 当 $x>0$ 时，$x-\frac{x^3}{6}<\sin x<x$；

(3) 当 $x>1$ 时，$2\sqrt{x}>3-\frac{1}{x}$；

(4) 当 $x>0$ 时，$x-\frac{x^2}{2}<\ln(1+x)<x$.

3. 证明方程 $\sin x=x$ 有且只有一个实根.

4. 讨论方程 $xe^{-x}-a=0(a>0)$有几个实根？

5. 设在$(-\infty,+\infty)$内有 $f''(x)>0$，且 $f(0)=0$. 试证：$F(x)=\frac{f(x)}{x}$在$(-\infty,0)$与$(0,+\infty)$内单调增加.

6. 求下列函数的极值：

(1) $y=2x^3-6x^2-18x+7$；　　(2) $y=x^2\ln x$；

(3) $y=x^{\frac{2}{3}}(x-2)^2$；　　(4) $y=e^x\cos x$；

(5) $y=x-\ln(1+x)$；　　　　(6) $y=\arctan x-\frac{1}{2}\ln(1+x^2)$.

7. 证明:如果函数 $y=ax^3+bx^2+cx+d$ 满足条件 $b^2-3ac<0$,那么这个函数没有极值.

8. 已知 $f(x)=\frac{ax^2+bx+a+1}{x^2+1}$ 的极小值是 $f(-\sqrt{3})=0$,求 a,b 及 $f(x)$ 的极大值点.

9. a 为何值时,函数 $f(x)=a\sin x+\frac{1}{3}\sin 3x$ 在 $x=\frac{\pi}{3}$ 处取到极值? 它是极大值还是极小值? 并求此极值.

4.5　曲线的凹凸性与拐点

在上节中我们研究了函数的单调性和极值,但它所反映的仅仅是函数变化规律的某些方面. 在函数单调增加或减少的过程中,亦即在曲线上升或下降的过程中,还有一个弯曲方向的问题. 如图 4-8 所示,函数 $y=f(x)$ 的图形在 $[x_1,x_3]$ 上为单调上升,但却有着不同的弯曲状况,由左向右,曲线先是上凸的,过了 x_2 点,又是上凹的,而对应于 x_2 的曲线上的 P 点是弯曲状况的转折点. 下面我们就来研究曲线的凹凸性及其判定法.

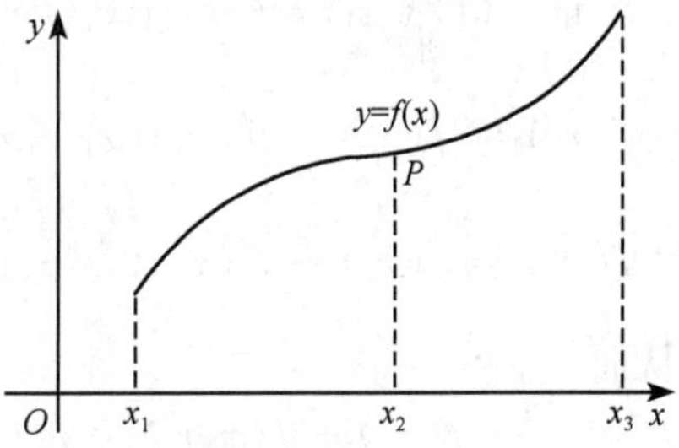

图 4-8

借助于图 4-9(a)、(b)可以从几何直观上看到凹弧具有如下特征:如果任取两点,则连接这两点间的弦总位于这两点间的弧段的上方;而凸弧的特征恰好相反. 曲线的这种性质就是曲线的凹凸性. 因此曲线的凹凸性可以用连接曲线弧上任意两点的弦的中点与曲线弦上相应点(即具有相同横坐标的点)的位置关系来描述. 下面给出曲线凹凸性的定义.

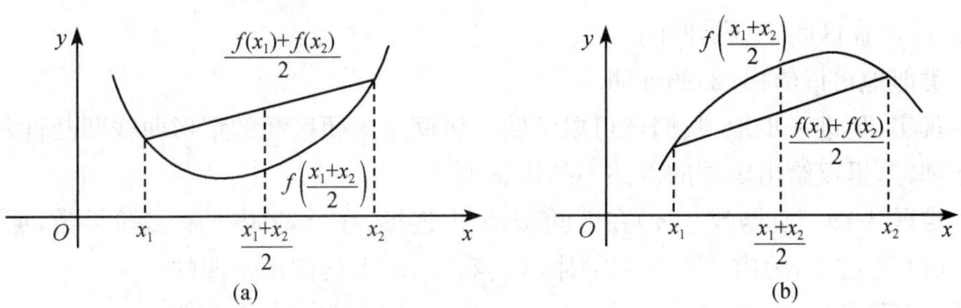

图 4-9

定义 4-2　设 $f(x)$ 在区间 I 上连续,若对 $\forall x_1,x_2\in I$,且 $x_1\neq x_2$,恒有

$$f\left(\frac{x_1+x_2}{2}\right)<\frac{f(x_1)+f(x_2)}{2},$$

则称 $f(x)$ 在 I 上的**图形是(向上)凹的(或凹弧)**;如果恒有

$$f\left(\frac{x_1+x_2}{2}\right)>\frac{f(x_1)+f(x_2)}{2},$$

则称 $f(x)$ 在 I 上的**图形是(向上)凸的(或凸弧)**.

如果函数 $f(x)$ 在 I 上具有二阶导数,那么我们可以给出利用二阶导数的符号来判定曲线凹凸性的定理.我们仅就 I 为闭区间的情形对这一判定定理给以叙述,当 I 不是闭区间时,定理类同.

定理 4-14　设函数 $f(x)$ 在区间 I 上具有二阶导数,那么

(1) 若 $\forall x\in I$ 有 $f''(x)>0$,则 $f(x)$ 在 I 上的图形为凹的;

(2) 若 $\forall x\in I$ 有 $f''(x)<0$,则 $f(x)$ 在 I 上的图形为凸的.

证　(1) $\forall x_1,x_2\in I$,且 $x_1\neq x_2$,设 $x_0=\dfrac{x_1+x_2}{2}$,由泰勒公式,有

$$f(x_1)=f(x_0)+f'(x_0)(x_1-x_0)+\frac{f''(\xi_1)}{2!}(x_1-x_0)^2(\xi_1\text{ 在 }x_0\text{ 和 }x_1\text{ 之间}),$$

$$f(x_2)=f(x_0)+f'(x_0)(x_2-x_0)+\frac{f''(\xi_2)}{2!}(x_2-x_0)^2(\xi_2\text{ 在 }x_0\text{ 和 }x_2\text{ 之间}),$$

从而

$$\frac{f(x_1)+f(x_2)}{2}=f(x_0)+\frac{1}{4}[f''(\xi_1)+f''(\xi_2)]\left(\frac{x_2-x_1}{2}\right)^2,$$

即

$$\frac{f(x_1)+f(x_2)}{2}=f(x_0)+\frac{1}{16}[f''(\xi_1)+f''(\xi_2)](x_2-x_1)^2.$$

由于 $f''(\xi_1)>0,f''(\xi_2)>0$,故有

$$\frac{f(x_1)+f(x_2)}{2}>f(x_0)=f\left(\frac{x_1+x_2}{2}\right).$$

所以 $f(x)$ 在区间 I 上是凹的.

类似地可以给出(2)的证明.

其实,更进一步地,我们还可以证明当区间 I 为闭区间的情形曲线凹凸性的判定定理,这里仅给出定理的叙述不给出证明.

定理 4-15　设函数 $f(x)$ 在区间 $[a,b]$ 上连续,在 (a,b) 内具有二阶导数,那么

(1) 若在 (a,b) 内 $f''(x)>0$,则 $f(x)$ 在 $[a,b]$ 上的图形是凹的;

(2) 若在 (a,b) 内 $f''(x)<0$,则 $f(x)$ 在 $[a,b]$ 上的图形是凸的.

例 4-30　判定曲线 $y=2x^3-6x^2-18x+24$ 的凹凸性.

解　函数的定义域为 $(-\infty,+\infty)$,且

$y'=6x^2-12x-18,y''=12x-12=12(x-1)$,当 $x<1$ 时,$y''<0$,所以曲线在 $(-\infty,1]$ 上为凸弧;当 $x>1$ 时,$y''>0$,所以曲线在 $[1,+\infty)$ 上为凹弧.

而这里 $y''|_{x=1}=0$，且点(1,2)为曲线上凹弧与凸弧的分界点.

请看下面定义.

定义 4-3 设 $y=f(x)$ 在区间 I 上连续，x_0 为 I 的内点，如果曲线上的点 $(x_0, f(x_0))$ 为曲线凹弧与凸弧的分界点，则称其为曲线的拐点.

例 4-31 判定曲线 $y=3-\sqrt[3]{x-2}$ 的凹凸性，并求拐点.

解 函数的定义域为 $(-\infty,+\infty)$，且有

$$y'=-\frac{1}{3}(x-2)^{-\frac{2}{3}},\quad y''=\frac{2}{9}(x-2)^{-\frac{5}{3}}=\frac{2}{9}\frac{1}{\sqrt[3]{(x-2)^5}}.$$

在 $x=2$ 处，y'' 不存在，但当 $x<2$ 时，$y''<0$，所以函数在 $(-\infty,2]$ 上是凸弧；当 $x>2$ 时，$y''>0$. 所以函数在 $[2,+\infty)$ 上是凹弧. 因此点(2,3)为曲线的拐点.

通过以上两例不难发现，曲线的拐点如果存在的话，往往在二阶导数为零或不存在的点处出现. 实际上可以证明：**若点 $(x_0, f(x_0))$ 为连续曲线 $y=f(x)$ 的拐点，则 $f''(x_0)=0$ 或 $f''(x_0)$ 不存在.** 但反过来，$f''(x_0)=0$ 或 $f''(x_0)$ 不存在能否断定 $(x_0, f(x_0))$ 为曲线 $y=f(x)$ 的拐点呢？

例 4-32 判定函数 $f(x)=(x-1)^4$ 的凹凸性. 又是否有拐点？

解 函数 $f(x)$ 的定义域为 $(-\infty,+\infty)$，且

$$f'(x)=4(x-1)^3,\quad f''(x)=12(x-1)^2.$$

当 $x<1$ 时，$f''(x)>0$，且 $x>1$ 时也有 $f''(x)>0$，所以曲线 $f(x)$ 在 $(-\infty,1]$ 和 $[1,+\infty)$ 内均为凹弧，在点(1,0)的左右函数的凹凸性并未改变，即尽管 $f''(1)=0$，但(1,0)并非曲线的拐点.

例 4-33 讨论曲线 $f(x)=1-\sqrt[3]{(x-1)^2}$ 的凹凸性，又是否有拐点？

解 函数 $f(x)$ 的定义域为 $(-\infty,+\infty)$，且

$$f'(x)=-\frac{2}{3}(x-1)^{-\frac{1}{3}},\quad f''(x)=\frac{2}{9}(x-1)^{-\frac{4}{3}}=\frac{2}{9}\frac{1}{\sqrt[3]{(x-1)^4}}.$$

当 $x\in(-\infty,1)$ 及 $x\in(1,+\infty)$ 时，均有 $f''(x)>0$，即 $f(x)$ 在 $(-\infty,1]$ 和 $[1,+\infty)$ 内均为凹弧，因此尽管 $f''(1)$ 不存在，但点(1,1)却不是曲线凹凸弧的分界点，即不是拐点.

通过例 4-32、4-33 可知，当 $f''(x_0)=0$ 或 $f''(x_0)$ 不存在时，曲线上的点 $(x_0, f(x_0))$ 只是可能为拐点，并非一定为拐点. 据此，判定连续曲线 $y=f(x)$ 的凹凸区间和拐点可按下列步骤进行：

(1) 求出 $f(x)$ 的定义域及 $f'(x)$、$f''(x)$；

(2) 解出 $f''(x)=0$ 或 $f''(x)$ 不存在的点；

(3) 用以上两种点将定义域划分成若干个区间，在各个区间上判断 $f''(x)$ 的符号，以确定函数曲线在各区间上的凹凸性；

(4) 对每个二阶导数为零或不存在的点，观察其两侧附近函数曲线的凹凸性

是否改变,以判定其是否为拐点.

例 4-34　确定曲线 $f(x)=x\sqrt[3]{(x-1)^2}$ 的凹凸性及拐点.

解　函数的定义域为 $(-\infty,+\infty)$,且

$$f'(x)=(x-1)^{\frac{2}{3}}+\frac{2}{3}x(x-1)^{-\frac{1}{3}},\quad f''(x)=\frac{2(5x-6)}{9\sqrt[3]{(x-1)^4}}.$$

令 $f''(x)=0$,解得 $x=\frac{6}{5}$;$x=1$ 时,$f''(x)$ 不存在. 现列表 4-4 讨论.

表 4-4

x	$(-\infty,1)$	1	$\left(1,\frac{6}{5}\right)$	$\frac{6}{5}$	$\left(\frac{6}{5},+\infty\right)$
$f''(x)$	$-$	不存在	$-$	0	$+$
$f(x)$	凸的	无拐点	凸的	拐点 $\left(\frac{6}{5},\frac{6}{25}\sqrt[3]{5}\right)$	凹的

习　题　4.5

1. 判定下列曲线的凹凸性及拐点:

(1) $y=-x^4-2x^3+36x^2+x$;　　(2) $y=\sqrt{1+x^2}$;

(3) $y=(x-1)\sqrt[3]{x^5}$;　　(4) $y=xe^{-x}$;

(5) $y=e^{\arctan x}$;　　(6) $y=x+\sin x$.

2. 利用函数图形的凹凸性,证明下列不等式:

(1) $\frac{1}{2}(x^n+y^n)>\left(\frac{x+y}{2}\right)^n\ (x>0,y>0,x\neq y,n>1)$;

(2) $x\ln x+y\ln y>(x+y)\ln\frac{x+y}{2}\ (x>0,y>0,x\neq y)$.

3. 确定 a,b,c 的值,使 $f(x)=ax^3+bx^2+c$ 有一拐点 $(1,2)$,且过此点的切线斜率为 -1.

4. 证明一个三次多项式有唯一的拐点,如果这个三次多项式有三个实零点 x_1,x_2,x_3,那么拐点的横坐标一定是 $\frac{x_1+x_2+x_3}{3}$.

5. 试决定 $y=k(x^2-3)^2$ 中 k 的值,使曲线的拐点处的法线通过原点.

6. 设 $y=f(x)$ 在 $x=x_0$ 的某邻域内具有三阶连续导数,如果 $f''(x_0)=0,f'''(x_0)\neq 0$,试问 $(x_0,f(x_0))$ 是否为拐点?

7. 证明:在函数 $f(x)$ 的二阶可导的区间 I 内:

(1) 若曲线 $y=f(x)$ 凹,则曲线 $y=e^{f(x)}$ 也是凹的;

(2) 若曲线 $y=f(x)$ 凸且在 x 轴上方,则曲线 $y=\ln f(x)$ 也是凸的.

4.6　函数图形的描绘

为了比较全面地掌握变量间的相互依赖关系,常常通过对函数图形的描绘,对

其变化规律给出直观刻画与描述.借助于一阶导数的符号,可以确定函数的单调区间和极值;借助于二阶导数的符号,可以确定函数曲线的凹凸区间及拐点.在掌握了函数曲线以上性态的情形下,为了比较准确地描绘曲线在平面上无限伸展的趋势,还应对曲线的渐近线进行讨论.

4.6.1 曲线的渐近线

在函数极限部分我们对函数曲线的水平渐近线和铅直渐近线进行过初步地讨论,其实,除了以上两类渐近线外,还有斜渐近线.下面我们对这三类渐近线进行统一讨论.

定义 4-4 如果动点 M 沿曲线 $y=f(x)$ 无限远离坐标原点时,M 与某一条直线 L 的距离趋于零.则称直线 L 是曲线 $y=f(x)$ 的一条渐近线.并且

(1) 若 $\lim\limits_{x\to+\infty} f(x)=A$ 或 $\lim\limits_{x\to-\infty} f(x)=A$,则称直线 $y=A$ 是曲线的一条水平渐近线;

(2) 若 $\lim\limits_{x\to x_0^+} f(x)=\infty$ 或 $\lim\limits_{x\to x_0^-} f(x)=\infty$,则称直线 $x=x_0$ 是曲线的一条铅直渐近线;

(3) 若 $\lim\limits_{\substack{x\to+\infty\\(x\to-\infty)}} \dfrac{f(x)}{x}=a\neq0$,且 $\lim\limits_{\substack{x\to+\infty\\(x\to-\infty)}} [f(x)-ax]=b$,则称直线 $y=ax+b$ 是曲线的一条斜渐近线.

例 4-35 求曲线 $f(x)=\dfrac{2x+1}{x-1}e^{\frac{1}{x}}$ 的渐近线.

解 由于 $\lim\limits_{x\to\infty} f(x)=\lim\limits_{x\to\infty}\dfrac{2x+1}{x-1}e^{\frac{1}{x}}=2$,所以 $y=2$ 为函数曲线 $f(x)$ 的一条水平渐近线;又因为

$$\lim_{x\to0^+} f(x) = \lim_{x\to0^+}\frac{2x+1}{x-1}e^{\frac{1}{x}} =-\infty,$$

$$\lim_{x\to1} f(x) = \lim_{x\to1}\frac{2x+1}{x-1}e^{\frac{1}{x}} =\infty,$$

所以 $x=0$ 和 $x=1$ 均为函数曲线 $f(x)$ 的铅直渐近线.

由于 $x\to\infty$ 时函数曲线 $f(x)$ 有水平渐近线,因此它无斜渐近线.

例 4-36 求函数曲线 $f(x)=\dfrac{x^3}{(x-1)^2}$ 的渐近线.

解 由于 $\lim\limits_{x\to1} f(x)=\lim\limits_{x\to1}\dfrac{x^3}{(x-1)^2}=\infty$,所以 $x=1$ 为曲线的一条铅直渐近线;又因为

$$a=\lim_{x\to\infty}\frac{f(x)}{x}=\lim_{x\to\infty}\frac{x^2}{(x-1)^2}=1,$$

$$b=\lim_{x\to\infty}[f(x)-ax]=\lim_{x\to\infty}\left[\frac{x^3}{(x-1)^2}-x\right]$$
$$=\lim_{x\to\infty}\frac{2x^2-x}{(x-1)^2}=2.$$

故 $y=x+2$ 是曲线的斜渐近线.

该曲线没有水平渐近线.

4.6.2 函数作图

下面我们给出利用导数和极限描绘函数图形的一般方法和步骤.

(1) 求出函数 $y=f(x)$的定义域,确定图形的范围;

(2) 讨论函数的奇偶性和周期性,确定图形的对称性及周期性;

(3) 求出 $f'(x)$和 $f''(x)$,并解出 $f'(x)=0$, $f''(x)=0$ 和 $f'(x)$、$f''(x)$不存在的点,同时求出函数的间断点,将这些点由小到大,由左至右插入定义域内,得到若干个子区间;

(4) 列表讨论在这些子区间内 $f'(x)$和 $f''(x)$的符号,由此确定函数图形在各个子区间内的单调性、凹凸性、极值点和拐点;

(5) 确定函数曲线的水平、铅直和斜渐近线以及其他变化趋势;

(6) 建立坐标系并描点(如极值点、拐点、与坐标轴的交点及辅助作图点),然后根据(4)中的表及(5)中的渐近线,联结这些点画出函数 $y=f(x)$的图形.

例 4-37 作函数 $y=e^{-x^2}$ 的图形.

解 函数 $y=f(x)$的定义域为$(-\infty,+\infty)$,且该函数为偶函数,可先作出函数在$[0,+\infty)$的图形.

$$f'(x)=-2xe^{-x^2},令 f'(x)=0,得驻点 x=0.$$

又

$$f''(x)=4\left(x^2-\frac{1}{2}\right)e^{-x^2},令 y''=0,得点 x=\pm\frac{\sqrt{2}}{2}.$$

根据上述结果,用点 $x=-\frac{\sqrt{2}}{2},0,\frac{\sqrt{2}}{2}$将定义域划分成四个部分区间列表 4-5 讨论.

表 4-5

x	$\left(-\infty,-\frac{\sqrt{2}}{2}\right)$	$-\frac{\sqrt{2}}{2}$	$\left(-\frac{\sqrt{2}}{2},0\right)$	0	$\left(0,\frac{\sqrt{2}}{2}\right)$	$\frac{\sqrt{2}}{2}$	$\left(\frac{\sqrt{2}}{2},+\infty\right)$
$f'(x)$	+	+	+	0	−	−	−
$f''(x)$	+	0	−	−	−	0	+
$y=f(x)$	↗凹的	拐点 $\left(-\frac{\sqrt{2}}{2},e^{-\frac{1}{2}}\right)$	↗凸的	极大值 1	↘凸的	拐点 $\left(\frac{\sqrt{2}}{2},e^{-\frac{1}{2}}\right)$	↘凹的

又因$\lim\limits_{x\to\infty}f(x)=\lim\limits_{x\to\infty}e^{-x^2}=0$,所以 $y=0$ 为曲线的水平渐近线. 再令 $x=1$, $f(1)=e^{-1}$,得辅助点$(1,e^{-1})$.

根据以上讨论,作出函数的图形(图 4-10).

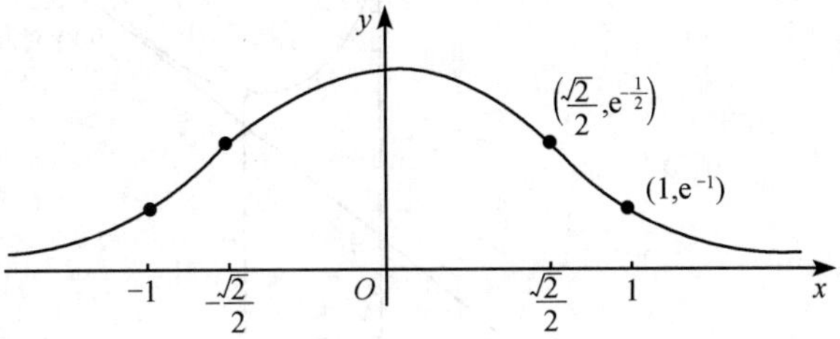

图 4-10

例 4-38 作函数 $y=(x+6)e^{\frac{1}{x}}$ 的图形.

解 函数 $y=f(x)$的定义域为$(-\infty,0)\cup(0,+\infty)$.

$$f'(x)=e^{\frac{1}{x}}-\frac{x+6}{x^2}e^{\frac{1}{x}}=\frac{(x+2)(x-3)}{x^2}e^{\frac{1}{x}},$$

令 $f'(x)=0$ 得驻点 $x=-2$ 和 $x=3$;求二阶导数有

$$f''(x)=\frac{13x+6}{x^4}e^{\frac{1}{x}},$$

令 $f''(x)=0$,解得 $x=-\frac{6}{13}$.

根据上述结果,用点 $x=-2,-\frac{6}{13},0,3$ 将定义域划分成五个子区间列表 4-6 讨论.

表 4-6

x	$(-\infty,-2)$	-2	$\left(-2,-\frac{6}{13}\right)$	$-\frac{6}{13}$	$\left(-\frac{6}{13},0\right)$	$(0,3)$	3	$(3,+\infty)$
$f'(x)$	+	0	−	−	−	−	0	+
$f''(x)$	−	−	−	0	+	+	+	+
$y=f(x)$	↗凸的	极大值 $4e^{-\frac{1}{2}}$	↘凸的	拐点 $\left(-\frac{6}{13},\frac{72}{13}e^{-\frac{13}{6}}\right)$	↘凹的	↘凹的	极小值 $9e^{\frac{1}{3}}$	↗凹的

因为$\lim\limits_{x\to0^+}f(x)=\lim\limits_{x\to0^+}(x+6)e^{\frac{1}{x}}=+\infty$,

$$\lim_{x\to0^-}f(x)=\lim_{x\to0^-}(x+6)e^{\frac{1}{x}}=0.$$

所以 $x=0$ 为曲线的铅直渐近线;又设曲线有斜渐近线 $L:y=ax+b$. 则

$$a=\lim_{x\to\infty}\frac{f(x)}{x}=\lim_{x\to\infty}\frac{x+6}{x}e^{\frac{1}{x}}=1,$$

$$b=\lim_{x\to\infty}[f(x)-ax]=\lim_{x\to\infty}[(x+6)e^{\frac{1}{x}}-x]$$

$$=6+\lim_{x\to\infty}\frac{e^{\frac{1}{x}}-1}{\frac{1}{x}}=7.$$

因此所求的斜渐近线为 $L: y=x+7$.

根据以上讨论,作出函数图形(图 4-11).

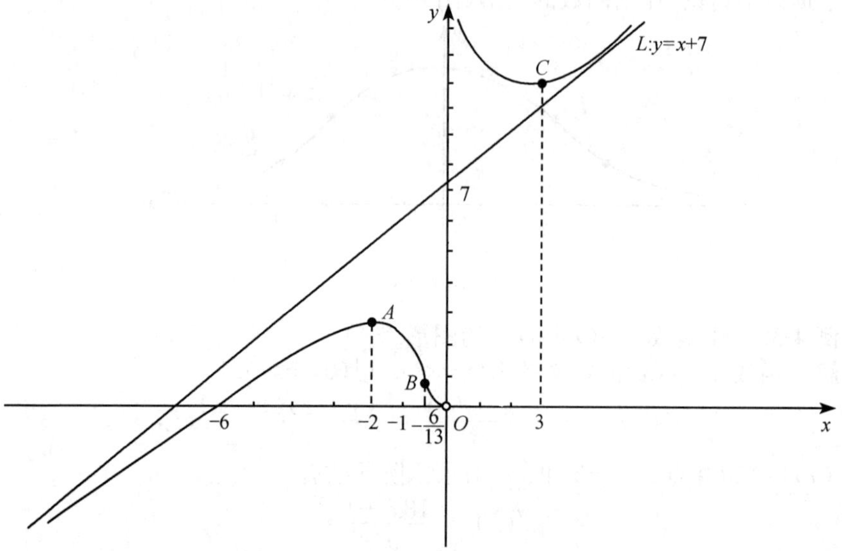

图 4-11

其中 $A(-2,4e^{-\frac{1}{2}})$,$B\left(-\frac{6}{13},\frac{72}{13}e^{-\frac{13}{6}}\right)$,$C(3,9e^{\frac{1}{3}})$.

例 4-39　作函数 $y=\frac{(x-3)^2}{4(x-1)}$的图形.

解　函数 $y=f(x)$的定义域为$(-\infty,1)\cup(1,+\infty)$. 又

$$f'(x)=\frac{(x+1)(x-3)}{4(x-1)^2},$$

令 $f'(x)=0$ 得驻点 $x=-1$ 和 $x=3$,

$$f''(x)=\frac{2}{(x-1)^3}.$$

当 $x=1$ 时,$f'(x)$和 $f''(x)$均不存在.

用 $x=-1,1,3$ 将定义域划分成四个子区间并列表 4-7 讨论.

表 4-7

x	$(-\infty,-1)$	-1	$(-1,1)$	$(1,3)$	3	$(3,+\infty)$
$f'(x)$	+	0	−	−	0	+
$f''(x)$	−	−	−	+	+	+
$y=f(x)$	↗凸的	极大值 −2	↘凸的	↘凹的	极小值 0	↗凹的

又因为$\lim\limits_{x\to1}f(x)=\lim\limits_{x\to1}\dfrac{(x-3)^2}{4(x-1)}=\infty$，所以 $x=1$ 为曲线的一条铅直渐近线；又设曲线有斜渐近线 $L：y=ax+b$，则

$$a=\lim_{x\to\infty}\frac{f(x)}{x}=\lim_{x\to\infty}\frac{(x-3)^2}{4x(x-1)}=\frac{1}{4},$$

$$b=\lim_{x\to\infty}[f(x)-ax]=\lim_{x\to\infty}\left[\frac{(x-3)^2}{4(x-1)}-\frac{x}{4}\right]=-\frac{5}{4}.$$

因此求得斜渐近线为 $L：y=\dfrac{1}{4}x-\dfrac{5}{4}$. 补充辅助点$\left(0,-\dfrac{9}{4}\right)$和$\left(5,\dfrac{1}{4}\right)$，描点绘图如图 4-12 所示.

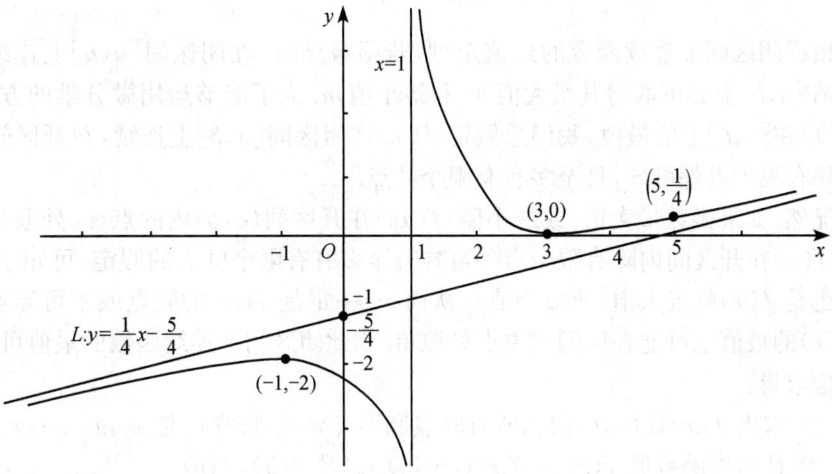

图 4-12

习 题 4.6

1. 求下列函数曲线的渐近线：

(1) $y=\dfrac{1}{x^2-4x+5}$； (2) $y=e^{\frac{1}{x}}-1$；

(3) $y=x\ln\left(e+\dfrac{1}{x}\right)$； (4) $y=\dfrac{x^3}{x^2+2x-3}$；

(5) $y=2x+\arctan\dfrac{x}{2}$； (6) $y=\sqrt{x^2+1}$.

2. 作下列函数的图形：

(1) $y=(2x-5)\sqrt[3]{x^2}$； (2) $y=\dfrac{2x-1}{(x-1)^2}$；

(3) $y=\dfrac{(x-1)^3}{(x+1)^2}$； (4) $y=\dfrac{\ln x}{x}$.

4.7　函数的最值及其在经济分析中的应用

4.7.1　函数的最值

在经济管理、工农业生产、工程技术和科学实验中，经常要面临最优规划、最优设计、最优决策及资源的最优利用等优化问题. 这类问题体现在数学上通常可归结为：在一定条件下，求某一函数(称为目标函数)的最大值或最小值问题. 下面我们分两种情形来讨论最值问题.

1. 闭区间上连续函数的最值

根据闭区间上连续函数的最值定理，若函数 $f(x)$ 在闭区间 $[a,b]$ 上连续，则 $f(x)$ 在 $[a,b]$ 上必可取得其最大值 M 和最小值 m. 为了能够运用微分学的方法求得 $f(x)$ 在 $[a,b]$ 上的最值，我们总假定 $f(x)$ 在闭区间 $[a,b]$ 上连续，在开区间 (a,b) 内除有限个点外可导，且至多有有限个驻点.

显然，如果函数最大值(或最小值) $f(x_0)$ 在开区间 (a,b) 内的点 x_0 处取得，那么按 $f(x)$ 在开区间内除有限个点外可导且至多有有限个驻点的假定，可知 $f(x_0)$ 一定也是 $f(x)$ 的极大值(或极小值)，从而 x_0 一定是 $f(x)$ 的驻点或不可导点. 另外 $f(x)$ 的最值也可能在区间的端点处取得. 因此闭区间上连续函数的最值可按如下方法求得：

(1) 求出 $f(x)$ 在 (a,b) 内的所有驻点和不可导点，设它们是 $x_1,x_2,\cdots,x_n$ 点；

(2) 计算出函数值 $f(x_1),f(x_2),\cdots,f(x_n)$ 及 $f(a),f(b)$；

(3) 通过比较以上函数值的大小，求得最大值 M 和最小值 m 为

$$M=\max_{x\in[a,b]}\{f(a),f(x_1),f(x_2),\cdots,f(x_n),f(b)\},$$

$$m=\min_{x\in[a,b]}\{f(a),f(x_1),f(x_2),\cdots,f(x_n),f(b)\}.$$

例 4-40　求函数 $f(x)=x-(x-1)^{\frac{2}{3}}$ 在 $[-7,2]$ 上的最大值和最小值.

解　由于 $f'(x)=1-\dfrac{2}{3}(x-1)^{-\frac{1}{3}}=\dfrac{3\sqrt[3]{x-1}-2}{3\sqrt[3]{x-1}}$.

令 $f'(x)=0$ 解得驻点 $x=\dfrac{35}{27}$；不可导点为 $x=1$. 因此函数 $f(x)$ 在 $[-7,2]$ 上的最大值 M 和最小值 m 分别为

$$M=\max\left\{f(-7),f(1),f\left(\frac{35}{27}\right),f(2)\right\}=\max\left\{-11,1,\frac{23}{27},1\right\}=1,$$

$$m=\min\left\{f(-7),f(1),f\left(\frac{35}{27}\right),f(2)\right\}=\min\left\{-11,1,\frac{23}{27},1\right\}=-11.$$

即最大值 $M=f(1)$ 或 $f(2)=1$，而最小值 $m=f(-7)=-11$.

注 在下面两种特殊情形下可以较方便地求出函数的最值：

(1) 若 $f(x)$在$[a,b]$上单调增加，则 $M=f(b)$，$m=f(a)$；

(2) 若 $f(x)$在$[a,b]$上单调减少，则 $M=f(a)$，$m=f(b)$.

例 4-41 求 $f(x)=e^x-x+3$ 在$[0,3]$上的最大值和最小值.

解 由于 $f(x)$在$[0,3]$上连续，且对 $\forall x\in(0,3)$有

$$f'(x)=e^x-1>0,$$

从而 $f(x)$在$[0,3]$上单调增加，因此最大值 M 和最小值 m 分别为右端点和左端点处的函数值，即

$$M=f(3)=e^3,\quad m=f(0)=4.$$

另外利用函数的最值还可以证明不等式.

例 4-42 设 $p>1$，证明当 $0\leqslant x\leqslant 1$ 时，有

$$\frac{1}{2^{p-1}}\leqslant x^p+(1-x)^p\leqslant 1.$$

证 设 $f(x)=x^p+(1-x)^p\ (0\leqslant x\leqslant 1)$，则

$$f'(x)=p[x^{p-1}-(1-x)^{p-1}].$$

令 $f'(x)=0$ 解得 $f(x)$在$(0,1)$内的驻点 $x=\frac{1}{2}$，比较函数值得 $f(x)$在$[0,1]$上的最大值 M 和最小值 m 分别为

$$M=\max\left\{f(0),f\left(\frac{1}{2}\right),f(1)\right\}=\max\left\{1,\frac{1}{2^{p-1}},1\right\}=1,$$

$$m=\min\left\{f(0),f\left(\frac{1}{2}\right),f(1)\right\}=\min\left\{1,\frac{1}{2^{p-1}},1\right\}=\frac{1}{2^{p-1}}.$$

从而 $m\leqslant f(x)\leqslant M$，即$\frac{1}{2^{p-1}}\leqslant x^p+(1-x)^p\leqslant 1\ (0\leqslant x\leqslant 1)$.

2. 实际应用问题中的最值

在实际应用中，经常提出并需要解决最优化问题，下面的结论会经常被用到：

如果函数 $f(x)$在某区间(有限或无限，开或闭)内可导且有唯一驻点 x_0，并且这个驻点 x_0 是函数 $f(x)$的极值点，那么，当 $f(x_0)$是极大值(极小值)时，$f(x_0)$就是 $f(x)$在该区间上的最大值(最小值).

例 4-43 欲做一个容积为 V 的无盖圆柱形容器，已知底部单位材料造价是侧面单位材料造价的两倍，问容器的底面半径和高为何值时，费用最低？

解 设侧面单位材料造价为 a 单位，那么底部单位材料造价为 $2a$ 单位. 又设底圆半径为 R，容器高为 h. 则其容积 $V=\pi R^2h$. 因此 $h=\frac{V}{\pi R^2}$. 这个容器制造费用就为

$$S=2a\cdot\pi R^2+a\cdot 2\pi Rh$$

$$= a\left(2\pi R^2 + \frac{2V}{R}\right) \qquad (R > 0).$$

因为

$$S'_R = a\left(4\pi R - \frac{2V}{R^2}\right) = a\,\frac{4\pi R^3 - 2V}{R^2},$$

令 $S'_R = 0$,解得唯一驻点 $R_0 = \sqrt[3]{\dfrac{V}{2\pi}}$,而

$$S''_{RR} = a\left(4\pi + \frac{4V}{R^3}\right),$$

$$S''_{RR}\big|_{R=\sqrt[3]{\frac{V}{2\pi}}} = 12\pi a > 0.$$

从而当底圆半径为 $R_0 = \sqrt[3]{\dfrac{V}{2\pi}}$,高为 $h_0 = 2\sqrt[3]{\dfrac{V}{2\pi}} = 2R_0$ 时,费用 S 取极小值,由上述结论知,此时 S 必取最小值.

这里需特别指出:在实际问题中,通常根据问题的性质就可以断定可导函数 $f(x)$ 确有最大值或最小值,而且一定在定义区间内部取得. 这时如果 $f(x)$ 在定义区间内部有唯一驻点 x_0,则不必讨论 $f(x_0)$ 是否为极值,就可以断定 $f(x_0)$ 是最大值或最小值.

例 4-44　在椭圆 $\dfrac{x^2}{a^2} + \dfrac{y^2}{b^2} = 1$ 内,内接一个其边与坐标轴平行的矩形,求矩形的最大面积.

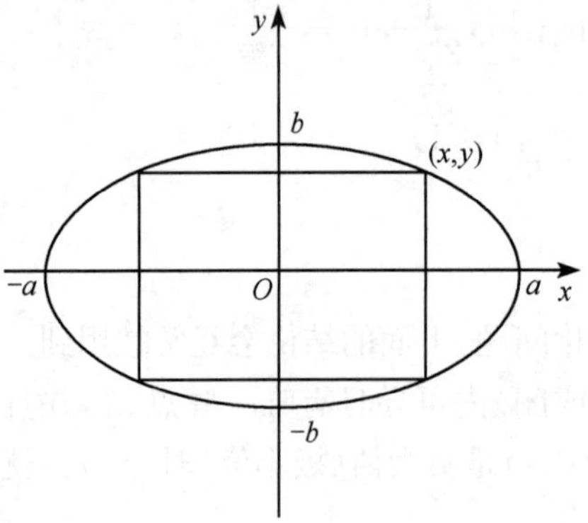

图 4-13

解　建立如图 4-13 的坐标系. 设矩形在第一象限的顶点坐标为 (x, y),则内接矩形的面积为 $A = 4xy$. 又因为该顶点在椭圆上,所以有

$$y = \frac{b}{a}\sqrt{a^2 - x^2}.$$

将其代入面积公式,有

$$A = \frac{4b}{a}x\sqrt{a^2 - x^2}\ (0 < x < a).$$

显然,在开区间 $(0, a)$ 内,面积 A 有最大值而无最小值. 又

$$A'_x = \frac{4b}{a}\left(\sqrt{a^2 - x^2} - \frac{x^2}{\sqrt{a^2 - x^2}}\right).$$

令 $A'_x = 0$ 解得唯一驻点 $x = \dfrac{a}{\sqrt{2}} \in (0, a)$. 从而当 $x = \dfrac{a}{\sqrt{2}}$(此时 $y = \dfrac{b}{\sqrt{2}}$)时,矩形的面

积最大. 最大面积为 $A=2ab$.

4.7.2 函数最值在经济分析中的应用

1. 最小平均成本问题

例 4-45 某企业每月生产 Q 吨产品的成本为

$$C(Q)=1000+50Q+\frac{1}{10}Q^2(\text{元}),$$

求其最小平均成本.

解 平均成本函数

$$\overline{C}(Q)=\frac{C(Q)}{Q}=\frac{1000}{Q}+50+\frac{Q}{10},$$

现在归结为求 $Q\in(0,+\infty)$,使函数 $\overline{C}(Q)$ 最小.

$$\frac{\mathrm{d}\overline{C}(Q)}{\mathrm{d}Q}=-\frac{1000}{Q^2}+\frac{1}{10},$$

令 $\frac{\mathrm{d}\overline{C}(Q)}{\mathrm{d}Q}=0$ 解得唯一驻点 $Q=100$,又由于

$$\frac{\mathrm{d}^2\overline{C}(Q)}{\mathrm{d}Q^2}=\frac{2000}{Q^3},\left.\frac{\mathrm{d}^2\overline{C}(Q)}{\mathrm{d}Q^2}\right|_{Q=100}=\frac{1}{500}>0,$$

所以 $Q=100$ 为极小值点,从而必为最小值点,即当 $Q=100$ 吨时平均成本最小且为 $\overline{C}(100)=70$ 元/吨.

2. 最大收益问题

例 4-46 某商品的需求函数为 $Q=10\mathrm{e}^{-\frac{P}{20}}$,问价格 P 为何值时,总收益最大?

解 总收益函数为

$$R(P)=PQ=10P\mathrm{e}^{-\frac{P}{20}},$$

其中 $P>0$,令

$$R'(P)=10\left(1-\frac{P}{20}\right)\mathrm{e}^{-\frac{P}{20}}=0,$$

得唯一驻点 $P=20$,又因为

$$R''(20)=-\frac{1}{2\mathrm{e}}<0,$$

从而 $R(20)=200\mathrm{e}^{-1}$ 为收益的极大值,故,也必为最大值. 即当 P 为 20 时,总收益最大.

3. 最大利润问题

例 4-47 某企业在一个月内生产某产品 Q 单位时,总成本为 $C(Q)=50+10Q$(万元),该产品的需求函数为 $Q=100-5P$,问一个月生产多少产品时,才使所

获利润最大?

解　总利润函数为

$$\begin{aligned}L(Q)&=R(Q)-C(Q)\\&=20Q-\frac{1}{5}Q^2-10Q-50\\&=10Q-\frac{1}{5}Q^2-50\quad(0<Q<+\infty).\end{aligned}$$

显然最大利润一定在$(0,+\infty)$内取得,令

$$L'(Q)=10-\frac{2}{5}Q=0,$$

得唯一驻点 $Q=25$. 又

$$L''(25)=-\frac{2}{5}<0.$$

所以 $Q=25$ 时,$L(Q)$取得极大值,从而 $L(25)=75$(万元)必为最大值. 即当一个月生产 25 个单位时,企业获取最大利润,且最大利润为 75 万元.

4. 最大税收问题

例 4-48　某商品的需求函数 $P=7-0.2x$(万元/吨),x 表商品销售量,P 表商品价格,总成本函数为 $C=3x+1$(万元),(1)若每销售一吨商品,政府要征税 t(万元),求该商家获得最大利润时的销售量;(2)在企业获得最大利润条件下,t 为何值时,政府税收总额最大?

解　(1) 设税收 $T=tx$,所以总利润函数为

$$\begin{aligned}L(x)&=R(x)-C(x)-T\\&=7x-0.2x^2-3x-1-tx\\&=(4-t)x-0.2x^2-1\quad(x>0).\end{aligned}$$

因为 $L'(x)=4-t-0.4x$,令 $L'(x)=0$ 解得唯一驻点 $x=10-2.5t$,又因为

$$L''(10-2.5t)=-0.4<0,$$

从而当 $x=10-2.5t$ 时 $L(x)$取得极大值,故,必为最大值. 即当 $x=10-2.5t$(吨)时,企业获利最大.

(2) 政府税收总额为 $T=tx$,在企业获得最大利润条件下则税收为 $T=10t-2.5t^2$,而令

$$T'(t)=10-5t=0,$$

得唯一驻点 $t=2$,$T''(2)=-5<0$,所以 $t=2$ 时 $T(t)$取得极大值,故必为最大值,亦即当每吨税收为 2 万元时,政府税收总额最大,且为 $T(2)=10$(万元).

5. 最优库存问题

例 4-49　某商品年需求量为 3600 吨,分若干批进货,每次进货量均为 Q,每次

订货费为 10 元，商品价值为 100 元/吨，库存费用率为 20%，设该商品的销售是均匀的，求使得商品订货费与库存费之和最小的订货批量.

解　当订货批量为 Q 时，订货费用为

$$C_1(Q)=\frac{36000}{Q},$$

又因商品的销售是均匀的，从而年库存费为

$$C_2(Q)=\frac{1}{2}Q\cdot 100\times 20\%=10Q.$$

因而总费用 $C(Q)=C_1(Q)+C_2(Q)=\dfrac{36000}{Q}+10Q(Q>0)$.

令

$$C'(Q)=-\frac{36000}{Q^2}+10=0,$$

得唯一驻点 $Q=60$，且 $C''(60)=\dfrac{1}{3}>0$，所以 $Q=60$ 时，$C(Q)$ 取得极小值 $C(60)=1200$，故也必为最小值，亦即当订货批量 $Q=60$ 吨时，总费用最小，且为 1200 元.

习　题　4.7

1. 求下列函数的最大值与最小值：

(1) $f(x)=2x^3+3x^2, x\in[-2,1]$；

(2) $f(x)=e^{-x}(x+1), x\in[1,3]$；

(3) $f(x)=x-2\sqrt{x}, x\in[0,2]$；

(4) $f(x)=x(x-1)^{\frac{1}{3}}, x\in[-1,2]$.

2. 问函数 $y=\ln x+\dfrac{1}{x}(x>0)$ 在何处取得最小值？

3. 证明：$x^3(8-x)^5\leqslant 3^3\cdot 5^5$.

4. 试求内接于半径为 R 的球的体积最大的圆柱体的高.

5. 将边长为 a 的一块正方形铁皮，四角各截去一个大小相同的小正方形，然后将四边折起做一个无盖的方盒. 问截掉的小正方形边长为多大时，所得方盒的容积最大？最大容积为多少？

6. 从一块半径为 R 的圆形铁皮上，剪下一块圆心角为 α 的圆扇形，用剪下的铁皮做一个圆锥形漏斗，问 α 为多大时，漏斗的容积最大？

7. 设某厂商的总成本函数为 $C=Q^2+50Q+10000$，试求：

(1) 平均成本最低时的产出水平与最低平均成本；

(2) 平均成本最低时的边际成本.

8. 已知某商品的需求函数为 $Q=\dfrac{100}{P+1}-1$，问价格为多少时，总收益最大？并求出总收益最大时，总收益的价格弹性.

9. 生产某产品的总成本函数为 $C=6Q^2+18Q+54$(元)，每件产品的售价为 258 元，求利润最大时的产量和利润.

10. 生产某产品，其固定成本为 2 万元，每生产 1 百台成本增加 1 万元，总收益函数为

$$R=\begin{cases}4Q-\frac{1}{2}Q^2, & 0\leqslant Q\leqslant 4,\\ 8, & Q>4.\end{cases}$$

问每年生产多少台，总利润最大？最大利润是多少？

11. 厂商的总收益函数和总成本函数分别为 $R=40Q-4Q^2$，$C=2Q^2+4Q+10$，厂商以最大利润为目标，政府对产品征税，求：

(1) 厂商纳税前的最大利润及此时的产量和产品的价格；

(2) 征税收益最大值及此时的税率 t；

(3) 厂商纳税后的最大利润及此时的产量和产品的价格.

12. 某商店每月可销售某种产品 12000 件，每件商品每月的库存费为 2.4 元，商店分批进货，每次订购费为 900 元，设该商品的销售是均匀的，试决策最优批量，并计算每月最小订购费与库存费之和.

13. 某公司每月销售某种商品 D 件，每次购货的手续费为 C_1，每件库存费每月 C_2，商品均匀销售，不计缺货，问公司应分几批购进商品，能使手续费与库存费之和最小？

总习题四

(A)

1. 填空题：

(1) 函数 $f(x)=2x^3+3x^2-12x+2$ 的单调减少区间为________.

(2) 函数 $y=x^x$ 在区间 $\left[\frac{1}{\mathrm{e}},+\infty\right)$ 上的最小值是________.

(3) $\lim\limits_{x\to 0}\dfrac{\arctan x-x}{\ln(1+2x^3)}=$________.

(4) 已知点(1,3)是曲线 $y=ax^3+bx^2$ 的拐点，则常数 $a=$________，$b=$________.

(5) 当 $Q=Q_0$ 时，收益函数 $R=R(Q)$ 取最大值，这时，需求价格弹性 $E_d=$________.

2. 单项选择题：

(1) 当 $x<x_0$ 时，$f'(x)>0$，当 $x>x_0$ 时，$f'(x)<0$，则________.

A. x_0 必定是 $f(x)$ 的驻点

B. x_0 必定是 $f(x)$ 的极大值点

C. x_0 必定是 $f(x)$ 的极小值点

D. 不能判定 x_0 属于以上哪一种情况

(2) 设偶函数 $f(x)$ 具有二阶连续导数，且 $f''(0)\neq 0$，则 $x=0$ ________.

A. 一定不是函数的驻点

B. 一定是函数的极值点

C. 一定不是函数的极值点

D. 不能确定是否为函数的极值点

(3) 设函数 $f(x)$满足关系式 $f''(x)-2f'(x)+4f(x)=0$,且 $f(x_0)>0$,$f'(x_0)=0$,则 $f(x)$ 在点 x_0 处________.

A. 有极大值　　　　　　B. 有极小值

C. 某邻域内单调增加　　D. 某邻域内单调减少

(4) 函数 $f(x)=\ln x-\frac{x}{e}+1$ 在 $x>0$ 处的零点个数为________.

A. 0 个　　B. 1 个　　C. 2 个　　D. 至少 3 个

(5) 函数 $y=e^{\frac{1}{x^2}}\arctan\frac{x^2+x+1}{(x-1)(x+2)}$的渐近线的条数为________.

A. 1 条　　B. 2 条　　C. 3 条　　D. 4 条

3. 证明:方程 $16x^4-64x+31=0$ 在(0,1)内不可能有两个不同的实根.

4. 若方程 $a_0x^n+a_1x^{n-1}+\cdots+a_{n-1}x=0$ 有一正根 x_0,证明方程 $na_0x^{n-1}+(n-1)a_1x^{n-2}+\cdots+a_{n-1}=0$必有一个小于 x_0 的正根.

5. 设 $f(x)$在$[0,a]$上连续,在$(0,a)$内可导,且 $f(a)=0$,证明存在一点 $\xi\in(0,a)$,使得 $f(\xi)+\xi f'(\xi)=0$.

6. 设 $0<a<b$,证明存在一点 $\xi\in(a,b)$,使得

$$\ln^2 b-\ln^2 a=2\frac{\ln\xi}{\xi}(b-a).$$

7. 设 $f(x)$在$[a,b]$$(a>0)$上连续,在$(a,b)$内可导,证明存在一点 $\xi\in(a,b)$,使得

$$2\xi[f(b)-f(a)]=(b^2-a^2)f'(\xi).$$

8. 求下列极限:

(1) $\lim\limits_{x\to0}\frac{e^{x^3}-1-x^3}{\sin^6 2x}$;　　(2) $\lim\limits_{x\to+\infty}\frac{x^2+\ln x}{x\ln x}$;

(3) $\lim\limits_{x\to0}\frac{1}{\sin x}\left(\frac{1}{\tan x}-\frac{1}{x}\right)$;　　(4) $\lim\limits_{x\to\infty}\left[x-x^2\ln\left(1+\frac{1}{x}\right)\right]$;

(5) $\lim\limits_{x\to+\infty}(e^x+x)^{\frac{1}{x}}$;　　(6) $\lim\limits_{x\to1^-}\ln x\ln(1-x)$.

9. 证明下列不等式:

(1) 当 $x>1$ 时,$e^x>ex$;

(2) 当 $0<x<\frac{\pi}{2}$时,$\sin x>\frac{2}{\pi}x$.

10. 设三次函数 $f(x)=ax^3+bx^2+cx+d(a\neq0)$,试确定 a,b,c 应满足的条件,使

(1) 函数 $f(x)$单调增加;　　(2) 函数 $f(x)$有极值.

11. 证明在周长相等的矩形中,正方形的面积为最大.

12. 某企业的总成本函数和总收益函数分别为

$$C=0.3Q^2+9Q+30,\quad R=30Q-0.75Q^2.$$

试求相应的 Q 值,使

(1) 总收益最大;　　(2) 平均成本最低;

(3) 利润最大;

(4) 当政府所征收一次总税款为 10 时,利润最大;
(5) 当政府对产品征收税率为 8.4 时,利润最大;
(6) 当政府对每单位产品补贴为 4.2 时,利润最大.

(B)

1. 填空题:

(1) 若 $a>0,b>0$ 均为常数,则 $\lim\limits_{x\to 0}\left(\dfrac{a^x+b^x}{2}\right)^{\frac{3}{x}}=$________.

(2) 设 $f(x)=xe^x$,则 $f^{(n)}(x)$ 在点 $x=$________处取极小值________.

(3) 函数 $y=x+2\cos x$ 在区间 $\left[0,\dfrac{\pi}{2}\right]$ 上的最大值为________.

(4) 曲线 $y=\dfrac{(1+x)^{\frac{3}{2}}}{\sqrt{x}}$ 的斜渐近线方程为________.

(5) 曲线 $y=\dfrac{x+4\sin x}{5x-2\cos x}$ 的水平渐近线方程为________.

2. 单项选择题:

(1) 若 $\lim\limits_{x\to 0}\dfrac{\sin 6x+xf(x)}{x^3}=0$,则 $\lim\limits_{x\to 0}\dfrac{6+f(x)}{x^2}$ 为________.

A. 0　　B. 6　　C. 36　　D. ∞

(2) 设 $f(x)$ 的导数在 $x=a$ 处连续,又 $\lim\limits_{x\to a}\dfrac{f'(x)}{x-a}=-1$,则________.

A. $x=a$ 是 $f(x)$ 的极小值点
B. $x=a$ 是 $f(x)$ 的极大值点
C. $(a,f(a))$ 是曲线 $y=f(x)$ 的拐点
D. $x=a$ 不是 $f(x)$ 的极值点,$(a,f(a))$ 也不是曲线 $y=f(x)$ 的拐点

(3) 设 $f(x)=|x(1-x)|$,则________.

A. $x=0$ 是 $f(x)$ 的极值点,但 $(0,0)$ 不是曲线 $y=f(x)$ 的拐点
B. $x=0$ 不是 $f(x)$ 的极值点,但 $(0,0)$ 是曲线 $y=f(x)$ 的拐点
C. $x=0$ 是 $f(x)$ 的极值点,且 $(0,0)$ 是曲线 $y=f(x)$ 的拐点
D. $x=0$ 不是 $f(x)$ 的极值点,$(0,0)$ 也不是曲线 $y=f(x)$ 的拐点

(4) 设函数 $f(x)$ 满足关系式 $f''(x)+[f'(x)]^2=x$,且 $f'(0)=0$,则________.

A. $f(0)$ 是 $f(x)$ 的极大值
B. $f(0)$ 是 $f(x)$ 的极小值
C. 点 $(0,f(0))$ 是曲线 $y=f(x)$ 的拐点
D. $f(0)$ 不是 $f(x)$ 的极值,点 $(0,f(0))$ 也不是曲线 $y=f(x)$ 的拐点

(5) 当 a 取______时,函数 $f(x)=2x^3-9x^2+12x-a$ 恰有两个不同的零点.

A. 2　　B. 4　　C. 6　　D. 8

3. 求下列极限:

(1) $\lim\limits_{x\to 1}(1-x^2)\tan\dfrac{\pi}{2}x$;　　(2) $\lim\limits_{x\to 0}\left[\dfrac{a}{x}-\left(\dfrac{1}{x^2}-a^2\right)\ln(1+ax)\right](a\neq 0)$;

(3) $\lim\limits_{x\to0}\left(\dfrac{1}{\sin^2 x}-\dfrac{\cos^2 x}{x^2}\right)$； (4) $\lim\limits_{x\to0}\left(\dfrac{1+x}{1-e^{-x}}-\dfrac{1}{x}\right)$；

(5) $\lim\limits_{x\to\infty}\left(\sin\dfrac{1}{x}+\cos\dfrac{1}{x}\right)^x$； (6) $\lim\limits_{x\to0^+}(\cos\sqrt{x})^{\frac{\pi}{x}}$；

(7) $\lim\limits_{x\to0}(1+xe^x)^{\frac{1}{x}}$； (8) $\lim\limits_{n\to\infty}\left(n\tan\dfrac{1}{n}\right)^{n^2}$（$n$ 为正整数）.

4. 证明下列不等式：

(1) 当 $0<x<\pi$ 时，有 $\sin\dfrac{x}{2}>\dfrac{x}{\pi}$；

(2) 当 $0<a<b<\pi$ 时，有 $b\sin b+2\cos b+\pi b>a\sin a+2\cos a+\pi a$；

(3) 当 $e<a<b<e^2$ 时，$\ln^2 b-\ln^2 a>\dfrac{4}{e^2}(b-a)$.

5. 设函数 $f(x)$在区间$[0,1]$上连续，在$(0,1)$内可导，且 $f(0)=f(1)=0$，$f\left(\dfrac{1}{2}\right)=1$. 试证：

(1) 存在 $\eta\in\left(\dfrac{1}{2},1\right)$，使 $f(\eta)=\eta$；

(2) 对任意实数 λ，必存在 $\xi\in(0,\eta)$，使得 $f'(\xi)-\lambda[f(\xi)-\xi]=1$.

6. 设函数 $f(x)$在$[0,3]$上连续，在$(0,3)$内可导，且 $f(0)+f(1)+f(2)=3$，$f(3)=1$. 试证必存在 $\xi\in(0,3)$，使 $f'(\xi)=0$.

7. 设 $f(x)$在$[a,b]$上连续，在(a,b)内可导，且 $f(a)=f(b)=1$，试证存在 $\xi,\eta\in(a,b)$，使得 $e^{\eta-\xi}[f(\eta)+f'(\eta)]=1$.

8. 设函数 $f(x)$在$[a,b]$上连续，在(a,b)内可导，且 $f'(x)\neq0$. 试证存在 $\xi,\eta\in(a,b)$，使得 $\dfrac{f'(\xi)}{f'(\eta)}=\dfrac{e^b-e^a}{b-a}\cdot e^{-\eta}$.

9. 设函数 $f(x)$、$g(x)$在$[a,b]$上连续，在(a,b)内具有二阶导数且存在相等的最大值，$f(a)=g(a)$，$f(b)=g(b)$. 证明：存在 $\xi\in(a,b)$，使得 $f''(\xi)=g''(\xi)$.

10. 讨论曲线 $y=4\ln x+k$ 与 $y=4x+\ln^4 x$ 的交点个数.

11. 设 $a>1$，$f(t)=a^t-at$ 在$(-\infty,+\infty)$内的驻点为 $t(a)$. 问 a 为何值时，$t(a)$最小？并求出最小值.

12. 设函数 $y=y(x)$由方程 $y\ln y-x+y=0$ 确定，试判断曲线 $y=y(x)$在点$(1,1)$附近的凹凸性.

13. 设某酒厂有一批新酿的好酒，如果现在(假定 $t=0$)就售出，总收入为 R_0(元). 如果窖藏起来，待来日按陈酒价格出售，t 年末总收入为 $R=R_0e^{\frac{2}{5}\sqrt{t}}$.

假设银行的年利率为 r，并以连续复利计息，试求窖藏多少年售出可使总收入的现值最大. 并求 $r=0.06$ 时的 t 值.

14. 某商品进价为 a(元/件)，根据以往经验，当销售价为 b(元/件)时，销售量为 c 件(a,b,c 均为正常数，且 $b\geqslant\dfrac{4}{3}a$). 市场调查表明，销售价每下降 10%，销售量可增加 40%. 现决定一次性降价，试问，当销售价定为多少时，可获得最大利润？并求出最大利润.

第 5 章　不 定 积 分

在微分学中，我们讨论了如何求一个已知函数的导函数问题，本章将讨论它的反问题，即要寻求一个可导函数，使它的导函数等于已知函数，这是积分学的基本问题之一.

5.1　不定积分的概念与性质

5.1.1　原函数与不定积分的概念

定义 5-1　若在区间 I 上，可导函数 $F(x)$ 的导函数为 $f(x)$，即对 $\forall x\in I$，都有

$$F'(x)=f(x)\quad 或\quad \mathrm{d}F(x)=f(x)\mathrm{d}x,$$

则称 $F(x)$ 为 $f(x)$ 在区间 I 上的一个**原函数**.

例如，因 $(\sin x)'=\cos x$，故 $\sin x$ 是 $\cos x$ 的一个原函数. 又如，当 $x\in(1,+\infty)$ 时，有

$$[\ln(x+\sqrt{x^2-1})]'=\frac{1}{\sqrt{x^2-1}},$$

故 $\ln(x+\sqrt{x^2-1})$ 是 $\frac{1}{\sqrt{x^2-1}}$ 在区间 $(1,+\infty)$ 内的原函数.

关于原函数，我们首先面临的问题：一个函数具备什么条件，能保证它的原函数一定存在？下面的定理给出了回答，但其证明留在第 6 章给出.

原函数存在定理　如果函数 $f(x)$ 在区间 I 上连续，则在区间 I 上一定存在可导函数 $F(x)$，使对 $\forall x\in I$ 都有

$$F'(x)=f(x).$$

简而言之：**连续函数一定有原函数.**

下面还要说明两点.

(1) 若函数 $f(x)$ 在区间 I 上有原函数，即有一个函数 $F(x)$，使对 $\forall x\in I$，都有 $F'(x)=f(x)$，则对任意常数 C，显然也有

$$[F(x)+C]'=f(x),$$

即对任何常数 C，函数 $F(x)+C$ 也是 $f(x)$ 的原函数. 这说明，如果 $f(x)$ 有一个原函数，就有无穷多个原函数.

(2) 若在区间 I 上 $F(x)$ 是 $f(x)$ 的一个原函数，那么 $f(x)$ 的其他原函数与 $F(x)$ 的关系如何？

设 $\Phi(x)$ 也是 $f(x)$ 的一个原函数，即对 $\forall x \in I$ 有

$$\Phi'(x) = f(x),$$

于是

$$[\Phi(x) - F(x)]' = \Phi'(x) - F'(x) = f(x) - f(x) = 0.$$

在第 4 章我们应用拉格朗日中值定理已证明结论：在一个区间上导数恒为零的函数必为常数. 所以 $\Phi(x) - F(x) = C_0$（C_0 为某个常数）. 这表明 $\Phi(x)$ 与 $F(x)$ 只差一个常数. 因此当 C 为任意的常数时，表达式

$$F(x) + C$$

就可表示 $f(x)$ 的任意一个原函数. 也就是说，$f(x)$ 的全体原函数所组成的集合，就是函数族

$$\{F(x) + C \mid -\infty < C < +\infty\}.$$

由以上两点说明，我们引进下述定义.

定义 5-2 若 $F(x)$ 是 $f(x)$ 在区间 I 上的一个原函数，称 $f(x)$ 在区间 I 上的全体原函数的一般表达式 $F(x)+C$ 为 $f(x)$ 在区间 I 上的**不定积分**，记作

$$\int f(x)\mathrm{d}x.$$

其中记号 $\int$ 称为**积分号**，$f(x)$ 称为**被积函数**，$f(x)\mathrm{d}x$ 称为**被积表达式**，x 称为**积分变量**.

此定义是说，若 $F(x)$ 是 $f(x)$ 在区间 I 上的一个原函数，那么全体原函数 $\{F(x)+C \mid -\infty<C<+\infty\}$ 的一般表达式 $F(x)+C$ 称为 $f(x)$ 的不定积分，即

$$\int f(x)\mathrm{d}x = F(x) + C.$$

因而不定积分 $\int f(x)\mathrm{d}x$ 可以表示 $f(x)$ 的任意一个原函数.

例如，按不定积分的定义，显然有

$$\int \cos x\mathrm{d}x = \sin x + C,$$

$$\int \frac{1}{\sqrt{x^2-1}}\mathrm{d}x = \ln(x + \sqrt{x^2-1}) + C \quad (x \in (1, +\infty)).$$

例 5-1 求 $\int 3x^2\mathrm{d}x$.

解 由于 $(x^3)' = 3x^2$，所以 x^3 是 $3x^2$ 的一个原函数，从而

$$\int 3x^2\mathrm{d}x = x^3 + C.$$

例 5-2 求 $\int \frac{1}{x}\mathrm{d}x$.

解 由于

$$\ln|x| = \begin{cases} \ln(-x), & x < 0, \\ \ln x, & x > 0. \end{cases}$$

当 $x<0$ 时，$(\ln|x|)'=[\ln(-x)]'=\dfrac{1}{x}$；

当 $x>0$ 时，$(\ln|x|)'=(\ln x)'=\dfrac{1}{x}$.

故

$$\int \frac{1}{x}\mathrm{d}x = \ln|x| + C \quad (x \neq 0).$$

例 5-3　某商品的边际成本为 $100+x$，固定成本 $C(0)=200$，求总成本函数 $C(x)$.

解　由于 $C'(x)=100+x$，故

$$C(x) = \int (100+x)\mathrm{d}x = 100x + \frac{x^2}{2} + C,$$

由 $C(0)=C=200$ 知，总成本函数为

$$C(x) = 100x + \frac{x^2}{2} + 200.$$

例 5-4　设一曲线过平面上点(1,2)，且其上任一点处的切线斜率等于这点横坐标的两倍. 求此曲线的方程.

解　设所求曲线的方程为 $y=f(x)$，由题设，曲线上任一点 (x,y) 处的切线斜率为

$$f'(x) = 2x,$$

即 $f(x)$ 为 $2x$ 的一个原函数，而

$$\int 2x\mathrm{d}x = x^2 + C,$$

故必有某个常数 C 使 $f(x)=x^2+C$.

因所求曲线通过点(1,2)，故

$$2 = 1 + C,$$

得 $C=1$.

于是能求曲线方程为 $y=x^2+1$.

5.1.2　不定积分的几何意义

设函数 $f(x)$ 在某区间上的一个原函数为 $F(x)$，在几何上将曲线 $y=F(x)$ 称为 $f(x)$ 的一条积分曲线. 这条曲线上点 x 处的切线斜率等于 $f(x)$，即满足 $F'(x)=f(x)$.

由于函数 $f(x)$ 的不定积分是 $f(x)$ 的全体原函数的一般表达式 $F(x)+C$（C

为任意常数),对每一个给定的 C 值,都对应一条确定的曲线,当 C 取不同的值时,就得到不同的积分曲线,所有积分曲线组成了积分曲线族. 由于积分曲线族中每一条积分曲线在横坐标相同的点 x 处的切线斜率都等于 $f(x)$,因此它们在横坐标相同的点 x 处的切线相互平行. 因为任意两条积分曲线的纵坐标之间只相差一个常数,所以积分曲线族可由曲线 $y=F(x)$ 沿纵轴方向上下平行移动而得到如图 5-1 所示.

如果已知 $f(x)$ 的原函数满足条件:在点 x_0 处原函数的值为 y_0,就可以确定积分常数 C 的值,从而可以找到一个特定的原函数. 在几何直观上它就是过点(x_0, y_0)的那一条积分曲线. 例 5-4 中就是求函数 $2x$ 的通过点$(1,2)$的那条积分曲线,显然,这条积分曲线可以由另一条积分曲线 $y=x^2$ 沿 y 轴向上平移一个单位而得(图 5-2),其中 $x=1, y=2$ 又称为曲线的初始条件.

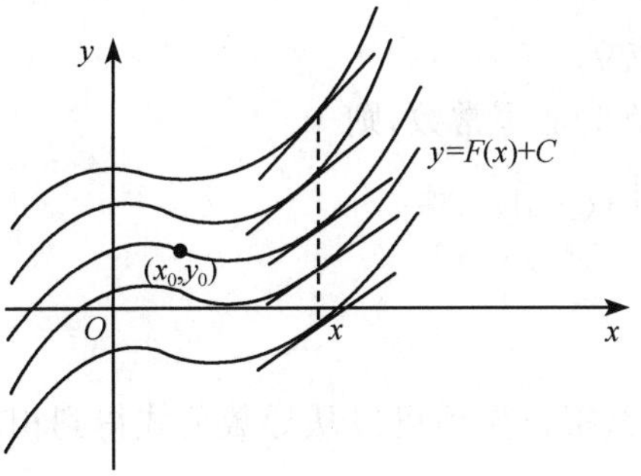

图 5-1

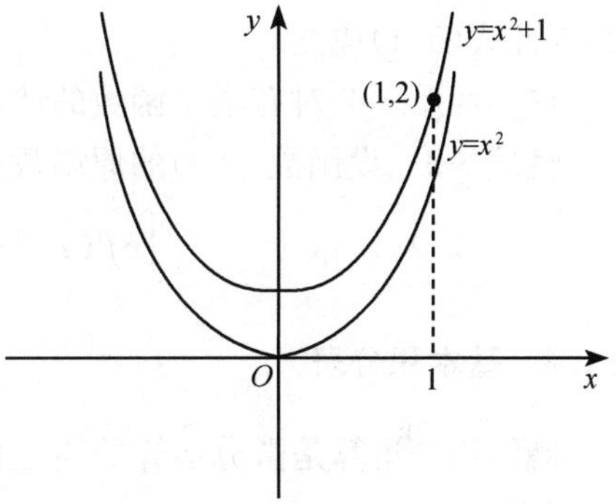

图 5-2

5.1.3 不定积分的性质

由不定积分的定义知,$\int f(x)\mathrm{d}x$ 是 $f(x)$ 的原函数,因此求原函数或不定积分与求导数或求微分互为逆运算. 这样就有:

性质 5-1 微分运算与积分运算互为逆运算

(1) $\left[\int f(x)\mathrm{d}x\right]' = f(x)$,即$\frac{\mathrm{d}}{\mathrm{d}x}\int f(x)\mathrm{d}x = f(x)$

或

$$\mathrm{d}\int f(x)\mathrm{d}x = f(x)\mathrm{d}x.$$

(2) $\int F'(x)\mathrm{d}x = F(x) + C$

或

$$\int dF(x) = F(x) + C.$$

由此可见,若先积分后求导则还原,先求导后积分,则抵消后多出一个任意常数项;再换一个角度看,“ $d\int$ ”使函数还原,“ $\int d$ ”使函数差一常数.

性质 5-2 设函数 f(x)与 g(x)的原函数都存在,则

$$\int [f(x) \pm g(x)] dx = \int f(x) dx \pm \int g(x) dx. \tag{5-1}$$

证 由性质 5-1 可知

$$\left[\int f(x) dx \pm \int g(x) dx\right]' = \left[\int f(x) dx\right]' \pm \left[\int g(x) dx\right]' = f(x) \pm g(x).$$

因此式(5-1)右端确实分别为 $f(x) \pm g(x)$ 的原函数,尽管形式上式(5-1)右端含有两个任意常数,由于任意常数之和依然为任意常数,故实际上只含一个任意常数,因此式(5-1)成立.

注 性质 5-2 对有限个函数的情形也成立.

性质 5-3 设函数 $f(x)$的原函数存在,k 为非零常数,则

$$\int kf(x) dx = k\int f(x) dx.$$

5.1.4 基本积分表

既然积分运算是微分运算的逆运算,那么很自然地可以从导数公式得到相应的积分公式.

例如,当 $\mu \neq -1$ 时,$\left(\frac{1}{\mu+1}x^{\mu+1}\right)' = x^{\mu}$,于是

$$\int x^{\mu} dx = \frac{1}{\mu+1}x^{\mu+1} + C \quad (\mu \neq -1).$$

仿此可以得到其他积分公式. 下面我们把一些基本的积分公式列成一个表,这个表通常称为**基本积分表**.

(1) $\int k dx = kx + C$(k 是常数);

(2) $\int x^{\mu} dx = \frac{1}{\mu+1}x^{\mu+1} + C(\mu \neq -1)$;

(3) $\int \frac{1}{x} dx = \ln|x| + C$;

(4) $\int a^x dx = \frac{a^x}{\ln a} + C$;

(5) $\int e^x dx = e^x + C$;

(6) $\int \sin x \mathrm{d}x = -\cos x + C$；

(7) $\int \cos x \mathrm{d}x = \sin x + C$；

(8) $\int \frac{\mathrm{d}x}{\cos^2 x} = \int \sec^2 x \mathrm{d}x = \tan x + C$；

(9) $\int \frac{\mathrm{d}x}{\sin^2 x} = \int \csc^2 x \mathrm{d}x = -\cot x + C$；

(10) $\int \sec x \tan x \mathrm{d}x = \sec x + C$；

(11) $\int \csc x \cot x \mathrm{d}x = -\csc x + C$；

(12) $\int \frac{\mathrm{d}x}{\sqrt{1-x^2}} = \arcsin x + C$(或$-\arccos x + C$)；

(13) $\int \frac{\mathrm{d}x}{1+x^2} = \arctan x + C$(或$-\operatorname{arccot} x + C$).

以上十三个基本积分公式，是求不定积分的基础，必须熟记！

利用不定积分的性质以及基本积分公式，可以计算一些简单函数的不定积分.

例 5-5 求$\int \left(x^3 - \frac{1}{2\sqrt{x}} + \frac{1}{x^2} - 3\right)\mathrm{d}x$.

解

$$\begin{aligned}\int \left(x^3 - \frac{1}{2\sqrt{x}} + \frac{1}{x^2} - 3\right)\mathrm{d}x &= \int \left(x^3 - \frac{1}{2}x^{-\frac{1}{2}} + x^{-2} - 3\right)\mathrm{d}x \\ &= \int x^3 \mathrm{d}x - \int \frac{1}{2}x^{-\frac{1}{2}}\mathrm{d}x + \int x^{-2}\mathrm{d}x - \int 3\mathrm{d}x \\ &= \frac{1}{4}x^4 - \sqrt{x} - \frac{1}{x} - 3x + C.\end{aligned}$$

例 5-6 求$\int \frac{(2x-1)^2}{\sqrt{x\sqrt{x}}}\mathrm{d}x$.

解

$$\begin{aligned}\int \frac{(2x-1)^2}{\sqrt{x\sqrt{x}}} &= \int x^{-\frac{3}{4}}(4x^2 - 4x + 1)\mathrm{d}x \\ &= \int (4x^{\frac{5}{4}} - 4x^{\frac{1}{4}} + x^{-\frac{3}{4}})\mathrm{d}x \\ &= 4\int x^{\frac{5}{4}}\mathrm{d}x - 4\int x^{\frac{1}{4}}\mathrm{d}x + \int x^{-\frac{3}{4}}\mathrm{d}x \\ &= \frac{16}{9}x^{\frac{9}{4}} - \frac{16}{5}x^{\frac{5}{4}} + 4x^{\frac{1}{4}} + C.\end{aligned}$$

例 5-7 求$\int (3^x + 5\sin x)\mathrm{d}x$.

解 $\int(3^x+5\sin x)\mathrm{d}x=\int 3^x\mathrm{d}x+5\int\sin x\mathrm{d}x=\frac{3^x}{\ln 3}-5\cos x+C.$

注　检验积分结果正确与否的方法是,对结果求导,看其导数是否等于被积函数,相等时结果是正确的,否则结果是错误的. 如对例 5-7 的结果进行检验. 由于

$$\left(\frac{3^x}{\ln 3}-5\cos x+C\right)'=3^x+5\sin x.$$

所以结果是正确的.

例 5-8　求 $\int\frac{3x^4+3x^2-5}{x^2+1}\mathrm{d}x.$

解　基本积分表中没有这种类型的积分,可以先把被积函数恒等变形,化成表中所列类型积分后,再逐项求积分.

$$\begin{aligned}\int\frac{3x^4+3x^2-5}{x^2+1}\mathrm{d}x&=\int\left(3x^2-\frac{5}{x^2+1}\right)\mathrm{d}x\\&=\int 3x^2\mathrm{d}x-5\int\frac{\mathrm{d}x}{x^2+1}\\&=x^3-5\arctan x+C.\end{aligned}$$

例 5-9　求 $\int\frac{x^4+3}{1+x^2}\mathrm{d}x.$

解　对被积函数变形后,有

$$\begin{aligned}\int\frac{x^4+3}{1+x^2}\mathrm{d}x=\int\frac{x^4-1+4}{1+x^2}\mathrm{d}x=\int\left(x^2-1+\frac{4}{1+x^2}\right)\mathrm{d}x\\=\frac{x^3}{3}-x+4\arctan x+C.\end{aligned}$$

例 5-10　求 $\int\cos^2\frac{x}{2}\mathrm{d}x.$

解　利用三角恒等式变形,有

$$\begin{aligned}\int\cos^2\frac{x}{2}\mathrm{d}x&=\frac{1}{2}\int(1+\cos x)\mathrm{d}x\\&=\frac{1}{2}(x+\sin x)+C.\end{aligned}$$

例 5-11　求 $\int(\tan^2x+\cot^2x)\mathrm{d}x.$

解　利用三角恒等式变形,有

$$\begin{aligned}\int(\tan^2x+\cot^2x)\mathrm{d}x&=\int(\sec^2x+\csc^2x-2)\mathrm{d}x\\&=\tan x-\cot x-2x+C.\end{aligned}$$

例 5-12　求 $\int\frac{1}{1+\cos 2x}\mathrm{d}x.$

解 $\int \frac{1}{1+\cos 2x}\mathrm{d}x = \int \frac{1}{2\cos^2 x}\mathrm{d}x = \frac{1}{2}\tan x + C.$

例 5-13 求 $\int \frac{\mathrm{d}x}{\sin^2 \frac{x}{2}\cos^2 \frac{x}{2}}.$

解

$$\begin{aligned}\int \frac{\mathrm{d}x}{\sin^2 \frac{x}{2}\cos^2 \frac{x}{2}} &= 4\int \frac{\mathrm{d}x}{4\sin^2 \frac{x}{2}\cos^2 \frac{x}{2}} \\ &= 4\int \frac{1}{\sin^2 x}\mathrm{d}x = 4\int \csc^2 x\mathrm{d}x \\ &= -4\cot x + C.\end{aligned}$$

习 题 5.1

1. 求下列不定积分：

(1) $\int \left(1-\frac{1}{x^2}\right)\sqrt{x\sqrt{x}}\mathrm{d}x$；　　(2) $\int \frac{2\sqrt{x}-x^3\mathrm{e}^x+x^2}{x^3}\mathrm{d}x$；

(3) $\int \left(\frac{1}{x^2}-\frac{3}{\sqrt{1-x^2}}\right)\mathrm{d}x$；　　(4) $\int \frac{x^3-27}{x-3}\mathrm{d}x$；

(5) $\int \frac{(x-2)^2}{\sqrt{x}}\mathrm{d}x$；　　(6) $\int \mathrm{e}^x\left(1+\frac{\mathrm{e}^{-x}}{\sin^2 x}\right)\mathrm{d}x$；

(7) $\int 3^x\mathrm{e}^x\mathrm{d}x$；　　(8) $\int \left(\frac{5}{1+x^2}+\frac{x^2}{5}\right)\mathrm{d}x$；

(9) $\int \frac{1+x+x^2}{x(1+x^2)}\mathrm{d}x$；　　(10) $\int \frac{1}{x^2(1+x^2)}\mathrm{d}x$；

(11) $\int \frac{x^4}{1+x^2}\mathrm{d}x$；　　(12) $\int \tan^2 x\mathrm{d}x$；

(13) $\int \sin^2 \frac{x}{2}\mathrm{d}x$；　　(14) $\int \csc x(\csc x-\cot x)\mathrm{d}x$；

(15) $\int \frac{\cos 2x}{\sin^2 x\cos^2 x}\mathrm{d}x$；　　(16) $\int \frac{1+\cos^2 x}{1+\cos 2x}\mathrm{d}x$；

(17) $\int \frac{\cos 2x}{\cos x+\sin x}\mathrm{d}x.$

2. 求下列曲线方程 $y=f(x)$：

(1) 已知曲线在任一点处的切线斜率等于该点横坐标的倒数，且过点$(\mathrm{e}^2,3)$；

(2) 已知曲线在任一点 x 处的切线斜率为 $x+\mathrm{e}^x$，且过点$(0,2)$.

5.2 换元积分法

利用基本积分表与不定积分的性质，所能计算的只是一些简单函数的不定积分，具有较大的局限性，比如对$\int e^{\sin x}\cos x\mathrm{d}x$及$\int \sqrt{a^2-x^2}\mathrm{d}x$等的积分求解是无能为力的. 这就要求我们去探寻求解不定积分的新方法. 本节所介绍的积分法是复合函数微分过程的逆过程，即利用中间变量的代换，沿着复合函数求微分的反方向逐步把被积函数组装回去，求出其为复合函数的原函数的方法，称为**换元积分法**. 简称**换元法**. 换元法通常分成两类，分别称为第一类和第二类换元法.

5.2.1　第一类换元法

设 $f(u)$具有原函数 $F(u)$，即

$$F'(u)=f(u)\quad 或\quad \int f(u)\mathrm{d}u=F(u)+C.$$

如果要求的积分具有如下特征，

$$\int f[\varphi(x)]\varphi'(x)\mathrm{d}x\quad 或\quad \int f[\varphi(x)]\mathrm{d}\varphi(x).$$

则可设 $u=\varphi(x)$且 $\varphi(x)$可微，由复合函数微分法则

$$\mathrm{d}F[\varphi(x)]=F'[\varphi(x)]\mathrm{d}\varphi(x)=f[\varphi(x)]\mathrm{d}\varphi(x)=f[\varphi(x)]\varphi'(x)\mathrm{d}x.$$

从而有

$$\int f[\varphi(x)]\varphi'(x)\mathrm{d}x=\int f[\varphi(x)]\mathrm{d}\varphi(x)=\int \mathrm{d}F[\varphi(x)]=F[\varphi(x)]+C,$$

或

$$\int f[\varphi(x)]\varphi'(x)\mathrm{d}x=\int f[\varphi(x)]\mathrm{d}\varphi(x)=\left[\int f(u)\mathrm{d}u\right]_{u=\varphi(x)}.$$

于是有下述定理：

定理 5-1　设 $f(u)$具有原函数，$u=\varphi(x)$可导，则有换元公式

$$\int f[\varphi(x)]\varphi'(x)\mathrm{d}x=\left[\int f(u)\mathrm{d}u\right]_{u=\varphi(x)}.\tag{5-2}$$

此定理告诉我们，虽然$\int f[\varphi(x)]\varphi'(x)\mathrm{d}x$是一个整体的记号，但被积表达式中的 $\mathrm{d}x$ 也可当作变量 x 的微分对待，从而微分等式 $\varphi'(x)\mathrm{d}x=\mathrm{d}u$ 可以方便地应用到被积表达式中来. 现在来讨论公式(5-2)在求不定积分中应如何应用. 如果要求的不定积分为$\int f[\varphi(x)]\varphi'(x)\mathrm{d}x$，那么求解过程要经历如下步骤：

(1) 要洞察出被积函数 $f[\varphi(x)]\varphi'(x)$中 $\varphi(x)$与 $\varphi'(x)$之间的联系，这是利用公式的关键所在；

(2) 将 $\varphi'(x)\mathrm{d}x$ 转化为 $\mathrm{d}\varphi(x)=\mathrm{d}u$(凑微分法)；

(3) 若 $f(u)$有原函数 $F(u)$，则

$$\int f[\varphi(x)]\varphi'(x)\mathrm{d}x=\int f[\varphi(x)]\mathrm{d}\varphi(x)\xlongequal{u=\varphi(x)}\int f(u)\mathrm{d}u=F(u)+C$$

$$= F[\varphi(x)] + C.$$

正因为以上求积分的过程，所以又称第一类换元法为**凑微分法**，该方法的应用首先要求我们熟练掌握基本微分公式，只有这样才能将被积函数中的一部分凑成中间变量的微分. 常见的有：

(1) $\mathrm{d}x=\frac{1}{a}\mathrm{d}(ax+b)\ (a\neq 0)$；

(2) $x^{\mu}\mathrm{d}x=\frac{1}{\mu+1}\mathrm{d}(x^{\mu+1})\ (\mu\neq -1)$；

(3) $\frac{1}{x}\mathrm{d}x=\mathrm{d}(\ln|x|)$；

(4) $\frac{1}{x^2}\mathrm{d}x=-\mathrm{d}\left(\frac{1}{x}\right)$；

(5) $a^x\mathrm{d}x=\frac{1}{\ln a}\mathrm{d}(a^x)$；

(6) $\mathrm{e}^x\mathrm{d}x=\mathrm{d}(\mathrm{e}^x)$；

(7) $\cos x\mathrm{d}x=\mathrm{d}(\sin x)$；

(8) $\sin x\mathrm{d}x=-\mathrm{d}(\cos x)$；

(9) $\sec^2 x\mathrm{d}x=\mathrm{d}(\tan x)$；

(10) $\csc^2 x\mathrm{d}x=-\mathrm{d}(\cot x)$；

(11) $\sec x\tan x\mathrm{d}x=\mathrm{d}(\sec x)$；

(12) $\csc x\cot x\mathrm{d}x=-\mathrm{d}(\csc x)$；

(13) $\frac{\mathrm{d}x}{\sqrt{1-x^2}}=\mathrm{d}(\arcsin x)=-\mathrm{d}(\arccos x)$；

(14) $\frac{\mathrm{d}x}{1+x^2}=\mathrm{d}(\arctan x)=-\mathrm{d}(\mathrm{arccot}\, x)$.

例 5-14 求 $\int\cos(wt+T)\mathrm{d}t\ (w\neq 0)$.

解
$$\int\cos(wt+T)\mathrm{d}t=\frac{1}{w}\int\cos(wt+T)\mathrm{d}(wt+T)$$
$$=\left[\frac{1}{w}\int\cos u\mathrm{d}u\right]_{u=wt+T}=\left[\frac{1}{w}\sin u+C\right]_{u=wt+T}$$
$$=\frac{1}{w}\sin(wt+T)+C.$$

例 5-15 求 $\int\frac{\mathrm{d}x}{5-3x}$.

解
$$\int\frac{\mathrm{d}x}{5-3x}=-\frac{1}{3}\int\frac{\mathrm{d}(5-3x)}{5-3x}$$
$$=\left[-\frac{1}{3}\int\frac{\mathrm{d}u}{u}\right]_{u=5-3x}=\left[-\frac{1}{3}\ln|u|+C\right]_{u=5-3x}$$

$$=-\frac{1}{3}\ln|5-3x|+C.$$

例 5-16　求 $\int x\sqrt{4-x^2}\mathrm{d}x$.

解　$\int x\sqrt{4-x^2}\mathrm{d}x=\frac{1}{2}\int\sqrt{4-x^2}\mathrm{d}(x^2)$

$$=-\frac{1}{2}\int(4-x^2)^{\frac{1}{2}}\mathrm{d}(4-x^2)=\left[-\frac{1}{2}\int u^{\frac{1}{2}}\mathrm{d}u\right]_{u=4-x^2}$$

$$=\left[-\frac{1}{2}\cdot\frac{2}{3}u^{\frac{3}{2}}+C\right]_{u=4-x^2}=\left[-\frac{1}{3}u^{\frac{3}{2}}+C\right]_{u=4-x^2}$$

$$=-\frac{1}{3}(4-x^2)^{\frac{3}{2}}+C.$$

例 5-17　求 $\int x^2\mathrm{e}^{2x^3+5}\mathrm{d}x$.

解　$\int x^2\mathrm{e}^{2x^3+5}\mathrm{d}x=\frac{1}{3}\int\mathrm{e}^{2x^3+5}\mathrm{d}(x^3)$

$$=\frac{1}{6}\int\mathrm{e}^{2x^3+5}\mathrm{d}(2x^3+5)=\left[\frac{1}{6}\int\mathrm{e}^u\mathrm{d}u\right]_{u=2x^3+5}$$

$$=\left[\frac{1}{6}\mathrm{e}^u+C\right]_{u=2x^3+5}=\frac{1}{6}\mathrm{e}^{2x^3+5}+C.$$

例 5-18　求 $\int\mathrm{e}^{\sin x}\cos x\mathrm{d}x$.

解　$\int\mathrm{e}^{\sin x}\cos x\mathrm{d}x=\int\mathrm{e}^{\sin x}(\sin x)'\mathrm{d}x$

$$=\int\mathrm{e}^{\sin x}\mathrm{d}(\sin x)=\left[\int\mathrm{e}^u\mathrm{d}u\right]_{u=\sin x}$$

$$=[\mathrm{e}^u+C]_{u=\sin x}=\mathrm{e}^{\sin x}+C.$$

注　在对变量代换比较熟练以后,就不一定把中间变量 u 明显地写出来.

例 5-19　求 $\int\tan x\mathrm{d}x$.

解　$\int\tan x\mathrm{d}x=\int\frac{\sin x}{\cos x}\mathrm{d}x=-\int\frac{1}{\cos x}\mathrm{d}(\cos x)=-\ln|\cos x|+C.$

类似地可得

$$\int\cot x\mathrm{d}x=\ln|\sin x|+C.$$

例 5-20　求 $\int\frac{\mathrm{d}x}{\sqrt{a^2-x^2}}\ (a>0)$.

解　$\int\frac{\mathrm{d}x}{\sqrt{a^2-x^2}}=\int\frac{\mathrm{d}\left(\frac{x}{a}\right)}{\sqrt{1-\left(\frac{x}{a}\right)^2}}=\arcsin\frac{x}{a}+C.$

例 5-21 求 $\int \frac{\mathrm{d}x}{a^2+x^2}$.

解 $\int \frac{\mathrm{d}x}{a^2+x^2} = \frac{1}{a}\int \frac{\mathrm{d}\left(\frac{x}{a}\right)}{1+\left(\frac{x}{a}\right)^2} = \frac{1}{a}\arctan\frac{x}{a}+C.$

例 5-22 求 $\int \frac{\mathrm{d}x}{x^2-a^2}$.

解 因

$$\frac{1}{x^2-a^2}=\frac{1}{2a}\left(\frac{1}{x-a}-\frac{1}{x+a}\right),$$

所以

$$\begin{aligned}\int \frac{\mathrm{d}x}{x^2-a^2} &= \frac{1}{2a}\int\left(\frac{1}{x-a}-\frac{1}{x+a}\right)\mathrm{d}x \\ &= \frac{1}{2a}\left(\int\frac{\mathrm{d}x}{x-a}-\int\frac{\mathrm{d}x}{x+a}\right) \\ &= \frac{1}{2a}\left(\int\frac{\mathrm{d}(x-a)}{x-a}-\int\frac{\mathrm{d}(x+a)}{x+a}\right) \\ &= \frac{1}{2a}(\ln|x-a|-\ln|x+a|)+C \\ &= \frac{1}{2a}\ln\left|\frac{x-a}{x+a}\right|+C.\end{aligned}$$

类似地可得

$$\int \frac{\mathrm{d}x}{a^2-x^2} = \frac{1}{2a}\ln\left|\frac{a+x}{a-x}\right|+C.$$

例 5-23 求 $\int \frac{\mathrm{d}x}{x(3+2\ln x)}$.

解 $\int \frac{\mathrm{d}x}{x(3+2\ln x)} = \int \frac{\mathrm{d}(\ln x)}{3+2\ln x} = \frac{1}{2}\int \frac{\mathrm{d}(3+2\ln x)}{3+2\ln x}$

$$= \frac{1}{2}\ln|3+2\ln x|+C.$$

例 5-24 求 $\int \frac{\mathrm{d}x}{x\ln x\ln\ln x}$.

解 $\int \frac{\mathrm{d}x}{x\ln x\ln\ln x} = \int \frac{\mathrm{d}(\ln x)}{\ln x\ln\ln x} = \int \frac{1}{\ln\ln x}\cdot\frac{1}{\ln x}\mathrm{d}(\ln x)$

$$= \int \frac{1}{\ln\ln x}\mathrm{d}(\ln\ln x) = \ln|\ln\ln x|+C.$$

例 5-25 求 $\int \frac{\sin\sqrt{x}}{\sqrt{x}}\mathrm{d}x$.

解 $\int \frac{\sin\sqrt{x}}{\sqrt{x}}dx = 2\int \sin\sqrt{x} \cdot \frac{1}{2\sqrt{x}}dx = 2\int \sin\sqrt{x} \cdot (\sqrt{x})'dx$

$= 2\int \sin\sqrt{x}d(\sqrt{x}) = -2\cos\sqrt{x} + C.$

例 5-26 求 $\int \frac{e^{\arctan\sqrt{x}}}{\sqrt{x}(1+x)}dx.$

解 $\int \frac{e^{\arctan\sqrt{x}}}{\sqrt{x}(1+x)}dx = 2\int \frac{e^{\arctan\sqrt{x}}}{1+x} \cdot \frac{1}{2\sqrt{x}}dx = 2\int \frac{e^{\arctan\sqrt{x}}}{1+(\sqrt{x})^2}d(\sqrt{x})$

$= 2\int e^{\arctan\sqrt{x}} \cdot \frac{1}{1+(\sqrt{x})^2}d(\sqrt{x}) = 2\int e^{\arctan\sqrt{x}}d(\arctan\sqrt{x})$

$= 2e^{\arctan\sqrt{x}} + C.$

例 5-27 求 $\int \frac{e^{\sin\frac{1}{x}}\cos\frac{1}{x}}{x^2}dx.$

解 $\int \frac{e^{\sin\frac{1}{x}}\cos\frac{1}{x}}{x^2}dx = \int e^{\sin\frac{1}{x}} \cdot \cos\frac{1}{x} \cdot \frac{1}{x^2}dx = -\int e^{\sin\frac{1}{x}} \cdot \cos\frac{1}{x}d\left(\frac{1}{x}\right)$

$= -\int e^{\sin\frac{1}{x}}d\left(\sin\frac{1}{x}\right) = -e^{\sin\frac{1}{x}} + C.$

例 5-28 求 $\int \frac{(\arcsin x)^2}{\sqrt{1-x^2}}dx.$

解 $\int \frac{(\arcsin x)^2}{\sqrt{1-x^2}}dx = \int (\arcsin x)^2 \cdot \frac{1}{\sqrt{1-x^2}}dx = \int (\arcsin x)^2 d(\arcsin x)$

$= \frac{1}{3}(\arcsin x)^3 + C.$

例 5-29 求 $\int \frac{dx}{e^x + e^{-x}}.$

解 $\int \frac{dx}{e^x + e^{-x}} = \int \frac{1}{1+e^{2x}} \cdot e^x dx = \int \frac{1}{1+(e^x)^2}d(e^x) = \arctan e^x + C.$

当被积函数含有三角函数时,通常要利用三角恒等式进行变形后,再用凑微分法求解.

例 5-30 求 $\int \sin^3 x dx.$

解 $\int \sin^3 x dx = \int \sin^2 x \cdot \sin x dx = -\int (1-\cos^2 x)d(\cos x)$

$= -\cos x + \frac{1}{3}\cos^3 x + C.$

例 5-31 求 $\int \sin^2 x\cos^5 x dx.$

解 $\int \sin^2 x\cos^5 x\mathrm{d}x = \int \sin^2 x\cos^4 x \cdot \cos x\mathrm{d}x = \int \sin^2 x(1-\sin^2 x)^2\mathrm{d}(\sin x)$

$$= \int (\sin^2 x - 2\sin^4 x + \sin^6 x)\mathrm{d}(\sin x)$$

$$= \frac{1}{3}\sin^3 x - \frac{2}{5}\sin^5 x + \frac{1}{7}\sin^7 x + C.$$

例 5-32 求 $\int \cos^2 x\mathrm{d}x$.

解 $\int \cos^2 x\mathrm{d}x = \frac{1}{2}\int (1+\cos 2x)\mathrm{d}x = \frac{1}{2}\left(\int \mathrm{d}x + \int \cos 2x\mathrm{d}x\right)$

$$= \frac{x}{2} + \frac{1}{4}\int \cos 2x\mathrm{d}(2x) = \frac{x}{2} + \frac{1}{4}\sin 2x + C.$$

例 5-33 求 $\int \sin^4 x\mathrm{d}x$.

解 $\int \sin^4 x\mathrm{d}x = \frac{1}{4}\int (1-\cos 2x)^2\mathrm{d}x = \frac{1}{4}\int [1-2\cos 2x + (\cos 2x)^2]\mathrm{d}x$

$$= \frac{1}{4}\int \left(1 - 2\cos 2x + \frac{1+\cos 4x}{2}\right)\mathrm{d}x$$

$$= \frac{1}{4}\int \left(\frac{3}{2} - 2\cos 2x + \frac{1}{2}\cos 4x\right)\mathrm{d}x$$

$$= \frac{3}{8}\int \mathrm{d}x - \frac{1}{2}\int \cos 2x\mathrm{d}x + \frac{1}{8}\int \cos 4x\mathrm{d}x$$

$$= \frac{3}{8}x - \frac{1}{4}\int \cos 2x\mathrm{d}(2x) + \frac{1}{32}\int \cos 4x\mathrm{d}(4x)$$

$$= \frac{3}{8}x - \frac{1}{4}\sin 2x + \frac{1}{32}\sin 4x + C.$$

例 5-34 求 $\int \csc x\mathrm{d}x$.

解 $\int \csc x\mathrm{d}x = \int \frac{\mathrm{d}x}{\sin x} = \int \frac{\mathrm{d}x}{2\sin\frac{x}{2}\cdot\cos\frac{x}{2}}$

$$= \int \frac{1}{\tan\frac{x}{2}}\cdot\sec^2\frac{x}{2}\mathrm{d}\left(\frac{x}{2}\right) = \int \frac{1}{\tan\frac{x}{2}}\mathrm{d}\left(\tan\frac{x}{2}\right)$$

$$= \ln\left|\tan\frac{x}{2}\right| + C.$$

因为

$$\tan\frac{x}{2} = \frac{\sin\frac{x}{2}}{\cos\frac{x}{2}} = \frac{2\sin^2\frac{x}{2}}{2\sin\frac{x}{2}\cos\frac{x}{2}} = \frac{1-\cos x}{\sin x}$$

$$=\csc x-\cot x.$$

所以上述不定积分又可表为

$$\int \csc x\mathrm{d}x=\ln|\csc x-\cot x|+C.$$

例 5-35　求 $\int \sec x\mathrm{d}x$.

解　$$\int \sec x\mathrm{d}x=\int \frac{\mathrm{d}x}{\cos x}=\int \frac{\mathrm{d}\left(x+\frac{\pi}{2}\right)}{\sin\left(x+\frac{\pi}{2}\right)}$$

$$=\ln\left|\csc\left(x+\frac{\pi}{2}\right)-\cot\left(x+\frac{\pi}{2}\right)\right|+C$$

$$=\ln|\sec x+\tan x|+C.$$

例 5-36　求 $\int \sec^6 x\mathrm{d}x$.

解　$$\int \sec^6 x\mathrm{d}x=\int \sec^4 x\cdot \sec^2 x\mathrm{d}x=\int (1+\tan^2 x)^2\mathrm{d}(\tan x)$$

$$=\int (1+2\tan^2 x+\tan^4 x)\mathrm{d}(\tan x)$$

$$=\tan x+\frac{2}{3}\tan^3 x+\frac{1}{5}\tan^5 x+C.$$

例 5-37　求 $\int \tan^3 x\sec^5 x\mathrm{d}x$.

解　$$\int \tan^3 x\sec^5 x\mathrm{d}x=\int \tan^2 x\sec^4 x\cdot\tan x\sec x\mathrm{d}x=\int (\sec^2 x-1)\sec^4 x\mathrm{d}(\sec x)$$

$$=\int (\sec^6 x-\sec^4 x)\mathrm{d}(\sec x)=\frac{1}{7}\sec^7 x-\frac{1}{5}\sec^5 x+C.$$

例 5-38　求 $\int \cos 5x\cos 2x\mathrm{d}x$.

解　利用三角学中的积化和差公式

$$\cos A\cos B=\frac{1}{2}[\cos(A-B)+\cos(A+B)],$$

有

$$\cos 5x\cos 2x=\frac{1}{2}(\cos 3x+\cos 7x).$$

于是

$$\int \cos 5x\cos 2x\mathrm{d}x=\frac{1}{2}\int (\cos 3x+\cos 7x)\mathrm{d}x$$

$$=\frac{1}{2}\left(\int \cos 3x\mathrm{d}x+\int \cos 7x\mathrm{d}x\right)$$

$$= \frac{1}{6}\int \cos 3x \mathrm{d}(3x) + \frac{1}{14}\int \cos 7x \mathrm{d}(7x)$$

$$= \frac{1}{6}\sin 3x + \frac{1}{14}\sin 7x + C.$$

注 有时遇到的积分可能相对较复杂,需要利用微分运算法则凑成函数和、差、积、商的微分.

例 5-39 求 $\int \frac{1+\cos x}{x+\sin x}\mathrm{d}x$.

解 注意到 $1+\cos x=(x+\sin x)'$,那么有

$$\int \frac{1+\cos x}{x+\sin x}\mathrm{d}x = \int \frac{\mathrm{d}(x+\sin x)}{x+\sin x} = \ln|x+\sin x| + C.$$

例 5-40 求 $\int \frac{1+\ln x}{1+(x\ln x)^2}\mathrm{d}x$.

解 $$\int \frac{1+\ln x}{1+(x\ln x)^2}\mathrm{d}x = \int \frac{(x\ln x)'}{1+(x\ln x)^2}\mathrm{d}x = \int \frac{1}{1+(x\ln x)^2}\mathrm{d}(x\ln x)$$

$$= \arctan(x\ln x) + C.$$

上面所举的例子,可以使我们认识到凑微分法在求不定积分过程中所起到的作用,就像复合函数求导法则在微分学中的地位一样. 利用凑微分法求不定积分就其本质而言,是复合函数求导的逆过程,一般说来要比复合函数求导困难一些,它除了要熟练掌握微分公式外,还要求具有较敏锐的洞察力,并掌握一些常见的技巧与方法. 俗话说"熟能生巧",在此可谓恰如其分.

5.2.2 第二类换元法

上面介绍的第一类换元法是通过变量代换 $u=\varphi(x)$,将积分 $\int f[\varphi(x)]\varphi'(x)\mathrm{d}x$ 转化为积分 $\int f(u)\mathrm{d}u$. 而有时我们所面对的积分为 $\int f(x)\mathrm{d}x$,在基本积分表中没有这类积分时,直接求解非常困难,在此情形下,可以选取适当的变量代换 $x=\varphi(t)$ 将积分 $\int f(x)\mathrm{d}x$ 化为积分 $\int f[\varphi(t)]\varphi'(t)\mathrm{d}t$,这就是第二类换元法. 具体换元公式为

$$\int f(x)\mathrm{d}x = \int f[\varphi(t)]\varphi'(t)\mathrm{d}t.$$

这里要求:(1)上式右端的不定积分存在,即 $f[\varphi(t)]\varphi'(t)$ 的原函数存在且求解相对较易;(2)当求出 $\int f[\varphi(t)]\varphi'(t)\mathrm{d}t = \Phi(t)+C$ 后必须用 $x=\varphi(t)$ 的反函数 $t=\varphi^{-1}(x)$ 代回去,即得所求的不定积分

$$\int f(x)\mathrm{d}x = \Phi[\varphi^{-1}(x)] + C,$$

因此需要 $x=\varphi(t)$ 不但要可导，且必须是单调的，$\varphi'(t)\neq 0$，亦即反函数存在.

将以上叙述归纳为下面定理.

定理 5-2 设 $x=\varphi(t)$ 为单调、可导函数，且 $\varphi'(t)\neq 0$. 又设 $f[\varphi(t)]\varphi'(t)$ 具有原函数，则有换元公式

$$\int f(x)\mathrm{d}x=\left\{\int f[\varphi(t)]\varphi'(t)\mathrm{d}t\right\}\bigg|_{t=\varphi^{-1}(x)}, \tag{5-3}$$

其中 $t=\varphi^{-1}(x)$ 是 $x=\varphi(t)$ 的反函数.

证 设 $f[\varphi(t)]\varphi'(t)$ 的原函数为 $\Phi(t)$，记 $\Phi[\varphi^{-1}(x)]=F(x)$，由复合函数和反函数求导法则，有

$$F'(x)=\frac{\mathrm{d}\Phi}{\mathrm{d}t}\cdot\frac{\mathrm{d}t}{\mathrm{d}x}=f[\varphi(t)]\varphi'(t)\cdot\frac{1}{\varphi'(t)}=f[\varphi(t)]=f(x),$$

即 $F(x)$ 为 $f(x)$ 的原函数，所以有

$$\begin{aligned}\int f(x)\mathrm{d}x&=F(x)+C=\Phi[\varphi^{-1}(x)]+C\\&=\left\{\int f[\varphi(t)]\varphi'(t)\mathrm{d}t\right\}.\end{aligned}$$

定理证毕.

利用公式(5-3)来进行积分运算的关键是对变量代换 $x=\varphi(t)$ 的选择，选择的恰当和巧妙可使运算得到简化且易求出. 常用的主要有三角函数代换、倒代换和简单无理函数代换. 由于该方法有时需要较强的技巧性，这就要求在学习过程中逐步积累经验以应对各种复杂积分.

1. 三角函数代换法

若被积函数含有形如 $\sqrt{a^2-x^2}$，$\sqrt{x^2+a^2}$，$\sqrt{x^2-a^2}$ 的二次根式，为化去根式，通常采用如下所谓的三角代换：

含 $\sqrt{a^2-x^2}$ 时，令 $x=a\sin t$，则 $\sqrt{a^2-x^2}=a\cos t$，$\mathrm{d}x=a\cos t\mathrm{d}t$；

含 $\sqrt{x^2+a^2}$ 时，令 $x=a\tan t$，则 $\sqrt{x^2+a^2}=a\sec t$，$\mathrm{d}x=a\sec^2 t\mathrm{d}t$；

含 $\sqrt{x^2-a^2}$ 时，令 $x=a\sec t$，则 $\sqrt{x^2-a^2}=a\tan t$，$\mathrm{d}x=a\sec t\tan t\mathrm{d}t$.

例 5-41 求 $\int\sqrt{a^2-x^2}\mathrm{d}x\ (a>0)$.

解 由于被积函数为二次根式 $\sqrt{a^2-x^2}$，可作三角代换：$x=a\sin t$ $\left(-\frac{\pi}{2}<t<\frac{\pi}{2}\right)$. 则

$$\sqrt{a^2-x^2}=\sqrt{a^2-a^2\sin^2 t}=a\cos t,\quad \mathrm{d}x=a\cos t\mathrm{d}t,$$

此时所求积分化为

$$\int \sqrt{a^2-x^2}\mathrm{d}x = \int a\cos t \cdot a\cos t\mathrm{d}t = a^2\int \cos^2 t\mathrm{d}t,$$

利用例 5-32 的结果得

$$\int \sqrt{a^2-x^2}\mathrm{d}x = a^2\left(\frac{t}{2}+\frac{\sin 2t}{4}\right)+C$$
$$= \frac{a^2}{2}t+\frac{a^2}{2}\sin t\cos t+C.$$

由于 $x=a\sin t\left(-\frac{\pi}{2}<t<\frac{\pi}{2}\right)$,所以

$$t=\arcsin\frac{x}{a},$$

$$\cos t=\sqrt{1-\sin^2 t}=\sqrt{1-\left(\frac{x}{a}\right)^2}=\frac{\sqrt{a^2-x^2}}{a},$$

于是所求积分为

$$\int \sqrt{a^2-x^2}\mathrm{d}x = \frac{a^2}{2}\arcsin\frac{x}{a}+\frac{1}{2}x\sqrt{a^2-x^2}+C.$$

注 根据 $\sin t=\frac{x}{a}$ 作辅助三角形(图 5-3)可以方便快捷地把 $\cos t$ 化成 x 的函数.

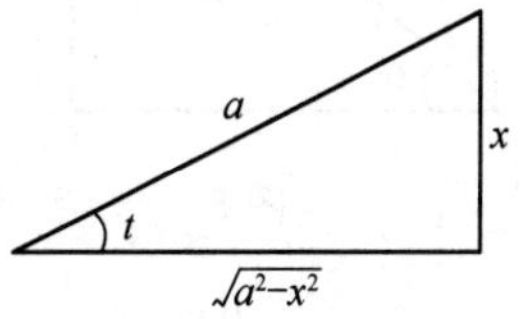

图 5-3

例 5-42 求 $\int \frac{\mathrm{d}x}{\sqrt{a^2+x^2}}\ (a>0)$.

解 设 $x=a\tan t\left(-\frac{\pi}{2}<t<\frac{\pi}{2}\right)$,则

$$\sqrt{a^2+x^2}=\sqrt{a^2+a^2\tan^2 t}=a\sqrt{1+\tan^2 t}=a\sec t,$$
$$\mathrm{d}x=a\sec^2 t\mathrm{d}t.$$

于是

$$\int \frac{\mathrm{d}x}{\sqrt{a^2+x^2}}=\int\frac{a\sec^2 t}{a\sec t}\mathrm{d}t=\int \sec t\mathrm{d}t$$
$$=\ln|\sec t+\tan t|+C_1,$$

根据 $\tan t=\frac{x}{a}$ 作辅助三角形(图 5-4),便有

$$\int \frac{\mathrm{d}x}{\sqrt{a^2+x^2}}=\ln\left|\frac{x}{a}+\frac{\sqrt{a^2+x^2}}{a}\right|+C_1$$
$$=\ln(x+\sqrt{a^2+x^2})+C.$$

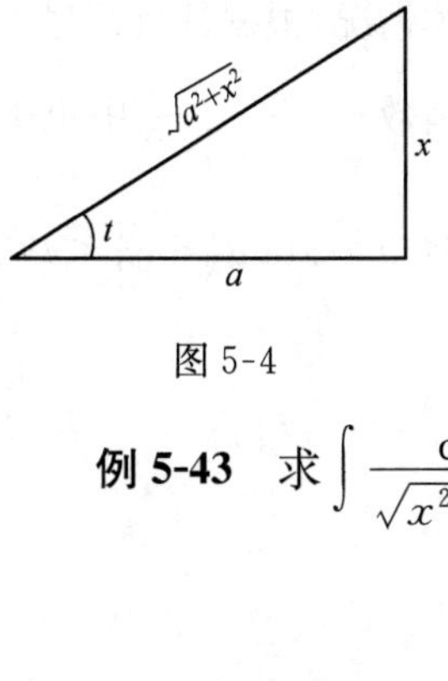

图 5-4

注 这里的 $C=C_1-\ln a$, $x+\sqrt{a^2+x^2}>0$.

例 5-43 求 $\int \frac{\mathrm{d}x}{\sqrt{x^2-a^2}}\ (a>0)$.

解　首先注意到被积函数的定义域为

$$x\in(-\infty,-a)\cup(a,+\infty),$$

我们在$(a,+\infty)$和$(-\infty,-a)$上分别求不定积分. 当 $x>a$ 时,设 $x=a\sec t$ $\left(0<t<\frac{\pi}{2}\right)$,则

$$\sqrt{x^2-a^2}=\sqrt{a^2\sec^2 t-a^2}=a\sqrt{\sec^2 t-1}=a\tan t,$$

$$\mathrm{d}x=a\sec t\tan t\mathrm{d}t.$$

于是

$$\int\frac{\mathrm{d}x}{\sqrt{x^2-a^2}}=\int\frac{a\sec t\tan t}{a\tan t}\mathrm{d}t=\int\sec t\mathrm{d}t$$

$$=\ln(\sec t+\tan t)+C_1.$$

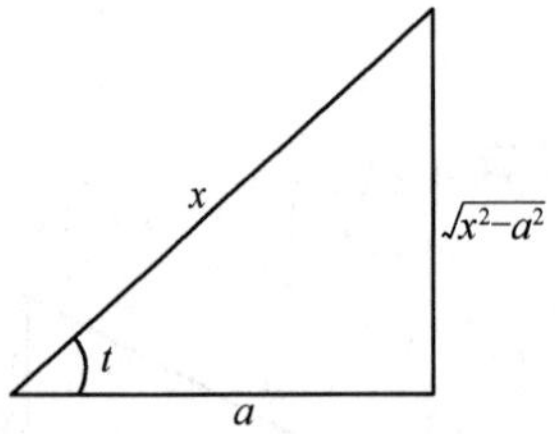

图 5-5

根据 $\sec t=\frac{x}{a}$ 作辅助三角形(图 5-5),得到

$$\int\frac{\mathrm{d}x}{\sqrt{x^2-a^2}}=\ln\left(\frac{x}{a}+\frac{\sqrt{x^2-a^2}}{a}\right)+C_1$$

$$=\ln(x+\sqrt{x^2-a^2})+C,$$

其中 $C=C_1-\ln a$.

当 $x<-a$ 时,令 $x=-u$,则 $u>a$,由前面结果有

$$\int\frac{\mathrm{d}x}{\sqrt{x^2-a^2}}=-\int\frac{\mathrm{d}u}{\sqrt{u^2-a^2}}=-\ln(u+\sqrt{u^2-a^2})+C_1$$

$$=-\ln(-x+\sqrt{x^2-a^2})+C_1=\ln\frac{-x-\sqrt{x^2-a^2}}{a^2}+C_1$$

$$=\ln(-x-\sqrt{x^2-a^2})+C,$$

其中 $C=C_1-\ln a^2=C_1-2\ln a$.

将 $x>a$ 及 $x<-a$ 所得结果综合起来,就有

$$\int\frac{\mathrm{d}x}{\sqrt{x^2-a^2}}=\ln|x+\sqrt{x^2-a^2}|+C.$$

这里要说明的是,在具体解题时要分析被积函数的具体情况,根据其特征尽可能选取简捷的代换,不要拘泥于上述的变量代换. 如被积函数 $\frac{x}{\sqrt{(a^2+x^2)^3}}$ 中也带有二次根式 $\sqrt{a^2+x^2}$,尽管在对其积分时也可采用变量代换 $x=a\tan t\left(-\frac{\pi}{2}<t<\frac{\pi}{2}\right)$,但并非最简捷. 此时可作如下处理.

例 5-44　求 $\int\frac{x}{\sqrt{(a^2+x^2)^3}}\mathrm{d}x\ (a>0)$.

解 $\int \frac{x}{\sqrt{(a^2+x^2)^3}}dx=\frac{1}{2}\int(a^2+x^2)^{-\frac{3}{2}}d(a^2+x^2)$

$$=-(a^2+x^2)^{-\frac{1}{2}}+C=-\frac{1}{\sqrt{a^2+x^2}}+C.$$

2. 倒代换法

下面通过例子来介绍一种很有用的代换，被称为倒代换，利用它常可消去分母中的变量因子 x 而使不定积分简化.

例 5-45 求 $\int \frac{dx}{x\sqrt{x^{2n}-1}}\ (x>1, n\in \mathbf{N}^+)$.

解 令 $x=\frac{1}{t}$，$dx=-\frac{1}{t^2}dt$.

$$\int \frac{dx}{x\sqrt{x^{2n}-1}}=\int \frac{-\frac{1}{t^2}dt}{\frac{1}{t}\sqrt{\frac{1}{t^{2n}}-1}}=-\int \frac{t^{n-1}dt}{\sqrt{1-t^{2n}}}$$

$$=-\frac{1}{n}\int \frac{d(t^n)}{\sqrt{1-(t^n)^2}}=-\frac{1}{n}\arcsin t^n+C$$

$$=-\frac{1}{n}\arcsin\frac{1}{x^n}+C.$$

例 5-46 求 $\int \frac{\sqrt{a^2+x^2}}{x^4}dx$.

解 当 $x>0$ 时，令 $x=\frac{1}{t}$，则 $dx=-\frac{1}{t^2}dt$，于是

$$\int \frac{\sqrt{a^2+x^2}}{x^4}dx=\int t^4\sqrt{\frac{1}{t^2}+a^2}\left(-\frac{1}{t^2}\right)dt$$

$$=-\int t\sqrt{1+a^2t^2}\,dt=-\frac{1}{2a^2}\int(1+a^2t^2)^{\frac{1}{2}}d(1+a^2t^2)$$

$$=-\frac{1}{3a^2}(1+a^2t^2)^{\frac{3}{2}}+C=-\frac{1}{3a^2}\left(1+\frac{a^2}{x^2}\right)^{\frac{3}{2}}+C$$

$$=-\frac{(a^2+x^2)^{\frac{3}{2}}}{3a^2x^3}+C.$$

而当 $x<0$ 时，积分结果相同.

3. 简单无理函数代换法

当被积函数中含有简单根式 $\sqrt[n]{ax+b}$ 或 $\sqrt[n]{\frac{ax+b}{cx+d}}$ 时，可以直接令其为 t，再解出

x 为 t 的有理函数 $x=\dfrac{1}{a}(t^n-b)$ 或 $x=\dfrac{b-dt^n}{Ct^n-a}$,从而化去被积函数中的 n 次根式.

例 5-47 求 $\int\dfrac{\sqrt{x-1}}{x}\mathrm{d}x$.

解 令 $t=\sqrt{x-1}$,则 $x=t^2+1$,$\mathrm{d}x=2t\mathrm{d}t$,那么

$$\int\frac{\sqrt{x-1}}{x}\mathrm{d}x=\int\frac{t}{t^2+1}\cdot 2t\mathrm{d}t=2\int\frac{t^2}{t^2+1}\mathrm{d}t=2\int\left(1-\frac{1}{t^2+1}\right)\mathrm{d}t$$
$$=2t-2\arctan t+C=2\sqrt{x-1}-2\arctan\sqrt{x-1}+C.$$

例 5-48 求 $\int\dfrac{\mathrm{d}x}{3+\sqrt[3]{2x+1}}$.

解 令 $t=\sqrt[3]{2x+1}$,则 $x=\dfrac{1}{2}(t^3-1)$,$\mathrm{d}x=\dfrac{3}{2}t^2\mathrm{d}t$,

$$\int\frac{\mathrm{d}x}{3+\sqrt[3]{2x+1}}=\frac{3}{2}\int\frac{t^2\mathrm{d}t}{t+3}=\frac{3}{2}\int\left(t-3+\frac{9}{t+3}\right)\mathrm{d}t$$
$$=\frac{3}{2}\left(\frac{t^2}{2}-3t+9\ln|t+3|\right)+C$$
$$=\frac{3}{4}t^2-\frac{9}{2}t+\frac{27}{2}\ln|t+3|+C$$
$$=\frac{3}{4}(\sqrt[3]{2x+1})^2-\frac{9}{2}\sqrt[3]{2x+1}+\frac{27}{2}\ln|\sqrt[3]{2x+1}+3|+C.$$

例 5-49 求 $\int\dfrac{\mathrm{d}x}{(1+\sqrt[3]{x+1})\sqrt{x+1}}$.

解 令 $t=\sqrt[6]{x+1}$,则 $x=t^6-1$,$\mathrm{d}x=6t^5\mathrm{d}t$,

$$\int\frac{\mathrm{d}x}{(1+\sqrt[3]{x+1})\sqrt{x+1}}=\int\frac{6t^5}{(1+t^2)t^3}\mathrm{d}t=6\int\frac{t^2}{1+t^2}\mathrm{d}t=6(t-\arctan t)+C$$
$$=6(\sqrt[6]{x+1}-\arctan\sqrt[6]{x+1})+C.$$

例 5-50 求 $\int\dfrac{1}{x}\sqrt{\dfrac{1+x}{x}}\mathrm{d}x$.

解 可令 $t=\sqrt{\dfrac{1+x}{x}}$,$t^2=\dfrac{1+x}{x}$,$x=\dfrac{1}{t^2-1}$,$\mathrm{d}x=\dfrac{-2t}{(t^2-1)^2}\mathrm{d}t$,于是有

$$\int\frac{1}{x}\sqrt{\frac{x+1}{x}}\mathrm{d}x=\int(t^2-1)\cdot t\cdot\frac{-2t}{(t^2-1)^2}\mathrm{d}t=-2\int\frac{t^2}{t^2-1}\mathrm{d}t$$
$$=-2\int\left(1+\frac{1}{t^2-1}\right)\mathrm{d}t=-2\left(t+\frac{1}{2}\ln\left|\frac{t-1}{t+1}\right|\right)+C$$
$$=-2\sqrt{\frac{x+1}{x}}-\ln\left|\frac{\sqrt{\frac{x+1}{x}}-1}{\sqrt{\frac{x+1}{x}}+1}\right|+C$$

$$=-2\sqrt{\frac{x+1}{x}}-\ln\left|\frac{\sqrt{x+1}-\sqrt{x}}{\sqrt{x+1}+\sqrt{x}}\right|+C.$$

$$=-2\sqrt{\frac{x+1}{x}}+2\ln\left(\sqrt{\frac{x+1}{x}}+1\right)+\ln|x|+C.$$

有时我们遇到的积分中含有较复杂的根式，此时不妨把它作为整体设为一个变量 t，往往会起到化繁为简的作用.

例 5-51 求 $\int\sqrt{e^x-1}\,dx$.

解 可令 $t=\sqrt{e^x-1}$，则 $x=\ln(t^2+1)$，$dx=\frac{2t}{t^2+1}dt$，

$$\int\sqrt{e^x-1}\,dx=\int\frac{2t^2}{t^2+1}dt=2\int\left(1-\frac{1}{t^2+1}\right)dt=2(t-\arctan t)+C$$

$$=2(\sqrt{e^x-1}-\arctan\sqrt{e^x-1})+C.$$

在本节中有几个例题的积分结果在以后会经常遇到，所以它们通常也被当作公式使用，这样常用的积分公式，除了基本积分表中的几个外，再增加下面几个(其中常数 $a>0$)：

(15) $\int\tan x\,dx=-\ln|\cos x|+C$；

(16) $\int\cot x\,dx=\ln|\sin x|+C$；

(17) $\int\sec x\,dx=\ln|\sec x+\tan x|+C$；

(18) $\int\csc x\,dx=\ln|\csc x-\cot x|+C$；

(19) $\int\frac{dx}{a^2+x^2}=\frac{1}{a}\arctan\frac{x}{a}+C$；

(20) $\int\frac{dx}{x^2-a^2}=\frac{1}{2a}\ln\left|\frac{x-a}{x+a}\right|+C$；

(21) $\int\frac{dx}{a^2-x^2}=\frac{1}{2a}\ln\left|\frac{a+x}{a-x}\right|+C$；

(22) $\int\frac{dx}{\sqrt{a^2-x^2}}=\arcsin\frac{x}{a}+C$；

(23) $\int\frac{dx}{\sqrt{x^2+a^2}}=\ln(x+\sqrt{x^2+a^2})+C$；

(24) $\int\frac{dx}{\sqrt{x^2-a^2}}=\ln|x+\sqrt{x^2-a^2}|+C$.

熟记以上公式，会对我们求积分带来极大方便.

例 5-52 求 $\int \frac{dx}{x^2+x+5}$.

解 $\int \frac{dx}{x^2+x+5} = \int \frac{d\left(x+\frac{1}{2}\right)}{\left(x+\frac{1}{2}\right)^2+\left(\frac{\sqrt{19}}{2}\right)^2} = \frac{2}{\sqrt{19}}\arctan\frac{2x+1}{\sqrt{19}}+C.$

以上结果显然是利用了公式(19)而得.

例 5-53 求 $\int \frac{dx}{\sqrt{7-4x-x^2}}$.

解 $\int \frac{dx}{\sqrt{7-4x-x^2}} = \int \frac{d(x+2)}{\sqrt{11-(x+2)^2}} = \arcsin\frac{x+2}{\sqrt{11}}+C.$

上面结果又利用了公式(21)而得.

习 题 5.2

1. 在下列各式等号右端的空白处填入适当的系数,使等号成立:

(1) $dx=$________ $d(ax+b)(a\neq 0)$；

(2) $xdx=$________ $d(1-x^2)$；

(3) $\frac{dx}{\sqrt{x}}=$________ $d(\sqrt{x})$；

(4) $x^3dx=$________ $d(3x^4-2)$；

(5) $e^{2x}dx=$________ $d(e^{2x})$；

(6) $\frac{dx}{x}=$________ $d(3-5\ln x)$；

(7) $\sin\frac{3}{2}xdx=$________ $d\left(\cos\frac{3}{2}x\right)$；

(8) $\frac{dx}{1+9x^2}=$________ $d(\arctan 3x)$；

(9) $\frac{dx}{\sqrt{1-x^2}}=$________ $d(1-\arcsin x)$；

(10) $\frac{xdx}{\sqrt{1-x^2}}=$________ $d(\sqrt{1-x^2})$.

2. 求下列不定积分:

(1) $\int(2x+3)^4dx$；

(2) $\int\frac{dx}{\sqrt{3+2x}}$；

(3) $\int e^{-2x}dx$；

(4) $\int\frac{dx}{1-3x}$；

(5) $\int xe^{-2x^2}dx$；

(6) $\int\frac{\sin x}{\sqrt{\cos^3 x}}dx$；

(7) $\int\frac{e^{\frac{1}{x}}}{x^2}dx$；

(8) $\int\frac{x}{1+x^2}dx$；

(9) $\int\frac{e^x}{2+e^x}dx$；

(10) $\int\frac{(3+\ln x)^2}{x}dx$；

(11) $\int\frac{2^{\ln\ln x}}{x\ln x}dx$；

(12) $\int\frac{dx}{(x+1)(x+2)}$；

(13) $\int\frac{\arctan\frac{1}{x}}{1+x^2}dx$；

(14) $\int\frac{dx}{\sqrt{x}(1+x)}$；

(15) $\int \frac{1+\ln x}{(x\ln x)^2}dx$;　(16) $\int \frac{\sin x+\cos x}{\sqrt[3]{\sin x-\cos x}}dx$;

(17) $\int \frac{\ln\tan x}{\sin x\cos x}dx$;　(18) $\int \frac{\sin x\cos x}{1+\sin^4 x}dx$;

(19) $\int \frac{\cot x}{\ln\sin x}dx$;　(20) $\int \frac{10^{\arccos x}}{\sqrt{1-x^2}}dx$;

(21) $\int \frac{dx}{1+e^x}$;　(22) $\int \frac{x^3}{9+x^2}dx$;

(23) $\int \frac{x+x^3}{1+x^4}dx$;　(24) $\int \cos^3 x dx$;

(25) $\int \sec^4 x dx$;　(26) $\int \tan^3 x dx$;

(27) $\int \tan^5 x\sec^3 x dx$;　(28) $\int \sin 2x\cos 3x dx$.

3. 求下列不定积分：

(1) $\int (1-x^2)^{-\frac{3}{2}}dx$;　(2) $\int \frac{x^2}{\sqrt{1-x^2}}dx$;

(3) $\int \frac{1}{x^2\sqrt{4+x^2}}dx$;　(4) $\int \frac{\sqrt{x^2-9}}{x^2}dx$;

(5) $\int \frac{\sqrt{a^2-x^2}}{x^4}dx$;　(6) $\int \frac{x+1}{x^2\sqrt{x^2-1}}dx$;

(7) $\int \frac{x}{1+\sqrt{x+1}}dx$;　(8) $\int \frac{dx}{\sqrt{x}+\sqrt[3]{x^2}}$;

(9) $\int \sqrt{\frac{x-1}{x+1}}dx$;　(10) $\int \frac{dx}{\sqrt{1+e^{2x}}}$.

4. 求下列不定积分：

(1) $\int \frac{dx}{4x^2+4x+5}$;　(2) $\int \frac{dx}{\sqrt{5-2x-x^2}}$;

(3) $\int \frac{dx}{\sqrt{5-4x+x^2}}$;　(4) $\int \frac{dx}{\sqrt{4x^2-9}}$.

5.3 分部积分法

5.2 节我们在复合函数求导法逆运算的基础上，建立了换元积分法. 但面对 $\int xe^x dx$ 及 $\int x\cos x dx$ 等形似简单的积分，该法却无能为力. 事实上，它们需要下面要介绍的利用两个函数乘积的求导法则推导出的另一求积分的基本方法——分部积分法.

设函数 $u=u(x)$ 及 $v=v(x)$ 具有连续导数. 那么两个函数乘积的导数公式为

$$(uv)'=u'v+uv',$$

移项得

$$uv' = (uv)' - u'v.$$

对上式两端求积分，得

$$\int uv'\mathrm{d}x = uv - \int u'v\mathrm{d}x, \tag{5-4}$$

或写成下面的形式：

$$\int u\mathrm{d}v = uv - \int v\mathrm{d}u. \tag{5-5}$$

公式(5-4)和(5-5)这两个等价公式被称为**分部积分公式**. 实际上，公式(5-5)在应用时会更方便一些. 下面给出应用公式(5-5)的几点说明：

(1) 被积函数为两个函数 u 和 v' 的乘积，把 $v'\mathrm{d}x$ 凑成微分 $\mathrm{d}v$；

(2) 公式 $\int u\mathrm{d}v = uv - \int v\mathrm{d}u$ 右端第一项恰为被积表达式 $u\mathrm{d}v$ 中“d”的前后两个函数的乘积，而第二项为未积出部分，左右两个积分中 u、v 的位置交换；

(3) 应用公式一次后，要把未积出部分进行如下转换：$\int v\mathrm{d}u = \int vu'\mathrm{d}x$；

(4) 应用公式成功的标志是 $\int vu'\mathrm{d}x$ 比原来的积分更容易求；

(5) 经验表明，在两个函数相乘时选择 v' 进行凑微分 $v'\mathrm{d}x = \mathrm{d}v$；在基本初等函数中的先后顺序是“指三幂反对”. 即指数函数优先，三角函数次之，幂函数第三，反三角函数第四，对数函数第五.

例 5-54　求 $\int x\mathrm{e}^x\mathrm{d}x$.

解　$\int x\mathrm{e}^x\mathrm{d}x = \int x(\mathrm{e}^x)'\mathrm{d}x = \int x\mathrm{d}(\mathrm{e}^x) = x\mathrm{e}^x - \int \mathrm{e}^x\mathrm{d}x$

$$= x\mathrm{e}^x - \mathrm{e}^x + C = (x-1)\mathrm{e}^x + C$$

(这里幂函数 x 和指数函数 e^x 相乘，优先选择 $v' = \mathrm{e}^x$ 凑微分).

例 5-55　求 $\int x\cos x\mathrm{d}x$.

解　$\int x\cos x\mathrm{d}x = \int x(\sin x)'\mathrm{d}x = \int x\mathrm{d}(\sin x)$

$$= x\sin x - \int \sin x\mathrm{d}x = x\sin x + \cos x + C$$

(这里幂函数 x 和三角函数 $\cos x$ 相乘，优先选择 $v' = \cos x$ 凑微分).

例 5-56　求 $\int (x^2 + x + 3)\mathrm{e}^{-\frac{x}{2}}\mathrm{d}x$.

解　$\int (x^2 + x + 3)\mathrm{e}^{-\frac{x}{2}}\mathrm{d}x = -2\int (x^2 + x + 3)\mathrm{d}(\mathrm{e}^{-\frac{x}{2}})$

$$= -2(x^2 + x + 3)\mathrm{e}^{-\frac{x}{2}} + 2\int \mathrm{e}^{-\frac{x}{2}}\mathrm{d}(x^2 + x + 3)$$

$$=-2(x^2+x+3)e^{-\frac{x}{2}}+2\int(2x+1)e^{-\frac{x}{2}}dx$$

$$=-2(x^2+x+3)e^{-\frac{x}{2}}-4\int(2x+1)d(e^{-\frac{x}{2}})$$

$$=-2(x^2+x+3)e^{-\frac{x}{2}}-4(2x+1)e^{-\frac{x}{2}}+4\int e^{-\frac{x}{2}}d(2x+1)$$

$$=-2(x^2+x+3)e^{-\frac{x}{2}}-4(2x+1)e^{-\frac{x}{2}}+8\int e^{-\frac{x}{2}}dx$$

$$=(-2x^2-10x-26)e^{-\frac{x}{2}}+C.$$

注 当被积函数为多项式与指数函数或三角函数的乘积时，选取多项式为 u，而指数函数或三角函数为 v'，将 $v'dx$ 凑成微分 dv，通过一次分部积分后，多项式降低一次(如上述三例)，该法称为**降次法**.

例 5-57 求 $\int(x^2+1)\ln x dx$.

解
$$\int(x^2+1)\ln x dx=\int\ln x d\left(\frac{x^3}{3}+x\right)=\left(\frac{x^3}{3}+x\right)\ln x-\int\left(\frac{x^3}{3}+x\right)d(\ln x)$$

$$=\left(\frac{x^3}{3}+x\right)\ln x-\int\left(\frac{x^3}{3}+x\right)\frac{1}{x}dx$$

$$=\left(\frac{x^3}{3}+x\right)\ln x-\int\left(\frac{x^2}{3}+1\right)dx$$

$$=\left(\frac{x^3}{3}+x\right)\ln x-\frac{x^3}{9}-x+C$$

(这里多项式与对数函数相乘，优先选择 $v'=x^2+1$ 凑微分).

例 5-58 求 $\int\ln x dx$.

解 这里的被积函数仅有一部分，此时可把 dx 看成 dv，因此不用凑微分而直接利用公式，便有

$$\int\ln x dx=x\ln x-\int x d(\ln x)=x\ln x-\int x\cdot\frac{1}{x}dx$$

$$=x\ln x-\int dx=x\ln x-x+C.$$

例 5-59 求 $\int x\arctan x dx$.

解
$$\int x\arctan x dx=\int\arctan x d\left(\frac{x^2}{2}\right)=\frac{x^2}{2}\arctan x-\frac{1}{2}\int x^2 d(\arctan x)$$

$$=\frac{x^2}{2}\arctan x-\frac{1}{2}\int\frac{x^2}{1+x^2}dx$$

$$=\frac{x^2}{2}\arctan x-\frac{1}{2}\int\left(1-\frac{1}{1+x^2}\right)dx$$

$$= \frac{x^2}{2}\arctan x - \frac{x}{2} + \frac{1}{2}\arctan x + C$$

$$= \frac{1}{2}(x^2+1)\arctan x - \frac{1}{2}x + C$$

(这里是幂函数 x 和反三角函数相乘,优先选择幂函数 $v' = x$ 凑微分).

例 5-60　求$\int \arcsin x \mathrm{d}x$.

解　$\int \arcsin x \mathrm{d}x = x\arcsin x - \int x \mathrm{d}(\arcsin x) = x\arcsin x - \int \frac{x}{\sqrt{1-x^2}}\mathrm{d}x$

$$= x\arcsin x + \frac{1}{2}\int \frac{1}{\sqrt{1-x^2}}\mathrm{d}(1-x^2)$$

$$= x\arcsin x + \sqrt{1-x^2} + C.$$

注　当被积函数为对数函数或反三角函数与其他函数的乘积时,选取对数函数或反三角函数为 u,而选其他函数为 v',将 $v'\mathrm{d}x$ 凑成微分 $\mathrm{d}v$,通过一次分部积分,对数函数或反三角函数经微分后变成其他函数(如上述四例),该法称为**转换法**.

例 5-61　求$\int \mathrm{e}^x \sin x \mathrm{d}x$.

解　$\int \mathrm{e}^x \sin x \mathrm{d}x = \int \sin x \mathrm{d}(\mathrm{e}^x) = \mathrm{e}^x \sin x - \int \mathrm{e}^x \mathrm{d}(\sin x)$

$$= \mathrm{e}^x \sin x - \int \mathrm{e}^x \cos x \mathrm{d}x = \mathrm{e}^x \sin x - \int \cos x \mathrm{d}(\mathrm{e}^x)$$

$$= \mathrm{e}^x \sin x - \mathrm{e}^x \cos x + \int \mathrm{e}^x \mathrm{d}(\cos x)$$

$$= \mathrm{e}^x(\sin x - \cos x) - \int \mathrm{e}^x \sin x \mathrm{d}x,$$

由于上式右端中使得所求积分$\int \mathrm{e}^x \sin x \mathrm{d}x$ 重复出现,把它移到等号左端去,再两端同除以 2,便得

$$\int \mathrm{e}^x \sin x \mathrm{d}x = \frac{1}{2}\mathrm{e}^x(\sin x - \cos x) + C.$$

因上式右端已不含有积分项,所以必须加上任意常数 C.

例 5-62　求$\int \sec^3 x \mathrm{d}x$.

解　$\int \sec^3 x \mathrm{d}x = \int \sec x \cdot \sec^2 x \mathrm{d}x = \int \sec x \mathrm{d}(\tan x)$

$$= \sec x \tan x - \int \tan x \mathrm{d}(\sec x) = \sec x \tan x - \int \sec x \tan^2 x \mathrm{d}x$$

$$= \sec x \tan x - \int \sec^3 x \mathrm{d}x + \int \sec x \mathrm{d}x$$

$$=\sec x\tan x+\ln|\sec x+\tan x|-\int\sec^3 x\mathrm{d}x,$$

所求积分$\int\sec^3 x\mathrm{d}x$分部积分一次后重复出现，如上例之法，将其移至左端各除以2，便得

$$\int\sec^3 x\mathrm{d}x=\frac{1}{2}\sec x\tan x+\frac{1}{2}\ln|\sec x+\tan x|+C.$$

例 5-63 求$\int\sqrt{x^2+a^2}\mathrm{d}x$.

解
$$\begin{aligned}\int\sqrt{x^2+a^2}\mathrm{d}x&=x\sqrt{x^2+a^2}-\int x\mathrm{d}\sqrt{x^2+a^2}\\&=x\sqrt{x^2+a^2}-\int\frac{x^2}{\sqrt{x^2+a^2}}\mathrm{d}x\\&=x\sqrt{x^2+a^2}-\int\frac{x^2+a^2-a^2}{\sqrt{x^2+a^2}}\mathrm{d}x\\&=x\sqrt{x^2+a^2}-\int\sqrt{x^2+a^2}\mathrm{d}x+a^2\int\frac{\mathrm{d}x}{\sqrt{x^2+a^2}}\\&=x\sqrt{x^2+a^2}+a^2\ln(x+\sqrt{x^2+a^2})-\int\sqrt{x^2+a^2}\mathrm{d}x,\end{aligned}$$

所以

$$\int\sqrt{x^2+a^2}\mathrm{d}x=\frac{1}{2}x\sqrt{x^2+a^2}+\frac{a^2}{2}\ln(x+\sqrt{x^2+a^2})+C.$$

注 当所求积分经过一次或两次分部积分后，重复出现，通过移项，两端同除以系数，再加上任意常数C而求得积分的方法(如上述三例)，称为**循环法**.

例 5-64 求$I_n=\int\frac{\mathrm{d}x}{(x^2+a^2)^n}\ (n\in\mathbf{N}^+)$.

解 当$n\geqslant 2$时，用分部积分法，有

$$\begin{aligned}I_{n-1}&=\int\frac{\mathrm{d}x}{(x^2+a^2)^{n-1}}=\frac{x}{(x^2+a^2)^{n-1}}+2(n-1)\int\frac{x^2}{(x^2+a^2)^n}\mathrm{d}x\\&=\frac{x}{(x^2+a^2)^{n-1}}+2(n-1)\int\left[\frac{1}{(x^2+a^2)^{n-1}}-\frac{a^2}{(x^2+a^2)^n}\right]\mathrm{d}x\\&=\frac{x}{(x^2+a^2)^{n-1}}+2(n-1)(I_{n-1}-a^2I_n),\end{aligned}$$

于是

$$I_n=\frac{1}{2a^2(n-1)}\left[\frac{x}{(x^2+a^2)^{n-1}}+(2n-3)I_{n-1}\right].$$

又由于

$$I_1=\int\frac{\mathrm{d}x}{x^2+a^2}=\frac{1}{a}\arctan\frac{x}{a}+C,$$

因此由递推公式对 $\forall n \in \mathbf{N}^+$，可求得 I_n.

注 当被积函数是某一简单函数的高次幂函数时，通过分部积分得到高次幂函数与低次幂函数的积分间的关系，利用递推公式而得到各次幂函数积分的方法(如上例)，称为**递推法**.

在求积分时，往往单一方法达不到求解目的，需要综合各种方法. 下面的例题就兼用了换元法与分部积分法.

例 5-65 求$\int e^{\sqrt{2x-1}}dx$.

解 令 $t=\sqrt{2x-1}$，则 $x=\frac{1}{2}(t^2+1)$，$dx=tdt$，于是

$$\begin{aligned}\int e^{\sqrt{2x-1}}dx &= \int te^t dt = \int t d(e^t) = te^t - \int e^t dt = (t-1)e^t + C \\ &= (\sqrt{2x-1}-1)e^{\sqrt{2x-1}} + C.\end{aligned}$$

习 题 5.3

1. 求下列不定积分：

(1) $\int xe^{-3x}dx$；

(2) $\int x^2 a^x dx$；

(3) $\int x\sin^2 x dx$；

(4) $\int (x^2-1)\sin 2x dx$；

(5) $\int \ln^2 x dx$；

(6) $\int \ln(1+x^2)dx$；

(7) $\int \arctan x dx$；

(8) $\int (\arcsin x)^2 dx$；

(9) $\int e^{-2x}\sin\frac{x}{2}dx$；

(10) $\int \cos(\ln x)dx$；

(11) $\int x\tan^2 x dx$；

(12) $\int \frac{\ln\tan x}{\sin^2 x}dx$；

(13) $\int \sin x\ln\tan x dx$；

(14) $\int x^3 e^{x^2} dx$；

(15) $\int e^{\sqrt[3]{x}}dx$；

(16) $\int \sin\sqrt{x}dx$；

(17) $\int \frac{xe^x}{(x+1)^2}dx$；

(18) $\int \frac{\ln^3 x}{x^2}dx$.

2. 求 $I_n=\int \sin^n x dx$ 的递推公式，其中 n 为自然数.

3. 设 e^{2x} 是 $f(x)$ 的一个原函数，求$\int xf'(x)dx$.

5.4 有理函数和三角函数有理式的积分

求积分比求导数困难一些,究其原因,导数的定义清楚地给出了求导数的方法,而不定积分的定义并未给出其计算方法.但对几种常见类型的函数,还是存在有规律的积分方法的,下面我们介绍两种常见类型函数的积分.

5.4.1 有理函数的积分

有理函数的一般形式是:

$$R(x)=\frac{P(x)}{Q(x)}=\frac{a_0x^n+a_1x^{n-1}+\cdots+a_{n-1}x+a_n}{b_0x^m+b_1x^{m-1}+\cdots+b_{m-1}x+b_m},$$

其中 $P(x),Q(x)$ 为实系数的互质多项式,且 $a_0\neq 0,b_0\neq 0$. 当 $n<m$ 时,称 $R(x)$ 为**有理真分式**;当 $n\geqslant m$ 时,称 $R(x)$ 为**有理假分式**.

利用多项式除法可知,任何一个有理假分式,一定可以表示成一个多项式和一个有理真分式之和.由于多项式的积分容易求得,因此有理假分式的积分问题事实上可以转化为有理真分式的积分问题.

为了讨论有理真分式的积分,我们不加证明地引用下述代数理论:任何一个有理真分式均可表示成如下形式的分式之和:

$$\frac{A}{x-a},\quad \frac{A}{(x-a)^k},\quad \frac{Ax+B}{x^2+px+q},\quad \frac{Ax+B}{(x^2+px+q)^k},$$

其中 $k=2,3,\cdots,A,B,a,p,q$ 都是实数,且 $p^2-4q<0$,以上四种类型的分式称为**最简分式**. 把真分式 $R(x)=\dfrac{P(x)}{Q(x)}$ 表示成最简分式之和时,其中所包含的最简分式称为真分式的**部分分式**.

为把真分式分解为部分分式之和,首先需将分式的分母 $Q(x)$ 分解因式. 根据代数理论可知,每个实系数多项式可唯一地分解成一次因式和二次质因式的乘积(相同因式要写成幂的形式),即

$$Q(x)=b_0(x-a)^k\cdots(x-b)^l\cdot(x^2+px+q)^\lambda\cdots(x^2+rx+s)^\mu.$$

其中 $p^2-4q<0,\cdots,r^2-4s<0$. 那么真分式 $\dfrac{P(x)}{Q(x)}$ 可以分解成如下部分分式之和:

$$\begin{aligned}\frac{P(x)}{Q(x)}=&\left[\frac{A_1}{x-a}+\frac{A_2}{(x-a)^2}+\cdots+\frac{A_k}{(x-a)^k}\right]+\cdots\\&+\left[\frac{B_1}{x-b}+\frac{B_2}{(x-b)^2}+\cdots+\frac{B_l}{(x-b)^l}\right]+\cdots\\&+\left[\frac{C_1x+D_1}{x^2+px+q}+\frac{C_2x+D_2}{(x^2+px+q)^2}+\cdots+\frac{C_\lambda x+D_\lambda}{(x^2+px+q)^\lambda}\right]+\cdots\end{aligned}$$

$$+\left[\frac{E_1x+F_1}{x^2+rx+s}+\frac{E_2x+F_2}{(x^2+rx+s)^2}+\cdots+\frac{E_\mu x+F_\mu}{(x^2+rx+s)^\mu}\right],$$

其中 $A_i,\cdots,B_i,\cdots,C_i,D_i,\cdots,E_i,F_i$ 均是常数.

例如$\frac{2x-3}{x^3-2x^2+x}=\frac{2x-3}{x(x-1)^2}$可分解成

$$\frac{2x-3}{x(x-1)^2}=\frac{A}{x}+\frac{B}{x-1}+\frac{C}{(x-1)^2},$$

其中 A,B,C 为待定常数,可以用如下方法求出待定系数.

方法 1　两端去分母后,得

$$2x-3=A(x-1)^2+Bx(x-1)+Cx,$$

或

$$2x-3=(A+B)x^2+(-2A-B+C)x+A,$$

于是有

$$\begin{cases}A+B=0,\\-2A-B+C=2,\\A=-3,\end{cases}$$

从而解得 $A=-3,B=3,C=-1$.

方法 2　在恒等式

$$2x-3=A(x-1)^2+Bx(x-1)+Cx$$

两端代入特殊的 x 值,从而求出待定的常数.在上式中

取 $x=0$　得 $A=-3$;

取 $x=1$　得 $C=-1$;

取 $x=2$　得 $B=3$,

这样就有$\frac{2x-3}{x(x-1)^2}=\frac{-3}{x}+\frac{3}{x-1}+\frac{-1}{(x-1)^2}$.

又如真分式$\frac{3x+1}{(x+2)(x^2+2x+10)}$可以分解成

$$\frac{3x+1}{(x+2)(x^2+2x+10)}=\frac{A}{x+2}+\frac{Bx+C}{x^2+2x+10}.$$

两端去分母后得

$$3x+1=A(x^2+2x+10)+(Bx+C)(x+2),$$

取 $x=-2$　得 $A=-\frac{1}{2}$;

取 $x=0$　　得 $C=3$;

取 $x=1$　　得 $B=\frac{1}{2}$.

这样又有$\dfrac{3x+1}{(x+2)(x^2+2x+10)}=\dfrac{-\frac{1}{2}}{x+2}+\dfrac{\frac{1}{2}x+3}{x^2+2x+10}$.

当把真分式分解成部分分式之和后，求真分式的积分就转化为求各部分分式的积分.因此，求有理函数的积分就归结为求下列四种积分：

(1) $\displaystyle\int\frac{A}{x-a}\mathrm{d}x$；

(2) $\displaystyle\int\frac{A}{(x-a)^k}\mathrm{d}x$；

(3) $\displaystyle\int\frac{Cx+D}{x^2+px+q}\mathrm{d}x$；

(4) $\displaystyle\int\frac{Cx+D}{(x^2+px+q)^k}\mathrm{d}x$，

其中$k\in\mathbf{N}^+$.前三种类型的积分用已学过的方法可较容易的求出来，而最后一个积分相对较复杂，它需用到上节例 5-64 所得递推公式才能求得.

下面给出几个有理真分式积分的例子.

例 5-66　求$\displaystyle\int\frac{2x-3}{x^3-2x^2+x}\mathrm{d}x$.

解　因$x^3-2x^2+x=x(x-1)^2$，且

$$\frac{2x-3}{x^3-2x^2+x}=\frac{-3}{x}+\frac{3}{x-1}+\frac{-1}{(x-1)^2},$$

所以

$$\begin{aligned}\int\frac{2x-3}{x^3-2x^2+x}\mathrm{d}x&=-3\int\frac{1}{x}\mathrm{d}x+3\int\frac{\mathrm{d}x}{x-1}-\int\frac{\mathrm{d}x}{(x-1)^2}\\&=-3\ln|x|+3\ln|x-1|+\frac{1}{x-1}+C.\end{aligned}$$

例 5-67　求$\displaystyle\int\frac{3x+1}{(x+2)(x^2+2x+10)}\mathrm{d}x$.

解　$\displaystyle\int\frac{3x+1}{(x+2)(x^2+2x+10)}\mathrm{d}x=-\frac{1}{2}\int\frac{\mathrm{d}x}{x+2}+\int\frac{\frac{1}{2}x+3}{x^2+2x+10}\mathrm{d}x$

$\displaystyle=-\frac{1}{2}\ln|x+2|+\frac{1}{4}\int\frac{(2x+2)+10}{x^2+2x+10}\mathrm{d}x$

(注意：$2x+2=(x^2+2x+10)'$)

$\displaystyle=-\frac{1}{2}\ln|x+2|+\frac{1}{4}\int\frac{(x^2+2x+10)'}{x^2+2x+10}\mathrm{d}x+\frac{5}{2}\int\frac{\mathrm{d}(x+1)}{(x+1)^2+3^2}$

$\displaystyle=-\frac{1}{2}\ln|x+2|+\frac{1}{4}\ln(x^2+2x+10)+\frac{5}{6}\arctan\frac{x+1}{3}+C.$

这里必须指出的：有理函数分解为多项式及部分分式之和以后，各个部分都能

积出，且原函数都是初等函数，即**有理函数的原函数都是初等函数**.

5.4.2　三角函数有理式的积分

所谓三角函数有理式是指由三角函数和常数经过有限次四则运算而构成的函数. 如

$$\frac{\sin x+\cos x}{1+\cos x},\quad \frac{\sin x}{a^2\cos^2 x+b^2\sin^2 x},$$

此类函数的积分总可以通过**万能代换法**化成有理函数的积分.

例 5-68　求$\int \frac{\mathrm{d}x}{1+\sin x+\cos x}$.

解　作万能代换 $u=\tan\frac{x}{2}$，由三角恒等式

$$\sin x=\frac{2\tan\frac{x}{2}}{1+\tan^2\frac{x}{2}}=\frac{2u}{1+u^2},\quad \cos x=\frac{1-\tan^2\frac{x}{2}}{1+\tan^2\frac{x}{2}}=\frac{1-u^2}{1+u^2},$$

而 $x=2\arctan u$，从而

$$\mathrm{d}x=\frac{2}{1+u^2}\mathrm{d}u.$$

于是

$$\int \frac{\mathrm{d}x}{1+\sin x+\cos x}=\int \frac{\frac{2}{1+u^2}\mathrm{d}u}{1+\frac{2u}{1+u^2}+\frac{1-u^2}{1+u^2}}=\int \frac{2\mathrm{d}u}{1+u^2+2u+1-u^2}$$

$$=\int \frac{\mathrm{d}u}{1+u}=\ln|1+u|+C=\ln\left|1+\tan\frac{x}{2}\right|+C.$$

虽然"万能代换" 总能把三角函数有理式的积分转化为有理函数的积分，但是这种代换并不一定是最简便的代换. 因此对某些积分，作相应的特殊代换有时可能更快捷.

例 5-69　求$\int \frac{\cos x}{\sin x+\cos x}\mathrm{d}x$.

解　$\int \frac{\cos x}{\sin x+\cos x}\mathrm{d}x=\frac{1}{2}\int \frac{(\sin x+\cos x)+(\cos x-\sin x)}{\sin x+\cos x}\mathrm{d}x$

$$=\frac{1}{2}\int\left(1+\frac{\cos x-\sin x}{\sin x+\cos x}\right)\mathrm{d}x=\frac{x}{2}+\frac{1}{2}\int \frac{\mathrm{d}(\sin x+\cos x)}{\sin x+\cos x}$$

$$=\frac{x}{2}+\frac{1}{2}\ln|\sin x+\cos x|+C.$$

在本章的最后，有两点需要说明：

(1) 初等函数在其定义区间上连续，从而一定存在原函数，但原函数却不一定

是初等函数，有些初等函数的原函数是无法用初等函数表示的，如

$$\int e^{-x^2}\,dx,\quad \int \frac{\sin x}{x}dx,\quad \int \frac{\ln(1+x)}{x}dx,\quad \int \frac{1}{\ln x}dx,\quad \int \sin x^2\,dx,\quad \int \frac{dx}{\sqrt{1+x^4}}$$

等，通常将它们称为"积不出"的积分.

(2) 在实际应用中遇到的积分可能较复杂，为了应用方便，人们已建立了可供查阅的**积分表**，积分表是按照被积函数的类型来排列的. 求积分时，可根据被积函数的类型直接地或经过简单的变形后，在表内查得所需要的结果. 如果用通用数学软件求不定积分会更加方便.

习 题 5.4

1. 求下列不定积分：

(1) $\int \frac{x+1}{x^2-4x+3}dx$；　(2) $\int \frac{x^3-17}{x^2-4x+3}dx$；

(3) $\int \frac{x^3-1}{4x^3-x}dx$；　(4) $\int \frac{x-3}{x^3-x}dx$；

(5) $\int \frac{2x^2+1}{x^4+x^3-x-1}dx$；　(6) $\int \frac{dx}{1+x^3}$；

(7) $\int \frac{x^3+x^2+2}{(x^2+2)^2}dx$；　(8) $\int \frac{(x+1)^2}{(x^2+1)^2}dx$；

(9) $\int \frac{1}{x^4-1}dx$；　(10) $\int \frac{2x}{(1+x)(1+x^2)^2}dx$.

2. 求下列不定积分：

(1) $\int \frac{dx}{2\sin x-\cos x+5}$；　(2) $\int \frac{dx}{3+5\cos x}$；

(3) $\int \frac{dx}{2+\sin^2 x}$；　(4) $\int \frac{dx}{\sin 2x+1}$.

总 习 题 五

(A)

1. 填空题：

(1) 函数 $f(x)$的一个原函数是 e^{-x^2}，则$\int f(x)dx=$ ________.

(2) 设$\int f'(\tan x)dx=\tan x+x+C$，则 $f(x)=$ ________.

(3) $\int d\arcsin\sqrt{x}=$ ________.

(4) $\int xf''(x)dx=$ ________.

(5) 设 $f'(x^2)=\frac{1}{x}(x>0)$，则 $f(x)=$ ________.

2. 单项选择题：

(1) 初等函数 $f(x)$ 在其有定义的区间内________.

A. 可求导数　　B. 原函数存在，且可用初等函数表示

C. 可求微分　　D. 原函数存在，但未必可用初等函数表示

(2) 如果 $\int \mathrm{d}f(x)=\int \mathrm{d}g(x)$，则下列各式中不一定成立的是________.

A. $f(x)=g(x)$　　B. $f'(x)=g'(x)$

C. $\mathrm{d}f(x)=\mathrm{d}g(x)$　　D. $\mathrm{d}\int f'(x)\mathrm{d}x=\mathrm{d}\int g'(x)\mathrm{d}x$

(3) 设 $f(x)=\mathrm{e}^{-x}$，则 $\int \frac{f'(\ln x)}{x}\mathrm{d}x=$ ________.

A. $-\frac{1}{x}+C$　　B. $-\ln x+C$

C. $\frac{1}{x}+C$　　D. $\ln x+C$

(4) 若 $F'(x)=f(x)$，则 $\int \frac{f(-\sqrt{x})}{\sqrt{x}}\mathrm{d}x=$ ________.

A. $\frac{1}{2}F(-\sqrt{x})+C$　　B. $-\frac{1}{2}F(-\sqrt{x})+C$

C. $-F(\sqrt{x})+C$　　D. $-2F(-\sqrt{x})+C$

(5) 设 $f(x)$ 的一个原函数是 $\frac{\ln x}{x}$，则 $\int xf'(x)\mathrm{d}x=$ ________.

A. $\frac{\ln x}{x}+C$　　B. $\frac{1-\ln x}{x^2}+C$

C. $\frac{1}{x}+C$　　D. $\frac{1-2\ln x}{x}+C$

3. 求下列不定积分：

(1) $\int \frac{1}{x\sqrt{1-\ln^2 x}}\mathrm{d}x$；　　(2) $\int \frac{x\cos x+\sin x}{(x\sin x)^2}\mathrm{d}x$；

(3) $\int \frac{\arcsin\sqrt{x}}{\sqrt{x}\sqrt{1-x}}\mathrm{d}x$；　　(4) $\int \frac{\cos 2x}{1+\sin x\cos x}\mathrm{d}x$；

(5) $\int \tan^4 x\mathrm{d}x$；　　(6) $\int \frac{\mathrm{d}x}{\sqrt{1-(2x+3)^2}}$；

(7) $\int \frac{\mathrm{d}x}{x\sqrt{x^2-1}}$；　　(8) $\int \frac{x^3}{\sqrt{(4^2+x^2)^3}}\mathrm{d}x$；

(9) $\int x\sqrt[4]{2x+3}\mathrm{d}x$；　　(10) $\int \ln(x+\sqrt{1+x^2})\mathrm{d}x$；

(11) $\int x^2\arccos x\mathrm{d}x$；　　(12) $\int \frac{\arctan \mathrm{e}^x}{\mathrm{e}^x}\mathrm{d}x$；

(13) $\int \frac{x\mathrm{e}^x}{(\mathrm{e}^x+1)^2}\mathrm{d}x$；　　(14) $\int \arctan\sqrt{x}\mathrm{d}x$；

(15) $\int \dfrac{x^4}{x^4+5x^2+4}\mathrm{d}x$;　　(16) $\int \dfrac{3x^2-8x-1}{(x-1)^3(x+2)}\mathrm{d}x$;

(17) $\int \dfrac{\mathrm{d}x}{x^6(1+x^2)}$;　　(18) $\int \dfrac{\cot x}{1+\sin x}\mathrm{d}x$.

4. 设 $f(x)$ 的一个原函数为 $\sin x$,试确定下列不定积分:

(1) $\int xf(x)\mathrm{d}x$;　　(2) $\int xf'(x)\mathrm{d}x$;

(3) $\int xf''(x)\mathrm{d}x$;　　(4) $\int xf'''(x)\mathrm{d}x$.

5. 已知$\int f(x)\mathrm{d}x=\ln x+C$,试求$\int f'(x)\mathrm{d}x$.

6. 求$\int \max(1,x^2,x^3)\mathrm{d}x$.

(B)

1. 填空题:

(1) 已知 $f'(\mathrm{e}^x)=x\mathrm{e}^{-x}$,且 $f(1)=0$,则 $f(x)=$________.

(2) $\int \dfrac{\tan x}{\sqrt{\cos x}}\mathrm{d}x=$________.

(3) 设$\int xf(x)\mathrm{d}x=\arcsin x+C$,则$\int \dfrac{1}{f(x)}\mathrm{d}x=$________.

(4) 已知 $f(x)$ 的一个原函数为 $\ln^2 x$,则$\int xf'(x)\mathrm{d}x=$________.

(5) $\int \dfrac{\arcsin\sqrt{x}}{\sqrt{x}}\mathrm{d}x=$________.

2. 单项选择题:

(1) 在下列等式中,正确的结果是________.

A. $\int f'(x)\mathrm{d}x=f(x)$　　B. $\int \mathrm{d}f(x)=f(x)$

C. $\dfrac{\mathrm{d}}{\mathrm{d}x}\int f(x)\mathrm{d}x=f(x)$　　D. $\mathrm{d}\int f(x)\mathrm{d}x=f(x)$

(2) 设 $F(x)$ 是连续函数 $f(x)$ 的一个原函数,“$M\Leftrightarrow N$”表示 M 的充分必要条件是 N,则必有________.

A. $F(x)$ 是偶函数 $\Leftrightarrow f(x)$ 是奇函数

B. $F(x)$ 是奇函数 $\Leftrightarrow f(x)$ 是偶函数

C. $F(x)$ 是周期函数 $\Leftrightarrow f(x)$ 是周期函数

D. $F(x)$ 是单调函数 $\Leftrightarrow f(x)$ 是单调函数

(3) 若 $f(x)$ 的导函数是 $\sin x$,则 $f(x)$ 有一个原函数为________.

A. $1+\sin x$　　B. $1-\sin x$

C. $1+\cos x$　　D. $1-\cos x$

3. 计算下列不定积分：

(1) $\int \frac{x^3}{\sqrt{1+x^2}}dx$;　　(2) $\int \frac{xe^x}{\sqrt{e^x-1}}dx$;

(3) $\int \frac{dx}{(2x^2+1)\sqrt{x^2+1}}$;　　(4) $\int \frac{xe^{\arctan x}}{(1+x^2)^{\frac{3}{2}}}dx$;

(5) $\int \frac{x\cos^4\frac{x}{2}}{\sin^3 x}dx$;　　(6) $\int \frac{x^2}{1+x^2}\arctan x dx$;

(7) $\int \frac{\arctan x}{x^2(1+x^2)}dx$;　　(8) $\int e^{2x}(\tan x+1)^2 dx$;

(9) $\int \frac{\arctan e^x}{e^{2x}}dx$;　　(10) $\int \frac{xdx}{x^4+2x^2+5}$.

4. 设 $f(\ln x)=\frac{\ln(1+x)}{x}$，计算$\int f(x)dx$.

5. 已知$\frac{\sin x}{x}$是 $f(x)$ 的一个原函数，求$\int x^3 f'(x)dx$.

6. 设 $F(x)$ 为 $f(x)$ 的原函数，且当 $x\geqslant 0$ 时，

$$f(x)F(x)=\frac{xe^x}{2(1+x)^2}.$$

已知 $F(0)=1, F(x)>0$，试求 $f(x)$.

第 6 章　定积分及其应用

本章我们将讨论积分学的另一个基本问题——定积分问题. 微分和积分是微积分学的两大基本概念. 在 17 世纪下半叶，英国数学家牛顿(Newton)和德国数学家莱布尼茨(Leibniz)综合、发展了前人的工作，几乎同时并独立地建立了微积分学基本定理，指出了微分和定积分的互逆性，揭示了微分和积分的内在联系，也就宣告了微积分学的诞生. 我们先从几何学、物理学、经济学问题出发引入定积分的定义，然后讨论其性质、计算方法及其应用.

6.1　定积分的概念

6.1.1　问题的提出

我们首先从几何学中的面积问题、物理学中的路程问题和经济学中的收益问题出发，抽象出定积分概念.

1. 曲边梯形的面积

所谓**曲边梯形**，是指由连续曲线 $y=f(x)(\geqslant 0)$ 和直线 $x=a, x=b(a<b)$ 及 x 轴所围成的平面图形(图 6-1). 其中 $y=f(x)(a\leqslant x\leqslant b)$ 称为曲边.

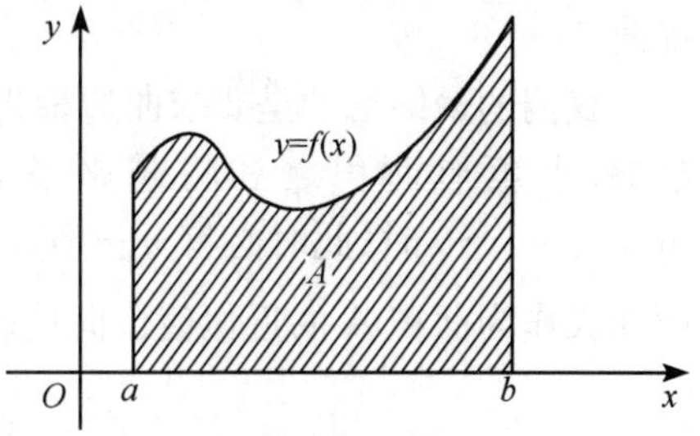

图 6-1

我们所面临的问题：**求曲边梯形的面积.**

显然，若 $f(x)$ 为常数函数，则曲边梯形此时已是矩形，其面积可按下式计算

$$\text{矩形面积 } A = \text{底} \times \text{高}.$$

然而，现在的困难在于 $f(x)$ 在 $[a,b]$ 上是变化的，即曲边梯形在底边上各点处的高 $f(x)$ 在区间 $[a,b]$ 上是变化的，故它的面积不能用上式计算. 但在假设 $f(x)$ 在 $[a,b]$ 上连续条件下，由连续定义 $\lim\limits_{\Delta x\to 0}\Delta y=0$，当区间段很小时，曲边 $f(x)$ 变化亦很小，可以近似地看成不变，故可按下列程序计算曲边梯形的面积 A.

(1) **细分**——将曲边梯形分为 n 个小曲边梯形.

在 $[a,b]$ 内任意插入 $n-1$ 个点 $a=x_0<x_1<x_2<\cdots<x_{i-1}<x_i<\cdots<x_n=b$，这样把 $[a,b]$ 分成 n 个小区间 $[x_0,x_1],\cdots,[x_{i-1},x_i],\cdots,[x_{n-1},x_n]$，它们的长度依

次为 $\Delta x_1=x_1-x_0,\cdots,\Delta x_i=x_i-x_{i-1},\cdots,\Delta x_n=x_n-x_{n-1}$，并记

$$\lambda=\max_{1\leqslant i\leqslant n}\{\Delta x_i\},$$

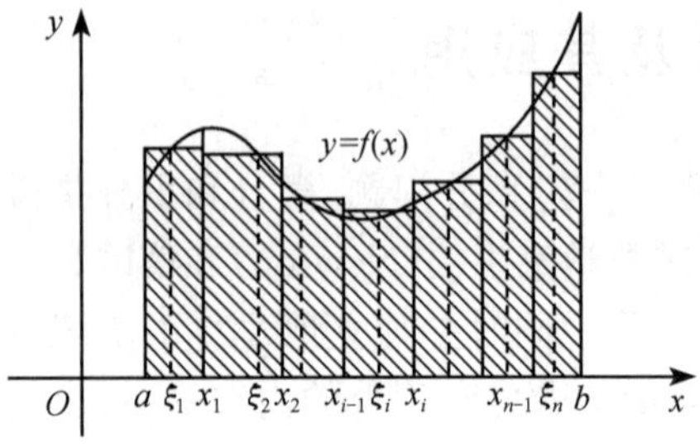

图 6-2

过各分点 $x_i(i=0,1,\cdots,n)$ 作 x 轴的垂线，这样原曲边梯形就被分成 n 个小曲边梯形(图 6-2)，第 i 个小曲边梯形的面积记作 $\Delta A_i(i=1,2,\cdots,n)$.

(2) **近似代替**——在小范围内用矩形代替曲边梯形.

对每个小区间 $[x_{i-1},x_i](i=1,2,\cdots,n)$ 及其相对应的小曲边梯形面积 $\Delta A_i(i=1,2,\cdots,n)$ 作如下近似：$\forall\xi_i\in[x_{i-1},x_i]$，用以 Δx_i 为底，$f(\xi_i)$ 为高的小矩形的面积代替 $[x_{i-1},x_i]$ 上的小曲边梯形的面积，即

$$\Delta A_i\approx f(\xi_i)\cdot\Delta x_i\quad(i=1,2,\cdots,n).$$

(3) **求和得近似值**——用 n 个小矩形面积和得面积近似值.

$$A=\sum_{i=1}^{n}\Delta A_i\approx\sum_{i=1}^{n}f(\xi_i)\Delta x_i.$$

(4) **取极限得精确值**——由有限分割下的近似值过渡到无限分割下的精确值.

我们的最终目的是要求曲边梯形面积 A 的精确值. 伴随着 $[a,b]$ 分割的越来越细，小矩形面积之和将越来越逼近曲边梯形的面积 A，特别地，令 $\lambda=\max\limits_{1\leqslant i\leqslant n}\{\Delta x_i\}\to0$ 时(此时必有 $n\to\infty$)，对区间 $[a,b]$ 的有限分割向无限分割转化，上面和式作为面积 A 的近似值也向精确值转化，即当 $\lambda\to0$ 时得面积 A 的精确值：

$$A=\lim_{\lambda\to0}\sum_{i=1}^{n}f(\xi_i)\Delta x_i.$$

2. 变速直线运动的路程

设某物体作直线运动，已知速度 $v=v(t)$ 是时间间隔 $[T_1,T_2]$ 上的连续函数且 $v(t)\geqslant0$. 我们讨论的目的是计算在这段时间内物体所**通过的路程 s**.

显然，当物体作直线运动是匀速时，即 v 是常量时. 其路程可按下式计算

$$\text{路程 } s=\text{速度}\times\text{时间}.$$

然而，该问题的困难还在于 $v(t)$ 在 $[T_1,T_2]$ 上是变化的，因此在 $[T_1,T_2]$ 内物体经过的路程不能按上式计算. 但由于速度函数是连续变化的，因此在很短时间段内，速度变化很小，可以近似地把物体看成是作匀速运动. 故可按下列程序计算路程 s.

(1) **细分**——把整个路程分为 n 个小段路程.

在时间间隔$[T_1,T_2]$内任意插入 $n-1$ 个分点,即

$$T_1=t_0<t_1<\cdots<t_{i-1}<t_i<\cdots<t_{n-1}<t_n=T_2,$$

把$[T_1,T_2]$分成小时间间隔$[t_0,t_1],\cdots,[t_{i-1},t_i],\cdots,[t_{n-1},t_n]$,各小时间段的长度依次为 $\Delta t_1=t_1-t_0,\cdots,\Delta t_i=t_i-t_{i-1},\cdots,\Delta t_n=t_n-t_{n-1}$,并记

$$\lambda=\max_{1\leqslant i\leqslant n}\{\Delta t_i\},$$

相应地各时间段内物体经过的路程依次为

$$\Delta s_1,\cdots,\Delta s_i,\cdots,\Delta s_n.$$

(2) **近似代替**——在小时间段内用匀速运动的路程代替变速运动的路程.

在每个小时间段$[t_{i-1},t_i]$$(i=1,2,\cdots,n)$及其所对应的小段路程 $\Delta s_i(i=1,2,\cdots,n)$作如下近似:$\forall\tau_i\in[t_{i-1},t_i]$,用匀速 $v(\tau_i)$在时间段 Δt_i 内所走过的路程 $v(\tau_i)\Delta t_i$ 近似代替变速运动所走过的路程,即

$$\Delta s_i\approx v(\tau_i)\Delta t_i\quad(i=1,2,\cdots,n).$$

(3) **求和得近似值**——用 n 个小时间段上的路程和得路程的近似值.

$$s=\sum_{i=1}^{n}\Delta s_i\approx\sum_{i=1}^{n}v(\tau_i)\Delta t_i.$$

(4) **取极限得精确值**——由有限分割下的近似值过渡到无限分割下的精确值.

我们的最终目的是,要求路程 s 的精确值.伴随着$[T_1,T_2]$分割的越来越细,小时间段的路程之和越来越逼近变速直线运动的路程 s,特别地,令 $\lambda=\max\limits_{1\leqslant i\leqslant n}\{\Delta t_i\}\to0$ 时(此时必有 $n\to\infty$),对时间间隔$[T_1,T_2]$的有限分割向无限分割转化,上面和式作为路程 s 的近似值也向精确值转化,即当 $\lambda\to0$ 时得到 s 的精确值:

$$s=\lim_{\lambda\to0}\sum_{i=1}^{n}v(\tau_i)\Delta t_i.$$

3. 收益问题

设某商品的价格 P 是销售量 x 连续函数 $P=P(x)$,我们来计算:当销售量 x 连续地从 a 变化到 b 时,总收益 R 为多少?

由于价格随销售量的变动而变动,我们不能直接用销售量乘以价格的方法来计算收益,仿照上面两个例子,对收益 R 可按下述程序计算.

(1) **细分**

在$[a,b]$内插入 $n-1$ 个分点,即

$$a=x_0<x_1<\cdots<x_{i-1}<x_i<\cdots<x_{n-1}<x_n=b.$$

把销售量区间$[a,b]$划分成 n 个小销售量段

$$[x_0,x_1],\cdots,[x_{i-1},x_i],\cdots,[x_{n-1},x_n],$$

各小段的销量依次为 $\Delta x_1,\cdots,\Delta x_i,\cdots,\Delta x_n$,并记

$$\lambda = \max_{1 \leqslant i \leqslant n}\{\Delta x_i\},$$

相应地各小销售量段上的收益依次为

$$\Delta R_1, \cdots, \Delta R_i, \cdots, \Delta R_n.$$

(2) **近似代替**

在每个销售量段$[x_{i-1}, x_i]$上，$\forall \xi_i \in [x_{i-1}, x_i]$，把 $P(\xi_i)$作为该段的近似价格，收益近似为

$$\Delta R_i \approx P(\xi_i) \cdot \Delta x_i \quad (i = 1, 2, \cdots, n).$$

(3) **求和得近似值**

用 n 个小销售量段上的收益近似值的和，求得收益的近似值，即

$$R = \sum_{i=1}^{n} \Delta R_i \approx \sum_{i=1}^{n} P(\xi_i)\Delta x_i.$$

(4) **取极限得精确值**

令 $\lambda = \max\limits_{1 \leqslant i \leqslant n}\{\Delta x_i\} \to 0$，取极限，则得到 R 的精确值：

$$R = \lim_{\lambda \to 0}\sum_{i=1}^{n} P(\xi_i)\Delta x_i.$$

对以上三个实际问题的求解，让我们深刻体会到，其求解过程与解题思想可以看作是辩证思维方法在数学中最淋漓尽致的体现：直与曲、匀速与变速、定价与变价均非绝对的，因为在无限分割条件下，它们实现了相互转化，从对立走向统一.

以上三个实际问题具体内容不同，但我们解题过程所体现的思想和方法却完全相同. 而且最终结果又都归结为同一种结构的和式的极限：

$$\text{面积 } A = \lim_{\lambda \to 0}\sum_{i=1}^{n} f(\xi_i)\Delta x_i,$$

$$\text{路程 } s = \lim_{\lambda \to 0}\sum_{i=1}^{n} v(\tau_i)\Delta t_i,$$

$$\text{收益 } R = \lim_{\lambda \to 0}\sum_{i=1}^{n} P(\xi_i)\Delta x_i.$$

下面我们摒弃问题的现实含义(因许多实际问题的解决都可以归结为该结构的和式的极限)，对其数量关系的共性加以概括和抽象，就是可以得到下述定积分的定义.

6.1.2　定积分的定义

定义 6-1　设函数 $f(x)$在$[a,b]$上有定义且有界，在$[a,b]$中任意插入若干个分点

$$a = x_0 < x_1 < \cdots < x_{i-1} < x_i < \cdots < x_{n-1} < x_n = b.$$

把区间分成 n 个小区间

$$[x_0,x_1],\cdots,[x_{i-1},x_i],\cdots,[x_{n-1},x_n],$$

各个小区间的长度依次为

$$\Delta x_1=x_1-x_0,\cdots,\Delta x_i=x_i-x_{i-1},\cdots,\Delta x_n=x_n-x_{n-1},$$

$\forall\,\xi_i\in[x_{i-1},x_i]$作函数值 $f(\xi_i)$与小区间长度 Δx_i 的乘积 $f(\xi_i)\Delta x_i(i=1,2,\cdots,n)$,并作和式(称为积分和)

$$\sum_{i=1}^{n}f(\xi_i)\Delta x_i.$$

记 $\lambda=\max\limits_{1\leqslant i\leqslant n}\{\Delta x_i\}$,若无论对$[a,b]$怎样分法及 ξ_i 在$[x_{i-1},x_i]$上如何选取,当 $\lambda\to 0$ 时,上述和式的极限存在,则称函数 $f(x)$在区间$[a,b]$上是可积的或称积分存在,其极限称为函数 $f(x)$在区间$[a,b]$上的定积分,记作$\int_a^b f(x)\mathrm{d}x$,即

$$\int_a^b f(x)\mathrm{d}x=\lim_{\lambda\to 0}\sum_{i=1}^{n}f(\xi_i)\Delta x_i.$$

其中 $f(x)$称为**被积函数**,$f(x)\mathrm{d}x$ 称为**被积表达式**,x 称为**积分变量**,a 称为**积分下限**,b 称为**积分上限**,$[a,b]$称为**积分区间**.

首先,我们强调指出,若 $f(x)$在$[a,b]$上可积,那么$\int_a^b f(x)\mathrm{d}x$ 是一个数值,这个数值显然与被积函数 $f(x)$及积分区间$[a,b]$有关,但与积分变量用何字母表示无关,亦即

$$\int_a^b f(x)\mathrm{d}x=\int_a^b f(t)\mathrm{d}t=\int_a^b f(u)\mathrm{d}u.$$

其次,我们又面临这样一个问题:函数 $f(x)$在$[a,b]$上满足什么条件,$f(x)$在$[a,b]$上一定可积?即 $f(x)$在$[a,b]$上可积的充分条件是什么?下面的两个定理给出了回答.

定理 6-1 若 $f(x)$在区间$[a,b]$上连续,则 $f(x)$在$[a,b]$上可积.

定理 6-2 若 $f(x)$在区间$[a,b]$上有界,且只有有限个第一类间断点,则 $f(x)$在$[a,b]$上可积.

按照定积分的定义,我们前面所举的例子可以分别表示如下:

(1) 由 $y=f(x)\geqslant 0,y=0,x=a,x=b$ 所围曲边梯形的面积

$$A=\int_a^b f(x)\mathrm{d}x.$$

(2) 质点以速度 $v=v(t)$作直线运动时,从时刻 $t=T_1$ 到时刻 $t=T_2$ 通过的路程

$$s=\int_{T_1}^{T_2}v(t)\mathrm{d}t.$$

(3) 价格为 $P=P(x)$(x 为销售量)的商品,销售量从 $x=a$ 增长到 $x=b$ 所得的收益

$$R=\int_a^b P(x)\mathrm{d}x.$$

6.1.3 定积分的几何意义

下面我们讨论定积分 $\int_a^b f(x)\mathrm{d}x$ 的几何意义：

(1) 在区间$[a,b]$上，若 $f(x)\geqslant 0$，在几何上它表示曲边梯形的面积 A(如图 6-3 所示). 即

$$\int_a^b f(x)\mathrm{d}x=A.$$

(2) 在区间$[a,b]$上，若 $f(x)\leqslant 0$，在几何上它表示曲边梯形面积 A 的负值(如图 6-4 所示). 即

$$\int_a^b f(x)\mathrm{d}x=-A.$$

(3) 在区间$[a,b]$上，$f(x)$有正有负，我们将所围的面积按上述规律相应地赋予正号、负号，则定积分在几何上表示这些面积的代数和(图 6-5). 即

$$\int_a^b f(x)\mathrm{d}x=A_1-A_2+A_3.$$

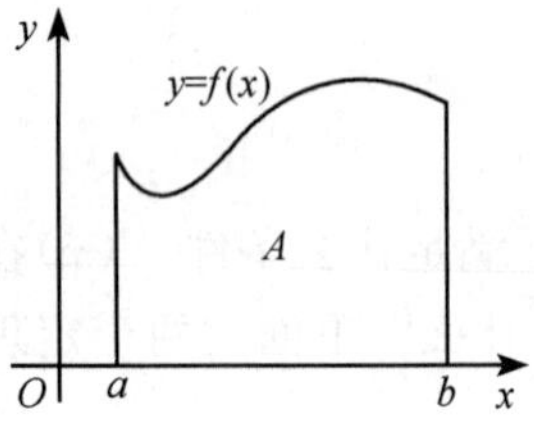

图 6-3

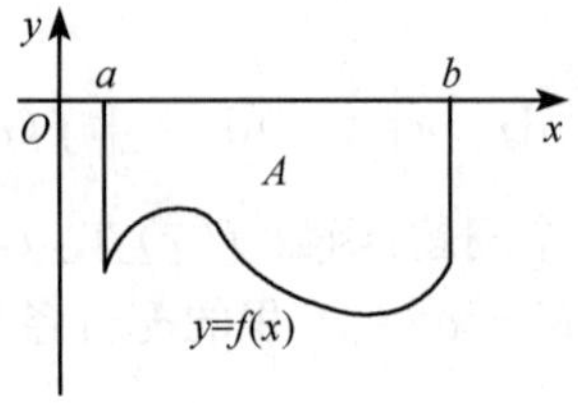

图 6-4

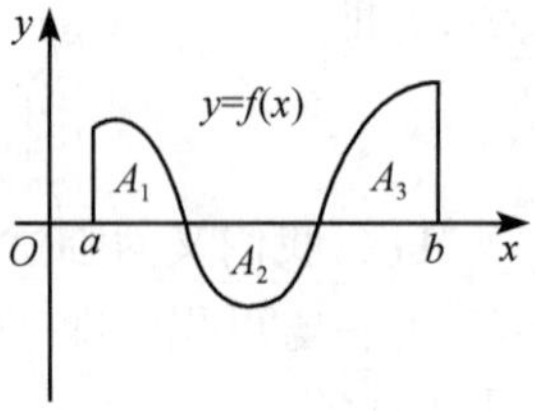

图 6-5

本节的最后，举一个按定义计算定积分的例子.

例 6-1　利用定义计算定积分 $\int_0^1 \mathrm{e}^x\mathrm{d}x$.

解　因为被积函数 $f(x)=\mathrm{e}^x$ 在积分区间$[0,1]$上连续，而连续函数是可积的. 又因为积分与区间$[0,1]$的分法及点 ξ_i 的选取无关，因此为了便于计算，我们采取把$[0,1]$$n$ 等分，分点为 $x_i=\dfrac{i}{n}$，每个小区间$[x_{i-1},x_i]$的长度为 $\Delta x_i=\dfrac{1}{n}$，取 $\xi_i=x_i=\dfrac{i}{n}(i=1,2,\cdots,n)$，于是得和式

$$\sum_{i=1}^{n}f(\xi_i)\Delta x_i=\sum_{i=1}^{n}\mathrm{e}^{\xi_i}\cdot\Delta x_i=\sum_{i=1}^{n}\mathrm{e}^{x_i}\Delta x_i$$

$$= \sum_{i=1}^{n} e^{\frac{i}{n}} \cdot \frac{1}{n} = \frac{e^{\frac{1}{n}}(1-e^{\frac{n}{n}})}{1-e^{\frac{1}{n}}} \frac{1}{n}$$

$$= (e-1) \cdot e^{\frac{1}{n}} \cdot \frac{\frac{1}{n}}{e^{\frac{1}{n}}-1}.$$

当 $\lambda = \dfrac{1}{n} \to 0$ 时，即 $n \to \infty$ 时，对上式两端取极限，由定积分的定义，即得所要计算的积分为

$$\int_0^1 e^x dx = \lim_{\lambda \to 0} \sum_{i=1}^{n} f(\xi_i)\Delta x_i = \lim_{n\to\infty}\left[(e-1) \cdot e^{\frac{1}{n}} \cdot \frac{\frac{1}{n}}{e^{\frac{1}{n}}-1}\right] = e-1.$$

习　题　6.1

1. 利用定积分定义计算由抛物线 $y=x^2+1$，两直线 $x=a, x=b(b>a)$ 及横轴所围成的图形的面积.

2. 利用定积分定义计算下列积分：

(1) $\int_a^b x dx (a<b)$；　　(2) $\int_{-1}^{2} x^2 dx$.

3. 利用定积分的几何意义计算定积分 $\int_{-a}^{a} \sqrt{a^2-x^2} dx$.

4. 利用定积分的几何意义，说明 $\int_{-\frac{\pi}{2}}^{\frac{\pi}{2}} \sin x dx = 0$，$\int_{-\frac{\pi}{2}}^{\frac{\pi}{2}} \cos x dx = 2\int_0^{\frac{\pi}{2}} \cos x dx$ 的正确性.

6.2　定积分的性质

在前面关于定积分的讨论中，对积分 $\int_a^b f(x) dx$ 总是在 $a<b$ 的假设下进行的，实际上，定积分的上下限的大小是不受限制的. 为了以后计算和应用方便，我们先对定积分作两点补充规定：

(1) 当 $a=b$ 时，$\int_a^b f(x) dx = 0$；

(2) 当 $a>b$ 时，$\int_a^b f(x) dx = -\int_b^a f(x) dx$.

由上式可知，交换定积分上下限时，要改变定积分的符号.

以下讨论定积分的基本性质，并假定性质中所涉及的定积分均存在.

性质 6-1　函数代数和的定积分等于定积分的代数和，即

$$\int_a^b [f(x) \pm g(x)] dx = \int_a^b f(x) dx \pm \int_a^b g(x) dx.$$

证
$$\int_a^b [f(x)\pm g(x)]\mathrm{d}x = \lim_{\lambda\to 0}\sum_{i=1}^n [f(\xi_i)\pm g(\xi_i)]\Delta x_i$$
$$= \lim_{\lambda\to 0}\sum_{i=1}^n f(\xi_i)\Delta x_i \pm \lim_{\lambda\to 0}\sum_{i=1}^n g(\xi_i)\Delta x_i$$
$$= \int_a^b f(x)\mathrm{d}x \pm \int_a^b g(x)\mathrm{d}x.$$

注　这个性质可推广到有限多个函数代数和的情形.

性质 6-2　被积函数的常数因子可以提到积分号前,即
$$\int_a^b kf(x)\mathrm{d}x = k\int_a^b f(x)\mathrm{d}x \quad (k\text{ 为常数}).$$

证　$\int_a^b kf(x)\mathrm{d}x = \lim\limits_{\lambda\to 0}\sum\limits_{i=1}^n kf(\xi_i)\Delta x_i = k\lim\limits_{\lambda\to 0}\sum\limits_{i=1}^n f(\xi_i)\Delta x_i = k\int_a^b f(x)\mathrm{d}x.$

性质 6-3　无论 a,b,c 三点的相对位置如何,恒有
$$\int_a^b f(x)\mathrm{d}x = \int_a^c f(x)\mathrm{d}x + \int_c^b f(x)\mathrm{d}x.$$
该性质表明定积分对于**积分区间具有可加性**.

在此我们略去该性质的证明,仅就 $a<c<b$ 和 $a<b<c$ 两种情形,从几何直观上加以描述与说明如下(其他情形类似):

(1) 当 $a<c<b$ 时,如图 6-6 所示.

曲边梯形 $aABb$ 面积=曲边梯形 $aACc$ 面积+曲边梯形 $cCBb$ 面积,即有
$$\int_a^b f(x)\mathrm{d}x = \int_a^c f(x)\mathrm{d}x + \int_c^b f(x)\mathrm{d}x.$$

(2) 当 $a<b<c$ 时,如图 6-7 所示.

曲边梯形 $aABb$ 面积=曲边梯形 $aACc$ 面积－曲边梯形 $bBCc$ 面积,即有
$$\int_a^b f(x)\mathrm{d}x = \int_a^c f(x)\mathrm{d}x - \int_b^c f(x)\mathrm{d}x = \int_a^c f(x)\mathrm{d}x + \int_c^b f(x)\mathrm{d}x.$$

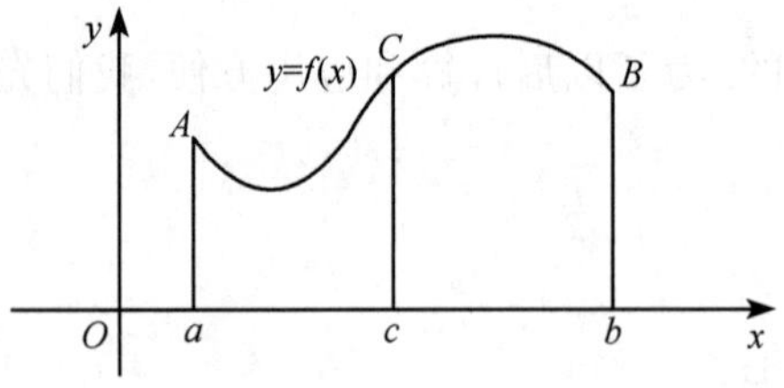

图 6-6

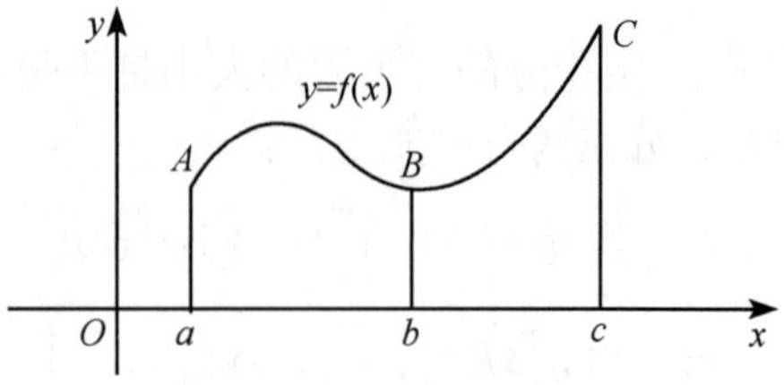

图 6-7

性质 6-4　如果在区间 $[a,b]$ 上 $f(x)\equiv 1$,则
$$\int_a^b 1\mathrm{d}x = \int_a^b \mathrm{d}x = b-a.$$
这个性质的证明及其几何意义,请读者自己给出.

性质 6-5 如果在区间$[a,b]$上，$f(x)\geqslant 0$，则

$$\int_a^b f(x)\mathrm{d}x\geqslant 0.$$

证 因 $f(x)\geqslant 0$，所以 $f(\xi_i)\geqslant 0$. 由于 $\Delta x_i>0$，于是 $f(\xi_i)\Delta x_i\geqslant 0$，因此 $\sum\limits_{i=1}^{n} f(\xi_i)\Delta x_i\geqslant 0$. 令 $\lambda\to 0$ 取极限，便有

$$\int_a^b f(x)\mathrm{d}x=\lim_{\lambda\to 0}\sum_{i=1}^{n} f(\xi_i)\Delta x_i\geqslant 0.$$

推论 6-1 如果在区间$[a,b]$上，$f(x)\leqslant g(x)$，则

$$\int_a^b f(x)\mathrm{d}x\leqslant\int_a^b g(x)\mathrm{d}x.$$

证 因为在$[a,b]$上 $g(x)-f(x)\geqslant 0$，由性质 6-5 知

$$\int_a^b [g(x)-f(x)]\mathrm{d}x\geqslant 0.$$

再利用性质 6-1 便得要证的不等式.

推论 6-2 若 $f(x)$在$[a,b]$上连续，$f(x)\geqslant 0$ 且 $f(x)\not\equiv 0$，则

$$\int_a^b f(x)\mathrm{d}x>0.$$

***证** 由于 $f(x)$在$[a,b]$上连续，$f(x)\geqslant 0$，且 $f(x)\not\equiv 0$，则至少存在一点 $x_0\in(a,b)$，使 $f(x_0)>0$. 否则，在(a,b)内将有 $f(x)\equiv 0$，这样，因 $f(x)$在$[a,b]$上连续，那么 $f(a)=\lim\limits_{x\to a^+}f(x)=0$，$f(b)=\lim\limits_{x\to b^-}f(x)=0$，从而导出在$[a,b]$上 $f(x)\equiv 0$ 的结论，这与条件矛盾.

由于 $f(x)$在点 x_0 处连续，从而$\lim\limits_{x\to x_0}f(x)=f(x_0)>0$，根据第 2 章第 2 节定理 2-7′知，$\exists\,\delta>0$，使得 $U(x_0,\delta)\subset(a,b)$，且当 $x\in U(x_0,\delta)$时，有

$$f(x)>\frac{f(x_0)}{2}>0.$$

由性质 6-3，有

$$\int_a^b f(x)\mathrm{d}x=\int_a^{x_0-\delta}f(x)\mathrm{d}x+\int_{x_0-\delta}^{x_0+\delta}f(x)\mathrm{d}x+\int_{x_0+\delta}^{b}f(x)\mathrm{d}x,$$

由性质 6-5，有

$$\int_a^{x_0-\delta}f(x)\mathrm{d}x\geqslant 0,\quad\int_{x_0+\delta}^{b}f(x)\mathrm{d}x\geqslant 0,$$

从而

$$\int_a^b f(x)\mathrm{d}x\geqslant\int_{x_0-\delta}^{x_0+\delta}f(x)\mathrm{d}x\geqslant\int_{x_0-\delta}^{x_0+\delta}\frac{f(x_0)}{2}\mathrm{d}x=f(x_0)\cdot\delta>0.$$

即

$$\int_a^b f(x)\mathrm{d}x > 0.$$

证毕.

注　推论 6-2 也可以等价地叙述如下：若 $f(x)$ 在 $[a,b]$ 上连续，$f(x) \geqslant 0$，且至少存在一点 $x_0 \in [a,b]$，使 $f(x_0) > 0$，则必有 $\int_a^b f(x)\mathrm{d}x > 0$.

推论 6-3　若 $f(x)$，$g(x)$ 在 $[a,b]$ 上连续，$f(x) \leqslant g(x)$，且 $f(x) \not\equiv g(x)$，则必有

$$\int_a^b f(x)\mathrm{d}x < \int_a^b g(x)\mathrm{d}x.$$

证　因在 $[a,b]$ 上 $g(x)-f(x)$ 连续，$g(x)-f(x) \geqslant 0$，且 $g(x)-f(x) \not\equiv 0$，由性质 6-1 和推论 6-2，便得要证的不等式.

注　推论 6-3 也可以等价地叙述如下：若 $f(x)$，$g(x)$ 在 $[a,b]$ 上连续，$f(x) \leqslant g(x)$，且至少存在一点 $x_0 \in [a,b]$，使 $f(x_0) < g(x_0)$，则必有 $\int_a^b f(x)\mathrm{d}x < \int_a^b g(x)\mathrm{d}x$.

推论 6-4　$\left|\int_a^b f(x)\mathrm{d}x\right| \leqslant \int_a^b |f(x)|\mathrm{d}x \ (a < b)$.

证　因在 $[a,b]$ 上有

$$-|f(x)| \leqslant f(x) \leqslant |f(x)|,$$

所以由推论 6-1 及性质 6-2，可得

$$-\int_a^b |f(x)|\mathrm{d}x \leqslant \int_a^b f(x)\mathrm{d}x \leqslant \int_a^b |f(x)|\mathrm{d}x,$$

即

$$\left|\int_a^b f(x)\mathrm{d}x\right| \leqslant \int_a^b |f(x)|\mathrm{d}x.$$

性质 6-6（估值定理）　(1) 设 M 及 m 分别为 $f(x)$ 在区间 $[a,b]$ 上的最大值及最小值，则

$$m(b-a) \leqslant \int_a^b f(x)\mathrm{d}x \leqslant M(b-a).$$

(2) 设 M 及 m 分别为连续函数 $f(x)$ 在区间 $[a,b]$ 上的最大值及最小值，且 $M > m$，则

$$m(b-a) < \int_a^b f(x)\mathrm{d}x < M(b-a).$$

证　(1) 因 $m \leqslant f(x) \leqslant M$，由性质 6-5 和推论 6-1，得

$$\int_a^b m\,\mathrm{d}x \leqslant \int_a^b f(x)\mathrm{d}x \leqslant \int_a^b M\mathrm{d}x,$$

即

$$m\int_a^b \mathrm{d}x \leqslant \int_a^b f(x)\mathrm{d}x \leqslant M\int_a^b \mathrm{d}x,$$

故

$$m(b-a) \leqslant \int_a^b f(x)\mathrm{d}x \leqslant M(b-a).$$

(2) 由于 $f(x)$在$[a,b]$上连续,且 $M>m$,则

$$m \leqslant f(x) \leqslant M, \quad 且\ f(x) \not\equiv m, \quad f(x) \not\equiv M,$$

由性质 6-5 和推论 6-3,有

$$\int_a^b m\mathrm{d}x < \int_a^b f(x)\mathrm{d}x < \int_a^b M\mathrm{d}x,$$

即

$$m(b-a) < \int_a^b f(x)\mathrm{d}x < M(b-a).$$

利用这个性质,只需求出 $f(x)$在$[a,b]$上的最大值和最小值,那么就可以估计出积分值的大致范围.

例 6-2 估计定积分$\int_0^{\pi} \frac{1}{1+\sin^{\frac{5}{2}}x}\mathrm{d}x$ 的值.

解 当 $x\in[0,\pi]$时,$0\leqslant\sin x\leqslant1$,故 $0\leqslant\sin^{\frac{5}{2}}x\leqslant1$,那么

$$1 \leqslant 1+\sin^{\frac{5}{2}}x \leqslant 2,$$

因此,$\frac{1}{1+\sin^{\frac{5}{2}}x}$在$[0,\pi]$上连续,且

$$\frac{1}{2} \leqslant \frac{1}{1+\sin^{\frac{5}{2}}x} \leqslant 1,$$

由性质 6-6 的结论(2)知

$$\frac{\pi}{2} < \int_0^{\pi} \frac{1}{1+\sin^{\frac{5}{2}}x}\mathrm{d}x < \pi.$$

例 6-3 估计定积分$\int_2^0 \mathrm{e}^{x^2-x}\mathrm{d}x$ 的值.

解 $f(x)=\mathrm{e}^{x^2-x}$在$[0,2]$上连续,且

$$f'(x) = \mathrm{e}^{x^2-x}(2x-1).$$

令 $f'(x)=0$,得驻点 $x=\frac{1}{2}$,从而

$$M = \max\left\{f(0), f\left(\frac{1}{2}\right), f(2)\right\}$$

$$=\max\{1, \mathrm{e}^{-\frac{1}{4}}, \mathrm{e}^2\}=\mathrm{e}^2,$$

$$m=\min\left\{f(0), f\left(\frac{1}{2}\right), f(2)\right\}$$
$$=\min\{1, \mathrm{e}^{-\frac{1}{4}}, \mathrm{e}^2\}=\mathrm{e}^{-\frac{1}{4}}.$$

由估值定理得

$$2\mathrm{e}^{-\frac{1}{4}}<\int_0^2 \mathrm{e}^{x^2-x}\mathrm{d}x<2\mathrm{e}^2,$$

故

$$-2\mathrm{e}^2<\int_2^0 \mathrm{e}^{x^2-x}\mathrm{d}x<-2\mathrm{e}^{-\frac{1}{4}}.$$

性质 6-7(定积分中值定理)　如果函数 $f(x)$在闭区间$[a,b]$上连续,则至少存在一点 $\xi\in(a,b)$,使得

$$\int_a^b f(x)\mathrm{d}x=f(\xi)(b-a)\quad(a<\xi<b).$$

这个公式叫做**积分中值公式**.

证　因 $f(x)$在$[a,b]$上连续,那么 $f(x)$在$[a,b]$上一定存在最大值 M 及最小值 m,且 $M\geqslant m$.

(1) 若 $M=m$,则在$[a,b]$上 $f(x)\equiv M=m$,此时任意取定 $\xi\in(a,b)$,有

$$\int_a^b f(x)\mathrm{d}x=\int_a^b M\mathrm{d}x=M(b-a)=f(\xi)(b-a).$$

即

$$\int_a^b f(x)\mathrm{d}x=f(\xi)(b-a)\quad(a<\xi<b).$$

(2) 若 $M>m$,由估值定理的结论(2),得

$$m(b-a)<\int_a^b f(x)\mathrm{d}x<M(b-a),$$

两端同除以 $b-a$,得

$$m<\frac{1}{b-a}\int_a^b f(x)\mathrm{d}x<M,$$

由介值定理,至少存在一点 $\xi\in(a,b)$,使得

$$f(\xi)=\frac{1}{b-a}\int_a^b f(x)\mathrm{d}x,$$

亦即

$$\int_a^b f(x)\mathrm{d}x=f(\xi)(b-a)\quad(a<\xi<b).$$

综合以上讨论,至少存在一点 $\xi\in(a,b)$,使

$$\int_a^b f(x)\mathrm{d}x=f(\xi)(b-a)\quad(a<\xi<b).$$

证毕.

显然，积分中值公式，无论 $a<b$ 或 $a>b$ 都是成立的，即

$$\int_a^b f(x)\mathrm{d}x = f(\xi)(b-a) \quad (\xi\text{ 在 } a,b \text{ 之间}).$$

积分中值公式的几何解释是：在开区间 (a,b) 内至少存在一点 ξ，使得以区间 $[a,b]$ 为底边，以曲线 $y=f(x)$ 为曲边的曲边梯形的面积等于同一底边而高为 $f(\xi)$ 的一个矩形的面积（图 6-8）.

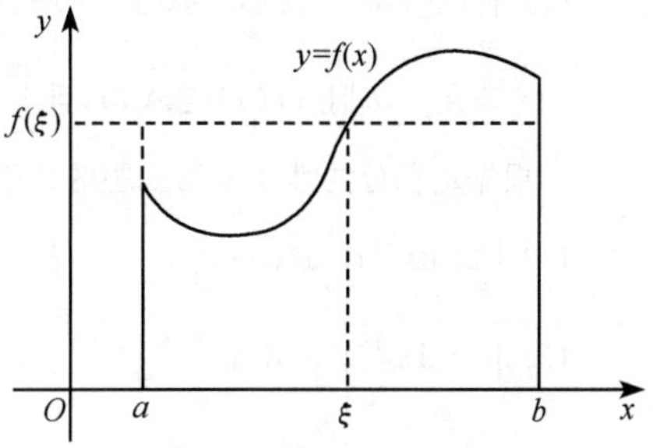

图 6-8

按积分中值公式所得

$$f(\xi) = \frac{1}{b-a}\int_a^b f(x)\mathrm{d}x$$

称为**函数 $f(x)$ 在区间 $[a,b]$ 上的平均值.**

例 6-4 设 $f(x)$ 在 $[0,1]$ 上连续，在 $(0,1)$ 内可导，且 $f(1)=2\int_0^{\frac{1}{2}} \mathrm{e}^{1-x}f(x)\mathrm{d}x$，证明至少存在一点 $\xi\in(0,1)$，使得 $f'(\xi)=f(\xi)$.

证 取 $F(x)=\mathrm{e}^{1-x}f(x)$，则 $F(x)$ 在 $[0,1]$ 上连续，在 $(0,1)$ 内可导，同时有 $F(1)=2\int_0^{\frac{1}{2}} F(x)\mathrm{d}x$. 由定积分中值定理可知，至少存在一点 $x_0\in\left(0,\frac{1}{2}\right)$ 使得 $2\int_0^{\frac{1}{2}} F(x)\mathrm{d}x = 2F(x_0)\left(\frac{1}{2}-0\right)=F(x_0)$. 从而 $F(x_0)=F(1)$. 因此 $F(x)$ 在 $[x_0,1]$ 上满足 Rolle 定理条件，故至少存在一点 $\xi\in(x_0,1)\subset(0,1)$，使得 $F'(\xi)=0$，整理后即有 $f'(\xi)=f(\xi)$.

习 题 6.2

1. 用定积分的性质，判别下列各式对否：

(1) $\int_0^{\frac{\pi}{2}}\cos^2 x\mathrm{d}x \leqslant \int_0^{\frac{\pi}{2}}\cos x\mathrm{d}x$；　　(2) $\int_0^1 x\mathrm{d}x \leqslant \int_0^1 \ln(1+x)\mathrm{d}x$；

(3) $\left|\int_{10}^{20}\frac{\sin x}{\sqrt{1+x^2}}\mathrm{d}x\right| < 1$.

2. 已知 $\int_0^{\frac{\pi}{2}}\sin x\mathrm{d}x = \int_0^{\frac{\pi}{2}}\cos x\mathrm{d}x = 1$，试比较下列两个积分值的大小：

$$I_1=\int_0^{\frac{\pi}{2}}\sin(\sin x)\mathrm{d}x,\quad I_2=\int_0^{\frac{\pi}{2}}\cos(\sin x)\mathrm{d}x.$$

3. 确定下列定积分的符号：

(1) $I=\int_{\frac{1}{4}}^1 x^3\ln x\mathrm{d}x$；　　(2) $I=\int_0^{-\frac{\pi}{2}}\mathrm{e}^x\sin x\mathrm{d}x$.

4. 估计下列定积分的值：

(1) $I=\int_{-1}^1 \mathrm{e}^{-x^2}\mathrm{d}x$；　　(2) $I=\int_{\frac{\pi}{4}}^{\frac{5}{4}\pi}(1+\sin^2 x)\mathrm{d}x$；

(3) $I=\int_{\frac{1}{\sqrt{3}}}^{\sqrt{3}} x\arctan x\mathrm{d}x$；　　(4) $I=\int_0^1\frac{\mathrm{e}^{-x}}{x+1}\mathrm{d}x$.

(5) $I=\int_0^1 \frac{x^5}{\sqrt{1+x}}\mathrm{d}x$;　　(6) $I=\int_0^{\frac{\pi}{2}} \frac{\sin x}{x}\mathrm{d}x$.

5. 设 $f(x)$ 及 $g(x)$ 在 $[a,b]$ 上连续，证明：

(1) 若在 $[a,b]$ 上，$f(x)\geqslant 0$，且 $\int_a^b f(x)\mathrm{d}x=0$，则在 $[a,b]$ 上 $f(x)\equiv 0$；

(2) 若在 $[a,b]$ 上，$f(x)\geqslant 0$ 且 $f(x)\not\equiv 0$，则 $\int_a^b f(x)\mathrm{d}x>0$；

(3) 若在 $[a,b]$ 上，$f(x)\leqslant g(x)$，且 $\int_a^b f(x)\mathrm{d}x=\int_a^b g(x)\mathrm{d}x$，则在 $[a,b]$ 上 $f(x)\equiv g(x)$.

6. 根据定积分的性质及第 5 题的结论，说明下列积分哪一个的值较大：

(1) $\int_0^1 x^2\mathrm{d}x$ 与 $\int_0^1 x^3\mathrm{d}x$；

(2) $\int_1^2 x^2\mathrm{d}x$ 与 $\int_1^2 x^3\mathrm{d}x$；

(3) $\int_1^2 \ln x\mathrm{d}x$ 与 $\int_1^2 (\ln x)^2\mathrm{d}x$；

(4) $\int_0^1 x\mathrm{d}x$ 与 $\int_0^1 \ln(1+x)\mathrm{d}x$；

(5) $\int_0^1 \mathrm{e}^x\mathrm{d}x$ 与 $\int_0^1 (1+x)\mathrm{d}x$；

(6) $\int_0^1 \mathrm{e}^x\mathrm{d}x$ 与 $\int_0^1 \mathrm{e}^{x^2}\mathrm{d}x$.

6.3　微积分学基本公式

在 6.1 节中，我们用定积分的定义计算了 $f(x)=\mathrm{e}^x$ 在区间 $[0,1]$ 上的定积分 $\int_0^1 \mathrm{e}^x\mathrm{d}x$. 虽然被积函数与积分区间都如此简单，但其计算过程却较烦琐，可想而知，当被积函数变得复杂后，仅用定积分的定义求解，将面临更大的困难，这就要求我们必须探索计算定积分的新方法.

另外，不定积分与定积分这两个概念的建立，从表征上看似乎没有任何关联，为了达到上述目的，这节的讨论就从探寻二者之间的本质联系开始.

6.3.1　微积分学基本定理

1. 变上限积分函数

设函数 $f(x)$ 在区间 $[a,b]$ 上连续，对 $\forall x\in[a,b]$，则 $f(x)$ 在部分区间 $[a,x]$ 上依然连续，从而定积分 $\int_a^x f(x)\mathrm{d}x$ 存在，这里 x 既表示定积分的上限，又表示积分变量，因为定积分与积分变量的记法无关，所以为了明确起见，通常把积分变量改用其他符号表示，如可用 t 表示，那么上面的积分可以改写成

$$\int_a^x f(t)\mathrm{d}t.$$

如果上限 x 在$[a,b]$上任意变动，那么对每一取定的 x 值，有唯一确定的定积分值与之对应，因此它在$[a,b]$上定义了一个函数，记作 $\Phi(x)$：

$$\Phi(x)=\int_a^x f(t)\mathrm{d}t,\quad x\in[a,b].$$

称其为变上限积分函数.

2. 微积分学基本定理

变上限积分函数 $\Phi(x)$具有如下重要性质.

定理 6-3(微积分学基本定理)　若函数 $f(x)$在闭区间$[a,b]$上连续，那么变上限积分函数

$$\Phi(x)=\int_a^x f(t)\mathrm{d}t$$

在$[a,b]$上可导，且其导数为

$$\Phi'(x)=\frac{\mathrm{d}}{\mathrm{d}x}\int_a^x f(t)\mathrm{d}t=f(x),\quad x\in[a,b].$$

证　首先，对$\forall x\in(a,b)$，设 x 的增量为 Δx，且 $x+\Delta x\in(a,b)$，则

$$\Phi(x+\Delta x)=\int_a^{x+\Delta x}f(t)\mathrm{d}t.$$

由此可得函数的增量

$$\begin{aligned}\Delta\Phi&=\Phi(x+\Delta x)-\Phi(x)\\&=\int_a^{x+\Delta x}f(t)\mathrm{d}t-\int_a^x f(t)\mathrm{d}t\\&=\int_x^{x+\Delta x}f(t)\mathrm{d}t.\end{aligned}$$

由定积分中值定理(图 6-9 所示是 $\Delta x>0$ 的情形)，有

$$\Delta\Phi=f(\xi)\Delta x\quad(\xi\text{ 在 }x\text{ 与 }x+\Delta x\text{ 之间}).$$

因而

$$\frac{\Delta\Phi}{\Delta x}=f(\xi).$$

由于假设 $f(x)$在$[a,b]$上连续，而 $\Delta x\to0$ 时，有 $x+\Delta x\to x$，故 $\xi\to x$，那么

$$\lim_{\Delta x\to0}\frac{\Delta\Phi}{\Delta x}=\lim_{\Delta x\to0}f(\xi)=\lim_{\xi\to x}f(\xi)=f(x).$$

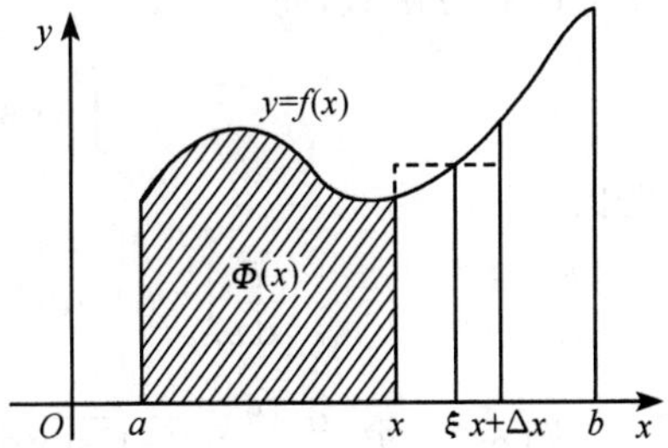

图 6-9

即

$$\Phi'(x)=f(x),\quad x\in(a,b).$$

再者，若 $x=a$，则取 $\Delta x>0$，同理可证 $\Phi'_{+}(a)=f(a)$；若 $x=b$，则取 $\Delta x<0$，同理可证 $\Phi'_{-}(b)=f(b)$.

综上所述，对 $\forall x\in[a,b]$，有 $\Phi'(x)=f(x)$. 定理证毕.

定理 6-3 具有极其重要的历史地位和极高的理论价值，它体现在：

(1) 证明了 $f(x)$ 在闭区间 $[a,b]$ 上连续，那么就一定存在原函数，并且变上限积分函数 $\Phi(x)=\int_a^x f(t)\mathrm{d}t$ 就是函数 $f(x)$ 在 $[a,b]$ 上的一个原函数. 第 5 章第 1 节所给出的原函数存在定理在这里得到了证明，因此定理 6-3 又被称为**原函数存在定理**.

(2) 它揭示了不定积分和定积分之间内在的、本质的联系，即若 $f(x)$ 在 $[a,b]$ 上连续，那么 $f(x)$ 在 $[a,b]$ 上的不定积分可用定积分表示为

$$\int f(x)\mathrm{d}x=\int_a^x f(t)\mathrm{d}t+C,\quad x\in[a,b].$$

(3) 同时它也揭示了导数与定积分之间的联系，即求导数运算与求变上限积分运算为互逆运算. 在定理 6-3 中集中体现了导数、不定积分和定积分之间的内在规律性.

例 6-5 求 $\frac{\mathrm{d}}{\mathrm{d}x}\int_0^x \sqrt{1+t^4}\mathrm{d}t$.

解 所给积分为变上限积分函数，且满足定理 6-3 的条件，从而有

$$\frac{\mathrm{d}}{\mathrm{d}x}\int_0^x \sqrt{1+t^4}\mathrm{d}t=\sqrt{1+x^4}.$$

例 6-6 求 $\frac{\mathrm{d}}{\mathrm{d}x}\int_x^1 \cos\sqrt{t}\mathrm{d}t$.

解 所给定积分为变下限积分函数，不能直接利用定理 6-3，需先将它转化为变上限积分函数，而

$$\int_x^1 \cos\sqrt{t}\mathrm{d}t=-\int_1^x \cos\sqrt{t}\mathrm{d}t.$$

所以

$$\frac{\mathrm{d}}{\mathrm{d}x}\int_x^1 \cos\sqrt{t}\mathrm{d}t=-\frac{\mathrm{d}}{\mathrm{d}x}\int_1^x \cos\sqrt{t}\mathrm{d}t=-\cos\sqrt{x}.$$

例 6-7 求 $\frac{\mathrm{d}}{\mathrm{d}x}\int_1^{\mathrm{e}^x} \sqrt{2+\sin t}\mathrm{d}t$.

解 这里给出的变上限已不是 x，而是 x 的可导函数 e^x，可设 $u=\mathrm{e}^x$，那么所给变上限积分函数可以看作由函数

$$\int_1^u \sqrt{2+\sin t}\mathrm{d}t \text{ 和 } u=\mathrm{e}^x$$

复合而成，根据复合函数求导法则及定理 6-3，有

$$\frac{d}{dx}\int_1^{e^x}\sqrt{2+\sin t}\,dt=\frac{d}{du}\int_1^{u}\sqrt{2+\sin t}\,dt\cdot\frac{du}{dx}=\sqrt{2+\sin u}\cdot e^x$$
$$=\sqrt{2+\sin e^x}\cdot e^x.$$

例 6-8 求 $\frac{d}{dx}\int_{x^2}^{\sin x}\ln(1+t^2)\,dt$.

解 所给积分既变上限又变下限，利用定积分性质 6-3，有

$$\int_{x^2}^{\sin x}\ln(1+t^2)\,dt=\int_{x^2}^{0}\ln(1+t^2)\,dt+\int_{0}^{\sin x}\ln(1+t^2)\,dt$$
$$=\int_{0}^{\sin x}\ln(1+t^2)\,dt-\int_{0}^{x^2}\ln(1+t^2)\,dt.$$

所以

$$\frac{d}{dx}\int_{x^2}^{\sin x}\ln(1+t^2)\,dt=\frac{d}{dx}\int_{0}^{\sin x}\ln(1+t^2)\,dt-\frac{d}{dx}\int_{0}^{x^2}\ln(1+t^2)\,dt$$
$$=\cos x\cdot\ln(1+\sin^2 x)-2x\cdot\ln(1+x^4).$$

对例 6-7、例 6-8 进行总结，会得到下列更一般的结论：若 $\varphi(x)$，$\psi(x)$ 可导，且函数 $f(x)$ 连续，则有

$$\frac{d}{dx}\int_{a}^{\varphi(x)}f(t)\,dt=f[\varphi(x)]\cdot\varphi'(x);$$
$$\frac{d}{dx}\int_{\psi(x)}^{\varphi(x)}f(t)\,dt=f[\varphi(x)]\cdot\varphi'(x)-f[\psi(x)]\cdot\psi'(x).$$

例 6-9 求极限 $\lim\limits_{x\to0}\frac{\int_{\cos x}^{1}e^{-t^2}\,dt}{x^2}$.

解 因为当 $x\to0$ 时，$\cos x\to1$，$\int_{\cos x}^{1}e^{-t^2}\,dt\to0$，所以所求极限为 $\frac{0}{0}$ 型未定式极限，利用洛必达法则得

$$\lim_{x\to0}\frac{\int_{\cos x}^{1}e^{-t^2}\,dt}{x^2}=\lim_{x\to0}\frac{\left(-\int_{1}^{\cos x}e^{-t^2}\,dt\right)'}{(x^2)'}=\lim_{x\to0}\frac{e^{-\cos^2 x}\cdot\sin x}{2x}$$
$$=\lim_{x\to0}\left(\frac{1}{2}\cdot e^{-\cos^2 x}\cdot\frac{\sin x}{x}\right)=\frac{1}{2e}.$$

6.3.2 微积分学基本公式

在定理 6-3 的基础上我们来证明下述定理，它将更进一步揭示定积分的计算与不定积分的关系.

定理 6-4（牛顿-莱布尼茨公式） 如果 $F(x)$ 是连续函数 $f(x)$ 在区间 $[a,b]$ 上的一个原函数，则

$$\int_a^b f(x)\mathrm{d}x = F(b) - F(a).$$

证　已知 $F(x)$ 是连续函数 $f(x)$ 的一个原函数，由定理 6-3 可知，变上限积分函数

$$\Phi(x) = \int_a^x f(t)\mathrm{d}t$$

也是 $f(x)$ 的一个原函数，而 $f(x)$ 的两个原函数之间只相差一个常数 C，即有

$$\Phi(x) - F(x) = C \quad (a \leqslant x \leqslant b).$$

在上式中令 $x=a$ 有 $\Phi(a)-F(a)=C$，而 $\Phi(a) = \int_a^a f(t)\mathrm{d}t = 0$，故 $C=-F(a)$，因此

$$\Phi(x) = F(x) - F(a),$$

即

$$\int_a^x f(t)\mathrm{d}t = F(x) - F(a).$$

在上式中再令 $x=b$，就有

$$\int_a^b f(x)\mathrm{d}x = F(b) - F(a).$$

定理证毕.

为了方便起见，以后把 $F(b)-F(a)$ 记成 $F(x)\Big|_a^b$，于是，牛顿-莱布尼茨公式又可写成

$$\int_a^b f(x)\mathrm{d}x = F(x)\Big|_a^b.$$

牛顿-莱布尼茨公式又称为微积分学基本公式. 这个公式进一步揭示了定积分与被积函数的原函数或不定积分之间的本质联系：一个连续函数在区间 $[a,b]$ 上的定积分等于它的任一个原函数在区间 $[a,b]$ 上的增量，从而为我们计算定积分提供了一个强有力的理论工具，使定积分的计算简捷而方便.

例 6-10　再次计算定积分 $\int_0^1 \mathrm{e}^x \mathrm{d}x$.

解　e^x 是其自身的一个原函数，所以由牛顿-莱布尼茨公式，有

$$\int_0^1 \mathrm{e}^x \mathrm{d}x = \mathrm{e}^x \Big|_0^1 = \mathrm{e} - 1.$$

比较从定义出发计算该定积分与应用牛顿-莱布尼茨公式计算该积分，后者的优势不言而喻.

例 6-11　计算 $\int_{-\frac{1}{2}}^{\frac{\sqrt{3}}{2}} \frac{\mathrm{d}x}{\sqrt{1-x^2}}$.

解 由于 $\arcsin x$ 是 $\frac{1}{\sqrt{1-x^2}}$ 的一个原函数,所以

$$\int_{-\frac{1}{2}}^{\frac{\sqrt{3}}{2}} \frac{\mathrm{d}x}{\sqrt{1-x^2}} = \arcsin x \Big|_{-\frac{1}{2}}^{\frac{\sqrt{3}}{2}} = \arcsin\frac{\sqrt{3}}{2} - \arcsin\left(-\frac{1}{2}\right) = \frac{\pi}{3} - \left(-\frac{\pi}{6}\right) = \frac{\pi}{2}.$$

例 6-12 计算 $\int_{-3}^{-2} \frac{1}{x}\mathrm{d}x$.

解 $\int_{-3}^{-2} \frac{1}{x}\mathrm{d}x = \ln|x|\Big|_{-3}^{-2} = \ln|-2| - \ln|-3| = \ln 2 - \ln 3 = \ln\frac{2}{3}.$

例 6-13 计算正弦曲线 $y=\sin x$ 在 $[0,\pi]$ 上与 x 轴所围成的平面图形(图 6-10)的面积.

解 由定积分的几何意义知,所求平面图形的面积 A 为

$$A = \int_0^{\pi} \sin x \mathrm{d}x = -\cos x \Big|_0^{\pi}$$
$$= -(-1) - (-1) = 2.$$

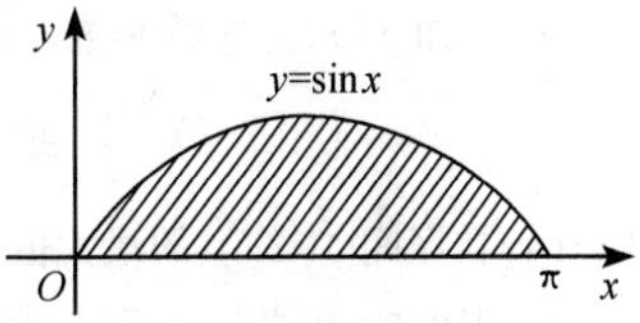

图 6-10

例 6-14 设 $f(x) = \begin{cases} 2x-1, & x<0, \\ \frac{1}{1+x^2}, & 0 \leqslant x \leqslant 1, \end{cases}$ 计算定积分 $\int_{-1}^{1} f(x)\mathrm{d}x$.

解 利用定积分对积分区间具有可加性,有

$$\int_{-1}^{1} f(x)\mathrm{d}x = \int_{-1}^{0} f(x)\mathrm{d}x + \int_0^1 f(x)\mathrm{d}x$$
$$= \int_{-1}^{0} (2x-1)\mathrm{d}x + \int_0^1 \frac{1}{1+x^2}\mathrm{d}x$$
$$= (x^2 - x)\Big|_{-1}^{0} + \arctan x\Big|_0^1 = \frac{\pi}{4} - 2.$$

习 题 6.3

1. 计算下列各导数:

(1) $\frac{\mathrm{d}}{\mathrm{d}x}\int_0^{x^2} \sqrt{1+t^2}\mathrm{d}t$; (2) $\frac{\mathrm{d}}{\mathrm{d}x}\int_x^2 t^2\cos 2t\mathrm{d}t$;

(3) $\frac{\mathrm{d}}{\mathrm{d}x}\int_a^x \sin t^2 \cos t\mathrm{d}t$; (4) $\frac{\mathrm{d}}{\mathrm{d}x}\int_0^{\sin x} \cos(2t^2+5)\mathrm{d}t$;

(5) $\frac{\mathrm{d}}{\mathrm{d}x}\int_{\sin x}^{\cos x} \cos(\pi t^2)\mathrm{d}t$; (6) $\frac{\mathrm{d}}{\mathrm{d}x}\int_{x^2}^{x^4} \frac{\sin t}{\sqrt{1+\mathrm{e}^t}}\mathrm{d}t$.

2. 求下列极限:

(1) $\lim\limits_{x\to 0}\frac{\int_0^x \tan t\mathrm{d}t}{x^2}$; (2) $\lim\limits_{x\to 0}\frac{\int_0^x \cos t^2\mathrm{d}t}{x}$;

(3) $\lim\limits_{x\to 0}\dfrac{\left(\int_0^x e^{t^2}\,dt\right)^2}{\int_0^x te^{2t^2}\,dt}$;　　(4) $\lim\limits_{x\to 0}\dfrac{\left(\int_0^x \sin t^2\,dt\right)^2}{\int_0^x t^2\sin t^3\,dt}$.

3. 由方程 $\int_0^y e^{-t^2}\,dt+\int_0^x \cos t^2\,dt=0$ 确定 y 是 x 的函数，求 $\dfrac{dy}{dx}$.

4. 设函数 $f(x)$ 在 $[a,b]$ 上连续，且 $f(x)>0$，又

$$F(x)=\int_a^x f(t)\,dt+\int_b^x \frac{1}{f(t)}\,dt,$$

证明：方程 $F(x)=0$ 在 $[a,b]$ 内仅有一个根.

5. 已知 $f(x)$ 为连续函数，且

$$\int_0^{2x} xf(t)\,dt+2\int_x^0 tf(2t)\,dt=2x^3(x-1),$$

求 $f(x)$ 在区间 $[0,2]$ 上的最大值与最小值.

6. 用牛顿-莱布尼茨公式计算下列各定积分：

(1) $\int_1^2\left(x^2+\dfrac{1}{x^4}\right)dx$;　　(2) $\int_0^{\sqrt{3}a}\dfrac{1}{a^2+x^2}\,dx$;

(3) $\int_0^1\dfrac{1}{\sqrt{4-x^2}}\,dx$;　　(4) $\int_0^{\frac{\pi}{4}}\tan^2 x\,dx$;

(5) $\int_{-\frac{\pi}{3}}^0 \sec t\tan t\,dt$;　　(6) $\int_{-4}^4\dfrac{1}{\sqrt{x^2+9}}\,dx$;

(7) $\int_0^{\pi}|\cos x|\,dx$;　　(8) $\int_a^b x|x|\,dx\ (a<b)$.

7. 设 $f(x)=\begin{cases}\sqrt{1-\sin 2x}, & 0\leqslant x\leqslant\dfrac{\pi}{2},\\ 6\left(x-\dfrac{\pi}{2}\right)^2, & \dfrac{\pi}{2}<x\leqslant 1+\dfrac{\pi}{2}.\end{cases}$ 求 $\int_0^{1+\frac{\pi}{2}} f(x)\,dx$.

8. 设 $f(x)=\begin{cases}e^{-x}, & 0\leqslant x\leqslant 1,\\ 2x, & 1<x\leqslant 2.\end{cases}$ 求 $F(x)=\int_0^x f(t)\,dt$ 在 $[0,2]$ 上的表达式.

9. 设 $f(x)$ 在 $[a,b]$ 上连续，在 $[a,b]$ 内可导且 $f'(x)\leqslant 0$，

$$F(x)=\frac{1}{x-a}\int_a^x f(t)\,dt.$$

证明在 $[a,b]$ 内有 $F'(x)\leqslant 0$.

6.4　定积分的换元法和分部积分法

应用牛顿-莱布尼茨公式计算定积分，首先必须求出被积函数的原函数. 第 5 章中我们已经知道，许多被积函数的原函数的求解，要用到换元法和分部积分法. 而微积分学基本公式的关键就在于将定积分问题的计算转化为不定积分的计算，因此定积分也有相应的换元法和分部积分法.

6.4.1 定积分的换元法

定理 6-5 设函数 $f(x)$在$[a,b]$上连续，函数 $x=\varphi(t)$满足条件：

(1) $\varphi(\alpha)=a,\varphi(\beta)=b$；

(2) $\varphi(t)$在$[\alpha,\beta]$(或$[\beta,\alpha]$)上具有连续导数，且其值域为$[a,b]$，则有

$$\int_a^b f(x)\mathrm{d}x=\int_\alpha^\beta f[\varphi(t)]\varphi'(t)\mathrm{d}t. \tag{6-1}$$

证 由于(6-1)式两端被积函数都在各自的积分区间上连续，从而都存在原函数，设

$$\int f(x)\mathrm{d}x=F(x)+C,$$

则

$$\int f[\varphi(t)]\varphi'(t)\mathrm{d}t=F[\varphi(t)]+C,$$

因此

$$\int_a^b f(x)\mathrm{d}x=F(b)-F(a)=F[\varphi(\beta)]-F[\varphi(\alpha)]=\int_\alpha^\beta f[\varphi(t)]\varphi'(t)\mathrm{d}t.$$

公式(6-1)称为定积分的**换元公式**.

应用换元公式时有几点值得说明：

(1) 用变量代换 $x=\varphi(t)$将变量 x 换成新变量 t 时，积分限也要换成相应于新变量 t 的积分限，即，换元要换限；

(2) 求出 $f[\varphi(t)]\varphi'(t)$的一个原函数 $F[\varphi(t)]$后，不必像计算不定积分那样还要把 $F[\varphi(t)]$变换成原来变量 x 的函数，而只要把新变量 t 的上、下限分别代入 $F[\varphi(t)]$中然后相减即可；

(3) 换元公式有时需要倒过来使用，即

$$\int_\alpha^\beta f[\varphi(x)]\varphi'(x)\mathrm{d}x=\int_a^b f(t)\mathrm{d}t,$$

其中 $t=\varphi(x),\varphi(\alpha)=a,\varphi(\beta)=b$.

例 6-15 计算$\int_0^a\sqrt{a^2-x^2}\mathrm{d}x(a>0)$.

解 令 $x=a\sin t$，则 $\mathrm{d}x=a\cos t\mathrm{d}t$，当 $x=0$ 时，$t=0$，当 $x=a$ 时，$t=\frac{\pi}{2}$，所以

$$\begin{aligned}\int_0^a\sqrt{a^2-x^2}\mathrm{d}x&=\int_0^{\frac{\pi}{2}}a\cos t\cdot a\cos t\mathrm{d}t\\&=\frac{a^2}{2}\int_0^{\frac{\pi}{2}}(1+\cos 2t)\mathrm{d}t=\frac{a^2}{2}\left(t+\frac{1}{2}\sin 2t\right)\Big|_0^{\frac{\pi}{2}}=\frac{\pi}{4}a^2.\end{aligned}$$

例 6-16 计算$\int_0^5\frac{x-1}{\sqrt{3x+1}}\mathrm{d}x$.

解　令 $t=\sqrt{3x+1}$，则 $x=\frac{1}{3}(t^2-1)$，$dx=\frac{2}{3}tdt$，且当 $x=0$ 时，$t=1$，当 $x=5$ 时，$t=4$，那么

$$\int_0^5 \frac{x-1}{\sqrt{3x+1}}dx=\int_1^4 \frac{\frac{1}{3}(t^2-1)-1}{t}\cdot\frac{2}{3}tdt$$

$$=\frac{2}{9}\int_1^4(t^2-4)dt=\frac{2}{9}\left(\frac{1}{3}t^3-4t\right)\Big|_1^4=2.$$

例 6-17　计算 $\int_1^{e^2}\frac{dx}{x\sqrt{1+4\ln x}}$.

解　令 $t=1+4\ln x$，则 $dt=\frac{4}{x}dx$ 或 $\frac{dx}{x}=\frac{1}{4}dt$，当 $x=1$ 时，$t=1$，当 $x=e^2$ 时，$t=9$，所以

$$\int_1^{e^2}\frac{dx}{x\sqrt{1+4\ln x}}=\int_1^9\frac{dt}{4\sqrt{t}}=\frac{1}{2}\sqrt{t}\Big|_1^9=\frac{1}{2}(3-1)=1.$$

在例 6-17 中如若采用凑微分的方法，不明显地写出新变量 t，那么定积分的上、下限就不要变更，其过程如下：

$$\int_1^{e^2}\frac{dx}{x\sqrt{1+4\ln x}}=\frac{1}{4}\int_1^{e^2}\frac{d(1+4\ln x)}{\sqrt{1+4\ln x}}=\frac{1}{2}\sqrt{1+4\ln x}\Big|_1^{e^2}=1.$$

例 6-18　计算 $\int_0^{\pi}\sqrt{\sin^3x-\sin^5x}dx$.

解　$$\int_0^{\pi}\sqrt{\sin^3x-\sin^5x}dx=\int_0^{\pi}\sin^{\frac{3}{2}}x\cdot|\cos x|dx$$

$$=\int_0^{\frac{\pi}{2}}\sin^{\frac{3}{2}}x\cdot\cos xdx-\int_{\frac{\pi}{2}}^{\pi}\sin^{\frac{3}{2}}x\cdot\cos xdx$$

$$=\int_0^{\frac{\pi}{2}}\sin^{\frac{3}{2}}xd(\sin x)-\int_{\frac{\pi}{2}}^{\pi}\sin^{\frac{3}{2}}xd(\sin x)$$

$$=\frac{2}{5}\sin^{\frac{5}{2}}x\Big|_0^{\frac{\pi}{2}}-\frac{2}{5}\sin^{\frac{5}{2}}x\Big|_{\frac{\pi}{2}}^{\pi}$$

$$=\frac{2}{5}-\left(-\frac{2}{5}\right)=\frac{4}{5}.$$

注　如果忽略了 $\cos x$ 在 $\left[\frac{\pi}{2},\pi\right]$ 上非正，而按 $\sqrt{\sin^3x-\sin^5x}=\sin^{\frac{3}{2}}x\cdot\cos x$ 计算，将导致错误.

下面我们由定积分的换元法及定积分与积分变量的记号无关的性质，讨论奇、偶函数在对称区间上定积分.

定理 6-6　已知函数 $f(x)$ 在 $[-a,a]$ 上连续，则

$$\int_{-a}^{a} f(x)\mathrm{d}x = \begin{cases} 0, & f(x) \text{ 为奇函数}, \\ 2\int_{0}^{a} f(x)\mathrm{d}x, & f(x) \text{ 为偶函数}. \end{cases}$$

证 因为

$$\int_{-a}^{a} f(x)\mathrm{d}x = \int_{-a}^{0} f(x)\mathrm{d}x + \int_{0}^{a} f(x)\mathrm{d}x.$$

对积分 $\int_{-a}^{0} f(x)\mathrm{d}x$ 作代换 $x=-t$，则 $\mathrm{d}x=-\mathrm{d}t$，且当 $x=-a$ 时，$t=a$，当 $x=0$ 时，$t=0$，所以

$$\int_{-a}^{0} f(x)\mathrm{d}x = -\int_{a}^{0} f(-t)\mathrm{d}t = \int_{0}^{a} f(-t)\mathrm{d}t = \int_{0}^{a} f(-x)\mathrm{d}x.$$

于是

$$\int_{-a}^{a} f(x)\mathrm{d}x = \int_{0}^{a} f(-x)\mathrm{d}x + \int_{0}^{a} f(x)\mathrm{d}x = \int_{0}^{a} [f(-x)+f(x)]\mathrm{d}x.$$

所以，当 $f(x)$ 为奇函数时，$f(-x)+f(x)=0$，就有

$$\int_{-a}^{a} f(x)\mathrm{d}x = 0;$$

当 $f(x)$ 为偶函数时，$f(-x)+f(x)=2f(x)$，从而

$$\int_{-a}^{a} f(x)\mathrm{d}x = 2\int_{0}^{a} f(x)\mathrm{d}x.$$

综合以上讨论，便得欲证结论.

注 请读者自己给出定理 6-6 的几何直观解释.

例 6-19 计算 $\int_{-2}^{2}\left(\frac{x^2\arctan x}{1+x^2+x^4}+\sqrt{|x|}\right)\mathrm{d}x$.

解 由于函数 $\frac{x^2\arctan x}{1+x^2+x^4}$ 为区间 $[-2,2]$ 上的奇函数，而 $\sqrt{|x|}$ 则为 $[-2,2]$ 上的偶函数，由定理 6-6 知

$$\begin{aligned}&\int_{-2}^{2}\left(\frac{x^2\arctan x}{1+x^2+x^4}+\sqrt{|x|}\right)\mathrm{d}x \\ &= 0+2\int_{0}^{2}\sqrt{|x|}\mathrm{d}x = 2\int_{0}^{2}\sqrt{x}\mathrm{d}x = \frac{4}{3}x^{\frac{3}{2}}\Big|_{0}^{2} = \frac{8\sqrt{2}}{3}.\end{aligned}$$

例 6-20 若 $f(x)$ 在 $[0,1]$ 上连续，证明：

(1) $\int_{0}^{\frac{\pi}{2}} f(\sin x)\mathrm{d}x = \int_{0}^{\frac{\pi}{2}} f(\cos x)\mathrm{d}x$；

(2) $\int_{0}^{\pi} xf(\sin x)\mathrm{d}x = \frac{\pi}{2}\int_{0}^{\pi} f(\sin x)\mathrm{d}x$，并由此计算定积分 $\int_{0}^{\pi}\frac{x\sin x}{3+\cos^2 x}\mathrm{d}x$.

证 (1) 作代换 $x=\frac{\pi}{2}-t$，则 $\mathrm{d}x=-\mathrm{d}t$，且当 $x=0$ 时，$t=\frac{\pi}{2}$，当 $x=\frac{\pi}{2}$ 时，$t=0$，于是

$$\int_0^{\frac{\pi}{2}} f(\sin x)\mathrm{d}x = -\int_{\frac{\pi}{2}}^0 f\left[\sin\left(\frac{\pi}{2}-t\right)\right]\mathrm{d}t = \int_0^{\frac{\pi}{2}} f(\cos t)\mathrm{d}t = \int_0^{\frac{\pi}{2}} f(\cos x)\mathrm{d}x.$$

(2) 作代换 $x=\pi-t$，则 $\mathrm{d}x=-\mathrm{d}t$，且当 $x=0$ 时，$t=\pi$，当 $x=\pi$ 时，$t=0$，于是

$$\begin{aligned}\int_0^{\pi} xf(\sin x)\mathrm{d}x &= -\int_{\pi}^0 (\pi-t)f[\sin(\pi-t)]\mathrm{d}t \\ &= \int_0^{\pi}(\pi-t)f(\sin t)\mathrm{d}t \\ &= \pi\int_0^{\pi} f(\sin t)\mathrm{d}t - \int_0^{\pi} tf(\sin t)\mathrm{d}t \\ &= \pi\int_0^{\pi} f(\sin x)\mathrm{d}x - \int_0^{\pi} xf(\sin x)\mathrm{d}x.\end{aligned}$$

所以

$$\int_0^{\pi} xf(\sin x)\mathrm{d}x = \frac{\pi}{2}\int_0^{\pi} f(\sin x)\mathrm{d}x.$$

由上述结论，有

$$\begin{aligned}\int_0^{\pi}\frac{x\sin x}{3+\cos^2 x}\mathrm{d}x &= \frac{\pi}{2}\int_0^{\pi}\frac{\sin x}{3+\cos^2 x}\mathrm{d}x = -\frac{\pi}{2}\int_0^{\pi}\frac{\mathrm{d}(\cos x)}{3+\cos^2 x} \\ &= -\frac{\pi}{2\sqrt{3}}\arctan\frac{\cos x}{\sqrt{3}}\Bigg|_0^{\pi} = -\frac{\pi}{2\sqrt{3}}\left[\arctan\left(-\frac{1}{\sqrt{3}}\right)-\arctan\frac{1}{\sqrt{3}}\right] \\ &= \frac{\sqrt{3}\pi^2}{18}.\end{aligned}$$

例 6-21　设函数

$$f(x)=\begin{cases} x\cos x^2, & 0\leqslant x\leqslant 1, \\ \dfrac{\mathrm{e}^{\sqrt{x}}}{\sqrt{x}}, & 1<x\leqslant 4, \end{cases}$$

计算 $\int_{-2}^{2} f(x+2)\mathrm{d}x$.

解　作代换 $t=x+2$，则 $\mathrm{d}t=\mathrm{d}x$，当 $x=-2$ 时，$t=0$，当 $x=2$ 时，$t=4$，于是

$$\begin{aligned}\int_{-2}^{2} f(x+2)\mathrm{d}x &= \int_0^4 f(t)\mathrm{d}t = \int_0^1 x\cos x^2\mathrm{d}x + \int_1^4\frac{\mathrm{e}^{\sqrt{x}}}{\sqrt{x}}\mathrm{d}x \\ &= \frac{1}{2}\int_0^1\cos x^2\mathrm{d}(x^2) + 2\int_1^4\mathrm{e}^{\sqrt{x}}\mathrm{d}(\sqrt{x}) \\ &= \frac{1}{2}\sin x^2\Big|_0^1 + 2\mathrm{e}^{\sqrt{x}}\Big|_1^4 \\ &= \frac{1}{2}\sin 1 + 2(\mathrm{e}^2-\mathrm{e}).\end{aligned}$$

6.4.2　定积分的分部积分法

设 $u=u(x)$，$v=v(x)$ 在 $[a,b]$ 上有连续导数，则

$$(uv)' = u'v + uv' \text{ 或 } uv' = (uv)' - u'v,$$

从而

$$\int_a^b uv'\mathrm{d}x = \int_a^b (uv)'\mathrm{d}x - \int_a^b u'v\,\mathrm{d}x,$$

亦即

$$\int_a^b uv'\mathrm{d}x = uv\Big|_a^b - \int_a^b u'v\,\mathrm{d}x,$$

或写成

$$\int_a^b u\,\mathrm{d}v = uv\Big|_a^b - \int_a^b v\,\mathrm{d}u$$

上式即为定积分的**分部积分公式**.

例 6-22 计算$\int_0^1 x\ln(x+1)\mathrm{d}x$.

解
$$\begin{aligned}\int_0^1 x\ln(x+1)\mathrm{d}x &= \frac{1}{2}\int_0^1 \ln(x+1)\mathrm{d}(x^2) \\ &= \frac{1}{2}x^2\ln(x+1)\Big|_0^1 - \frac{1}{2}\int_0^1 x^2 \cdot \frac{1}{x+1}\mathrm{d}x \\ &= \frac{\ln 2}{2} - \frac{1}{2}\int_0^1\left(x-1+\frac{1}{x+1}\right)\mathrm{d}x \\ &= \frac{\ln 2}{2} - \frac{1}{2}\left(\frac{x^2}{2} - x + \ln|x+1|\right)\Big|_0^1 \\ &= \frac{\ln 2}{2} - \frac{1}{2}\left[\frac{1}{2} - 1 + \ln 2\right] = \frac{1}{4}.\end{aligned}$$

例 6-23 计算$\int_0^1 \arctan x\mathrm{d}x$.

解
$$\begin{aligned}\int_0^1 \arctan x\mathrm{d}x &= x\arctan x\Big|_0^1 - \int_0^1 \frac{x}{1+x^2}\mathrm{d}x = \frac{\pi}{4} - \frac{1}{2}\int_0^1 \frac{\mathrm{d}(1+x^2)}{1+x^2} \\ &= \frac{\pi}{4} - \frac{1}{2}\ln(1+x^2)\Big|_0^1 = \frac{\pi}{4} - \frac{\ln 2}{2}.\end{aligned}$$

例 6-24 计算$\int_0^1 \mathrm{e}^{-x}\sin\pi x\mathrm{d}x$.

解
$$\begin{aligned}\int_0^1 \mathrm{e}^{-x}\sin\pi x\mathrm{d}x &= -\int_0^1 \sin\pi x\mathrm{d}(\mathrm{e}^{-x}) \\ &= -\mathrm{e}^{-x}\sin\pi x\Big|_0^1 + \pi\int_0^1 \mathrm{e}^{-x}\cos\pi x\mathrm{d}x \\ &= -\pi\int_0^1 \cos\pi x\mathrm{d}(\mathrm{e}^{-x}) \\ &= -\pi\mathrm{e}^{-x}\cos\pi x\Big|_0^1 + \pi\int_0^1 \mathrm{e}^{-x}\mathrm{d}(\cos\pi x)\end{aligned}$$

$$= \pi e^{-1} + \pi - \pi^2 \int_0^1 e^{-x} \sin \pi x \, dx.$$

从而

$$\int_0^1 e^{-x} \sin \pi x \, dx = \frac{\pi}{\pi^2 + 1}(e^{-1} + 1).$$

例 6-25　计算 $\int_{\frac{1}{e}}^{e} |\ln x| \, dx$.

解　因为

$$|\ln x| = \begin{cases} -\ln x, & \frac{1}{e} \leqslant x < 1, \\ \ln x, & 1 \leqslant x \leqslant e. \end{cases}$$

从而由定积分对积分区间的可加性，有

$$\begin{aligned} \int_{\frac{1}{e}}^{e} |\ln x| \, dx &= -\int_{\frac{1}{e}}^{1} \ln x \, dx + \int_1^e \ln x \, dx \\ &= -x \ln x \Big|_{\frac{1}{e}}^{1} + \int_{\frac{1}{e}}^{1} dx + x \ln x \Big|_1^e - \int_1^e dx = 2 - \frac{2}{e}. \end{aligned}$$

例 6-26　证明：

(1) $\int_0^{\frac{\pi}{2}} \sin^n x \, dx = \int_0^{\frac{\pi}{2}} \cos^n x \, dx (n \in \mathbf{N}^+)$；

(2) 记 $I_n = \int_0^{\frac{\pi}{2}} \sin^n x \, dx$，则

$$I_n = \begin{cases} \frac{n-1}{n} \cdot \frac{n-3}{n-2} \cdots \frac{1}{2} \cdot \frac{\pi}{2}, & \text{当 } n \text{ 为正偶数}, \\ \frac{n-1}{n} \cdot \frac{n-3}{n-2} \cdots \frac{2}{3} \cdot 1, & \text{当 } n \text{ 为大于 1 的奇数}. \end{cases}$$

证　(1) 由例 6-20 得证.

(2) 由于

$$\begin{aligned} I_n &= \int_0^{\frac{\pi}{2}} \sin^n x \, dx = -\int_0^{\frac{\pi}{2}} \sin^{n-1} x \, d(\cos x) \\ &= -\sin^{n-1} x \cdot \cos x \Big|_0^{\frac{\pi}{2}} + \int_0^{\frac{\pi}{2}} \cos x \, d(\sin^{n-1} x) \\ &= (n-1) \int_0^{\frac{\pi}{2}} \cos^2 x \cdot \sin^{n-2} x \, dx \\ &= (n-1) \int_0^{\frac{\pi}{2}} (1 - \sin^2 x) \sin^{n-2} x \, dx \\ &= (n-1) I_{n-2} - (n-1) I_n. \end{aligned}$$

因此

$$I_n = \frac{n-1}{n} I_{n-2}.$$

上式为积分 I_n 关于下标的递推公式，若把 n 换成 $n-2$，则有

$$I_{n-2}=\frac{n-3}{n-2}I_{n-4},$$

同样依次进行下去，直到下标递减到 0 或 1 为止，那么就有

$$I_{2m}=\frac{2m-1}{2m}\cdot\frac{2m-3}{2m-2}\cdots\frac{3}{4}\cdot\frac{1}{2}\cdot I_0,$$

$$I_{2m+1}=\frac{2m}{2m+1}\cdot\frac{2m-2}{2m-1}\cdots\frac{4}{5}\cdot\frac{2}{3}\cdot I_1\quad(m\in\mathbf{N}^+).$$

又因为

$$I_0=\int_0^{\frac{\pi}{2}}\mathrm{d}x=\frac{\pi}{2},\quad I_1=\int_0^{\frac{\pi}{2}}\sin x\mathrm{d}x=1,$$

所以

$$I_n=\begin{cases}\dfrac{n-1}{n}\cdot\dfrac{n-3}{n-2}\cdots\dfrac{3}{4}\cdot\dfrac{1}{2}\cdot\dfrac{\pi}{2}, & \text{当 } n \text{ 为正偶数},\\[2ex] \dfrac{n-1}{n}\cdot\dfrac{n-3}{n-2}\cdots\dfrac{4}{5}\cdot\dfrac{2}{3}\cdot 1, & \text{当 } n \text{ 为大于 1 的奇数}.\end{cases}$$

例 6-27　计算$\int_0^{\pi}\sin^6 x\mathrm{d}x$.

解　作代换 $x=t+\frac{\pi}{2}$，则 $\mathrm{d}x=\mathrm{d}t$，当 $x=0$ 时，$t=-\frac{\pi}{2}$，当 $x=\pi$ 时，$t=\frac{\pi}{2}$，于是

$$\begin{aligned}\int_0^{\pi}\sin^6 x\mathrm{d}x&=\int_{-\frac{\pi}{2}}^{\frac{\pi}{2}}\sin^6\left(t+\frac{\pi}{2}\right)\mathrm{d}t\\&=\int_{-\frac{\pi}{2}}^{\frac{\pi}{2}}\cos^6 t\mathrm{d}t=2\int_0^{\frac{\pi}{2}}\cos^6 t\mathrm{d}t\\&=2\cdot\frac{5}{6}\cdot\frac{3}{4}\cdot\frac{1}{2}\cdot\frac{\pi}{2}=\frac{15\pi}{48}.\end{aligned}$$

习　题　6.4

1. 计算下列定积分：

(1) $\int_0^1\frac{(\arctan x)^2}{1+x^2}\mathrm{d}x$；　　(2) $\int_1^4\frac{\mathrm{d}x}{1+\sqrt{x}}$；

(3) $\int_0^1\frac{x^2}{\sqrt{x^6+4}}\mathrm{d}x$；　　(4) $\int_0^a x^2\sqrt{a^2-x^2}\mathrm{d}x$；

(5) $\int_0^4\frac{x+2}{\sqrt{2x+1}}\mathrm{d}x$；　　(6) $\int_{-\frac{\pi}{2}}^{\frac{\pi}{2}}\sqrt{\cos x-\cos^3 x}\mathrm{d}x$；

(7) $\int_1^{\sqrt{3}}\frac{1}{x\sqrt{x^2+1}}\mathrm{d}x$；　　(8) $\int_{-\frac{\pi}{2}}^{\frac{\pi}{2}}\cos x\cos 2x\mathrm{d}x$；

(9) $\int_0^{\pi} \sqrt{1+\cos 2x}\mathrm{d}x$；　　(10) $\int_0^{\frac{\pi}{2}} \frac{\sin 2x}{1+\mathrm{e}^{\cos^2 x}}\mathrm{d}x$.

2. 设 $f(x)=\begin{cases} \frac{1}{1-x}, & x<0, \\ \sqrt{x}, & x\geqslant 0, \end{cases}$ 求 $\int_1^5 f(x-3)\mathrm{d}x$.

3. 利用函数的奇偶性计算下列定积分：

(1) $\int_{-\pi}^{\pi} x^4 \sin x \mathrm{d}x$；　　(2) $\int_{-\frac{\pi}{2}}^{\frac{\pi}{2}} 4\cos^4 x\mathrm{d}x$；

(3) $\int_{-\frac{1}{2}}^{\frac{1}{2}} \frac{(\arcsin x)^2}{\sqrt{1-x^2}}\mathrm{d}x$；　　(4) $\int_{-5}^{5} \frac{x^3\sin^2 x}{x^4+2x^2+1}\mathrm{d}x$.

4. 用公式 $\int_{-a}^{a} f(x)\mathrm{d}x=\int_0^a [f(x)+f(-x)]\mathrm{d}x$ 计算下列定积分：

(1) $\int_{-\frac{\pi}{2}}^{\frac{\pi}{2}} \frac{1}{1+\mathrm{e}^{\frac{1}{x}}}\sin^4 x\mathrm{d}x$；　　(2) $\int_{-1}^{1} x^2\ln(x+\sqrt{4+x^2})\mathrm{d}x$；

(3) $\int_{-1}^{1} \cos x\cdot\arccos x\mathrm{d}x$.

5. 设 $f(x)$ 在 $[a,b]$ 上连续，证明：

$$\int_a^b f(x)\mathrm{d}x=\int_a^b f(a+b-x)\mathrm{d}x.$$

6. 证明：$\int_x^1 \frac{1}{1+x^2}\mathrm{d}x=\int_1^{\frac{1}{x}} \frac{1}{1+x^2}\mathrm{d}x\,(x>0)$.

7. 证明：$\int_0^1 x^m(1-x)^n\mathrm{d}x=\int_0^1 x^n(1-x)^m\mathrm{d}x$（$m,n$ 为正整数）.

8. 证明下列等式：

(1) $\int_0^{\pi} f(\sin x)\mathrm{d}x=2\int_0^{\frac{\pi}{2}} f(\sin x)\mathrm{d}x$；

(2) $\int_0^{2\pi} \sin^n x\mathrm{d}x=\begin{cases} 4\int_0^{\frac{\pi}{2}} \sin^n x\mathrm{d}x, & n\text{ 为正偶数}, \\ 0, & n\text{ 为正奇数}. \end{cases}$

9. 计算下列定积分：

(1) $\int_0^1 x\mathrm{e}^{-x}\mathrm{d}x$；　　(2) $\int_0^{\frac{\pi}{4}} x\cos 2x\mathrm{d}x$；

(3) $\int_0^{\frac{\pi}{2}} \mathrm{e}^{2x}\cos x\mathrm{d}x$；　　(4) $\int_1^{\mathrm{e}} \sin(\ln x)\mathrm{d}x$；

(5) $\int_0^1 x\arctan x^2\mathrm{d}x$；　　(6) $\int_{\frac{\pi}{4}}^{\frac{\pi}{2}} \frac{x}{\sin^2 x}\mathrm{d}x$；

(7) $\int_1^{16} \arctan\sqrt{\sqrt{x}-1}\mathrm{d}x$；　　(8) $\int_{-1}^{1} x^2\mathrm{e}^{|x|}\mathrm{d}x$；

(9) $\int_0^1 (1-x^2)^{\frac{m}{2}}\mathrm{d}x$（$m$ 为自然数）；　　(10) $J_m=\int_0^{\pi} x\sin^m x\mathrm{d}x$（$m$ 为自然数）.

10. 设 $f(x)=\int_0^x \mathrm{e}^{-t^2+2t}\mathrm{d}t$，求 $\int_0^1 (x-1)^2 f(x)\mathrm{d}x$.

11. 设 $f(x)=\int_0^x \frac{\sin t}{\pi-t}\mathrm{d}t$，求$\int_0^\pi f(x)\mathrm{d}x$.

12. 设函数 $f(x)$以 T 为周期且在$(-\infty,+\infty)$内连续，证明：$F(x)$以 T 为周期，其中

$$F(x)=\int_0^x f(t)\mathrm{d}t-\frac{x}{T}\int_0^T f(t)\mathrm{d}t.$$

6.5 反常积分与Γ函数

在讨论定积分时，我们是在积分区间有限和被积函数有界这两个条件的限制下进行的，但在理论研究和应用中经常会遇到突破这两条限制的积分，即积分区间无限或被积函数无界的积分，它们已不属于定积分的范围，我们将其称为反常积分.

6.5.1 无穷限上的反常积分

先看一个引例.

例 6-28 求由曲线 $y=\mathrm{e}^{-x}$，直线 $x=0$ 和 $y=0$ 所围图形的面积.

解 如图 6-11 所示，由于直线 $y=0$ 是曲线 $y=\mathrm{e}^{-x}$ 的水平渐近线，图形开口，且当 $x\to+\infty$时，图形的开口越来越小，可以看成曲线 $y=\mathrm{e}^{-x}$与 x 轴在无穷远处相交.

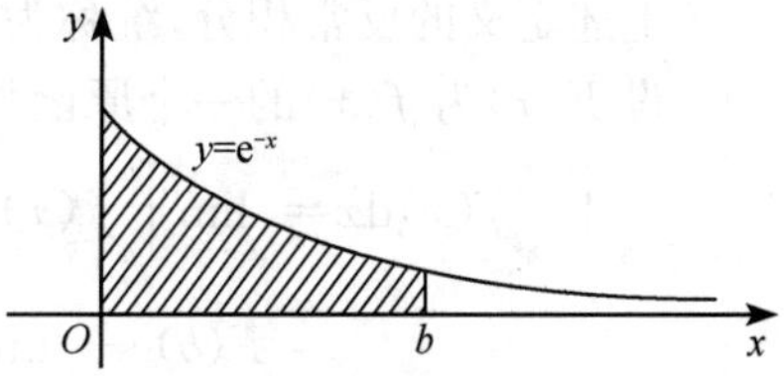

图 6-11

先取 $b>1$，作直线 $x=b$，由定积分的几何意义，图中阴影部分曲边梯形的面积.

$$A(b)=\int_0^b \mathrm{e}^{-x}\mathrm{d}x=-\mathrm{e}^{-x}\Big|_0^b=1-\mathrm{e}^{-b}.$$

当 $b\to+\infty$，若 $A(b)$的极限存在，其极限自然可以认为是我们欲求之面积 A，即

$$A=\lim_{b\to+\infty}A(b)=\lim_{b\to+\infty}\int_0^b \mathrm{e}^{-x}\mathrm{d}x=\lim_{b\to+\infty}(1-\mathrm{e}^{-b})=1.$$

以上为求面积，采用了先求定积分，再求极限的步骤得到了要求的结果，借助于定积分的记法，所求面积可形式地 记作$\int_0^{+\infty}\mathrm{e}^{-x}\mathrm{d}x$，并称其为函数 $f(x)=\mathrm{e}^{-x}$在无限区间$[0,+\infty)$上的反常积分.

定义 6-2 设函数 $f(x)$在$[a,+\infty)$上连续，如果任取 $b>a$，$\lim\limits_{b\to+\infty}\int_a^b f(x)\mathrm{d}x$ 存在，则称该极限为函数 $f(x)$在$[a,+\infty)$上的反常积分，记作

$$\int_a^{+\infty}f(x)\mathrm{d}x=\lim_{b\to+\infty}\int_a^b f(x)\mathrm{d}x.$$

这时也称反常积分 $\int_a^{+\infty}f(x)\mathrm{d}x$ 收敛；如果上述极限不存在，则称反常积分 $\int_a^{+\infty}f(x)\mathrm{d}x$ 发散.

类似地,设函数 $f(x)$ 在 $(-\infty,b]$ 上连续,如果任取 $a<b$, $\lim\limits_{a\to-\infty}\int_a^b f(x)\mathrm{d}x$ 存在,则称该极限为函数 $f(x)$ 在 $(-\infty,b]$ 上的反常积分,记作

$$\int_{-\infty}^b f(x)\mathrm{d}x = \lim_{a\to-\infty}\int_a^b f(x)\mathrm{d}x.$$

这时也称反常积分 $\int_{-\infty}^b f(x)\mathrm{d}x$ 收敛; 如果上述极限不存在, 则称反常积分 $\int_{-\infty}^b f(x)\mathrm{d}x$ 发散.

设函数 $f(x)$ 在 $(-\infty,+\infty)$ 上连续, 如果反常积分 $\int_{-\infty}^0 f(x)\mathrm{d}x$ 和 $\int_0^{+\infty} f(x)\mathrm{d}x$ 都收敛,则称 $\int_{-\infty}^{+\infty} f(x)\mathrm{d}x$ 收敛,且反常积分

$$\int_{-\infty}^{+\infty} f(x)\mathrm{d}x = \int_{-\infty}^0 f(x)\mathrm{d}x + \int_0^{+\infty} f(x)\mathrm{d}x = \lim_{a\to-\infty}\int_a^0 f(x)\mathrm{d}x + \lim_{b\to+\infty}\int_0^b f(x)\mathrm{d}x.$$

若 $\int_{-\infty}^0 f(x)\mathrm{d}x$ 和 $\int_0^{+\infty} f(x)\mathrm{d}x$ 中至少有一个发散,则称 $\int_{-\infty}^{+\infty} f(x)\mathrm{d}x$ 发散.

上述定义的反常积分,统称为无穷限上的反常积分.

设 $F(x)$ 为 $f(x)$ 的一个原函数,由牛顿-莱布尼茨公式及上述定义,有

$$\begin{aligned}\int_{-\infty}^b f(x)\mathrm{d}x &= \lim_{a\to-\infty}\int_a^b f(x)\mathrm{d}x = \lim_{a\to-\infty}[F(b)-F(a)]\\ &= F(b)-\lim_{a\to-\infty}F(a) = F(b)-F(-\infty) = F(x)\Big|_{-\infty}^b.\end{aligned}$$

$$\begin{aligned}\int_a^{+\infty} f(x)\mathrm{d}x &= \lim_{b\to+\infty}\int_a^b f(x)\mathrm{d}x = \lim_{a\to+\infty}[F(b)-F(a)]\\ &= \lim_{b\to+\infty}F(b)-F(a) = F(+\infty)-F(a) = F(x)\Big|_a^{+\infty}.\end{aligned}$$

$$\begin{aligned}\int_{-\infty}^{+\infty} f(x)\mathrm{d}x &= \int_{-\infty}^0 f(x)\mathrm{d}x + \int_0^{+\infty} f(x)\mathrm{d}x\\ &= F(x)\Big|_{-\infty}^0 + F(x)\Big|_0^{+\infty} = F(x)\Big|_{-\infty}^{+\infty}.\end{aligned}$$

在计算反常积分时,常常省略极限符号,直接借助于牛顿-莱布尼茨公式的记号写出,即

$$\int_{-\infty}^b f(x)\mathrm{d}x = F(x)\Big|_{-\infty}^b;$$

$$\int_a^{+\infty} f(x)\mathrm{d}x = F(x)\Big|_a^{+\infty};$$

$$\int_{-\infty}^{+\infty} f(x)\mathrm{d}x = F(x)\Big|_{-\infty}^{+\infty}.$$

其中原函数表达式中积分变量用无穷限代入时, $F(+\infty)=\lim\limits_{x\to+\infty}F(x)$, $F(-\infty)=\lim\limits_{x\to-\infty}F(x)$.

例 6-29 计算下列反常积分：

(1) $\int_1^{+\infty}\frac{1}{x^2}dx$，(2) $\int_1^{+\infty}\frac{1}{x}dx$，(3) $\int_1^{+\infty}\frac{1}{\sqrt{x}}dx$.

解 (1) $\int_1^{+\infty}\frac{1}{x^2}dx=-\frac{1}{x}\Big|_1^{+\infty}=-(0-1)=1$(收敛)；

(2) $\int_1^{+\infty}\frac{1}{x}dx=\ln|x|\Big|_1^{+\infty}=+\infty$(发散)；

(3) $\int_1^{+\infty}\frac{1}{\sqrt{x}}dx=2\sqrt{x}\Big|_1^{+\infty}=+\infty$(发散).

例 6-30 讨论反常积分$\int_a^{+\infty}\frac{dx}{x^p}(a>0,p>0)$的敛散性.

解 当 $p=1$ 时，

$$\int_a^{+\infty}\frac{1}{x}dx=\ln|x|\Big|_a^{+\infty}=+\infty.$$

当 $p\neq1$ 时，

$$\int_a^{+\infty}\frac{1}{x^p}dx=\frac{x^{1-p}}{1-p}\Big|_a^{+\infty}=\begin{cases}+\infty, & p<1,\\ \dfrac{a^{1-p}}{p-1}, & p>1.\end{cases}$$

因此，当 $p>1$ 时，这反常积分收敛于$\frac{a^{1-p}}{p-1}$，当 $p\leqslant1$ 时，这反常积分发散，综合起来就有

$$\int_a^{+\infty}\frac{1}{x^p}dx=\begin{cases}+\infty, & p\leqslant1,\\ \dfrac{a^{1-p}}{p-1}, & p>1.\end{cases}$$

例 6-29 中的各个反常积分均为例 6-30 的特殊情形.

例 6-31 计算$\int_{-\infty}^{0}xe^{2x}dx$.

解 $\int_{-\infty}^{0}xe^{2x}dx=\left[\int xe^{2x}dx\right]\Big|_{-\infty}^{0}=\left[\frac{1}{2}\int xd(e^{2x})\right]\Big|_{-\infty}^{0}$

$$=\left[\frac{1}{2}xe^{2x}-\frac{1}{4}e^{2x}\right]\Big|_{-\infty}^{0}=-\frac{1}{4}.$$

注意 $\lim\limits_{x\to-\infty}xe^{2x}$为未定式，可由洛必达法则求之.

例 6-32 求反常积分$\int_{-\infty}^{+\infty}\frac{dx}{x^2+2x+5}$.

解 $\int_{-\infty}^{+\infty}\frac{dx}{x^2+2x+5}=\int_{-\infty}^{+\infty}\frac{d(x+1)}{(x+1)^2+2^2}$

$$=\frac{1}{2}\arctan\frac{x+1}{2}\Big|_{-\infty}^{+\infty}=\frac{1}{2}\left[\frac{\pi}{2}-\left(-\frac{\pi}{2}\right)\right]=\frac{\pi}{2}.$$

例 6-33　求反常积分 $\int_1^{+\infty}\frac{\mathrm{d}x}{x(1+x^2)}$.

解　$$\begin{aligned}\int_1^{+\infty}\frac{\mathrm{d}x}{x(1+x^2)}&=\left[\int\frac{\mathrm{d}x}{x(1+x^2)}\right]\Bigg|_1^{+\infty}\\&=\left[\int\left(\frac{1}{x}-\frac{x}{1+x^2}\right)\mathrm{d}x\right]\Bigg|_1^{+\infty}=\ln\frac{x}{\sqrt{1+x^2}}\Bigg|_1^{+\infty}\\&=0-\ln\frac{1}{\sqrt{2}}\\&=\frac{1}{2}\ln 2.\end{aligned}$$

6.5.2　无界函数的反常积分

先看一个引例.

例 6-34　求由曲线 $y=\frac{1}{\sqrt{a^2-x^2}}(a>0)$，直线 $x=0$，$y=0$ 及 $x=a$ 所围成的图形的面积.

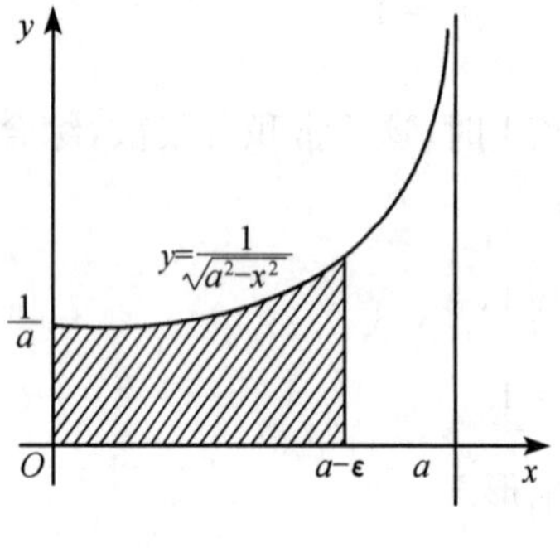

图 6-12

解　如图 6-12，由于

$$\lim_{x\to a^-}\frac{1}{\sqrt{a^2-x^2}}=+\infty,$$

直线 $x=a$ 为 $y=\frac{1}{\sqrt{a^2-x^2}}$ 的铅直渐近线，该图形在 $x=a$ 的左侧有一个开口，可以按照下述方法求其面积.

首先任取充分小 $\varepsilon>0$，则 $\frac{1}{\sqrt{a^2-x^2}}$ 在 $[0,a-\varepsilon]$ 上连续，按定积分的几何意义，图中阴影部分的面积

$$A(\varepsilon)=\int_0^{a-\varepsilon}\frac{\mathrm{d}x}{\sqrt{a^2-x^2}}=\arcsin\frac{x}{a}\Bigg|_0^{a-\varepsilon}=\arcsin\frac{a-\varepsilon}{a}.$$

当 $\varepsilon\to0^+$，若 $A(\varepsilon)$ 的极限存在，其极限自然可以认为是我们欲求之面积 A，即

$$A=\lim_{\varepsilon\to0^+}A(\varepsilon)=\lim_{\varepsilon\to0^+}\int_0^{a-\varepsilon}\frac{\mathrm{d}x}{\sqrt{a^2-x^2}}=\lim_{\varepsilon\to0^+}\arcsin\frac{a-\varepsilon}{a}=\frac{\pi}{2}.$$

以上为求面积，依然采用了先求定积分，再求极限的步骤得到了要求的结果，借助于定积分的记法，把所求面积形式地记作 $\int_0^a\frac{\mathrm{d}x}{\sqrt{a^2-x^2}}$，因为被积函数在 $x=a$ 处无界，称其为 $f(x)=\frac{1}{\sqrt{a^2-x^2}}$ 在区间 $[0,a)$ 上的反常积分，显然，这是无界函数

的反常积分.

定义 6-3 若函数 $f(x)$在点 a 处的任一邻域内都无界,则称点 a 为函数 $f(x)$ 的瑕点,无界函数的反常积分称为瑕积分.

定义 6-4 设函数 $f(x)$在$(a,b]$上连续,点 a 为 $f(x)$的瑕点,取充分小的 $\varepsilon>0$,若极限

$$\lim_{\varepsilon\to0^+}\int_{a+\varepsilon}^{b}f(x)\mathrm{d}x$$

存在,则称该极限为函数 $f(x)$在$(a,b]$上的反常积分,记作 $\int_a^b f(x)\mathrm{d}x$, 即

$$\int_a^b f(x)\mathrm{d}x=\lim_{\varepsilon\to0^+}\int_{a+\varepsilon}^{b}f(x)\mathrm{d}x.$$

这时也称反常积分 $\int_a^b f(x)\mathrm{d}x$ 收敛;若上述极限不存在,则称反常积分 $\int_a^b f(x)\mathrm{d}x$ 发散.

类似地,设 $f(x)$在$[a,b)$上连续,点 b 为 $f(x)$的瑕点,若

$$\lim_{\varepsilon\to0^+}\int_{a}^{b-\varepsilon}f(x)\mathrm{d}x$$

存在,则称该极限为函数 $f(x)$在$[a,b)$上的反常积分,记作 $\int_a^b f(x)\mathrm{d}x$,即

$$\int_a^b f(x)\mathrm{d}x=\lim_{\varepsilon\to0^+}\int_{a}^{b-\varepsilon}f(x)\mathrm{d}x.$$

这时也称反常积分$\int_a^b f(x)\mathrm{d}x$ 收敛;若上述极限不存在,则称反常积分$\int_a^b f(x)\mathrm{d}x$ 发散.

设函数 $f(x)$在$[a,b]$上除点 $c\in(a,b)$外连续,点 c 为 $f(x)$的瑕点,若反常积分 $\int_a^c f(x)\mathrm{d}x$ 和$\int_c^b f(x)\mathrm{d}x$ 都收敛,则称$\int_a^b f(x)\mathrm{d}x$ 收敛,且反常积分

$$\int_a^b f(x)\mathrm{d}x=\int_a^c f(x)\mathrm{d}x+\int_c^b f(x)\mathrm{d}x.$$

若反常积分 $\int_a^c f(x)\mathrm{d}x$ 和$\int_c^b f(x)\mathrm{d}x$ 中至少有一个发散,则称 $\int_a^b f(x)\mathrm{d}x$ 发散.

上述定义的反常积分,统称为无界函数的反常积分,又称瑕积分.

设 $F(x)$为 $f(x)$的一个原函数,由牛顿-莱布尼茨公式及上述定义,有

当 a 为瑕点时,

$$\begin{aligned}\int_a^b f(x)\mathrm{d}x&=\lim_{\varepsilon\to0^+}\int_{a+\varepsilon}^{b}f(x)\mathrm{d}x=\lim_{\varepsilon\to0^+}[F(b)-F(a+\varepsilon)]\\&=F(b)-\lim_{\varepsilon\to0^+}F(a+\varepsilon)=F(b)-F(a^+)=F(x)\Big|_{a^+}^{b}.\end{aligned}$$

当 b 为瑕点时,

$$\int_a^b f(x)\mathrm{d}x = \lim_{\varepsilon\to 0^+}\int_a^{b-\varepsilon} f(x)\mathrm{d}x = \lim_{\varepsilon\to 0^+}[F(b-\varepsilon)-F(a)]$$

$$= \lim_{\varepsilon\to 0^+}F(b-\varepsilon)-F(a) = F(b^-)-F(a) = F(x)\Big|_a^{b^-}.$$

当 $c\in(a,b)$ 为瑕点时，

$$\int_a^b f(x)\mathrm{d}x = \int_a^c f(x)\mathrm{d}x + \int_c^b f(x)\mathrm{d}x = F(x)\Big|_a^{c^-} + F(x)\Big|_{c^+}^b.$$

在计算瑕积分时省略极限符号，借助于牛顿-莱布尼茨公式的记号写出，有

$$\int_a^b f(x)\mathrm{d}x = F(x)\Big|_{a^+}^b \text{（}a\text{ 为瑕点时）}.$$

$$\int_a^b f(x)\mathrm{d}x = F(x)\Big|_a^{b^-} \text{（}b\text{ 为瑕点时）}.$$

例 6-35 计算下列反常积分：

(1) $\int_0^1 \frac{1}{x^2}\mathrm{d}x$； (2) $\int_0^1 \frac{1}{x}\mathrm{d}x$； (3) $\int_0^1 \frac{1}{\sqrt{x}}\mathrm{d}x$.

解 (1) $x=0$ 为 $f(x)=\frac{1}{x^2}$ 的瑕点，因此，有

$$\int_0^1 \frac{1}{x^2}\mathrm{d}x = -\frac{1}{x}\Big|_{0^+}^1 = +\infty.$$

(2) $x=0$ 也为 $f(x)=\frac{1}{x}$ 的瑕点，因此，有

$$\int_0^1 \frac{1}{x}\mathrm{d}x = \ln|x|\Big|_{0^+}^1 = +\infty.$$

(3) $x=0$ 也为 $f(x)=\frac{1}{\sqrt{x}}$ 的瑕点，因此，有

$$\int_0^1 \frac{1}{\sqrt{x}}\mathrm{d}x = 2\sqrt{x}\Big|_{0^+}^1 = 2.$$

例 6-36 讨论反常积分 $\int_0^a \frac{\mathrm{d}x}{x^q}(a>0, q>0)$ 的敛散性.

解 当 $q=1$ 时，

$$\int_0^a \frac{\mathrm{d}x}{x} = \ln|x|\Big|_{0^+}^a = +\infty\text{，此时反常积分发散.}$$

当 $q\neq 1$ 时，

$$\int_0^a \frac{\mathrm{d}x}{x^q} = \frac{x^{1-q}}{1-q}\Big|_{0^+}^a = \begin{cases}\dfrac{a^{1-q}}{1-q}, & q<1,\\ +\infty, & q>1.\end{cases}$$

因此，当 $q<1$ 时，这反常积分收敛于 $\frac{a^{1-q}}{1-q}$，当 $q\geqslant 1$ 时，这反常积分发散，综合起来就有

$$\int_0^a \frac{dx}{x^q} = \begin{cases} \dfrac{a^{1-q}}{1-q}, & q<1, \\ +\infty, & q \geqslant 1. \end{cases}$$

例 6-35 中的各反常积分均为例 6-36 的特殊情形.

例 6-37 计算反常积分 $\int_1^2 \frac{x dx}{\sqrt{x-1}}$.

解 $x=1$ 为被积函数的瑕点,令 $t=\sqrt{x-1}$,则 $x=t^2+1, dx=2tdt, x\to 1^+$ 时,$t\to 0^+$,$x\to 2$ 时,$t\to 1$,于是

$$\int_1^2 \frac{x}{\sqrt{x-1}}dx = \int_0^1 \frac{t^2+1}{t}\cdot 2tdt = 2\int_0^1 (t^2+1)dt = \left(\frac{2}{3}t^3+2t\right)\Big|_{0^+}^1 = \frac{8}{3}.$$

例 6-38 计算反常积分 $\int_0^2 \frac{dx}{(x-1)^2}$.

解 被积函数在 $[0,1)\cup(1,2]$ 上连续,$x=1$ 为其瑕点,因此

$$\int_0^2 \frac{dx}{(x-1)^2} = \int_0^1 \frac{dx}{(x-1)^2} + \int_1^2 \frac{dx}{(x-1)^2}.$$

由于 $\int_1^2 \frac{dx}{(x-1)^2} = -\frac{1}{x-1}\Big|_{1^+}^2 = +\infty$,发散.

由定义可知 $\int_0^2 \frac{dx}{(x-1)^2}$ 必发散.

例 6-39 计算反常积分 $\int_0^1 \ln x dx$.

解 $x=0$ 为被积函数的瑕点,所以

$$\int_0^1 \ln x dx = \left(\int \ln x dx\right)\Big|_{0^+}^1 = (x\ln x - x)\Big|_{0^+}^1 = -1.$$

注 这里所谓的代入下限,是求 $\lim\limits_{x\to 0^+}(x\ln x - x)$,其中 $\lim\limits_{x\to 0^+} x\ln x$ 为未定式,需用洛必达法则求之.

6.5.3 Γ函数

现在让我们来讨论在理论上和应用上都有重要意义的Γ函数,它在概率论中与某概率分布有着密切联系,在理论上可以证明,当 $\alpha>0$ 时,反常积分 $\int_0^{+\infty} x^{\alpha-1}e^{-x}dx$ 收敛,因此有下述定义.

定义 6-5 含参变量 $\alpha(\alpha>0)$ 的反常积分

$$\Gamma(\alpha) = \int_0^{+\infty} x^{\alpha-1}e^{-x}dx$$

称为Γ函数(读作 Gamma 函数).

Γ 函数有如下递推公式：

(1) $\Gamma(\alpha+1)=\alpha\Gamma(\alpha)$；(2) $\Gamma(n+1)=n!$ $(n\in\mathbf{N}^{+})$.

证　(1) 用分部积分法，有

$$\Gamma(\alpha+1)=\int_0^{+\infty}x^{\alpha}\mathrm{e}^{-x}\mathrm{d}x=-\int_0^{+\infty}x^{\alpha}\mathrm{d}(\mathrm{e}^{-x})$$
$$=-x^{\alpha}\mathrm{e}^{-x}\Big|_0^{+\infty}+\alpha\int_0^{+\infty}x^{\alpha-1}\mathrm{e}^{-x}\mathrm{d}x=\alpha\Gamma(\alpha),$$

其中 $\lim\limits_{x\to+\infty}x^{\alpha}\mathrm{e}^{-x}=0$ 可由洛必达法则求得.

(2) 若 α 为正整数 n，由上述递推公式，有

$$\Gamma(n+1)=n\Gamma(n)=n(n-1)\Gamma(n-1)=\cdots=n!\Gamma(1).$$

由于 $\Gamma(1)=\int_0^{+\infty}\mathrm{e}^{-x}\mathrm{d}x=1$，从而

$$\Gamma(n+1)=n!.$$

注　当 $\alpha\in(0,1]$ 时，$\Gamma(\alpha)$ 的值有表可查.

因此，对于 $\forall\alpha\in(n,n+1]$（其中 $n\in\mathbf{N}^{+}$）可由递推公式推得：

$$\Gamma(\alpha)=(\alpha-1)(\alpha-2)\cdots(\alpha-n)\Gamma(\alpha-n),$$

其中 $0<\alpha-n\leqslant1$ 可通过查表求之，这样，对 $\alpha>0$ 均可将 $\Gamma(\alpha)$ 计算出来.

例 6-40　计算下列各值：

(1) $\dfrac{\Gamma(7)}{3\Gamma(4)}$；　　(2) $\dfrac{\Gamma\left(\frac{7}{2}\right)}{\Gamma\left(\frac{1}{2}\right)}$.

解　(1) $\dfrac{\Gamma(7)}{3\Gamma(4)}=\dfrac{6!}{3\cdot3!}=40$；

(2) $\dfrac{\Gamma\left(\frac{7}{2}\right)}{\Gamma\left(\frac{1}{2}\right)}=\dfrac{\frac{5}{2}\cdot\frac{3}{2}\cdot\frac{1}{2}\Gamma\left(\frac{1}{2}\right)}{\Gamma\left(\frac{1}{2}\right)}=\dfrac{15}{8}$.

例 6-41　利用 Γ 函数计算下列反常积分：

(1) $\int_0^{+\infty}x^5\mathrm{e}^{-x}\mathrm{d}x$；　　(2) $\int_0^{+\infty}x^5\mathrm{e}^{-\frac{x^2}{2}}\mathrm{d}x$.

解　(1) $\int_0^{+\infty}x^5\mathrm{e}^{-x}\mathrm{d}x=\Gamma(6)=5!=120$.

(2) $\int_0^{+\infty}x^5\mathrm{e}^{-\frac{x^2}{2}}\mathrm{d}x=\int_0^{+\infty}x^4\mathrm{e}^{-\frac{x^2}{2}}\mathrm{d}\dfrac{x^2}{2}=4\int_0^{+\infty}\left(\dfrac{x^2}{2}\right)^2\mathrm{e}^{-\frac{x^2}{2}}\mathrm{d}\left(\dfrac{x^2}{2}\right)$.

令 $t=\dfrac{x^2}{2}$，则 $x=0$ 时，$t=0$，$x=+\infty$ 时，$t=+\infty$. 因此，

$$\int_0^{+\infty} x^5 e^{-\frac{x^2}{2}} dx = 4\int_0^{+\infty} t^2 e^{-t} dt = 4\Gamma(3) = 4 \times 2! = 8.$$

习 题 6.5

1. 计算下列反常积分：

(1) $\int_0^{+\infty} e^{-ax} dx (a>0)$；　(2) $\int_1^{+\infty} \frac{1}{x^2(x+1)} dx$；

(3) $\int_{-\infty}^0 \frac{e^x}{1+e^x} dx$；　(4) $\int_0^{+\infty} e^{-x} \sin x dx$；

(5) $\int_0^1 \frac{x}{\sqrt{1-x^2}} dx$；　(6) $\int_0^1 \frac{\arcsin\sqrt{x}}{\sqrt{x(1-x)}} dx$；

(7) $\int_1^3 \frac{1}{(x-1)^{3/2}} dx$；　(8) $\int_1^e \frac{dx}{x\sqrt{1-(\ln x)^2}}$.

2. 当 k 为何值时，反常积分$\int_2^{+\infty} \frac{1}{x(\ln x)^k} dx$ 收敛？当 k 为何值时，这反常积分发散？又当 k 为何值时，这反常积分取得最小值？

3. 已知 $f(x) = \int_1^{\sqrt{x}} e^{-t^2} dt$，计算$\int_0^1 \frac{f(x)}{\sqrt{x}} dx$.

4. 讨论反常积分$\int_a^b \frac{1}{(b-x)^p} dx (p>0, a<b)$，$p$ 取何值时收敛；p 取何值时发散.

5. 计算 $\Gamma\left(\frac{9}{2}\right)$，$\frac{\Gamma(4)\Gamma\left(\frac{5}{2}\right)}{\Gamma\left(\frac{7}{2}\right)}$.

6. 用 Γ 函数计算下列反常积分.

(1) $\int_0^{+\infty} x^{2n} e^{-x^2} dx$；　(2) $\int_0^1 \left(\ln\frac{1}{x}\right)^n dx$.

7. 已知$\int_0^{+\infty} e^{-x^2} dx = \frac{\sqrt{\pi}}{2}$，计算$\int_{-\infty}^{+\infty} \frac{1}{\sqrt{2\pi}\sigma} e^{-\frac{(x-\mu)^2}{2\sigma^2}} dx$.

6.6 定积分的几何应用

6.6.1 定积分的元素法

在定积分的应用中，经常采用所谓的**元素法**，它将使问题的求解简捷而方便，下面我们以曲边梯形面积的计算过程为例，通过比较来介绍定积分的元素法.

设 $f(x)$是定义在闭区间$[a,b]$上的连续函数，且 $f(x) \geqslant 0$，求以曲线 $y=f(x)$为曲边、底为$[a,b]$的曲边梯形的面积 A，通过列表，把定积分的定义法和定积分元素法求解过程介绍如表 6-1 所示.

表 6-1

定积分的定义法	⇒	定积分的元素法
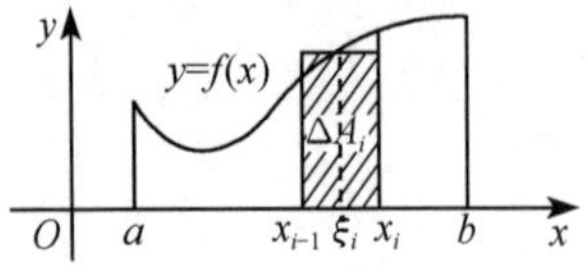 $A=\lim\limits_{\lambda\to 0}\sum\limits_{i=1}^{n}f(\xi_i)\Delta x_i$	=	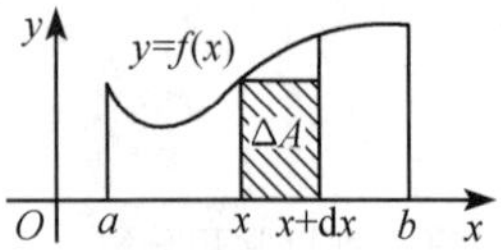 $A=\int_a^b f(x)\mathrm{d}x$
(1) 分割区间：把$[a,b]$任意分为若干个小区间$[x_{i-1},x_i]$，区间长为Δx_i	用定积分表示具体量⇒向简化程序的转化	(1) 取微元：任取小区间$[x,x+\mathrm{d}x]\subset[a,b]$，区间长为$\mathrm{d}x$
(2) 近似求值：取$\forall\xi_i\in[x_{i-1},x_i]$作乘积求部分量的近似值$\Delta A_i\approx f(\xi_i)\Delta x_i$		(2)近似求值：求部分量的近似值$\Delta A\approx\mathrm{d}A=f(x)\mathrm{d}x$
(3) 取极限：无限求和得精确值. $A=\lim\limits_{\lambda\to 0}\sum\limits_{i=1}^{n}f(\xi_i)\Delta x_i$		(3) 求积分得精确值. $A=\int_a^b f(x)\mathrm{d}x$

一般地，若某一实际问题中的所求量U符合下列条件：

①U是与一个变量x的变化区间$[a,b]$有关的量；②U对于区间$[a,b]$具有可加性，即若把区间$[a,b]$分成许多部分区间，则U相应地分成许多部分量，而U等于所有部分量之和；③部分量ΔU_i，可近似地表为$f(\xi_i)\Delta x_i$.

那么就可考虑用定积分来计算这个量U，具体步骤如下：

(1) 根据问题的具体情况，选取一个变量(比如x)为积分变量，并确定它的变化区间$[a,b]$；

(2) 在区间$[a,b]$上任取一小区间$[x,x+\mathrm{d}x]$，求出相应于这个小区间的部分量ΔU的近似值，且ΔU可以近似地表示为连续函数$f(x)$在$[x,x+\mathrm{d}x]$的左端点x处的函数值与区间长$\mathrm{d}x$的乘积，即

$$\Delta U\approx\mathrm{d}U=f(x)\mathrm{d}x,$$

这里ΔU与$\mathrm{d}U$相差一个比$\mathrm{d}x$高阶的无穷小，称$\mathrm{d}U$为U的元素.

(3) 以所求量U的元素$f(x)\mathrm{d}x$为被积表达式，在区间$[a,b]$上作定积分得所求量的U的精确表达式

$$U=\int_a^b f(x)\mathrm{d}x.$$

以上所介绍的方法称为**定积分的元素法**.

6.6.2　平面图形的面积

1. 直角坐标情形

(1) 由定积分的几何意义，我们已知：由连续曲线$y=f(x)$，直线$x=a$，$x=b$

$(a<b)$和 $y=0$ 所围成的曲边梯形面积为

$$A=\int_a^b |f(x)|\,dx=\int_a^b |y|\,dx. \tag{6-2}$$

(2) 由两条连续曲线 $y=f(x)$,$y=g(x)$及两条直线 $x=a$,$x=b(a<b)$所围成的平面图形的面积 A(如图 6-13)可采用元素法给出计算公式:先取小区间 $[x,x+dx]\subset[a,b]$,小区间上的面积元素为

$$dA=|f(x)-g(x)|\,dx,$$

再对面积元素从 a 到 b 积分,即得面积

$$A=\int_a^b |f(x)-g(x)|\,dx. \tag{6-3}$$

(3) 由两条连续曲线 $x=\varphi(y)$,$x=\psi(y)$及两条直线 $y=c$,$y=d(c<d)$所围成的平面图形的面积 A(如图 6-14)可采用元素法给出计算公式:先取小区间 $[y,y+dy]\subset[c,d]$,小区间上的面积元素为

$$dA=|\varphi(y)-\psi(y)|\,dy,$$

再对面积元素从 c 到 d 积分,即得面积

$$A=\int_c^d |\varphi(y)-\psi(y)|\,dy. \tag{6-4}$$

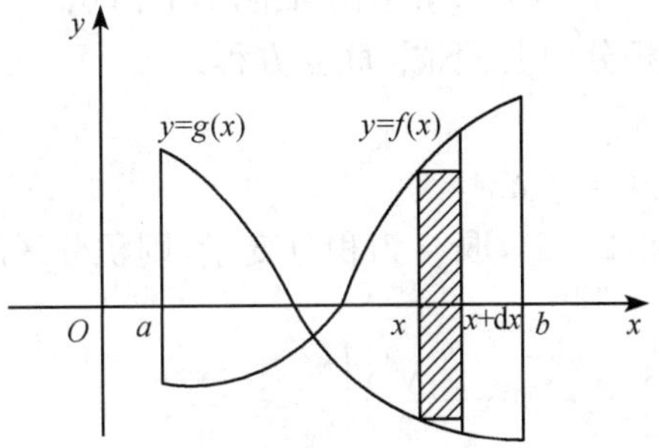

图 6-13

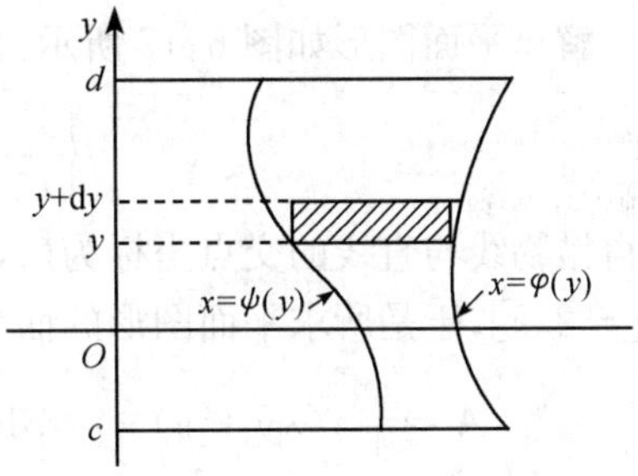

图 6-14

注 应用以上公式(6-2)、式(6-3)和式(6-4)时,要根据 $f(x)$和 $g(x)$的大小,$\varphi(y)$和 $\psi(y)$的大小,把$[a,b]$分成若干个小区间去掉绝对值再计算积分.

例 6-42 求椭圆 $\frac{x^2}{a^2}+\frac{y^2}{b^2}\leqslant 1$ 的面积(图 6-15).

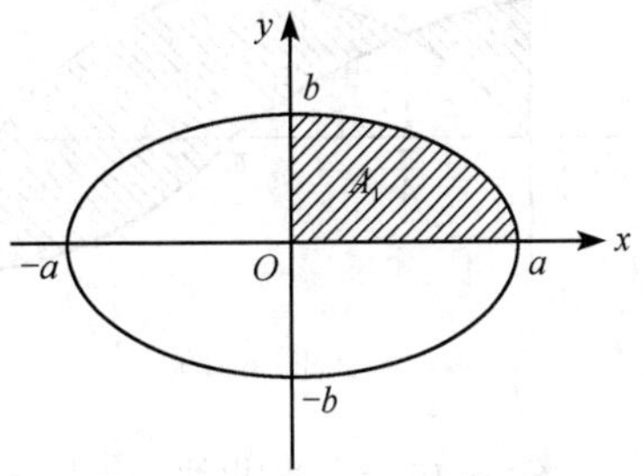

图 6-15

解 由对称性,只需求出第一象限部分面积 A_1 后再乘以 4 倍,即

$$A=4A_1=\frac{4b}{a}\int_0^a \sqrt{a^2-x^2}\,dx,$$

令 $x=a\sin t$, $dx=a\cos t dt$, 当 $x=0$ 时, $t=0$, 当 $x=a$ 时, $t=\frac{\pi}{2}$, 于是

$$A=\frac{4b}{a}\int_0^{\frac{\pi}{2}}\sqrt{a^2-a^2\cos^2 t}\cdot a\cos t dt=4ab\int_0^{\frac{\pi}{2}}\cos^2 t dt=4ab\cdot\frac{1}{2}\cdot\frac{\pi}{2}=\pi ab.$$

例 6-43　求由曲线 $y=\sin x$, $y=\cos x$ 及直线 $x=0$, $x=\pi$ 所围平面图形的面积(图 6-16).

解　联立方程 $\begin{cases}y=\sin x,\\ y=\cos x\end{cases}$ 得曲线 $y=\sin x$ 与 $y=\cos x$ 在 $(0,\pi)$ 内交点的横坐标为 $x=\frac{\pi}{4}$, 于是

$$\begin{aligned}A&=\int_0^{\pi}|\sin x-\cos x|dx\\&=\int_0^{\frac{\pi}{4}}(\cos x-\sin x)dx+\int_{\frac{\pi}{4}}^{\pi}(\sin x-\cos x)dx\\&=(\sin x+\cos x)\Big|_0^{\frac{\pi}{4}}+(-\cos x-\sin x)\Big|_{\frac{\pi}{4}}^{\pi}\\&=\sqrt{2}-1+(1+\sqrt{2})=2\sqrt{2}.\end{aligned}$$

例 6-44　求由抛物线 $y^2=x$ 与直线 $x-3y-10=0$ 所围平面图形的面积.

解　平面图形如图 6-17 所示, 为确定积分的上、下限, 联立方程:

$$\begin{cases}y^2=x,\\ x-3y-10=0,\end{cases}$$

解得抛物线与直线的交点坐标为 $(4,-2)$ 和 $(25,5)$, 取 y 为积分变量, 则积分区间为 $[-2,5]$, 于是所求平面图形的面积为

$$A=\int_{-2}^{5}(3y+10-y^2)dy=\left(\frac{3}{2}y^2+10y-\frac{y^3}{3}\right)\Big|_{-2}^{5}=\frac{343}{6}.$$

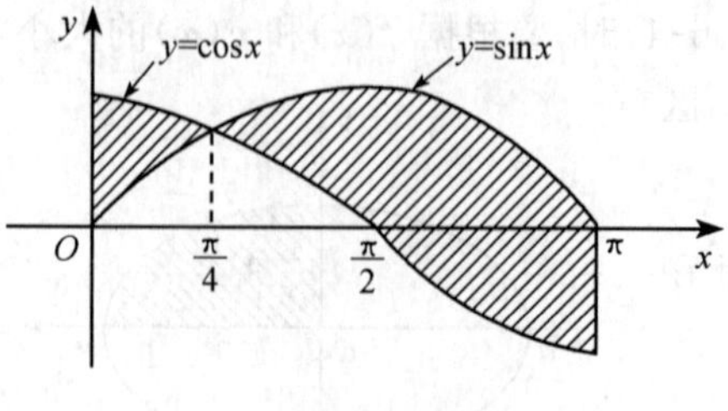

图 6-16

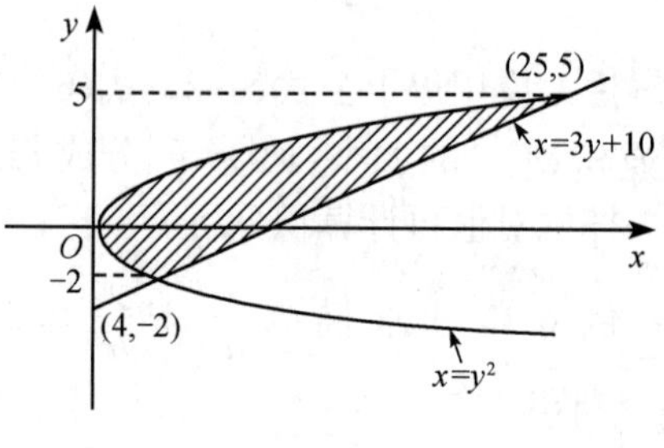

图 6-17

例 6-45　求由曲线 $y=\ln x$ 及其过原点的切线与 x 轴共同围成的平面图形的面积.

解　平面图形如图 6-18 所示. 设$(x_0,\ln x_0)$为曲线 $y=\ln x$ 上的切线过原点的切点坐标. 则切线的斜率 $k=(\ln x)'|_{x=x_0}=\dfrac{1}{x_0}$, 因此, 切线方程为

$$y-\ln x_0=\frac{1}{x_0}(x-x_0).$$

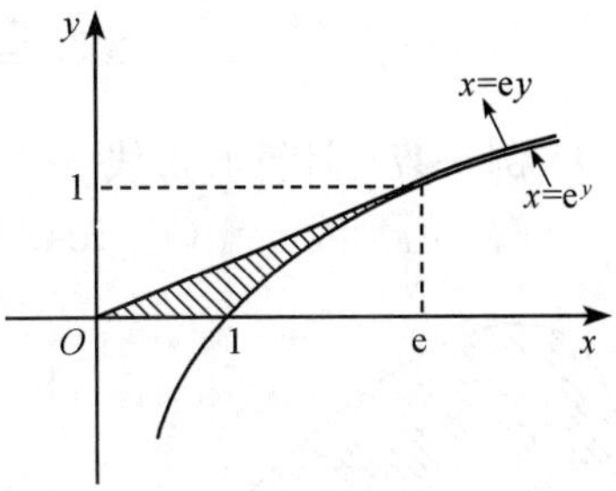

图 6-18

又由于切线过原点(0,0), 代入切线方程, 可解得 $x_0=\mathrm{e}$, 从而切点坐标为$(\mathrm{e},1)$, 而切线方程为 $y=\dfrac{x}{\mathrm{e}}$, 于是把 y 作为积分变量时, 其积分区间为$[0,1]$, 所求面积为

$$A=\int_0^1(\mathrm{e}^y-\mathrm{e}y)\mathrm{d}y=\left(\mathrm{e}^y-\frac{\mathrm{e}}{2}y^2\right)\Big|_0^1=\frac{\mathrm{e}}{2}.$$

*2. 极坐标情形

有些平面图形, 用极坐标计算它们的面积会更加方便. 下面我们利用元素法来推导出计算公式.

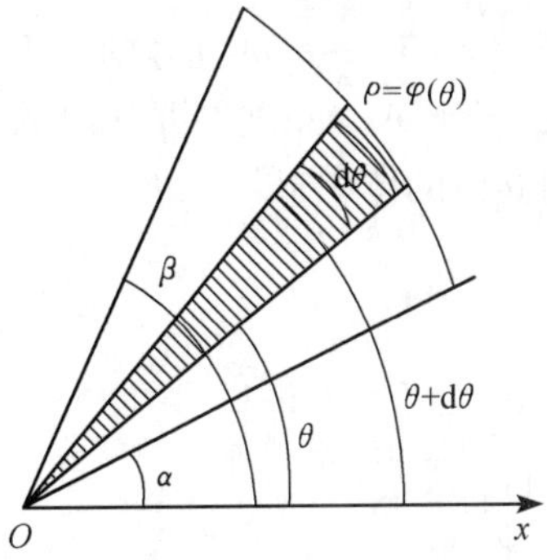

图 6-19

设由曲线 $\rho=\varphi(\theta)$ 及射线 $\theta=\alpha,\theta=\beta$ 围成一平面图形(简称为曲边扇形), 如图 6-19 所示, 现在来计算它的面积.

取极角 θ 为积分变量, 它的变化范围为区间$[\alpha,\beta]$, 任取小区间$[\theta,\theta+\mathrm{d}\theta]\subset[\alpha,\beta]$, 则相应于$[\theta,\theta+\mathrm{d}\theta]$的窄曲边扇形的面积可以用半径为 $\rho=\varphi(\theta)$, 中心角为 $\mathrm{d}\theta$ 的圆扇形的面积来近似代替, 得曲边扇形的面积元素

$$\mathrm{d}A=\frac{1}{2}\varphi^2(\theta)\mathrm{d}\theta.$$

对面积元素在$[\alpha,\beta]$上作定积分, 便得所求曲边扇形的面积为

$$A=\int_\alpha^\beta\frac{1}{2}\varphi^2(\theta)\mathrm{d}\theta. \qquad (6\text{-}5)$$

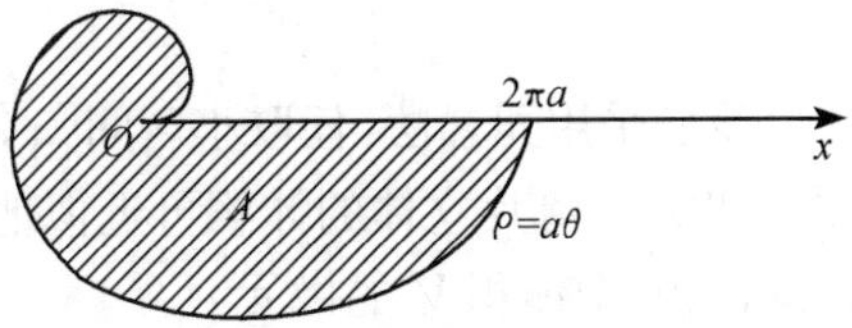

图 6-20

例 6-46　计算阿基米德螺线 $\rho=a\theta$ $(a>0)$上相应于 θ 从 0 变到 2π 的一段弧与极轴所围成的图形(图 6-20)的面积.

解　由公式(6-5), 有

$$A=\int_0^{2\pi}\frac{1}{2}(a\theta)^2\mathrm{d}\theta=\frac{1}{2}a^2\int_0^{2\pi}\theta^2\mathrm{d}\theta$$

$$= \frac{1}{6}a^2\theta^3\Big|_0^{2\pi} = \frac{4}{3}a^2\pi^3.$$

例 6-47　计算心形线 $\rho=a(1+\cos\theta)(a>0)$所围成的平面图形的面积.

解　心形线 $\rho=a(1+\cos\theta)(a>0)$所围成的平面图形如图 6-21 所示,该图形关于极轴对称,因此所求平面图形的面积 A 是极轴上方面积 A_1 的两倍,由公式(6-5),有

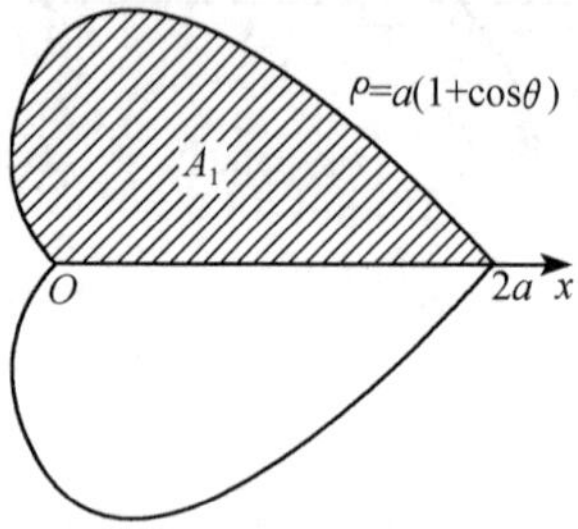

图 6-21

$$A = 2A_1 = 2\int_0^{\pi}\frac{1}{2}[a(1+\cos\theta)]^2\mathrm{d}\theta$$

$$= a^2\int_0^{\pi}(1+2\cos\theta+\cos^2\theta)\mathrm{d}\theta$$

$$= a^2\int_0^{\pi}\left(\frac{3}{2}+2\cos\theta+\frac{1}{2}\cos2\theta\right)\mathrm{d}\theta$$

$$= a^2\left(\frac{3}{2}\theta+2\sin\theta+\frac{1}{4}\sin2\theta\right)\Big|_0^{\pi} = \frac{3}{2}\pi a^2.$$

6.6.3　立体的体积

1. 平行截面面积已知的立体体积

图 6-22 表一空间立体位于垂直于 x 轴的两平面 $x=a$ 与 $x=b(a<b)$之间. 该立体被垂直于 x 轴的平面所截,其截面积是 x 的函数,记作 $A(x)$. 现在要解决的问题是:若 $A(x)$为$[a,b]$上的已知连续函数,求该空间立体的体积 V.

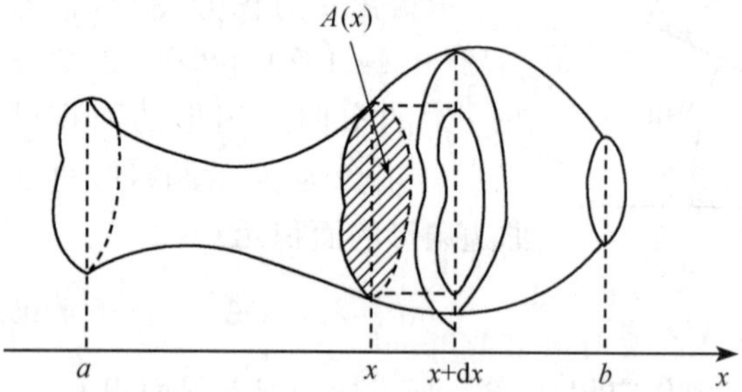

图 6-22

我们采用元素法,任取小区间$[x,x+\mathrm{d}x]\subset[a,b]$,可截得一个小薄片立体(如图 6-22),小薄片立体的体积可近似地看作是以面积 $A(x)$为底,$\mathrm{d}x$ 为高的小直柱体的体积,即体积 V 的微元

$$\mathrm{d}V = A(x)\mathrm{d}x,$$

两边积分即得体积公式

$$V = \int_a^b A(x)\mathrm{d}x.$$

例 6-48 求以半径为 R 的圆为底,平行且等于底圆直径的线段为顶,高为 H 的正劈锥体的体积(图 6-23).

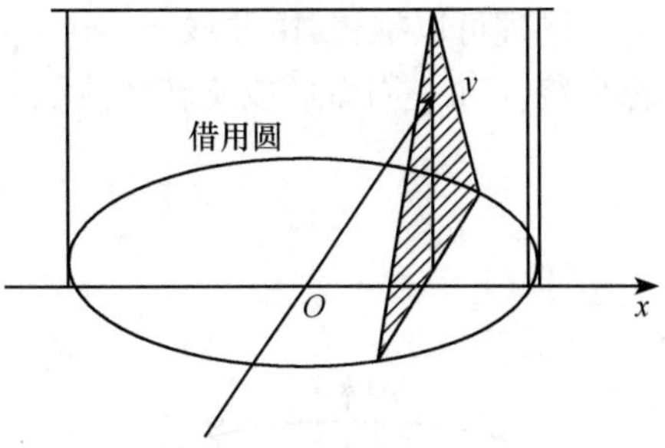

图 6-23

解 如图 6-23,任取 $x\in[-R,R]$,作与 x 轴垂直的平面,截得一等腰三角形,该等腰三角形的面积为

$$A(x)=\sqrt{R^2-x^2}\cdot H.$$

注:在这里底圆方程为 $x^2+y^2=R^2$,由求体积公式,所求空间立体体积为

$$V=\int_{-R}^{R}\sqrt{R^2-x^2}H\mathrm{d}x=2H\int_0^R\sqrt{R^2-x^2}\mathrm{d}x=\frac{1}{2}\pi R^2 H.$$

2. 旋转体的体积

所谓旋转体,是由一个平面图形绕这个平面内一条直线旋转一周而成的立体. 这直线叫做旋转轴.

首先,让我们来用元素法给出由连续曲线 $y=f(x)$,直线 $x=a$,$x=b$ 及 x 轴所围成的曲边梯形绕 x 轴一周而成的立体体积公式. 如图 6-24 及图 6-25 所示.

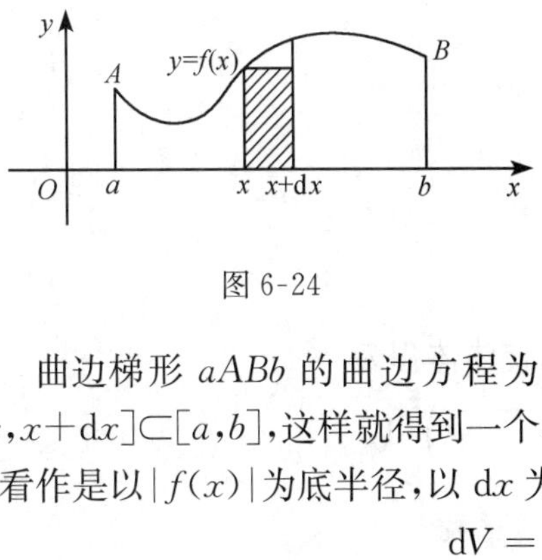

图 6-24

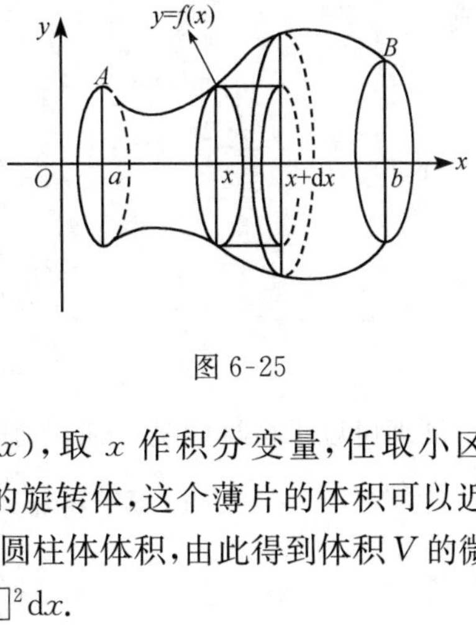

图 6-25

曲边梯形 $aABb$ 的曲边方程为 $y=f(x)$,取 x 作积分变量,任取小区间 $[x,x+\mathrm{d}x]\subset[a,b]$,这样就得到一个小薄片的旋转体,这个薄片的体积可以近似地看作是以 $|f(x)|$ 为底半径,以 $\mathrm{d}x$ 为高的小圆柱体体积,由此得到体积 V 的微元

$$\mathrm{d}V=\pi[f(x)]^2\mathrm{d}x.$$

两边积分即得旋转体体积公式

$$V_x=\pi\int_a^b[f(x)]^2\mathrm{d}x.$$

其实,旋转体是平行截面面积为已知的空间立体的一种特例,相当于截面面积 $A(x)=\pi[f(x)]^2$.

同理可以推得，由曲线 $x=\varphi(y)$，直线 $y=c, y=d(c<d)$ 和 y 轴所围成的曲边梯形绕 y 轴一周而形成旋转体体积公式(图 6-26).

$$V_y=\pi\int_c^d[\varphi(y)]^2\mathrm{d}y.$$

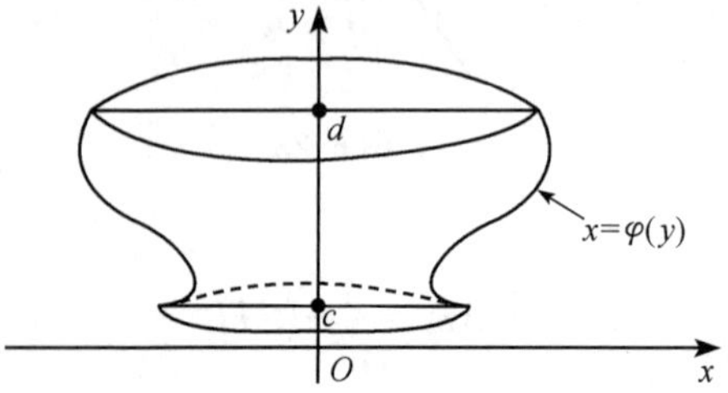

图 6-26

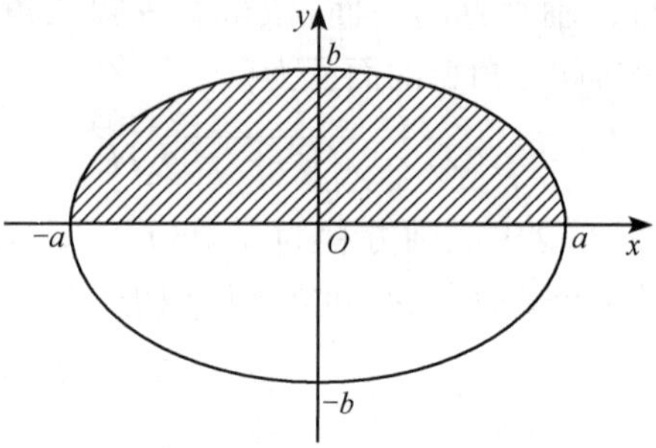

图 6-27

例 6-49 求由椭圆 $\frac{x^2}{a^2}+\frac{y^2}{b^2}\leqslant 1$ 分别绕 x 轴与 y 轴旋转一周而形成的旋转体体积.

解 可以看作上半椭圆 $y=\frac{b}{a}\sqrt{a^2-x^2}$(图 6-27)与 x 轴所围图形绕 x 轴旋转而成

$$\begin{aligned}V_x&=\pi\int_{-a}^{a}\left(\frac{b}{a}\sqrt{a^2-x^2}\right)^2\mathrm{d}x\\&=2\pi\frac{b^2}{a^2}\int_0^a(a^2-x^2)\mathrm{d}x\\&=2\pi\frac{b^2}{a^2}\left(a^2x-\frac{1}{3}x^3\right)\Big|_0^a\\&=\frac{4}{3}\pi ab^2.\end{aligned}$$

同理可以求得椭圆绕 y 轴一周所得的旋转体体积为

$$\begin{aligned}V_y&=\pi\int_{-b}^{b}\left(\frac{a}{b}\sqrt{b^2-y^2}\right)^2\mathrm{d}y\\&=2\pi\frac{a^2}{b^2}\int_0^b(b^2-y^2)\mathrm{d}y\\&=2\pi\frac{a^2}{b^2}\left(b^2y-\frac{1}{3}y^3\right)\Big|_0^b\\&=\frac{4}{3}\pi a^2b.\end{aligned}$$

例 6-50 求由曲线 $y=\sqrt{x-1}$ 与它过原点 O 的切线及 x 轴所围图形分别绕 x

轴与 y 轴一周所形成的旋转体体积.

解 设(x_0,y_0)为曲线 $y=\sqrt{x-1}$上切线过原点 O 的点,则 $y_0=\sqrt{x_0-1}$,切线的斜率为 $k=y'|_{x=x_0}=\dfrac{1}{2\sqrt{x_0-1}}$,则切线方程为 $y-\sqrt{x_0-1}=\dfrac{1}{2\sqrt{x_0-1}}(x-x_0)$.

由于该切线过原点 O,从而$-\sqrt{x_0-1}=-\dfrac{x_0}{2\sqrt{x_0-1}}$. 故有 $x_0=2$,亦即切点$(x_0,\sqrt{x_0-1})$实际上是$(2,1)$. 这样就求得切线方程为(图 6-28)

$$y=\frac{x}{2}.$$

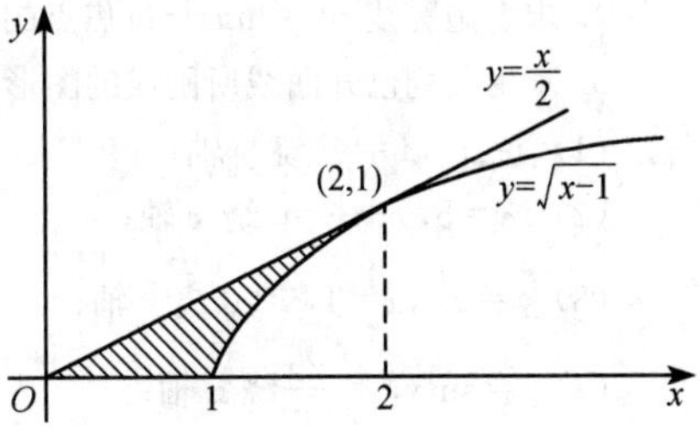

图 6-28

因此,所给图形绕 x 轴一周所得旋转体体积

$$\begin{aligned}V_x&=\pi\int_0^2\left(\frac{x}{2}\right)^2\mathrm{d}x-\pi\int_1^2(\sqrt{x-1})^2\mathrm{d}x\\&=\pi\left[\frac{x^3}{12}\bigg|_0^2-\left(\frac{x^2}{2}-x\right)\bigg|_1^2\right]\\&=\frac{\pi}{6}.\end{aligned}$$

而图形绕 y 轴一周所得旋转体体积

$$\begin{aligned}V_y&=\pi\int_0^1[(y^2+1)^2-4y^2]\mathrm{d}y\\&=\pi\left(\frac{1}{5}y^5+\frac{2}{3}y^3+y-\frac{4}{3}y^3\right)\bigg|_0^1\\&=\frac{8\pi}{15}.\end{aligned}$$

习 题 6.6

1. 求由下列各曲线所围成的图形的面积:

(1) $y=\frac{1}{2}x^2$ 与 $x^2+y^2=8$(两部分都要计算);

(2) $y=\sqrt{x}$与 $y=x^2$;

(3) $y=e^x$,$y=e^{-x}$与直线 $x=1$;

(4) $y=x^2$,$y=x$ 与 $y=2x$;

(5) $\rho=2a\cos\theta$;

(6) $\rho=2a(2+\cos\theta)$.

2. 求抛物线 $y=-x^2+4x-3$ 及其在点$(0,-3)$和$(3,0)$处的切线所围成的图形的面积.

3. 已知抛物线 $y=px^2+qx$(其中 $p>0,q>0$)在第一象限内与直线 $x+y=5$ 相切,且抛物线与 x 轴所围成的平面图形的面积为 A:

(1) 问 p 和 q 为何值时,A 达到最大值;

(2) 求出最大值.

4. 求由抛物线 $y^2=4ax$ 与过焦点的弦所围成的图形面积的最小值.

5. 求由下列已知曲线所围成的图形绕指定轴旋转所成旋转体的体积:

(1) $y=x^2,x=y^2$ 绕 y 轴;

(2) $xy=5,x+y=6$ 绕 x 轴;

(3) $y=x^{\frac{3}{2}},x=4,y=0$ 绕 y 轴;

(4) $y=\sin x,y=\frac{2x}{\pi}$绕 x 轴;

(5) $y=\sin x(0\leqslant x\leqslant\pi),y=0$ 绕 x 轴,y 轴;

(6) $y=\ln x,y=\frac{x}{\mathrm{e}},y=0$ 绕 x 轴,y 轴.

6. 把星形线 $x^{\frac{2}{3}}+y^{\frac{2}{3}}=a^{\frac{2}{3}}$ 所围成的图形绕 x 轴旋转,计算所得旋转体的体积.

7. 计算底面是半径为 R 的圆,而垂直于底面上一条固定直径的所有截面都是等边三角形的立体体积.

8. 一平面经过半径为 a 的圆柱体的底圆中心,并与底面交成角 α,计算这平面截圆柱体所得立体的体积.

6.7　定积分在经济学中的应用

6.7.1　已知边际函数求总函数

由牛顿-莱布尼茨公式,若 $F'(x)$为连续函数,那么有

$$\int_0^x F'(x)\mathrm{d}x = F(x)-F(0).$$

从而

$$F(x)=\int_0^x F'(x)\mathrm{d}x+F(0).$$

由上式,若已知边际成本 $MC=C'(x)$及固定成本 $C(0)$,则有总成本计算公式

$$C(x)=\int_0^x C'(x)\mathrm{d}x+C(0).$$

若已知边际收益 $MR=R'(x)$及 $R(0)=0$,则有总收益计算公式

$$R(x)=\int_0^x R'(x)\mathrm{d}x.$$

若已知边际利润 $ML=L'(x)=R'(x)-C'(x)$及 $L(0)=R(0)-C(0)=$

$-C(0)$，则有总利润计算公式

$$L(x)=\int_0^x L'(x)\mathrm{d}x+L(0)=\int_0^x [R'(x)-C'(x)]\mathrm{d}x-C(0).$$

若已知边际利润 $ML=L'(x)$，求产量由 x_1 个单位改变到 x_2 个单位时，总利润的改变量的计算公式为

$$L(x_2)-L(x_1)=\int_{x_1}^{x_2} L'(x)\mathrm{d}x.$$

例 6-51 已知生产某产品的固定成本为 10 万元，边际成本和边际收益分别为（单位：万元/吨）

$$C'(Q)=Q^2-5Q+40,\quad R'(Q)=50-2Q.$$

求(1)总成本函数；(2)总收益函数；(3)总利润函数；(4)在使得利润最大的产量基础上又多生产一吨，总利润的改变量.

解 (1) 由公式知，总成本函数

$$\begin{aligned}C(Q)&=\int_0^Q C'(Q)\mathrm{d}Q+C(0)\\&=\int_0^Q (Q^2-5Q+40)\mathrm{d}Q+10\\&=\frac{1}{3}Q^3-\frac{5}{2}Q^2+40Q+10.\end{aligned}$$

(2) 总收益函数为

$$\begin{aligned}R(Q)&=\int_0^Q R'(Q)\mathrm{d}Q\\&=\int_0^Q (50-2Q)\mathrm{d}Q\\&=50Q-Q^2.\end{aligned}$$

(3) 总利润函数为

$$\begin{aligned}L(Q)&=\int_0^Q L'(Q)\mathrm{d}Q-C(0)\\&=\int_0^Q (10+3Q-Q^2)\mathrm{d}Q-10\\&=10Q+\frac{3}{2}Q^2-\frac{1}{3}Q^3-10.\end{aligned}$$

(4) 由

$$L'(Q)=R'(Q)-C'(Q)=10+3Q-Q^2=(5-Q)(2+Q).$$

令 $L'(Q)=0$ 得唯一驻点 $Q=5$. 由

$$L''(5)=(3-2Q)\,|_{Q=5}=-7<0$$

知，当 $Q=5$ 时，总利润取极大值，从而必取最大值. 那么在 $Q=5$ 吨的基础上，又追加生产了 1 吨，则总利润的改变量为

$$\begin{aligned} L(6)-L(5) &= \int_5^6 L'(Q)\mathrm{d}Q \\ &= \int_5^6 (10+3Q-Q^2)\mathrm{d}Q \\ &= \left(10Q+\frac{3}{2}Q^2-\frac{1}{3}Q^3\right)\Big|_5^6 \\ &= -\frac{23}{6}. \end{aligned}$$

亦即，在产量 $Q=5$ 吨时，利润已达最大，如若再追加生产 1 吨，不仅没有使得利润增加，反而减少了$\frac{23}{6}$万元.

例 6-52　在某地区当消费者人均收入为 x 时，人均消费支出 $W(x)$的变化率 $W'(x)=\frac{15}{\sqrt{x}}$，当人均收入由 900 增加到 1600 时，人均消费支出将增加多少？

解　人均消费支出的增加量为

$$\begin{aligned} W(1600)-W(900) &= \int_{900}^{1600} W'(x)\mathrm{d}x \\ &= \int_{900}^{1600} \frac{15}{\sqrt{x}}\mathrm{d}x = 30\sqrt{x}\,\Big|_{900}^{1600} = 300. \end{aligned}$$

6.7.2　求收益流的现值和未来值

首先给出收益流和收益流量的概念，若某公司的收益是连续地获得的，则其收益可被看作是一种随时间连续变化的**收益流**函数；而收益流对时间 t 的变化率称为**收益流量**，收益流量实际上是一种速率，这里用 $R(t)$表示；若时间 t 以年为单位，收益以元为单位，则收益流量的单位为元/年，时间 t 一般从现在开始计算，若 $R(t)=\lambda$ 为常数，则称该收益具有均匀收益流量.

和单笔款项相同，**收益流的未来值**是指将其存入银行并加上利息后的**本利和**；而**收益流的现值**是指将其存入可获息的银行，未来从收益流中获得的总收益，与包括利息在内的本利和有相同的价值.

若有一收益流的收益流量为 $R(t)$（元/年），假设以连续复利计息，年利率为 r，下面计算其现值及未来值.

下面依然采用元素法进行分析，设所考虑的时间区间为$[0,T]$. 任取小区间 $[t,t+\mathrm{d}t]\subset[0,T]$，在$[t,t+\mathrm{d}t]$内将 $R(t)$近似看作常数，则所应获得的金额近似等于 $R(t)\mathrm{d}t$（元）.

从现在($t=0$)开始计算，$R(t)\mathrm{d}t$ 这笔金额是在 t 年后的未来获得，因此在 $[t,t+\mathrm{d}t]$ 内的收益贴现值 $R_0[t,t+\mathrm{d}t]$ 可近似表示为

$$R_0[t,t+\mathrm{d}t]\approx[R(t)\mathrm{d}t]\cdot \mathrm{e}^{-rt}=R(t)\mathrm{e}^{-rt}\mathrm{d}t.$$

从而**总现值 R_0** 为

$$R_0=\int_0^T R(t)\mathrm{e}^{-rt}\mathrm{d}t.$$

在计算未来值时，收入 $R(t)\mathrm{d}t$ 在以后的 $T-t$ 年内获息，故在 $[t,t+\mathrm{d}t]$ 内收益的未来值 $R_T[t,t+\mathrm{d}t]$ 为

$$R_T[t,t+\mathrm{d}t]\approx[R(t)\mathrm{d}t]\mathrm{e}^{r(T-t)}=R(t)\mathrm{e}^{r(T-t)}\mathrm{d}t.$$

从而**总未来值 R_T** 为

$$R_T=\int_0^T R(t)\mathrm{e}^{r(T-t)}\mathrm{d}t.$$

例 6-53 假设以年连续复利率 $r=0.05$ 计息.

(1) 求收益流量为 10000 元/年的收益流在 20 年期间的现值和未来值；

(2) 未来值和现值的关系如何？解释这一关系.

解 (1) $T=20$，那么现值

$$\begin{aligned}R_0&=\int_0^{20}10000\cdot \mathrm{e}^{-0.05t}\mathrm{d}t\\&=200000(1-\mathrm{e}^{-1})\approx 126424.06(\text{元}).\end{aligned}$$

而未来值为

$$\begin{aligned}R_T&=\int_0^{20}10000\cdot \mathrm{e}^{0.05(20-t)}\mathrm{d}t=\int_0^{20}10000\mathrm{e}\cdot \mathrm{e}^{-0.05t}\mathrm{d}t\\&=\mathrm{e}\cdot 200000(1-\mathrm{e}^{-1})\approx 343656.00(\text{元}).\end{aligned}$$

(2) 显然 $R_T=R_0\cdot \mathrm{e}$. 若在 $t=0$ 时刻以现值 $200000(1-\mathrm{e}^{-1})$ 作为本金存入银行，以年连续复利率 $r=0.05$ 计息，则 20 年中这笔本金的未来值为

$$200000(1-\mathrm{e}^{-1})\mathrm{e}^{0.05\cdot(20)}=200000(1-\mathrm{e}^{-1})\cdot \mathrm{e},$$

而这恰为上述收益流在 20 年期间的未来值.

例 6-54 某栋别墅现售价 200 万元，首付 20%，剩下部分可分期付款，10 年付清，每年付款数相同，若年贴现率为 6%，按连续贴现计算，每年应付款多少万元？

解 每年付款数相同，属于均匀收益流量. 设每年付款 A(单位:万元)，因全部付款的总现值已知，为现售价扣除首付部分(单位:万元)

$$200(1-20\%)=160.$$

从而有

$$160=\int_0^{10}A\mathrm{e}^{-0.06t}\mathrm{d}t=\frac{A}{0.06}(1-\mathrm{e}^{-0.6}).$$

即

$$A=\frac{9.6\cdot e^{0.6}}{e^{0.6}-1}\approx 21.28(\text{万元}).$$

每年应付款约 21.28 万元.

*6.7.3　洛伦兹(Lorentz)与不平均系数(CI)

在现实社会中,对社会财富的拥有是不平均的,往往是大部分财富集中在少数人的手中,而大多数人仅拥有少部分财富.在收入分配上由于种种原因,有的人收入很多,而有的人收入却很低.那么如何用数学方法来描述这些不平均及不平均的程度呢?洛伦兹曲线是一种描述社会分配的曲线,而不平均系数(CI)则描述了社会分配的不平均程度.

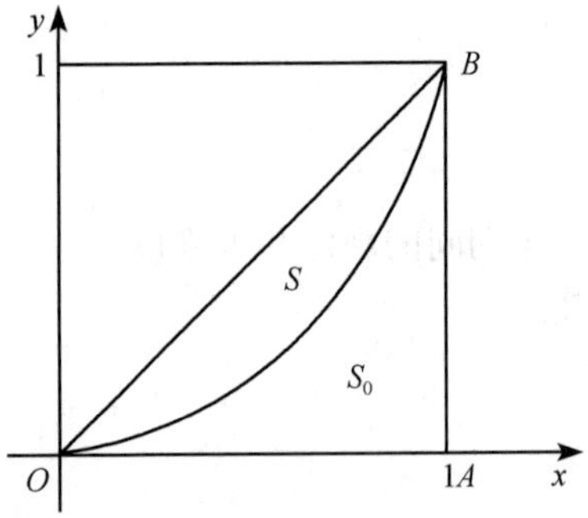

图 6-29

若 x 表示工资收入不高于某一水平的人数占总人数的百分比. $y=L(x)$ 是收入变量,表示这些人总收入占总工资的百分比.例如 $L(0.70)=0.30$ 表示收入不高于某一水平(如 1000 元/月)的人数占总人数的 70%,而他们的工资收入占总工资的 30%.

下面总假定: $L(0)=0$,即没有人没有收入; $L(1)=1$ 即所有工资全部分配完毕.故洛伦兹曲线总经过(0,0)和(1,1)两点(图 6-29).

在对角线 OB(即直线 $y=x$)任一点处横、纵坐标都相等,表示所有工薪者的最低层 $100x\%$ 赚取了总收入的 $100x\%$,此时描述了收入绝对平均的情形;而折线 OAB 表示了只有一人赚取了所有工资,其他人全部无收入的绝对不公平情形.以上两种情形属于极端现象,是现实中不可能出现的,故洛伦兹曲线应在 $\triangle OAB$ 中,曲线的具体作法可采用统计方法建立数学模型而得到.

现在来讨论如何刻画与描述分配不平均的程度呢?显然,图 6-29 中 S 的面积越大,分配就越不平均.经济学中就用面积 S 与绝对平均曲线(OB)和绝对不平均曲线(OAB)之间的面积 $S+S_0$ 的比值 $S/(S+S_0)$ 表示分配不均的程度,称为**不平均系数**,记作 CI,即

$$\mathrm{CI}=\frac{S}{S+S_0},$$

用定积分表示为

$$\mathrm{CI}=\frac{\int_0^1[x-L(x)]\mathrm{d}x}{\int_0^1 x\mathrm{d}x}=2\int_0^1[x-L(x)]\mathrm{d}x.$$

显然,当 $L(x)=x$(绝对平均)时,CI=0;而当 $L(x)$ 为折线 OAB(绝对不平均)时,$\mathrm{CI}=2\int_0^1(x-0)\mathrm{d}x=1$.

例 6-55 设某地区的工资分配洛伦兹曲线是 $L(x)=x^3$,求不平均系数 CI.

解 $$\mathrm{CI}=2\int_0^1[x-L(x)]\mathrm{d}x=2\int_0^1(x-x^3)\mathrm{d}x$$
$$=2\left(\frac{x^2}{2}-\frac{x^4}{4}\right)\Big|_0^1=\frac{1}{2}.$$

习 题 6.7

1. 已知某产品的边际收入为 $R'(x)=200-0.03x^2$(x 的单位为件,R 的单位为元),求产品产量为 100 件时的总收入和平均收入.

2. 已知某企业生产某产品的总成本是 $C(x)=200+2x$,边际收入 $R'(x)=10-0.01x$(x 的单位为件,C 与 R 的单位为元). 问:生产多少件产品时企业才可获得最大利润?

3. 生产某产品的固定成本为 100,边际成本函数 $M_C=21.2+0.8Q$,又需求函数 $Q=100-\frac{1}{3}P$. 问:产量为多少时可获最大利润?最大利润是多少?

4. 某产品的边际收益函数 $MR=7-2Q$(万元/百台),若生产该产品的固定成本为 3 万元,每增加 1 百台变动成本为 2 万元,试求:

(1) 总收益函数;

(2) 生产多少台时,总利润最大?最大利润是多少?

(3) 由利润最大的产出水平又生产了 50 台,总利润有何改变?

5. 设生产某产品的固定成本为 1 万元,边际收益和边际成本(单位:万元/百台)分别为
$$MR=8-Q,\quad MC=4+\frac{Q}{4},$$

(1) 产量由 1 百台增加到 5 百台时,总收益、总成本各增加多少万元?

(2) 产量为多少台时,总利润最大?

(3) 求利润最大时的总收益、总成本和总利润.

6. 已知生产某产品的固定成本为 2 万元,边际成本函数 $MC=4+\frac{Q}{4}$(万元/台),产品的需求价格弹性 $E_d=\frac{P}{P-13}$. 市场对该产品的最大需求量 $Q=13$ 台,求利润最大时的产量及产品的价格.

7. 连续收益流量每年 10000 元,设年利率为 5%,按连续复利计算为期 8 年,求现值为多少?

8. 年利率为 6%,借款 500 万元,15 年还清,每月还款数相同,按连续复利计算,每月应还债多少万元?

9. 一栋楼房现售价 5000 万元,分期付款购买,10 年付清,每年付款数相同. 若贴现率为 4%,按连续复利计算,每年应付款多少万元?

总习题六

(A)

1. 填空题：

(1) 过曲线 $y=\int_0^x (t-1)(t-2)\mathrm{d}t$ 上点(0,0) 处的切线方程是________.

(2) $\frac{\mathrm{d}}{\mathrm{d}x}\int_1^{x^2} t^2\sqrt{1+t}\,\mathrm{d}t=$________.

(3) 设 $a\int_0^1 xf'(2x)\mathrm{d}x=\int_0^2 tf'(t)\mathrm{d}t$，则 $a=$________.

(4) $\int_0^3 \frac{x}{\sqrt{9-x^2}}\mathrm{d}x=$________.

(5) 若等式 $\lim\limits_{x\to+\infty}\left(\frac{x+b}{x-b}\right)^x=\int_{-\infty}^b t\mathrm{e}^{2t}\mathrm{d}t$，则常数 $b=$________.

2. 单项选择题：

(1) 设函数 $f(x)$在$(-\infty,+\infty)$内为奇函数，且可导，则奇函数是________.

A. $\sin f'(x)$　　B. $\int_0^x \sin x f(t)\mathrm{d}t$

C. $\int_0^x f(\sin t)\mathrm{d}t$　　D. $\int_0^x [\sin t+f(t)]\mathrm{d}t$

(2) 设 $I_1=\int_0^{\frac{\pi}{4}}\frac{\tan x}{x}\mathrm{d}x$，$I_2=\int_0^{\frac{\pi}{4}}\frac{x}{\tan x}\mathrm{d}x$，则________.

A. $I_1>I_2>1$　　B. $1>I_1>I_2$

C. $I_2>I_1>1$　　D. $1>I_2>I_1$

(3) 定积分$\int_0^{2\pi}\frac{\sin x}{x}\mathrm{d}x$ ________.

A. 大于零　　B. 小于零

C. 等于零　　D. 不能判定

(4) 下列等式成立的是________.

A. $\int_1^{+\infty}\frac{1}{x^4}\mathrm{d}x=\int_{-1}^1\frac{1}{x^2}\mathrm{d}x$　　B. $\int_{-\infty}^0\frac{4}{4+x^2}\mathrm{d}x=\int_0^1\frac{1}{\sqrt{x(1-x)}}\mathrm{d}x$

C. $\int_{\mathrm{e}}^{+\infty}\frac{1}{x\ln x}\mathrm{d}x=\int_{-1}^1\frac{1}{\sqrt{1-x^2}}\mathrm{d}x$　　D. $\int_0^{+\infty}\sin x\mathrm{d}x=\int_0^2\frac{1}{(x-1)^2}\mathrm{d}x$

(5) 若等式 $\lim\limits_{x\to+\infty}\left(\frac{x+b}{x-b}\right)=\int_{-\infty}^b t\mathrm{e}^{2t}\mathrm{d}t$，则常数 $b=$________.

A. $\frac{1}{5}$　　B. 5

C. $\frac{5}{2}$　　D. $\frac{2}{5}$

3. 若 $F(x)=\begin{cases}\dfrac{\int_0^x tf(t)\mathrm{d}t}{x^2}, & x\neq 0,\\ k, & x=0\end{cases}$ 在 $x=0$ 连续，且 $f(0)=1$，求 k 的值.

4. 设 $F(x)=\int_{-x}^{x^2}\frac{1}{x+t+1}\mathrm{d}t$，求 $F'(x)$.

5. 讨论函数 $f(x)=\int_0^x(t^2-1)\mathrm{d}t$ 的单调区间和极值.

6. 若 $\lim\limits_{x\to 0}\frac{ax-\sin x}{\int_b^x\frac{\ln(1+t^3)}{t}\mathrm{d}t}=c(c\neq 0)$，试确定 a,b,c.

7. 求 $\lim\limits_{x\to\infty}\frac{\mathrm{e}^{-x^2}}{x}\int_0^x t^2\mathrm{e}^{t^2}\mathrm{d}t$.

8. 设函数 $f(x)$在区间$[0,1]$上连续，在$[0,1]$内可导，且满足 $f(1)=2\int_0^{\frac{1}{2}}xf(x)\mathrm{d}x$，试证存在一点 $\xi\in(0,1)$，使 $f(\xi)+\xi f'(\xi)=0$.

9. 设函数 $f(x)$在$[0,1]$上连续，且单调减少，证明：对任给的 $\alpha\in(0,1)$ 有$\int_0^{\alpha}f(x)\mathrm{d}x>\alpha\int_0^1 f(x)\mathrm{d}x$.

10. 确定常数 C 的值，使$\int_0^{+\infty}\left(\frac{1}{\sqrt{x^2+4}}-\frac{C}{x+2}\right)\mathrm{d}x$ 收敛，并求出其值.

11. 设 $f(x)=\frac{x^2}{2}$，$g(x)=\sqrt{x-\frac{3}{4}}$：

(1) 求两曲线 $y=f(x)$与 $y=g(x)$的切点 P 的坐标；

(2) 设曲线 $y=g(x)$与 x 轴的交点为A，求曲边形 OPA 的面积(其中 O是坐标原点)；

(3) 求曲边形 OPA 绕 x 轴旋转所得旋转体的体积；

(4) 求曲边形 OPA 绕 y 轴旋转所得旋转体的体积.

12. 一煤矿投资 2000 万元建成，开工采煤后，在时刻 t 的追加成本和追加收益分别为(单位：百万元/年)$G(t)=5+2t^{\frac{2}{3}}$，$\Phi(t)=17-t^{\frac{2}{3}}$，试确定该矿在何时停止生产可获最大利润，最大利润是多少？

(B)

1. 填空题：

(1) 函数 $F(x)=\int_1^x\left(2-\frac{1}{\sqrt{t}}\right)\mathrm{d}t(x>0)$ 的单调减少区间为________.

(2) $\frac{\mathrm{d}}{\mathrm{d}x}\int_0^x\sin(x-t)^2\mathrm{d}t=$ ________.

(3) $\int_0^1\sqrt{2x-x^2}\mathrm{d}x=$ ________.

(4) 若 $f(x)=\frac{1}{1+x^2}+\sqrt{1-x^2}\int_0^1 f(x)\mathrm{d}x$，则$\int_0^1 f(x)\mathrm{d}x=$ ________.

(5) 设 $f(x)=\begin{cases}x\mathrm{e}^{x^2}, & -\frac{1}{2}\leqslant x<\frac{1}{2},\\ -1, & x\geqslant\frac{1}{2}.\end{cases}$ 则$\int_{\frac{1}{2}}^2 f(x-1)\mathrm{d}x=$ ________.

(6) 极限$\lim\limits_{n\to\infty}\dfrac{1}{n^2}\left(\sin\dfrac{1}{n}+2\sin\dfrac{2}{n}+\cdots+n\sin\dfrac{n}{n}\right)=$________.

2. 单项选择题:

(1) 设 $f(x)$为连续函数，且 $F(x)=\int_{\frac{1}{x}}^{\ln x}f(t)\mathrm{d}t$,则 $F'(x)=$ ________.

A. $\dfrac{1}{x}f(\ln x)+\dfrac{1}{x^2}f\left(\dfrac{1}{x}\right)$　　B. $f(\ln x)+f\left(\dfrac{1}{x}\right)$

C. $\dfrac{1}{x}f(\ln x)-\dfrac{1}{x^2}f\left(\dfrac{1}{x}\right)$　　D. $f(\ln x)-f\left(\dfrac{1}{x}\right)$

(2) 设 $f(x)=\int_0^{1-\cos x}\sin t^2\,\mathrm{d}t, g(x)=\dfrac{x^5}{5}+\dfrac{x^6}{6}$，则当 $x\to0$ 时，$f(x)$是 $g(x)$的________.

A. 低阶无穷小　　B. 高阶无穷小

C. 等价无穷小　　D. 同阶但不等价的无穷小

(3)设函数 $f(x)$在闭区间$[a,b]$上连续，且 $f(x)>0$，则方程$\int_a^x f(t)\mathrm{d}t+\int_b^x\dfrac{\mathrm{d}t}{f(t)}=0$在开区间$(a,b)$内的根有________.

A. 0个　　B. 1个

C. 2个　　D. 无穷多个

(4) 设在区间$[a,b]$上 $f(x)>0, f'(x)<0, f''(x)>0$. 令 $S_1=\int_a^b f(x)\mathrm{d}x, S_2=f(b)(b-a)$，$S_3=\dfrac{1}{2}[f(a)+f(b)](b-a)$，则________.

A. $S_1<S_2<S_3$　　B. $S_2<S_1<S_3$

C. $S_3<S_1<S_2$　　D. $S_2<S_3<S_1$

(5) 双纽线$(x^2+y^2)^2=x^2-y^2$ 所围成的区域面积可用定积分表示为________.

A. $2\int_0^{\frac{\pi}{4}}\cos2\theta\mathrm{d}\theta$　　B. $4\int_0^{\frac{\pi}{4}}\cos2\theta\mathrm{d}\theta$

C. $2\int_0^{\frac{\pi}{4}}\sqrt{\cos2\theta}\mathrm{d}\theta$　　D. $\dfrac{1}{2}\int_0^{\frac{\pi}{4}}(\cos2\theta)^2\mathrm{d}\theta$

3. 求极限$\lim\limits_{x\to0}\dfrac{\int_0^x\left[\int_0^{u^2}\arctan(1+t)\mathrm{d}t\right]\mathrm{d}u}{x(1-\cos x)}$.

4. 计算$\int_0^{+\infty}\dfrac{x\mathrm{e}^{-x}}{(1+\mathrm{e}^{-x})^2}\mathrm{d}x$.

5. 设函数 $f(x)$在$[0,\pi]$上连续，且$\int_0^{\pi}f(x)\mathrm{d}x=0,\int_0^{\pi}f(x)\cos x\mathrm{d}x=0$，证明:在$(0,\pi)$内至少存在两个不同的点 ξ_1,ξ_2，使 $f(\xi_1)=f(\xi_2)=0$.

6. 设 $f(x)$在区间$[0,1]$上连续，在$(0,1)$内可导，且满足 $f(1)=3\int_0^{\frac{1}{3}}\mathrm{e}^{1-x^2}f(x)\mathrm{d}x$，证明存在 $\xi\in(0,1)$，使得 $f'(\xi)=2\xi f(\xi)$.

7. 设函数 $f(x)$可导，且 $f(0)=0, F(x)=\int_0^x t^{n-1}f(x^n-t^n)\mathrm{d}t$，求$\lim\limits_{x\to0}\dfrac{F(x)}{x^{2n}}$.

8. 设函数 $f(x)=\int_0^1 |t^2-x^2|\,\mathrm{d}t\,(x>0)$，求 $f'(x)$，并求 $f(x)$的最小值.

9. 假设曲线 $L_1: y=1-x^2(0\leqslant x\leqslant 1)$与 x 轴和 y 轴所围成区域被曲线 $L_2: y=ax^2$ 分为面积相等的两部分. 其中 a 是大于零的常数，试确定 a 的值.

10. 已知一抛物线通过 x 轴上的两点 $A(1,0)$、$B(3,0)$.

(1) 求证：两坐标轴与该抛物线所围图形的面积等于 x 轴与该抛物线所围图形的面积.

(2) 计算上述两个平面图形绕 x 轴旋转一周所产生的两个旋转体体积之比.

11. 设直线 $y=ax$ 与抛物线 $y=x^2$ 所围成图形的面积为 S_1，它们与直线 $x=1$ 所围成图形的面积为 S_2，并且 $a<1$.

(1) 试确定 a 的值，使 S_1+S_2 达到最小，并求出最小值；

(2) 求该最小值所对应的平面图形绕 x 轴旋转一周所得旋转体的体积.

12. 设曲线 $y=\mathrm{e}^{-x}(x\geqslant 0)$.

(1) 把曲线 $y=\mathrm{e}^{-x}$，x 轴，y 轴和直线 $x=\xi(\xi>0)$所围成平面图形绕 x 轴旋转一周，得一旋转体，求此旋转体体积 $V(\xi)$；求满足 $V(a)=\dfrac{1}{2}\lim\limits_{\xi\to+\infty}V(\xi)$的 a.

(2) 在此曲线上找一点，使过该点的切线与两个坐标轴所夹平面图形的面积最大，并求出该面积.

13. 已知曲线 $y=a\sqrt{x}(a>0)$与曲线 $y=\ln\sqrt{x}$在点(x_0,y_0)处有公共切线，求

(1) 常数 a 及切点(x_0,y_0)；

(2) 两曲线与 x 轴围成的平面图形绕 x 轴旋转所得旋转体体积 V_x.

14. 设 D_1 是由抛物线 $y=2x^2$ 和直线 $x=a$，$x=2$ 及 $y=0$ 所围成的平面区域；D_2 是由抛物线 $y=2x^2$ 和直线 $y=0$，$x=a$ 所围成的平面区域，其中 $0<a<2$.

(1) 试求 D_1 绕 x 轴旋转而成的旋转体体积 V_1；D_2 绕 y 轴旋转而成的旋转体体积 V_2；

(2) 问当 a 为何值时，V_1+V_2 取得最大值？试求此最大值.

15. 设 $f(x)$，$g(x)$在$[0,1]$上的导数连续，且 $f(0)=0$，$f'(x)\geqslant 0$，$g'(x)\geqslant 0$. 证明：对任何 $a\in[0,1]$，有

$$\int_0^a g(x)f'(x)\mathrm{d}x+\int_0^1 f(x)g'(x)\mathrm{d}x\geqslant f(a)g(1).$$

第 7 章　多元函数微分学

前面各章我们讨论的是一元函数微积分学，而在许多实际问题、科学技术和经济管理中，往往要面对一个变量依赖于多个变量的情形，即多元函数. 本章首先介绍空间解析几何的基本知识，为多元函数的研究提供几何背景，然后讨论多元函数微积分学. 它实际上是一元函数微积分学的自然推广与发展. 在学习中既要认识到二者的密切联系，又要把握它们之间的一些本质差异. 本书主要讨论二元函数，其理论及方法不难向更一般的多元函数推广.

7.1　空间解析几何基本知识

7.1.1　空间直角坐标系

1. 空间直角坐标系的建立

平面解析几何是通过建立平面直角坐标系，把平面上的点 M 与有序数组 (x,y) 一一对应起来，用代数方法来研究几何问题. 而空间解析几何是通过建立空间直角坐标系，把空间中的点 M 与三元有序数组 (x,y,z) 一一对应，把几何与代数联系起来.

在空间取一定点 O，以 O 为原点作三条具有相同长度单位且相互垂直的数轴 Ox，Oy，Oz，按右手规则确定它们的正方向：通常把 Ox 轴和 Oy 轴配置在水平面上，Oz 轴则在铅直线上，以右手握住 z 轴，当四个手指从 x 轴的正向转过 $\frac{\pi}{2}$ 角度后指向 y 轴的正向时，竖起的拇指的指向为 z 轴的正向(图 7-1). 这样就建立了空间**直角坐标系** $Oxyz$.

点 O 称为坐标**原点**，Ox，Oy，Oz 轴简称为 ***x* 轴**、***y* 轴**、***z* 轴**，又分别称为**横轴**、**纵轴**、**竖轴**，统称为**坐标轴**. 每两个坐标轴唯一确定一个平面，称为**坐标平面**：由 x 轴和 y 轴所确定的平面称为 xOy 平面，由 y 轴和 z 轴所确定的平面称为 yOz 平面，由 z 轴和 x 轴所确定的平面称为 zOx 平面. 三个坐标平面将空间分成八个部分，称为八个**卦限**(图 7-2)：在 xOy 面上方并且在 yOz 面前方、zOx 面右方的那个卦限称为第Ⅰ卦限，在 xOy 面上方按逆时针方向依次为Ⅰ、Ⅱ、Ⅲ、Ⅳ卦限，在 xOy 面下方与Ⅰ、Ⅱ、Ⅲ、Ⅳ相对的依次是Ⅴ、Ⅵ、Ⅶ、Ⅷ**卦限**.

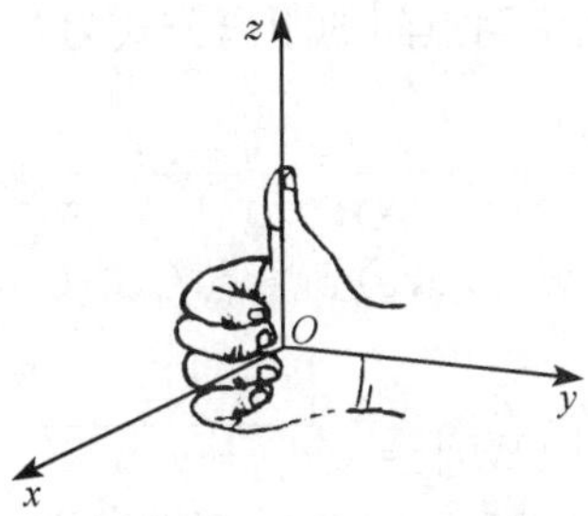

图 7-1

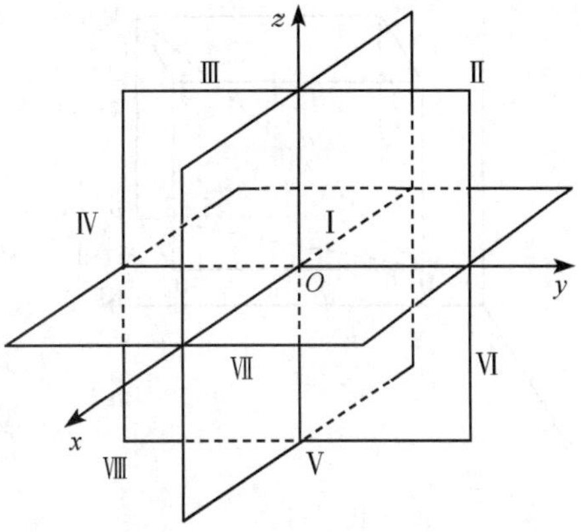

图 7-2

在建立了空间直角坐标系 $Oxyz$ 基础上，那么对**空间中任意一点 M 都与三元有序数组 (x,y,z) 形成一一对应关系**：事实上，过点 M 作三个分别垂直于 x 轴、y 轴、z 轴的平面，与各轴的交点依次为 P、Q、R，这三点在 x 轴，y 轴、z 轴上的坐标依次为 x,y,z. 这样空间中的点 M 就唯一确定了有序数组 (x,y,z). 反之，当给定有序数组 (x,y,z)，可过在 x 轴上坐标为 x 的点 P，在 y 轴上坐标为 y 的点 Q，在 z 轴上坐标为 z 的点 R 作三个平面，依次垂直于 x 轴、y 轴、z 轴，这三个平面的唯一交点 M 就由有序数组 (x,y,z) 唯一确定. 这样就建立起了 M 与有序数组 (x,y,z) 的一一对应关系(图 7-3). 称有序数组 (x,y,z) 为空间中点 M 的坐标，通常记作 $M(x,y,z)$，而 x,y,z 被分别称为点 M 的横坐标，纵坐标、竖坐标.

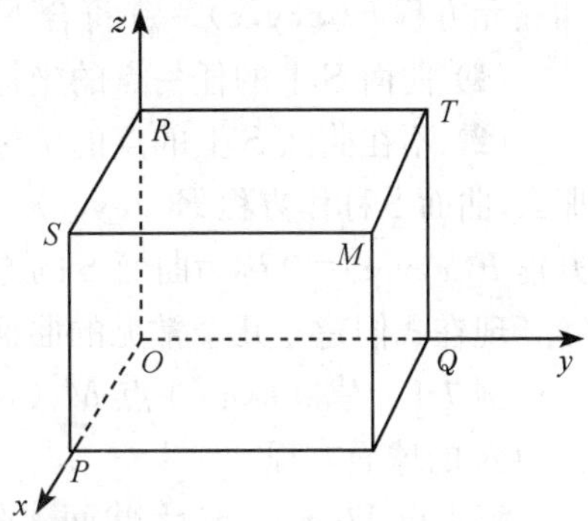

图 7-3

显然，坐标原点 O 的坐标为 $(0,0,0)$；x 轴上点的坐标为 $(x,0,0)$，y 轴上点的坐标为 $(0,y,0)$，z 轴上点的坐标为 $(0,0,z)$；xOy 面上点的坐标为 $(x,y,0)$，yOz 面上的坐标为 $(0,y,z)$，zOx 面上的坐标为 $(x,0,z)$.

2. 两点间的距离

设 $M_1(x_1,y_1,z_1)$ 和 $M_2(x_2,y_2,z_2)$ 为空间任意两点，下面导出 M_1 和 M_2 间的距离公式.

首先，过 M_1，M_2 分别作平行于坐标面的平面，这六个平面构成一个长方体，它的三条边长分别为 $|x_2-x_1|$、$|y_2-y_1|$、$|z_2-z_1|$(图 7-4). 两次运用勾股定理可得 M_1 与 M_2 的距离 $d=|M_1M_2|$ 为

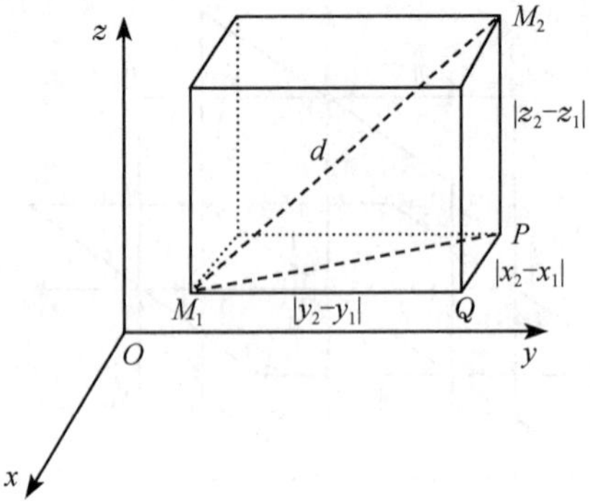

图 7-4

$$d^2=|M_1M_2|^2=|M_1P|^2+|PM_2|^2$$
$$=|PQ|^2+|M_1Q|^2+|PM_2|^2$$
$$=(x_2-x_1)^2+(y_2-y_1)^2+(z_2-z_1)^2.$$

从而得空间中两点间的距离公式为

$$d=|M_1M_2|$$
$$=\sqrt{(x_2-x_1)^2+(y_2-y_1)^2+(z_2-z_1)^2}.$$

特别地,点 $M(x,y,z)$到原点 $O(0,0,0)$的距离为

$$d=|OM|=\sqrt{x^2+y^2+z^2}.$$

例如,点 $M_1(3,0,-1)$到点$M_2(2,-1,4)$的距离为

$$d=|M_1M_2|=\sqrt{(2-3)^2+(-1-0)^2+(4+1)^2}=3\sqrt{3}.$$

7.1.2 曲面及其方程的概念

正如平面解析几何中把平面看作动点的轨迹一样,在空间解析几何中,把曲面也看作是点的几何轨迹.即曲面是具有某种性质的点的集合,在这曲面上的点就具有这种性质.不在曲面上的点就不具有这种性质.在这样的意义下,如果有曲面 S 和三元方程 $F(x,y,z)=0$ 符合下述关系:

(1) 曲面 S 上的任一点的坐标都满足方程 $F(x,y,z)=0$;

(2) 不在曲面 S 上的点的坐标都不满足方程 $F(x,y,z)=0$.

那么,曲面 S 称作方程 $F(x,y,z)=0$ 的图形,而方程 $F(x,y,z)=0$ 称为曲面 S 的方程(图 7-5).

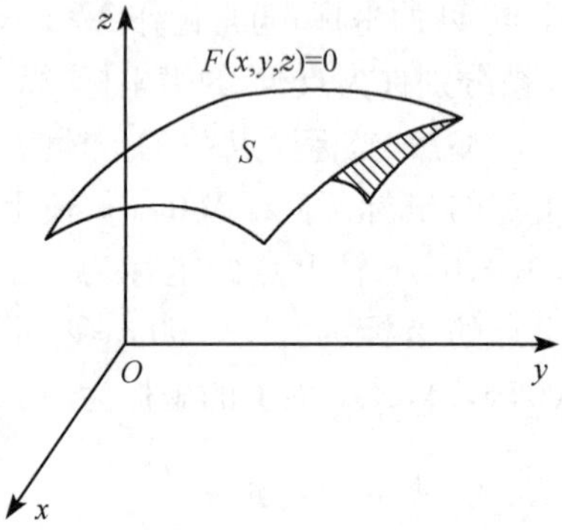

图 7-5

现在我们建立几个常见的曲面方程.

例 7-1 建立球心在点 $M_0(x_0,y_0,z_0)$、半径为 R 的球面方程.

解 设 $M(x,y,z)$为球面上任意一点(图 7-6),那么 $|M_0M|=R$,即

$$\sqrt{(x-x_0)^2+(y-y_0)^2+(z-z_0)^2}=R,$$

或

$$(x-x_0)^2+(y-y_0)^2+(z-z_0)^2=R^2. \tag{7-1}$$

在球面上的点的坐标都满足方程(7-1),而不在球面上的点的坐标都不满足方程(7-1),所以方程(7-1)就是以 $M_0(x_0,y_0,z_0)$为球心、R 为半径的球面方程.

特别地,若球心在原点 $O(0,0,0)$,则球面方程为

$$x^2+y^2+z^2=R^2.$$

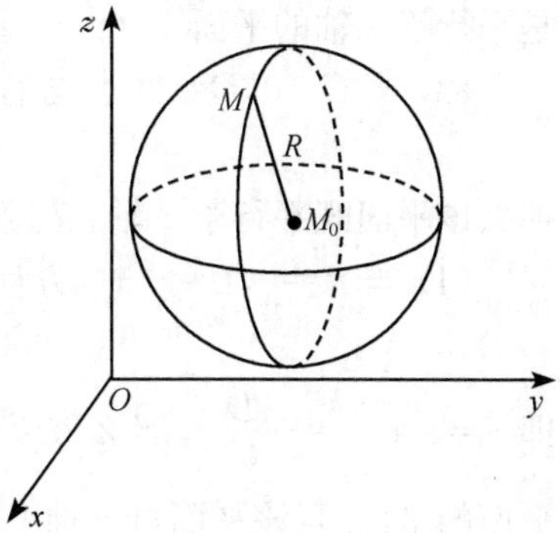

图 7-6

例 7-2 设有点 $A(3,1,5)$ 和 $B(-1,2,1)$，求线段 AB 的垂直平分面方程.

解 由题意可知，所求的平面就是与点 A 和 B 等距离的点的几何轨迹，设 $M(x,y,z)$ 为所求平面上的任一点，那么必有 $|AM|=|BM|$，即

$$\sqrt{(x-3)^2+(y-1)^2+(z-5)^2}$$
$$=\sqrt{(x+1)^2+(y-2)^2+(z-1)^2},$$

整理后便有

$$8x-2y+8z-29=0.$$

显然，这就是所求平面上的点的坐标所满足的方程，而不在此平面上的点的坐标都不满足这个方程. 所以这个方程就是所要求的平面方程.

7.1.3 几种常见的曲面及其方程

1. 平面及其方程

例 7-2 表明 AB 线段的垂直平分面方程是一个三元一次方程. 反过来，一个三元一次方程的图形也一定是空间中的平面. 例如，三元一次方程

$$\frac{x}{1}+\frac{y}{2}+\frac{z}{4}=1$$

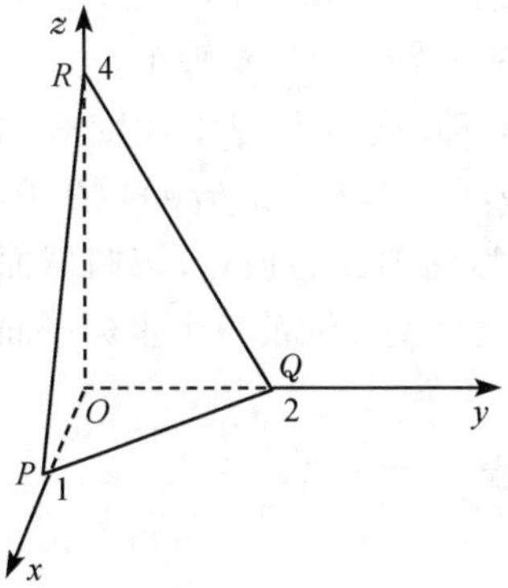

图 7-7

所决定的图形就是一个与 x 轴、y 轴、z 轴的交点分别为 $P(1,0,0)$、$Q(0,2,0)$、$R(0,0,4)$ 的平面(如图 7-7).

一般地，三元一次方程

$$Ax+By+Cz+D=0$$

表示空间中的一个平面，其中 A,B,C 不全为零，称为**平面的一般方程**.

平面一般方程中的系数与平面的位置有着密切的联系.

(1) 当 $D=0$ 时，方程成为

$$Ax+By+Cz=0,$$

显然原点 $O(0,0,0)$ 满足该方程，即这是通过原点的平面.

(2) 当 $C=0$ 时，方程成为

$$Ax+By+D=0,$$

显然，若点 $(x,y,0)$ 满足该方程，那么对任意的 z，点 (x,y,z) 也满足该方程，即这

是平行于 z 轴的平面.

(3) 当 $C=0,D=0$ 时,方程成为

$$Ax+By=0,$$

那么该平面既平行于 z 轴,又过原点,从而是经过 z 轴的平面.

(4) 当 $A=0,B=0$ 时,方程成为

$$Cz+D=0,$$

即 $z=z_0\left(z_0=-\dfrac{D}{C}\right)$,那么该平面既平行于 x 轴又平行于 y 轴,从而平行于 xOy 平面的平面. 且该平面过 z 轴上的点$(0,0,z_0)$. 特别地,$z_0=0$ 时,方程 $z=0$ 实际上就是 xOy 平面.

同理可知,方程 $x=x_0$ 表过点$(x_0,0,0)$,且平行于 yOz 平面的平面;方程 $y=y_0$ 表过点$(0,y_0,0)$且平行于 zOx 平面的平面.

2. 椭球面及其方程

由方程

$$\frac{x^2}{a^2}+\frac{y^2}{b^2}+\frac{z^2}{c^2}=1\quad(a,b,c>0)$$

所确定的曲面称为**椭球面**,该方程称为**椭球面的标准方程**. 其图形的形状如图 7-8 所示.

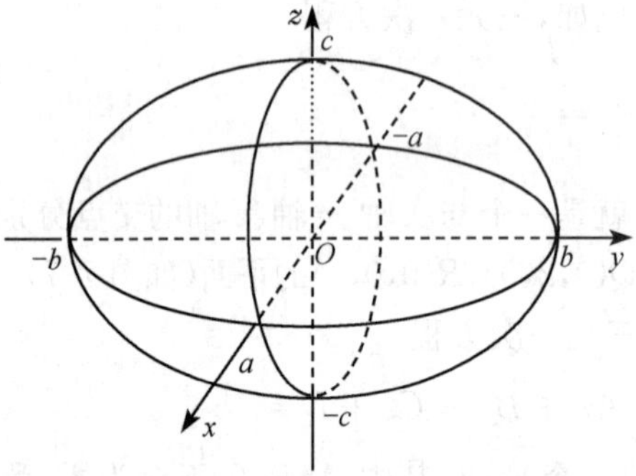

图 7-8

该椭球面的中心在坐标原点. 它的三个轴分别在 x 轴、y 轴、z 轴上,a,b,c 为椭球面的半轴;椭球面与坐标轴有六个交点:$(\pm a,0,0)$,$(0,\pm b,0)$,$(0,0,\pm c)$,称它们为椭球面的顶点;该椭球面关于原点 O,三个坐标轴及三个坐标平面均对称.

特别地,当 $a=b=c$ 时,椭球面方程就成为球面方程 $x^2+y^2+z^2=a^2$.

3. 柱面及其方程

让我们先看一个引例.

例 7-3　方程 $x^2+y^2=R^2$ 表示怎样的曲面?

解　如果仅仅局限在 xOy 平面内讨论,则方程 $x^2+y^2=R^2$ 表示圆心在原点 O、半径为 R 的圆. 但若在空间直角坐标系中讨论,由于方程中不显含 z,因此,只要点 $M(x,y,0)$满足方程 $x^2+y^2=R^2$,那么对任意的 z,$M'(x,y,z)$亦满足该方

程. 这意味着，若 xOy 平面上的点 $M(x,y,0)$ 在圆 $x^2+y^2=R^2$，那么过点 $M(x,y,0)$ 且平行于 z 轴的直线 l 也一定在曲面 $x^2+y^2=R^2$ 上，所以该曲面可以看成是由平行于 z 轴的动直线 l 沿 xOy 面上的圆 $x^2+y^2=R^2$ 作平行移动而形成的**圆柱面**(图 7-9)，xOy 面上的圆 $x^2+y^2=R^2$ 称为它的**准线**，而平行于 z 轴的直线 l 称为它的**母线**.

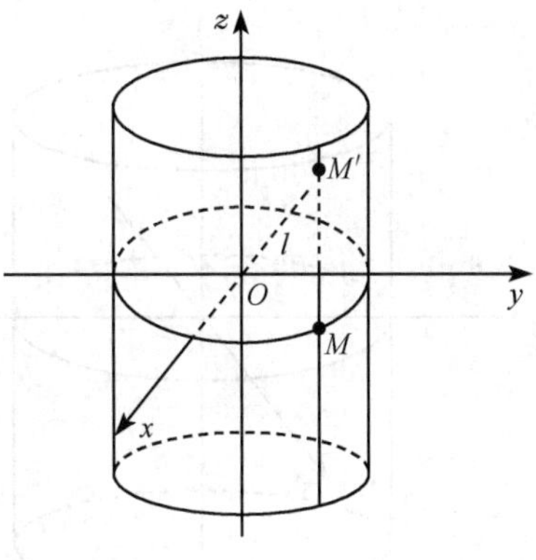

图 7-9

一般地，直线 l 与某定直线平行，并沿定曲线 C 移动所形成的轨迹称为**柱面**. 动直线 l 称为**柱面的母线**，定曲线 C 称为柱面的**准线**(图 7-10).

注 与例 7-3 的分析方法相同，如果曲面方程形如 $F(x,y)=0$(这里只含有 x,y，而不含 z)，那么在空间坐标系中表示母线平行于 z 轴的柱面，其准线是 xOy 面上的曲线 C：$F(x,y)=0$(图 7-11).

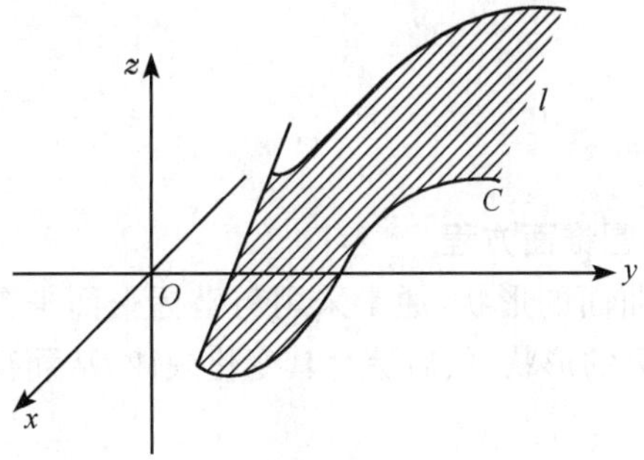

图 7-10

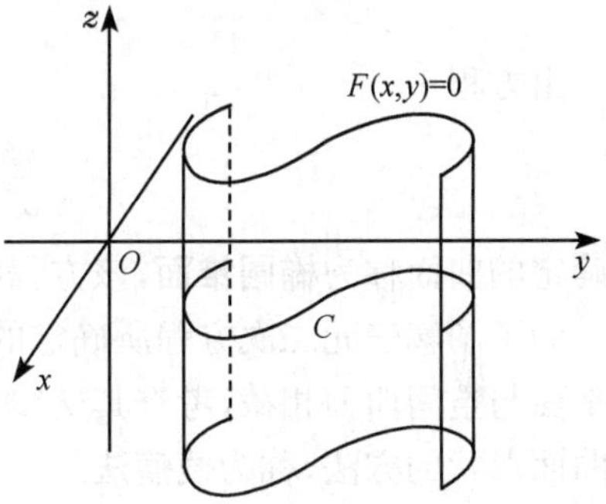

图 7-11

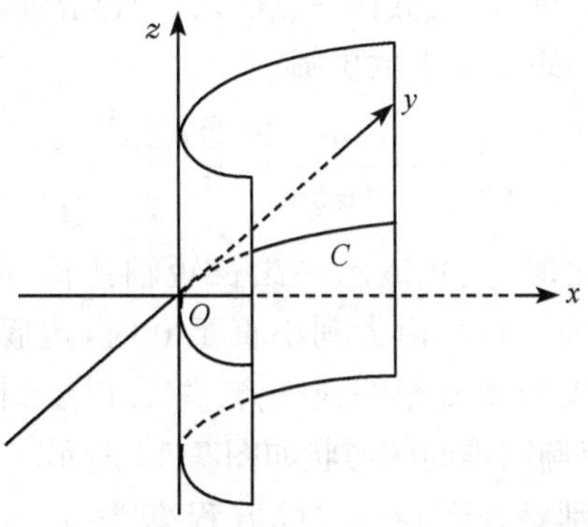

图 7-12

同样，若曲面方程为 $G(y,z)=0$(只含有 y,z，不含 x)，则表示母线平行于 x 轴的柱面；若曲面方程为 $H(z,x)=0$(只含有 z,x，不含 y)，则表示母线平行于 y 轴的柱面. 例如，方程

$$y^2=2px\quad(p>0),$$

$$\frac{x^2}{a^2}+\frac{y^2}{b^2}=1,\quad \frac{x^2}{a^2}-\frac{y^2}{b^2}=1,$$

分别表示母线平行于 z 轴的**抛物柱面**(图 7-12)，**椭圆柱面**(图 7-13)及**双曲柱面**(图 7-14).

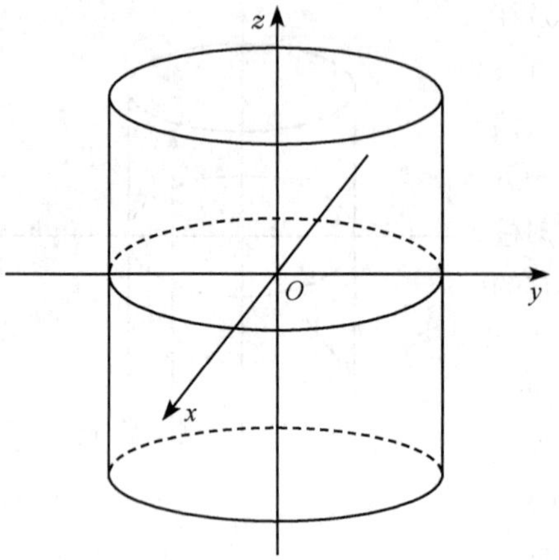

图 7-13

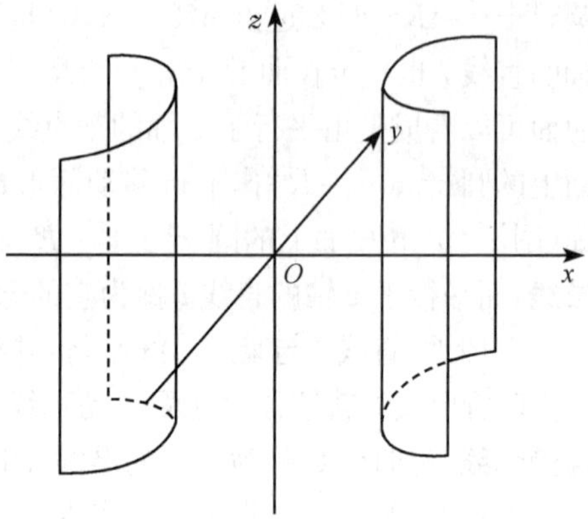

图 7-14

4. 椭圆锥面及其方程

由方程

$$\frac{x^2}{a^2}+\frac{y^2}{b^2}=z^2$$

所确定的曲面称为**椭圆锥面**,该方程称为**椭圆锥面方程**.

为了了解三元二次方程所确定的空间曲面的形状,通常采用与坐标平面平行的平面与空间曲面相截,考查其交线,即截痕的形状,然后综合其变化规律,从而得知曲面形状的方法,称为**截痕法**.

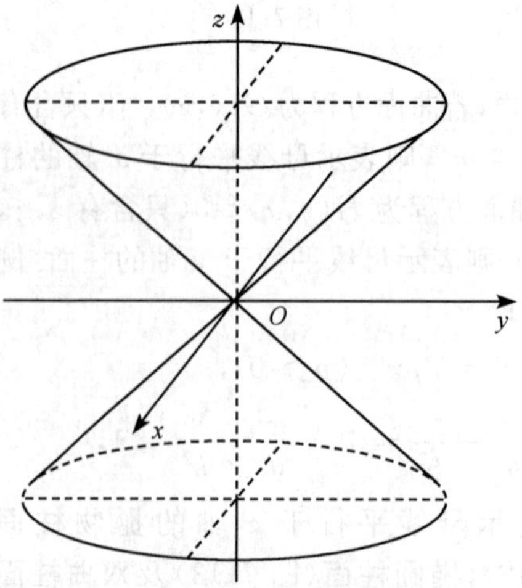

图 7-15

下面就用截痕法讨论上述方程所表示的曲面的形状.

以平行于 xOy 平面的平面 $z=t$ 截此曲面. 当 $t=0$ 时,截得一点 $(0,0,0)$;当 $t\neq 0$ 时,得平面 $z=t$ 上的椭圆

$$\frac{x^2}{(at)^2}+\frac{y^2}{(bt)^2}=1.$$

当 t 变化时,上式表示一簇长短轴比例不变的椭圆. 当 $|t|$ 由大到小直至 0 时,这簇椭圆由大到小直至缩成一点. 综合以上讨论,可得椭圆锥面的形状如图 7-15 所示.

特别地,当 $a=b$ 时,方程变为 $x^2+y^2=a^2z^2$,此时上述截痕由椭圆变成一簇

圆. 因此,称该方程所确定的曲面为**圆锥面**.

5. 椭圆抛物面及其方程

由方程

$$\frac{x^2}{a^2}+\frac{y^2}{b^2}=z$$

所确定的曲面称为**椭圆抛物面**,该方程称为**椭圆抛物面方程**.

我们依然采用截痕法讨论上述方程所表示的曲面的形状.

先用平面 $z=t$ 截此曲面,显然,当 $t<0$ 时,平面 $z=t$ 与曲面无交痕;当 $t=0$ 时,截得唯一一点(0,0,0);当 $t>0$ 时,得平面 $z=t$ 上的椭圆

$$\frac{x^2}{(a\sqrt{t})^2}+\frac{y^2}{(b\sqrt{t})^2}=1.$$

当 t 变化时,上式表示一簇长短轴比例不变的椭圆. 当 t 由大到小直至变为 0 时,这簇椭圆也从大到小直至缩为一点.

再分别用 $x=t$ 和 $y=t$ 去截此曲面,其截痕分别为平面 $x=t$ 上的抛物线 $z=\frac{y^2}{b^2}+\frac{t^2}{a^2}$ 及平面 $y=t$ 上的抛物线 $z=\frac{x^2}{a^2}+\frac{t^2}{b^2}$. 综合上述讨论,可得椭圆抛物面的形状如图 7-16 所示.

特别地,当 $a=b$ 时,方程变为 $x^2+y^2=a^2z$ 此时 $t>0$ 时,平面 $z=t$ 截曲面的截痕均为圆. 因此,该曲面在这种情形下可以看成是由 zOx 平面内的抛物线 $z=\frac{x^2}{a^2}$ 绕 z 轴旋转一周而形成的,所以又称该曲面为**旋转抛物面**.

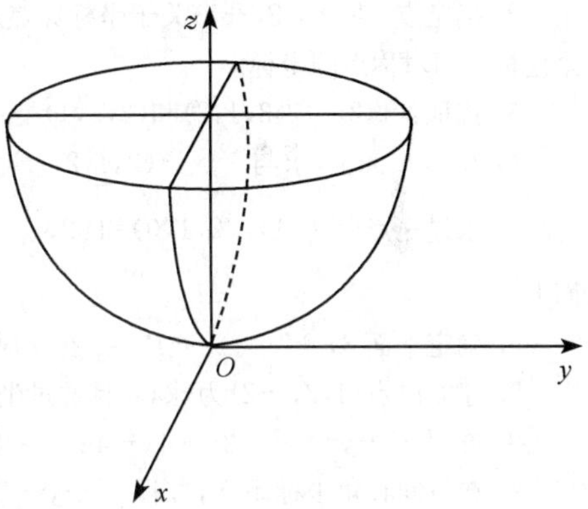

图 7-16

6. 双曲抛物面及其方程

由方程

$$\frac{x^2}{a^2}-\frac{y^2}{b^2}=z$$

所确定的曲面称为**双曲抛物面**,该方程称为**双曲抛物面方程**.

由截痕法,用平面 $x=t$ 截此曲面,所得截痕 l 为平面 $x=t$ 上的抛物线

$$-\frac{y^2}{b^2}=z-\frac{t^2}{a^2},$$

此抛物线开口朝下,其顶点坐标为$\left(t,0,\dfrac{t^2}{a^2}\right)$. 当 t 变化时,l 的形状不变,只是位置作平移,而 l 的顶点的轨迹 L 为平面 $y=0$ 上的抛物线

$$z=\frac{x^2}{a^2}.$$

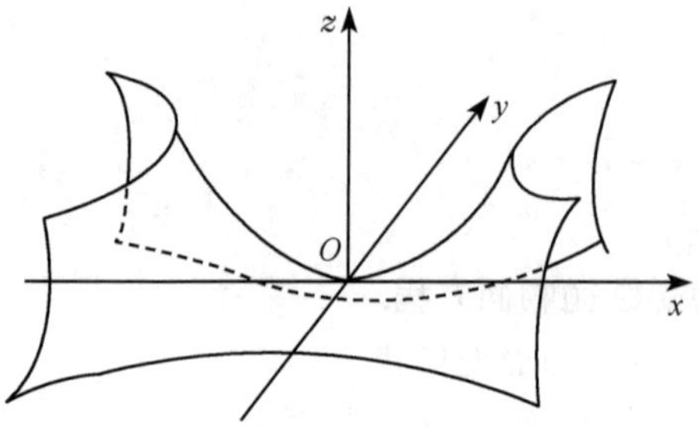

图 7-17

因此,以 l 为母线,L 为准线,母线 l 的顶点在准线 L 上滑动,且母线作平行移动,这样所得到的曲面便是**双曲抛物面**(图 7-17). 上述双曲抛物面又称**马鞍面**.

习　题　7.1

1. 在空间直角坐标系中,指出下列各点在哪一个卦限:

(1) $(-3,2,\sqrt{5})$;　(2) $(2,-5,4)$;　(3) $(-1,-6,-2)$;

(4) $(2,3,-4)$;　(5) $(2,-3,-4)$;　(6) $(-2,-3,1)$.

2. 确定点 $M(-3,2,-1)$关于坐标原点,x 轴、y 轴、z 轴三个坐标轴以及 xOy,yOz,zOx 三个坐标平面对称点的坐标.

3. 推证:$(1,2,3)$,$(3,1,2)$和$(2,3,1)$是一个等边三角形的三个顶点.

4. 在 yOz 面上,求与三点 $A(3,1,2)$、$B(4,-2,-2)$和 $C(0,5,1)$等距离的点.

5. 求过三点$(1,0,1)$,$(2,1,0)$和$\left(2,\dfrac{1}{2},\dfrac{1}{3}\right)$的平面方程,并判断点$\left(1,1,\dfrac{1}{3}\right)$是否在该平面上.

6. 确定平面 $3x+2y-6z-12=0$ 在 x 轴、y 轴、z 轴上的截距,并画出该平面图形.

7. 建立以点$(1,3,-2)$为球心,且通过坐标原点的球面方程.

8. 方程 $x^2+y^2+z^2-2x+4y-4z-7=0$ 表示什么曲面?

9. 在空间直角坐标系下,方程 $x^2+y^2-2x=0$ 确定怎样的曲面?

10. 求与坐标原点 O 及点$(2,3,4)$的距离之比为 $1:2$ 的点的全体所组成的曲面的方程,它表示怎样的曲面?

11. 指出下列方程在平面解析几何中和在空间解析几何中分别表示什么图形:

(1) $x=2$;　(2) $y=x+1$;

(3) $x^2+y^2=4$;　(4) $x^2-y^2=1$.

12. 画出下列各方程所表示的曲面:

(1) $\left(x-\dfrac{a}{2}\right)^2+y^2=\left(\dfrac{a}{2}\right)^2$;　(2) $-\dfrac{x^2}{4}+\dfrac{y^2}{9}=1$;

(3) $\dfrac{x^2}{9}+\dfrac{z^2}{4}=1$;　(4) $y^2-z=0$;

(5) $4x^2+y^2-z^2=4$;　(6) $\dfrac{z}{3}=\dfrac{x^2}{4}+\dfrac{y^2}{9}$.

7.2 多元函数的概念、极限和连续

7.2.1 平面区域

在一元函数的讨论中，我们用到了区间的概念. 基于对多元函数讨论的需要，我们需要引进区域等概念.

1. 邻域

设 $P_0(x_0,y_0)$ 为 xOy 平面上一定点，$\delta>0$，在 xOy 平面内与 $P_0(x_0,y_0)$ 的距离小于 δ 的点 $P(x,y)$ 的全体，称为**点 P_0 的 δ 邻域**，记作 $U(P_0,\delta)$，即

$$U(P_0,\delta)=\{P\mid |P_0P|<\delta\}=\{(x,y)\mid \sqrt{(x-x_0)^2+(y-y_0)^2}<\delta\}.$$

在几何直观上，$U(P_0,\delta)$ 实际上就是 xOy 平面上以点 P_0 为中心，以 δ 为半径的开圆(即不含圆周).

在 $U(P_0,\delta)$ 中去掉中心 P_0 后的剩余部分，称为点 P_0 的去心邻域，记作 $\mathring{U}(P_0,\delta)$，即

$$\mathring{U}(P_0,\delta)=\{P\mid 0<|P_0P|<\delta\}=\{(x,y)\mid 0<\sqrt{(x-x_0)^2+(y-y_0)^2}<\delta\}.$$

如果不需要指出邻域的半径，通常用 $U(P_0)$ 和 $\mathring{U}(P_0)$ 分别表示点 P_0 的**某个邻域**和**某个去心邻域**.

2. 内点与开集

设 E 为 xOy 平面上一点集，点 $P_0(x_0,y_0)\in E$，若 $\exists\,\delta>0$，使得 $U(P_0,\delta)\subset E$，则称 **P_0 为 E 的内点**；若 E 的所有点均为内点，则称 **E 为开集**(图 7-18).

例如，设点集 $E_1=\{(x,y)\,|\,1<x^2+y^2<4\}$，则 E_1 中的所有点均为内点，从而 E_1 为开集．但若点集 $E_2=\{(x,y)\,|\,1\leqslant x^2+y^2<4\}$，由于 $P(1,0)\in E_2$，但 $P(1,0)$ 却不是 E_2 的内点，因此 E_2 不是开集.

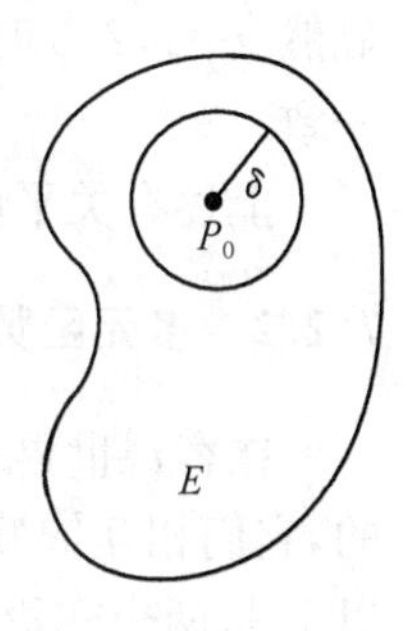

图 7-18

3. 边界点与边界

设 E 为 xOy 平面上的点集，若点 $P_0(x_0,y_0)$ 对任意的 $\delta>0$，总存在点 $P_1(x_1,y_1)$、$P_2(x_2,y_2)\in U(P_0,\delta)$，使得 $P_1\in E$，$P_2\overline{\in}E$，则称 **P_0 为 E 的边界点**；E 的边界点的全体构成的集合称为 **E 的边界**，记作 ∂E(图 7-19).

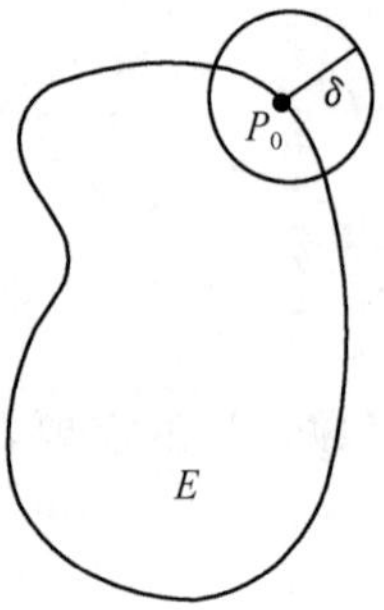

图 7-19

例如，前述的 E_1 和 E_2 有着相同的边界，即

$$\partial E_1 = \partial E_2 = \{(x,y) \mid x^2 + y^2 = 1 \text{ 或 } x^2 + y^2 = 4\}.$$

4. 开区域与闭区域

设 E 为平面点集，P_1，P_2 为 E 内任意两点，若在 E 内总存在一条折线将 P_1 与 P_2 连接起来，则称 E 为**连通集**；连通的开集称为**区域**或**开区域**；区域及其边界所构成的集合称为**闭区域**.

5. 有界区域与与无界区域

若以 $U(O,R)$ 表示以原点 $O(0,0)$ 为圆心，R 为半径的开圆，对于平面区域 E，如果存在充分大的正数 R，使得 $E\subset U(O,R)$，则称 E 为**有界区域**；否则称 E 为**无界区域**.

例如，$\{(x,y)\mid 0<x^2+y^2<1\}$为有界开区域，而$\{(x,y)\mid x+y>1\}$为无界开区域，$\left\{(x,y)\left|\begin{matrix}0\leqslant x\leqslant 1\\ 0\leqslant y\leqslant 1\end{matrix}\right.\right\}$为有界闭区域.

6. n 维空间

设 $n\in\mathbf{N}^+$，定义有序的 n 元实数组 $(x_1,x_2\cdots,x_n)$ 的全体为 ***n* 维空间**，记作 $\mathbf{R}^n$，即

$$\mathbf{R}^n = \{(x_1,x_2,\cdots,x_n) \mid x_i \in \mathbf{R}, i = 1,2,\cdots,n\}.$$

每个实数组 $(x_1,x_2,\cdots,x_n)$ 称为 $\mathbf{R}^n$ 中的一个点，x_i 称为该点的第 i 个坐标. 显然 $\mathbf{R}^1$、$\mathbf{R}^2$、$\mathbf{R}^3$ 分别是实数轴、平面、立体空间中的点的全体.

$\mathbf{R}^n$ 中的点 $P(x_1,x_2,\cdots,x_n)$ 和 $Q(y_1,y_2,\cdots,y_n)$ 间的距离记作 $\rho(P,Q)$，规定

$$\rho(P,Q) = \sqrt{(x_1-y_1)^2+(x_2-y_2)^2+\cdots+(x_n-y_n)^2}$$

显然 $n=1,2,3$ 时，上述规定与数轴上，直角坐标系下平面及空间中两点间的距离一致.

上述有关平面点集的概念读者均可逐一推广到 n 维空间中.

7.2.2　多元函数的概念

在客观世界和经济管理中许多现象和实际问题中，许多变量都不是孤立存在的，它们相互依赖、相互作用. 例如圆锥体的体积 V 与底半径 r 及高度 h 有关，所以 V 是两个变量 r 和 h 的函数，亦即 V 是二元有序数组 (r,h) 的函数. 又如某商品的社会需求量 Q 与该商品的价格 P. 消费者人数 L 及消费者的收入水平 R 有关，所以 Q 就是三个变量 P、L、R 的函数，或者说 Q 是三元有序数组 (P,L,R) 的函数，这种依赖于两个或更多个变量的函数就是多元函数.

1. 二元函数的定义

定义 7-1 设 D 是 R^2 的一个非空子集，如果对任意的 $P(x,y)\in D$，变量 z 按照某一法则 f 总有确定的值与之对应，则称 z 是变量 x，y 的二元函数(或点 P 的函数)，记作

$$z=f(x,y)\quad(\text{或 } z=f(P)).$$

点集 D 称为该函数的定义域，x,y 称为自变量，z 称为因变量，数集$\{z|z=f(x,y),(x,y)\in D\}$称为该函数的值域.

类似地可以定义三元函数

$$u=f(x,y,z),\quad (x,y,z)\in D,$$

或记作

$$u=f(P),\quad P(x,y,z)\in D.$$

一般地，可以定义 n 元函数

$$u=f(x_1,x_2,\cdots,x_n),\quad (x_1,x_2,\cdots,x_n)\in D,$$

或记作

$$u=f(P),\quad P(x_1,x_2,\cdots,x_n)\in D.$$

当 $n\geqslant 2$ 时，n 元函数统称为**多元函数**.

在讨论多元函数的定义域时，我们作与一元函数类似的约定：在讨论用算式表达的多元函数 $u=f(P)$ 时，就以使这个算式有意义的所有 P 组成的点集为这个多元函数的**自然定义域**. 因而这类函数的定义域不用特别标出.

例 7-4 试确定下列函数的定义域：

(1) $z=\sqrt{x-y^2}+\sqrt{2-x^2-y^2}$；

(2) $z=\sqrt{\dfrac{x^2}{9}+\dfrac{y^2}{4}-1}+\dfrac{1}{\sqrt{9-x^2-y^2}}$.

解 (1) 欲使得函数有确定的实数值，就要求 $x-y^2\geqslant 0$，且 $2-x^2-y^2\geqslant 0$. 故定义域为 xOy 平面内的点集

$$D=\left\{(x,y)\left|\begin{array}{l}x\geqslant y^2\\ x^2+y^2\leqslant 2\end{array}\right.\right\}$$

为 xOy 平面上的有界闭区域(如图 7-20 所示).

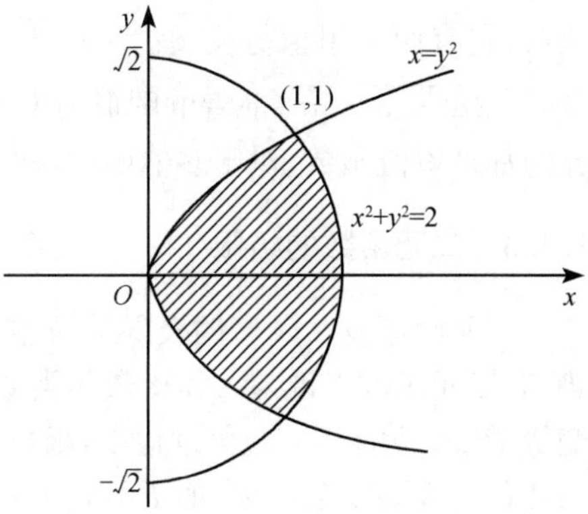

图 7-20

(2) 同样要使函数 z 有意义，必须满足不等式$\dfrac{x^2}{9}+\dfrac{y^2}{4}-1\geqslant 0$，且 $9-x^2-y^2>0$. 即定义域为

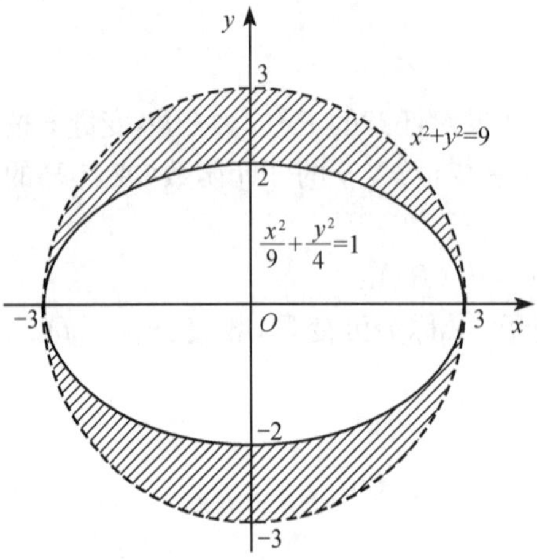

图 7-21

$$D=\left\{(x,y)\left|\frac{x^2}{9}+\frac{y^2}{4}\geqslant 1\right.\right.$$
$$\left.\text{且 } x^2+y^2<9\right\}$$

为 xOy 平面内的有界点集(图 7-21).

2. 二元函数的几何意义

取定空间直角坐标系,设二元函数 $z=f(x,y)$ 的定义域为 xOy 平面上的区域 D. 任取 $P(x,y)\in D$,由 $z=f(x,y)$ 可确定出三维空间中一点 $M(x,y,f(x,y))$,当点 $P(x,y)$ 在区域 D 内变动时,与之相应的点 M 也在空间相应的变动,当 $P(x,y)$ 取遍 D 上所有点时,得到一个空间点集

$$\{(x,y,z)\mid z=f(x,y),(x,y)\in D\}$$

构成一张空间曲面,这个曲面就称为二元函数 $z=f(x,y)$ 的图形(图 7-22),因此二元函数可以用一张曲面作为它的几何表示.

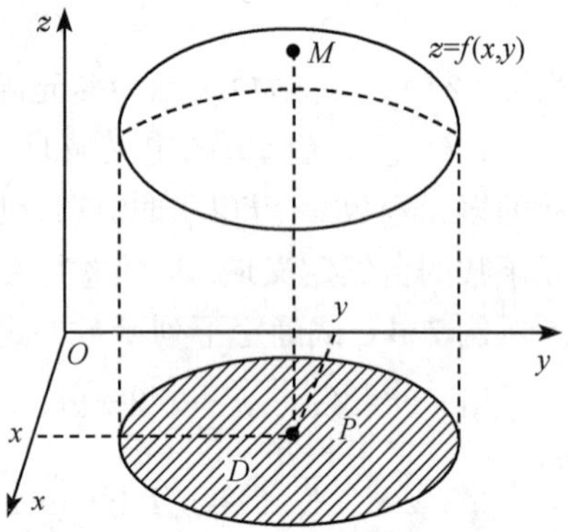

图 7-22

例如,由空间解析几何知道,二元函数 $z=x^2+y^2$ 的图形为旋转抛物面. 又如由方程 $x^2+y^2+z^2=a^2$ 所确定的函数 $z=f(x,y)$ 的图形是球心在原点,半径为 a 的球面,其定义域为 $D=\{(x,y)\mid x^2+y^2\leqslant a^2\}$,但对 D 的任一内点 (x,y),有两个函数值 $\sqrt{a^2-x^2-y^2}$ 和 $-\sqrt{a^2-x^2-y^2}$ 与之对应,因此该函数为多值函数,它有两个单值分支 $z=\sqrt{a^2-x^2-y^2}$ 和 $z=-\sqrt{a^2-x^2-y^2}$,前者的图形为上半球面,后者为下半球面. 一般地,我们所研究的都是单值函数,对于多值函数,往往找出其全部单值分支后分别进行讨论.

7.2.3　二元函数的极限

一元函数 $y=f(x)$ 的极限是描述在自变量的某一变化过程中,函数的变化趋势. 对二元函数来说与一元函数相类似,二元函数 $z=f(x,y)$ 的极限也是描述在自变量 $P(x,y)$ 的某一变化过程中,函数的变化趋势. 但是二元函数的自变量 $P(x,y)$ 的变化过程要复杂得多. 如 $P(x,y)\to P_0(x_0,y_0)$ 的方式可以有任意多,路径也有各式各样,因此二元函数的极限问题就比一元函数的极限问题要复杂得多.

设 $P(x,y)$与 $P_0(x_0,y_0)$是 xOy 平面上的两个相异点,点 P 趋向于 P_0,可记作$(x,y)\to(x_0,y_0)$,也可记作 $P\to P_0$. 其实都等价于点 P 与点 P_0 之间的距离趋向于 0,即

$$\rho=|PP_0|=\sqrt{(x-x_0)^2+(y-y_0)^2}\to 0.$$

这样就可以仿照一元函数极限的描述性定义,给出二元函数的描述性定义如下:

定义 7-2 设二元函数 $f(P)=f(x,y)$的定义域为 D,如果对任意的 $\delta>0$, $\mathring{U}(P_0,\delta)\cap D\neq\varnothing$,当 $P(x,y)\in D$ 与定点 $P_0(x_0,y_0)$之间的距离 $\rho=\sqrt{(x-x_0)^2+(y-y_0)^2}$趋向于零时,函数 $f(x,y)$趋向于一个常数 A,则我们称 A 是 P 趋向于 P_0 时,函数 $f(x,y)$的极限记作

$$\lim_{(x,y)\to(x_0,y_0)} f(x,y)=A \quad 或 \quad \lim_{\substack{x\to x_0\\ y\to y_0}} f(x,y)=A,$$

也可以记作

$$\lim_{P\to P_0} f(P)=A \quad 或 \quad \lim_{\rho\to 0} f(P)=A.$$

为了区别于一元函数的极限,我们通常把二元函数的极限称作二重极限. 显然,二元函数极限的定义,可相应地推广到 n 元函数上去.

例 7-5 设 $f(x,y)=xy\sin\dfrac{1}{x^2+y^2}$,求 $\lim\limits_{(x,y)\to(0,0)} f(x,y)$.

解 题设函数的定义域 $D=R^2\setminus\{(0,0)\}$,对 $\forall\delta>0$,有 $\mathring{U}(0,\delta)\cap D\neq\varnothing$,因为

$$0\leqslant|f(x,y)|=\left|xy\sin\frac{1}{x^2+y^2}\right|\leqslant|xy|\leqslant x^2+y^2.$$

而

$$\lim_{(x,y)\to(0,0)}(x^2+y^2)=0,$$

故

$$\lim_{(x,y)\to(0,0)} f(x,y)=0.$$

注 所谓二重极限存在,是指当 $P(x,y)$在 D 上以任意方式趋向于点 $P_0(x_0,y_0)$时,$f(x,y)$都以常数 A 为极限. 即如果 $P(x,y)$在 D 上以某种特殊方式趋向于 $P_0(x_0,y_0)$时,$f(x,y)$趋向于常数 A,则不能断定 $f(x,y)$的极限存在. 现在把问题反过来,如果当 $P(x,y)$在 D 上以不同的方式趋向于 $P_0(x_0,y_0)$时,$f(x,y)$趋向于不同的常数,那么可断定 $f(x,y)$的极限不存在. 其实也可以把问题这样简化描述:如果 l_1 和 l_2 是 D 上的两条可以趋向于 $P_0(x_0,y_0)$的不同路径. 若沿着路径 $l_1 P\to P_0$ 时,$f(x,y)$的极限为 A,而沿着路径 $l_2 P\to P_0$ 时,$f(x,y)$的极限为 B,且 $A\neq B$,则可断定 $P\to P_0$ 时 $f(P)$的极限不存在.

例 7-6 讨论极限 $\lim\limits_{(x,y)\to(0,0)}\dfrac{x^2y}{x^4+y^2}$.

解　首先选取路径 $l_1: y=x$，当 $P(x,y)$ 沿着 l_1 趋向于 $O(0,0)$ 时，有

$$\lim_{\substack{(x,y)\to(0,0)\\ y=x}} \frac{x^2y}{x^4+y^2} = \lim_{x\to 0}\frac{x^3}{x^4+x^2} = 0.$$

再选取路径 $l_2: y=x^2$，当 $P(x,y)$ 沿着 l_2 趋向于 $O(0,0)$ 时，有

$$\lim_{\substack{(x,y)\to(0,0)\\ y=x^2}} \frac{x^2y}{x^4+y^2} = \lim_{x\to 0}\frac{x^4}{x^4+x^4} = \frac{1}{2}.$$

由上述可知，所讨论的极限不存在.

例 7-7　设 $f(x,y)=\begin{cases}\dfrac{xy}{x^2+y^2}, & (x,y)\neq(0,0),\\ 0, & (x,y)=(0,0),\end{cases}$

试讨论 $(x,y)\to(0,0)$ 时，$f(x,y)$ 的极限.

解　由于 $f(x,0)=0$，所以当点 $P(x,y)$ 沿着直线 $y=0$ 趋于 $(0,0)$ 时，有 $\lim\limits_{x\to 0} f(x,0)=0$，同样，由于 $f(0,y)=0$，所以当点 $P(x,y)$ 沿着直线 $x=0$ 趋于 $(0,0)$ 时，也有 $\lim\limits_{y\to 0} f(0,y)=0$.

若点 $P(x,y)$ 沿着直线 $y=kx(k\neq 0)$ 趋于点 $(0,0)$ 时，有

$$\lim_{\substack{(x,y)\to(0,0)\\ y=kx}} f(x,y) = \lim_{\substack{(x,y)\to(0,0)\\ y=kx}} \frac{xy}{x^2+y^2} = \lim_{x\to 0}\frac{kx^2}{x^2+(kx)^2} = \frac{k}{1+k^2}.$$

由此可见，当点 $P(x,y)$ 沿着不同的直线 $y=kx$（k 取不同的值）趋于 $O(0,0)$ 时，函数 $f(x,y)$ 趋向于不同的值. 因此，函数 $f(x,y)$ 在点 $(0,0)$ 处的极限不存在.

由于二元函数极限的概念和一元函数极限的概念相类似，因此二元（或多元）函数的极限运算有着与一元函数极限相类似的运算法则.

例 7-8　求 $\lim\limits_{\substack{x\to 1\\ y\to 0}} \dfrac{3-\sqrt{xy+9}}{xy}$.

解　原式 $=\lim\limits_{\substack{x\to 1\\ y\to 0}} \dfrac{-xy}{xy(3+\sqrt{xy+9})} = \lim\limits_{\substack{x\to 1\\ y\to 0}} \dfrac{-1}{3+\sqrt{xy+9}} = -\dfrac{1}{6}$.

7.2.4　二元函数的连续性

有了二元函数的极限概念，就可进一步去讨论二元函数的连续性.

定义 7-3　设二元函数 $f(P)=f(x,y)$ 的定义域为 D，$P_0(x_0,y_0)\in D$，如果

$$\lim_{(x,y)\to(x_0,y_0)} f(x,y) = f(x_0,y_0),$$

则称函数 $f(x,y)$ 在点 $P_0(x_0,y_0)$ 处连续.

如果 $f(x,y)$ 在 D 的每一点处都连续，则称 $f(x,y)$ **在 D 上连续**，或称 $f(x,y)$ 是 **D 上的连续函数**. 其几何图形是空间中的一张连续曲面.

若 $f(x,y)$ 在点 $P_0(x_0,y_0)$ 不连续，则称 P_0 是 $f(x,y)$ 的**间断点**. 有时二元函

数的间断点可以形成一条曲线，我们称之为函数的间断线. 例如，函数 $z=\sin\dfrac{1}{1-x^2-y^2}$，在圆周 $x^2+y^2=1$ 上没有定义，所以圆周上的一切点均为间断点，亦即它构成函数的间断线.

例 7-9 函数 $f(x,y)=\begin{cases}\dfrac{xy}{\sqrt{x^2+y^2}}, & (x,y)\neq(0,0),\\ 0, & (x,y)=(0,0)\end{cases}$ 在点 $O(0,0)$ 处是连续的.

这是因为当 $(x,y)\neq(0,0)$ 时，$\left|\dfrac{y}{\sqrt{x^2+y^2}}\right|\leqslant 1$，且 $\lim\limits_{(x,y)\to(0,0)} x=0$，于是

$$\lim_{(x,y)\to(0,0)} f(x,y)=\lim_{(x,y)\to(0,0)}\frac{xy}{\sqrt{x^2+y^2}}$$
$$=\lim_{(x,y)\to(0,0)}\left[x\cdot\frac{y}{\sqrt{x^2+y^2}}\right]=0=f(0,0).$$

例 7-10 函数 $f(x,y)=\begin{cases}\dfrac{xy}{x^2+y^2}, & (x,y)\neq(0,0),\\ 0, & (x,y)=(0,0).\end{cases}$

在点 $O(0,0)$ 处间断.

这是因为，尽管 $f(x,y)$ 在点 $(0,0)$ 处有定义，即 $f(0,0)=0$，但由例 7-7 已推得 $\lim\limits_{(x,y)\to(0,0)} f(x,y)$ 不存在，从而 $O(0,0)$ 必为函数的间断点.

与一元函数相同，利用二元函数极限运算法则可以证明：二元连续函数的和、差、积、商(分母为零的点除外)仍是连续函数；二元连续函数的复合函数还是连续函数.

在有界闭区域上的二元连续函数和闭区间上连续函数相类似，有如下性质.

(1) 有界性定理：定义在有界闭区域 D 上的二元连续函数，在 D 上有界；

(2) 最值定理：定义在有界闭区域 D 上的二元连续函数，在 D 上必能取得其最大值和最小值；

(3) 介值定理：定义在有界闭区域 D 上的二元连续函数，若其最大值和最小值不等，则在 D 上函数至少一次取得介于最大值和最小值之间的任何数值.

与一元初等函数相类似，**多元初等函数**是指：由常量及两个以上变量的基本初等函数经过有限次的四则运算和复合步骤所构成的由解析式表达的函数. 例如，$xy\sin\dfrac{y}{x}$，$\ln(1+x+y^2)$，$(x+y+z)e^{xyz}$ 等都是多元初等函数.

由上述分析可得如下结论：**多元初等函数在其定义区域内都是连续函数**. 这里的定义区域是指包含在多元函数定义域内的区域.

二元函数极限、连续的定义以及有界闭区域上连续函数的性质均可以平行地推广到二元以上的多元函数中去.

习　题　7.2

1. 判定下列平面点集中哪些是开集、区域、有界集、无界集？并分别指出它们的边界.

(1) $\{(x,y)\mid x\neq 0,y\neq 0\}$；

(2) $\{(x,y)\mid 1<x^2+y^2\leqslant 4\}$；

(3) $\{(x,y)\mid y>x^2\}$；

(4) $\{(x,y)\mid x^2+(y-1)^2\geqslant 1\}\cap\{(x,y)\mid x^2+(y-2)^2\leqslant 4\}$.

2. 求下列各函数的函数值：

(1) $f(x,y)=\dfrac{x^2+y^2}{xy}$，求 $f(2,1)$，$f\left(1,\dfrac{x}{y}\right)$；

(2) $f(x,y)=\dfrac{xy}{x+y}$，求 $f(x+y,x-y)$，$f\left(\dfrac{y}{x},xy\right)$；

(3) $f(x,y)=x^2+y^2-xy\tan\dfrac{x}{y}$，求 $f(tx,ty)$；

(4) $f(u,v,w)=u^w+w^{u+v}$，求 $f(x+y,x-y,xy)$.

3. 由已知条件确定 $f(x,y)$：

(1) $f\left(x+y,\dfrac{y}{x}\right)=x^2-y^2$；

(2) $f\left(\ln x,\dfrac{y}{x}\right)=\dfrac{x^2+x(\ln y-\ln x)}{y+x\ln x}$.

4. 求下列函数的定义域，并画出定义域的图形：

(1) $z=\ln(y^2-2x+1)$；　　(2) $z=\sqrt{x-\sqrt{y}}$；

(3) $z=\sqrt{x^2+y^2-1}+\sqrt{4-x^2-y^2}$；　　(4) $z=\ln[y\ln(x-y)]$；

(5) $z=\ln 3x+\tan y$；　　(6) $z=\dfrac{1}{x^2+y^2}-\sqrt{x-y}$；

(7) $z=\dfrac{1}{\sqrt{x+y}}+\dfrac{1}{\sqrt{x-y}}$；　　(8) $z=\ln(y-x)+\dfrac{\sqrt{x}}{\sqrt{1-x^2-y^2}}$.

5. 求下列各极限：

(1) $\lim\limits_{(x,y)\to(0,0)}(x^2+y^2)\sin\dfrac{1}{x^2y^2}$；

(2) $\lim\limits_{(x,y)\to(0,0)}\dfrac{xy}{\sqrt{xy+1}-1}$；

(3) $\lim\limits_{(x,y)\to(0,1)}\dfrac{1-xy}{x^2+y^2}$；

(4) $\lim\limits_{(x,y)\to(2,0)}\dfrac{\sin(xy)}{y}$；

(5) $\lim\limits_{(x,y)\to(1,0)}\dfrac{\ln(x+e^y)}{\sqrt{x^2+y^2}}$;

(6) $\lim\limits_{(x,y)\to(0,0)}\dfrac{1-\cos(x^2+y^2)}{(x^2+y^2)e^{x^2y^2}}$.

6. 证明下列极限不存在：

(1) $\lim\limits_{(x,y)\to(0,0)}\dfrac{x+y}{x-y}$; (2) $\lim\limits_{(x,y)\to(0,0)}\dfrac{x^2y^2}{x^2y^2+(x-y)^2}$.

7. 函数 $f(x,y)=\dfrac{y^2+2x}{y^2-2x}$ 在哪些点不连续.

8. 讨论函数 $f(x,y)=\begin{cases}(x^2+y^2)\ln(x^2+y^2), & x^2+y^2\neq 0,\\ 0, & x^2+y^2=0\end{cases}$ 在(0,0)处的连续性.

7.3 偏 导 数

在一元函数微分学中，我们从讨论函数对于自变量的变化率引入了导数概念. 对于多元函数来说，由于自变量数的增加，使得函数关系更加复杂. 本节讨论多元函数的变化率问题. 以二元函数 $z=f(x,y)$ 为例，在点 $P_0(x_0,y_0)$ 附近，$P(x,y)$ 的变化有无穷多个方向，因此，需要讨论各个方向的变化率，即方向导数. 下面仅讨论多元函数沿平行坐标轴方向的变化率，即一个变量变化，其他变量固定不变时的变化率，称为对变化的自变量的偏导数.

7.3.1 偏导数的定义及其计算法

1. 偏导数的定义

定义 7-4 设函数 $z=f(x,y)$ 在 $P_0(x_0,y_0)$ 的某一邻域 $U(P_0)$ 内有定义，若固定 $y=y_0$，而 x 在 x_0 处有增量 Δx，相应地函数有关于 x 的偏增量

$$\Delta_x z = f(x_0+\Delta x,y_0)-f(x_0,y_0).$$

如果

$$\lim_{\Delta x\to 0}\frac{\Delta_x z}{\Delta x}=\lim_{\Delta x\to 0}\frac{f(x_0+\Delta x,y_0)-f(x_0,y_0)}{\Delta x}$$

存在，则称此极限为函数 $z=f(x,y)$ 在点 $P_0(x_0,y_0)$ 处**关于 x 的偏导数**，记作

$$f_x(x_0,y_0),\quad z_x(x_0,y_0),\quad \left.\frac{\partial f}{\partial x}\right|_{(x_0,y_0)}\quad 或\quad \left.\frac{\partial z}{\partial x}\right|_{(x_0,y_0)}.$$

类似地，若固定 $x=x_0$，y 在 y_0 处有增量 Δy，相应地函数有关于 y 的偏增量

$$\Delta_y z = f(x_0,y_0+\Delta y)-f(x_0,y_0).$$

如果

$$\lim_{\Delta y\to 0}\frac{\Delta_y z}{\Delta y}=\lim_{\Delta y\to 0}\frac{f(x_0,y_0+\Delta y)-f(x_0,y_0)}{\Delta y}$$

存在,则称此极限为函数 $z=f(x,y)$ 在点 $P_0(x_0,y_0)$ 处**关于 y 的偏导数**,记作

$$f_y(x_0,y_0),\quad z_y(x_0,y_0),\quad \left.\frac{\partial f}{\partial y}\right|_{(x_0,y_0)}\quad 或\quad \left.\frac{\partial z}{\partial y}\right|_{(x_0,y_0)}.$$

由上述定义可以看出,$f_x(x_0,y_0)$ 和 $f_y(x_0,y_0)$ 是函数 $f(x,y)$ 在点 P_0 分别沿平行于 x 轴和 y 轴方向上的变化率.

若函数 $z=f(x,y)$ 在区域 D 内每一点 (x,y) 都存在对 x(对 y)的偏导数,那么这个偏导数是 x,y 的函数,它就称为函数 $f(x,y)$ 在 D 内对 x(对 y)的**偏导函数**,亦简称**偏导数**,记作

$$f_x(x,y),\quad z_x,\quad \frac{\partial f}{\partial x}或\frac{\partial z}{\partial x}\left(f_y(x,y),z_y,\frac{\partial f}{\partial y}或\frac{\partial z}{\partial y}\right).$$

显然,$f_x(x_0,y_0)$ 是偏导函数 $f_x(x,y)$ 在点 (x_0,y_0) 处的函数值;$f_y(x_0,y_0)$ 是偏导函数 $f_y(x,y)$ 在 (x_0,y_0) 处的函数值.

实际上,求 $z=f(x,y)$ 的偏导并不需要新方法,根据偏导数的定义,求 $f_x(x,y)$ 时视 y 为常量,只对 x 求导;求 $f_y(x,y)$ 时视 x 为常量. 只对 y 求导,这样求偏导数在求导法上仍然是一元函数的求导问题,即

$$f_x(x,y)=\frac{d}{dx}f(x,y)\qquad (y 为常量,不变),$$

$$f_y(x,y)=\frac{d}{dy}f(x,y)\qquad (x 为常量,不变).$$

例 7-11　求 $f(x,y)=x^2\ln(1+x+2y)$ 在点 $(-2,1)$ 处的偏导数.

解　先将 y 看作常量,得

$$f_x(x,y)=2x\ln(1+x+2y)+\frac{x^2}{1+x+2y},$$

再将 x 看作常量,得

$$f_y(x,y)=\frac{2x^2}{1+x+2y}.$$

再将 $x=-2,y=1$ 代入以上两式,便有

$$f_x(-2,1)=4,\quad f_y(-2,1)=8.$$

例 7-12　求 $z=x^{\sin y}(x>0)$ 的偏导数.

解　对 x 求偏导时,视 y 为常量. 此时 $x^{\sin y}$ 是关于变量 x 的幂函数. 从而

$$\frac{\partial z}{\partial x}=\sin y\cdot x^{\sin y-1}.$$

对 y 求偏导时,视 x 为常量,这时有

$$\frac{\partial z}{\partial y}=x^{\sin y}\cdot\ln x\cdot\cos y.$$

例 7-13 设 $z=\ln(\sqrt[n]{x}+\sqrt[n]{y})(n\geqslant 2)$,求证

$$x\frac{\partial z}{\partial x}+y\frac{\partial z}{\partial y}=\frac{1}{n}.$$

证 因为

$$\frac{\partial z}{\partial x}=\frac{1}{\sqrt[n]{x}+\sqrt[n]{y}}\cdot\frac{1}{n}x^{\frac{1}{n}-1},$$

$$\frac{\partial z}{\partial y}=\frac{1}{\sqrt[n]{x}+\sqrt[n]{y}}\cdot\frac{1}{n}y^{\frac{1}{n}-1},$$

所以

$$\begin{aligned}x\frac{\partial z}{\partial x}+y\frac{\partial z}{\partial y}&=\frac{1}{n}\frac{1}{\sqrt[n]{x}+\sqrt[n]{y}}(x\cdot x^{\frac{1}{n}-1}+y\cdot y^{\frac{1}{n}-1})\\&=\frac{1}{n}\frac{1}{\sqrt[n]{x}+\sqrt[n]{y}}(x^{\frac{1}{n}}+y^{\frac{1}{n}})=\frac{1}{n}.\end{aligned}$$

偏导数的概念还可以推广到二元以上的函数上去.例如三元函数 $u=f(x,y,z)$在定义域的内点(x,y,z)处关于 x 的偏导数可定义为

$$f_x(x,y,z)=\lim_{\Delta x\to 0}\frac{f(x+\Delta x,y,z)-f(x,y,z)}{\Delta x}.$$

其求法是视 y,z 为常量.对 $f_y(x,y,z)$和 $f_z(x,y,z)$也有类似的定义和求法.

例 7-14 设 $u=x^{\frac{z}{y}}$,求偏导数.

解 先视 y,z 为常量,有

$$\frac{\partial u}{\partial x}=\frac{z}{y}x^{\frac{z}{y}-1}.$$

再视 z,x 为常量,有

$$\frac{\partial u}{\partial y}=x^{\frac{z}{y}}\cdot\ln x\left(-\frac{z}{y^2}\right)=-\frac{z\ln x}{y^2}x^{\frac{z}{y}}.$$

最后视 x,y 为常量,有

$$\frac{\partial u}{\partial z}=x^{\frac{z}{y}}\cdot\ln x\cdot\frac{1}{y}=\frac{\ln x}{y}x^{\frac{z}{y}}.$$

2. 偏导数的几何意义

一元函数 $y=f(x)$在点 x_0 的导数 $f'(x_0)$的几何意义是,曲线在点(x_0,y_0)处切线的斜率.而二元函数 $z=f(x,y)$在点(x_0,y_0)处的偏导数为

$$f_x(x_0,y_0)=\left.\frac{\mathrm{d}f(x,y_0)}{\mathrm{d}x}\right|_{x=x_0},\quad f_y(x_0,y_0)=\left.\frac{\mathrm{d}f(x_0,y)}{\mathrm{d}y}\right|_{y=y_0}.$$

从几何直观上,$f_x(x_0,y_0)$相当于曲面 $z=f(x,y)$被平面 $y=y_0$ 所截得的空间曲线

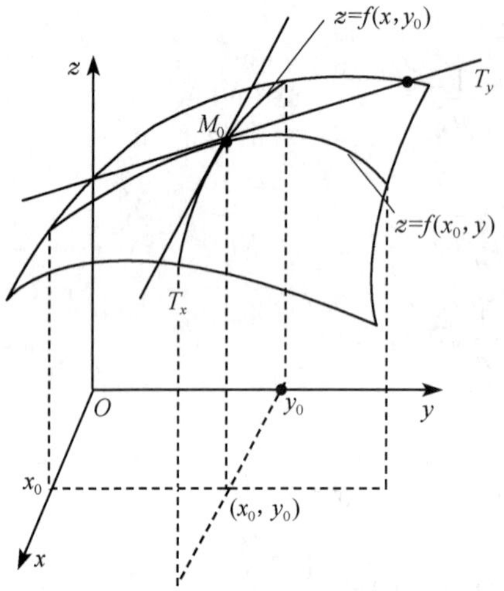

图 7-23

$$\begin{cases} z = f(x,y), \\ y = y_0, \end{cases}$$

在空间中的点 $M_0(x_0,y_0,f(x_0,y_0))$ 处切线 M_0T_x 对 x 轴的斜率；$f_y(x_0,y_0)$ 相当于曲面 $z=f(x,y)$ 被平面 $x=x_0$ 所截得的空间曲线

$$\begin{cases} z = f(x,y), \\ x = x_0, \end{cases}$$

在空间中的点 $M(x_0,y_0,f(x_0,y_0))$ 处切线 M_0T_y 对 y 轴的斜率(图 7-23).

3. 偏导数存在与连续性

在一元函数微分学中，我们已熟知结论：$y=f(x)$ 在点 x_0 处可导，则一定连续，但连续不一定可导. 对于多元函数而言，偏导数存在与连续之间却没有像一元函数那样的必然结果. 以二元函数为例，即使**在 (x_0,y_0) 处，$f'_x(x_0,y_0)$ 及 $f'_y(x_0,y_0)$ 都存在，也不能推得 $z=f(x,y)$ 在 (x_0,y_0) 处连续**. 究其原因：$f_x(x_0,y_0)$ 存在，只能保证空间曲线 $\begin{cases} z=f(x,y), \\ y=y_0 \end{cases}$ 在沿 x 轴方向上的 $x=x_0$ 处连续；$f_y(x_0,y_0)$ 存在，也只能保证空间曲线 $\begin{cases} z=f(x,y), \\ x=x_0 \end{cases}$ 在沿 y 轴方向上的 $y=y_0$ 处连续. 从而不能推出 $z=f(x,y)$ 在 (x_0,y_0) 处连续. 当然，**函数 $f(x,y)$ 在 (x_0,y_0) 处连续也不能推出 $f_x(x_0,y_0)$ 及 $f_y(x_0,y_0)$ 存在**.

例 7-15 验证函数

$$f(x,y) = \begin{cases} \dfrac{xy}{x^2+y^2}, & (x,y) \neq (0,0), \\ 0, & (x,y) = (0,0), \end{cases}$$

在点(0,0)处偏导数存在，但却不连续.

事实上，由于 $f(0+\Delta x,0)=0$，$f(0,0+\Delta y)=0$，故

$$f_x(0,0) = \lim_{\Delta x \to 0} \frac{f(0+\Delta x,0)-f(0,0)}{\Delta x} = \lim_{\Delta x \to 0} \frac{0-0}{\Delta x} = 0,$$

$$f_y(0,0) = \lim_{\Delta y \to 0} \frac{f(0,0+\Delta y)-f(0,0)}{\Delta y} = \lim_{\Delta y \to 0} \frac{0-0}{\Delta y} = 0,$$

即 $f(x,y)$ 在点(0,0)处的两个偏导数均存在，但由例 7-10 知，$f(x,y)$ 在点(0,0)处却不连续.

例 7-16 验证函数 $f(x,y)=\sqrt{x^2+y^2}$ 在点(0,0)处连续，但两个偏导数却不存在.

显然，由于 $\lim\limits_{(x,y)\to(0,0)} f(x,y)=\lim\limits_{(x,y)\to(0,0)}\sqrt{x^2+y^2}=0=f(0,0)$ 知 $f(x,y)$ 在点(0,0)处连续. 又因为

$$\begin{aligned} f_x(0,0) &= \lim_{\Delta x\to 0}\frac{f(0+\Delta x,0)-f(0,0)}{\Delta x} \\ &= \lim_{\Delta x\to 0}\frac{\sqrt{(0+\Delta x)^2+0}-0}{\Delta x} \\ &= \lim_{\Delta x\to 0}\frac{|\Delta x|}{\Delta x}. \end{aligned}$$

从而 $f_x(0,0)$ 不存在. 同样可证得 $f_y(0,0)$ 也不存在.

7.3.2 高阶偏导数

设二元函数 $z=f(x,y)$ 在区域 D 内具有偏导数

$$\frac{\partial z}{\partial x}=f_x(x,y),\quad \frac{\partial z}{\partial y}=f_y(x,y).$$

那么二者在 D 内仍然是 x,y 的函数，若它们对 x 和 y 的偏导数也存在，则称它们是函数 $z=f(x,y)$ 的**二阶偏导数**. 按照对变量求导次序的不同可有下列四个二阶偏导数：

$$\frac{\partial}{\partial x}\left(\frac{\partial z}{\partial x}\right)=\frac{\partial^2 z}{\partial x^2}=z_{xx}=f_{xx}(x,y),\quad \frac{\partial}{\partial y}\left(\frac{\partial z}{\partial x}\right)=\frac{\partial^2 z}{\partial x\partial y}=z_{xy}=f_{xy}(x,y),$$

$$\frac{\partial}{\partial x}\left(\frac{\partial z}{\partial y}\right)=\frac{\partial^2 z}{\partial y\partial x}=z_{yx}=f_{yx}(x,y),\quad \frac{\partial}{\partial y}\left(\frac{\partial z}{\partial y}\right)=\frac{\partial^2 z}{\partial y^2}=z_{yy}=f_{yy}(x,y).$$

其中 $f_{xx}(x,y)$ 是对 x 求二阶偏导数；$f_{yy}(x,y)$ 是对 y 求二阶偏导数；$f_{xy}(x,y)$ 和 $f_{yx}(x,y)$ 称为**混合偏导数**. 同样可得三阶，四阶，…，以及 n 阶偏导数. 通常二阶及二阶以上的偏导数统称为**高阶偏导数**.

例 7-17 设 $z=xe^{\frac{y}{x}}$，求 $\frac{\partial^2 z}{\partial x^2},\frac{\partial^2 z}{\partial x\partial y},\frac{\partial^2 z}{\partial y\partial x},\frac{\partial^2 z}{\partial y^2}$ 及 $\frac{\partial^3 z}{\partial x^2\partial y}$.

解 $\frac{\partial z}{\partial x}=e^{\frac{y}{x}}+xe^{\frac{y}{x}}\left(-\frac{y}{x^2}\right)=\left(1-\frac{y}{x}\right)e^{\frac{y}{x}}$，

$\frac{\partial z}{\partial y}=xe^{\frac{y}{x}}\cdot\frac{1}{x}=e^{\frac{y}{x}}$，

$\frac{\partial^2 z}{\partial x^2}=\frac{y}{x^2}e^{\frac{y}{x}}+\left(1-\frac{y}{x}\right)e^{\frac{y}{x}}\left(-\frac{y}{x^2}\right)=\frac{y^2}{x^3}e^{\frac{y}{x}}$，

$\frac{\partial^2 z}{\partial x\partial y}=-\frac{1}{x}e^{\frac{y}{x}}+\left(1-\frac{y}{x}\right)e^{\frac{y}{x}}\cdot\frac{1}{x}=-\frac{y}{x^2}e^{\frac{y}{x}}$，

$$\frac{\partial^2 z}{\partial y\partial x}=-\frac{y}{x^2}e^{\frac{y}{x}},$$

$$\frac{\partial^2 z}{\partial y^2}=\frac{1}{x}e^{\frac{y}{x}},$$

$$\frac{\partial^3 z}{\partial x^2\partial y}=\frac{2y}{x^3}e^{\frac{y}{x}}+\frac{y^2}{x^3}e^{\frac{y}{x}}\cdot\frac{1}{x}=\frac{2xy+y^2}{x^4}e^{\frac{y}{x}}.$$

从例 7-17 中我们可以看到一个现象：两个二阶混合偏导数相等，即$\frac{\partial^2 z}{\partial x\partial y}=\frac{\partial^2 z}{\partial y\partial x}$. 这并非偶然的巧合，而是在一定的条件下的必然结果. 下述定理揭示了这一规律性.

定理 7-1　若函数 $z=f(x,y)$的二阶混合偏导数 $f_{xy}(x,y)$和 $f_{yx}(x,y)$在区域 D 内连续，那么在区域 D 内必有

$$f_{xy}(x,y)=f_{yx}(x,y).$$

通俗一点说，就是二阶混合偏导数在连续的条件下与求导的次序无关.

例 7-18　验证 $r=\sqrt{x^2+y^2+z^2}$满足方程

$$\frac{\partial^2 r}{\partial x^2}+\frac{\partial^2 r}{\partial y^2}+\frac{\partial^2 r}{\partial z^2}=\frac{2}{r}.$$

证　因

$$\frac{\partial r}{\partial x}=\frac{2x}{2\sqrt{x^2+y^2+z^2}}=\frac{x}{\sqrt{x^2+y^2+z^2}}=\frac{x}{r},$$

$$\frac{\partial^2 r}{\partial x^2}=\frac{r-x\dfrac{\partial r}{\partial x}}{r^2}=\frac{r-\dfrac{x^2}{r}}{r^2}=\frac{r^2-x^2}{r^3}.$$

由函数关于自变量的对称性可知

$$\frac{\partial^2 r}{\partial y^2}=\frac{r^2-y^2}{r^3},\quad \frac{\partial^2 r}{\partial z^2}=\frac{r^2-z^2}{r^3},$$

因此

$$\frac{\partial^2 r}{\partial x^2}+\frac{\partial^2 r}{\partial y^2}+\frac{\partial^2 r}{\partial z^2}=\frac{3r^2-(x^2+y^2+z^2)}{r^3}=\frac{2}{r}.$$

习　题　7.3

1. 求下列函数的偏导数：

(1) $z=\dfrac{xy}{x-y}$；　　(2) $z=\tan\dfrac{x^2}{y}$；

(3) $z=\ln(x-2y)$；　　(4) $z=\arctan\dfrac{y^2-x}{x-y}$；

(5) $z=\sin(\sqrt{x}+\sqrt{y})e^{xy}$； (6) $z=\ln(x+\sqrt{x^2+y^2})$；

(7) $u=x^{y^z}$； (8) $u=\left(\dfrac{x}{y}\right)^z$；

(9) $u=e^{\frac{xz}{y}}\ln y$； (10) $u=\arctan(x-y)^z$.

2. 设 $z=e^{-\left(\frac{1}{x}+\frac{1}{y}\right)}$，求证：$x^2\dfrac{\partial z}{\partial x}+y^2\dfrac{\partial z}{\partial y}=2z$.

3. 求下列函数在指定点的偏导数：

(1) $f(x,y)=e^{-x}\sin(x+2y)$，求 $f_x\left(0,\dfrac{\pi}{4}\right)$，$f_y\left(0,\dfrac{\pi}{4}\right)$；

(2) $f(x,y)=\dfrac{x\cos y-y\cos x}{1+\sin x+\sin y}$，求 $f_x(0,0)$，$f_y(0,0)$；

(3) $f(x,y,z)=\sqrt[z]{\dfrac{x}{y}}$，求 $f_x(1,1,1)$，$f_y(1,1,1)$，$f_z(1,1,1)$.

4. 由下列已知条件，求函数 $f(x,y)$：

(1) 已知 $f_y(x,y)=x^2+2y$；

(2) 已知 $f_x(x,y)=-\sin y+\dfrac{1}{1-xy}$，且 $f(1,y)=\sin y$.

5. 求下列函数的二阶偏导数 z_{xx}，z_{yy} 和 z_{xy}：

(1) $z=y^x$； (2) $z=\arctan\dfrac{x}{y}$；

(3) $z=e^{xe^y}$； (4) $z=\cos\dfrac{x+y}{x-y}$.

6. 求下列函数指定的三阶偏导数：

(1) $f(x,y)=y^2\sqrt{x}$，求 $f_{x^3}(x,y)$，$f_{y^3}(x,y)$，$f_{yx^2}(x,y)$，$f_{xy^2}(x,y)$；

(2) $f(x,y)=\sin(xy)$，求 $f_{xy^2}(x,y)$；

(3) $z=x\ln(xy)$，求$\dfrac{\partial^3 z}{\partial x^2\partial y}$及$\dfrac{\partial^3 z}{\partial x\partial y^2}$.

7. 验证：$y=e^{-kn^2t}\sin nx$ 满足$\dfrac{\partial y}{\partial t}=k\dfrac{\partial^2 y}{\partial x^2}$.

8. 设 $f(x,y)=\begin{cases} xy\dfrac{x^2-y^2}{x^2+y^2}, & x^2+y^2\neq 0, \\ 0, & x^2+y^2=0. \end{cases}$

求 $f_{xy}(0,0)$，$f_{yx}(0,0)$.

7.4 全 微 分

7.4.1 全微分概念

1. 全微分的定义

在讨论二元函数 $z=f(x,y)$的偏导数概念时，用到了函数的两个偏增量

$$\Delta_x z = f(x_0 + \Delta x, y_0) - f(x_0, y_0),$$
$$\Delta_y z = f(x_0, y_0 + \Delta y) - f(x_0, y_0).$$

二者都属于在两个自变量中，固定其中的一个，让另外一个取得增量所得到的函数的增量. 在许多实际问题中，我们需要考察两个自变量都产生增量时，函数的增量，即全增量.

设二元函数 $z=f(x,y)$ 在点 $P_0(x_0,y_0)$ 的某邻域 $U(P_0)$ 内有定义，若自变量 x,y 分别取得增量 $\Delta x,\Delta y$，且 $(x_0+\Delta x,y_0+\Delta y)\in U(P_0)$，则相应地函数的增量

$$\Delta z = f(x_0 + \Delta x, y_0 + \Delta y) - f(x_0, y_0),$$

称为函数 $z=f(x,y)$ 在 $P_0(x_0,y_0)$ 处的全增量.

一般地，计算全增量比较复杂，仿照一元函数，我们希望用自变量的增量 Δx、Δy 的线性函数来近似代替函数的全增量，从而引入全微分的定义. 先让我们看一个引例.

例 7-19　已知矩形的长和宽分别由 x_0,y_0 变到 $x_0+\Delta x,y_0+\Delta y$，当 $|\Delta x|,|\Delta y|$ 很小时，求面积增量的近似值.

解　设矩形的面积为 z，则 $z=xy$，面积的增量 Δz 为

$$\begin{aligned}\Delta z &= (x_0 + \Delta x)(y_0 + \Delta y) - x_0 y_0 \\ &= y_0\Delta x + x_0\Delta y + \Delta x\Delta y.\end{aligned}$$

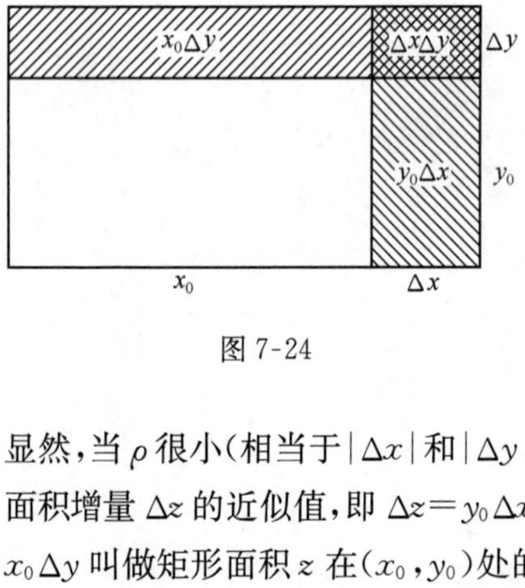

图 7-24

上式的第一部分 $y_0\Delta x+x_0\Delta y$ 是关于 Δx，Δy 的线性函数(图 7-24 中带有斜线的两个矩形面积之和)，第二部分 $\Delta x\Delta y$(图 7-24 中带有阴影的小矩形面积)当 $\rho=\sqrt{(\Delta x)^2+(\Delta y)^2}\to 0(\rho\to 0\Leftrightarrow \Delta x\to 0,\Delta y\to 0)$ 时，是比 ρ 高阶的无穷小量，因为

$$\lim_{\rho\to 0}\frac{\Delta x\Delta y}{\rho} = \lim_{\substack{\Delta x\to 0\\ \Delta y\to 0}}\frac{\Delta x\Delta y}{\sqrt{(\Delta x)^2+(\Delta y)^2}} = 0.$$

显然，当 ρ 很小(相当于 $|\Delta x|$ 和 $|\Delta y|$ 很小)时，可以用第一部分 $y_0\Delta x+x_0\Delta y$ 作为面积增量 Δz 的近似值，即 $\Delta z=y_0\Delta x+x_0\Delta y+o(\rho)\approx y_0\Delta x+x_0\Delta y$. 我们把 $y_0\Delta x+x_0\Delta y$ 叫做矩形面积 z 在 (x_0,y_0) 处的全微分，记作 $\mathrm{d}z|_{(x_0,y_0)}=y_0\Delta x+x_0\Delta y$.

对一般二元函数我们有如下定义.

定义 7-5　设函数 $z=f(x,y)$ 在点 $P_0(x_0,y_0)$ 的某邻域 $U(P_0)$ 内有定义，若函数 $f(x,y)$ 在点 $P_0(x_0,y_0)$ 处的全增量

$$\Delta z = f(x_0 + \Delta x, y_0 + \Delta y) - f(x_0, y_0),$$

可表示为

$$\Delta z = A\cdot\Delta x + B\Delta y + o(\rho),$$

其中 A、B 仅与 $P_0(x_0,y_0)$ 有关，而与 $\Delta x,\Delta y$ 无关，$\rho=\sqrt{(\Delta x)^2+(\Delta y)^2}$，则称 $f(x,y)$ 在**点 P_0 处可微分**，并称 $A\Delta x+B\Delta y$ 为函数 $f(x,y)$ 在**点 P_0 处的全微分**，记作 $\mathrm{d}z|_{(x_0,y_0)}$，即

$$\mathrm{d}z\,|_{(x_0,y_0)}=A\Delta x+B\Delta y.$$

若函数 $z=f(x,y)$ 在区域 D 内各点处都可微分则称函数 $f(x,y)$ **在 D 内可微分**，函数 $f(x,y)$ 在 D 内任意点 (x,y) 处的全微分记作 $\mathrm{d}z$ 或 $\mathrm{d}f(x,y)$.

由上述全微分的定义可以看出，函数 $f(x,y)$ 在点 (x,y) 处的全微分是关于 $\Delta x,\Delta y$ 的线性函数，且当 $\rho\to 0$ 时，$\Delta z-\mathrm{d}z=o(\rho)$，因此，全微分 $\mathrm{d}z$ 是全增量 Δz 的**线性主部**. 故当 ρ 很小时，$\Delta z\approx \mathrm{d}z$.

2. 全微分存在的条件

我们首先讨论多元函数可微分的必要条件.

定理 7-2(可微分的必要条件) 若函数 $z=f(x,y)$ 在点 (x_0,y_0) 处可微分，则

(1) $f(x,y)$ 在点 (x_0,y_0) 处连续；

(2) $f(x,y)$ 在点 (x_0,y_0) 处偏导数存在，且有

$$A=f_x(x_0,y_0),\quad B=f_y(x_0,y_0).$$

证 由条件，$z=f(x,y)$ 在 (x_0,y_0) 处可微分，则

$$\begin{aligned}\Delta z&=f(x_0+\Delta x,y_0+\Delta y)-f(x_0,y_0)\\&=A\Delta x+B\Delta y+o(\rho).\end{aligned}$$

(1) 当 $(\Delta x,\Delta y)\to(0,0)$ 时，由上式，有

$$\lim_{(\Delta x,\Delta y)\to(0,0)}\Delta z=\lim_{(\Delta x,\Delta y)\to(0,0)}[A\Delta x+B\Delta y+o(\rho)]=0,$$

即

$$\lim_{(\Delta x,\Delta y)\to(0,0)}f(x_0+\Delta x,y_0+\Delta y)=f(x_0,y_0),$$

所以 $f(x,y)$ 在点 (x_0,y_0) 处连续.

(2) 若令 $y=y_0$，即 $\Delta y=0$，那么 $\rho=|\Delta x|$，

$$\Delta_x z=f(x_0+\Delta x,y_0)-f(x_0,y_0)=A\Delta x+o(|\Delta x|),$$

于是

$$\begin{aligned}\lim_{\Delta x\to 0}\frac{\Delta_x z}{\Delta x}&=\lim_{\Delta x\to 0}\frac{f(x_0+\Delta x,y_0)-f(x_0,y_0)}{\Delta x}\\&=\lim_{\Delta x\to 0}\left[A+\frac{o(|\Delta x|)}{\Delta x}\right]=A,\end{aligned}$$

再令 $x=x_0$，即 $\Delta x=0$，那么 $\rho=|\Delta y|$，

$$\Delta_y z=f(x_0,y_0+\Delta y)-f(x_0,y_0)=B\Delta y+o(|\Delta y|),$$

于是

$$\lim_{\Delta y\to 0}\frac{\Delta_y z}{\Delta y}=\lim_{\Delta y\to 0}\frac{f(x_0,y_0+\Delta y)-f(x_0,y_0)}{\Delta y}$$
$$=\lim_{\Delta y\to 0}\left[B+\frac{o(|\Delta y|)}{\Delta y}\right]=B,$$

即 $f(x,y)$在点(x_0,y_0)处偏导存在，且有

$$f_x(x_0,y_0)=A,\quad f_y(x_0,y_0)=B.$$

由定理 7-2，若函数 $z=f(x,y)$在点(x_0,y_0)处可微分，则有

$$\mathrm{d}z\big|_{(x_0,y_0)}=f_x(x_0,y_0)\Delta x+f_y(x_0,y_0)\Delta y.$$

一般地，$z=f(x,y)$在点(x,y)处可微分，则全微分为

$$\mathrm{d}z=\frac{\partial z}{\partial x}\Delta x+\frac{\partial z}{\partial y}\Delta y,$$

或

$$\mathrm{d}f(x,y)=f_x(x,y)\Delta x+f_y(x,y)\Delta y.$$

由于当 x,y 为自变量时，$\mathrm{d}x=\Delta x,\mathrm{d}y=\Delta y$，因此

$$\mathrm{d}z=\frac{\partial z}{\partial x}\mathrm{d}x+\frac{\partial z}{\partial y}\mathrm{d}y \text{ 或 } \mathrm{d}f(x,y)=f_x(x,y)\mathrm{d}x+f_y(x,y)\mathrm{d}y.$$

上式即为全微分计算公式.

注　$f(x,y)$在(x_0,y_0)处连续及偏导数存在，只是函数在该点处可微分的必要条件，而非充分条件. 由例 7-15 可知，函数

$$f(x,y)=\begin{cases}\dfrac{xy}{x^2+y^2}, & (x,y)\neq(0,0),\\ 0, & (x,y)=(0,0)\end{cases}$$

在$(0,0)$处偏导数存在，且 $f_x(0,0)=0,f_y(0,0)=0$，但它在$(0,0)$处不连续，从而它在$(0,0)$处不可微分.

又由例 7-16 可知，函数 $f(x,y)=\sqrt{x^2+y^2}$ 在点$(0,0)$处连续，但偏导数不存在，从而它在$(0,0)$处亦不可微分.

由以上讨论可知，多元函数的全微分与偏导数之间的关系与一元函数中微分与导数之间的关系(在一元函数中可导是可微分的充要条件)相比，有着本质差异，这点请读者注意.

下面再不加证明的给出全微分存在的充分条件.

定理 7-3(可微分的充分条件)　若函数 $z=f(x,y)$的偏导数 $f_x(x,y)$与 $f_y(x,y)$在点(x,y)处连续，则 $z=f(x,y)$在点(x,y)处可微分.

综合前面的讨论，二元函数的全微分，偏导数及连续之间有如下关系：

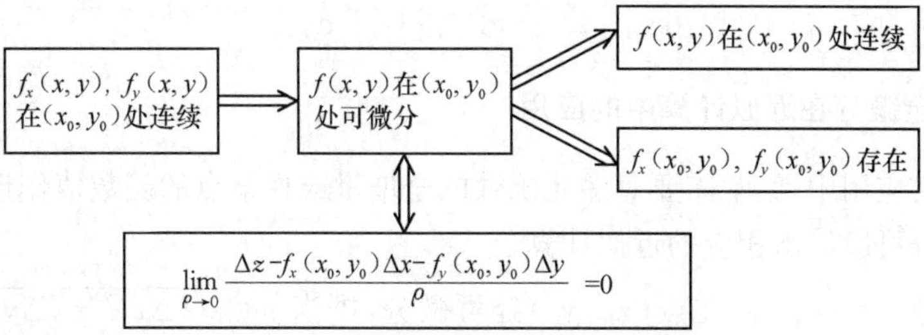

二元函数全微分的概念及相关结论和定理均可推广到二元以上函数中去.例如,若三元函数 $u=f(x,y,z)$的全微分存在,则有

$$du=\frac{\partial u}{\partial x}dx+\frac{\partial u}{\partial y}dy+\frac{\partial u}{\partial z}dz$$

或

$$df(x,y,z)=f_x(x,y,z)dx+f_y(x,y,z)dy+f_z(x,y,z)dz.$$

例 7-20 求下列函数的全微分:

(1) $z=\arctan\dfrac{y}{x}$;

(2) $u=(1+xy)^z$.

解 (1) $$dz=\frac{\partial z}{\partial x}dx+\frac{\partial z}{\partial y}dy$$
$$=\frac{1}{1+\left(\frac{y}{x}\right)^2}\left(-\frac{y}{x^2}\right)dx+\frac{1}{1+\left(\frac{y}{x}\right)^2}\frac{1}{x}dy$$
$$=\frac{-ydx+xdy}{x^2+y^2}.$$

(2) $$du=\frac{\partial u}{\partial x}dx+\frac{\partial u}{\partial y}dy+\frac{\partial u}{\partial z}dz$$
$$=z(1+xy)^{z-1}\cdot ydx+z(1+xy)^{z-1}\cdot xdy+(1+xy)^z\ln(1+xy)dz$$
$$=(1+xy)^z\left[\frac{yz}{1+xy}dx+\frac{xz}{1+xy}dy+\ln(1+xy)dz\right].$$

例 7-21 设 $z=(x+3y)e^{xy}$,求 $dz|_{(1,-1)}$.

解 由于

$$dz=\frac{\partial z}{\partial x}dx+\frac{\partial z}{\partial y}dy$$
$$=[e^{xy}+(x+3y)ye^{xy}]dx+[3e^{xy}+(x+3y)xe^{xy}]dy$$
$$=e^{xy}(1+xy+3y^2)dx+e^{xy}(3+x^2+3xy)dy,$$

将 $x=1,y=-1$ 代入上式,有

$$dz\big|_{(1,-1)} = e^{-1}(3dx + dy).$$

*7.4.2　全微分在近似计算中的应用

在现实应用中，经常需要对多元函数的全增量或在某点的函数值作近似计算. 利用全微分可以给出相应的近似计算公式.

若函数 $z=f(x,y)$ 在点 (x_0,y_0) 处可微分，则当 $\rho=\sqrt{(\Delta x)^2+(\Delta y)^2}$ 很小时 ($|\Delta x|$, $|\Delta y|$ 也很小)，有 $\Delta z\approx dz$，即有

$$\Delta z \approx f_x(x_0,y_0)\Delta x + f_y(x_0,y_0)\Delta y \tag{7-2}$$

及

$$f(x_0+\Delta x, y_0+\Delta y) \approx f(x_0,y_0) + f_x(x_0,y_0)\Delta x + f_y(x_0,y_0)\Delta y. \tag{7-3}$$

例 7-22　设有一无盖圆柱形容器的壁与底的厚度分别为 0.02m 与 0.04m，内半径为 1m，内高为 4m，求容器外壳体积的近似值.

解　该问题是求函数增量的近似值问题，可以利用近似公式(7-2). 依题设，以 r、h 分别表示圆柱形容器的底半径和高，则其体积

$$V = \pi r^2 h,$$

因此

$$\Delta V \approx dV = \frac{\partial V}{\partial r}\Delta r + \frac{\partial V}{\partial h}\Delta h$$
$$= 2\pi rh\Delta r + \pi r^2\Delta h.$$

将 $r=1$m, $h=4$m, $\Delta r=0.02$m, $\Delta h=0.04$m 代入上式，得容器外壳体积的近似值

$$\Delta V \approx 2\pi\times 1\times 4\times 0.02 + \pi\times 1^2\times 0.04 = 0.2\pi(\mathrm{m}^3).$$

例 7-23　近似计算 $\sqrt{(1.02)^3+(1.97)^3}$ 的值.

解　设 $f(x,y)=\sqrt{x^3+y^3}$. 取 $x_0=1$, $y_0=2$, $\Delta x=0.02$, $\Delta y=-0.03$，由近似计算公式(7-3)，有

$$\sqrt{(1.02)^3+(1.97)^3} = f(x_0+\Delta x, y_0+\Delta y)$$
$$\approx f(x_0,y_0) + f_x(x_0,y_0)\Delta x + f_y(x_0,y_0)\Delta y$$
$$= \sqrt{x_0{}^3+y_0{}^3} + \frac{3x_0{}^2}{2\sqrt{x_0{}^3+y_0{}^3}}\Delta x + \frac{3y_0{}^2}{2\sqrt{x_0{}^3+y_0{}^3}}\Delta y$$
$$= 3 + \frac{1}{2}\times 0.02 + 2\times(-0.03) = 2.95.$$

习　题　7.4

1. 求下列函数的全微分：

(1) $z=xy+\frac{x}{y}$；　　(2) $z=e^{\frac{y}{x}}$；

(3) $z=\frac{y}{\sqrt{x^2+y^2}}$；　　(4) $z=y^{\sin x}$；

(5) $z=\arcsin(x\sqrt{y})$；　　(6) $z=\ln(x+\sqrt{x^2+y^2})$；

(7) $u=x^{yz}$；　　(8) $u=\sqrt{x^2+y^2+z^2}$.

2. 求下列函数在指定点的全微分：

(1) $z=\ln(2x+y^3)$在点(1,2)处；

(2) $z=\sqrt{x+y}(\ln x+\ln y)$在点(e,e)处；

(3) $z=\sqrt{xy+\frac{x}{y}}$在点(2,1)处.

3. 求函数 $z=\frac{y}{x}$ 当 $x=2,y=1,\Delta x=0.1,\Delta y=-0.2$ 时的全增量和全微分.

4. 求函数 $z=e^{xy}$ 当 $x=1,y=1,\Delta x=0.15,\Delta y=0.1$ 时的全微分.

5. 计算$(1.97)^{1.05}$的近似值($\ln 2=0.693$).

6. 求函数 $z=f(x,y)$，已知其全微分 $dz=(4x^3+10xy^3-3y^4)dx+(15x^2y^2-12xy^3+5y^4)dy$.

7. 造一长方体无盖铁盒，其内部的长、宽、高分别为 10mm，8mm，7mm，盒子的厚度为 0.1mm，求所用材料的体积的近似值.

8. 有一圆柱体，受压后发生形变，它的半径由 20cm 增大到 20.05cm，高度由 100cm 减少到 99cm. 求此圆柱体体积变化的近似值.

7.5 多元复合函数求导法则

多元复合函数求导法则是一元复合函数函数求导法则在多元复合函数中的推广. 先让我们回顾一元复合函数求导法则的层次结构，由 $y=f(u)$，$u=\varphi(x)$复合而成的函数 $y=f[\varphi(x)]$的求导公式为

$$\frac{dy}{dx}=\frac{dy}{du}\cdot\frac{du}{dx},$$

即因变量对自变量求导，要首先通过中间变量才能到达自变量，即中间变量是不能愈越的求导过程. 多元函数也有类似的求导公式，下面按照多元复合函数不同的层次结构分别进行讨论.

7.5.1 全导数公式

先讨论复合函数的中间变量均为一元函数的情形.

定理 7-4 设函数 $u=\varphi(t)$及 $v=\psi(t)$都在点 t 可导，函数 $z=f(u,v)$在对应点(u,v)处可微分，则复合函数 $z=f[\varphi(t),\psi(t)]$在点 t 可导，且有

$$\frac{\mathrm{d}z}{\mathrm{d}t}=\frac{\partial z}{\partial u}\cdot\frac{\mathrm{d}u}{\mathrm{d}t}+\frac{\partial z}{\partial v}\frac{\mathrm{d}v}{\mathrm{d}t}. \tag{7-4}$$

*证 因函数 $z=f(u,v)$ 在点 (u,v) 处可微分,故函数的全增量

$\Delta z=\frac{\partial z}{\partial u}\cdot\Delta u+\frac{\partial z}{\partial v}\cdot\Delta v+o(\rho)$,其中 $\rho=\sqrt{(\Delta u)^2+(\Delta v)^2}$,那么两端同除以 $\Delta t\neq 0$,则有

$$\begin{aligned}\frac{\Delta z}{\Delta t}&=\frac{\partial z}{\partial u}\frac{\Delta u}{\Delta t}+\frac{\partial z}{\partial v}\frac{\Delta v}{\Delta t}+\frac{o(\rho)}{\rho}\cdot\frac{\rho}{\Delta t}\\&=\frac{\partial z}{\partial u}\frac{\Delta u}{\Delta t}+\frac{\partial z}{\partial v}\frac{\Delta v}{\Delta t}+\frac{o(\rho)}{\rho}\cdot\frac{\sqrt{(\Delta u)^2+(\Delta v)^2}}{|\Delta t|}\cdot\frac{|\Delta t|}{\Delta t}\\&=\frac{\partial z}{\partial u}\frac{\Delta u}{\Delta t}+\frac{\partial z}{\partial v}\frac{\Delta v}{\Delta t}+\frac{o(\rho)}{\rho}\cdot\sqrt{\left(\frac{\Delta u}{\Delta t}\right)^2+\left(\frac{\Delta v}{\Delta t}\right)^2}\cdot\frac{|\Delta t|}{\Delta t}.\end{aligned}$$

因为 $u=\varphi(t)$ 及 $v=\psi(t)$ 都在 t 处可导,故在 t 处也必连续,从而当 $\Delta t\to 0$ 时,有 $\Delta u\to 0,\Delta v\to 0$,进而 $\rho\to 0,\frac{\Delta u}{\Delta t}\to\frac{\mathrm{d}u}{\mathrm{d}t},\frac{\Delta v}{\Delta t}\to\frac{\mathrm{d}u}{\mathrm{d}t}$,又因 $\frac{|\Delta t|}{\Delta t}$ 为有界变量. 因此 $\Delta t\to 0$ 时便有 $\frac{o(\rho)}{\rho}\cdot\sqrt{\left(\frac{\Delta u)}{\Delta t}\right)^2+\left(\frac{\Delta v}{\Delta t}\right)^2}\cdot\frac{|\Delta t|}{\Delta t}\to 0$,上式两边令 $\Delta t\to 0$ 取极限便有

$$\frac{\mathrm{d}z}{\mathrm{d}t}=\frac{\partial z}{\partial u}\frac{\mathrm{d}u}{\mathrm{d}t}+\frac{\partial z}{\partial v}\frac{\mathrm{d}v}{\mathrm{d}t}.$$

这样定理 7-4 便得到了证明. 然而为了便于对定理和求导公式的理解以及结构的认识,在这里提供一种简洁明快的微商记忆方法:

根据定理的条件,$z=f(u,v)$ 在点 (u,v) 处可微分,那么

$$\mathrm{d}z=\frac{\partial z}{\partial u}\mathrm{d}u+\frac{\partial z}{\partial v}\mathrm{d}v.$$

上式两端同除以 $\mathrm{d}t$,便有

$$\frac{\mathrm{d}z}{\mathrm{d}t}=\frac{\partial z}{\partial u}\frac{\mathrm{d}u}{\mathrm{d}t}+\frac{\partial z}{\partial v}\frac{\mathrm{d}v}{\mathrm{d}t}.$$

同样的方法,定理 7-4 的形式可以推广到复合函数的中间变量多于两个的情形. 例如,设 $z=f(u,v,w)$,$u=\varphi(t)$,$v=\psi(t)$,$w=w(t)$ 复合而成的函数

$$z=f[\varphi(t),\psi(t),w(t)],$$

在与定理 7-4 相似的条件下,有下列求导公式

$$\frac{\mathrm{d}z}{\mathrm{d}t}=\frac{\partial z}{\partial u}\frac{\mathrm{d}u}{\mathrm{d}t}+\frac{\partial z}{\partial v}\frac{\mathrm{d}v}{\mathrm{d}t}+\frac{\partial z}{\partial w}\frac{\mathrm{d}w}{\mathrm{d}t}. \tag{7-5}$$

在公式(7-4)和式(7-5)中的导数 $\frac{\mathrm{d}z}{\mathrm{d}t}$ 称为**全导数**.

注 全导数公式并不需要特殊记忆,只要掌握复合函数的构造层次便抓住了

公式的特征. 显然,公式(7-4)中复合函数的构造层次可用图 7-25 刻画,公式(7-5)可用图 7-26 刻画.

特别地,若 $z=f(x,y)$,$y=\varphi(x)$时的复合函数,其构造层次仍属于公式(7-4),于是有构造层次图 7-27. 即仍理解为两个中间变量、一个自变量的情形

$$z=f(x,y),\quad x=x,\quad y=\varphi(x).$$

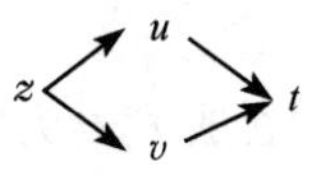

图 7-25

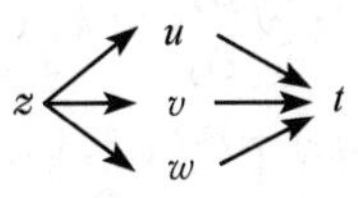

图 7-26

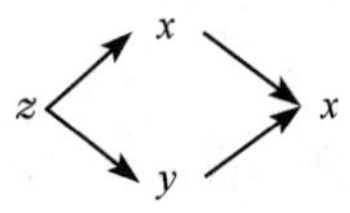

图 7-27

复合函数 $z=f[x,\varphi(x)]$的导数,按公式(7-4),有

$$\frac{\mathrm{d}z}{\mathrm{d}x}=\frac{\partial z}{\partial x}\frac{\mathrm{d}x}{\mathrm{d}x}+\frac{\partial z}{\partial y}\frac{\mathrm{d}y}{\mathrm{d}x},$$

即

$$\frac{\mathrm{d}z}{\mathrm{d}x}=\frac{\partial z}{\partial x}+\frac{\partial z}{\partial y}\frac{\mathrm{d}y}{\mathrm{d}x}. \tag{7-6}$$

这里需特别提醒读者的是,公式(7-6)左端的$\frac{\mathrm{d}z}{\mathrm{d}x}$与右端的$\frac{\partial z}{\partial x}$是有严格区别的,前者是 z 对 x 的全导数,即是在 $y=\varphi(x)$与 x 一同变化的前提下计算的;而后者是在 y 不变的限制下计算的.

例 7-24 设 $z=\mathrm{e}^{x-3y}$,而 $x=\sin t$,$y=t^2$,求$\frac{\mathrm{d}z}{\mathrm{d}t}$.

解 因为$\frac{\partial z}{\partial x}=\mathrm{e}^{x-3y}$,$\frac{\partial z}{\partial y}=-3\mathrm{e}^{x-3y}$.

$$\frac{\mathrm{d}x}{\mathrm{d}t}=\cos t,\qquad \frac{\mathrm{d}y}{\mathrm{d}t}=2t.$$

由全导数公式,有

$$\begin{aligned}\frac{\mathrm{d}z}{\mathrm{d}t}&=\frac{\partial z}{\partial x}\frac{\mathrm{d}x}{\mathrm{d}t}+\frac{\partial z}{\partial y}\frac{\mathrm{d}y}{\mathrm{d}t}=\mathrm{e}^{x-3y}\cdot\cos t-3\mathrm{e}^{x-3y}\cdot 2t\\&=\mathrm{e}^{\sin t-3t^2}(\cos t-6t).\end{aligned}$$

例 7-25 设 $z=\arctan(x+y)$,$y=\mathrm{e}^x$,求$\frac{\mathrm{d}z}{\mathrm{d}x}$.

解 由全导数公式(7-6),有

$$\begin{aligned}\frac{\mathrm{d}z}{\mathrm{d}x}&=\frac{\partial z}{\partial x}+\frac{\partial z}{\partial y}\frac{\mathrm{d}y}{\mathrm{d}x}=\frac{1}{1+(x+y)^2}+\frac{1}{1+(x+y)^2}\cdot\mathrm{e}^x\\&=\frac{1+\mathrm{e}^x}{1+(x+\mathrm{e}^x)^2}.\end{aligned}$$

注　本题其实也可以将 $y=e^x$ 直接代入函数中去，化掉中间变量，转换成一元复合函数求导.

例 7-26　若可微函数 $f(x,y)$ 对任意正实数 t 满足关系式

$$f(tx,ty)=t^k f(x,y).$$

则称 $f(x,y)$ 为 k 次齐次函数. 证明 k 次齐次函数满足方程

$$x\frac{\partial f}{\partial x}+y\frac{\partial f}{\partial y}=kf(x,y).$$

证　设 $u=tx,v=ty$ 则 $f(u,v)=t^k f(x,y)$. 将上式的左端看成 u,v 为中间变量，t 为自变量的复合函数，等式两端分别对 t 求导，有

$$\frac{\partial f}{\partial u}\frac{\mathrm{d}u}{\mathrm{d}t}+\frac{\partial f}{\partial v}\frac{\mathrm{d}v}{\mathrm{d}t}=kt^{k-1}f(x,y),$$

即

$$x\frac{\partial f}{\partial u}+y\frac{\partial f}{\partial v}=kt^{k-1}f(x,y).$$

两端同乘以 t，得

$$u\frac{\partial f}{\partial u}+v\frac{\partial f}{\partial v}=kf(u,v),$$

用变量 x,y 分别置换 u,v 便有

$$x\frac{\partial f}{\partial x}+y\frac{\partial f}{\partial y}=kf(x,y).$$

7.5.2　偏导数公式

再讨论复合函数的中间变量为多元函数的情形.

定理 7-5　若函数 $u=\varphi(x,y)$ 及 $v=\psi(x,y)$ 都在点 (x,y) 处具有对 x 及对 y 的偏导数，函数 $z=f(u,v)$ 在对应点 (u,v) 处可微分，则复合函数 $z=f[\varphi(x,y),\psi(x,y)]$ 在点 (x,y) 处的两个偏导数存在. 且有**偏导数公式**

$$\frac{\partial z}{\partial x}=\frac{\partial z}{\partial u}\frac{\partial u}{\partial x}+\frac{\partial z}{\partial v}\frac{\partial v}{\partial x},\tag{7-7}$$

$$\frac{\partial z}{\partial y}=\frac{\partial z}{\partial u}\frac{\partial u}{\partial y}+\frac{\partial z}{\partial v}\frac{\partial v}{\partial y}.\tag{7-8}$$

事实上，在求 z 对 x 的偏导数时，y 被看成常量，中间变量 u,v 已经看作一元函数讨论. 因此，已经属于前面已经讨论过的情形，只是导数的记号要作相应的转换：先把 t 换成 x，$\frac{\mathrm{d}z}{\mathrm{d}t}$ 换成 $\frac{\partial z}{\partial x}$，$\frac{\mathrm{d}u}{\mathrm{d}t}$ 和 $\frac{\mathrm{d}v}{\mathrm{d}t}$ 分别换成 $\frac{\partial u}{\partial x}$ 和 $\frac{\partial v}{\partial x}$，这样由公式(7-4)可得公式(7-7)，再把 t 换成 y，类似地由公式(7-4)也可得公式(7-8). 公式(7-7)、(7-8)的构造层次可由图 7-28 刻画.

偏导数公式(7-7)、(7-8)可以推广到任意有限个中间变量和自变量的情形. 例如,若 $u=\varphi(x,y)$, $v=\psi(x,y)$, $w=w(x,y)$ 均在点 (x,y) 处具有对 x 及对 y 的偏导数,函数 $z=f(u,v,w)$ 在对应点 (u,v,w) 处可微分,则复合函数

$$z=f[\varphi(x,y),\psi(x,y),w(x,y)]$$

在点 (x,y) 处的两个偏导数均存在(构造层次如图 7-29 所示),且有偏导数公式

$$\frac{\partial z}{\partial x}=\frac{\partial z}{\partial u}\frac{\partial u}{\partial x}+\frac{\partial z}{\partial v}\frac{\partial v}{\partial x}+\frac{\partial z}{\partial w}\frac{\partial w}{\partial x},\tag{7-9}$$

$$\frac{\partial z}{\partial y}=\frac{\partial z}{\partial u}\frac{\partial u}{\partial y}+\frac{\partial z}{\partial v}\frac{\partial v}{\partial y}+\frac{\partial z}{\partial w}\frac{\partial w}{\partial y}.\tag{7-10}$$

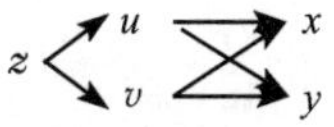

图 7-28

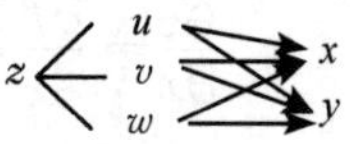

图 7-29

通过上述讨论,不难发现公式在推广时有规律可遵循:①**自变量的个数恰为偏导数公式数**②**中间变量的个数恰为偏导数公式中的项数**.

例 7-27　设 $z=(3x+4y)^{x\sin y}$,求 $\frac{\partial z}{\partial x}$ 及 $\frac{\partial z}{\partial y}$.

解　引入中间变量 $u=3x+4y$, $v=x\sin y$,则所给函数可看成由 $z=u^v$, $u=3x+4y$, $v=x\sin y$ 构成的复合函数. 由公式(7-7)、(7-8)有

$$\begin{aligned}\frac{\partial z}{\partial x}&=\frac{\partial z}{\partial u}\frac{\partial u}{\partial x}+\frac{\partial z}{\partial v}\frac{\partial v}{\partial x}=vu^{v-1}\cdot 3+u^v\ln u\cdot\sin y\\&=3x\sin y(3x+4y)^{x\sin y-1}+\sin y\ln(3x+4y)(3x+4y)^{x\sin y},\\\frac{\partial z}{\partial y}&=\frac{\partial z}{\partial u}\frac{\partial u}{\partial y}+\frac{\partial z}{\partial v}\frac{\partial v}{\partial y}=vu^{v-1}\cdot 4+u^v\ln u\cdot x\cos y\\&=4x\sin y(3x+4y)^{x\sin y-1}+x\cos y(3x+4y)^{x\sin y}\ln(3x+4y).\end{aligned}$$

例 7-28　设 $z=f[x,y,\varphi(x,y)]$,其中 f,φ 均有连续偏导数,求 $\frac{\partial z}{\partial x}$ 及 $\frac{\partial z}{\partial y}$.

解　引入中间变量 $u=\varphi(x,y)$,则所给函数的构造层次如图 7-30 所示.

由公式(7-9)、(7-10)得

$$\begin{aligned}\frac{\partial z}{\partial x}&=\frac{\partial f}{\partial x}\cdot 1+\frac{\partial f}{\partial y}\cdot 0+\frac{\partial f}{\partial u}\frac{\partial u}{\partial x}\\&=\frac{\partial f}{\partial x}+\frac{\partial f}{\partial u}\frac{\partial u}{\partial x},\end{aligned}$$

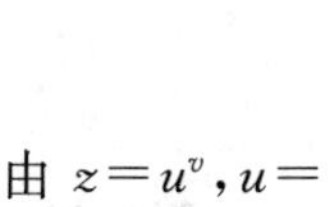

图 7-30

$$\frac{\partial z}{\partial y}=\frac{\partial f}{\partial x}\cdot 0+\frac{\partial f}{\partial y}\cdot 1+\frac{\partial f}{\partial u}\frac{\partial u}{\partial y}=\frac{\partial f}{\partial y}+\frac{\partial f}{\partial u}\frac{\partial u}{\partial y}.$$

注　例 7-28 中的 $\frac{\partial z}{\partial x}$ 与 $\frac{\partial f}{\partial x}$ 是有严格区别的,$\frac{\partial z}{\partial x}$ 是把复合函数 $z=f[x,y,$

$\varphi(x,y)]$中的 y 视作不变对 x 的偏导数,而$\dfrac{\partial f}{\partial x}$是把 $f(x,y,u)$中的 y 和 u 都视作不变对 x 的偏导数;$\dfrac{\partial z}{\partial y}$与$\dfrac{\partial f}{\partial y}$也有类似的区别.

例 7-29　设 $z=xe^u\sin v+e^u\cos v$,而 $u=xy,v=x+y$,求$\dfrac{\partial z}{\partial x},\dfrac{\partial z}{\partial y}$.

解　根据所给函数所具有的特征,可以将其视为有三个中间变量,两个自变量构成的复合函数即由 $z=f(x,u,v)=xe^u\sin v+e^u\cos v,u=xy,v=x+y$ 复合而成,其构造层次如图 7-31 所示,于是

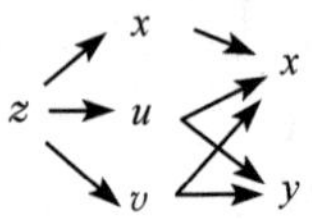

图 7-31

$$\begin{aligned}\frac{\partial z}{\partial x}&=\frac{\partial f}{\partial x}+\frac{\partial f}{\partial u}\frac{\partial u}{\partial x}+\frac{\partial f}{\partial v}\frac{\partial v}{\partial x}\\&=e^u\sin v+(xe^u\sin v+e^u\cos v)\cdot y+(xe^u\cos v-e^u\sin v)\cdot 1\\&=e^{xy}[xy\sin(x+y)+(x+y)\cos(x+y)].\end{aligned}$$

$$\begin{aligned}\frac{\partial z}{\partial y}&=\frac{\partial f}{\partial u}\frac{\partial u}{\partial y}+\frac{\partial f}{\partial v}\frac{\partial v}{\partial y}\\&=(xe^u\sin v+e^u\cos v)\cdot x+(xe^u\cos v-e^u\sin v)\cdot 1\\&=e^{xy}[(x^2-1)\sin(x+y)+2x\cos(x+y)].\end{aligned}$$

例 7-30　设 $z=f\left(x\sin y,\dfrac{y}{x}\right)$,其中 f 具有二阶连续偏导数,求$\dfrac{\partial^2 z}{\partial x^2}$及$\dfrac{\partial^2 z}{\partial x\partial y}$.

解　令 $u=x\sin y,v=\dfrac{y}{x}$,则 $z=f(u,v)$.

为表达方便,我们引入以下记号:

$$f'_1=\frac{\partial f}{\partial u},\quad f''_{12}=\frac{\partial^2 f}{\partial u\partial v}.$$

这里的下标 1,2 分别表示对第一个变量 u,第二个变量 v 求偏导数.类似地有 f'_2,f''_{11},f''_{22}等.

因所给函数由 $z=f(u,v),u=x\sin y,v=\dfrac{y}{x}$复合而成,根据复合函数求导法则,有

$$\frac{\partial z}{\partial x}=f'_1\sin y+f'_2\left(-\frac{y}{x^2}\right)=\sin yf'_1-\frac{y}{x^2}f'_2,$$

$$\frac{\partial z}{\partial y}=f'_1x\cos y+f'_2\frac{1}{x}=x\cos yf'_1+\frac{1}{x}f'_2,$$

$$\begin{aligned}\frac{\partial^2 z}{\partial x^2}&=\frac{\partial}{\partial x}\left(\frac{\partial z}{\partial x}\right)=\frac{\partial}{\partial x}\left(\sin yf'_1-\frac{y}{x^2}f'_2\right)\\&=\sin y\frac{\partial f'_1}{\partial x}+\frac{2y}{x^3}f'_2-\frac{y}{x^2}\frac{\partial f'_2}{\partial x},\end{aligned}$$

请注意,这里的 $f_1'=f_u(u,v)$,$f_2'=f_v(u,v)$,它们依然是复合函数,求$\frac{\partial f_1'}{\partial x}$,$\frac{\partial f_2'}{\partial x}$时,中间变量还是不能愈越的求导过程. 因此,有

$$\frac{\partial^2 z}{\partial x^2}=\sin y\left[f_{11}''\sin y+f_{12}''\left(-\frac{y}{x^2}\right)\right]+\frac{2y}{x^3}f_2'-\frac{y}{x^2}\left[f_{21}''\sin y+f_{22}''\left(-\frac{y}{x^2}\right)\right]$$

$$=\frac{2y}{x^3}f_2'+\sin^2 yf_{11}''-\frac{2y}{x^2}\sin^2 yf_{12}''+\frac{y^2}{x^4}f_{22}''.$$

注 这里在合并时,用到了 $f_{12}''=f_{21}''$.

$$\frac{\partial^2 z}{\partial x\partial y}=\frac{\partial}{\partial y}\left(\frac{\partial z}{\partial x}\right)=\frac{\partial}{\partial y}\left(\sin yf_1'-\frac{y}{x^2}f_2'\right)$$

$$=\cos yf_1'+\sin y\frac{\partial f_1'}{\partial y}-\frac{1}{x^2}f_2'-\frac{y}{x^2}\frac{\partial f_2'}{\partial y}$$

$$=\cos yf_1'+\sin y\left(f_{11}''x\cos y+f_{12}''\frac{1}{x}\right)-\frac{1}{x^2}f_2'-\frac{y}{x^2}\left(f_{21}''x\cos y+f_{22}''\frac{1}{x}\right)$$

$$=\cos yf_1'-\frac{1}{x^2}f_2'+x\sin y\cos yf_{11}''+\frac{\sin y-y\cos y}{x}f_{12}''-\frac{y}{x^3}f_{22}''.$$

7.5.3 全微分形式不变性

对于二元函数来说,所谓全微分形式不变性指的是:函数 $z=f(u,v)$可微分,当 u,v 为自变量;或 u,v 是中间变量,即 u,v 是 x,y 的可微函数,两种情形都有全微分公式

$$\mathrm{d}z=\frac{\partial z}{\partial u}\mathrm{d}u+\frac{\partial z}{\partial v}\mathrm{d}v.$$

这个性质称为**全微分形式不变性.**

事实上,当 u,v 为自变量时,显然有

$$\mathrm{d}z=\frac{\partial z}{\partial u}\mathrm{d}u+\frac{\partial z}{\partial v}\mathrm{d}v.$$

现在考察当 $u=\varphi(x,y)$,$v=\psi(x,y)$可微分时也有上述形式. 因为

$$\mathrm{d}z=\frac{\partial z}{\partial x}\mathrm{d}x+\frac{\partial z}{\partial y}\mathrm{d}y$$

$$=\left(\frac{\partial z}{\partial u}\frac{\partial u}{\partial x}+\frac{\partial z}{\partial v}\frac{\partial v}{\partial x}\right)\mathrm{d}x+\left(\frac{\partial z}{\partial u}\frac{\partial u}{\partial y}+\frac{\partial z}{\partial v}\frac{\partial v}{\partial y}\right)\mathrm{d}y$$

$$=\frac{\partial z}{\partial u}\left(\frac{\partial u}{\partial x}\mathrm{d}x+\frac{\partial u}{\partial y}\mathrm{d}y\right)+\frac{\partial z}{\partial v}\left(\frac{\partial v}{\partial x}\mathrm{d}x+\frac{\partial v}{\partial y}\mathrm{d}y\right)$$

$$=\frac{\partial z}{\partial u}\mathrm{d}u+\frac{\partial z}{\partial v}\mathrm{d}v.$$

例 7-31 设 $z=f(x^2y,x+2y)$,f 可微,求 $\mathrm{d}z$,并由此求$\frac{\partial z}{\partial x}$及$\frac{\partial z}{\partial y}$.

解　令 $u=x^2y, v=x+2y$，则 $z=f(u,v)$，于是

$$\begin{aligned} dz &= f'_1 du + f'_2 dv \\ &= f'_1(2xy dx + x^2 dy) + f'_2(dx + 2dy) \\ &= (2xyf'_1 + f'_2)dx + (x^2 f'_1 + 2f'_2)dy. \end{aligned}$$

由此可得

$$\frac{\partial z}{\partial x} = 2xyf'_1 + f'_2, \qquad \frac{\partial z}{\partial y} = x^2 f'_1 + 2f'_2.$$

习　题　7.5

1. 求下列函数的全导数：

(1) $z=uv$，而 $u=e^x, v=\sin x$；

(2) $z=\arcsin(x-y)$，而 $x=3t, y=4t^3$；

(3) $u=x^2+y^2+z^2$，而 $x=3t, y=t^2, z=3t+5$；

(4) $u=\dfrac{e^{ax}(y-z)}{a^2+1}$，而 $y=a\sin x, z=\cos x$.

2. 求下列函数的偏导数：

(1) $z=u^2+v^2, u=x+y, v=x-y$；

(2) $z=u^2\ln v, u=\dfrac{x}{y}, v=3x-2y$；

(3) $z=ue^v, u=\sin x+\cos y, v=x^2+y^2$；

(4) $z=e^u\sin v, u=xy, v=\sqrt{x}+\sqrt{y}$；

(5) $z=y+\phi(u), u=x^2-y^2$；

(6) $z=f(u,v,w), u=x^2+y^2, v=x^2-y^2, w=2xy$；

(7) $u=f(x,xy,xyz)$；

(8) $u=f\left(\dfrac{x}{y},\dfrac{y}{z}\right)$；

(9) $u=f(x+y+z, x^2+y^2+z^2)$.

3. 设 f 有一阶偏导数，$\phi(x,y)=f(x,f(x,y))$，求 $\dfrac{\partial\phi}{\partial x},\dfrac{\partial\phi}{\partial y}$.

4. 设 f 是可微函数，证明函数 $z=x^nf\left(\dfrac{y}{x^2}\right)$，满足方程 $x\dfrac{\partial z}{\partial x}+2y\dfrac{\partial z}{\partial y}=nz$.

5. 设 $z=\dfrac{y}{f(x^2-y^2)}$，其中 $f(u)$ 为可导函数，验证 $\dfrac{1}{x}\dfrac{\partial z}{\partial x}+\dfrac{1}{y}\dfrac{\partial z}{\partial y}=\dfrac{z}{y^2}$.

6. 求下列函数的 $\dfrac{\partial^2 z}{\partial x^2},\dfrac{\partial^2 z}{\partial x\partial y},\dfrac{\partial^2 z}{\partial y^2}$（其中 f 具有二阶连续偏导数）：

(1) $z=f(x^2+y^2)$；　　(2) $z=f\left(x,\dfrac{x}{y}\right)$；

(3) $z=f(xy^2,x^2y)$；　　(4) $z=f(\sin x,\cos y,e^{x+y})$.

7. 设 $u=f(xy,yz,zx)$，其中 f 具有二阶连续偏导数，求$\frac{\partial^2 u}{\partial x\partial y},\frac{\partial^2 u}{\partial x\partial z}$.

8. 设 $u=f(x,y)$ 的所有二阶偏导数连续，而 $x=\frac{s-\sqrt{3}t}{2},y=\frac{\sqrt{3}s+t}{2}$，证明

$$\left(\frac{\partial u}{\partial x}\right)^2+\left(\frac{\partial u}{\partial y}\right)^2=\left(\frac{\partial u}{\partial s}\right)^2+\left(\frac{\partial u}{\partial t}\right)^2$$

及

$$\frac{\partial^2 u}{\partial x^2}+\frac{\partial^2 u}{\partial y^2}=\frac{\partial^2 u}{\partial s^2}+\frac{\partial^2 u}{\partial t^2}.$$

9. 设 $z=f\left(e^{x^2+y^2},\frac{y^2}{x}\right)$，且 f 可微，求 dz，并由此求$\frac{\partial z}{\partial x},\frac{\partial z}{\partial y}$.

7.6 隐函数的求导公式

7.6.1 一元隐函数求导公式

在一元函数微分学中，我们已经给出了隐函数的概念，并且指出了不经过显化直接由方程

$$F(x,y)=0 \tag{7-11}$$

求解它所确定的隐函数的导数的方法. 但该方法是建立在当时并未加以说明的两个假设的前提下：①方程 $F(x,y)=0$ 能确定一个一元函数 $y=f(x)$；②一元隐函数 $y=f(x)$ 可导. 事实上，并非任何方程 $F(x,y)=0$ 都使上述两个前提假设都成立的. 现在我们从理论层面给出隐函数求导的结论，并根据多元复合函数的求导法则导出隐函数求导公式.

隐函数存在定理 7-6 设函数 $F(x,y)$ 在点 $P_0(x_0,y_0)$ 的某一邻域内具有连续偏导数，且 $F(x_0,y_0)=0,F_y(x_0,y_0)\neq 0$，则方程 $F(x,y)=0$ 在点 (x_0,y_0) 的某一邻域内恒能唯一确定一个连续且具有连续导数的函数 $y=f(x)$，它满足条件 $y_0=f(x_0)$，并有

$$\frac{dy}{dx}=-\frac{F_x}{F_y}. \tag{7-12}$$

公式(7-12)就是**一元隐函数求导公式**. 略去其证明，仅就公式(7-12)作如下推导.

将方程(7-11)所确定的函数 $y=f(x)$ 代入(7-11)，便得恒等式

$$F[x,f(x)]\equiv 0.$$

其左端可看作是两个中间变量，一个自变量 x 的复合函数，由全导数公式，有

$$F_x+F_y\cdot\frac{dy}{dx}=0.$$

由于 F_y 连续，且 $F_y(x_0,y_0)\neq 0$，所以存在 (x_0,y_0) 的一个邻域，在该邻域内 $F_y\neq 0$，于是有

$$\frac{\mathrm{d}y}{\mathrm{d}x}=-\frac{F_x}{F_y}.$$

例 7-32　求由方程 $xy^2+\mathrm{e}^{x+2y}=\mathrm{e}$ 所确定的隐函数的导数 $\left.\frac{\mathrm{d}y}{\mathrm{d}x}\right|_{x=1}$.

解　设 $F(x,y)=xy^2+\mathrm{e}^{x+2y}-\mathrm{e}$，则

$$F_x=y^2+\mathrm{e}^{x+2y},\quad F_y=2xy+2\mathrm{e}^{x+2y},$$

所以

$$\frac{\mathrm{d}y}{\mathrm{d}x}=-\frac{F_x}{F_y}=-\frac{y^2+\mathrm{e}^{x+2y}}{2xy+2\mathrm{e}^{x+2y}}.$$

将 $x=1$ 代入原方程，得 $y=0$，从而

$$\left.\frac{\mathrm{d}y}{\mathrm{d}x}\right|_{x=1}=-\frac{1}{2}.$$

隐函数存在定理还可以推广到多元函数的情形.

7.6.2　二元隐函数求导公式

现在的问题是，一个二元方程(7-11)可以确定一个一元隐函数，那么一个三元方程

$$F(x,y,z)=0 \tag{7-13}$$

能否确定一个二元隐函数呢?

例如，三元方程 $x^2y+z\mathrm{e}^{y-x}+2xy^2-1=0$ 就唯一确定了二元函数 $z=(1-2xy^2-x^2y)\mathrm{e}^{x-y}$ 且能够显化. 但方程 $x^2+y^2+z^2+1=0$ 却不能确定实值二元函数. 实际上，方程(7-13)既可能确定二元隐函数，也可能不存在，即使隐函数存在也不一定能够显化. 下面同样由三元函数 $F(x,y,z)$ 的性质来判定由方程 $F(x,y,z)=0$ 所确定的二元函数 $z=f(x,y)$ 的存在、性质及求导公式.

隐函数存在定理 7-7　设函数 $F(x,y,z)$ 在点 $P_0(x_0,y_0,z_0)$ 的某一邻域内具有连续偏导数，且 $F(x_0,y_0,z_0)=0$，且 $F_z(x_0,y_0,z_0)\neq 0$，则方程 $F(x,y,z)=0$ 在点 (x_0,y_0,z_0) 的某一邻域内恒能唯一确定一个连续且具有连续偏导数的函数 $z=f(x,y)$，它满足条件 $z_0=f(x_0,y_0)$，并有

$$\frac{\partial z}{\partial x}=-\frac{F_x}{F_z},\quad \frac{\partial z}{\partial y}=-\frac{F_y}{F_z}. \tag{7-14}$$

公式(7-14)就是**二元隐函数求导公式**. 略去其证明，仅就公式(7-14)作如下推导.

由于

$$F[x,y,f(x,y)]\equiv 0.$$

将上式分别对 x 和 y 求偏导，由复合函数求导法则得

$$F_x+F_z\frac{\partial z}{\partial x}=0,\quad F_y+F_z\frac{\partial z}{\partial y}=0.$$

因 F_z 连续，且 $F_z(x_0,y_0,z_0)\neq 0$，所以存在点 (x_0,y_0,z_0) 的一个邻域，在该邻域内 $F_z\neq 0$，于是得

$$\frac{\partial z}{\partial x}=-\frac{F_x}{F_z},\quad \frac{\partial z}{\partial y}=-\frac{F_y}{F_z}.$$

例 7-33　求由方程 $z^3-3xyz=a^3$ 所确定的隐函数 $z=f(x,y)$ 的二阶偏导 $\frac{\partial^2 z}{\partial x\partial y}$.

解　设 $F(x,y,z)=z^3-3xyz-a^3$，则

$F_x=-3yz, F_y=-3xz, F_z=3z^2-3xy$，应用公式(7-14)，得

$$\frac{\partial z}{\partial x}=\frac{yz}{z^2-xy},\quad \frac{\partial z}{\partial y}=\frac{xz}{z^2-xy}.$$

因此，有

$$\frac{\partial^2 z}{\partial x\partial y}=\frac{\partial}{\partial y}\left(\frac{yz}{z^2-xy}\right)=\frac{\left(z+y\frac{\partial z}{\partial y}\right)(z^2-xy)-yz\left(2z\frac{\partial z}{\partial y}-x\right)}{(z^2-xy)^2}$$

$$=\frac{z(z^4-2xyz^2-x^2y^2)}{(z^2-xy)^3}.$$

例 7-34　设 $\Phi(u,v)$ 具有连续偏导数，证明由方程 $\Phi(cx-az,cy-bz)=0$ 所确定的函数 $z=f(x,y)$ 满足方程

$$a\frac{\partial z}{\partial x}+b\frac{\partial z}{\partial y}=c.$$

证　设 $F(x,y,z)=\Phi(cx-az,cy-bz)$. 由隐函数求导公式，有

$$\frac{\partial z}{\partial x}=-\frac{F_x}{F_z}=-\frac{\Phi'_1 c}{\Phi'_1(-a)+\Phi'_2(-b)}=\frac{c\Phi'_1}{a\Phi'_1+b\Phi'_2},$$

$$\frac{\partial z}{\partial y}=-\frac{F_y}{F_z}=-\frac{\Phi'_2 c}{\Phi'_1(-a)+\Phi'_2(-b)}=\frac{c\Phi'_2}{a\Phi'_1+b\Phi'_2}.$$

所以

$$a\frac{\partial z}{\partial x}+b\frac{\partial z}{\partial y}=a\cdot\frac{c\Phi'_1}{a\Phi'_1+b\Phi'_2}+b\frac{c\Phi'_2}{a\Phi'_1+b\Phi'_2}=c.$$

习　题　7.6

1. 函数 $y=f(x)$ 由下列方程所确定，求 $\frac{\mathrm{d}y}{\mathrm{d}x}$：

(1) $\sin y+\mathrm{e}^x-xy^2=0$；　　(2) $y=1+y^x$；

(3) $\ln\sqrt{x^2+y^2}=\arctan\dfrac{y}{x}$；　　(4) $f(xy^2,x+y)=0$.

2. 设 $z=x^2+y^2$，其中函数 $y=\phi(x)$ 由方程 $x^2+y^2-xy=1$ 所确定，求 $\dfrac{dz}{dx}$.

3. 函数 $z=f(x,y)$ 由下列方程所确定，求 $\dfrac{\partial z}{\partial x},\dfrac{\partial z}{\partial y}$：

(1) $x+2y+z-2\sqrt{xyz}=0$；　　(2) $\dfrac{x}{z}=\ln\dfrac{z}{y}$；

(3) $x\cos y+y\cos z+z\cos x=1$；　　(4) $xy^2z^3+\sqrt{x^2+y^2+z^2}=1$.

4. 设 $x=x(y,z),y=y(x,z),z=z(x,y)$ 都是由方程 $F(x,y,z)=0$ 所确定的具有连续偏导数，证明

$$\frac{\partial x}{\partial y}\cdot\frac{\partial y}{\partial z}\cdot\frac{\partial z}{\partial x}=-1.$$

5. 设 $z=f(x,y)$ 由方程 $F\left(\dfrac{y}{x},\dfrac{z}{x}\right)=0$ 所确定，其中 F 具有一阶连续的偏导数，求证

$$x\frac{\partial z}{\partial x}+y\frac{\partial z}{\partial y}=z.$$

6. 设 $e^z-xyz=0$，求 $\dfrac{\partial^2 z}{\partial x^2}$.

7. 函数 $z=f(x,y)$ 由方程 $x+y+z=e^z$ 所确定，求 $\dfrac{\partial z}{\partial x},\dfrac{\partial^2 z}{\partial x^2},\dfrac{\partial^2 z}{\partial x\partial y}$.

8. 设 $u=xy^2z^3$，其中 $z=f(x,y)$ 是由方程 $x^2+y^2+z^2-3xyz=0$ 所确定的函数，求 $\dfrac{\partial u}{\partial x},\dfrac{\partial u}{\partial y}$.

9. 设 $x^2+z^2=y\phi\left(\dfrac{z}{y}\right)$，其中 ϕ 可微，求 $\dfrac{\partial z}{\partial x},\dfrac{\partial z}{\partial y}$.

7.7 多元函数的极值及其应用

7.7.1 多元函数的极值

在解决现实问题的最优决策，最优设计、最优控制等发展起来的最优化理论与方法中，经常遇到多元函数的最大值、最小值问题. 与一元函数类似，多元函数的最值与极值亦有着密切联系. 下面以二元函数为主，讨论多元函数的极值，在此基础上进一步讨论多元函数的最值及条件极值.

定义 7-6 设函数 $z=f(x,y)$ 的定义域为 D，$P_0(x_0,y_0)$ 为 D 的内点，若存在点 P_0 的某个邻域 $U(P_0)\subset D$，使得对于 $\forall P(x,y)\in\mathring{U}(P_0)$，都有

$$f(x,y)<f(x_0,y_0)\ (\text{或 } f(P)<f(P_0)),$$

则称函数 $f(x,y)$ 在点 $P_0(x_0,y_0)$ 处取得**极大值** $f(x_0,y_0)$；点 $P_0(x_0,y_0)$，称为函数 $f(x,y)$ 的**极大值点**；若对 $\forall P(x,y)\in\mathring{U}(P_0)$，都有

$$f(x,y)>f(x_0,y_0)\ (\text{或 } f(P)>f(P_0)),$$

则称函数 $f(x,y)$ 在点 $P_0(x_0,y_0)$ 处取得**极小值** $f(x_0,y_0)$；点 $P_0(x_0,y_0)$，称为函数 $f(x,y)$ 的**极小值点**. 极大值、极小值统称为**极值**，使得函数取得极值的点称为**极值点**.

例 7-35　函数 $z=x^2+y^2$ 在点 $(0,0)$ 处取得极小值 0，因为对于任意的 $(x,y)\neq(0,0)$ 都有

$$f(x,y)=x^2+y^2>0=f(0,0).$$

从几何上看这是显然的，因为 $(0,0,0)$ 点是开口向上的旋转抛物面 $z=x^2+y^2$ 的顶点.

例 7-36　函数 $z=3-\sqrt{x^2+y^2}$ 在点 $(0,0)$ 处取得极大值 3. 因为对于任意的 $(x,y)\neq(0,0)$ 都有

$$f(x,y)=3-\sqrt{x^2+y^2}<3=f(0,0).$$

从几何上看 $(0,0,3)$ 是开口向下的下半圆锥面 $z=3-\sqrt{x^2+y^2}$ 的顶点.

例 7-37　函数 $z=x^2-y^2$ 在点 $(0,0)$ 处不取极值. 因为对于任意的 $(x,0)\neq(0,0)$ 都有

$$f(x,0)=x^2>0=f(0,0),$$

又对于任意的 $(0,y)\neq(0,0)$ 都有

$$f(0,y)=-y^2<0=f(0,0).$$

因此点 $(0,0)$ 的任何一个邻域内都有比函数值 $f(0,0)$ 大的点，也有比 $f(0,0)$ 小的点. 故点 $(0,0)$ 不是函数的极值点. 从几何上看，$(0,0,0)$ 是马鞍面 $z=x^2-y^2$ 的鞍点.

极值的概念还可以推广到 n 元函数. 设 n 元函数 $u=f(P)$ 的定义域为 $D\subset R^n$，P_0 为 D 的内点，若存在点 P_0 的某个邻域 $U(P_0)\subset D$，使得对 $\forall P\in \mathring{U}(P_0)$，都有

$$f(P)<f(P_0)\quad (\text{或 } f(P)>f(P_0)),$$

则称函数 $f(P)$ 在点 P_0 处取得极大值(或极小值) $f(P_0)$.

现在我们来讨论极值存在的必要条件与充分条件.

定理 7-8(极值存在的必要条件)　设函数 $z=f(x,y)$ 在点 (x_0,y_0) 处具有偏导数，且在点 (x_0,y_0) 处取得极值，则有

$$f_x(x_0,y_0)=0,f_y(x_0,y_0)=0.$$

证　仅对 $z=f(x,y)$ 在点 (x_0,y_0) 处取得极大值的情形加以证明(极小值的情形类似可证). 依极大值的定义，在点 (x_0,y_0) 的某邻域内异于 (x_0,y_0) 的点 (x,y) 都满足不等式

$$f(x,y)<f(x_0,y_0).$$

特别地，在该邻域内取 $y=y_0$，而 $x\neq x_0$ 的点，也必满足不等式

$$f(x,y_0) < f(x_0,y_0).$$

这表明一元函数 $f(x,y_0)$在点 $x=x_0$ 处取得极大值,从而必有

$$\frac{\mathrm{d}}{\mathrm{d}x}f(x,y_0)\mid_{x=x_0} = f_x(x_0,y_0) = 0.$$

同理也应有

$$\frac{\mathrm{d}}{\mathrm{d}y}f(x_0,y)\mid_{y=y_0} = f_y(x_0,y_0) = 0.$$

通常把使得 $f_x(x_0,y_0)=0, f_y(x_0,y_0)=0$ 的点 $P_0(x_0,y_0)$称为函数 $f(x,y)$的**驻点**.

类似地可以推得,n 元函数 $u=f(P)$也有如定理 7-8 的结论.

注 定理 7-8 的结论是在 $f(x,y)$在(x_0,y_0)处偏导数都存在的前提下得到的. 其实在偏导数不存在的点,函数也可能取得极值. 例如,例 7-36 中所讨论的函数$z=3-\sqrt{x^2+y^2}$,尽管在(0,0)处偏导数不存在,但却取得极大值.

定理 7-8 告诉我们,具有偏导数的函数的极值点必定是驻点. 但函数的驻点却不一定是极值点,例如,点(0,0)是函数 $z=x^2-y^2$ 的驻点,但却不是函数的极值点,这就需要探讨极值存在的充分条件,即判断驻点是否为极值点的方法.

定理 7-9(极值存在的充分条件) 若函数 $z=f(x,y)$在点 $P_0(x_0,y_0)$的某邻域$U(P_0)$内具有一阶和二阶连续偏导数,且有 $f_x(x_0,y_0)=0, f_y(x_0,y_0)=0$,记

$$A = f_{xx}(x_0,y_0), B = f_{xy}(x_0,y_0), C = f_{yy}(x_0,y_0),$$

则 $f(x,y)$在驻点(x_0,y_0)处是否取得极值的条件如下:

(1) $B^2-AC<0$ 时取得极值,且当 $A<0$ 时取极大值,当 $A>0$ 时取极小值;

(2) $B^2-AC>0$ 时不取极值;

(3) $B^2-AC=0$ 时,可能取得极值,也可能不取极值,该情形还需另作讨论.

综合定理 7-8 和定理 7-9,我们可以给出求解具有二阶连续偏导数的函数 $z=f(x,y)$的极值的程序如下:

第一步 求解方程组$\begin{cases} f_x(x,y)=0, \\ f_y(x,y)=0 \end{cases}$的一切实数解,即可求得函数的全部驻点;

第二步 对每一个驻点(x_0,y_0),求出二阶偏导数在该点处的值 A、B 和 C;

第三步 确定 B^2-AC 的符号,依据定理 7-9 的结论判定 $f(x_0,y_0)$是否为极值,是极大值还是极小值.

例 7-38 求函数 $f(x,y)=(6x-x^2)(4y-y^2)$的极值.

解 先求解方程组

$$\begin{cases} f_x(x,y) = 2(3-x)y(4-y) = 0, \\ f_y(x,y) = 2x(6-x)(2-y) = 0. \end{cases}$$

求得驻点为(0,0),(0,4),(6,0),(3,2),(6,4).

再求出二阶偏导数

$$f_{xx}(x,y)=-2y(4-y),\quad f_{xy}(x,y)=4(3-x)(2-y),$$
$$f_{yy}(x,y)=-2x(6-x).$$

在点(0,0)处,$B^2-AC=24^2-0=24^2>0$,所以 $f(0,0)$不是极值;

在点(0,4)处,$B^2-AC=(-24)^2-0>0$,所以 $f(0,4)$也不是极值;

在点(6,0)处,$B^2-AC=(-24)^2-0>0$,所以 $f(6,0)$也不是极值;

在点(3,2)处,$B^2-AC=0^2-(-8)(-18)<0$,且 $A=-8<0$,所以函数在(3,2)处取得极大值 $f(3,2)=36$;

在点(6,4)处,$B^2-AC=24^2-0>0$,所以 $f(6,4)$也不是极值.

7.7.2 多元函数的最值

与一元函数相类似,我们可以利用函数的极值来求解函数的最大值与最小值.

1. 有界闭区域上连续函数的最值

我们已知结论:在有界闭区域 D 上的连续函数一定可以取得其最大值和最小值,现在我们作如下分析:使得函数取得最大值或最小值的点既可能在 D 的内部,也可能在 D 的边界上,我们假设函数在 D 上连续,在 D 内可微分且只有有限个驻点,此时如果函数在 D 的内部取得最大值(最小值),则这个最大值(最小值)必定是极大值(极小值).因此,在上述假定下,求函数的最大值及最小值的方法是:**将函数 $f(x,y)$在 D 内的所有驻点处的函数值与在 D 的边界上的最大值和最小值相比较,其中最大的就是最大值,最小的就是最小值.**

***例 7-39** 求函数 $f(x,y)=x^2y(4-x-y)$在由直线 $x=0,y=0$ 及 $x+y=6$ 所围成三角形闭区域 D 上的最大值与最小值.

解 首先求出三角形区域 D(如图 7-32)内部的驻点,这就需求解方程组

$$\begin{cases}f_x(x,y)=xy(8-3x-2y)=0,\\ f_y(x,y)=x^2(4-x-2y)=0.\end{cases}$$

得 D 内唯一驻点(2,1),且 $f(2,1)=4$.

其次,再求函数在 D 的边界上的最值.

(1) 在直线段 $x=0(0\leqslant y\leqslant 6)$上,显然 $f(0,y)=0$;

(2) 在直线段 $y=0(0\leqslant x\leqslant 6)$上,也有 $f(x,0)=0$;

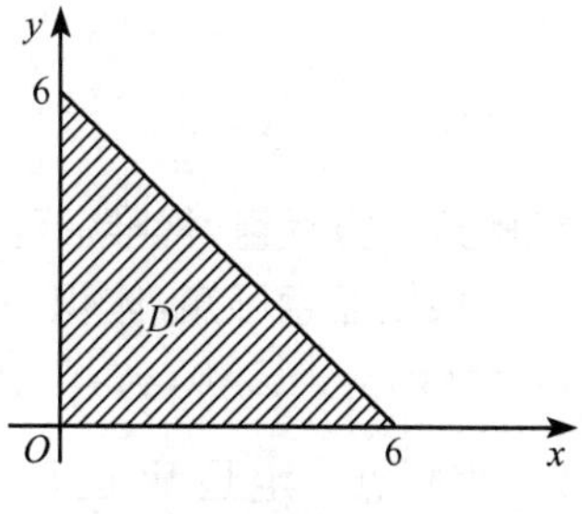

图 7-32

(3) 在直线段 $x+y=6(0\leqslant x\leqslant 6)$上,函数可以转化为一元函数,记作

$$\begin{aligned}\varphi(x)&=f(x,6-x)=x^2(6-x)(4-x-6+x)\\&=2x^3-12x^2,(0\leqslant x\leqslant 6).\end{aligned}$$

因

$$\varphi'(x)=6x^2-24x,$$

令 $\varphi'(x)=0$ 求得区间内部的驻点 $x=4$. 于是 $\varphi(x)$ 在区间 $[0,6]$ 上的最大值为 $\max\{\varphi(0),\varphi(4),\varphi(6)\}=\max\{0,-64,0\}=0$ 最小值为 $\min\{0,-64,0\}=-64$.

综合上述讨论知，函数 $f(x,y)$ 在 D 上的最大值在 D 的内部点 $(2,1)$ 处取得，且最大值为 $f(2,1)=4$，最小值在 D 的边界上点 $(4,2)$ 处取得，且最小值为 $f(4,2)=-64$.

2. 实际问题中的最值

在现实问题中，求多元函数的最值也有与一元函数相类似的方法：如果根据实际问题的性质判断，函数 $f(x,y)$ 的最大值(最小值)一定在 D 的内部取得，而函数在 D 内有唯一驻点，那么可以判定该驻点处的函数值就是函数 $f(x,y)$ 在 D 上的最大值(最小值).

例 7-40　某厂要做成一个体积为 8m^3 的无盖长方体水箱，已知底面材料的单价是侧面材料单价的 2 倍，问当长、宽、高各取怎样的尺寸时，才使得造价最低.

解　设水箱的长为 xm，宽为 ym，高为 zm. 则当侧面材料的单价为 a 元/m^2 时，其水箱的造价为

$$W=2a(xy+yz+zx).$$

又因为 $xyz=8$，所以 $z=\dfrac{8}{xy}$，将其代入上式，有

$$W=2a\left(xy+\frac{8}{x}+\frac{8}{y}\right)\quad(x>0,y>0).$$

可见水箱造价 W 在条件 $xyz=8$ 的限制下，可以化成 x,y 的函数，这就是目标函数，下面求该函数的最小值点.

令

$$\begin{cases}W'_x=2a\left(y-\dfrac{8}{x^2}\right)=0,\\ W'_y=2a\left(x-\dfrac{8}{y^2}\right)=0,\end{cases}$$

求解这个方程组，得唯一驻点 $(2,2)$.

根据题意可知，体积一定条件下，水箱造价的最小值一定存在，并在开区域 $D=\{(x,y)\mid x>0,y>0\}$ 的内部取得. 又函数在 D 内有唯一驻点 $(2,2)$，因此断定，该驻点一定是 W 的最小值点，即当水箱的长为 2m、宽为 2m、高为 $\dfrac{8}{2\cdot2}=2$m 时，水箱的造价最低.

7.7.3　条件极值

1. 条件极值问题

上面讨论的多元函数极值问题，其自变量在函数的定义域内可以任意取值，没

有附加任何条件限制,因此又称为**无条件极值**问题. 例如,求 $W=2a\left(xy+\frac{8}{x}+\frac{8}{y}\right)$ 在 $D=\{(x,y)\mid x>0,y>0\}$ 的极值就是无条件极值问题.

在实际问题中,我们经常要面对另外一种类型的极值问题,对函数自变量的取值附加一定的条件限制,即约束条件. 比如,例 7-40 就是在约束条件 $xyz=8$ 的前题下,求目标函数 $W=2a(xy+yz+zx)$ 的极值(最值). 这类对自变量的取值附加约束条件的极值问题,称为**条件极值**问题.

本书主要讨论两种情形下的条件极值问题的求解. 情形(1)二元目标函数 $z=f(x,y)$ 在满足等式约束条件 $\varphi(x,y)=0$ 下的条件极值问题;情形(2)三元目标函数 $u=f(x,y,z)$ 在满足等式约束 $\varphi(x,y,z)=0$ 下的条件极值问题. 至于在较复杂情况下(多个等式约束或不等式约束等)求函数的极值或最值问题,是数学中一个重要分支——**运筹学**所研究的内容.

求解上述两种情形的条件极值问题较直接的方法是:**化条件极值为无条件极值**. 对情形(1)首先从约束条件 $\varphi(x,y)=0$ 中解出 y:$y=\psi(x)$,将其代入目标函数中去,化成一元函数 $z=f[x,\psi(x)]$,求得一元函数 $z=f[x,\psi(x)]$的极值就是 $z=f(x,y)$ 在条件 $\varphi(x,y)=0$ 下的条件极值;同理,对于情形(2),可以先从约束条件 $\varphi(x,y,z)=0$ 中解出 z:$z=\psi(x,y)$,将其代入目标函数中去,化成二元函数 $u=f[x,y,\psi(x,y)]$,求解二元函数 $u=f[x,y,\psi(x,y)]$的无条件极值就是 $u=f(x,y,z)$ 在条件 $\varphi(x,y,z)=0$ 下的条件极值. 其实例 7-40 就是将目标函数 $W=2a(xy+yz+zx)$ 在条件 $xyz-8=0$ 下的条件极值问题,转化为 $W=2a\left(xy+\frac{8}{x}+\frac{8}{y}\right)$ 在 $D=\{(x,y)\mid x>0,y>0\}$ 内的无条件极值问题求解的. 但该方法需从 $\varphi(x,y,z)=0$ 中解出 z,有时很艰难,特别是对于更多变量的情形甚至根本就不可行. 这就需要我们探寻新的求解方法. 下面就介绍求解条件极值的拉格朗日乘数法.

2. 拉格朗日乘数法

由一元可导函数取得极值的必要条件,及隐函数求导法我们可以推导出(其推导过程可以参看其他教材)下面求条件极值的拉格朗日数乘法. 对于条件极值情形(1)的拉格朗日乘数法求解程序如下:

第一步 构造辅助函数(一般称为拉格朗日函数).

$$F(x,y,\lambda)=f(x,y)+\lambda\varphi(x,y),$$

其中 λ 为待定常数,称为**拉格朗日乘数**.

通过辅助函数,将原条件极值问题化为求三元函数 $F(x,y,\lambda)$ 的无条件极值问题.

第二步 求可能取极值的点.

由无条件极值问题取极值的必要条件，有

$$\begin{cases} F_x = f_x(x,y) + \lambda\varphi_x(x,y) = 0, \\ F_y = f_y(x,y) + \lambda\varphi_y(x,y) = 0, \\ F_\lambda = \varphi(x,y) = 0. \end{cases}$$

求解该方程组，确定三个未知量：x，y 和 λ（待定常数），一般方法是首先设法消去 λ，解出 x_0 和 y_0，则 (x_0, y_0) 就是可能的极值点.

第三步　判断求出的点 (x_0, y_0) 是否为极值点.

一般由问题的实际意义判定. 即我们求得了可能取条件极值的点 (x_0, y_0)，而实际问题确实存在这种极值点. 那么，(x_0, y_0) 就是所要求的条件极值点.

对条件极值情形(2)也有相应的拉格朗日乘数法，其程序如下：

首先构造拉格朗日函数为

$$F(x,y,z,\lambda) = f(x,y,z) + \lambda\varphi(x,y,z);$$

再求解方程组

$$\begin{cases} F_x = f_x(x,y,z) + \lambda\varphi_x(x,y,z) = 0, \\ F_y = f_y(x,y,z) + \lambda\varphi_y(x,y,z) = 0, \\ F_z = f_z(x,y,z) + \lambda\varphi_z(x,y,z) = 0, \\ F_\lambda = \varphi(x,y,z) = 0. \end{cases}$$

可得 $u=f(x,y,z)$ 在条件 $\varphi(x,y,z)=0$ 下的可能极值点 (x_0, y_0, z_0). 最后对 (x_0, y_0, z_0) 是否为条件极值点进行判定.

例 7-41　用拉格朗日乘数法求解例 7-40.

解　仍设水箱的长、宽、高分别为 xm、ym、zm 该问题是求目标函数（水箱造价）$W=2a(xy+yz+zx)$ 在约束条件（体积限制）$xyz-8=0$ 下的最小值.

构造拉格朗日函数

$$F(x,y,z,\lambda) = 2a(xy + yz + zx) + \lambda(xyz - 8),$$

其中 λ 为拉格朗日乘数，解方程组

$$\begin{cases} F_x = 2a(y + z) + \lambda yz = 0, \\ F_y = 2a(x + z) + \lambda xz = 0, \\ F_z = 2a(y + x) + \lambda xy = 0, \\ F_\lambda = xyz - 8 = 0. \end{cases}$$

可得 $x=2(\text{m})$，$y=2(\text{m})$，$z=2(\text{m})$.

只有一个可能的极值点 $(2,2,2)$，根据问题的实际意义，水箱造价一定存在最小值，可断定，当水箱的长、宽、高均为 2m 时，造价最低.

例 7-42　求抛物线 $y=x^2$ 与直线 $x-y-2=0$ 之间的最短距离.

解　设 (x,y) 是抛物线上任一点，则它到已知直线的距离为

$$d=\frac{|x-y-2|}{\sqrt{2}}.$$

该问题可以归纳为：求函数 $d=\frac{|x-y-2|}{\sqrt{2}}$ 在约束条件 $x^2-y=0$ 下的最小值. 但由于带有绝对值的函数在求偏导数时会给我们带来困难，不妨设 $u=d^2=\frac{1}{2}(x-y-2)^2$，那么原问题可以简化为求解下述条件极值问题：目标函数 $u=\frac{1}{2}(x-y-2)^2$ 在条件 $x^2-y=0$ 下的最小值.

构造拉格朗日函数

$$F(x,y,\lambda)=\frac{1}{2}(x-y-2)^2+\lambda(x^2-y),$$

求解方程组

$$\begin{cases}F_x=(x-y-2)+2\lambda x=0,\\ F_y=-(x-y-2)-\lambda=0,\\ F_\lambda=x^2-y=0,\end{cases}$$

得 $x=\frac{1}{2},y=\frac{1}{4}$.

这里仅得到一个可能的极值点 $\left(\frac{1}{2},\frac{1}{4}\right)$，根据问题的实际意义，该问题一定存在最小值，则可断定 $\left(\frac{1}{2},\frac{1}{4}\right)$ 就是抛物线上到已知直线最近的点，其距离 $d=\frac{7\sqrt{2}}{8}$.

例 7-43 求半径为 R 的球内接长方体的最大体积.

解 设球面方程为 $x^2+y^2+z^2=R^2$，又设内接长方体在第一卦限的顶点坐标为 (x,y,z)，则 $x,y,z>0$，内接长方体的体积为

$$V=8xyz,$$

那么所求问题可叙述为：求目标函数 $V=8xyz$ 在约束条件 $x^2+y^2+z^2-R^2=0$ 下的最大值.

构造拉格朗日函数

$$F(x,y,z,\lambda)=8xyz+\lambda(x^2+y^2+z^2-R^2),$$

求解方程组

$$\begin{cases}F_x=8yz+2\lambda x=0,\\ F_y=8xz+2\lambda y=0,\\ F_z=8xy+2\lambda z=0,\\ F_\lambda=x^2+y^2+z^2-R^2=0.\end{cases}$$

得 $x=y=z=\frac{R}{\sqrt{3}}$.

由于在 $x>0,y>0,z>0$ 的范围内仅有一个可能的条件极值点 $\left(\frac{R}{\sqrt{3}},\frac{R}{\sqrt{3}},\frac{R}{\sqrt{3}}\right)$，由问题的实际意义，该问题的最大值一定存在，则当内接长方体的长、宽、高均为 $\frac{2R}{\sqrt{3}}$ 时，其体积最大，且最大体积为 $\frac{8\sqrt{3}}{9}R^3$.

习　题　7.7

1. 求下列函数的极值：

(1) $f(x,y)=4(x-y)-x^2-y^2$；　(2) $f(x,y)=e^{2x}(x+y^2+2y)$；

(3) $f(x,y)=x^2+5y^2-6x+10y+6$；　(4) $f(x,y)=x^2(x-1)^2+y^2$；

(5) $f(x,y)=x^2+y^2-2\ln|x|-2\ln|y|$；　(6) $f(x,y)=x^3-y^3+3x^2+3y^2-9x$.

2. 求下列方程确定的函数 $z=f(x,y)$ 的极值：

(1) $x^2+y^2+z^2-2x+4y-6z-11=0$；

(2) $2x^2+2y^2+z^2-8xz-z+8=0$.

3. 求函数 $z=xy$ 在适合附加条件 $x+y=1$ 下的极大值.

4. 已知函数 $z=x^2+y^2$ 在条件 $\frac{x}{a}+\frac{y}{b}=1(a>0,b>0)$ 下存在最小值，求这个最小值.

5. 抛物面 $z=x^2+y^2$ 被平面 $x+y+z=1$ 截成一椭圆，求原点到这椭圆的最长与最短距离.

6. 在平面 $3x-2z=0$ 上求一点，使它与点 $A(1,1,1)$ 和点 $B(2,3,4)$ 的距离平方和最小.

7. 要做一个容积为 a 的长方体水槽，问怎样选择尺寸，才能使所有材料最少？

8. 用 108m^2 的木板，做一敞口的长方体木箱，尺寸如何选择，其容积最大？

9. 求 $z=x+y+1$ 在闭区域 $x^2+y^2\leqslant 4$ 上的最大值与最小值.

10. 求函数 $f(x,y)=x^2+12xy+2y^2$ 在闭区域 $4x^2+y^2\leqslant 25$ 上的最大值与最小值.

11. 将周长为 $2p$ 的矩形绕它的一边旋转而构成一个圆柱体. 问矩形的边长各为多少时，才可使圆柱体的体积为最大？

12. 证明：在 n 个正数的和为定值条件

$$x_1+x_2+\cdots+x_n=a$$

下，这 n 个正数的乘积 $x_1x_2\cdots x_n$ 的最大值为 $\frac{a^n}{n^n}$，并由此推出 n 个正数的几何平均值不大于算术平均值

$$\sqrt[n]{x_1x_2\cdots x_n}\leqslant\frac{x_1+x_2+\cdots+x_n}{n}.$$

7.8　边际分析、弹性分析与经济问题最优化

本节首先把一元函数微分学中关于边际和弹性的概念推广到多元函数微分学

中,并赋予其更丰富的经济含义,然后把多元函数的极值(最值)及条件极值(最值)应用到经济领域中,讨论经济最优化问题.

7.8.1 边际分析

1. 边际函数

设二元函数 $z=f(x,y)$ 在点 (x_0,y_0) 处存在偏导数,称

$$f_x(x_0,y_0)=\lim_{\Delta x\to 0}\frac{\Delta_x z}{\Delta x}=\lim_{\Delta x\to 0}\frac{f(x_0+\Delta x,y_0)-f(x_0,y_0)}{\Delta x}$$

为 $f(x,y)$ 在点 (x_0,y_0) 处对 x 的边际.

其意义是:在点 (x_0,y_0) 处,$y=y_0$ 保持不变而 x 改变一个单位时,$z=f(x,y)$ 近似改变 $f_x(x_0,y_0)$ 个单位.

同样地,称

$$f_y(x_0,y_0)=\lim_{\Delta y\to 0}\frac{\Delta_y z}{\Delta y}=\lim_{\Delta y\to 0}\frac{f(x_0,y_0+\Delta y)-f(x_0,y_0)}{\Delta y}$$

为 $f(x,y)$ 在点 (x_0,y_0) 处对 y 的边际.且有类似的意义.我们把 $f_x(x,y)$ 及 $f_y(x,y)$ 分别称为 $f(x,y)$ 对 x 及 y 的边际函数.

在经济分析中,对不同的经济函数,边际函数被赋予了不同的名称.例如,某企业的生产函数为 $Q=f(K,L)$,其中 K 为资本要素,L 为劳动要素,Q 为产出量.称 $\frac{\partial Q}{\partial K}$ 为**资本边际产出**,表示产出量 Q 对资本要素 K 的边际;称 $\frac{\partial Q}{\partial L}$ 为**劳动边际产出**,表示产出量 Q 对劳动要素 L 的边际.

下面仅以需求函数为例进行讨论.

2. 边际需求

设有两种相关商品 A_1 和 A_2,其价格分别为 P_1 和 P_2,社会需求量分别为 Q_1 和 Q_2 由这两种商品的价格决定,分别有需求函数

$$Q_1=Q_1(P_1,P_2),\quad Q_2=Q_2(P_1,P_2),$$

称 Q_1,Q_2 对价格 P_1,P_2 的偏导数为**边际需求函数**.其中 $\frac{\partial Q_1}{\partial P_1},\frac{\partial Q_2}{\partial P_2}$ 分别是 Q_1,Q_2 关于自身价格的边际需求,一般应有 $\frac{\partial Q_1}{\partial P_1}<0,\frac{\partial Q_2}{\partial P_2}<0$;$\frac{\partial Q_1}{\partial P_2},\frac{\partial Q_2}{\partial P_1}$ 分别是 Q_1,Q_2 关于相关价格的边际需求.关于相关价格的边际需求我们作如下分析:

(1) 若 $\frac{\partial Q_1}{\partial P_2}>0,\frac{\partial Q_2}{\partial P_1}>0$,则说明两种商品中任何一种的价格提高,都将引起另一种商品的需求增加,那么这两种商品属于**替代关系**(即是相互竞争的).

(2) 若$\frac{\partial Q_1}{\partial P_2}<0,\frac{\partial Q_2}{\partial P_1}<0$,则说明两种商品中任何一种的价格提高,都将引起另一种商品的需求减少,那么这两种商品属于**互补关系**(即是相互配套的).

例 7-44 设有商品 A_1,A_2,其需求函数分别为

$$Q_1=4P_1^{-\frac{1}{3}}P_2^{\frac{2}{3}},\quad Q_2=6P_1^{\frac{1}{4}}P_2^{-\frac{1}{2}},$$

求其边际需求函数,并说明该两种商品间的关系.

解 边际需求函数分别为

$$\frac{\partial Q_1}{\partial P_1}=-\frac{4}{3}P_1^{-\frac{4}{3}}P_2^{\frac{2}{3}}<0,\quad \frac{\partial Q_1}{\partial P_2}=\frac{8}{3}P_1^{-\frac{1}{3}}P_2^{-\frac{1}{3}}>0,$$

$$\frac{\partial Q_2}{\partial P_1}=\frac{3}{2}P_1^{-\frac{3}{4}}P_2^{-\frac{1}{2}}>0,\quad \frac{\partial Q_2}{\partial P_2}=-3P_1^{\frac{1}{4}}P_2^{-\frac{3}{2}}<0.$$

由于$\frac{\partial Q_1}{\partial P_2}>0,\frac{\partial Q_2}{\partial P_1}>0$,因此这两种商品为替代关系.

7.8.2 弹性分析

1. 偏弹性函数

设二元函数 $z=f(x,y)$在点(x_0,y_0)处存在偏导数,函数的相对改变量$\frac{\Delta_x z}{z_0}$与自变量 x 的相对改变量$\frac{\Delta x}{x_0}$之比

$$\frac{\Delta_x z}{z_0}\Big/\frac{\Delta x}{x_0}=\frac{x_0}{z_0}\frac{\Delta_x z}{\Delta x},$$

称为函数 $z=f(x,y)$在点(x_0,y_0)处对 x 从 x_0 到 $x_0+\Delta x$ **两点间的偏弹性**. 而极限

$$\left.\frac{Ez}{Ex}\right|_{(x_0,y_0)}=\lim_{\Delta x\to 0}\frac{x_0}{z_0}\frac{\Delta_x z}{\Delta x}=\frac{x_0}{f(x_0,y_0)}f_x(x_0,y_0)$$

称为 $f(x,y)$在点(x_0,y_0)处**对 x 的偏弹性**.

其意义是,在(x_0,y_0)处,当 $y=y_0$ 不变而 x 改变 1%,$z=f(x,y)$近似地改变$\left.\frac{Ez}{Ex}\right|_{(x_0,y_0)}\%$

同样地,称

$$\left.\frac{Ez}{Ey}\right|_{(x_0,y_0)}=\lim_{\Delta y\to 0}\frac{y_0}{z_0}\frac{\Delta_y z}{\Delta y}$$

$$=\frac{y_0}{f(x_0,y_0)}f_y(x_0,y_0)$$

为 $f(x,y)$在点(x_0,y_0)处**对 y 的偏弹性**.

一般地,我们称

$$\frac{Ez}{Ex}=\frac{x}{f(x,y)}f_x(x,y) \text{ 和 } \frac{Ez}{Ey}=\frac{y}{f(x,y)}f_y(x,y)$$

分别为 $f(x,y)$在(x,y)处对 x 和 y 的**偏弹性函数**.

在经济分析中,对不同的经济函数,弹性函数被赋予了不同名称. 下面仅以需求函数为例进行讨论.

2. 需求价格偏弹性

设有两种相关商品 A_1,A_2,其需求函数分别为

$$Q_1=Q_1(P_1,P_2),\quad Q_2=Q_2(P_1,P_2).$$

称

$$E_{11}=\frac{EQ_1}{EP_1}=\frac{P_1}{Q_1}\frac{\partial Q_1}{\partial P_1} \text{ 和 } E_{22}=\frac{EQ_2}{EP_2}=\frac{P_2}{Q_2}\frac{\partial Q_2}{\partial P_2}$$

为**需求的直接价格偏弹性**;称

$$E_{12}=\frac{EQ_1}{EP_2}=\frac{P_2}{Q_1}\frac{\partial Q_1}{\partial P_2} \text{ 和 } E_{21}=\frac{EQ_2}{EP_1}=\frac{P_1}{Q_2}\frac{\partial Q_2}{\partial P_1}$$

为**需求的交叉价格偏弹性**.

需求的直接价格偏弹性用来度量商品对自身价格变化所产生的需求的反应. 一般情况下,由于$\frac{\partial Q_1}{\partial P_1}<0,\frac{\partial Q_2}{\partial P_2}<0$,所以$\frac{EQ_1}{EP_1}<0,\frac{EQ_2}{EP_2}<0$.

需求的交叉价格偏弹性用来度量商品对另一种相关商品价格变化所产生的需求的反应. 若两种商品是替代关系,则$\frac{EQ_1}{EP_2}>0,\frac{EQ_2}{EP_1}>0\left(因\frac{\partial Q_1}{\partial P_2}>0,\frac{\partial Q_2}{\partial P_1}>0\right)$;若两种商品是互补关系,则$\frac{EQ_1}{EP_2}<0,\frac{EQ_2}{EP_1}<0\left(因\frac{\partial Q_1}{\partial P_2}<0,\frac{\partial Q_2}{\partial P_1}<0\right)$.

例 7-45 设某商品的需求函数为

$$Q_1=10P_1^{-\frac{2}{3}}P_2^{-\frac{1}{4}}Y^{\frac{1}{3}},$$

其中 P_1 是该商品的价格,P_2 是相关商品的价格,Y 是收入水平,求该商品需求的直接价格偏弹性,交叉价格偏弹性及收入偏弹性.

解 需求的直接价格偏弹性为

$$\frac{EQ_1}{EP_1}=\frac{P_1}{Q_1}\frac{\partial Q_1}{\partial P_1}=\frac{P_1}{10P_1^{-\frac{2}{3}}P_2^{-\frac{1}{4}}Y^{\frac{1}{3}}}\left(-\frac{2}{3}\right)\cdot 10P_1^{-\frac{5}{3}}P_2^{-\frac{1}{4}}Y^{\frac{1}{3}}=-\frac{2}{3}.$$

需求的交叉价格偏弹性为

$$\frac{EQ_1}{EP_2}=\frac{P_2}{Q_1}\frac{\partial Q_1}{\partial P_2}=\frac{P_2}{10P_1^{-\frac{2}{3}}P_2^{-\frac{1}{4}}Y^{\frac{1}{3}}}\left(-\frac{1}{4}\right)\cdot 10P_1^{-\frac{2}{3}}P_2^{-\frac{5}{4}}Y^{\frac{1}{3}}=-\frac{1}{4}.$$

需求的收入偏弹性为

$$\frac{EQ_1}{EY}=\frac{Y}{Q_1}\frac{\partial Q_1}{\partial Y}=\frac{Y}{10P_1^{-\frac{2}{3}}P_2^{-\frac{1}{4}}Y^{\frac{1}{3}}}\frac{1}{3}\cdot 10P_1^{-\frac{2}{3}}P_2^{-\frac{1}{4}}Y^{\frac{2}{3}}=\frac{1}{3}.$$

针对需求的收入偏弹性分析如下：由于$\frac{EQ_1}{EY}=\frac{1}{3}<1$，说明该商品是缺乏收入弹性的，对于给定的收入水平增长的百分比，该商品的需求会低于比例的增长，这样，随着经济的扩张，该商品的相对市场占有率会下降，该商品的市场潜力的增长是有限的.

7.8.3　经济问题的最优化

多元函数的无条件极值和条件极值，在经济学中有着广泛而深入的应用. 在这里仅就一些简单而常见的类型通过例题来介绍经济问题的最优化方法.

例 7-46　某公司可通过电台及报纸两种方式做销售某种商品的广告，根据统计资料，销售收入 R(万元)与电台广告费用 x(万元)及报纸广告费用 y(万元)之间的关系有如下经验公式

$$R=15+14x+32y-8xy-2x^2-10y^2.$$

(1) 在广告费用不限的条件下，求最优广告策略；

(2) 若提供广告费用为 1.5 万元，求相应的最优广告策略.

解　该问题属于广告费用投放的决策问题，由题设，利润函数为

$$L=R-C=15+13x+31y-8xy-2x^2-10y^2.$$

(1) 在广告费用不限的条件下的最优广告策略问题，实际上是对利润函数求无条件极值问题.

由极值存在的必要条件，有

$$\begin{cases}L_x=13-8y-4x=0,\\ L_y=31-8x-20y=0,\end{cases}$$

解方程组得唯一驻点$\left(\frac{3}{4},\frac{5}{4}\right)$. 又因为

$$A=L_{xx}\left(\frac{3}{4},\frac{5}{4}\right)=-4,$$

$$B=L_{xy}\left(\frac{3}{4},\frac{5}{4}\right)=-8,$$

$$C=L_{yy}\left(\frac{3}{4},\frac{5}{4}\right)=-20,$$

则 $B^2-AC=(-8)^2-(-4)\cdot(-20)=-16<0$，且 $A=-4<0$，从而$\left(\frac{3}{4},\frac{5}{4}\right)$为极大值点，从而必为最大值点. 亦即，当电台广告费 $x=\frac{3}{4}$(万元)，报纸广告费 $y=$

$\frac{5}{4}$(万元)时,公司获利最大.

(2) 当提供的广告费用限制为 1.5 万元时,该问题相当于在约束条件 $x+y-1.5=0$ 下求利润 L 的最大值. 因此,构造拉格朗日函数

$$F(x,y,\lambda)=15+13x+31y-8xy-2x^2-10y^2+\lambda(x+y-1.5).$$

求解方程组

$$\begin{cases}F_x=13-8y-4x+\lambda=0,\\ F_y=31-8x-20y+\lambda=0,\\ F_\lambda=x+y-1.5=0,\end{cases}$$

得 $x=0,y=1.5$

在区域 $D=\{(x,y)\mid x>0,y>0\}$ 只有一个可能的极值点(0,1.5),根据问题的实际意义,一定存在最大利润,因此可以断定 $x=0,y=1.5$ 时,利润最大. 即此时的最优广告策略为电台广告费 $x=0$ 万元,报纸广告费 $y=1.5$ 万元.

例 7-47 设某厂生产甲、乙两种产品,产量分别为 x、y(千只),其利润函数为

$$L(x,y)=-x^2-4y^2+8x+24y-15.$$

如果现有原料 15000kg(不要求用完),生产两种产品每千只都要消耗原料 2000kg. 求(1)使利润最大时的产量 x,y 和最大利润;(2)如果原料降至 12000kg,求这时利润最大时的产量和最大利润.

解 (1) 先考虑无条件极值问题,由题意及极值存在的必要条件,求解方程组

$$\begin{cases}L_x=-2x+8=0,\\ L_y=-8y+24=0.\end{cases}$$

得唯一驻点(4,3). 这时所消耗的原料为 14000kg<15000kg 在使用限额内. 又因为

$$\begin{aligned}B^2-AC&=L_{xy}^2(4,3)-L_{xx}(4,3)\cdot L_{yy}(4,3)\\&=0^2-(-2)\cdot(-8)=-16<0,\end{aligned}$$

且

$$A=L_{xx}(4,3)=-2<0.$$

所以(4,3)为极大值点,即为最大值点. 于是甲、乙两种产品分别为 4 千只和 3 千只时利润最大. 最大利润为 $L(4,3)=37$ 单位.

(2) 当原材料拥有量为 12000kg 时,应用原料数已超出,应考虑在约束 $2x+2y=12$ 下求 $L(x,y)$的最大值. 为此构造拉格朗日函数

$$F(x,y,\lambda)=-x^2-4y^2+8x+24y-15+\lambda(6-x-y).$$

求解方程组

$$\begin{cases}F_x=-2x+8-\lambda=0,\\ F_y=-8y+24-\lambda=0,\\ F_\lambda=6-x-y=0.\end{cases}$$

得 $x=3.2,y=2.8$. 由于该问题只有一个可能的极值点(3.2,2.8),又由问题的实际意义知,一定存在最大值,所以这唯一可能的极值点一定是最大值点,即在原料为 12000kg 时,甲、乙两种产品各生产 3200 只和 2800 只时利润最大,最大利润为 $L(3.2,2.8)=36.2$单位.

例 7-48　假设某企业在两个相互分割的市场上出售同一种产品,两个市场的需求函数分别是 $P_1=18-2Q_1$, $P_2=12-Q_2$,其中 Q_1 和 Q_2 分别表示该产品在两个市场销售量(即需求量),并且该企业生产这种产品的总成本函数是 $C=2Q+5$,其中 $Q=Q_1+Q_2$ 为总销量. (1)若该企业执行价格差别策略,确定两个市场该产品的销量与售价,使企业利润最大;(2)若实行无差别价格,试确定两个市场该产品的销售量和统一价格. 企业利润最大,并比较两种价格策略中哪一个利润最大.

解　(1) 依题意,

$$\begin{aligned}L&=R-C=P_1Q_1+P_2Q_2-(2Q+5)\\&=18Q_1-2Q_1{}^2+12Q_2-Q_2^2-2Q_1-2Q_2-5\\&=16Q_1+10Q_2-2Q_1{}^2-Q_2{}^2-5.\end{aligned}$$

由极值存在的必要条件,有

$$\begin{cases}L_{Q_1}=16-4Q_1=0,\\L_{Q_2}=10-2Q_2=0.\end{cases}$$

得唯一驻点(4,5),又由于 $L_{Q_1Q_1}=-4$, $L_{Q_1Q_2}=0$, $L_{Q_2Q_2}=-2$,所以 $B^2-AC=0^2-(-4)\cdot(-2)=-8<0$, $A=-4<0$. 故(4,5)为极大值点,从而为最大值点,此时的价格为 $P_1=10$, $P_2=7$. 最大利润为 $L(4,5)=52$ 单位.

(2) 实行无差别价格策略,即 $P_1=P_2$,则有 $2Q_1-Q_2=6$,于是构造拉格朗日函数

$$F(Q_1,Q_2,\lambda)=16Q_1+10Q_2-2Q_1{}^2-Q_2{}^2-5+\lambda(2Q_1-Q_2-6).$$

求解方程组

$$\begin{cases}F_{Q_1}=16-4Q_1+2\lambda=0,\\F_{Q_2}=10-2Q_2-\lambda=0,\\F_{\lambda}=2Q_1-Q_2-6=0.\end{cases}$$

得 $Q_1=5$, $Q_2=4$, $\lambda=2$. 由于(5,4)是唯一的可能极值点,由问题的实际意义,最大值一定存在,从而(5,4)即为所求的最大值点,当 $Q_1=5$, $Q_2=4$ 时, $P_1=P_2=8$,总利润最大,且最大利润为 $L(5,4)=49$ 单位.

综上讨论,企业实行差别价格策略利润最大.

例 7-49　设生产函数(Cobb-Douglas 生产函数)为

$$Q=4K^{\frac{1}{2}}L^{\frac{1}{2}}.$$

及成本函数为 $C=P_KK+P_LL=2K+8L$.

(1) 当产量 $Q=64$ 时，求最低成本的投入组合及最低成本；

(2) 当成本预算 $C=64$ 时，两种要素投入量为多少时，产量最高，最高产量为多少？

解 (1) 这是成本最低，两种生产要素的投入决策. 是以成本函数为目标函数，以预期产量 $64=4K^{\frac{1}{2}}L^{\frac{1}{2}}$ 为约束条件的条件极值问题. 作拉格朗日函数

$$F(K,L,\lambda)=2K+8L+\lambda(64-4K^{\frac{1}{2}}L^{\frac{1}{2}}).$$

求解方程组

$$\begin{cases}F_K=2-2\lambda K^{-\frac{1}{2}}L^{\frac{1}{2}}=0,\\ F_L=8-2\lambda K^{\frac{1}{2}}L^{-\frac{1}{2}}=0,\\ F_\lambda=64-4K^{\frac{1}{2}}L^{\frac{1}{2}}=0.\end{cases}$$

可得 $K=32,L=8$. 因可能取极值的点 $(32,8)$ 唯一，且实际问题存在最小值，所以当投入 $K=32,L=8$ 时，成本最低，最低成本是 $C=2\times32+8\times8=128$.

(2) 这是产量最高，两种生产要素的投入决策，即是以生产函数为目标函数，以预算成本 $64=2K+8L$ 为约束条件的条件极值问题. 作拉格朗日函数

$$G(K,L,\lambda)=4K^{\frac{1}{2}}L^{\frac{1}{2}}+\lambda(64-2K-8L).$$

解方程组

$$\begin{cases}G_K=2K^{-\frac{1}{2}}L^{\frac{1}{2}}-2\lambda=0,\\ G_L=2K^{\frac{1}{2}}L^{-\frac{1}{2}}-8\lambda=0,\\ G_\lambda=64-2K-8L=0.\end{cases}$$

得 $K=16,L=4$. 因可能取极值的点 $(16,4)$ 唯一，且实际问题存在最大值，所以当投入 $K=16,L=4$ 时，产量最高，最高产量是 $Q=(4K^{\frac{1}{2}}L^{\frac{1}{2}})|_{(16,4)}=32$.

习 题 7.8

1. 确定下列每对需求函数的四个边际需求，并说明两种商品关系的性质(竞争的或互补的)：

(1) $Q_1=20-2P_1-P_2,Q_2=9-P_1-2P_2$;

(2) $Q_1=ae^{P_2-P_1},Q_2=be^{P_1-P_2}\ (a>0,b>0)$.

2. 据市场调查，影碟机和影碟的需求量 Q_1,Q_2 与其价格 P_1,P_2 的关系如下：

$$Q_1=1600-P_1+\frac{1000}{P_2}-P_2^2,\quad Q_2=29+\frac{1000}{P_1}-P_2.$$

当 $P_1=1000,P_2=20$ 时，求需求的直接价格偏弹性和交叉价格偏弹性.

3. 设两种产品的产量 Q_1 和 Q_2 的联合成本函数为

$$C=C(Q)=15+2Q_1^2+Q_1Q_2+5Q_2^2,$$

(1) 求成本 C 关于 Q_1,Q_2 的边际成本;

(2) 当 $Q_1=3$,$Q_2=6$ 时,求出边际成本的值,并作出经济解释.

4. 已知两种商品的需求 Q_1 和 Q_2 是自身价格和另外一种商品的价格以及收入 Y 的函数,

$$Q_1 = AP_1^{-\alpha}P_2^{\beta}Y^{\gamma}, \quad Q_2 = BP_1^{\alpha}P_2^{-\beta}Y^{1-\gamma},$$

其中 A,B,α,β 都是正数,$0<\gamma<1$. 试计算需求的偏弹性.

5. 一个工厂生产两种产品,其总成本函数、两种产品的需求函数分别为

$$C = Q_1^2 + 2Q_1Q_2 + Q_2^2 + 5, \quad Q_1 = 26 - P_1, \quad Q_2 = 10 - \frac{1}{4}P_2.$$

试确定利润最大时两种产品的产量及利润.

6. 一种产品在两个独立市场销售,其需求函数分别为

$$Q_1 = 103 - \frac{1}{6}P_1, \quad Q_2 = 55 - \frac{1}{2}P_2,$$

该产品的总成本函数为

$$C = 18Q + 75, \quad \text{其中 } Q = Q_1 + Q_2,$$

求利润最大时,投放到每个市场的销量,并确定此时每个市场的价格.

7. 设生产函数为 $Q=8K^{\frac{1}{4}}L^{\frac{1}{2}}$,产品的价格 $P=4$,而投入要素的价格 $P_K=8$,$P_L=4$. 求使利润最大化的投入水平、产出水平和最大利润.

8. 生产两种机床,数量分别为 Q_1 和 Q_2,总成本函数为

$$C = Q_1^2 + 2Q_2^2 - Q_1Q_2.$$

若两种机床的总产量为 8 台,要使成本最低,两种机床各生产多少台?

9. 设生产函数和总成本函数分别为

$$Q = 4K^{\frac{1}{2}}L^{\frac{1}{2}}, \quad C = P_KK + P_LL = 2K + 8L,$$

若产量 $Q_0=32$ 时,试确定最低成本的投入组合及最低成本.

10. 设生产函数和总成本函数分别为

$$Q = 50K^{\frac{2}{3}}L^{\frac{1}{3}}, \quad C = 6K + 4L,$$

若成本预算 $C_0=72$ 时,试确定两种要素的投入量以使产量最高,并求最高产量.

11. 销售量 Q 与用在两种广告手段的费用 x 和 y 之间的函数关系为

$$Q = \frac{200x}{5+x} + \frac{100y}{10+y},$$

净利润是销售量的 $\frac{1}{5}$ 减去广告成本,而广告预算是 25,试确定如何分配两种手段的广告成本,以使利润最大?

总 习 题 七

(A)

1. 填空题:

(1) 函数 $z=\frac{1}{\ln(x+y)}$ 的定义域为________.

(2) 设函数 $z=e^{xy}$,则 $dz|_{(1,1)}=$________.

(3) 若函数 $z=x^y$,则$\frac{x}{y}\frac{\partial z}{\partial x}+\frac{1}{\ln x}\frac{\partial z}{\partial y}=$________.

(4) 设 $f(u^2+v^2,u^2-v^2)=\frac{9}{4}-2\left[\left(u^2+\frac{1}{4}\right)^2+\left(v^2-\frac{1}{4}\right)^2\right]$,则 $f_x(x,y)+f_y(x,y)=$

________.

(5) 设 $z=\frac{1}{x}f(xy)+y\phi(x+y)$,其中 f,ϕ 具有二阶连续偏导数,则$\frac{\partial^2 z}{\partial x\partial y}=$________.

2. 单项选择题:

(1) 二元函数 $f(x,y)$在点(x_0,y_0)处两个偏导数 $f'_x(x_0,y_0)$、$f'_y(x_0,y_0)$存在是 $f(x,y)$在该点连续的________.

A. 充分条件而非必要条件　　B. 必要条件而非充分条件

C. 充分条件　　D. 既非充分条件又非必要条件

(2) 考虑二元函数 $f(x,y)$在点 $P_0(x_0,y_0)$的 4 条性质

(i) 在 P_0 处连续　　(ii) 在 P_0 处两个偏导数连续

(iii) 在 P_0 处可微　　(iv) 在 P_0 处两个偏导数存在

若用“$E\Rightarrow F$”表示可由性质 E 推出 F,则有________.

A. (iii)⇒(ii)⇒(i)　　B. (ii)⇒(iii)⇒(i)

C. (iii)⇒(i)⇒(iv)　　D. (iii)⇒(iv)⇒(i)

(3) 点________是二元函数 $z=x^3-y^3+3x^2+3y^2-9x$ 的极小值点.

A. (1,0)　　B. (1,2)　　C. (−3,0)　　D. (−3,2)

(4) 设 $z=z(x,y)$是由方程 $F(x-az,y-bz)=0$ 所定义的隐函数,其中 $F(u,v)$是变量 u、v 的可微函数,a、b 为常数,则必有________.

A. $a\frac{\partial z}{\partial x}-b\frac{\partial z}{\partial y}=1$　　B. $b\frac{\partial z}{\partial x}-a\frac{\partial z}{\partial y}=1$

C. $a\frac{\partial z}{\partial x}+b\frac{\partial z}{\partial y}=1$　　D. $b\frac{\partial z}{\partial x}+a\frac{\partial z}{\partial y}=1$

(5)设函数 $f(x,y)$在 $D(0)$内连续,且

$$\lim_{(x,y)\to(0,0)}\frac{f(x,y)-f(0,0)}{x^2+1-2x\sin y-\cos^2 y}=A>0,$$

则 $f(x,y)$在点 $O(0,0)$________.

A. 没有极值　　B. 不能判定是否有极值

C. 有极大值　　D. 有极小值

3. 求函数 $f(x,y)=\frac{\sqrt{4x-y^2}}{\ln(1-x^2-y^2)}$的定义域,并求 $\lim\limits_{(x,y)\to(\frac{1}{2},0)}f(x,y)$.

4. 设 $f(x,y)=\frac{x\cos(y-1)-(y-1)\cos x}{1+\sin x+\sin(y-1)}$,求 $f_x(0,1)$,$f_y(0,1)$.

5. 设 $f(x,y)=\begin{cases}\frac{x^2y^2}{(x^2+y^2)^{\frac{3}{2}}}, & x^2+y^2\neq 0,\\ 0, & x^2+y^2=0.\end{cases}$

证明 $f(x,y)$在点$(0,0)$处连续且偏导数存在，但不可微分.

6. 设 $u=x^y$，而 $x=\phi(t)$，$y=\psi(t)$都是可微函数，求$\dfrac{du}{dt}$.

7. 设 $z=f(u,x,y)$，$u=xe^y$，其中 f 具有连续的二阶偏导数，求$\dfrac{\partial^2 z}{\partial x\partial y}$.

8. 设 $z=f(x^2y^2+x^2+y^3)$，其中 f 具有二阶导数，求$\dfrac{\partial z}{\partial x}$，$\dfrac{\partial z}{\partial y}$，$\dfrac{\partial^2 z}{\partial x^2}$.

9. 证明：若 $z=f(ax+by)$，则 $b\dfrac{\partial z}{\partial x}=a\dfrac{\partial z}{\partial y}$.

10. 设 $f(u,v)$具有二阶连续偏导数，且$\dfrac{\partial^2 f}{\partial u^2}+\dfrac{\partial^2 f}{\partial v^2}=1$，又 $g(x,y)=f\left(xy,\dfrac{1}{2}(x^2-y^2)\right)$，求$\dfrac{\partial^2 g}{\partial x^2}+\dfrac{\partial^2 g}{\partial y^2}$.

11. 设函数 $u=f(x,y,z)$具有连续的一阶偏导数，又函数 $y=y(x)$，$z=z(x)$分别由下列两式确定：

$$\sin y+\cos(xy)=0,\quad e^z=\int_0^{x+z}e^{t^2}\,dt,$$

求$\dfrac{du}{dx}$.

12. 求函数 $f(x,y)=xy\sqrt{1-x^2-y^2}\ (x^2+y^2\leqslant 1)$的极值.

13. 设 $a>b>c>0$，已知 $u=x^2+y^2+z^2$，当$\dfrac{x^2}{a^2}+\dfrac{y^2}{b^2}+\dfrac{z^2}{c^2}=1$时存在最大值与最小值，求此最大值与最小值.

14. 某企业的生产函数和成本函数分别为

$$Q=f(K,L)=20\left(\frac{3}{4}L^{-\frac{1}{4}}+\frac{1}{4}K^{-\frac{1}{4}}\right)^{-4},$$

$$C^1=P_kK+P_LL=3K+4L.$$

(1) 若限定成本预算为80，计算使产量达到最高的投入 K 和 L；

(2) 若限定产量为120，计算使成本最低的投入 K 和 L.

(B)

1. 填空题：

(1) 设 $z=e^{\sin xy}$，则 dz ________.

(2) 设 $z=f\left(xy,\dfrac{x}{y}\right)+g\left(\dfrac{y}{x}\right)$，其中 f,g 均可微，则$\dfrac{\partial z}{\partial x}=$________.

(3) 设 $z=xyf\left(\dfrac{y}{x}\right)$，$f(u)$可导，则 $xz'_x+yz'_y=$________.

(4) 设 $z=e^{-x}-f(x-2y)$，且当 $y=0$ 时，$z=x^2$，则$\dfrac{\partial z}{\partial x}=$________.

(5) 设 $u=e^{-x}\sin\dfrac{x}{y}$，则$\dfrac{\partial^2 u}{\partial x\partial y}$在点$\left(2,\dfrac{1}{\pi}\right)$处的值为________.

2. 单项选择题：

(1) 二元函数 $f(x,y)=\begin{cases}\dfrac{xy}{x^2+y^2}, & (x,y)\neq(0,0),\\ 0, & (x,y)=(0,0)\end{cases}$ 在点$(0,0)$处________.

A. 连续，偏导数存在　　B. 连续，偏导数不存在

C. 不连续，偏导数存在　　D. 不连续，偏导数不存在

(2) 设可微函数 $f(x,y)$在点(x_0,y_0)取得极小值，则下列结论正确的是________.

A. $f(x_0,y)$在 $y=y_0$ 处导数等于零

B. $f(x_0,y)$在 $y=y_0$ 处导数大于零

C. $f(x_0,y)$在 $y=y_0$ 处导数小于零

D. $f(x_0,y)$在 $y=y_0$ 处导数不存在

(3) 已知函数 $f(x,y)$在点$(0,0)$的某个邻域内连续，且$\lim\limits_{\substack{x\to0\\y\to0}}\dfrac{f(x,y)-xy}{(x^2+y^2)^2}=1$，则________.

A. 点$(0,0)$不是 $f(x,y)$的极值点

B. 点$(0,0)$是 $f(x,y)$的极大值点

C. 点$(0,0)$是 $f(x,y)$的极小值点

D. 根据所给条件无法判断点$(0,0)$是否为 $f(x,y)$的极值点

(4) 设函数 $u(x,y)=\phi(x+y)+\phi(x-y)+\int_{x-y}^{x+y}\psi(t)\mathrm{d}t$，其中函数 ϕ 具有二阶导数，ψ 具有一阶导数，则必有________.

A. $\dfrac{\partial^2u}{\partial x^2}=-\dfrac{\partial^2u}{\partial y^2}$　　B. $\dfrac{\partial^2u}{\partial x^2}=\dfrac{\partial^2u}{\partial y^2}$

C. $\dfrac{\partial^2u}{\partial x\partial y}=\dfrac{\partial^2u}{\partial y^2}$　　D. $\dfrac{\partial^2u}{\partial x\partial y}=\dfrac{\partial^2u}{\partial x^2}$

(5) 设函数 $F(u,v)$具有一阶连续偏导数，且 $F\left(\dfrac{x}{z},\dfrac{z}{y}\right)=0$ 确定隐函数 $z=z(x,y)$，则

A. $z^2F'_vz'_x-y^2F'_uz'_y=0$　　B. $z^2F'_vz'_x+y^2F'_uz'_y=0$

C. $z^2F'_uz'_x-y^2F'_vz'_y=0$　　D. $z^2F'_uz'_x+y^2F'_vz'_y=0$.

3. 已知 $z=a^{\sqrt{x^2-y^2}}$，其中 $a>0,a\neq1$，求 $\mathrm{d}z$.

4. 设 $z=(x^2+y^2)\mathrm{e}^{-\arctan\frac{y}{x}}$，求 $\mathrm{d}z$ 与$\dfrac{\partial^2z}{\partial x\partial y}$.

5. 设函数 $u=f(x,y,z)$有连续偏导数，且 $z=z(x,y)$由方程 $x\mathrm{e}^x-y\mathrm{e}^y=z\mathrm{e}^z$ 所确定，求 $\mathrm{d}u$.

6. 设 $u=f(x,y,z)$，$\phi(x^2,\mathrm{e}^y,z)=0$，$y=\sin x$，其中 f,ϕ 都具有一阶连续偏导数，且$\dfrac{\partial\phi}{\partial z}\neq0$，求$\dfrac{\mathrm{d}u}{\mathrm{d}x}$.

7. 设 $u=yf\left(\dfrac{x}{y}\right)+xg\left(\dfrac{y}{x}\right)$，其中 f 和 g 具有二阶连续导数，求 $x\dfrac{\partial^2u}{\partial x^2}+y\dfrac{\partial^2u}{\partial x\partial y}$.

8. 设 $f(u)$具有二阶连续导数，且

$$g(x,y)=f\left(\frac{y}{x}\right)+yf\left(\frac{x}{y}\right),$$

求 $x^2\frac{\partial^2 g}{\partial x^2}-y^2\frac{\partial^2 g}{\partial y^2}$.

9. 已知 $xy=xf(z)+yg(z)$，$xf'(z)+yg'(z)\neq 0$，其中 $z=z(x,y)$ 是 x 和 y 的函数，求证：

$$[x-g(z)]\frac{\partial z}{\partial x}=[y-f(z)]\frac{\partial z}{\partial y}.$$

10. 设 $z=z(x,y)$ 是由 $x^2-6xy+10y^2-2yz-z^2+18=0$ 确定的函数，求 $z=z(x,y)$ 的极值点和极值.

11. 求 $f(x,y)=x^2-y^2+2$ 在椭圆域

$$D=\left\{(x,y)\mid x^2+\frac{y^2}{4}\leqslant 1\right\}$$

上的最大值和最小值.

12. 某厂家生产的一种产品同时在两个市场销售，售价分别为 p_1 和 p_2；销售量分别为 q_1 和 q_2，需求函数分别为

$$q_1=24-0.2p_1,\quad q_2=10-0.5p_2$$

总成本函数为 $C=35+40(q_1+q_2)$.

试问：厂家如何确定两个市场的售价，能使其获得总利润最大？最大利润为多少？

13. 某养殖厂饲养两种鱼，若甲种鱼放养 x（万尾），乙种鱼放养 y（万尾），收获时两种鱼收获量分别为

$$(3-\alpha x-\beta y)x \text{ 和 } (4-\beta x-2\alpha y)y\quad(\alpha>\beta>0),$$

求使产鱼总量最大的放养数.

14. 设生产某种产品必须投入两种要素，x_1 和 x_2 分别为两要素的投入量，Q 为产出量；若生产函数为 $Q=2x_1^{\alpha}x_2^{\beta}$，其中 α、β 为正常数，且 $\alpha+\beta=1$，假设两种要素的价格分别为 p_1 和 p_2，试问：当产量为12时，两要素各投入多少可以使得投入总费用最小？

第 8 章　二 重 积 分

二重积分是多元函数积分学的重要组成,是闭区间上一元函数定积分概念的推广.定积分是某种确定形式积分和(黎曼和)的极限,将这种积分和极限的推广到定义在平面闭区域上二元函数,便得到二重积分的概念.本章主要内容包括二重积分的概念与性质,二重积分的计算及简单应用.

8.1　二重积分的概念与性质

8.1.1　二重积分的概念

1. 曲顶柱体的体积

为了直观,我们通过几何问题引入二重积分的概念.

设有一立体,其底是 xOy 平面上的有界闭区域 D. 其侧面是以 D 的边界曲线为准线而母线平行于 z 轴的柱面,其顶是曲面 $z=f(x,y)$. 这里设 $f(x,y)$在 D 上非负连续(图 8-1),这种立体称为**曲顶柱体**. 现在我们要求这个曲顶柱体的体积.

在这里,我们计算曲顶柱体体积 V 的方法和程序与求曲边梯形面积时相类似.

(1) **细分**——将曲顶柱体分为 n 个小曲顶柱体.

将闭区域 D 任意分成 n 个小区域

$$\Delta\sigma_1, \Delta\sigma_2, \cdots, \Delta\sigma_n,$$

且小区域 $\Delta\sigma_i$ 的面积也记作 $\Delta\sigma_i(i=1,2,\cdots,n)$(图 8-2).

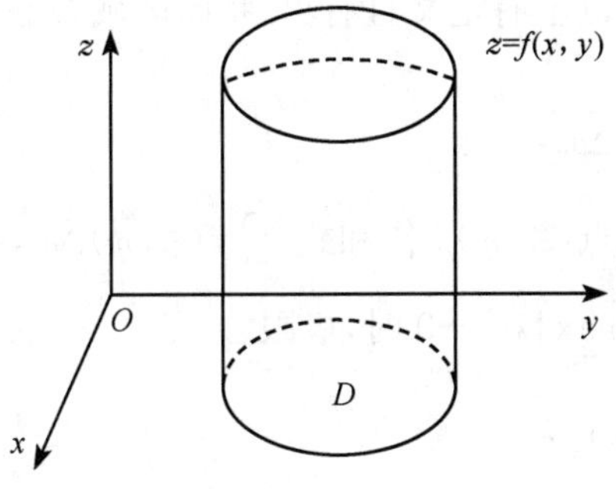

图 8-1

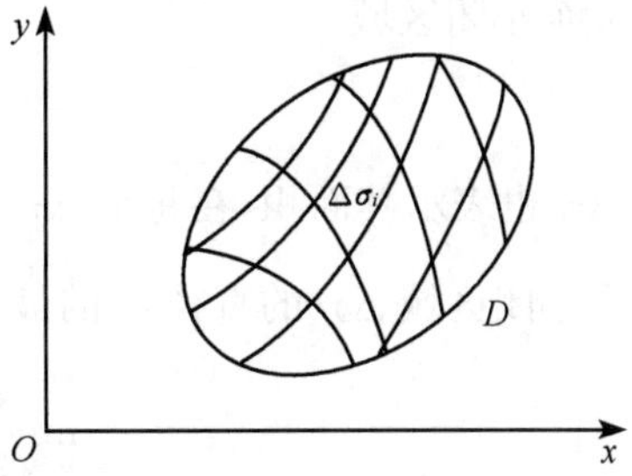

图 8-2

这时，曲顶柱体也相对应地被分成 n 个小曲顶柱体，其体积分别记作

$$\Delta v_1, \Delta v_2, \cdots, \Delta v_n.$$

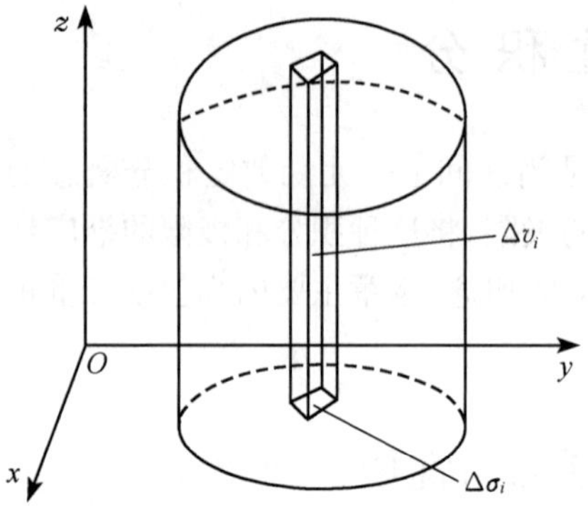

图 8-3

(2) **近似代替**——在小范围内用平顶柱体代替曲顶柱体.

在每个小闭区域 $\Delta \sigma_i$ 上任取一点 (ξ_i, η_i)，用以 $\Delta \sigma_i$ 为底以 $f(\xi_i, \eta_i)$ 为高的平顶柱体的体积近似代替相应的曲顶柱体体积(图 8-3)，即

$$\Delta v_i \approx f(\xi_i, \eta_i)\Delta \sigma_i \quad (i = 1, 2, \cdots, n).$$

(3) **求和得近似值**——用 n 个小平顶柱体体积和得体积近似值.

用 n 个小平顶柱体体积之和近似代替曲顶柱体体积

$$V = \sum_{i=1}^{n} \Delta v_i \approx \sum_{i=1}^{n} f(\xi_i, \eta_i)\Delta \sigma_i.$$

(4) **取极限得精确值**——由有限分割下的近似值过渡到无限分割下的精确值.

以 λ_i 表 $\Delta \sigma_i$ 的直径(即有界闭区域 $\Delta \sigma_i$ 上任意两点间距离的最大者)，令 $\lambda = \max\limits_{1 \leqslant i \leqslant n}\{\lambda_i\}$，当 $\lambda \to 0$ 时若上式和式的极限存在，则其极限就是所求曲顶柱体的体积，即

$$V = \lim_{\lambda \to 0} \sum_{i=1}^{n} f(\xi_i, \eta_i)\Delta \sigma_i.$$

在实际问题中很多量的计算和曲顶柱体体积计算一样，都可以归结为具有上述结构形式的和式的极限. 现在我们摒弃问题的具体内容，仅从数量关系上加以抽象，上述和式的极限就是二重积分的概念.

2. 二重积分的概念

定义 8-1　设函数 $f(x, y)$ 在有界闭区域 D 上有定义且有界. 将闭区域 D 任意分成 n 个小闭区域

$$\Delta \sigma_1, \Delta \sigma_2, \cdots, \Delta \sigma_n,$$

其中 $\Delta \sigma_i$ 也表示其面积，在每个 $\Delta \sigma_i$ 上任取一点 (ξ_i, η_i)，作和式 $\sum\limits_{i=1}^{n} f(\xi_i, \eta_i)\Delta \sigma_i$，若当各个小闭区域 $\Delta \sigma_i$ 的直径 λ_i 的最大者 $\lambda = \max\limits_{1 \leqslant i \leqslant n}\{\lambda_i\} \to 0$ 时，极限

$$\lim_{\lambda \to 0} \sum_{i=1}^{n} f(\xi_i, \eta_i)\Delta \sigma_i$$

存在，且与区域 D 的分法及点 $(\xi_i, \eta_i) \in \Delta \sigma_i$ 的取法无关. 则称此极限为函数

$f(x,y)$在闭区域 D 上的二重积分，记作$\iint\limits_D f(x,y)\mathrm{d}\sigma$，即

$$\iint\limits_D f(x,y)\mathrm{d}\sigma=\lim_{\lambda\to 0}\sum_{i=1}^{n}f(\xi_i,\eta_i)\Delta\sigma_i,$$

其中 D 称为**积分区域**,x,y 称为**积分变量**,$f(x,y)$称为**被积函数**,$\mathrm{d}\sigma$ 称为**面积元素**,$f(x,y)\mathrm{d}\sigma$ 称为**被积表达式**.

若函数 $f(x,y)$在有界闭区域 D 上的二重积分存在,则称 $f(x,y)$**在 D 上可积**,否则称 $f(x,y)$**在 D 上不可积**.

我们当然关心 $f(x,y)$在 D 上满足何条件时一定可积分. 下面可积分的充分性定理回答了这一问题(略去其证明).

定理 8-1 若函数 $f(x,y)$在有界闭区域 D 上连续,则 $f(x,y)$在 D 上可积.

3. 二重积分的几何意义

根据二重积分的定义,以连续曲面 $z=f(x,y)\geqslant 0$ 为曲顶,xOy 平面上的有界闭区域 D 为底的曲顶柱体的体积 V,等于曲顶函数 $z=f(x,y)$在有界闭区域 D 上的二重积分,即

$$V=\iint\limits_D f(x,y)\mathrm{d}\sigma.$$

若作为曲顶的连续曲面 $z=f(x,y)\leqslant 0$,则以区域 D 为底的曲顶柱体倒挂在 xOy 平面的下方，此时的二重积分$\iint\limits_D f(x,y)\mathrm{d}\sigma$ 为负值，且恰为曲顶柱体体积的相反数,即

$$\iint\limits_D f(x,y)\mathrm{d}\sigma=-V.$$

8.1.2 二重积分的性质

二重积分有着与定积分完全类似的性质,且其证明过程也完全类似. 在假设所讨论的二重积分均存在的前提下,列举性质,略去证明.

性质 8-1 $\iint\limits_D[f(x,y)\pm g(x,y)]\mathrm{d}\sigma=\iint\limits_D f(x,y)\mathrm{d}\sigma\pm\iint\limits_D g(x,y)\mathrm{d}\sigma$.

性质 8-2 $\iint\limits_D kf(x,y)\mathrm{d}\sigma=k\iint\limits_D f(x,y)\mathrm{d}\sigma$，其中 k 为常数.

性质 8-3(对积分区域的可加性) 设有界闭区域 D 被有限条曲线分成有限个部分闭区域,则在 D 上的二重积分等于在各部分闭区域上的二重积分的和. 例如 D 分为两个闭区域 D_1 和 D_2,则

$$\iint_D f(x,y)\mathrm{d}\sigma = \iint_{D_1} f(x,y)\mathrm{d}\sigma + \iint_{D_2} f(x,y)\mathrm{d}\sigma.$$

性质 8-4　若在有界闭区域 D 上，$f(x,y)\equiv 1$，σ 为 D 的面积，则

$$\iint_D 1\mathrm{d}\sigma = \iint_D \mathrm{d}\sigma = \sigma.$$

在几何直观上该性质非常明显，即高为 1 的平顶柱体的体积在数值上就等于柱体的底面积.

性质 8-5　若在有界闭区域 D 上 $f(x,y)\geqslant 0$，则

$$\iint_D f(x,y)\mathrm{d}\sigma \geqslant 0.$$

推论 8-1　在有界闭区域 D 上，$f(x,y)\leqslant g(x,y)$，则有

$$\iint_D f(x,y)\mathrm{d}\sigma \leqslant \iint_D g(x,y)\mathrm{d}\sigma.$$

推论 8-2　在有界闭区域 D 上的连续函数 $f(x,y)\geqslant 0$，且 $f(x,y)\not\equiv 0$，则有

$$\iint_D f(x,y)\mathrm{d}\sigma > 0.$$

推论 8-3　在有界闭区域 D 上连续函数 $f(x,y)$，$g(x,y)$，有 $f(x,y)\leqslant g(x,y)$，且 $f(x,y)\not\equiv g(x,y)$，则有

$$\iint_D f(x,y)\mathrm{d}\sigma < \iint_D g(x,y)\mathrm{d}\sigma.$$

推论 8-4　$\left|\iint_D f(x,y)\mathrm{d}\sigma\right| \leqslant \iint_D \left|f(x,y)\right|\mathrm{d}\sigma.$

性质 8-6(估值定理)　(1) 若 M，m 分别是 $f(x,y)$ 在有界闭区域 D 上的最大值和最小值，σ 是 D 的面积，则有

$$m\sigma \leqslant \iint_D f(x,y)\mathrm{d}\sigma \leqslant M\sigma.$$

(2) 若 M，m 分别是有界闭区域 D 上的连续函数 $f(x,y)$ 的最大值和最小值，且 $M>m$，$\sigma>0$，为 D 的面积，则有

$$m\sigma < \iint_D f(x,y)\mathrm{d}\sigma < M\sigma.$$

性质 8-7(二重积分的中值定理)　若函数 $f(x,y)$ 在有界闭区域 D 上连续，σ 是 D 的面积，则至少存在一点 $(\xi,\eta)\in D$，使得

$$\iint_D f(x,y)\mathrm{d}\sigma = f(\xi,\eta)\cdot\sigma.$$

上式右端的几何意义：以 D 为底，$f(\xi,\eta)$ 为高的平顶柱体体积.

注　$f(\xi,\eta)=\dfrac{1}{\sigma}\iint_D f(x,y)\mathrm{d}\sigma$ 是 $f(x,y)$ 在 D 上的平均值.

习 题 8.1

1. 试用二重积分表示由下列曲面所围曲顶柱体的体积 V；并画出曲顶柱体在 xOy 平面上的底的图形：

(1) $z=1-x^2-y^2$， $x=0$， $y=0$， $x+y=1$， $z=0$；

(2) $x+y+z=4$， $x^2+y^2=8$， $x=0$， $y=0$， $z=0$；

(3) $z=\sqrt{y-x^2}$， $x=\frac{1}{2}\sqrt{y}$， $y=0$， $z=0$.

2. 设有一平面薄板(不计其厚度)，占有 xOy 面上的闭区域 D，薄板上分布有面密度为 $\mu=\mu(x,y)$ 的电荷，且 $\mu(x,y)$ 在 D 上连续，试用二重积分表达该板上的全部电荷 Q.

3. 设 $I_1=\iint\limits_{D_1}(x^2+y^2)^3\mathrm{d}\sigma$，其中 $D_1=\{(x,y)\mid -1\leqslant x\leqslant 1,-2\leqslant y\leqslant 2\}$；又 $I_2=\iint\limits_{D_2}(x^2+y^2)^3\mathrm{d}\sigma$，其中 $D_2=\{(x,y)\mid 0\leqslant x\leqslant 1,0\leqslant y\leqslant 2\}$. 试利用二重积分的几何意义说明 I_1 与 I_2 之间的关系.

4. 利用二重积分定义证明：

(1) $\iint\limits_D \mathrm{d}\sigma=\sigma$(其中 σ 为 D 的面积)；

(2) $\iint\limits_D kf(x,y)\mathrm{d}\sigma=k\iint\limits_D f(x,y)\mathrm{d}\sigma$(其中 k 为常数)；

(3) $\iint\limits_D f(x,y)\mathrm{d}\sigma=\iint\limits_{D_1}f(x,y)\mathrm{d}\sigma+\iint\limits_{D_2}f(x,y)\mathrm{d}\sigma$，其中 $D=D_1\cup D_2$，D_1、D_2 为两个无公共内点的闭区域.

5. 区域 D 由直线 $2x+y-2=0$ 与 x 轴，y 轴围成. 计算二重积分 $\iint\limits_D \mathrm{d}\sigma$.

6. 设 D 是以原点为中心，R 为半径的圆，利用二重积分的几何意义计算 $\iint\limits_D\sqrt{R^2-x^2-y^2}\,\mathrm{d}\sigma$.

7. 根据二重积分的性质，比较下列积分的大小：

(1) $I_1=\iint\limits_D\ln(x^2+y^2)\mathrm{d}\sigma$ 与 $I_2=\iint\limits_D\sqrt{1-x^2-y^2}\,\mathrm{d}\sigma$，其中 $D=\{(x,y)\mid x^2+y^2\leqslant 1\}$；

(2) $I_1=\iint\limits_D\ln(x+y)\mathrm{d}\sigma$ 与 $I_2=\iint\limits_D[\ln(x+y)]^2\mathrm{d}\sigma$，其中 $D=\{(x,y)\mid 3\leqslant x\leqslant 5,0\leqslant y\leqslant 1\}$；

(3) $I_1=\iint\limits_D(x+y)^2\mathrm{d}\sigma$ 与 $I_2=\iint\limits_D(x+y)^3\mathrm{d}\sigma$，其中 $D=\{(x,y)\mid (x-2)^2+(y-1)^2\leqslant 2\}$；

(4) $I_1=\iint\limits_D(x+y)^2\mathrm{d}\sigma$ 与 $I_2=\iint\limits_D(x+y)^3\mathrm{d}\sigma$，其中区域 D 是由 x 轴，y 轴与直线 $x+y=1$ 所围成.

8. 利用二重积分的性质估计下列积分的值：

(1) $I=\iint\limits_D(x+y+1)\mathrm{d}\sigma$，其中 $D=\{(x,y)\mid 0\leqslant x\leqslant 1,0\leqslant y\leqslant 2\}$；

(2) $I=\iint\limits_D (x^2+4y^2+9)\mathrm{d}\sigma$，其中 $D=\{(x,y)\,|\,x^2+y^2\leqslant 4\}$；

(3) $I=\iint\limits_D \mathrm{e}^{x^2+y^2}\,\mathrm{d}\sigma$，其中 $D=\left\{(x,y)\,\middle|\,\dfrac{x^2}{a^2}+\dfrac{y^2}{b^2}\leqslant 1\right\}$ 且$(b<a)$；

(4) $I=\iint\limits_D \dfrac{\mathrm{d}\sigma}{\sqrt{x^2+y^2+2xy+16}}$，其中 $D=\{(x,y)\,|\,0\leqslant x\leqslant 1,0\leqslant y\leqslant 2\}$.

8.2 二重积分的计算

和定积分一样，二重积分作为和式的极限，从定义出发直接计算，有时是艰难的，甚至是不可能的，本节介绍的二重积分计算方法，是把二重积分化为二次积分(或称累次积分)计算，即化为计算两次定积分.

8.2.1 在直角坐标系下计算二重积分

在定义中已强调指出，二重积分作为和式的极限，只与被积函数 $f(x,y)$ 和积分区域 D 有关，而与区域 D 的分法及 (ξ_i,η_i) 的选法无关. 这样，我们可以特别地选用两组分别平行于坐标轴的直线分割 D，这时每个小区域的面积 $\Delta\sigma=\Delta x\cdot\Delta y$，面积元素 $\mathrm{d}\sigma=\mathrm{d}x\mathrm{d}y$. 因此，在直角坐标系下，二重积分可表示为 $\iint\limits_D f(x,y)\mathrm{d}x\mathrm{d}y$，即

$$\iint\limits_D f(x,y)\mathrm{d}\sigma=\iint\limits_D f(x,y)\mathrm{d}x\mathrm{d}y.$$

在直角坐标系下化二重积分为二次积分计算，首先要确定两个定积分各自的上、下限. 而这又取决于对积分区域 D 的类型选择与精确刻画.

1. 积分区域的类型与刻画

(1) X 型区域 D 的刻画. 若平面区域 D 具有这样的特征：穿过 D 内部且平行于 y 轴的直线与 D 的边界相交不多于两点(图 8-4(a)、(b))，则称 D 为 X 型区域，这里假设 $y=\varphi_1(x)$，$y=\varphi_2(x)$ 在区间 $[a,b]$ 上连续.

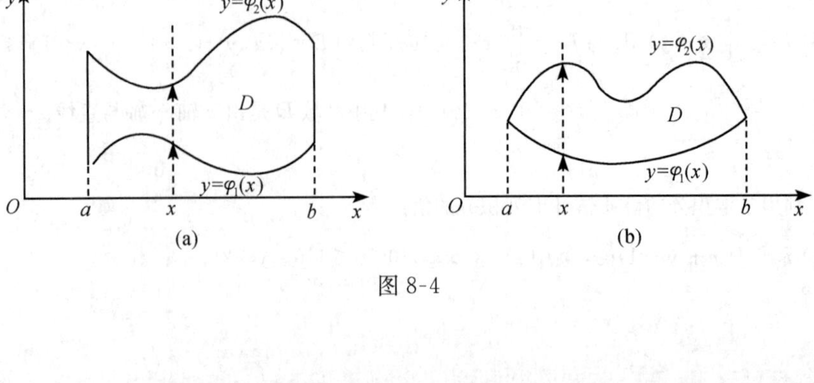

图 8-4

闭区域 D 作为平面点集，其上任一点(x,y)均满足不等式：$\varphi_1(x)\leqslant y\leqslant\varphi_2(x)$，$a\leqslant x\leqslant b$. 亦即 D 可如下刻画：

$$D=\{(x,y)\mid\varphi_1(x)\leqslant y\leqslant\varphi_2(x),a\leqslant x\leqslant b\}.$$

(2) Y 型区域 D 的刻画. 若平面区域 D 具有特征：穿过区域 D 内部且平行于 x 轴的直线与 D 的边界相交不多于两点(如图 8-5(a)、(b))，则称 D 为 Y 型区域. 这里假设 $x=\varphi_1(y)$、$x=\varphi_2(y)$在区间$[c,d]$上连续.

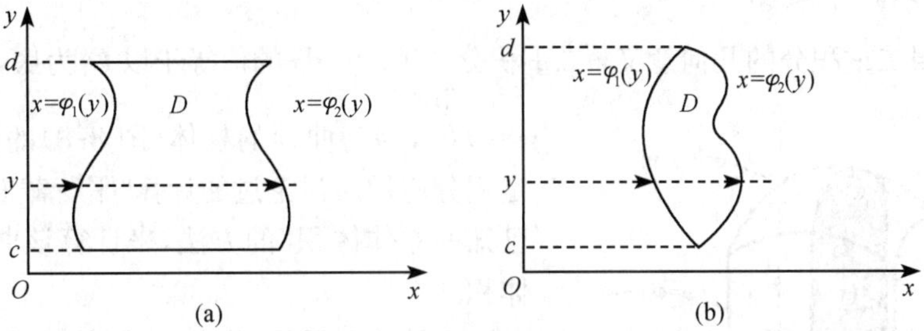

图 8-5

闭区域 D 作为平面点集，其上任一点(x,y)均满足不等式：$\varphi_1(y)\leqslant x\leqslant\varphi_2(y)$，$c\leqslant y\leqslant d$. 亦即 D 可如下刻画：

$$D=\{(x,y)\mid\varphi_1(y)\leqslant x\leqslant\varphi_2(y),c\leqslant y\leqslant d\}.$$

(3) 既为 X 型又为 Y 型区域 D 的刻画. 若平面区域 D 既具有 X 型区域的特征，又具有 Y 型区域的特征，则称 D 既为 X 型又为 Y 型区域. 此时 D 的刻画是选择 X 型或是 Y 型，取决于化二重积分的二次积分时的计算哪种类型更简捷(图 8-6).

(4) 既非 X 型又非 Y 型区域 D 的刻画. 若平面区域 D，既有一部分使穿过 D 内部且平行于 y 轴的直线与 D 的边界相交多于两点，又有一部分使穿过 D 内部且平行于 x 轴的直线与 D 的边界相交多于两点，即 D 既非 X 型又非 Y 型区域，对于这种情形，我们往往将 D 分成几部分，使每个部分是 X 型或是 Y 型，然后对每个部分进行分别刻画. 例如，D 如图 8-7 所示的区域，我们可以把 D 分成三部分，它们均为 X 型区域. 显然各部分上的二重积分之和就是 D 上的二重积分.

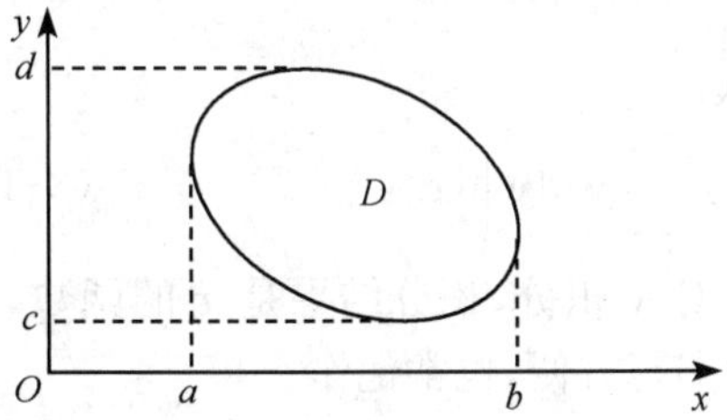

图 8-6

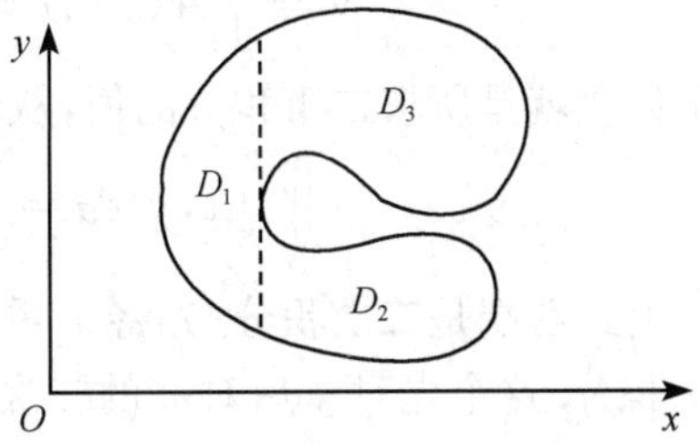

图 8-7

2. 化二重积分为二次积分

下面先从几何上讨论二重积分 $\iint\limits_D f(x,y)\mathrm{d}\sigma$ 的计算问题. 在讨论中先假定 $f(x,y)\geqslant 0$.

(1) **当 D 为 X 型区域时的计算**　设 D 为 X 型区域，即 $D=\{(x,y)\mid\varphi_1(x)\leqslant y\leqslant\varphi_2(x),a\leqslant x\leqslant b\}$.

按照二重积分的几何意义，二重积分 $\iint\limits_D f(x,y)\mathrm{d}\sigma$ 的值等于以 D 为底，以曲面 $z=f(x,y)$ 为曲顶的柱体(图 8-8)的体积. 由定积分应用所讨论过的计算"平行截面面积为已知的立体体积"的方法，来计算该曲顶柱体体积.

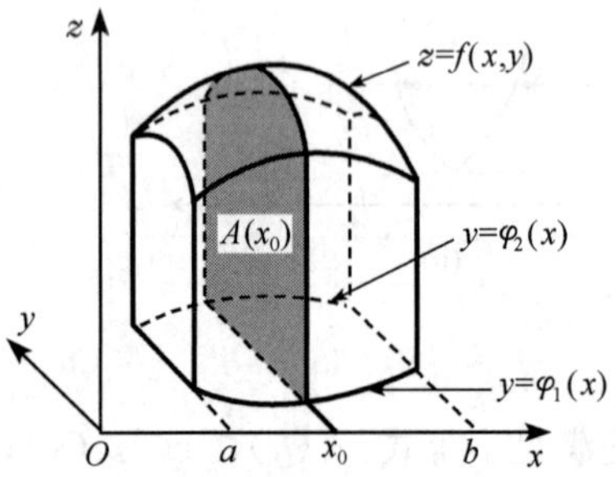

图 8-8

先计算截面积. 为此，在区间 $[a,b]$ 上任意取定一点 x_0，作平行于 yOz 平面的平面 $x=x_0$. 这个平面截曲顶柱体所得的截面是一个以区间 $[\varphi_1(x_0),\varphi_2(x_0)]$ 为底，曲线 $z=f(x_0,y)$ 为曲边的曲边梯形(图 8-8 中阴影部分)，所以这截面的面积为

$$A(x_0)=\int_{\varphi_1(x_0)}^{\varphi_2(x_0)}f(x_0,y)\mathrm{d}y.$$

一般地，过区间 $[a,b]$ 上任一点 x 且平行于 yOz 平面的平面截曲顶柱体的截面的面积为

$$A(x)=\int_{\varphi_1(x)}^{\varphi_2(x)}f(x,y)\mathrm{d}y,$$

式中，y 是积分变量，在积分过程中 x 保持不变，所得截面的面积与 x 有关，应是 x 的函数 $A(x)$. 再根据定积分的几何应用：已知平行截面面积为 $A(x)$ 的立体体积，所求曲顶柱体的体积为

$$V=\int_a^b A(x)\mathrm{d}x=\int_a^b\left[\int_{\varphi_1(x)}^{\varphi_2(x)}f(x,y)\mathrm{d}y\right]\mathrm{d}x.$$

这个体积就是所求二重积分的值，从而有等式

$$\iint\limits_D f(x,y)\mathrm{d}\sigma=\int_a^b\left[\int_{\varphi_1(x)}^{\varphi_2(x)}f(x,y)\mathrm{d}y\right]\mathrm{d}x.\tag{8-1a}$$

上式右端是**二次积分**. 先将 x 看作常量，对 y 积分，积分结果是 x 的函数，再对 x 积分. 这个先对 y 后对 x 的二次积分，为书写方便，也常记作

$$\int_a^b\mathrm{d}x\int_{\varphi_1(x)}^{\varphi_2(x)}f(x,y)\mathrm{d}y.$$

因此,等式(8-1a)也可写成

$$\iint_D f(x,y)\mathrm{d}\sigma = \int_a^b \mathrm{d}x\int_{\varphi_1(x)}^{\varphi_2(x)} f(x,y)\mathrm{d}y. \tag{8-1b}$$

这就是把二重积分化为先对 y 后对 x 的二次积分公式.

(2) **当 D 为 Y 型区域时的计算** 设 D 为 Y 型区域,即 $D=\{(x,y)\mid\varphi_1(y)\leqslant x\leqslant\varphi_2(y),c\leqslant y\leqslant d\}$.

根据二重积分的几何意义,完全类似地可得,把二重积分化为先对 x 后对 y 的二次积分公式

$$\iint_D f(x,y)\mathrm{d}\sigma = \int_c^d\left[\int_{\varphi_1(y)}^{\varphi_2(y)} f(x,y)\mathrm{d}x\right]\mathrm{d}y \tag{8-2a}$$

或写成

$$\iint_D f(x,y)\mathrm{d}\sigma = \int_c^d \mathrm{d}y\int_{\varphi_1(y)}^{\varphi_2(y)} f(x,y)\mathrm{d}x. \tag{8-2b}$$

上式右端是先将 y 看作常量,对 x 积分,积分结果是 y 的函数,再对 y 积分.

把二重积分化为二次积分时,有以下几点必须明确:

第一是积分次序: 积分区域 D 为 X 型区域时,其积分次序为先对 y 积分后对 x 积分;积分区域 D 为 Y 型区域时,其积分次序为先对 x 积分后对 y 积分.

第二是积分限的确定: 将二重积分化为二次积分的关键是确定两个定积分的上、下限. 当 D 为 X 型区域时,把 D 的刻画与公式(8-1a)做比较,不难发现其规律性. $D=\{(x,y)\mid\varphi_1(x)\leqslant y\leqslant\varphi_2(y),a\leqslant x\leqslant b\}$时,先对 y 积分,y 的积分上下限恰与 D 中 y 的变化区间$[\varphi_1(x),\varphi_2(x)]$相一致,后对 x 积分时,x 的积分上、下限也与 D 中 x 的变化区间$[a,b]$相一致;同样,当 D 为 Y 型区域时,把 D 的刻画与公式(8-2a)做比较,其规律依然. 即 $D=\{(x,y)\mid\varphi_1(y)\leqslant x\leqslant\varphi_2(y),c\leqslant y\leqslant d\}$时,先对 x 积分,x 的积分上、下限恰与 D 中 x 的变化区间$[\varphi_1(y),\varphi_2(y)]$相一致,后对 y 积分时,y 的积分上、下限也与 D 中 y 的变化区间$[c,d]$相一致. 综合上述,我们会有这样的感悟:化二重积分为二次积分的关键是确定积分的上、下限,而确定上、下限的关键是对积分区域 D 的刻画.

以上关于化二重积分为二次积分的讨论,是假设在 D 上 $f(x,y)\geqslant 0$ 的情况下推得的. 实际上,把 $f(x,y)$在 D 上非负的限制去掉后,公式(8-1a)、(8-2a)仍然成立.

例 8-1 计算二重积分 $\iint_D x^2 e^{2y}\mathrm{d}\sigma$, 其中 D 为矩形区域 $1\leqslant x\leqslant 2,0\leqslant y\leqslant 1$.

解 积分区域 D 为正方形(图 8-9). 它既是 X 型又是 Y 型区域. 这里把 D 看作 X 型区域,即先对 y 后对 x 积分.

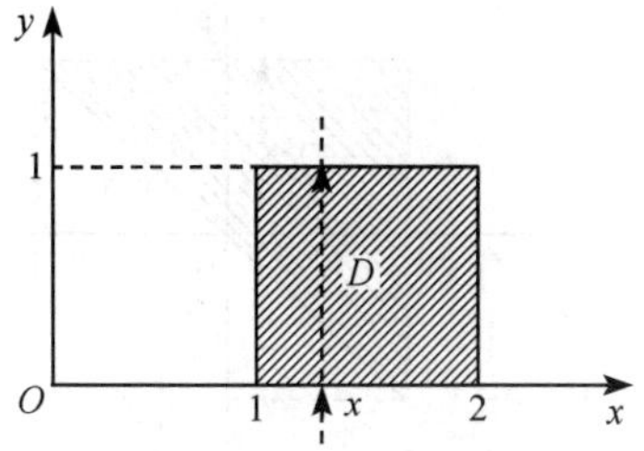

图 8-9

先刻画 $D=\{(x,y)|0\leqslant y\leqslant 1,1\leqslant x\leqslant 2\}$. 则

$$\iint_D x^2 e^{2y} d\sigma=\int_1^2 dx\int_0^1 x^2 e^{2y} dy=\int_1^2 x^2 dx\int_0^1 e^{2y} dy$$

$$=\left(\frac{x^3}{3}\Big|_1^2\right)\cdot\left(\frac{1}{2}e^{2y}\Big|_0^1\right)=\frac{7}{6}(e^2-1).$$

例 8-2 计算二重积分 $\iint_D y\sqrt{1+x^2-y^2}d\sigma$, 其中 D 是由直线 $y=x,x=-1$ 和 $y=1$ 所围成的闭区域.

解 首先画出积分区域 D 如图 8-10 所示. D 既是 X 型又是 Y 型区域. 若将 D 选作 X 型, 则 $D=\{(x,y)|x\leqslant y\leqslant 1,-1\leqslant x\leqslant 1\}$. 利用公式(8-1b), 有

$$\iint_D y\sqrt{1+x^2-y^2}d\sigma=\int_{-1}^1 dx\int_x^1 y\sqrt{1+x^2-y^2}dy$$

$$=-\frac{1}{3}\int_{-1}^1[(1+x^2-y^2)^{\frac{3}{2}}]_x^1 dx=-\frac{1}{3}\int_{-1}^1(|x|^3-1)dx$$

$$=-\frac{2}{3}\int_0^1(x^3-1)dx=\frac{1}{2}.$$

若将 D 选作 Y 型, 则 $D=\{(x,y)|-1\leqslant x\leqslant y,-1\leqslant y\leqslant 1\}$ 利用公式(8-2b), 有

$$\iint_D y\sqrt{1+x^2-y^2}d\sigma=\int_{-1}^1 dy\int_{-1}^y y\sqrt{1+x^2-y^2}dx.$$

其中关于 x 的积分 $\int_{-1}^y y\sqrt{1+x^2-y^2}dx$ 尽管可以求出, 但比较麻烦, 因此, 该积分选择先 y 后 x 的积分次序计算更方便.

例 8-3 计算二重积分 $\iint_D \frac{y^2}{x^2}d\sigma$, 其中 D 是由直线 $y=x,y=2$ 及曲线 $xy=1$ 所围成的闭区域.

解 画出积分区域 D 如图 8-11 所示, D 既是 X 型又是 Y 型的. 先将 D 选作

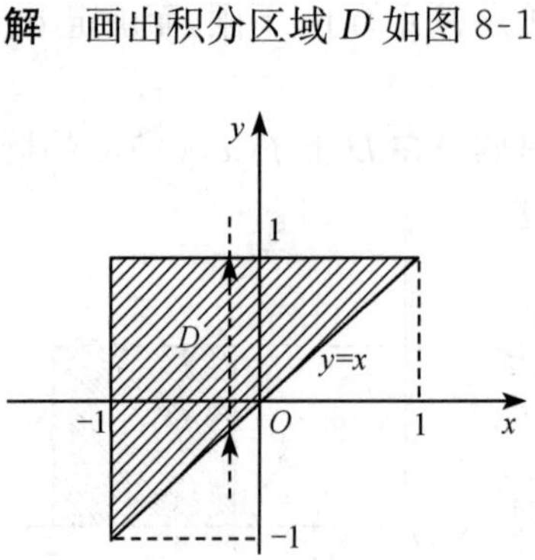

图 8-10

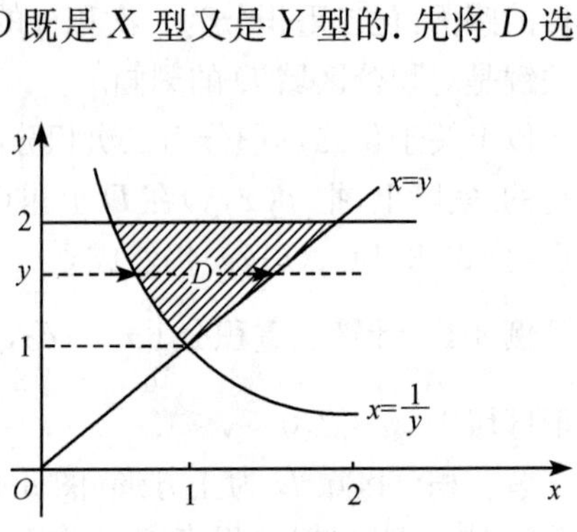

图 8-11

Y 型区域刻画，则 $D=\{(x,y)\mid \frac{1}{y}\leqslant x\leqslant y,1\leqslant y\leqslant 2\}$，于是

$$\iint_D \frac{y^2}{x^2}\mathrm{d}\sigma=\int_1^2\mathrm{d}y\int_{\frac{1}{y}}^{y}\frac{y^2}{x^2}\mathrm{d}x=\int_1^2 y^2\left[-\frac{1}{x}\right]_{\frac{1}{y}}^{y}\mathrm{d}y$$

$$=\int_1^2 y^2\left(y-\frac{1}{y}\right)\mathrm{d}y=\int_1^2(y^3-y)\mathrm{d}y=\frac{9}{4}.$$

若将 D 选作 X 型区域刻画(图 8-12)，则 D 的下侧边界由 $y=\frac{1}{x}$ 和 $y=x$ 分段组成. 应当用直线 $x=1$ 将 D 分成 D_1 和 D_2 两部分，由于

$$D_1=\{(x,y)\mid \frac{1}{x}\leqslant y\leqslant 2,\frac{1}{2}\leqslant x\leqslant 1\},$$

$$D_2=\{(x,y)\mid x\leqslant y\leqslant 2,1\leqslant x\leqslant 2\}.$$

所以

$$\iint_D \frac{y^2}{x^2}\mathrm{d}\sigma=\iint_{D_1}\frac{y^2}{x^2}\mathrm{d}\sigma+\iint_{D_2}\frac{y^2}{x^2}\mathrm{d}\sigma$$

$$=\int_{\frac{1}{2}}^{1}\mathrm{d}x\int_{\frac{1}{x}}^{2}\frac{y^2}{x^2}\mathrm{d}y+\int_1^2\mathrm{d}x\int_x^2\frac{y^2}{x^2}\mathrm{d}y=\frac{9}{4}.$$

比较以上两种积分次序的选择. 显然，将 D 看成 Y 型区域的计算更简单一些.

例 8-4 计算二重积分 $I=\iint_D \mathrm{e}^{x^2}\mathrm{d}\sigma$，其中 D 由 $y=x,y=x^3$ 所围成的第一象限部分闭区域.

解 积分区域 D 如图 8-13 所示. 它既是 X 型又是 Y 型的. 由于选作 D 为 Y 型区域时，$D=\{(x,y)\mid y\leqslant x\leqslant\sqrt[3]{y},0\leqslant y\leqslant 1\}$，则 $I=\int_0^1\mathrm{d}y\int_y^{\sqrt[3]{y}}\mathrm{e}^{x^2}\mathrm{d}x$.

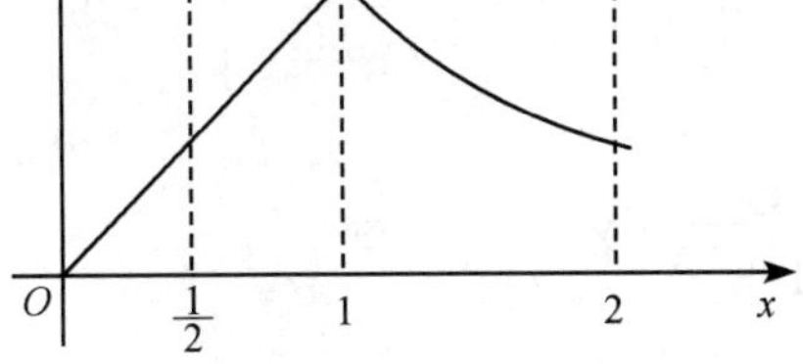

图 8-12

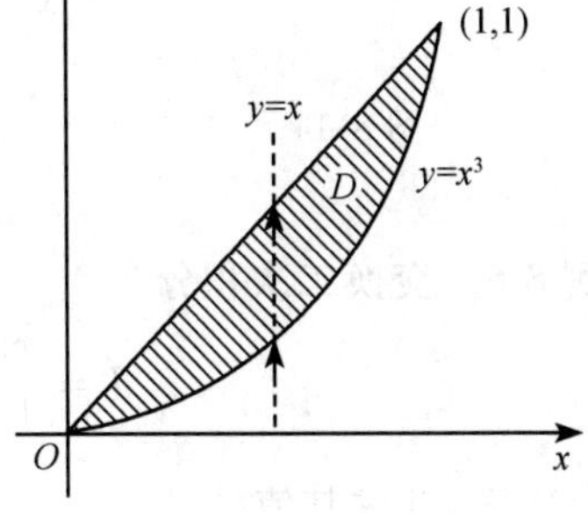

图 8-13

在这里遇到了积分 $\int e^{x^2}dx$，而 e^{x^2} 的原函数存在但不能用初等函数表示，故这个积分“积不出来”.

若将 D 选作 X 型区域时，由图 8-13，则

$$D=\{(x,y)\mid x^3\leqslant y\leqslant x,0\leqslant x\leqslant 1\}.$$

于是

$$\begin{aligned}I&=\iint_D e^{x^2}dx=\int_0^1 dx\int_{x^3}^{x}e^{x^2}dy\\&=\int_0^1(x-x^3)e^{x^2}dx\\&=\frac{1}{2}\int_0^1(1-x^2)e^{x^2}dx^2\\&=\frac{1}{2}\int_0^1(1-t)e^t dt=\frac{1}{2}\int_0^1(1-t)de^t\\&=\frac{1}{2}(1-t)e^t\Big|_0^1+\frac{1}{2}\int_0^1 e^t dt\\&=-\frac{1}{2}+\frac{1}{2}e^t\Big|_0^1=\frac{e-2}{2}.\end{aligned}$$

例 8-5 计算 $I=\iint_D e^{\frac{x}{y}}d\sigma$，其中 D 由 $y^2=x,x=0$ 及 $y=1$ 围成的区域.

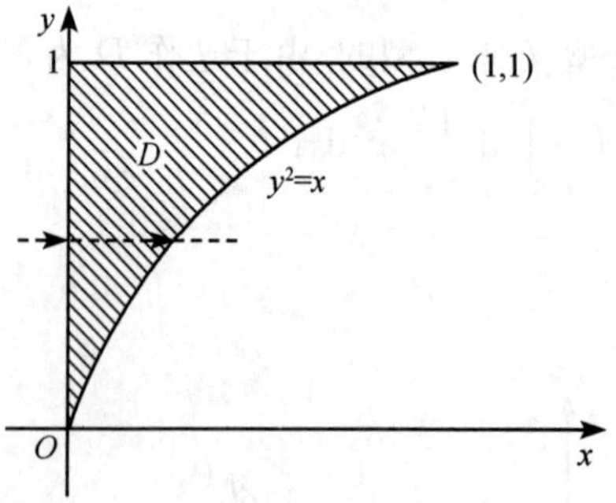

图 8-14

解 区域 D 如图 8-14 所示. 由于 $\int e^{\frac{x}{y}}dy$ 积不出来，故不能先对 y 积分，须将 D 看作 Y 型区域，则

$$D=\{(x,y)\mid 0\leqslant x\leqslant y^2,0\leqslant y\leqslant 1\},$$

于是

$$\begin{aligned}I&=\int_0^1 dy\int_0^{y^2}e^{\frac{x}{y}}dx\\&=\int_0^1\left[ye^{\frac{x}{y}}\right]_0^{y^2}dy=\int_0^1(ye^y-y)dy\\&=\frac{1}{2}.\end{aligned}$$

例 8-6 交换二次积分

$$I=\int_0^1 dx\int_{x^2}^1\frac{xy}{\sqrt{1+y^3}}dy$$

的积分次序，并求其值.

解 由二次积分可知，与它对应的二重积分为

$$\iint_D \frac{xy}{\sqrt{1+y^3}}\mathrm{d}\sigma.$$

其积分区域 $D=\{(x,y)\mid x^2\leqslant y\leqslant 1,0\leqslant x\leqslant 1\}$ 如图 8-15 所示. 欲交换积分次序,可将 D 转换类型重新刻画为

$$D=\{(x,y)\mid 0\leqslant x\leqslant \sqrt{y},0\leqslant y\leqslant 1\}.$$

于是

$$\begin{aligned}I&=\int_0^1\mathrm{d}y\int_0^{\sqrt{y}}\frac{xy}{\sqrt{1+y^3}}\mathrm{d}x=\frac{1}{2}\int_0^1\frac{y^2}{\sqrt{1+y^3}}\mathrm{d}y\\&=\frac{1}{3}\sqrt{1+y^3}\Big|_0^1=\frac{1}{3}(\sqrt{2}-1).\end{aligned}$$

例 8-7 求 $I=\iint_D|y-x^2|\mathrm{d}\sigma$. 其中 $D=\{(x,y)\mid -1\leqslant x\leqslant 1,0\leqslant y\leqslant 2\}$.

解 积分区域 D 为比较简单的矩形区域,但被积函数带有绝对值,为去掉绝对值. 我们用曲线 $y=x^2$ 将 D 划分成两个小闭区域 D_1 和 D_2 如图 8-16 所示.

$$D_1=\{(x,y)\mid 0\leqslant y\leqslant x^2,-1\leqslant x\leqslant 1\},$$
$$D_2=\{(x,y)\mid x^2\leqslant y\leqslant 2,-1\leqslant x\leqslant 1\}.$$

且当 $(x,y)\in D_1$ 时,$y-x^2\leqslant 0$;当 $(x,y)\in D_2$ 时,$y-x^2\geqslant 0$. 于是

$$\begin{aligned}I&=\iint_{D_1}(x^2-y)\mathrm{d}\sigma+\iint_{D_2}(y-x^2)\mathrm{d}\sigma\\&=\int_{-1}^1\mathrm{d}x\int_0^{x^2}(x^2-y)\mathrm{d}y+\int_{-1}^1\mathrm{d}x\int_{x^2}^2(y-x^2)\mathrm{d}y\\&=\int_{-1}^1\left[x^2y-\frac{y^2}{2}\right]_0^{x^2}\mathrm{d}x+\int_{-1}^1\left[\frac{y^2}{2}-x^2y\right]_{x^2}^2\mathrm{d}x\\&=\int_0^1x^4\mathrm{d}x+2\int_0^1\left(2-2x^2+\frac{1}{2}x^4\right)\mathrm{d}x=\frac{46}{15}.\end{aligned}$$

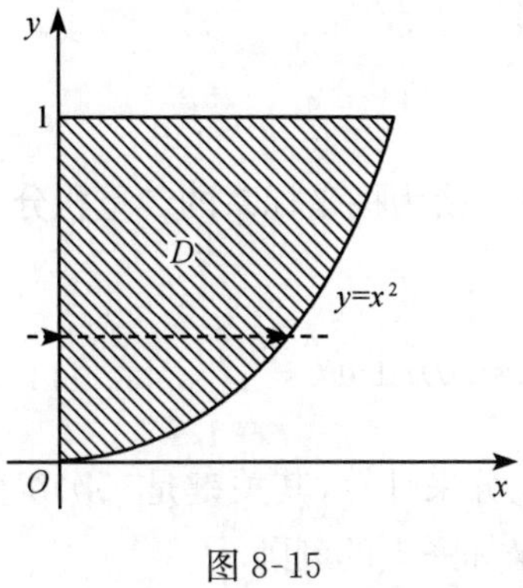

图 8-15

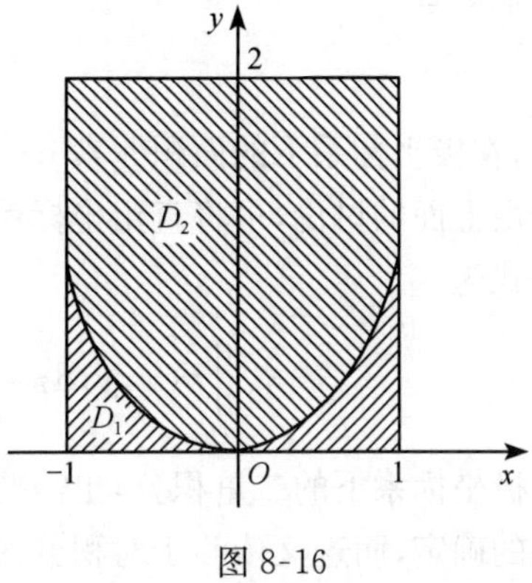

图 8-16

8.2.2　在极坐标系下计算二重积分

有些二重积分的积分区域 D 的边界曲线用极坐标表示比较方便，而且被积函数用极坐标变量 r、θ 表达也比较简单，这时就可以考虑利用极坐标来计算二重积分 $\iint\limits_D f(x,y)\mathrm{d}\sigma$.

设 $z=f(x,y)$ 在区域 D 上连续，由极坐标变换

$$\begin{cases} x = r\cos\theta, \\ y = r\sin\theta, \end{cases} \quad (0 \leqslant r < +\infty, 0 \leqslant \theta \leqslant 2\pi),$$

于是函数 $f(x,y)$ 在极坐标系下可写成

$$f(x,y) = f(r\cos\theta, r\sin\theta) \triangleq F(r,\theta).$$

又假设从极点 O 出发且穿过区域 D 内部的射线与 D 的边界曲线相交不多于两点. 在极坐标系中，用以极点为中心的一族同心圆 $r=$常数，以及从极点出发的一族射线 $\theta=$常数，将 D 分成 n 个小闭区域(图 8-17)，除了包含边界点的一些小闭区域外，每一个小闭区域 $\Delta\sigma_i$ 的面积可计算如下：

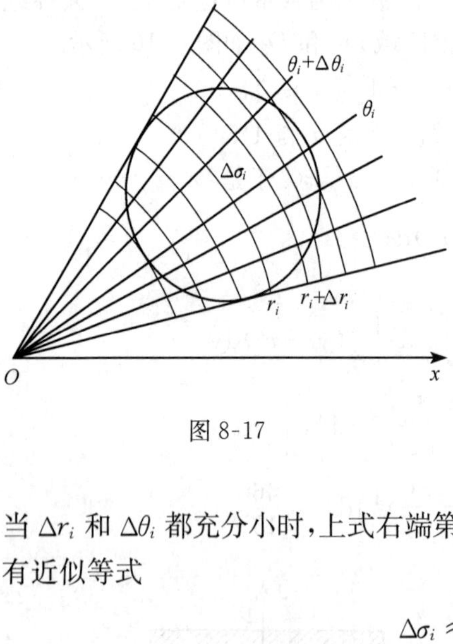

图 8-17

$$\Delta\sigma_i = \frac{1}{2}(r_i + \Delta r_i)^2\Delta\theta_i - \frac{1}{2}r_i^2\Delta\theta_i$$
$$= r_i\Delta r_i\Delta\theta_i + \frac{1}{2}(\Delta r_i)^2\Delta\theta_i,$$

当 Δr_i 和 $\Delta\theta_i$ 都充分小时，上式右端第二项是一个比第一项更高阶的无穷小量，故有近似等式

$$\Delta\sigma_i \approx r_i\Delta r_i\Delta\theta_i.$$

因此，在极坐标系下的面积元素 $\mathrm{d}\sigma = r\mathrm{d}r\mathrm{d}\theta$.

由上面的讨论，可将直角坐标系的二重积分变换为极坐标系的二重积分，其变换公式为

$$\iint\limits_D f(x,y)\mathrm{d}\sigma = \iint\limits_D f(r\cos\theta, r\sin\theta) r\mathrm{d}r\mathrm{d}\theta.$$

对于极坐标系下的二重积分，也需要化为二次积分来计算，其关键是二次积分上、下限的确定，而这又依赖于对积分区域 D 在极坐标系下的刻画.

1. 积分区域的刻画

1) 极点在 D 的外部的情形.

积分区域 D 是由从极点出发的两条射线 $\theta=\alpha,\theta=\beta$ 和两条连续曲线 $r=\varphi_1(\theta),r=\varphi_2(\theta)$ 围成(图 8-18),则

$D=\{(r_1,\theta)\mid\varphi_1(\theta)\leqslant r\leqslant\varphi_2(\theta),\alpha\leqslant\theta\leqslant\beta\}$.

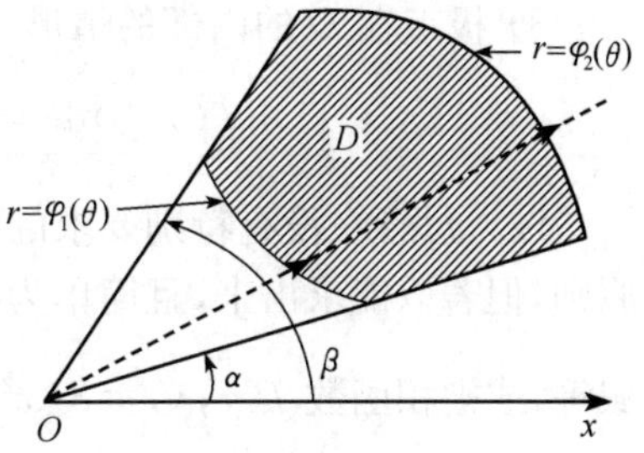

图 8-18

2) 极点在 D 的边界上的情形.

积分区域 D 由从极点出发的两条射线 $\theta=\alpha,\theta=\beta$ 和连续曲线 $r=\varphi(\theta)$ 围成(图 8-19),则

$$D=\{(r,\theta)\mid 0\leqslant r\leqslant\varphi(\theta),\alpha\leqslant\theta\leqslant\beta\}.$$

3) 极点在 D 的内部的情形.

积分区域 D 由连续曲线 $r=\varphi(\theta)$ 围成(图 8-20),则

$$D=\{(r,\theta)\mid 0\leqslant r\leqslant\varphi(\theta),0\leqslant\theta\leqslant 2\pi\}.$$

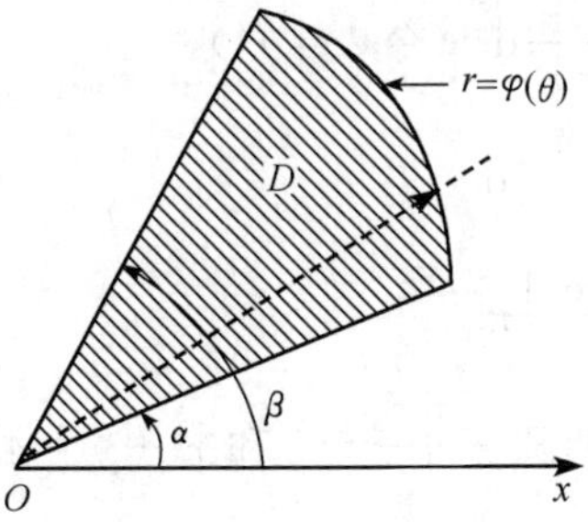

图 8-19

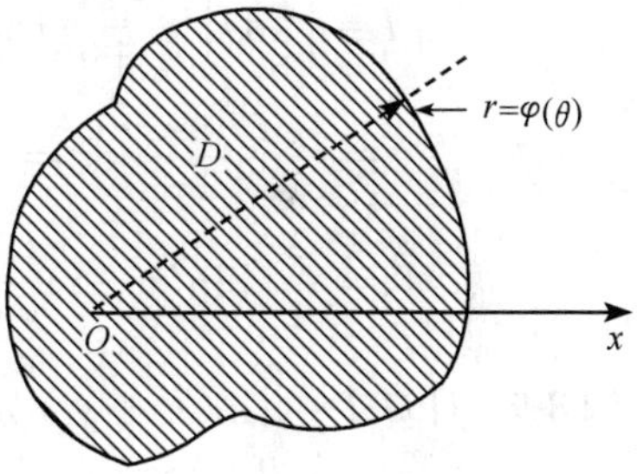

图 8-20

注 在解题过程中,上述 $r=\varphi_1(\theta)$、$r=\varphi_2(\theta)$ 及 $r=\varphi(\theta)$ 并没有直接给出,而是以直角坐标系下的方程形式给出,这时只需利用极坐标变换式 $x=r\cos\theta,y=r\sin\theta$ 代入直角坐标系下的方程中,即可得到极坐标系下的方程.

2. 化二重积分为二次积分

根据对积分区域 D 的刻画,我们就可以给出化二重积分为二次积分的计算公式.

1) 极点在 D 的外部的情形

$$\iint_D f(x,y)\mathrm{d}\sigma=\int_\alpha^\beta\mathrm{d}\theta\int_{\varphi_1(\theta)}^{\varphi_2(\theta)}f(r\cos\theta,r\sin\theta)r\mathrm{d}r.$$

2) 极点在 D 的边界上的情形

$$\iint_D f(x,y)\mathrm{d}\sigma=\int_\alpha^\beta\mathrm{d}\theta\int_0^{\varphi(\theta)}f(r\cos\theta,r\sin\theta)r\mathrm{d}r.$$

3）极点在 D 的内部的情形

$$\iint_D f(x,y)\mathrm{d}\sigma=\int_0^{2\pi}\mathrm{d}\theta\int_0^{\varphi(\theta)}f(r\cos\theta,r\sin\theta)r\mathrm{d}r.$$

注　尽管在没有特别要求的情况下，何时用极坐标计算二重积分没有确定的原则，但若以能求出来，且简单为准则，可以总结出：当积分区域为圆域、环域、扇形域等，或被积函数 $f(x,y)=F(x^2+y^2)$、$f(x,y)=G\left(\dfrac{y}{x}\right)$ 等形式时，往往采用极坐标计算.

例 8-8　计算 $I=\iint_D \dfrac{1-x^2-y^2}{1+x^2+y^2}\mathrm{d}\sigma$，其中 D 是由 $x^2+y^2=1,x=0,y=0$ 所围第一象限部分闭区域.

解　区域 D 如图 8-21 所示. 在极坐标系下，圆 $x^2+y^2=1$ 的方程为 $r=1$，则

$$D=\left\{(r,\theta)\mid 0\leqslant r\leqslant 1,0\leqslant\theta\leqslant\frac{\pi}{2}\right\}.$$

于是

$$\begin{aligned}I&=\int_0^{\frac{\pi}{2}}\mathrm{d}\theta\int_0^1\frac{1-r^2}{1+r^2}r\mathrm{d}r=\frac{\pi}{4}\int_0^1\frac{1-r^2}{1+r^2}\mathrm{d}r^2\,(\text{令 } t=r^2)\\&=\frac{\pi}{4}\int_0^1\frac{1-t}{1+t}\mathrm{d}t=\frac{\pi}{4}\int_0^1\left(\frac{2}{1+t}-1\right)\mathrm{d}t\\&=\frac{\pi}{4}\big[2\ln(1+t)-t\big]_0^1=\frac{2\ln 2-1}{4}\pi.\end{aligned}$$

例 8-9　计算 $I=\iint_D\ln(x^2+y^2)\mathrm{d}\sigma$，其中 D 由两圆 $x^2+y^2=1$ 和 $x^2+y^2=4$ 围成.

解　区域 D 如图 8-22 所示. 在极坐标系下，圆 $x^2+y^2=1$ 和 $x^2+y^2=4$ 的方程为 $r=1$ 和 $r=2$，则

$$D=\{(r,\theta)\mid 1\leqslant r\leqslant 2,0\leqslant\theta\leqslant 2\pi\},$$

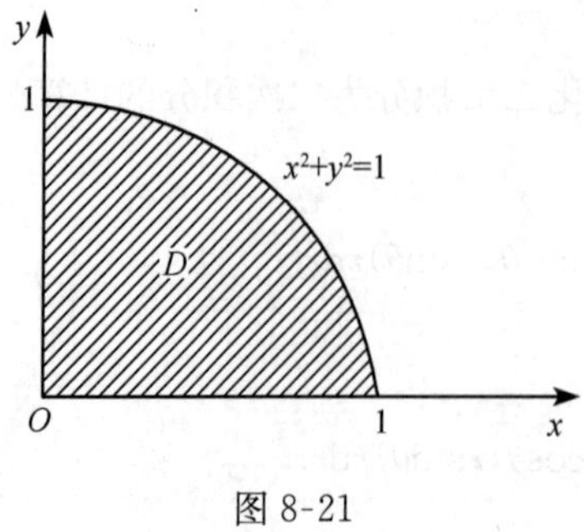

图 8-21

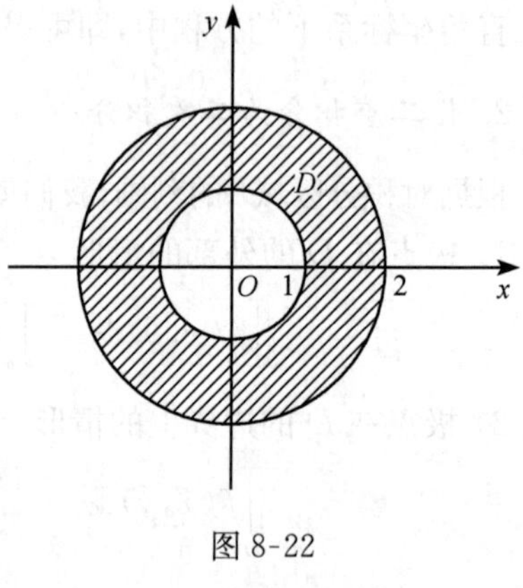

图 8-22

于是

$$I=\int_0^{2\pi}\mathrm{d}\theta\int_1^2 \ln r^2\cdot r\mathrm{d}r=\pi\int_1^2\ln r^2\mathrm{d}r^2(\text{令 } t=r^2)$$

$$=\pi\int_1^4\ln t\mathrm{d}t=\pi[t\ln t-t]_1^4=8\pi\ln 2-3\pi.$$

例 8-10 计算 $I=\iint\limits_D \arctan\dfrac{y}{x}\mathrm{d}\sigma$. 其中 $D=\{(x,y)\mid x^2+y^2\leqslant 2x,y\geqslant 0\}$.

解 区域 D 如图 8-23 所示在极坐标系下,圆 $x^2+y^2=2x$ 的方程为 $r=2\cos\theta$,则

$$D=\{(r,\theta)\mid 0\leqslant r\leqslant 2\cos\theta,0\leqslant\theta\leqslant\frac{\pi}{2}\}.$$

于是

$$I=\int_0^{\frac{\pi}{2}}\mathrm{d}\theta\int_0^{2\cos\theta}\theta r\mathrm{d}r=\int_0^{\frac{\pi}{2}}\theta\cdot\left[\frac{r^2}{2}\right]_0^{2\cos\theta}\mathrm{d}\theta$$

$$=2\int_0^{\frac{\pi}{2}}\theta\cos^2\theta\mathrm{d}\theta=\int_0^{\frac{\pi}{2}}(\theta+\theta\cos 2\theta)\mathrm{d}\theta$$

$$=\left[\frac{1}{2}\theta^2+\frac{1}{2}\theta\sin 2\theta+\frac{1}{4}\cos 2\theta\right]_0^{\frac{\pi}{2}}=\frac{\pi^2}{8}-\frac{1}{2}.$$

例 8-11 计算 $I=\iint\limits_D\sqrt{x^2+y^2}\mathrm{d}\sigma$, 其中 $D=\{(x,y)\mid 0\leqslant y\leqslant x,x^2+y^2\leqslant 2x\}$.

解 区域 D 如图 8-24 所示.

$$D=\{(r,\theta)\mid 0\leqslant r\leqslant 2\cos\theta,0\leqslant\theta\leqslant\frac{\pi}{4}\}.$$

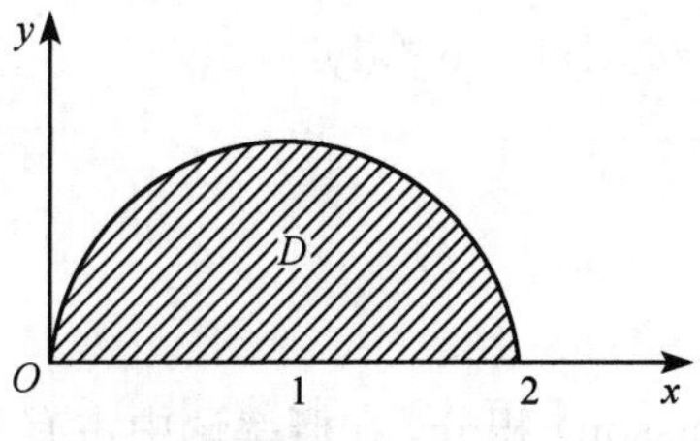

图 8-23

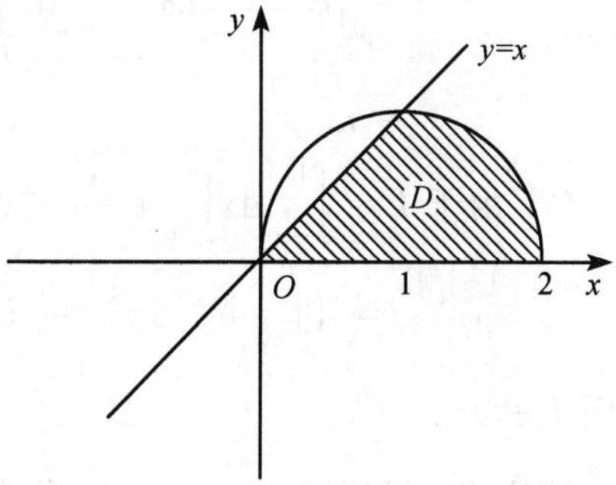

图 8-24

于是

$$I=\int_0^{\frac{\pi}{4}}\mathrm{d}\theta\int_0^{2\cos\theta}r^2\mathrm{d}r=\int_0^{\frac{\pi}{4}}\left[\frac{1}{3}r^3\right]_0^{2\cos\theta}\mathrm{d}\theta$$

$$= \frac{8}{3}\int_0^{\frac{\pi}{4}} \cos^3\theta \mathrm{d}\theta = \frac{8}{3}\int_0^{\frac{\pi}{4}} (1-\sin^2\theta)\mathrm{d}\sin\theta$$

$$= \frac{8}{3}\left[\sin\theta - \frac{1}{3}\sin^3\theta\right]_0^{\frac{\pi}{4}} = \frac{10\sqrt{2}}{9}.$$

8.2.3 无界区域上的反常二重积分

与一元函数类似,可以引入无界区域上的反常二重积分.它是在概率论与数理统计中有广泛应用的一种积分形式.一般可在有界区域内积分,然后令有界区域趋于原无界区域时取极限求解.

例 8-12 (1) 若 D 为整个 xOy 平面,计算 $I = \iint\limits_D \mathrm{e}^{-(x^2+y^2)}\mathrm{d}\sigma$;

(2) 计算反常积分 $I_1 = \int_{-\infty}^{+\infty} \mathrm{e}^{-x^2}\mathrm{d}x$.

解 (1) 这是无界区域上的反常二重积分.若记

$$D_R = \{(x,y) \mid x^2+y^2 \leqslant R^2\}.$$

显然,当 $R\to+\infty$时,$D_R\to D$.又在极坐标系下

$$D_R = \{(r,\theta) \mid 0 \leqslant r \leqslant R, 0 \leqslant \theta \leqslant 2\pi\}.$$

于是

$$\iint\limits_{D_R} \mathrm{e}^{-(x^2+y^2)}\mathrm{d}\sigma = \int_0^{2\pi}\mathrm{d}\theta\int_0^R \mathrm{e}^{-r^2} r\mathrm{d}r = \pi\int_0^R \mathrm{e}^{-r^2}\mathrm{d}r^2$$

$$= \pi(1-\mathrm{e}^{-R^2}),$$

所以

$$I = \iint\limits_D \mathrm{e}^{-(x^2+y^2)}\mathrm{d}\sigma = \lim_{R\to+\infty}\iint\limits_{D_R}\mathrm{e}^{-(x^2+y^2)}\mathrm{d}\sigma = \lim_{R\to+\infty}\pi(1-\mathrm{e}^{-R^2})$$

$$= \pi.$$

(2) 由于 $I = \int_{-\infty}^{+\infty}\mathrm{d}x\int_{-\infty}^{+\infty}\mathrm{e}^{-x^2}\mathrm{e}^{-y^2}\mathrm{d}y = \int_{-\infty}^{+\infty}\mathrm{e}^{-x^2}\mathrm{d}x\int_{-\infty}^{+\infty}\mathrm{e}^{-y^2}\mathrm{d}y$

$$= \left(\int_{-\infty}^{+\infty}\mathrm{e}^{-x^2}\mathrm{d}x\right)^2 = I_1^2 = \pi,$$

从而 $I_1=\sqrt{\pi}$.

请注意,反常积分$\int_{-\infty}^{+\infty}\mathrm{e}^{-x^2}\mathrm{d}x$ 称为泊松(Poisson)积分,在概率论中占有重要地位.

例 8-13 求广义二重积分 $I=\iint\limits_D \frac{\mathrm{d}\sigma}{(1+x^2+y^2)^\alpha}$,$\alpha \neq 1$,其中 D 为整个 xOy 平面.

解 这是无界区域上的反常二重积分,仍记

$$D_R=\{(x,y)\mid x^2+y^2\leqslant R^2\}$$
$$=\{(r,\theta)\mid 0\leqslant r\leqslant R,0\leqslant\theta\leqslant 2\pi\},$$

则

$$\iint\limits_{D_R}\frac{\mathrm{d}\sigma}{(1+x^2+y^2)^\alpha}=\int_0^{2\pi}\mathrm{d}\theta\int_0^R\frac{r\mathrm{d}r}{(1+r^2)^\alpha}=\pi\int_0^R\frac{\mathrm{d}(1+r^2)}{(1+r^2)^\alpha}$$
$$=\frac{\pi}{1-\alpha}\left[\frac{1}{(1+R^2)^{\alpha-1}}-1\right].$$

当 $\alpha>1$ 时,有

$$I=\lim_{R\to+\infty}\iint\limits_{D_R}\frac{\mathrm{d}\sigma}{(1+x^2+y^2)^\alpha}=\lim_{R\to+\infty}\frac{\pi}{1-\alpha}\left[\frac{1}{(1+R^2)^{\alpha-1}}-1\right]=\frac{\pi}{\alpha-1},$$

即当 $\alpha>1$ 时积分收敛,且收敛于 $\frac{\pi}{\alpha-1}$.

当 $\alpha<1$ 时,因

$$I=\lim_{R\to+\infty}\iint\limits_{D_R}\frac{\mathrm{d}\sigma}{(1+x^2+y^2)^\alpha}=\lim_{R\to+\infty}\frac{\pi}{1-\alpha}\left[\frac{1}{(1+R^2)^{\alpha-1}}-1\right]=+\infty,$$

即原积分发散.

例 8-14 计算 $I=\iint\limits_{D}x\mathrm{e}^{-y^2}\mathrm{d}\sigma$, 其中 D 是由曲线 $y=4x^2$, $y=9x^2$ 所围在第一象限部分区域.

解 区域 D 如图 8-25 所示,作直线 $y=A>0$,得有界闭区域 D_A,且 D_A 可看作 Y 型的,则

$$D_A=\left\{(x,y)\left|\frac{\sqrt{y}}{3}\leqslant x\leqslant\frac{\sqrt{y}}{2},0\leqslant y\leqslant A\right.\right\}.$$

于是

$$\iint\limits_{D_A}x\mathrm{e}^{-y^2}\mathrm{d}\sigma=\int_0^A\mathrm{d}y\int_{\frac{\sqrt{y}}{3}}^{\frac{\sqrt{y}}{2}}x\mathrm{e}^{-y^2}\mathrm{d}x$$
$$=\int_0^A\left[\frac{1}{2}\mathrm{e}^{-y^2}x^2\right]_{\frac{\sqrt{y}}{3}}^{\frac{\sqrt{y}}{2}}\mathrm{d}y$$
$$=\int_0^A\left(\frac{1}{8}y\mathrm{e}^{-y^2}-\frac{1}{18}y\mathrm{e}^{-y^2}\right)\mathrm{d}y$$
$$=\frac{5}{72}\cdot\left[-\frac{1}{2}\mathrm{e}^{-y^2}\right]_0^A$$
$$=\frac{5}{144}(1-\mathrm{e}^{-A^2}),$$

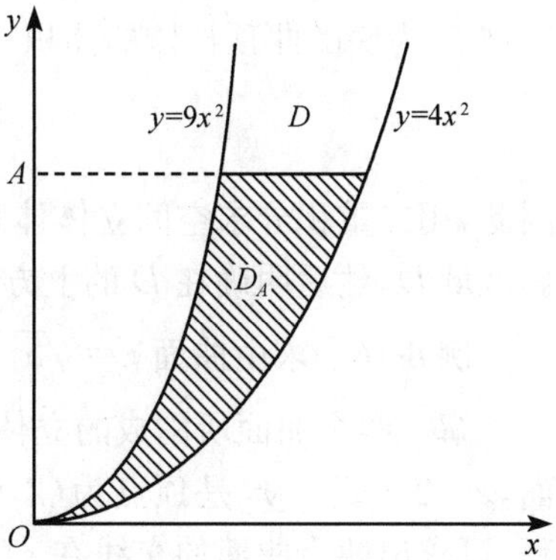

图 8-25

故

$$I=\lim_{A\to+\infty}\iint_{D_A} x\mathrm{e}^{-y^2}\,\mathrm{d}\sigma=\lim_{A\to+\infty}\frac{5}{144}(1-\mathrm{e}^{-A^2})=\frac{5}{144}.$$

8.2.4　二重积分在几何上的应用

1. 求平面图形的面积

根据二重积分的性质 8-4 知，xOy 平面上区域 D 的面积为

$$\sigma=\iint_D \mathrm{d}\sigma.$$

例 8-15　求由曲线$\sqrt{x}+\sqrt{y}=\sqrt{3}$与直线 $x+y=3$ 所围成的区域 D 的面积.

解　区域 D 如图 8-26 所示，

$$D=\{(x,y)\mid(\sqrt{3}-\sqrt{x})^2\leqslant y\leqslant 3-x,0\leqslant x\leqslant 3\},$$

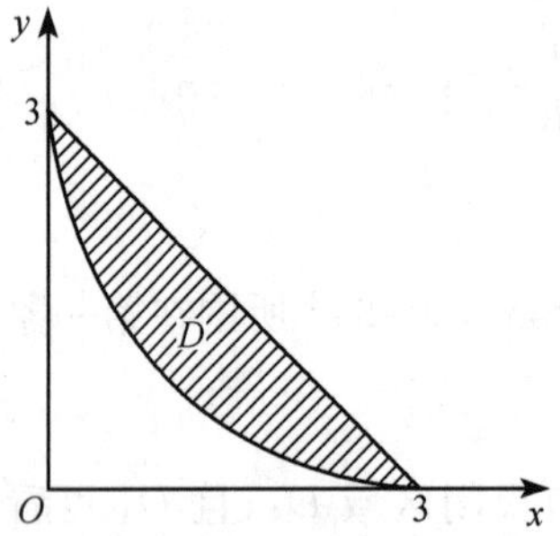

图 8-26

所求面积为

$$\sigma=\iint_D \mathrm{d}\sigma=\int_0^3 \mathrm{d}x\int_{(\sqrt{3}-\sqrt{x})^2}^{3-x}\mathrm{d}y$$

$$=\int_0^3[3-x-(\sqrt{3}-\sqrt{x})^2]\mathrm{d}x$$

$$=\int_0^3(2\sqrt{3}\sqrt{x}-2x)\mathrm{d}x$$

$$=\left[\frac{4\sqrt{3}}{3}x^{\frac{3}{2}}-x^2\right]_0^3=3.$$

2. 求空间立体的体积

根据二重积分的几何意义，以连续曲面 $z=f(x,y)\geqslant 0$ 为曲顶以 xOy 平面上区域 D 为底的曲顶柱体的体积

$$V=\iint_D f(x,y)\mathrm{d}\sigma.$$

因此，用二重积分求空间立体体积的关键：首先确定空间立体在 xOy 平面上的投影区域 D，然后明确在 D 的上方围成空间立体的曲面方程 $z=f(x,y)$.

例 8-16　求由曲面 $z=\sqrt{x^2+y^2}$ 及 $z=2-x^2-y^2$ 所围成的空间立体体积.

解　两个曲面所围成的立体如图 8-27 所示. $z=\sqrt{x^2+y^2}$ 是开口向上的圆锥面，$z=2-x^2-y^2$ 是顶点为(2,0,0)且开口向下的旋转抛物面. 联立两个曲面方程，可求出两个曲面的交线在 xOy 平面上的投影及空间立体在 xOy 平面上的投影区域 D. 求解方程组

$$\begin{cases} z=\sqrt{x^2+y^2}, \\ z=2-x^2-y^2, \end{cases}$$

得 $z=1$，即 $x^2+y^2=1$，所以两个曲面的交线在 xOy 平面的投影为 $\begin{cases} x^2+y^2=1, \\ z=0. \end{cases}$ 且它们所围立体在 xOy 平面上的投影区域 $D=\{(x,y)\mid x^2+y^2\leqslant 1\}$，或用极坐标刻画为 $D=\{(r,\theta)\mid 0\leqslant r\leqslant 1, 0\leqslant\theta\leqslant 2\pi\}$. 故所求体积为

$$\begin{aligned} V &= \iint_D (2-x^2-y^2-\sqrt{x^2+y^2})\mathrm{d}\sigma \\ &= \int_0^{2\pi}\mathrm{d}\theta\int_0^1 (2-r^2-r)r\mathrm{d}r \\ &= 2\pi\left[r^2-\frac{1}{4}r^4-\frac{1}{3}r^3\right]_0^1 \\ &= \frac{5}{6}\pi. \end{aligned}$$

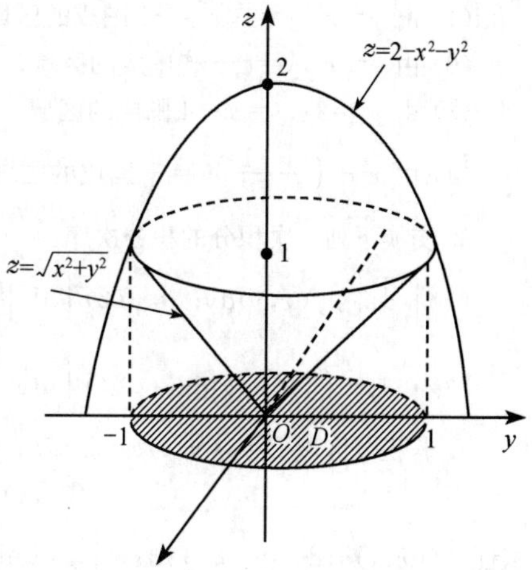

图 8-27

习 题 8.2

1. 计算下列二重积分：

(1) $\iint\limits_D \mathrm{e}^{x+y}\mathrm{d}x\mathrm{d}y$, D: $0\leqslant x\leqslant 1, 0\leqslant y\leqslant 1$；

(2) $\iint\limits_D \frac{x^2}{1+y^2}\mathrm{d}x\mathrm{d}y$, D: $1\leqslant x\leqslant 2, 0\leqslant y\leqslant 1$；

(3) $\iint\limits_D \frac{1}{x}\mathrm{d}x\mathrm{d}y$, D 由 $y=\ln x, x=\mathrm{e}, y=0$ 围成的区域；

(4) $\iint\limits_D x^2 y\mathrm{d}x\mathrm{d}y$, D 由 $x^2-y^2=1, y=0, y=1$ 围成的区域；

(5) $\iint\limits_D (x^2+y)\mathrm{d}x\mathrm{d}y$, D 由 $y=x^2, y^2=x$ 围成的区域；

(6) $\iint\limits_D x\cos^2\frac{y}{x}\mathrm{d}x\mathrm{d}y$, D 由 $y=0, y=x, x=1$ 围成的区域；

(7) $\iint\limits_D x^2\mathrm{e}^{-y^2}\mathrm{d}x\mathrm{d}y$, D 由 $x=0, y=1, y=x$ 围成的区域；

(8) $\iint\limits_D \frac{\mathrm{e}^{xy}}{y^y-1}\mathrm{d}x\mathrm{d}y$, D 由 $y=\mathrm{e}^x, y=2, x=0$ 围成的区域.

2. 将二重积分 $\iint\limits_D f(x,y)\mathrm{d}\sigma$ 按两种积分次序化为二次积分，积分区域 D 如下：

(1) 由 $y=x^3, y=1, x=-1$ 围成的区域；

(2) 由 $y=x^2, y=4-x^2$ 围成的区域；

(3) 由 $y^2=2x, y=x-4$ 围成的区域；

(4) 由 $x^2+\left(y-\frac{1}{2}\right)^2=\frac{1}{4}$ 围成的区域.

3. 交换下列二次积分的积分次序：

(1) $\int_0^1 dx\int_{x^2}^{x} f(x,y)dy$；　(2) $\int_0^1 dx\int_{1-x^2}^{1} f(x,y)dy+\int_1^e dx\int_{\ln x}^{1} f(x,y)dy$；

(3) $\int_0^1 dy\int_{\sqrt{1-y}}^{1+y} f(x,y)dx$；　(4) $\int_0^4 dy\int_0^{\frac{y}{2}} f(x,y)dx+\int_4^6 dy\int_0^{6-y} f(x,y)dx$.

4. 若积分区域 $D=\{(x,y)\mid a\leqslant x\leqslant b, c\leqslant y\leqslant d\}$，且

$$f(x,y)=h(x)\cdot g(y),$$

试证 $\iint\limits_D f(x,y)dxdy=\int_a^b h(x)dx\cdot\int_c^d g(y)dy$.

5. 计算下列二次积分：

(1) $\int_1^5 dy\int_y^5 \frac{1}{y\ln x}dx$；　(2) $\int_0^1 dy\int_{\arcsin y}^{\pi-\arcsin y} x\,dx$.

6. 将二重积分 $\iint\limits_D f(x,y)d\sigma$ 在极坐标系下化为二次积分，积分区域 D 如下：

(1) $\{(x,y)\mid a^2\leqslant x^2+y^2\leqslant b^2, x\geqslant 0\}$，其中 $0<a<b$；

(2) $\{(x,y)\mid x^2+y^2\leqslant ax\}$，其中 $a>0$；

(3) $\{(x,y)\mid x^2+y^2\leqslant a^2\}$，其中 $a>0$；

(4) $\{(x,y)\mid 0\leqslant y\leqslant 1-x, 0\leqslant x\leqslant 1\}$.

7. 利用极坐标计算下列二重积分：

(1) $\iint\limits_D (4-x-y)d\sigma$，$D$ 由圆 $x^2+y^2=1$ 围成的区域；

(2) $\iint\limits_D e^{x^2+y^2}d\sigma$，$D$ 由圆 $x^2+y^2=4$ 围成的区域；

(3) $\iint\limits_D \sqrt{R^2-x^2-y^2}\,d\sigma$，$D$ 由圆 $x^2+y^2=Rx$ 围成的区域；

(4) $\iint\limits_D \arctan\frac{y}{x}d\sigma$，$D$ 由圆 $x^2+y^2=1, x^2+y^2=4$，直线 $y=x, y=0$ 所围成的在第一象限内的区域；

(5) $\iint\limits_D \ln(1+x^2+y^2)d\sigma$，$D$ 由圆 $x^2+y^2=1$ 及坐标轴所围成的在第一象限内的区域.

8. 把下列二次积分化为极坐标形式，并计算积分值：

(1) $\int_0^{2a} dx\int_0^{\sqrt{2ax-x^2}} (x^2+y^2)dy$；

(2) $\int_0^a dx\int_0^x \sqrt{x^2+y^2}\,dy$；

(3) $\int_0^1 dx\int_{x^2}^{x} (x^2+y^2)^{-\frac{1}{2}}dy$；

(4) $\int_0^a \mathrm{d}y\int_0^{\sqrt{a^2-y^2}}(x^2+y^2)\mathrm{d}x$.

9. 计算下列无界区域的反常二重积分：

(1) $\iint\limits_D x\mathrm{e}^{-y}\mathrm{d}x\mathrm{d}y$，其中 D 是由直线 $x=0,x=1$ 在第一象限所围成的区域；

(2) $\iint\limits_D \frac{1}{(x^2+y^2)^2}\mathrm{d}x\mathrm{d}y$，其中 $D=\{(x,y)\mid x^2+y^2\geqslant 1\}$；

(3) $\iint\limits_D \mathrm{e}^{-(x+y)}\mathrm{d}x\mathrm{d}y$，其中 $D=\{(x,y)\mid 0\leqslant x\leqslant y\}$；

(4) $\iint\limits_D \mathrm{e}^{-(x^2+y^2)}\cos(x^2+y^2)\mathrm{d}x\mathrm{d}y$，其中 D 是全坐标平面.

10. 求由下列曲线所围成的图形的面积：

(1) $y=2-x$ 与 $y^2=4x+4$；　(2) $y=x^2$ 与 $y=\sqrt{x}$；

(3) $x^2+y^2=1$ 与 $y=\sqrt{2}x^2$；　(4) $y=\sin x$ 与 $y=\cos x,\frac{\pi}{4}\leqslant x\leqslant\frac{5\pi}{4}$.

11. 计算由下列曲面所围成的立体的体积：

(1) $z=12-x^2+y,y=x^2,x=y^2,z=0$；

(2) $x+y+z=4,x^2+y^2=8,x=0,y=0,z=0$；

(3) $z=x,y^2=2-x,z=0$；

(4) $z=1-x^2-y^2,x=0,y=0,y=1-x,z=0$.

*12. 设 $I=\int_{\frac{1}{2}}^1\mathrm{d}x\int_{1-x}^x f(x,y)\mathrm{d}y+\int_1^{+\infty}\mathrm{d}x\int_0^x f(x,y)\mathrm{d}y$，交换二次积分的次序，并将其化为极坐标系下的二次积分.

总 习 题 八

(A)

1. 填空题：

(1) 设 $D=\{(x,y)\mid 0\leqslant x\leqslant 1,0\leqslant y\leqslant 1\}$，则 $\iint\limits_D xy^2\mathrm{d}x\mathrm{d}y=$ ________.

(2) $\int_0^2\mathrm{d}x\int_x^2\mathrm{e}^{-y^2}\mathrm{d}y$ 的值等于________.

(3) 将二次积分 $\int_0^1\mathrm{d}y\int_{\sqrt{y}}^{\sqrt{2-y^2}}f(x,y)\mathrm{d}x$ 交换积分次序为________.

(4) 设 D 为圆域：$x^2+y^2\leqslant R^2$，则 $\iint\limits_D f'(x^2+y^2)\mathrm{d}x\mathrm{d}y=$ ________.

(5) $\int_0^{+\infty}\int_0^{+\infty}(x+y)\mathrm{e}^{-x-y}\mathrm{d}x\mathrm{d}y=$ ________.

2. 单项选择题：

(1) $\int_0^1\mathrm{d}x\int_0^{1-x}f(x,y)\mathrm{d}y=$ ________.

A. $\int_0^{1-x}\mathrm{d}y\int_0^1 f(x,y)\mathrm{d}x$　　B. $\int_0^1\mathrm{d}y\int_0^{1-x} f(x,y)\mathrm{d}x$

C. $\int_0^1\mathrm{d}y\int_0^1 f(x,y)\mathrm{d}x$　　D. $\int_0^1\mathrm{d}y\int_0^{1-y} f(x,y)\mathrm{d}x$

(2) 若 $D=\{(x,y)\mid x^2+y^2\leqslant R^2, R>0\}$，且 $\iint\limits_D \sqrt{R^2-x^2-y^2}\,\mathrm{d}x\mathrm{d}y=\pi$ 时，则 R 应取________.

A. $\sqrt[3]{\dfrac{3}{2}}$　　B. 3　　C. $\sqrt{2}$　　D. $-\sqrt[3]{\dfrac{3}{2}}$

(3) 若区域 D 是由 $y=1, y=0$ 与直线 $x=0, x=\pi$ 所围成，则 $\iint\limits_D x\sin xy\,\mathrm{d}x\mathrm{d}y=$________.

A. 2　　B. -2　　C. π　　D. $-\pi$

(4) 设 $I=\iint\limits_D (1-x^2-y^2)^{\frac{1}{3}}\mathrm{d}x\mathrm{d}y$，其中 $D=\{(x,y)\mid x^2+y^2\leqslant 4\}$则必有________.

A. $I>0$　　B. $I<0$　　C. $I=0$　　D. $I\neq 0$ 但符号无法判定

(5) 设 $f(x,y)=\begin{cases} xy^2, & 0\leqslant y\leqslant x\leqslant 1, \\ 0, & \text{其他}. \end{cases}$ D 是全平面，则 $\iint\limits_D f(x,y)\mathrm{d}x\mathrm{d}y=$________.

A. $\dfrac{1}{15}$　　B. 3　　C. $\sqrt{2}$　　D. 15

3. 计算下列二重积分：

(1) $\iint\limits_D |x-y|\,\mathrm{d}x\mathrm{d}y$，其中 $D=\{(x,y)\mid 0\leqslant x\leqslant 1, 0\leqslant y\leqslant 1\}$；

(2) $\iint\limits_D \dfrac{2x}{y^3}\mathrm{d}x\mathrm{d}y$，其中 D 由曲线 $y=\dfrac{1}{x}$，$y=\sqrt{x}$ 与直线 $x=4$ 所围成的区域；

(3) $\iint\limits_D y\,\mathrm{d}x\mathrm{d}y$，其中 D 是由 x 轴，y 轴与曲线 $\sqrt{\dfrac{x}{a}}+\sqrt{\dfrac{y}{b}}=1$ 所围成的区域；$a>0, b>0$；

(4) $\iint\limits_D \dfrac{\sqrt{x^2+y^2}}{\sqrt{4-x^2-y^2}}\mathrm{d}x\mathrm{d}y$，其中 D 由曲线 $y=-1+\sqrt{1-x^2}$ 与直线 $y=-x$ 所围成的区域；

(5) $\iint\limits_D |\sin(x+y)|\,\mathrm{d}x\mathrm{d}y$，其中 D 由直线 $x=0, y=0, x=\pi$ 及 $y=\pi$ 所围成的区域；

(6) $\iint\limits_D (x+y)\mathrm{d}x\mathrm{d}y$，其中 $D=\{(x,y)\mid x^2+y^2\leqslant x+y+1\}$.

4. 计算曲面 $z=x^2+y^2$，$z=0$，$y=1$ 和 $y=x^2$ 所围成立体的体积.

5. 计算 $\iint\limits_D x[1+yf(x^2+y^2)]\mathrm{d}x\mathrm{d}y$，其中 D 是由 $y=x^3$，$x=1$，$y=-1$ 所围成的区域，$f(u)$ 为连续函数.

6. 已知 $f(x)$ 在 $[0,a]$ $(a>0)$ 上连续，证明：

$$2\int_0^a f(x)\mathrm{d}x\int_x^a f(y)\mathrm{d}y=\left[\int_0^a f(x)\mathrm{d}x\right]^2.$$

7. 设 $f(t)$ 在 $(-\infty,+\infty)$ 上连续，a 为正的常数，$D=\left\{(x,y)\,\middle|\,|x|\leqslant\dfrac{a}{2}, |y|\leqslant\dfrac{a}{2}\right\}$，证明：

$$\iint_D f(x-y)\mathrm{d}x\mathrm{d}y=\int_{-a}^{a}f(t)(a-|t|)\mathrm{d}t.$$

8. 设 $f(x,y)$是定义在区域 $0\leqslant x\leqslant 1,0\leqslant y\leqslant 1$ 上的二元连续函数，$f(0,0)=-1$，求极限

$$\lim_{x\to 0^+}\frac{\int_0^{x^2}\mathrm{d}t\int_x^{\sqrt{t}}f(t,u)\mathrm{d}u}{1-\mathrm{e}^{-x^3}}.$$

9. 设 $f(x,y)$在 xOy 面上连续，且 $f(0,0)=0$，试求

$$\lim_{t\to 0^+}\frac{1}{\pi t^2}\iint_{x^2+y^2\leqslant t^2}f(x,y)\mathrm{d}x\mathrm{d}y.$$

(B)

1. 填空题：

(1) $\int_0^{\frac{\pi}{6}}\mathrm{d}y\int_y^{\frac{\pi}{6}}\frac{\cos x}{x}\mathrm{d}x=$ ________.

(2) 设 $D=\{(x,y)\,|\,x^2+y^2\leqslant x\}$，则$\iint_D\sqrt{x}\,\mathrm{d}x\mathrm{d}y=$ ________.

(3) 交换积分次序$\int_0^{\frac{1}{4}}\mathrm{d}y\int_y^{\sqrt{y}}f(x,y)\mathrm{d}x+\int_{\frac{1}{4}}^{\frac{1}{2}}\mathrm{d}y\int_y^{\frac{1}{2}}f(x,y)\mathrm{d}x=$ ________.

(4) 设区域 D 为 $x^2+y^2\leqslant R^2$，则$\iint_D\left(\frac{x^2}{a^2}+\frac{y^2}{b^2}\right)\mathrm{d}x\mathrm{d}y=$ ________.

(5) 设 $D=\{(x,y)\,|\,|x|\leqslant y\leqslant 1,-1\leqslant x\leqslant 1\}$，则$\iint_D x^2\mathrm{e}^{-y^2}\mathrm{d}x\mathrm{d}y=$ ________.

2. 单项选择题：

(1) 设 D 是 xOy 平面上以$(1,1)$，$(-1,1)$和$(-1,-1)$为顶点的三角形区域，D_1 是 D 在第一象限的部分，则$\iint_D(xy+\cos x\sin y)\mathrm{d}x\mathrm{d}y$ 等于________.

A. $2\iint_{D_1}\cos x\sin y\mathrm{d}x\mathrm{d}y$　　B. $2\iint_{D_1}xy\mathrm{d}x\mathrm{d}y$

C. $4\iint_{D_1}(xy+\cos x\sin y)\mathrm{d}x\mathrm{d}y$　　D. 0

(2) 设 $f(x,y)$连续，且 $f(x,y)=xy+\iint_D f(u,v)\mathrm{d}u\mathrm{d}v$. 其中 D 是由 $y=0,y=x^2,x=1$ 所围区域，则 $f(x,y)$等于________.

A. xy　　B. $2xy$　　C. $xy+\frac{1}{8}$　　D. $xy+1$

(3) 累次积分$\int_0^{\frac{\pi}{2}}\int_0^{\cos\theta}f(r\cos\theta,r\sin\theta)r\mathrm{d}r$ 可以写成________.

A. $\int_0^1\mathrm{d}y\int_0^{\sqrt{y-y^2}}f(x,y)\mathrm{d}x$　　B. $\int_0^1\mathrm{d}y\int_0^{\sqrt{1-y^2}}f(x,y)\mathrm{d}x$

C. $\int_0^1\mathrm{d}x\int_0^1 f(x,y)\mathrm{d}y$　　D. $\int_0^1\mathrm{d}x\int_0^{\sqrt{x-x^2}}f(x,y)\mathrm{d}y$

(4) 设 $f(x)$ 为连续函数，$F(t)=\int_1^t \mathrm{d}y\int_y^t f(x)\mathrm{d}x$，则 $F'(2)$ 等于________.

A. $2f(2)$　　B. $f(2)$　　C. $-f(2)$　　D. 0

(5) 设 $I_1=\iint\limits_D \cos\sqrt{x^2+y^2}\,\mathrm{d}\sigma$，$I_2=\iint\limits_D \cos(x^2+y^2)\mathrm{d}\sigma$，$I_3=\iint\limits_D \cos(x^2+y^2)^2\mathrm{d}\sigma$，其中 $D=\{(x,y)\mid x^2+y^2\leqslant 1\}$，则________.

A. $I_3>I_2>I_1$　　B. $I_1>I_2>I_3$

C. $I_2>I_1>I_3$　　D. $I_3>I_1>I_2$

(6) $J_i=\iint\limits_{D_i}\sqrt[3]{x-y}\,\mathrm{d}x\mathrm{d}y\,(i=1,2,3)$，其中 $D_1=\{(x,y)\mid 0\leqslant y\leqslant 1,0\leqslant x\leqslant 1\}$，$D_2=\{(x,y)\mid 0\leqslant y\leqslant\sqrt{x},0\leqslant x\leqslant 1\}$，$D_3=\{(x,y)\mid x^2\leqslant y\leqslant 1,0\leqslant x\leqslant 1\}$，则________.

A. $J_1<J_2<J_3$　　B. $J_3<J_1<J_2$

C. $J_2<J_3<J_1$　　D. $J_3<J_2<J_1$

3. 计算下列二重积分：

(1) $\iint\limits_D |x^2+y^2-1|\,\mathrm{d}\sigma$，其中 $D=\{(x,y)|0\leqslant x\leqslant 1,0\leqslant y\leqslant 1\}$；

(2) $\iint\limits_D y\,\mathrm{d}x\mathrm{d}y$，其中 D 是由直线 $x=-2,y=0,y=2$ 以及曲线 $x=-\sqrt{2y-y^2}$ 所围成的平面区域；

(3) $\iint\limits_D y[1+x\mathrm{e}^{\frac{1}{2}(x^2+y^2)}]\mathrm{d}x\mathrm{d}y$ 的值，其中 D 是由直线 $y=x,y=-1$ 及 $x=1$ 围成的平面域；

(4) $\iint\limits_D(\sqrt{x^2+y^2}+y)\mathrm{d}\sigma$，其中 D 是由圆 $x^2+y^2=4$ 和 $(x+1)^2+y^2=1$ 所围成的平面区域；

(5) $\iint\limits_D \mathrm{e}^{-(x^2+y^2-\pi)}\sin(x^2+y^2)\mathrm{d}x\mathrm{d}y$，其中 $D=\{(x,y)|x^2+y^2\leqslant\pi\}$.

4. 设 $f(x,y)=\begin{cases}x^2y, & 若\ 1\leqslant x\leqslant 2,0\leqslant y\leqslant x,\\ 0, & 其他,\end{cases}$ 求 $\iint\limits_D f(x,y)\mathrm{d}x\mathrm{d}y$，其中 $D=\{(x,y)\mid x^2+y^2\geqslant 2x\}$.

5. 设 $f(x,y)$ 为 D 上的连续函数，其中 D：$x^2+y^2\leqslant y,x\geqslant 0$，且 $f(x,y)=\sqrt{1-x^2-y^2}-\dfrac{8}{\pi}\iint\limits_D f(u,v)\mathrm{d}u\mathrm{d}v$，求 $f(x,y)$.

6. 设函数 $f(x)$ 在区间 $[0,1]$ 上连续，并设 $\int_0^1 f(x)\mathrm{d}x=A$，求 $\int_0^1\mathrm{d}x\int_x^1 f(x)f(y)\mathrm{d}y$.

7. 设 $f(x)$ 在 $[a,b]$ 上连续，且 $f(x)>0$，利用二重积分证明：

$$\int_a^b f(x)\mathrm{d}x\int_a^b\frac{1}{f(x)}\mathrm{d}x\geqslant(b-a)^2.$$

*8. 设函数 $f(t)$ 在 $[0,+\infty)$ 上连续且满足方程

$$f(t)=\mathrm{e}^{4\pi t^2}+\iint\limits_{x^2+y^2\leqslant 4t^2} f\left(\frac{1}{2}\sqrt{x^2+y^2}\right)\mathrm{d}x\mathrm{d}y.$$

求 $f(t)$.

第 9 章　无 穷 级 数

无穷级数是表示函数、研究函数性质以及进行数值计算的有力、有效工具. 它不仅是微积分理论的发展,同时也是将微积分理论向复数域推广的基础. 因此,无穷级数是高等数学的重要组成部分. 本章先讨论常数项级数的概念、性质和敛散性的判别法,然后讨论幂级数的概念、性质及函数展开成幂级数.

9.1　常数项级数的概念与性质

9.1.1　常数项级数的概念

人们认识客观事物数量特征时,往往需要一个由近似到精确的过程. 在这种认识过程中,会遇到由有限个数量相加到无穷多个数量相加的问题.

我国古代数学理论的奠基者之一,魏晋时的数学家刘徽曾利用圆的内接正多边形来计算圆的面积,称为割圆术,其具体做法是,在半径为 1 的单位圆内作一内接正六边形,其面积记作 a_1,它可作为圆面积 A 的一个近似值,再以正六边形的每一条边为底,在小弓形内作一个顶点在圆周上的等腰三角形(图 9-1),记这六个三角形的面积之和为 a_2,于是圆内接正十二边形的面积之和为 a_1+a_2,较 a_1 更接近圆的面积 A. 依次继续下去,可以得到一系列圆面积的近似值:

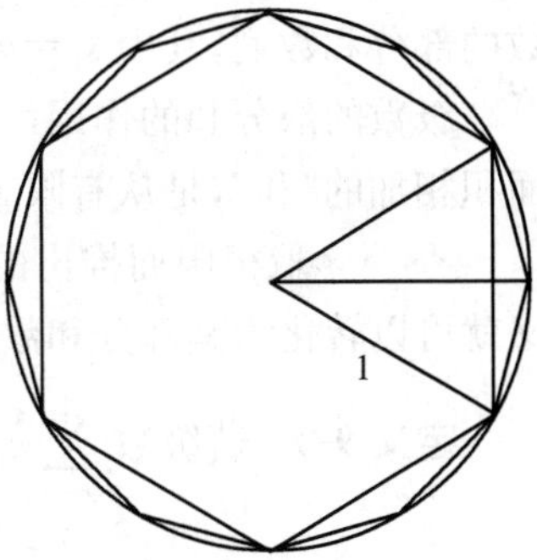

图 9-1

$$A_1=a_1,$$

$$A_2=a_1+a_2,$$

……

$$A_n=a_1+a_2+\cdots+a_n\quad(3\times 2^n\text{ 个等腰三角形面积之和}).$$

当 n 无限增大时,就得到一个由无穷多个数相加的式子 $a_1+a_2+\cdots+a_n+\cdots$,这样的式子称为常数项级数. 在几何直观上,就是用无穷多个等腰三角形的面积之和来逼近圆的面积. 圆面积 A 为

$$A=\lim_{n\to\infty}A_n=\lim_{n\to\infty}3\times 2^n\sin\frac{\pi}{3\times 2^n}\cos\frac{\pi}{3\times 2^n}$$

$$=\pi \lim_{n\to\infty} \frac{\sin \frac{\pi}{3\times 2^n}}{\frac{\pi}{3\times 2^n}} = \pi.$$

定义 9-1　设给定一个数列 $u_1, u_2, \cdots, u_n, \cdots$，将其各项依次用加号连接所得的表达式 $u_1+u_2+\cdots+u_n+\cdots$ 称为**常数项无穷级数**，简称**级数**，记作 $\sum\limits_{n=1}^{\infty} u_n$，即

$$\sum_{n=1}^{\infty} u_n = u_1 + u_2 + \cdots + u_n + \cdots, \tag{9-1}$$

其中 u_n 称为级数的**一般项或通项**.

现在我们要探讨的问题是：像式(9-1)所定义的无穷多个数相加是否有"和"？其"和"有何确切的含义？为此，我们构造一个新的数列 $\{s_n\}$ 用以回答上述问题.

级数(9-1)的前 n 项(有限项)之和

$$s_n = u_1 + u_2 + \cdots + u_n$$

称为级数的**部分和**.

部分和 s_n 所构成的数列 $\{s_n\}$ 称为部分和数列，即 $\{s_n\}: s_1, s_2, \cdots, s_n, \cdots$，称为级数的部分和数列，其中 $s_1=u_1, s_2=u_1+u_2, \cdots, s_n=u_1+u_2+\cdots+u_n$.

级数的部分和的作用可以在刘徽的割圆术中受到启发：无穷多个等腰三角形面积相加的"和"，是从有限个等腰三角形面积之和 A_n 出发，在研究其变化的基础上，令 $n\to\infty$ 取极限而推出的. 于是，级数(9-1)是否存在"和"，以及"和"的确切含义就可以转化为其部分和数列的收敛性问题.

定义 9-2　若级数 $\sum\limits_{n=1}^{\infty} u_n$ 的部分和数列 $\{s_n\}$，当 $n\to\infty$ 时极限存在且为 s，即

$$\lim_{n\to\infty} s_n = s,$$

则称该**级数收敛**，其极限 s 称为**级数的和**，记作

$$s = \sum_{n=1}^{\infty} u_n = u_1 + u_2 + \cdots + u_n + \cdots.$$

此时，也称级数 $\sum\limits_{n=1}^{\infty} u_n$ **收敛于 s**. 若数列 $\{s_n\}$ 的极限不存在，则称该**级数发散**.

当级数 $\sum\limits_{n=1}^{\infty} u_n$ 收敛时，其和 s 与部分和 s_n 的差

$$R_n = s - s_n = u_{n+1} + u_{n+2} + \cdots$$

称为**级数的余项**. 显然，余项 R_n 亦是无穷级数. 若此时用 s_n 近似代替和 s 所产生的误差是这个余项的绝对值，即误差是 $|R_n|$.

从上述定义可知，级数与数列极限有着密切的联系. 给定级数 $\sum\limits_{n=1}^{\infty} u_n$ 唯一确定

其部分和数列$\{s_n\}$;反之,给定数列$\{s_n\}$,且令

$$u_1 = s_1, u_2 = s_2 - s_1, \cdots, u_n = s_n - s_{n-1}, \cdots,$$

则级数 $\sum\limits_{n=1}^{\infty} u_n$ 的部分和数列便是$\{s_n\}$. 按照定义 9-2,级数$\sum\limits_{n=1}^{\infty} u_n$ 与数列$\{s_n\}$同时收敛或同时发散,且在收敛时,有

$$\sum_{n=1}^{\infty} u_n = \lim_{n\to\infty} s_n, \quad 即\sum_{n=1}^{\infty} u_n = \lim_{n\to\infty}\sum_{k=1}^{n} u_k.$$

例 9-1 证明级数

$$\sum_{n=1}^{\infty} \frac{1}{(2n-1)(2n+1)} = \frac{1}{1\cdot 3} + \frac{1}{3\cdot 5} + \cdots + \frac{1}{(2n-1)(2n+1)} + \cdots$$

收敛,且求其和.

证 因为 $u_n = \frac{1}{(2n-1)(2n+1)} = \frac{1}{2}\left(\frac{1}{2n-1} - \frac{1}{2n+1}\right)$,所以

$$\begin{aligned} s_n &= u_1 + u_2 + \cdots + u_n \\ &= \frac{1}{1\cdot 3} + \frac{1}{3\cdot 5} + \cdots + \frac{1}{(2n-1)(2n+1)} \\ &= \frac{1}{2}\left[\left(1-\frac{1}{3}\right) + \left(\frac{1}{3} - \frac{1}{5}\right) + \cdots + \left(\frac{1}{2n-1} - \frac{1}{2n+1}\right)\right] \\ &= \frac{1}{2}\left(1 - \frac{1}{2n+1}\right), \end{aligned}$$

从而

$$\lim_{n\to\infty} s_n = \lim_{n\to\infty} \frac{1}{2}\left(1 - \frac{1}{2n+1}\right) = \frac{1}{2}.$$

故,级数收敛,且其和为$\frac{1}{2}$,即 $\sum\limits_{n=1}^{\infty} \frac{1}{(2n-1)(2n+1)} = \frac{1}{2}$.

例 9-2 无穷级数

$$\sum_{n=0}^{\infty} aq^n = a + aq + aq^2 + \cdots + aq^n + \cdots \tag{9-2}$$

称为**等比级数**(又称为**几何级数**),其中 $a \neq 0$,q 称为**级数的公比**. 试讨论级数(9-2)的敛散性.

解 首先考察部分和

$$s_n = a + aq + \cdots + aq^{n-1}.$$

当 $q \neq 1$ 时,有 $s_n = \frac{a(1-q^n)}{1-q}$.

如果$|q|<1$,则$\lim\limits_{n\to\infty} q^n = 0$,那么$\lim\limits_{n\to\infty} s_n = \frac{a}{1-q}$,因此,此时级数(9-2)收敛,且其

和为$\frac{a}{1-q}$；如果$|q|>1$，则$\lim\limits_{n\to\infty}q^n=\infty$，从而$\lim\limits_{n\to\infty}s_n=\infty$，此时级数(9-2)发散.

如果$|q|=1$，则当$q=1$时，$s_n=na\to\infty(n\to\infty)$，因此级数(9-2)发散；当$q=-1$时，级数(9-2)成为

$$a-a+a-a+\cdots,$$

显然，$s_n=\begin{cases}a, & n\text{ 为奇数},\\ 0, & n\text{ 为偶数}.\end{cases}$从而$\{s_n\}$的极限不存在，这时级数(9-2)亦发散.

综上，等比级数(9-2)当$|q|<1$时，级数收敛，且收敛于$\frac{a}{1-q}$；当$|q|\geqslant 1$时，该级数发散.

例 9-3　证明调和级数

$$\sum_{n=1}^{\infty}\frac{1}{n}=1+\frac{1}{2}+\frac{1}{3}+\cdots+\frac{1}{n}+\cdots$$

是发散的.

证　由于当$x>0$时，有不等式$\ln(1+x)<x$（由拉格朗日中值定理或函数单调性可证得）. 因此，对于$\forall n\in\mathbf{N}^+$，有$\frac{1}{n}>\ln\left(1+\frac{1}{n}\right)=\ln(n+1)-\ln n$. 从而

$$\begin{aligned}s_n&=1+\frac{1}{2}+\frac{1}{3}+\cdots+\frac{1}{n}\\&>(\ln 2-\ln 1)+(\ln 3-\ln 2)+\cdots+[\ln(n+1)-\ln n]\\&=\ln(n+1).\end{aligned}$$

由$n\to\infty$时，$\ln(n+1)\to+\infty$，显然$s_n\to+\infty$，故调和级数发散.

9.1.2　无穷级数的基本性质

性质 9-1　若级数$\sum\limits_{n=1}^{\infty}u_n$和$\sum\limits_{n=1}^{\infty}v_n$分别收敛于$\sigma$与$\tau$，则级数$\sum\limits_{n=1}^{\infty}(u_n\pm v_n)$也收敛，且其和为$\sigma\pm\tau$.

证　设级数$\sum\limits_{n=1}^{\infty}u_n$和$\sum\limits_{n=1}^{\infty}v_n$的前$n$项和分别为$\sigma_n$和$\tau_n$，级数$\sum\limits_{n=1}^{\infty}(u_n\pm v_n)$的前$n$项和为$s_n$，则

$$\begin{aligned}s_n&=(u_1\pm v_1)+(u_2\pm v_2)+\cdots+(u_n\pm v_n)\\&=(u_1+u_2+\cdots+u_n)\pm(v_1+v_2+\cdots+v_n)=\sigma_n\pm\tau_n,\end{aligned}$$

于是

$$\lim_{n\to\infty}s_n=\lim_{n\to\infty}(\sigma_n\pm\tau_n)=\sigma\pm\tau,$$

即级数 $\sum_{n=1}^{\infty}(u_n \pm v_n)$ 收敛，且其和为 $\sigma \pm \tau$.

注 该性质表明：两个收敛级数可以逐项相加与逐项相减.

请读者思考：若级数 $\sum_{n=1}^{\infty}u_n$ 和 $\sum_{n=1}^{\infty}v_n$ 都发散，级数 $\sum_{n=1}^{\infty}(u_n \pm v_n)$ 的敛散性怎样？又若 $\sum_{n=1}^{\infty}u_n$ 和 $\sum_{n=1}^{\infty}v_n$ 一个收敛一个发散，$\sum_{n=1}^{\infty}(u_n \pm v_n)$ 的敛散性又怎样？请证明你的判断.

性质 9-2 设 k 为非零常数，则级数 $\sum_{n=1}^{\infty}ku_n$ 与 $\sum_{n=1}^{\infty}u_n$ 同时收敛或同时发散，且当级数同时收敛时，若 $\sum_{n=1}^{\infty}u_n = s$，则 $\sum_{n=1}^{\infty}ku_n = k\sum_{n=1}^{\infty}u_n = ks$.

证 设级数 $\sum_{n=1}^{\infty}u_n$ 和 $\sum_{n=1}^{\infty}ku_n$ 的前 n 项和分别为 s_n 和 σ_n，则

$$\sigma_n = \sum_{i=1}^{n}ku_i = k\sum_{i=1}^{n}u_i = ks_n,$$

由于极限 $\lim_{n\to\infty}\sigma_n$ 和 $\lim_{n\to\infty}s_n$ 同时收敛或同时发散，从而级数 $\sum_{n=1}^{\infty}ku_n$ 与 $\sum_{n=1}^{\infty}u_n$ 同时收敛或同时发散.

当 $\sum_{n=1}^{\infty}ku_n$ 和 $\sum_{n=1}^{\infty}u_n$ 同时收敛时，有 $\lim_{n\to\infty}\sigma_n = k\lim_{n\to\infty}s_n$，即 $\sum_{n=1}^{\infty}ku_n = ks$.

性质 9-3 在级数中去掉、加上或改变有限项，不改变级数的敛散性.

证 首先，级数 $\sum_{n=1}^{\infty}u_n$ 的部分和数列 $\{s_n\}$ 与其从第 N 项列出的部分和数列

$$s_N, s_{N+1}, s_{N+2}, \cdots, s_{N+k}, \cdots \tag{9-3}$$

有相同的敛散性.

其次，不妨设在级数 $\sum_{n=1}^{\infty}u_n$ 的前 N 项中去掉了 m 项，且这 m 项之和为常数 M，去掉 m 项之后所得的新级数，若其部分和数列从第 $N-m$ 项起开始列出，则是

$$s_N - M, s_{N+1} - M, s_{N+2} - M, \cdots, s_{N+k} - M, \cdots, \tag{9-4}$$

显然，数列(9-3)和数列(9-4)有相同的敛散性. 从而级数 $\sum_{n=1}^{\infty}u_n$ 与新级数有相同的敛散性. 这就证明了级数去掉有限项后，不改变级数的敛散性.

同理可证，增加或改变级数的有限项，也不改变级数的敛散性.

注 从证明过程中可以看出，当级数收敛时，改变后的新级数的和可能改变.

性质 9-4 若级数 $\sum_{n=1}^{\infty}u_n$ 收敛，则对该级数的项任意加括号后所成的级数

$\sum_{n=1}^{\infty} v_n$ 仍收敛,且其和不变.

证　设收敛级数 $\sum_{n=1}^{\infty} u_n$ 的前 n 项和数列为 $\{s_n\}$, 加括号后所成的新级数 $\sum_{n=1}^{\infty} v_n$ 的前 k 项和数列为 $\{\sigma_k\}$. 则

$$\begin{aligned}\sigma_k &= v_1 + v_n + \cdots + v_k \\ &= (u_1 + \cdots + u_{n_1}) + (u_{n_1+1} + \cdots + u_{n_2}) + \cdots + (u_{n_{k-1}+1} + \cdots + u_{n_k}) \\ &= s_{n_k}.\end{aligned}$$

显然 $n_k \geqslant k$, 当 $k \to \infty$ 时,必有 $n_k \to \infty$, 由 $\sum_{n=1}^{\infty} u_n$ 收敛知, $\sum_{n=1}^{\infty} u_n = \lim_{n\to\infty} s_n = s$. 所以

$$\lim_{k\to\infty}\sigma_k = \lim_{k\to\infty} s_{n_k} = \lim_{n\to\infty} s_n = s,$$

即加括号后所成的级数收敛,且其和不变.

注　加括号后成的新级数 $\sum_{n=1}^{\infty} v_n$ 收敛是原级数 $\sum_{n=1}^{\infty} u_n$ 收敛的必要而非充分条件,即是说:

(1) 若加括号后所成的级数 $\sum_{n=1}^{\infty} v_n$ 收敛,则不能断定去括号后原来的级数 $\sum_{n=1}^{\infty} u_n$ 也收敛. 例如,级数 $\sum_{n=1}^{\infty} v_n$ 为

$$(1-1)+(1-1)+\cdots+(1-1)+\cdots$$

收敛且其和为 0,而原级数 $\sum_{n=1}^{\infty} u_n$ 为

$$1-1+1-1+\cdots+1-1+\cdots$$

却是发散的.

(2) 若加括号后所成的级数 $\sum_{n=1}^{\infty} v_n$ 发散,则原级数 $\sum_{n=1}^{\infty} u_n$ 也一定发散. 其实,这是性质 9-4 的逆否命题.

性质 9-5(级数收敛的必要条件)　若级数 $\sum_{n=1}^{\infty} u_n$ 收敛,则它的一般项 u_n 必以零为极限,即

$$\lim_{n\to\infty} u_n = 0.$$

证　设级数 $\sum_{n=1}^{\infty} u_n$ 的部分和数列为 $\{s_n\}$, 由级数收敛知, $\lim_{n\to\infty} s_n$ 存在,设为 s. 则有 $\lim_{n\to\infty} s_{n-1} = s$, 所以

$$\lim_{n\to\infty}u_n=\lim_{n\to\infty}(s_n-s_{n-1})=\lim_{n\to\infty}s_n-\lim_{n\to\infty}s_{n-1}$$
$$=s-s=0.$$

这里也需要指出，$\lim\limits_{n\to\infty}u_n=0$ 是级数 $\sum\limits_{n=1}^{\infty}u_n$ 收敛的必要而非充分条件. 说明如下：

(1) 由 $\lim\limits_{n\to\infty}u_n=0$ 推不出 $\sum\limits_{n=1}^{\infty}u_n$ 收敛的结论. 例如，调和级数 $\sum\limits_{n=1}^{\infty}\dfrac{1}{n}$ 的一般项以零为极限，但它却是发散的.

(2) 若 $\lim\limits_{n\to\infty}u_n\neq 0$，则 $\sum\limits_{n=1}^{\infty}u_n$ 一定发散. 这实际上也是性质 9-5 的逆否命题.

例 9-4 判断下列级数的敛散性：

(1) $\sum\limits_{n=1}^{\infty}\dfrac{1}{\sqrt[n]{n}}$；　　(2) $\sum\limits_{n=1}^{\infty}\dfrac{1}{\left(1+\dfrac{1}{n}\right)^n}$.

解 (1) 由于 $\lim\limits_{n\to\infty}u_n=\lim\dfrac{1}{\sqrt[n]{n}}=1\neq 0$，因此，由级数收敛的必要条件，级数 $\sum\limits_{n=1}^{\infty}\dfrac{1}{\sqrt[n]{n}}$ 发散.

(2) 由于 $\lim\limits_{n\to\infty}u_n=\lim\limits_{n\to\infty}\dfrac{1}{\left(1+\dfrac{1}{n}\right)^n}=\dfrac{1}{\mathrm{e}}\neq 0$，因此，级数 $\sum\limits_{n=1}^{\infty}\dfrac{1}{\left(1+\dfrac{1}{n}\right)^n}$ 发散.

习 题 9.1

1. 写出下列级数的前四项：

(1) $\sum\limits_{n=1}^{\infty}\dfrac{2^{n-1}}{\sqrt{n+1}}$；　　(2) $\sum\limits_{n=1}^{\infty}(-1)^n\dfrac{x^{2n-1}}{(2n-1)!}$；

(3) $\sum\limits_{n=1}^{\infty}\dfrac{(2n)!}{(2^n n!)^2}$；　　(4) $\sum\limits_{n=1}^{\infty}\dfrac{x^{\frac{n}{2}}}{1\cdot 3\cdot 5\cdots(2n-1)}$.

2. 写出下列级数的一般项：

(1) $\dfrac{1}{2}+\dfrac{2}{5}+\dfrac{3}{10}+\dfrac{4}{17}+\cdots$；　　(2) $\dfrac{a^2}{3}-\dfrac{a^4}{6}+\dfrac{a^6}{11}-\dfrac{a^8}{18}+\cdots$；

(3) $\dfrac{1}{1\cdot 4}+\dfrac{1}{4\cdot 7}+\dfrac{1}{7\cdot 10}+\cdots$；　　(4) $\dfrac{3}{2}+\dfrac{1}{4}+\dfrac{3}{6}+\dfrac{1}{8}+\cdots$.

3. 已知级数 $\sum\limits_{n=1}^{\infty}u_n$ 的部分和 $s_n=\dfrac{1}{2}-\dfrac{1}{2(2n+1)}$，试写出 u_1、u_n，并写出级数及其和.

4. 用级数的定义判别下列级数的敛散性，若收敛，求其和：

(1) $\sum\limits_{n=1}^{\infty}\ln\dfrac{n+1}{n}$；　　(2) $\sum\limits_{n=1}^{\infty}(\sqrt{n+2}-2\sqrt{n+1}+\sqrt{n})$；

(3) $\sum_{n=1}^{\infty}\frac{1}{\sqrt{n}+\sqrt{n+1}}$； (4) $\sum_{n=1}^{\infty}\frac{1}{n(n+1)(n+2)}$.

5. 判别下列级数的敛散性：

(1) $\frac{1}{2}+\frac{3}{4}+\frac{5}{6}+\frac{7}{8}+\cdots$； (2) $\frac{8^3}{9}+\frac{8^4}{9^2}+\frac{8^5}{9^3}+\cdots$；

(3) $\left(\frac{1}{3}+\frac{5}{6}\right)+\left(\frac{1}{3^2}+\frac{5^2}{6^2}\right)+\left(\frac{1}{3^3}+\frac{5^3}{6^3}\right)+\cdots$； (4) $1+\ln 2.9+(\ln 2.9)^2+\ln(2.9)^3+\cdots$；

(5) $\sum_{n=1}^{\infty}\left(\frac{1}{n}-\frac{1}{2^n}\right)$； (6) $\sum_{n=1}^{\infty}\frac{(\ln 3)^n}{3^n}$；

(7) $\sum_{n=1}^{\infty}n\cdot\sin\frac{\pi}{n}$； (8) $\sum_{n=1}^{\infty}\left(\frac{1}{n}-\frac{1}{n+3}\right)$.

6. (1) 若级数 $\sum_{n=1}^{\infty}u_n$ 收敛且其和为 S，试证明级数 $\sum_{n=1}^{\infty}(u_n+u_{n+3})$ 收敛，并求其和；

(2) 若级数 $\sum_{n=1}^{\infty}u_n$ 发散，试说明级数 $\sum_{n=1}^{\infty}au_n$（a 为常数）的敛散性不确定.

7. 设数列 $\{a_n\}$ 收敛且 $\lim\limits_{n\to\infty}a_n=a$，证明级数 $\sum_{n=1}^{\infty}(a_n-a_{n+1})$ 收敛，并求其和.

8. 设 $a_n\leqslant b_n\leqslant c_n(n=1,2,\cdots)$，且级数 $\sum_{n=1}^{\infty}a_n$ 和 $\sum_{n=1}^{\infty}c_n$ 都收敛，证明级数 $\sum_{n=1}^{\infty}b_n$ 也收敛.

9.2 正项级数

定义 9-3 若对 $\forall n\in\mathbf{N}^+$，有 $u_n\geqslant 0$，则称级数 $\sum_{n=1}^{\infty}u_n$ 为**正项级数**.

正项级数是级数中比较基本，但又很重要的一种类型. 以后在研究其他级数的敛散性问题时，经常要转化为正项级数进行讨论.

设 $\{s_n\}$ 为正项级数 $\sum_{n=1}^{\infty}u_n$ 的部分和数列，显然，它是单调增加的，即有

$$s_1\leqslant s_2\leqslant\cdots\leqslant s_n\leqslant\cdots$$

如果 $\{s_n\}$ 有上界，由单调有界数列必有极限的准则知 $\{s_n\}$ 收敛；反之，若 $\{s_n\}$ 收敛，则 $\{s_n\}$ 必有上界，否则将有 $\lim\limits_{n\to\infty}s_n=+\infty$，即得出 $\{s_n\}$ 发散这一矛盾. 根据这一事实，我们有判别正项级数收敛的基本定理.

定理 9-1（基本定理） 正项级数 $\sum_{n=1}^{\infty}u_n$ 收敛的充分必要条件是其部分和数列 $\{s_n\}$ 有上界.

请注意，由定理 9-1 可知，若正项级数发散，则 $s_n\to+\infty(n\to\infty)$，亦即 $\sum_{n=1}^{\infty}u_n=+\infty$.

基本定理告诉我们，要判别正项级数的敛散性，只需考察其部分和数列$\{s_n\}$是否有上界即可，但是部分和数列是否有上界的讨论有时比较艰难. 这就要求我们探索新的正项级数敛散性判别法. 下面首先介绍通过与敛散性已知的级数进行比较，来判别当前级数敛散性的方法.

定理 9-2(比较判别法) 设 $\sum_{n=1}^{\infty} u_n$ 和 $\sum_{n=1}^{\infty} v_n$ 均为正项级数，且对 $\forall n \in \mathbf{N}^+$，有 $u_n \leqslant v_n$.

(1) 若级数 $\sum_{n=1}^{\infty} v_n$ 收敛，则级数 $\sum_{n=1}^{\infty} u_n$ 收敛；

(2) 若级数 $\sum_{n=1}^{\infty} u_n$ 发散，则级数 $\sum_{n=1}^{\infty} v_n$ 发散.

证 设 s_n 和 σ_n 分别为正项级数 $\sum_{n=1}^{\infty} u_n$ 和 $\sum_{n=1}^{\infty} v_n$ 的部分和. 由 $u_n \leqslant v_n$ 知

$$s_n \leqslant \sigma_n \quad (n \in \mathbf{N}^+).$$

(1) 若级数 $\sum_{n=1}^{\infty} v_n$ 收敛，由定理 9-1 知，数列$\{\sigma_n\}$有上界，从而数列$\{s_n\}$也必有上界，于是级数 $\sum_{n=1}^{\infty} u_n$ 收敛.

(2) 若级数 $\sum_{n=1}^{\infty} u_n$ 发散，则数列$\{s_n\}$无上界，从而数列$\{\sigma_n\}$也无上界，故级数 $\sum_{n=1}^{\infty} v_n$ 发散. 证毕.

例 9-5 讨论 p-级数

$$\sum_{n=1}^{\infty} \frac{1}{n^p} = 1 + \frac{1}{2^p} + \frac{1}{3^p} + \cdots + \frac{1}{n^p} + \cdots$$

的敛散性，其中 p 为大于零的常数.

解 当 $0<p\leqslant 1$ 时，有 $\frac{1}{n^p} \geqslant \frac{1}{n}$，由于调和级数 $\sum_{n=1}^{\infty} \frac{1}{n}$ 发散，所以由定理 9-2 知，此时 $\sum_{n=1}^{\infty} \frac{1}{n^p}$ 发散.

当 $p>1$ 时，由于对 $n=2,3,\cdots$，有

$$\begin{aligned}\frac{1}{n^p} &= \int_{n-1}^{n} \frac{1}{n^p}\mathrm{d}x \leqslant \int_{n-1}^{n} \frac{1}{x^p}\mathrm{d}x = \frac{1}{1-p}x^{1-p}\Big|_{n-1}^{n} \\ &= \frac{1}{p-1}\left[\frac{1}{(n-1)^{p-1}} - \frac{1}{n^{p-1}}\right],\end{aligned}$$

所以

$$s_n = 1+\frac{1}{2^p}+\frac{1}{3^p}+\cdots+\frac{1}{n^p}$$

$$\leqslant 1+\frac{1}{p-1}\left[\left(1-\frac{1}{2^{p-1}}\right)+\left(\frac{1}{2^{p-1}}-\frac{1}{3^{p-1}}\right)+\cdots+\left(\frac{1}{(n-1)^{p-1}}-\frac{1}{n^{p-1}}\right)\right]$$

$$=1+\frac{1}{p-1}\left(1-\frac{1}{n^{p-1}}\right)<\frac{p}{p-1}.$$

对 $\forall n\in\mathbf{N}^+$ 成立. 所以数列 $\{s_n\}$ 有上界. 根据定理 9-1 知,此时 $\sum\limits_{n=1}^{\infty}\frac{1}{n^p}$ 收敛.

综上讨论可得:p-级数 $\sum\limits_{n=1}^{\infty}\frac{1}{n^p}$, 当 $0<p\leqslant 1$ 时是发散的;当 $p>1$ 时是收敛的.

在利用比较判别法判别正项级数 $\sum\limits_{n=1}^{\infty}u_n$ 的敛散性时,大体要经过这样一个过程:① 首先,凭借掌握的级数有关知识,抓住级数起决定性作用的主要特征,作出对级数敛散性的初步判断. ② 在初步判断的基础上,欲证 $\sum\limits_{n=1}^{\infty}u_n$ 收敛,则通过对 u_n 适度放大,即 $u_n\leqslant v_n$,寻找到已知收敛的级数 $\sum\limits_{n=1}^{\infty}v_n$,达到判别 $\sum\limits_{n=1}^{\infty}u_n$ 收敛的目的;若欲证 $\sum\limits_{n=1}^{\infty}u_n$ 发散,则通过对 u_n 适度缩小,即 $u_n\geqslant v_n$,寻找到已知发散的级数 $\sum\limits_{n=1}^{\infty}v_n$,从而实现判别 $\sum\limits_{n=1}^{\infty}u_n$ 发散的目的. ③ 经常作为基准用来比较的级数 $\sum\limits_{n=1}^{\infty}v_n$ 有**等比级数、调和级数以及 p- 级数**.

例 9-6　判别下列级数的敛散性:

(1) $\sum\limits_{n=1}^{\infty}\frac{2n+1}{\sqrt{n^5+2n+1}}$;　　(2) $\sum\limits_{n=1}^{\infty}\frac{1}{\sqrt{n^2+n+1}}$;

(3) $\sum\limits_{n=1}^{\infty}2^n\sin\frac{\pi}{3^n}$;　　(4) $\sum\limits_{n=1}^{\infty}\ln\left(1+\frac{1}{n^2}\right)$

解　(1) 由于 $0\leqslant u_n=\frac{2n+1}{\sqrt{n^5+2n+1}}\leqslant\frac{3n}{n^{5/2}}=\frac{3}{n^{3/2}}(n\in\mathbf{N}^+)$,且 $\sum\limits_{n=1}^{\infty}\frac{1}{n^{3/2}}$ 为收敛的 p- 级数,从而 $\sum\limits_{n=1}^{\infty}\frac{3}{n^{3/2}}$ 收敛,由比较判别法知 $\sum\limits_{n=1}^{\infty}\frac{2n+1}{\sqrt{n^5+2n+1}}$ 收敛.

(2) 由于 $u_n=\frac{1}{\sqrt{n^2+n+1}}\geqslant\frac{1}{\sqrt{n^2+n^2+n^2}}=\frac{1}{\sqrt{3}n}(n\in\mathbf{N}^+)$. 且 $\sum\limits_{n=1}^{\infty}\frac{1}{n}$ 发散,因此 $\sum\limits_{n=1}^{\infty}\frac{1}{\sqrt{3}n}$ 发散,由比较判别法知级数 $\sum\limits_{n=1}^{\infty}\frac{1}{\sqrt{n^2+n+1}}$ 发散.

(3) 所给级数 $\sum\limits_{n=1}^{\infty}2^n\sin\frac{\pi}{3^n}$ 也是正项级数,由于其一般项 $u_n=2^n\sin\frac{\pi}{3^n}<$

$\pi\left(\frac{2}{3}\right)^n$. 且等比级数$\sum_{n=1}^{\infty}\pi\left(\frac{2}{3}\right)^n$ 收敛,由比较判别法知$\sum_{n=1}^{\infty}2^n\sin\frac{\pi}{3^n}$ 收敛.

(4) 所给级数 $\sum_{n=1}^{\infty}\ln\left(1+\frac{1}{n^2}\right)$也是正项级数,其一般项 $u_n=\ln\left(1+\frac{1}{n^2}\right)$. 由于 $x>0$ 时,有不等式 $\ln(1+x)<x$. 从而 $\ln\left(1+\frac{1}{n^2}\right)<\frac{1}{n^2}$,级数$\sum_{n=1}^{\infty}\frac{1}{n^2}$ 为收敛的 p- 级数,由比较法可知,级数$\sum_{n=1}^{\infty}\ln\left(1+\frac{1}{n^2}\right)$必收敛.

通过总结上例的解题过程,并注意到级数的每一项同乘以不为零的常数 k,以及去掉级数前面的有限项不改变级数的敛散性,我们可得如下推论:

推论 9-1 设 $\sum_{n=1}^{\infty}u_n$ 和$\sum_{n=1}^{\infty}v_n$ 均为正项级数,若$\sum_{n=1}^{\infty}v_n$ 收敛,且存在正整数 N,使当 $n\geqslant N$ 时有 $u_n\leqslant kv_n(k>0)$ 成立,则级数$\sum_{n=1}^{\infty}u_n$ 收敛;若$\sum_{n=1}^{\infty}v_n$ 发散,且当 $n\geqslant N$ 时有 $u_n\geqslant kv_n(k>0)$ 成立,则级数$\sum_{n=1}^{\infty}u_n$ 发散.

在实际使用上,下面给出的比较判别法的极限形式往往更加方便.

定理 9-3(比较判别法的极限形式) 设$\sum_{n=1}^{\infty}u_n$ 和$\sum_{n=1}^{\infty}v_n$ 均为正项级数,且

$$\lim_{n\to\infty}\frac{u_n}{v_n}=l.$$

(1) 若 $0<l<+\infty$,则级数 $\sum_{n=1}^{\infty}u_n$ 和$\sum_{n=1}^{\infty}v_n$ 同时收敛或同时发散;

(2) 若 $l=0$,且级数 $\sum_{n=1}^{\infty}v_n$ 收敛,则级数$\sum_{n=1}^{\infty}u_n$ 收敛;

(3) 若 $l=+\infty$,且级数 $\sum_{n=1}^{\infty}v_n$ 发散,则级数$\sum_{n=1}^{\infty}u_n$ 发散.

证 (1) 当 $0<l<+\infty$时,由于$\lim\limits_{n\to\infty}\frac{u_n}{v_n}=l$,根据数列极限的定义,对给定的 $\varepsilon=\frac{l}{2}>0$,存在正整数 N,当 $n>N$ 时,有$\left|\frac{u_n}{v_n}-l\right|<\varepsilon=\frac{l}{2}$,即$\frac{l}{2}v_n<u_n<\frac{3l}{2}v_n$. 由比较判别法的推论知 $\sum_{n=1}^{\infty}u_n$ 和$\sum_{n=1}^{\infty}v_n$ 同时收敛或同时发散.

(2) 当 $l=0$ 时,由于$\lim\limits_{n\to\infty}\frac{u_n}{v_n}=0$,对给定的 $\varepsilon=1>0$,存在正整数 N,当 $n>N$ 时,有$\left|\frac{u_n}{v_n}-0\right|=\frac{u_n}{v_n}<\varepsilon=1$,即 $u_n<v_n$,由 $\sum_{n=1}^{\infty}v_n$ 收敛知$\sum_{n=1}^{\infty}u_n$ 收敛.

(3) 当 $l=+\infty$ 时,由于 $\lim\limits_{n\to\infty}\frac{u_n}{v_n}=+\infty$,对于给定的正数 $M>0$,存在相应的正整数 N,当 $n>N$ 时,有 $\frac{u_n}{v_n}>M$,即 $u_n>Mv_n$,由 $\sum\limits_{n=1}^{\infty}v_n$ 发散,根据推论知 $\sum\limits_{n=1}^{\infty}u_n$ 亦发散.

比较判别法的极限形式,是两个一般项以零为极限的正项级数 $\sum\limits_{n=1}^{\infty}u_n$ 和 $\sum\limits_{n=1}^{\infty}v_n$,当 $\sum\limits_{n=1}^{\infty}v_n$ 的敛散性已知,并以 $\sum\limits_{n=1}^{\infty}v_n$ 作为基准级数,当 $n\to\infty$ 时,通过比较无穷小 u_n 对 v_n 的阶(即趋向于零的速度的快慢)以判别 $\sum\limits_{n=1}^{\infty}u_n$ 的敛散性的方法. 定理表明:

(1) 当 $n\to\infty$ 时,u_n 是 v_n 的同阶无穷小,则 $\sum\limits_{n=1}^{\infty}u_n$ 与 $\sum\limits_{n=1}^{\infty}v_n$ 的敛散性相同;

(2) 当 $n\to\infty$ 时,若 u_n 是 v_n 的高阶无穷小,则由 $\sum\limits_{n=1}^{\infty}v_n$ 收敛,可推得 $\sum\limits_{n=1}^{\infty}u_n$ 收敛;若 u_n 是 v_n 的低阶无穷小,则由 $\sum\limits_{n=1}^{\infty}v_n$ 发散,可推得 $\sum\limits_{n=1}^{\infty}u_n$ 发散.

应用该判别法的关键在于掌握无穷小量之间阶的比较.

例 9-7 判别下列正项级数的敛散性:

(1) $\sum\limits_{n=1}^{\infty}\tan\frac{1}{n^2}$; (2) $\sum\limits_{n=1}^{\infty}\left(1-\cos\frac{1}{\sqrt{n}}\right)$;

(3) $\sum\limits_{n=1}^{\infty}\frac{\ln(n+1)}{n}$; (4) $\sum\limits_{n=1}^{\infty}\frac{1}{\ln(n+1)}$;

(5) $\sum\limits_{n=1}^{\infty}\frac{2^n}{3^n-2^n}$.

解 (1) 当 $n\to\infty$ 时,$\tan\frac{1}{n^2}\sim\frac{1}{n^2}$,即

$$\lim_{n\to\infty}\frac{\tan\frac{1}{n^2}}{\frac{1}{n^2}}=1,$$

而 $\sum\limits_{n=1}^{\infty}\frac{1}{n^2}$ 为收敛的 p- 级数,故 $\sum\limits_{n=1}^{\infty}\tan\frac{1}{n^2}$ 收敛.

(2) 当 $n\to\infty$ 时,$1-\cos\frac{1}{\sqrt{n}}\sim\frac{1}{2n}$,即

$$\lim_{n\to\infty}\frac{1-\cos\frac{1}{\sqrt{n}}}{\frac{1}{2n}}=1,$$

而 $\sum_{n=1}^{\infty}\frac{1}{n}$ 发散,故 $\sum_{n=1}^{\infty}\left(1-\cos\frac{1}{\sqrt{n}}\right)$ 发散.

(3) 因为

$$\lim_{n\to\infty}\frac{\frac{\ln(n+1)}{n}}{\frac{1}{n}}=\lim_{n\to\infty}\ln(n+1)=+\infty.$$

而 $\sum_{n=1}^{\infty}\frac{1}{n}$ 发散,故 $\sum_{n=1}^{\infty}\frac{\ln(n+1)}{n}$ 发散.

(4) 因为

$$\lim_{x\to+\infty}\frac{x}{\ln(x+1)}=\lim_{x\to+\infty}\frac{1}{\frac{1}{x+1}}=\lim_{x\to+\infty}(x+1)=+\infty,$$

所以

$$\lim_{n\to+\infty}\frac{\frac{1}{\ln(n+1)}}{\frac{1}{n}}=\lim_{n\to+\infty}\frac{n}{\ln(n+1)}=+\infty.$$

而 $\sum_{n=1}^{\infty}\frac{1}{n}$ 发散,故 $\sum_{n=1}^{\infty}\frac{1}{\ln(n+1)}$ 发散.

(5) 因为

$$\lim_{n\to\infty}\frac{\frac{2^n}{3^n-2^n}}{\left(\frac{2}{3}\right)^n}=\lim_{n\to\infty}\frac{1}{1-\left(\frac{2}{3}\right)^n}=1,$$

而等比级数 $\sum_{n=1}^{\infty}\left(\frac{2}{3}\right)^n$ 收敛,故 $\sum_{n=1}^{\infty}\frac{2^n}{3^n-2^n}$ 收敛.

比较判别法及其极限形式,在判别当前级数的敛散性时,需要借助于一个敛散性已知的基准级数.下面要介绍的判别法,不必去寻找基准级数,只是根据级数自身项的变化规律就可判别其敛散性.

定理 9-4(比值判别法,达朗贝尔(D' Alembert)判别法) 设 $\sum_{n=1}^{\infty}u_n$ 为正项级数,如果

$$\lim_{n\to\infty}\frac{u_{n+1}}{u_n}=\rho.$$

(1) 当 $\rho<1$ 时,级数收敛;

(2) 当 $\rho>1$ $\left(\text{或}\lim_{n\to\infty}\frac{u_{n+1}}{u_n}=+\infty\right)$时级数发散;

(3) 当 $\rho=1$ 时,级数可能收敛也可能发散.

证　(1) 当 $\rho<1$ 时,取一个充分小的正数 ε,使得 $\rho+\varepsilon=r<1$,根据极限的定义,存在正整数 N,当 $n>N$ 时,有不等式

$$\frac{u_{n+1}}{u_n}<\rho+\varepsilon=r,\quad \text{即 } u_{n+1}<ru_n \quad (n=N+1,N+2,\cdots).$$

因此,有

$$\begin{aligned}
&u_{N+2}<ru_{N+1},\\
&u_{N+3}<ru_{N+2}<r^2u_{N+1},\\
&u_{N+4}<ru_{N+3}<r^3u_{N+1},\\
&\cdots\cdots\\
&u_{N+k}<ru_{N+k-1}<r^{k-1}u_{N+1}.\\
&\cdots\cdots
\end{aligned}$$

由于 $0<r<1$,u_{N+1} 为常数,所以等比级数 $\sum\limits_{k=2}^{\infty}r^{k-1}u_{N+1}$ 收敛,由比较判别法知,$\sum\limits_{k=2}^{\infty}u_{N+k}$ 收敛,又由级数的性质 3 知原级数 $\sum\limits_{n=1}^{\infty}u_n$ 收敛.

(2) 当 $\rho>1$ 时,取一个充分小的正数 ε,使得 $\rho-\varepsilon=q>1$,根据极限定义,存在正整数 N,当 $n>N$ 时,有不等式

$$\frac{u_{n+1}}{u_n}>\rho-\varepsilon=q \quad \text{即 } u_{n+1}>qu_n \quad (n=N+1,N+2,\cdots),$$

从而,对于正整数 $k\geqslant 2$,有 $u_{N+k}\geqslant q^{k-1}u_{N+1}$,由 $u_{N+1}>0$,$q>1$ 知,$\lim\limits_{k\to\infty}q^{k-1}u_{N+1}=+\infty$,从而

$$\lim_{k\to\infty}u_{N+k}=+\infty,$$

即 $\lim\limits_{n\to\infty}u_n=+\infty$. 根据级数收敛的必要性知,此时级数 $\sum\limits_{n=1}^{\infty}u_n$ 发散.

类似地,可以证明当 $\lim\limits_{n\to\infty}\dfrac{u_{n+1}}{u_n}=+\infty$ 时,级数 $\sum\limits_{n=1}^{\infty}u_n$ 也发散.

(3) 当 $\rho=1$ 时,级数可能收敛也可能发散. 例如 p-级数,无论其 p 为何值,都有

$$\lim_{n\to\infty}\frac{u_{n+1}}{u_n}=\lim_{n\to\infty}\frac{\dfrac{1}{(n+1)^p}}{\dfrac{1}{n^p}}=\lim_{n\to\infty}\left(\frac{n}{n+1}\right)^p=1.$$

但我们知道,当 $p>1$ 时级数收敛,当 $p\leqslant 1$ 时级数发散,因此仅根据 $\rho=1$ 不能判定级数的敛散性.

注　定理表明,当 $\rho=1$ 时,比值判别法失效,此种情形需另选其他方法和途径进行判别.

例 9-8 判别下列正项级数的敛散性：

(1) $\sum\limits_{n=1}^{\infty}\frac{n2^n}{3^n}$；(2) $\sum\limits_{n=1}^{\infty}\frac{2^n n!}{n^n}$；(3) $\sum\limits_{n=1}^{\infty}\frac{2^n}{n^{10}}$；(4) $\sum\limits_{n=1}^{\infty}\frac{n\cos^2\frac{n}{3}\pi}{3^n}$.

解 (1) 因为

$$\lim_{n\to\infty}\frac{u_{n+1}}{u_n}=\lim_{n\to\infty}\frac{\frac{(n+1)2^{n+1}}{3^{n+1}}}{\frac{n2^n}{3^n}}=\frac{2}{3}\lim_{n\to\infty}\frac{n+1}{n}=\frac{2}{3}<1.$$

由比值判别法知，级数收敛.

(2) 因为

$$\lim_{n\to\infty}\frac{u_{n+1}}{u_n}=\lim_{n\to\infty}\frac{\frac{2^{n+1}(n+1)!}{(n+1)^{n+1}}}{\frac{2^n n!}{n^n}}=2\lim_{n\to\infty}\frac{1}{\left(1+\frac{1}{n}\right)^n}=\frac{2}{\mathrm{e}}<1.$$

由比值判别法知，级数收敛.

(3) 因为

$$\lim_{n\to\infty}\frac{u_{n+1}}{u_n}=\lim_{n\to\infty}\frac{\frac{2^{n+1}}{(n+1)^{10}}}{\frac{2^n}{n^{10}}}=2\lim_{n\to\infty}\left(\frac{n}{n+1}\right)^{10}=2>1.$$

由比值判别法知，该级数发散.

(4) 因为 $\frac{n\cos^2\frac{n}{3}\pi}{3^n}\leqslant\frac{n}{3^n}$. 可设级数 $\sum\limits_{n=1}^{\infty}u_n=\sum\limits_{n=1}^{\infty}\frac{n}{3^n}$. 由于

$$\lim_{n\to\infty}\frac{u_{n+1}}{u_n}=\lim_{n\to\infty}\frac{\frac{n+1}{3^{n+1}}}{\frac{n}{3^n}}=\frac{1}{3}\lim_{n\to\infty}\frac{n+1}{n}=\frac{1}{3}<1.$$

根据比值判别法知，级数 $\sum\limits_{n=1}^{\infty}\frac{n}{3^n}$ 收敛.

再由比较判别法知原级数收敛.

定理 9-5(根值判别法，柯西判别法) 设 $\sum\limits_{n=1}^{\infty}u_n$ 为正项级数，且

$$\lim_{n\to\infty}\sqrt[n]{u_n}=\rho.$$

(1) 当 $\rho<1$ 时，级数收敛；

(2) 当 $\rho>1$(或 $\lim\limits_{n\to\infty}\sqrt[n]{u_n}=+\infty$)时级数发散；

(3) 当 $\rho=1$ 时，级数可能收敛也可能发散.

定理 9-5 的证明与定理 9-4 类似,这里从略.

例 9-9　判别下列正项级数的敛散性:

(1) $\sum_{n=1}^{\infty}\left(\frac{n+1}{2n+1}\right)^{n}$;　　(2) $\sum_{n=1}^{\infty}\left(\frac{3n-1}{2n+3}\right)^{2n-1}$.

解　(1) 由于

$$\lim_{n\to\infty}\sqrt[n]{u_n}=\lim_{n\to\infty}\frac{n+1}{2n+1}=\frac{1}{2}<1.$$

根据根值判别法知,级数收敛.

(2) 由于

$$\lim_{n\to\infty}\sqrt[n]{u_n}=\lim_{n\to\infty}\left(\frac{3n-1}{2n+3}\right)^{2-\frac{1}{n}}=\frac{9}{4}>1.$$

根据根值判别法知,级数发散.

习　题　9.2

1. 用比较判别法或极限形式的比较判别法判别下列级数的敛散性:

(1) $\sum_{n=1}^{\infty}\frac{4n}{(n+1)(n+2)}$;　　(2) $\sum_{n=1}^{\infty}\sqrt{\frac{1+n}{1+n^3}}$;

(3) $\sum_{n=1}^{\infty}\left(1-\cos\frac{\pi}{n}\right)$;　　(4) $\sum_{n=1}^{\infty}(\mathrm{e}^{\frac{1}{n^2}}-1)$;

(5) $\sum_{n=1}^{\infty}\frac{\ln n}{n^2}$;　　(6) $\sum_{n=1}^{\infty}\frac{1}{n^n}$;

(7) $\sum_{n=1}^{\infty}2^n\ln\left(1+\frac{1}{3^n}\right)$;　　(8) $\sum_{n=1}^{\infty}\frac{1}{1+a^n}(a>0)$.

2. 用比值判别法判别下列级数的敛散性:

(1) $\sum_{n=1}^{\infty}\frac{1}{3^n-n^3}$;　　(2) $\sum_{n=1}^{\infty}n^3\sin\frac{\pi}{3^n}$;

(3) $\sum_{n=1}^{\infty}\frac{1\cdot 3\cdot 5\cdots(2n-1)}{3^n\cdot n!}$;　　(4) $\sum_{n=1}^{\infty}\frac{(n!)^2}{(2n)!}$;

(5) $\sum_{n=1}^{\infty}\frac{1}{(2n-1)2^{2n-1}}$;　　(6) $\sum_{n=1}^{\infty}\frac{x^n}{n}(x>0)$.

3. 用根值判别法判别下列级数的敛散性:

(1) $\sum_{n=1}^{\infty}\left(\frac{n}{n+4}\right)^{n^2}$;　　(2) $\sum_{n=1}^{\infty}\frac{n^2}{\left(2+\frac{1}{n}\right)^n}$;

(3) $\sum_{n=1}^{\infty}\frac{(5n^2-1)^n}{(2n)^{2n}}$;　　(4) $\sum_{n=1}^{\infty}\frac{n^3(\sqrt{2}+1)^n}{3^n}$;

(5) $\sum_{n=1}^{\infty}\left(\frac{b}{a_n}\right)^n$,其中 $a_n\to a(n\to\infty)$,a_n,b,a 均为正数.

4. 判别下列级数的敛散性：

(1) $\sum_{n=1}^{\infty}\frac{2+(-1)^n}{2^n}$；

(2) $\sum_{n=1}^{\infty}\frac{1}{n}(\sqrt{n+1}-\sqrt{n-1})$；

(3) $\sum_{n=1}^{\infty}\frac{1}{3^n-2^n}$；

(4) $\sum_{n=1}^{\infty}\frac{n^{n+1}}{(n+1)^{n+2}}$；

(5) $\sum_{n=1}^{\infty}\frac{n}{\left(a+\frac{1}{n}\right)^n}(a>0)$；

(6) $\sum_{n=1}^{\infty}\frac{1}{1+x^{2n}}$.

5. 若正项级数 $\sum_{n=1}^{\infty}u_n$ 与 $\sum_{n=1}^{\infty}v_n$ 都发散，问下列级数是否发散？

(1) $\sum_{n=1}^{\infty}(u_n+v_n)$；

(2) $\sum_{n=1}^{\infty}(u_n-v_n)$；

(3) $\sum_{n=1}^{\infty}u_nv_n$.

6. 证明：若正项级数 $\sum_{n=1}^{\infty}u_n$ 收敛，则级数 $\sum_{n=1}^{\infty}u_n^2$ 也收敛. 反之不一定成立，试举例说明.

7. 设级数 $\sum_{n=1}^{\infty}a_n^2$ 收敛，且 $a_n>0$，证明级数 $\sum_{n=1}^{\infty}\frac{a_n}{n}$ 收敛.

8. 证明：$\lim\limits_{n\to\infty}\frac{n^n}{(n!)^2}=0$.

9.3 任意项级数

9.2 节讨论了正项级数及其敛散性判别法. 本节讨论任意项级数的敛散性. 所谓任意项级数，是指其各项具有任意的正负号的级数. 我们先介绍任意项级数中最特殊的情形，即交错级数.

9.3.1 交错级数

定义 9-4 若对 $\forall n\in\mathbf{N}^+$，$u_n>0$，则形如

$$\sum_{n=1}^{\infty}(-1)^{n-1}u_n=u_1-u_2+u_3-u_4+\cdots+(-1)^{n-1}u_n+\cdots$$

或

$$\sum_{n=1}^{\infty}(-1)^n u_n=-u_1+u_2-u_3+\cdots+(-1)^n u_n+\cdots$$

的级数称为交错级数.

根据交错级数特有的结构，可以有下述判别其敛散性的定理.

定理 9-6(莱布尼茨定理) 如果交错级数 $\sum_{n=1}^{\infty}(-1)^{n-1}u_n$ 满足条件：

(1) $u_n\geqslant u_{n+1}$(对 $\forall n\in\mathbf{N}^+$)，

(2) $\lim\limits_{n\to\infty}u_n=0$,

则级数收敛,且其和 $s\leqslant u_1$,其余项 R_n 的绝对值$|R_n|\leqslant u_{n+1}$.

证　设$\{s_n\}$为级数 $\sum\limits_{n=1}^{\infty}(-1)^{n-1}u_n(u_n>0)$ 的部分和数列. 下证$\{s_n\}$的极限存在.

先考察数列$\{s_{2n}\}$的极根. 为此把 s_{2n}写成如下两种形式:

$$s_{2n}=(u_1-u_2)+(u_3-u_4)+\cdots+(u_{2n-1}-u_{2n})$$

及

$$s_{2n}=u_1-(u_2-u_3)-(u_4-u_5)-\cdots-(u_{2n-2}-u_{2n-1})-u_{2n}.$$

由于对 $\forall n\in N^+$, $u_n\geqslant u_{n+1}$,所以由上面第一种形式可知数列$\{s_{2n}\}$是单调增加的,由第二种形式可知 $s_{2n}<u_1$,即数列$\{s_{2n}\}$有上界. 于是根据单调有界数列必有极限的准则,数列$\{s_{2n}\}$的极限存在,设为 s,有

$$\lim_{n\to\infty}s_{2n}=s\leqslant u_1.$$

再看数列$\{s_{2n+1}\}$. 由于$\lim\limits_{n\to\infty}u_n=0$, $s_{2n+1}=s_{2n}+u_{2n+1}$,所以

$$\lim_{n\to\infty}s_{2n+1}=\lim_{n\to\infty}(s_{2n}+u_{2n+1})=\lim_{n\to\infty}s_{2n}+\lim_{n\to\infty}u_{2n+1}=s.$$

综上,有$\lim\limits_{n\to\infty}s_{2n}=\lim\limits_{n\to\infty}s_{2n+1}=s$,从而$\lim\limits_{n\to\infty}s_n=s$. 即交错级数收敛于和 s,且 $s\leqslant u_1$.

最后,不难看出,余项 R_n 可以写成

$$R_n=\pm(u_{n+1}-u_{n+2}+\cdots),$$

其绝对值

$$|R_n|=u_{n+1}-u_{n+2}+\cdots,$$

显然,上式右端也是一个交错级数,且满足定理 9-6 中的两个条件,所以其和不超过其首项,即$|R_n|\leqslant u_{n+1}$. 定理证毕.

例 9-10　判断下列交错级数的敛散性:

(1) $\sum\limits_{n=1}^{\infty}(-1)^{n-1}\dfrac{1}{n^p}(p>0)$;　　(2) $\sum\limits_{n=1}^{\infty}(-1)^{n-1}\ln\left(1+\dfrac{1}{\sqrt{n}}\right)$;

(3) $\sum\limits_{n=2}^{\infty}(-1)^n\dfrac{\ln^2 n}{n}$;　　(4) $\sum\limits_{n=1}^{\infty}(-1)^{n-1}\left(\dfrac{n+1}{n+2}\right)^n$.

解　(1) 因为当 $p>0$ 时,$u_n=\dfrac{1}{n_p}>\dfrac{1}{(n+1)^p}=u_{n+1}$(对$\forall n\in\mathbf{N}^+$),且$\lim\limits_{n\to\infty}u_n=\lim\limits_{n\to\infty}\dfrac{1}{n^p}=0$,由莱布尼茨定理知,交错级数$\sum\limits_{n=1}^{\infty}(-1)^n\dfrac{1}{n^p}$当 $p>0$ 时收敛.

(2) 因为,级数满足

$$u_n=\ln\left(1+\frac{1}{\sqrt{n}}\right)>\ln\left(1+\frac{1}{\sqrt{n+1}}\right)=u_{n+1}\quad(\text{对 }\forall n\in\mathbf{N}^+),$$

且

$$\lim_{n\to\infty}u_n=\lim_{n\to\infty}\ln\left(1+\frac{1}{\sqrt{n}}\right)=0,$$

由莱布尼茨定理知，交错级数$\sum_{n=1}^{\infty}(-1)^{n-1}\ln\left(1+\frac{1}{\sqrt{n}}\right)$收敛.

(3) 因为 $u_n=\frac{\ln^2 n}{n}$. 设 $f(x)=\frac{\ln^2 x}{x}$，$x\in[1,+\infty)$，由于 $f'(x)=\frac{2\ln x-\ln^2 x}{x^2}=\frac{\ln x}{x^2}(2-\ln x)$，所以当 $x>e^2$ 时，有 $f'(x)<0$，即 $f(x)$在$[e^2,+\infty)$是单调递减的.

又由 $u_n=f(n)$知，当 $n\geqslant 9$ 时，有 $u_n\geqslant u_{n+1}$.

另一方面，由洛必达法则，有

$$\lim_{x\to+\infty}f(x)=\lim_{x\to+\infty}\frac{\ln^2 x}{x}=\lim_{x\to+\infty}\frac{2\ln x}{x}=\lim_{x\to+\infty}\frac{2}{x}=0.$$

所以

$$\lim_{n\to\infty}u_n=\lim_{n\to\infty}f(n)=\lim_{n\to\infty}\frac{\ln^2 n}{n}=0.$$

综上知，级数$\sum_{n=9}^{\infty}(-1)^n\frac{\ln^2 n}{n}$满足莱布尼茨定理的两个条件，因此收敛，又根据级数的性质 9-3，原级数$\sum_{n=2}^{\infty}(-1)^n\frac{\ln^2 n}{n}$亦收敛.

(4) 由于 $u_n=\left(\frac{n+1}{n+2}\right)^n$，且

$$\lim_{n\to\infty}u_n=\lim_{n\to\infty}\left(\frac{n+1}{n+2}\right)^n=\lim_{n\to\infty}\left[\left(1-\frac{1}{n+2}\right)^{n+2}\right]^{\frac{n}{n+2}}=\frac{1}{e}\neq 0.$$

所以级数的一般项不以零为极限，故级数发散.

9.3.2 绝对收敛与条件收敛

由任意项级数(u_n 为任意实数，$n\in\mathbf{N}^+$)

$$\sum_{n=1}^{\infty}u_n=u_1+u_2+\cdots+u_n+\cdots \tag{9-5}$$

的各项取绝对值后构成的正项级数

$$\sum_{n=1}^{\infty}|u_n|=|u_1|+|u_2|+\cdots+|u_n|+\cdots$$

称为级数(9-5)的**绝对值级数**.

对任意项级数 $\sum_{n=1}^{\infty}u_n$ 的敛散性的判别，经常要借助于其绝对值级数 $\sum_{n=1}^{\infty}|u_n|$. 两者之间有着密切的联系，可由以下定理表述.

定理 9-7 若任意项级数 $\sum_{n=1}^{\infty} u_n$ 的绝对值级数 $\sum_{n=1}^{\infty} |u_n|$ 收敛，则该任意项级数 $\sum_{n=1}^{\infty} u_n$ 收敛.

证 设 $v_n=\frac{1}{2}(u_n+|u_n|)$（对 $\forall n\in \mathbf{N}^+$），则有

$$0 \leqslant v_n \leqslant |u_n|, \quad u_n = 2v_n - |u_n|,$$

于是，根据正项级数比较判别法，由级数 $\sum_{n=1}^{\infty} |u_n|$ 收敛，知级数 $\sum_{n=1}^{\infty} v_n$ 收敛. 再根据级数性质 9-1，有

$$\sum_{n=1}^{\infty} u_n = \sum_{n=1}^{\infty} (2v_n - |u_n|) = 2\sum_{n=1}^{\infty} v_n - \sum_{n=1}^{\infty} |u_n|.$$

收敛. 定理证毕.

定义 9-5 若级数 $\sum_{n=1}^{\infty} |u_n|$ 收敛，则称任意项级数 $\sum_{n=1}^{\infty} u_n$ **绝对收敛**；若级数 $\sum_{n=1}^{\infty} |u_n|$ 发散，而任意项级数 $\sum_{n=1}^{\infty} u_n$ 收敛，则称级数 $\sum_{n=1}^{\infty} u_n$ **条件收敛**.

注 任意项级数的敛散性的判别，相对比较复杂，我们需作如下说明：

(1) 在定理 9-7 的证明中，我们构造了新级数 $\sum_{n=1}^{\infty} v_n$，其一般项

$$v_n = \frac{1}{2}(u_n + |u_n|) = \begin{cases} u_n, & u_n > 0, \\ 0, & u_n \leqslant 0. \end{cases}$$

可见级数 $\sum_{n=1}^{\infty} v_n$ 是把级数 $\sum_{n=1}^{\infty} u_n$ 中的负项置换成 0 而得的，即由级数 $\sum_{n=1}^{\infty} u_n$ 中的正项及置换上的 0 项所构成的级数. 类似地，令

$$w_n = \frac{1}{2}(|u_n| - u_n).$$

则级数 $\sum_{n=1}^{\infty} w_n$ 是 $\sum_{n=1}^{\infty} u_n$ 中正项置换成 0，负项取绝对值所构成的级数. 可以证明若级数 $\sum_{n=1}^{\infty} u_n$ 绝对收敛，则级数 $\sum_{n=1}^{\infty} v_n$ 与 $\sum_{n=1}^{\infty} w_n$ 都收敛；若级数 $\sum_{n=1}^{\infty} u_n$ 条件收敛，则级数 $\sum_{n=1}^{\infty} v_n$ 和 $\sum_{n=1}^{\infty} w_n$ 都发散；若级数 $\sum_{n=1}^{\infty} v_n$ 和 $\sum_{n=1}^{\infty} w_n$ 中一个收敛一个发散，则 $\sum_{n=1}^{\infty} u_n$ 发散.

(2) 由于任意项级数 $\sum_{n=1}^{\infty} u_n$ 的绝对值级数 $\sum_{n=1}^{\infty} |u_n|$ 收敛，能够推得 $\sum_{n=1}^{\infty} u_n$ 必收敛. 但其逆命题却不成立，即 $\sum_{n=1}^{\infty} u_n$ 收敛，推不出 $\sum_{n=1}^{\infty} |u_n|$ 收敛来. 例如，交错级数

$\sum\limits_{n=1}^{\infty}(-1)^{n-1}\dfrac{1}{n}$ 收敛,但其绝对值级数 $\sum\limits_{n=1}^{\infty}\dfrac{1}{n}$ 却发散.

(3) 在判断任意项级数 $\sum\limits_{n=1}^{\infty}u_n$ 的敛散性时,不要误用上节所介绍的正项级数专用判别法,否则会得出谬误,但其绝对值级数 $\sum\limits_{n=1}^{\infty}|u_n|$ 为正项级数,在用正项级数的几种判别法判别 $\sum\limits_{n=1}^{\infty}|u_n|$ 敛散性时,其结果有如下特点:

① 若用比较判别法判断 $\sum\limits_{n=1}^{\infty}|u_n|$ 收敛,当然 $\sum\limits_{n=1}^{\infty}u_n$ 也收敛 ,即 $\sum\limits_{n=1}^{\infty}u_n$ 绝对收敛;但若用比较判别法判断 $\sum\limits_{n=1}^{\infty}|u_n|$ 发散,却不能断定原级数 $\sum\limits_{n=1}^{\infty}u_n$ 的敛散性,这时需另选其他方法或途径判别 $\sum\limits_{n=1}^{\infty}u_n$ 的敛散性.

② 若用比值或根值判别法判断 $\sum\limits_{n=1}^{\infty}|u_n|$ 收敛(即 $\rho<1$) 当然 $\sum\limits_{n=1}^{\infty}u_n$ 绝对收敛;若判断 $\sum\limits_{n=1}^{\infty}|u_n|$ 发散(即 $\rho>1$),则由于此时 $\lim\limits_{n\to\infty}|u_n|=+\infty$,故有 $\lim\limits_{n\to\infty}u_n\neq 0$,从而推得 $\sum\limits_{n=1}^{\infty}u_n$ 必发散的结论,即不必再单独考察 $\sum\limits_{n=1}^{\infty}u_n$ 的敛散性.

例 9-11 判断下列级数的敛散性,若收敛,是绝对收敛还是条件收敛?

(1) $\sum\limits_{n=1}^{\infty}\dfrac{(-1)^{n-1}}{n^p}(p>0)$;　　(2) $\sum\limits_{n=1}^{\infty}\dfrac{n^2\sin n\alpha}{2^n}$;

(3) $\sum\limits_{n=1}^{\infty}(-1)^n\ln\left(1+\dfrac{1}{\sqrt{n}}\right)$;　　(4) $\sum\limits_{n=1}^{\infty}\dfrac{(-1)^{n-1}}{1+\dfrac{1}{2}+\dfrac{1}{3}+\cdots+\dfrac{1}{n}}$;

(5) $\sum\limits_{n=1}^{\infty}(-1)^n\dfrac{1}{2^n}\left(1+\dfrac{1}{n}\right)^{n^2}$.

解 (1) 由于 $\sum\limits_{n=1}^{\infty}\dfrac{(-1)^{n-1}}{n^p}(p>0)$ 的绝对值级数为 p- 级数 $\sum\limits_{n=1}^{\infty}\dfrac{1}{n^p}$,当 $p>1$ 时收敛,当 $0<p\leqslant 1$ 时发散,又由例 9-10 讨论的结果,原级数 $\sum\limits_{n=1}^{\infty}\dfrac{(-1)^{n-1}}{n^p}(p>0)$ 收敛. 故,当 $p>1$ 时级数绝对收敛,当 $0<p\leqslant 1$ 时级数条件收敛.

(2) 因为 $\left|\dfrac{n^2\sin n\alpha}{2^n}\right|\leqslant\dfrac{n^2}{2^n}$,设级数 $\sum\limits_{n=1}^{\infty}u_n=\sum\limits_{n=1}^{\infty}\dfrac{n^2}{2^n}$,由比值判别法

$$\lim_{n\to\infty}\frac{u_{n+1}}{u_n}=\lim_{n\to\infty}\frac{\dfrac{(n+1)^2}{2^{n+1}}}{\dfrac{n^2}{2^n}}=\lim_{n\to\infty}\frac{(n+1)^2}{2n^2}=\frac{1}{2}<1.$$

知级数 $\sum\limits_{n=1}^{\infty}\frac{n^2}{2^n}$ 收敛，从而原级数绝对收敛.

(3) 该级数的绝对值级数为 $\sum\limits_{n=1}^{\infty}\ln\left(1+\frac{1}{\sqrt{n}}\right)$，又因为当 $n\to\infty$ 时，$\ln\left(1+\frac{1}{\sqrt{n}}\right)\sim\frac{1}{\sqrt{n}}$，由 $\sum\limits_{n=1}^{\infty}\frac{1}{\sqrt{n}}$ 发散知，级数 $\sum\limits_{n=1}^{\infty}\ln\left(1+\frac{1}{\sqrt{n}}\right)$ 发散，对于原级数 $\sum\limits_{n=1}^{\infty}(-1)^n\ln\left(1+\frac{1}{\sqrt{n}}\right)$，在例 9-10 中讨论的结果是收敛的. 故所给级数为条件收敛.

(4) 所给级数为交错级数，其绝对值级数为

$$\sum_{n=1}^{\infty}\frac{1}{1+\frac{1}{2}+\cdots+\frac{1}{n}}.$$

由于

$$1+\frac{1}{2}+\cdots+\frac{1}{n}<n,$$

故

$$\frac{1}{1+\frac{1}{2}+\cdots+\frac{1}{n}}>\frac{1}{n}.$$

由级数 $\sum\limits_{n=1}^{\infty}\frac{1}{n}$ 发散知，$\sum\limits_{n=1}^{\infty}\frac{1}{1+\frac{1}{2}+\cdots+\frac{1}{n}}$ 发散.

再来讨论级数本身的敛散性. 因为

$$\frac{1}{1+\frac{1}{2}+\cdots+\frac{1}{n}}>\frac{1}{1+\frac{1}{2}+\cdots+\frac{1}{n}+\frac{1}{n+1}}\quad(\text{对 }\forall n\in\mathbf{N}^{+}),$$

且 $1+\frac{1}{2}+\cdots+\frac{1}{n}$ 为调和级数的前 n 项和，$\sum\limits_{n=1}^{\infty}\frac{1}{n}$ 发散. 则 $\lim\limits_{n\to\infty}\left(1+\frac{1}{2}+\cdots+\frac{1}{n}\right)=+\infty$，因此 $\lim\limits_{n\to\infty}\frac{1}{1+\frac{1}{2}+\cdots+\frac{1}{n}}=0$. 由莱布尼茨定理知，所给级数收敛，且为条件收敛.

(5) 由 $|u_n|=\frac{1}{2^n}\left(1+\frac{1}{n}\right)^{n^2}$，有

$$\sqrt[n]{|u_n|}=\frac{1}{2}\left(1+\frac{1}{n}\right)^n\to\frac{\mathrm{e}}{2}\quad(n\to\infty),$$

而 $\frac{\mathrm{e}}{2}>1$，可知 $u_n\not\to 0(n\to\infty)$，因此所给级数发散.

习 题 9.3

1. 判别下列交错级数的敛散性：

(1) $\sum_{n=2}^{\infty}\frac{(-1)^n}{\ln n}$； (2) $\sum_{n=1}^{\infty}(-1)^n\frac{n}{2n+1}$.

2. 判别下列级数的敛散性，如果收敛，说明是条件收敛，还是绝对收敛.

(1) $\sum_{n=1}^{\infty}(-1)^{n-1}\frac{n^3}{2^n}$； (2) $\sum_{n=1}^{\infty}\frac{(-1)^{n-1}}{n-\ln n}$；

(3) $\sum_{n=1}^{\infty}(-1)^{n+1}\frac{2^{n^2}}{n!}$； (4) $\sum_{n=2}^{\infty}(-1)^n\frac{1}{\pi^n}\sin\frac{\pi}{n}$；

(5) $\sum_{n=1}^{\infty}(-1)^{n+1}\frac{\sqrt{n}}{n+100}$； (6) $\sum_{n=1}^{\infty}(-1)^{n-1}\frac{2-(-1)^n}{n^2}$；

(7) $\sum_{n=1}^{\infty}\left[\frac{(-1)^n}{n}+\frac{1}{\sqrt[3]{n}}\right]$； (8) $\sum_{n=1}^{\infty}(-1)^n\frac{a^n}{n}$.

3. 设级数 $\sum_{n=1}^{\infty}u_n^2$，$\sum_{n=1}^{\infty}v_n^2$ 收敛，证明级数 $\sum_{n=1}^{\infty}u_nv_n$ 绝对收敛.

4. 设级数 $\sum_{n=1}^{\infty}u_n$ 和 $\sum_{n=1}^{\infty}v_n$ 绝对收敛，证明级数 $\sum_{n=1}^{\infty}(u_n+v_n)$ 也绝对收敛.

9.4 幂 级 数

9.4.1 函数项级数的概念

前面我们所讨论的级数的每一项均为常数，在其基本理论的基础上，我们来讨论每一项均为函数的级数，即函数项级数.

定义 9-6 设有定义在同一数集 X 上的函数序列 $\{u_n(x)\}$：$u_1(x)$，$u_2(x)$，…，$u_n(x)$，…则其和式

$$\sum_{n=1}^{\infty}u_n(x)=u_1(x)+u_2(x)+\cdots+u_n(x)+\cdots$$

称为定义在数集 X 上的**函数项级数**.

对于函数项级数 $\sum_{n=1}^{\infty}u_n(x)$，对 $\forall x_0\in X$，对应着一个常数项级数 $\sum_{n=1}^{\infty}u_n(x_0)$，若常数项级数 $\sum_{n=1}^{\infty}u_n(x_0)$ 收敛，则称函数项级数 $\sum_{n=1}^{\infty}u_n(x)$ 在点 x_0 处收敛，亦称 x_0 为函数项级数 $\sum_{n=1}^{\infty}u_n(x)$ 的**收敛点**；若 $\sum_{n=1}^{\infty}u_n(x_0)$ 发散，则称函数项级数 $\sum_{n=1}^{\infty}u_n(x)$ 在

点 x_0 处发散,亦称 x_0 为函数项级数 $\sum_{n=1}^{\infty} u_n(x)$ 的**发散点**. 函数项级数 $\sum_{n=1}^{\infty} u_n(x)$ 的所有收敛点构成的集合 $D \subset X$ 称为 $\sum_{n=1}^{\infty} u_n(x)$ 的**收敛域**;所有发散点构成的集合 E 称为其**发散域**;对 $\forall x \in D$,对应函数项级数 $\sum_{n=1}^{\infty} u_n(x)$ 的和 $s(x)$,显然,$s(x)$ 是定义在收敛域 D 上的函数,称为函数项级数 $\sum_{n=1}^{\infty} u_n(x)$ 的**和函数**,并记作

$$s(x) = u_1(x) + u_2(x) + \cdots + u_n(x) + \cdots = \sum_{n=1}^{\infty} u_n(x), \quad x \in D.$$

若记函数项级数 $\sum_{n=1}^{\infty} u_n(x)$的前 n 项和为 $s_n(x)$,则对 $\forall x \in D$,有

$$s(x) = \lim_{n\to\infty} s_n(x).$$

因此,函数项级数 $\sum_{n=1}^{\infty} u_n(x)$的收敛性问题完全归结为讨论其部分和函数序列 $\{s_n(x)\}$的收敛性问题.

记 $R_n(x) = s(x) - s_n(x) = u_{n+1}(x) + u_{n+2}(x) + \cdots$,则称 $R_n(x)$为函数项级数 $\sum_{n=1}^{\infty} u_n(x)$的余项,显然,对于 $\forall x \in D$,有 $\lim_{n\to\infty} R_n(x) = 0$.

例如,定义在$(-\infty, +\infty)$上的函数项级数

$$\sum_{n=0}^{\infty} x^n = 1 + x + x^2 + \cdots + x^n + \cdots,$$

关于其收敛域及和函数 $s(x)$的讨论如下:

首先,它是公比为 x 的等比级数.

当$|x| \neq 1$ 时,它的部分和函数为 $s_n(x) = \frac{1-x^n}{1-x}$,且当$|x|<1$ 时,其和函数

$$s(x) = \lim_{n\to\infty} s_n(x) = \lim_{n\to\infty} \frac{1-x^n}{1-x} = \frac{1}{1-x};$$

而当$|x|>1$ 时,该级数发散;又当 $x = \pm 1$ 时,级数分别为 $1+1+1+\cdots$和 $1-1+1-1+\cdots$,显然也是发散的.

综上所述,该级数的收敛域为区间$(-1,1)$,其和函数为$\frac{1}{1-x}$,即

$$1 + x + x^2 + \cdots + x^n + \cdots = \sum_{n=0}^{\infty} x^n = \frac{1}{1-x}, \quad x \in (-1,1).$$

下面我们讨论在函数项级数中最基本,也是最重要的幂级数.

9.4.2　幂级数及其收敛域

定义 9-7　形如

$$\sum_{n=0}^{\infty} a_n (x-x_0)^n = a_0 + a_1(x-x_0) + a_2(x-x_0)^2 + \cdots + a_n(x-x_0)^n + \cdots$$

的函数项级数，称为$(x-x_0)$的**幂级数**，其中 $a_0, a_1, \cdots, a_n, \cdots$称为幂级数的**系数**. 特别地，当 $x_0=0$ 时，有

$$\sum_{n=0}^{\infty} a_n x^n = a_0 + a_1 x + a_2 x^2 + \cdots + a_n x^n + \cdots$$

称为 x 的幂级数.

若在幂级数 $\sum\limits_{n=0}^{\infty} a_n(x-x_0)^n$ 中，令 $y=x-x_0$，通过该变换就可化成

$$\sum_{n=0}^{\infty} a_n y^n = a_0 + a_1 y + a_2 y^2 + \cdots + a_n y^n + \cdots$$

的形式，因此，以后我们主要讨论幂级数 $\sum\limits_{n=0}^{\infty} a_n x^n$，其结论，通过变换自然转成幂级数$\sum\limits_{n=0}^{\infty} a_n (x-x_0)^n$ 的相应结论.

对于幂级数 $\sum\limits_{n=0}^{\infty} a_n x^n$，我们首先要讨论的问题是：其收敛域是怎样的数集，在收敛域内，其和函数 $s(x)$为何？在这里我们自然想到幂级数 $\sum\limits_{n=0}^{\infty} x^n$，其收敛域为区间$(-1,1)$，和函数为 $s(x)=\dfrac{1}{1-x}$. 该幂级数的收敛域的特征是一个区间，这一特征对于幂级数是否具有一般性呢？为此，先看如下定理.

定理 9-8(阿贝尔(Abel)定理)　若幂级数 $\sum\limits_{n=0}^{\infty} a_n x^n$ 在点 $x=x_0 (x_0\neq 0)$ 处收敛，则对满足不等式 $|x|<|x_0|$ 的一切点 x，幂级数$\sum\limits_{n=0}^{\infty} a_n x^n$ 绝对收敛；反之，若幂级数$\sum\limits_{n=0}^{\infty} a_n x^n$ 在点 $x=x_0 (x_0\neq 0)$ 处发散，则对满足不等式 $|x|>|x_0|$ 的一切点 x，幂级数$\sum\limits_{n=0}^{\infty} a_n x^n$ 发散.

证　若幂级数 $\sum\limits_{n=0}^{\infty} a_n x^n$ 在点 $x=x_0 (x_0\neq 0)$ 处收敛，根据级数收敛的必要条件，有$\lim\limits_{n\to\infty} a_n x_0^n=0$，从而得知数列$\{a_n x_0^n\}$有界，即$\exists M>0$，对$\forall n\in \mathbf{N}^+$，有$|a_n x_0^n|\leqslant M$.

因此，对于$\forall x$：$|x|<|x_0|$，都有

$$|a_n x^n| = |a_n x_0^n| \left|\frac{x}{x_0}\right|^n \leqslant M\left|\frac{x}{x_0}\right|^n.$$

由$\left|\dfrac{x}{x_0}\right|<1$ 可知，等比级数 $\sum\limits_{n=0}^{\infty} M\left|\dfrac{x}{x_0}\right|^n$ 收敛，由比较判别法知$\sum\limits_{n=0}^{\infty} |a_n x^n|$ 收敛，从

而 $\sum\limits_{n=0}^{\infty} a_n x^n$ 绝对收敛.

若幂级数 $\sum\limits_{n=0}^{\infty} a_n x^n$ 在 $x = x_0 (x_0 \neq 0)$ 处发散，则对 $\forall x: |x| > |x_0|$，有 $\sum\limits_{n=0}^{\infty} a_n x^n$ 必发散. 如若不然，则至少 $\exists x_1: |x_1| > |x_0|$，使级数 $\sum\limits_{n=0}^{\infty} a_n x_1^n$ 收敛，由上面已讨论过的结论可知，$\sum\limits_{n=0}^{\infty} a_n x_0^n$ 必绝对收敛，这与假设矛盾. 定理证毕.

阿贝尔定理表明，若幂级数 $\sum\limits_{n=0}^{\infty} a_n x^n$ 在点 $x = x_0 (x_0 \neq 0)$ 处收敛，则在开区间 $(-|x_0|, |x_0|)$ 内的任何点 x 处幂级数都绝对收敛；若幂级数 $\sum\limits_{n=0}^{\infty} a_n x^n$ 在点 $x = x_0$ 处发散，则对于 $(-\infty, -|x_0|) \cup (|x_0|, +\infty)$ 内的任何点 x 处幂级数都发散.

在几何直观上，若幂级数 $\sum\limits_{n=0}^{\infty} a_n x^n$ 既有除 $x = 0$（$x = 0$ 为必定收敛的点）以外的收敛点，也有发散点. 现从原点出发沿数轴向右方走，最初经过的都是收敛点，到达某个点后，都是发散点，这两类点有一个界点，当然级数在界点处既可能收敛也可能发散. 若从原点出发沿数轴向左方走，其情形相仿，两个界点 P 与 P' 分位于原点的两侧，由阿贝尔定理知，它们到原点的距离相同均为 R（图 9-2）. 这样有如下重要推论：

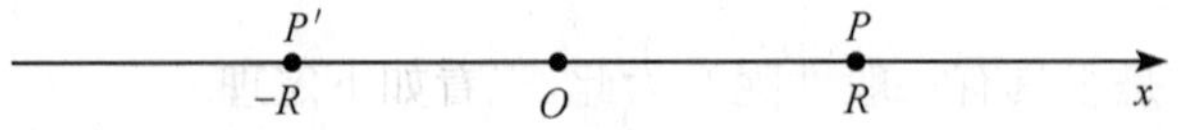

图 9-2

推论 9-2　若幂级数 $\sum\limits_{n=0}^{\infty} a_n x^n$ 既有除 $x = 0$ 外的收敛点，又有发散点，则必有一个确定的正数 R 存在，使得

当 $|x| < R$ 时，幂级数绝对收敛；

当 $|x| > R$ 时，幂级数发散；

当 $x = R$ 和 $x = -R$ 时，幂级数可能收敛也可能发散.

满足上述条件的正数 R 称为幂级数 $\sum\limits_{n=0}^{\infty} a_n x^n$ 的**收敛半径**. 而开区间 $(-R, R)$ 称为该幂级数的**收敛区间**.

幂级数 $\sum\limits_{n=0}^{\infty} a_n x^n$ 的**收敛域**是在收敛区间已知的情形下，再考察在 $x = \pm R$ 处的敛散性，它可能是下面四个区间之一：$(-R, R)$，$[-R, R)$，$(-R, R]$ 或 $[-R, R]$.

若幂级数 $\sum\limits_{n=0}^{\infty} a_n x^n$ 仅在 $x = 0$ 处收敛，为表达方便，我们规定此时收敛半径

$R=0$;若幂级数 $\sum_{n=0}^{\infty} a_n x^n$ 对一切 x 均收敛,则规定收敛半径 $R=+\infty$,此时的收敛域为$(-\infty,+\infty)$.

利用正项级数的比值判别法,可以推得计算幂级数 $\sum_{n=0}^{\infty} a_n x^n$ 的收敛半径 R 的方法.

定理 9-9 若幂级数 $\sum_{n=0}^{\infty} a_n x^n$ 的系数满足

$$\lim_{n\to\infty}\left|\frac{a_{n+1}}{a_n}\right| = \rho,$$

则幂级数的收敛半径

$$R=\begin{cases}\dfrac{1}{\rho}, & \rho\neq 0,\\ +\infty, & \rho=0,\\ 0, & \rho=+\infty.\end{cases}$$

证 考察幂级数 $\sum_{n=0}^{\infty} a_n x^n$ 的绝对值级数$\sum_{n=0}^{\infty} |a_n x^n|$. 其相邻两项之比为

$$\left|\frac{a_{n+1}x^{n+1}}{a_n x^n}\right| = \left|\frac{a_{n+1}}{a_n}\right| |x|.$$

(1) 若 $\lim\limits_{n\to\infty}\left|\dfrac{a_{n+1}}{a_n}\right|=\rho(\rho\neq 0)$存在,根据比值判别法,当 $\rho|x|<1$,即$|x|<\dfrac{1}{\rho}$时,级数 $\sum_{n=0}^{\infty} |a_n x^n|$ 收敛,从而级数$\sum_{n=0}^{\infty} a_n x^n$ 绝对收敛;而当 $\rho|x|>1$,即$|x|>\dfrac{1}{\rho}$时,级数 $\sum_{n=0}^{\infty} |a_n x^n|$ 发散,且此时$\lim\limits_{n\to\infty}|a_n x^n|\neq 0$,故级数 $\sum_{n=0}^{\infty} a_n x^n$ 发散,于是级数的收敛半径 $R=\dfrac{1}{\rho}$.

(2) 若 $\rho=0$,则对任何 $x\neq 0$,有

$$\lim_{n\to\infty}\left|\frac{a_{n+1}x^{n+1}}{a_n x^n}\right| = \rho\ |x| = 0<1.$$

所以,级数 $\sum_{n=0}^{\infty} |a_n x^n|$收敛,从而级数 $\sum_{n=0}^{\infty} a_n x^n$ 绝对收敛,于是 $R=+\infty$.

(3) 若 $\rho=+\infty$,则对除 $x=0$ 外的一切 x,有

$$\lim_{n\to\infty}\left|\frac{a_{n+1}x^{n+1}}{a_n x^n}\right| = \rho\ |x| =+\infty.$$

所以,级数 $\sum_{n=0}^{\infty} a_n x^n$ 发散,亦即幂级数 $\sum_{n=0}^{\infty} a_n x^n$ 此时仅在点 $x=0$ 处收敛. 于是 $R=0$. 定理证毕.

例 9-12　求幂级数 $\sum\limits_{n=0}^{\infty}\dfrac{(-1)^n}{(n+1)3^n}x^n$ 的收敛半径，收敛区间及收敛域.

解　因为

$$\rho=\lim_{n\to\infty}\left|\frac{a_{n+1}}{a_n}\right|=\lim_{n\to\infty}\left|\frac{(-1)^{n+1}}{(n+2)3^{n+1}}\Big/\frac{(-1)^n}{(n+1)3^n}\right|$$

$$=\frac{1}{3}\lim_{n\to\infty}\frac{n+1}{n+2}=\frac{1}{3}.$$

所以收敛半径

$$R=\frac{1}{\rho}=3.$$

收敛区间为$(-3,3)$. 下面再考察幂级数在端点处的敛散性.

当 $x=-3$ 时，级数成为 $\sum\limits_{n=0}^{\infty}\dfrac{1}{n+1}=\sum\limits_{n=1}^{\infty}\dfrac{1}{n}$，发散；

当 $x=3$ 时，级数成为交错级数 $\sum\limits_{n=0}^{\infty}\dfrac{(-1)^n}{n+1}=\sum\limits_{n=1}^{\infty}\dfrac{(-1)^{n-1}}{n}$，收敛. 因此级数的收敛域为$(-3,3]$.

例 9-13　求幂级数 $\sum\limits_{n=0}^{\infty}\dfrac{x^n}{n!}$的收敛半径及收敛域.

解　因为

$$\rho=\lim_{n\to\infty}\left|\frac{a_{n+1}}{a_n}\right|=\lim_{n\to\infty}\left|\frac{\dfrac{1}{(n+1)!}}{\dfrac{1}{n!}}\right|=\lim_{n\to\infty}\frac{1}{n+1}=0.$$

所以收敛半径 $R=+\infty$，从而收敛域为$(-\infty,+\infty)$.

例 9-14　求幂级数 $\sum\limits_{n=0}^{\infty}\dfrac{2^n}{\sqrt{n+1}}x^{2n+1}$ 的收敛半径、收敛区间及收敛域.

解　所给级数缺少偶数次幂，属于缺项级数，定理 9-9 不能直接应用. 我们根据比值判别法来求收敛半径：

$$\lim_{n\to\infty}\left|\frac{2^{n+1}x^{2n+3}}{\sqrt{n+2}}\Big/\frac{2^n x^{2n+1}}{\sqrt{n+1}}\right|=2|x|^2.$$

当 $2|x|^2<1$ 即 $|x|<\dfrac{1}{\sqrt{2}}$时级数绝对收敛；当 $2|x|^2>1$ 即 $|x|>\dfrac{1}{\sqrt{2}}$时级数发散. 所以收敛半径 $R=\dfrac{1}{\sqrt{2}}$，收敛区间为$\left(-\dfrac{1}{\sqrt{2}},\dfrac{1}{\sqrt{2}}\right)$.

当 $x=-\dfrac{1}{\sqrt{2}}$时，级数成为$-\sum\limits_{n=0}^{\infty}\dfrac{1}{\sqrt{2n+2}}=-\sum\limits_{n=1}^{\infty}\dfrac{1}{\sqrt{2n}}$，该级数是发散的；

当 $x=\dfrac{1}{\sqrt{2}}$时，级数成为 $\sum\limits_{n=0}^{\infty}\dfrac{1}{\sqrt{2n+2}}=\sum\limits_{n=1}^{\infty}\dfrac{1}{\sqrt{2n}}$，级数也是发散的.

综上讨论可知，该级数的收敛域为$\left(-\frac{1}{\sqrt{2}},\frac{1}{\sqrt{2}}\right)$.

例 9-15 求幂级数$\sum\limits_{n=0}^{\infty}\frac{(x-3)^n}{2n+1}$的收敛域.

解 作变换 $y=x-3$. 则所给幂级数变为$\sum\limits_{n=0}^{\infty}\frac{y^n}{2n+1}$，是关于 y 的幂级数. 因为

$$\rho=\lim_{n\to\infty}\left|\frac{a_{n+1}}{a_n}\right|=\lim_{n\to\infty}\frac{\frac{1}{2n+3}}{\frac{1}{2n+1}}=1.$$

所以收敛半径 $R=1$. 收敛区间为$|y|<1$ 或 $2<x<4$.

当 $x=2$ 时，级数成为交错级数$\sum\limits_{n=0}^{\infty}\frac{(-1)^n}{2n+1}$，该级数收敛；当 $x=4$ 时，级数成为$\sum\limits_{n=0}^{\infty}\frac{1}{2n+1}$，该级数是发散的. 因此原级数的收敛域为$[2,4)$.

例 9-16 求函数项级数$\sum\limits_{n=1}^{\infty}\frac{(\ln x)^n}{n^2}$的收敛域.

解 令 $y=\ln x$，所给函数项级数可以转化为幂级数$\sum\limits_{n=1}^{\infty}\frac{y^n}{n^2}$进行讨论. 因为

$$\rho=\lim_{n\to\infty}\left|\frac{a_{n+1}}{a_n}\right|=\lim_{n\to\infty}\frac{\frac{1}{(n+1)^2}}{\frac{1}{n^2}}=1.$$

所以收敛半径为 $R=1$，收敛区间为$|y|<1$ 或$\frac{1}{\mathrm{e}}<x<\mathrm{e}$.

当 $x=\frac{1}{\mathrm{e}}$时，级数成为$\sum\limits_{n=1}^{\infty}\frac{(-1)^n}{n^2}$，该级数收敛；当 $x=\mathrm{e}$ 时，级数成为$\sum\limits_{n=1}^{\infty}\frac{1}{n^2}$，级数亦收敛. 因此该函数项级数的收敛域为$\left[\frac{1}{\mathrm{e}},\mathrm{e}\right]$.

9.4.3 幂级数的运算性质

关于幂级数的运算性质，我们按照代数运算性质和分析运算性质分别进行讨论.

1. 代数运算性质

设幂级数$\sum\limits_{n=0}^{\infty}a_nx^n$ 和$\sum\limits_{n=0}^{\infty}b_nx^n$ 的收敛区间分别为$(-R_1,R_1)$ 和$(-R_2,R_2)$，取

$R=\min\{R_1,R_2\}$，则幂级数有如下代数运算性质：

1) 加减法

$$\sum_{n=0}^{\infty}a_nx^n \pm \sum_{n=0}^{\infty}b_nx^n = \sum_{n=0}^{\infty}(a_n \pm b_n)x^n,$$

根据级数的性质 9-1，上式在$(-R,R)$内成立.

2) 乘法

$$\sum_{n=0}^{\infty}a_nx^n \cdot \sum_{n=0}^{\infty}b_nx^n = a_0b_0 + (a_0b_1 + a_1b_0)x + (a_0b_2 + a_1b_1 + a_2b_0)x^2 + \cdots + (a_0b_n + a_1b_{n-1} + \cdots + a_nb_0)x^n + \cdots,$$

这是两个幂级数的**柯西乘积**，可以证明上式在$(-R,R)$内成立.

2. 分析运算性质

关于幂级数的和函数有下列重要性质：

性质 9-6　幂级数 $\sum\limits_{n=0}^{\infty}a_nx^n$ 的和函数 $s(x)$ 在其收敛域 I 上连续.

性质 9-7　幂级数 $\sum\limits_{n=0}^{\infty}a_nx^n$ 的和函数 $s(x)$ 在其收敛域 I 上可积，且有逐项积分公式

$$\int_0^x s(x)\mathrm{d}x = \int_0^x \left(\sum_{n=0}^{\infty}a_nx^n\right)\mathrm{d}x = \sum_{n=0}^{\infty}\int_0^x a_nx^n\mathrm{d}x = \sum_{n=0}^{\infty}\frac{a^n}{n+1}x^{n+1} \quad (x \in I),$$

逐项积分后所得到的幂级数和原级数有相同的收敛半径，从而有相同的收敛区间$(-R,R)$，但在端点 $x=\pm R$ 处的敛散性可能改变.

性质 9-8　幂级数 $\sum\limits_{n=0}^{\infty}a_nx^n$ 的和函数 $s(x)$ 在其收敛区间$(-R,R)$内可导，且有逐项求导公式

$$s'(x) = \left(\sum_{n=0}^{\infty}a_nx^n\right)' = \sum_{n=0}^{\infty}(a_nx^n)' = \sum_{n=1}^{\infty}na_nx^{n-1} \quad (|x| < R),$$

逐项求导后所得到的幂级数和原级数有相同的收敛半径，从而有相同的收敛区间$(-R,R)$，但在端点 $x=\pm R$ 处的敛散性可能改变.

反复应用上述结论：**幂级数 $\sum\limits_{n=0}^{\infty}a_nx^n$ 的和函数 $s(x)$ 在其收敛区间$(-R,R)$内具有任意阶导数.**

利用幂级数的上述运算性质，再结合等比级数及其和，可以求得部分幂级数在收敛区间内的和函数.

例 9-17 求幂级数 $\sum_{n=0}^{\infty}\frac{x^n}{n+1}$ 的和函数.

解 先求收敛域. 因为

$$\rho=\lim_{n\to\infty}\left|\frac{a_{n+1}}{a_n}\right|=\lim_{n\to\infty}\frac{n+1}{n+2}=1,$$

所以收敛半径 $R=1$.

当 $x=-1$ 时，级数成为交错级数 $\sum_{n=0}^{\infty}\frac{(-1)^n}{n+1}$ 是收敛的；当 $x=1$ 时，级数成为 $\sum_{n=0}^{\infty}\frac{1}{n+1}$ 为调和级数，是发散的. 所以收敛域为 $I=[-1,1)$.

设和函数为 $s(x)$，即 $s(x)=\sum_{n=0}^{\infty}\frac{x^n}{n+1}, x\in[-1,1)$.

显然，$s(0)=a_0=1$；而当 $x\neq 0$ 时，有

$$\begin{aligned}s(x)&=\frac{1}{x}\sum_{n=0}^{\infty}\frac{x^{n+1}}{n+1}=\frac{1}{x}\sum_{n=0}^{\infty}\int_0^x x^n\mathrm{d}x=\frac{1}{x}\int_0^x\left(\sum_{n=0}^{\infty}x^n\right)\mathrm{d}x\\&=\frac{1}{x}\int_0^x\frac{\mathrm{d}x}{1-x}=-\frac{1}{x}\ln(1-x),\quad x\in[-1,0)\cup(0,1).\end{aligned}$$

故

$$s(x)=\begin{cases}-\dfrac{1}{x}\ln(1-x), & x\in[-1,0)\cup(0,1),\\ 1, & x=0.\end{cases}$$

例 9-18 求幂级数 $\sum_{n=1}^{\infty}\frac{2n-1}{2^n}x^{2n-2}$ 的和函数. 并求常数项级数 $\sum_{n=1}^{\infty}\frac{2n-1}{2^n}$ 的和.

解 先求收敛域. 由于幂级数缺奇数次幂项，由比值判别法知

$$\lim_{n\to\infty}\left|\frac{\dfrac{2n+1}{2^{n+1}}x^{2n}}{\dfrac{2n-1}{2^n}x^{2n-2}}\right|=\lim_{n\to\infty}\frac{2n+1}{2n-1}\cdot\frac{x^2}{2}=\frac{x^2}{2}.$$

当 $\frac{x^2}{2}<1$ 即 $|x|<\sqrt{2}$ 时，幂级数绝对收敛；而当 $\frac{x^2}{2}>1$ 即 $|x|>\sqrt{2}$ 时，幂级数发散. 从而收敛半径 $R=\sqrt{2}$.

当 $x=\pm\sqrt{2}$ 时，级数成为 $\sum_{n=1}^{\infty}\frac{2n-1}{2}$，是发散的. 所以收敛域为 $(-\sqrt{2},\sqrt{2})$.

设幂级数的和函数为 $s(x)$，即

$$s(x)=\sum_{n=1}^{\infty}\frac{2n-1}{2^n}x^{2n-2},\quad x\in(-\sqrt{2},\sqrt{2}).$$

则

$$s(x)=\sum_{n=1}^{\infty}\left(\frac{x^{2n-1}}{2^n}\right)'=\left(\sum_{n=1}^{\infty}\frac{x^{2n-1}}{2^n}\right)'$$
$$=\left(\frac{x}{2-x^2}\right)'=\frac{2+x^2}{(2-x^2)^2},\quad x\in(-\sqrt{2},\sqrt{2}).$$

而常数项级数 $\sum\limits_{n=1}^{\infty}\frac{2n-1}{2^n}$ 的和为

$$\sum_{n=1}^{\infty}\frac{2n-1}{2^n}=s(1)=3.$$

例 9-19　求幂级数 $\sum\limits_{n=1}^{\infty}n^2x^n$ 的和函数.

解　因为

$$\rho=\lim_{n\to\infty}\left|\frac{a_{n+1}}{a_n}\right|=\lim_{n\to\infty}\frac{(n+1)^2}{n^2}=1,$$

所以收敛半径 $R=1$,又当 $x=\pm1$ 时,级数 $\sum\limits_{n=1}^{\infty}n^2$ 及 $\sum\limits_{n=1}^{\infty}(-1)^n n^2$ 均是发散的,故幂级数的收敛域为$(-1,1)$. 设所给幂级数的和函数为 $s(x)$,即 $s(x)=\sum\limits_{n=1}^{\infty}n^2x^n$,$x\in(-1,1)$. 则

$$s(x)=x\sum_{n=1}^{\infty}n^2x^{n-1}=x\sum_{n=1}^{\infty}(nx^n)'=x\left(\sum_{n=1}^{\infty}nx^n\right)'.$$

又记 $s_1(x)=\sum\limits_{n=1}^{\infty}nx^n$,则

$$s_1(x)=x\sum_{n=1}^{\infty}nx^{n-1}=x\sum_{n=1}^{\infty}(x^n)'=x\left(\sum_{n=1}^{\infty}x^n\right)'$$
$$=x\left(\frac{x}{1-x}\right)'=\frac{x}{(1-x)^2}.$$

故 $s(x)=xs_1'(x)=\frac{x(1+x)}{(1-x)^3}$,即

$$s(x)=\sum_{n=1}^{\infty}n^2x^n=\frac{x(1+x)}{(1-x)^3},\quad x\in(-1,1).$$

习　题　9.4

1. 求下列级数的收敛半径,收敛区间和收敛域:

(1) $\sum_{n=0}^{\infty}\frac{2n+1}{n!}x^n$； (2) $\sum_{n=1}^{\infty}\frac{2^n}{n}x^n$；

(3) $\sum_{n=0}^{\infty}\frac{\ln(n+1)}{n+1}x^n$； (4) $\sum_{n=1}^{\infty}x^{n^2}$；

(5) $\sum_{n=0}^{\infty}\frac{x^{2n}}{4^n}$； (6) $\sum_{n=2}^{\infty}(-1)^n\frac{x^{2n-3}}{2^n n}$；

(7) $\sum_{n=1}^{\infty}\frac{(-1)^{n-1}}{n\cdot 3^n}(x-2)^n$； (8) $\sum_{n=1}^{\infty}\frac{(2x+1)^n}{n}$；

(9) $\sum_{n=1}^{\infty}\frac{3^n+(-2)^n}{n}(x+1)^n$； (10) $\sum_{n=1}^{\infty}2^n(x-1)^{2n+1}$；

(11) $\sum_{n=1}^{\infty}\frac{x^n}{a^n+b^n}(a>0,b>0)$； (12) $\sum_{n=1}^{\infty}\left(\sin\frac{1}{3n}\right)\left(\frac{3+x}{3-2x}\right)^n$.

2. 求下列幂级数的和函数：

(1) $\sum_{n=1}^{\infty}\frac{x^n}{n}$； (2) $\sum_{n=1}^{\infty}(-1)^{n-1}(2n-1)x^{2n-2}$；

(3) $\sum_{n=0}^{\infty}(2n+1)x^n$； (4) $\sum_{n=0}^{\infty}(n+1)^2x^n$.

3. 求幂级数 $\sum_{n=0}^{\infty}(-1)^n x^n$ 的和函数；并求常数项级数 $\sum_{n=1}^{\infty}(-1)^{n-1}\frac{1}{n}$ 的和.

4. 求数项级数 $\sum_{n=0}^{\infty}\frac{(-1)^n}{2n+1}$ 的和.

9.5 函数的幂级数展开

9.5.1 泰勒级数

前面讨论的是，给定一个幂级数，求其收敛域及收敛域上的和函数. 我们看到幂级数形式简单，结构优美且有许多优良性质，这就引发我们思考其反问题：能否把一个给定的函数 $f(x)$ 表示成幂级数？ 即是说，能否找到这样一个幂级数，它在某个区间内收敛，且其和函数恰好就是给定的函数 $f(x)$？ 若能找到这样的幂级数，就称函数 $f(x)$ 在该区间内可展开成幂级数，并称该幂级数为函数 $f(x)$ 的幂级数展开式.

现在我们讨论函数 $f(x)$ 满足什么条件才能展开成幂级数？ 这个幂级数的形式如何？

先来回顾第 4 章 4.3 节已介绍的泰勒公式：若函数 $f(x)$ 在点 x_0 的某一邻域 $U(x_0)$ 内具有直到 $(n+1)$ 阶导数，则在 $U(x_0)$ 内有 $f(x)$ 的 n 阶泰勒公式

$$f(x)=f(x_0)+f'(x_0)(x-x_0)+\frac{f''(x_0)}{2!}(x-x_0)^2+\cdots$$

$$+\frac{f^{(n)}(x_0)}{n!}(x-x_0)^n+R_n(x). \tag{9-6}$$

其中$R_n(x)$的拉格朗日型余项为

$$R_n(x)=\frac{f^{(n+1)}(\xi)}{(n+1)!}(x-x_0)^{n+1},\quad x<\xi<x_0.$$

这时在该邻域内$f(x)$可用n次多项式来近似表达,即

$$f(x)\approx P_n(x)=f(x_0)+f'(x_0)(x-x_0)+\frac{f''(x_0)}{2!}(x-x_0)^2+\cdots$$
$$+\frac{f^{(n)}(x_0)}{n!}(x-x_0)^n. \tag{9-7}$$

并且误差为余项的绝对值$|R_n(x)|$. 显然,若$|R_n(x)|$能随n的增大而减少,则我们就可以用增加多项式$P_n(x)$次数的方法来提高用$P_n(x)$来逼近$f(x)$的精确度.

若函数$f(x)$在点x_0的某邻域$U(x_0)$内具有任意阶导数$f^{(n)}(x)(n=1,2,\cdots)$,并记$f^{(0)}(x)=f(x)$,这时我们设想多项式$P_n(x)$的次数n趋向于无穷,便可构造幂级数

$$\sum_{n=0}^{\infty}\frac{f^{(n)}(x_0)}{n!}(x-x_0)^n=f(x_0)+f'(x_0)(x-x_0)+\frac{f''(x_0)}{2!}(x-x_0)^2+\cdots$$
$$+\frac{f^{(n)}(x_0)}{n!}(x-x_0)^n+\cdots, \tag{9-8}$$

称为$f(x)$的**泰勒级数**. 显然,当$x=x_0$时,$f(x)$的泰勒级数(9-8)收敛于$f(x_0)$. 但在$\mathring{U}(x_0)$内$f(x)$的泰勒级数(9-8)是否收敛?若收敛,是否一定收敛于$f(x)$?下面的定理回答了这些问题.

定理 9-10 设函数$f(x)$在点x_0的某一邻域$U(x_0)$内具有任意阶导数,则$f(x)$在$U(x_0)$内可展开成泰勒级数的充分必要条件是$f(x)$的泰勒公式中的余项$R_n(x)$当$n\to\infty$时的极限为零,即$x\in U(x_0)$时,有

$$\lim_{n\to\infty}R_n(x)=0.$$

证 先证必要性. 若$f(x)$在$U(x_0)$内可展开为泰勒级数,即对$\forall x\in U(x_0)$有

$$\begin{aligned}f(x)&=\sum_{n=0}^{\infty}\frac{f^{(n)}(x_0)}{n!}(x-x_0)^n\\&=f(x_0)+f'(x_0)(x-x_0)+\frac{f''(x_0)}{2!}(x-x_0)^2+\cdots\\&\quad+\frac{f^{(n)}(x_0)}{n!}(x-x_0)^n+\cdots.\end{aligned} \tag{9-9}$$

我们将$f(x)$的n阶泰勒公式(9-6)记成

$$f(x)=s_{n+1}(x)+R_n(x).$$

其中 $s_{n+1}(x)$ 是 $f(x)$ 的泰勒级数(9-8)的前 $n+1$ 项之和. 由(9-9)式知

$$f(x)=\lim_{n\to\infty}s_{n+1}(x),$$

从而

$$\lim_{n\to\infty}R_n(x)=\lim_{n\to\infty}[f(x)-s_{n+1}(x)]=f(x)-f(x)=0.$$

这样,必要性得证.

再证充分性. 若 $\lim\limits_{n\to\infty}R_n(x)=0$ 对一切 $x\in U(x_0)$ 成立,由 $f(x)$ 的 n 阶泰勒公式有

$$s_{n+1}(x)=f(x)-R_n(x),$$

从而,对任意 $x\in U(x_0)$,有

$$\lim_{n\to\infty}s_{n+1}(x)=\lim_{n\to\infty}[f(x)-R_n(x)]=f(x)-0=f(x).$$

因此,$f(x)$ 的泰勒级数(9-8)就在 $U(x_0)$ 内收敛,且其和就是函数 $f(x)$. 这说明条件是充分的. 证毕.

特别地,在 $f(x)$ 的泰勒级数(9-8)中取 $x_0=0$,得幂级数

$$\sum_{n=0}^{\infty}\frac{f^{(n)}(0)}{n!}x^n=f(0)+f'(0)x+\frac{f''(0)}{2!}x^2+\cdots+\frac{f^{(n)}(0)}{n!}x^n+\cdots$$

称为函数 $f(x)$ 的**麦克劳林级数**.

$f(x)$ 的泰勒级数是关于 $(x-x_0)$ 的幂级数,作为其特殊情形,$f(x)$ 的麦克劳林级数是关于 x 的幂级数. 事实上,我们可以证明:若 $f(x)$ 能展开成 $(x-x_0)$ 的幂级数,则其**展开式是唯一的**. 因此它必然是 $f(x)$ 的泰勒级数. 显然,若 $f(x)$ 能展开成 x 的幂级数,则其展开式也是唯一的,且它必然是 $f(x)$ 的麦克劳林级数.

9.5.2 函数展开成幂级数

将函数展开成 $(x-x_0)$(或 x)的幂级数,实际上就是将函数展开成泰勒(或麦克劳林)级数. 这里我们按**直接展开法**和**间接展开法**分别介绍.

1. 直接展开法

根据上述讨论,将函数 $f(x)$ 展开成 $(x-x_0)$ 的幂级数(或称将 $f(x)$ 在点 x_0 处展开成泰勒级数)的直接法可按下列步骤进行:

第一步 求出 $f(x)$ 的各阶导数 $f^{(n)}(x)(n=1,2,\cdots)$. 若在 $x=x_0$ 处某阶导数不存在,则表明 $f(x)$ 不能展开为 $(x-x_0)$ 的幂级数.

第二步 求出 $f(x)$ 在 $x=x_0$ 处的各阶导数值:

$$f^{(n)}(x_0)\quad(n=0,1,2,\cdots).$$

第三步 写出由 $f(x)$ 所构造的关于 $(x-x_0)$ 的幂级数

$$f(x)\sim\sum_{n=0}^{\infty}\frac{f^{(n)}(x_0)}{n!}(x-x_0)^n$$

$$=f(x_0)+f'(x_0)(x-x_0)+\frac{f''(x_0)}{2!}(x-x_0)^2+\cdots$$

$$+\frac{f^{(n)}(x_0)}{n!}(x-x_0)^n+\cdots$$

(其中符号"～"表由 $f(x)$所"构造",用来区别于等号)并求出其收敛半径 R.

第四步　在收敛区间 I 内考察余项 $R_n(x)$的极限

$$\lim_{n\to\infty}R_n(x)=\lim_{n\to\infty}\frac{f^{(n+1)}(\xi)}{(n+1)!}(x-x_0)^{n+1}\quad(\xi\text{在}x\text{与}x_0\text{之间})$$

是否为零.若为零,则函数 $f(x)$在区间 I 内的幂级数展开式为

$$f(x)=\sum_{n=0}^{\infty}\frac{f^{(n)}(x_0)}{n!}(x-x_0)^n$$

$$=f(x_0)+f'(x_0)(x-x_0)+\frac{f''(x_0)}{2!}(x-x_0)^2+\cdots$$

$$+\frac{f^{(n)}(x_0)}{n!}(x-x_0)^n+\cdots\quad(x\in I).$$

注　将上述 x_0 取 0,则成为函数 $f(x)$的麦克劳林级数直接展开法的步骤.

例 9-20　将函数 $f(x)=e^x$ 展开成麦克劳林级数.

解　所给函数的各阶导数为 $f^{(n)}(x)=e^x(n=0,1,2,\cdots)$.因此 $f^{(n)}(0)=1(n=0,1,2,\cdots)$.于是由 $f(x)$可构造幂级数

$$f(x)\sim\sum_{n=0}^{\infty}\frac{x^n}{n!}=1+x+\frac{x^2}{2!}+\cdots+\frac{x^n}{n!}+\cdots,$$

其收敛半径 $R=+\infty$.

再考察余项.对于任何有限的数 x,ξ(ξ 在 0 与 x 之间),余项的绝对值为

$$|R_n(x)|=\left|\frac{e^{\xi}}{(n+1)!}x^{n+1}\right|<e^{|x|}\cdot\frac{|x|^{n+1}}{(n+1)!}.$$

因 $e^{|x|}$ 相对 n 而言为常量,而$\frac{|x|^{n+1}}{(n+1)!}$是级数$\sum\limits_{n=1}^{\infty}\frac{|x|^{n+1}}{(n+1)!}$的一般项.由比值法知该级数收敛,所以 $e^{|x|}\frac{|x|^{n+1}}{(n+1)!}\to 0(n\to\infty)$,因此,对任意取定的 x,有

$$\lim_{n\to\infty}R_n(x)=0.$$

于是,得 e^x 的麦克劳林展开式

$$f(x)=e^x=\sum_{n=0}^{\infty}\frac{x^n}{n!}=1+x+\frac{x^2}{2!}+\cdots+\frac{x^n}{n!}+\cdots\quad(-\infty<x<+\infty).$$

例 9-21　将函数 $f(x)=\sin x$ 展开成 x 的幂级数.

解　所给函数的各阶导数为

$$f^{(n)}(x)=\sin\left(x+n\cdot\frac{\pi}{2}\right)\quad(n=0,1,2,\cdots),$$

$f^{(n)}(0)(n=0,1,2,3,\cdots)$顺序循环地取 0,1,0,−1,于是,由 $f(x)$可构造幂级数

$$f(x)\sim\sum_{n=0}^{\infty}\frac{(-1)^n}{(2n+1)!}x^{2n+1}=x-\frac{x^3}{3!}+\frac{x^5}{5!}-\cdots+(-1)^n\frac{x^{2n+1}}{(2n+1)!}+\cdots,$$

其收敛半径 $R=+\infty$.

再考察余项.对于任何有限的数 $x,\xi(\xi$ 在 0 与 x 之间),余项的绝对值当 $n\to\infty$时的极限为零,

$$|R_n(x)|=\left|\frac{\sin\left[\xi+\frac{n+1}{2}\pi\right]}{(n+1)!}x^{n+1}\right|\leqslant\frac{|x|^{n+1}}{(n+1)!}\to 0\quad(n\to\infty).$$

因此得函数的幂级数展开式

$$\begin{aligned}f(x)=\sin x&=\sum_{n=0}^{\infty}\frac{(-1)^n}{(2n+1)!}x^{2n+1}\\&=x-\frac{x^3}{3!}+\frac{x^5}{5!}-\cdots+(-1)^n\frac{x^{2n+1}}{(2n+1)!}+\cdots\quad(-\infty<x<+\infty).\end{aligned}$$

上述函数展开成泰勒级数是直接按公式 $a_n=\frac{f^{(n)}(x_0)}{n!}$(若展开成麦克劳林级数 $a_n=\frac{f^{(n)}(0)}{n!}$)计算幂级数的系数,然后再考察余项 $R_n(x)$是否以零为极限.直接展开法的计算量较大,而且研究余项即使在初等函数中也较复杂.下面我们介绍用间接法将函数展开成幂级数.

2. 间接展开法

所谓**间接展开法**就是从已知函数的幂级数展开式出发,通过变量代换及幂级数的代数运算性质和分析运算性质(逐项求导、逐项求积)等工具求出函数的幂级数展开式的方法.根据函数展开成幂级数的唯一性可以断定,间接展开法与直接展开法所得结果相同.

例 9-22 将函数 $f(x)=\cos x$ 展开成 x 的幂级数.

解 由于 $\cos x=(\sin x)'$,根据 $\sin x$ 的幂级数展开式及逐项求导公式就得

$$\begin{aligned}\cos x&=(\sin x)'=\left[\sum_{n=0}^{\infty}\frac{(-1)^n}{(2n+1)!}x^{2n+1}\right]'=\sum_{n=0}^{\infty}\left[\frac{(-1)^n}{(2n+1)!}x^{2n+1}\right]'\\&=\sum_{n=0}^{\infty}\frac{(-1)^n}{(2n)!}x^{2n}=1-\frac{x^2}{2!}+\frac{x^4}{4!}-\cdots\\&\quad+(-1)^n\frac{x^{2n}}{(2n)!}+\cdots\quad(-\infty<x<+\infty).\end{aligned}$$

这里幂级数的收敛半径与 $\sin x$ 展开式的收敛半径相同,即 $R=+\infty$.

例 9-23 将函数 $f(x)=\ln(1+x)$ 展开成麦克劳林级数.

解 由于 $f'(x)=\frac{1}{1+x}$,而

$$\frac{1}{1-x}=\sum_{n=0}^{\infty}x^n \quad (-1<x<1),$$

在上式中以 $(-x)$ 代替 x,就有

$$\frac{1}{1+x}=\sum_{n=0}^{\infty}(-1)^n x^n \quad (-1<x<1).$$

再对该式从 0 到 x 逐项积分,得

$$\begin{aligned}\ln(1+x)&=\sum_{n=0}^{\infty}(-1)^n\frac{x^{n+1}}{n+1}\\&=x-\frac{x^2}{2}+\frac{x^3}{3}-\frac{x^4}{4}+\cdots\\&\quad+(-1)^n\frac{x^{n+1}}{n+1}+\cdots \quad (-1<x\leqslant 1).\end{aligned}$$

上述展开式对 $x=1$ 也成立.这是因为上式右端的幂级数当 $x=1$ 时收敛,而 $\ln(1+x)$ 在 $x=1$ 处有定义且连续的缘故.

例 9-24 将函数 $f(x)=\frac{1}{1+x^2}$ 展开成 x 的幂级数.

解 由于

$$\frac{1}{1-x}=\sum_{n=0}^{\infty}x^n=1+x+x^2+\cdots+x^n+\cdots \quad (-1<x<1).$$

把 x 换成 $(-x^2)$,得

$$\begin{aligned}\frac{1}{1+x^2}&=\sum_{n=0}^{\infty}(-1)^n x^{2n}\\&=1-x^2+x^4-\cdots+(-1)^n x^{2n}+\cdots \quad (-1<x<1).\end{aligned}$$

例 9-25 将函数 $f(x)=\arctan x$ 展开成 x 的幂级数.

解 因为

$$\arctan x=\int_0^x\frac{\mathrm{d}x}{1+x^2}.$$

而 $\frac{1}{1+x^2}$ 的幂级数展开式为

$$\frac{1}{1+x^2}=\sum_{n=0}^{\infty}(-1)^n x^{2n} \quad (-1<x<1).$$

所以,利用逐项求积公式,有

$$\arctan x=\sum_{n=0}^{\infty}(-1)^{n}\frac{x^{2n+1}}{2n+1}$$
$$=x-\frac{x^{3}}{3}+\frac{x^{5}}{5}-\cdots+(-1)^{n}\frac{x^{2n+1}}{2n+1}+\cdots\quad(-1\leqslant x\leqslant 1).$$

注 积分后的幂级数在 $x=\pm1$ 处收敛，且函数 $\arctan x$ 在 $x=\pm1$ 处连续，故展开式在 $x=\pm1$ 处也成立.

二项式函数 $f(x)=(1+x)^{\alpha}$(α 为任意常数)的麦克劳林级数可由直接展开法和间接展开法相结合而得到，这里直接给出：

$$(1+x)^{\alpha}=1+\sum_{n=1}^{\infty}\frac{\alpha(\alpha-1)\cdots(\alpha-n+1)}{n!}x^{n}$$
$$=1+\alpha x+\frac{\alpha(\alpha-1)}{2!}x^{2}+\cdots+\frac{\alpha(\alpha-1)\cdots(\alpha-n+1)}{n!}x^{n}+\cdots.$$

该级数的收敛区间为$(-1,1)$，在端点 $x=\pm1$ 处的收敛情况由 α 的取值而定：(1)当 $\alpha\leqslant-1$ 时，收敛域为$(-1,1)$；(2)当$-1<\alpha<0$ 时，收敛域为$(-1,1]$；(3)当 $\alpha>0$ 时，收敛域为$[-1,1]$.

例如，当 $\alpha=-\frac{1}{2}$时，得到

$$\frac{1}{\sqrt{1+x}}=1-\frac{1}{2}x+\sum_{n=2}^{\infty}(-1)^{n}\frac{(2n-1)!!}{(2n)!!}x^{n}$$
$$=1-\frac{1}{2}x+\frac{1\cdot3}{2\cdot4}x^{2}-\frac{1\cdot3\cdot5}{2\cdot4\cdot6}x^{3}+\cdots$$
$$+(-1)^{n}\frac{1\cdot3\cdots(2n-1)}{2\cdot4\cdots(2n)}x^{n}+\cdots\quad(-1<x\leqslant1).$$

又当 $\alpha=\frac{1}{2}$时，得到

$$\sqrt{1+x}=1+\frac{1}{2}x+\sum_{n=2}^{\infty}(-1)^{n-1}\frac{(2n-3)!!}{(2n)!!}x^{n}$$
$$=1+\frac{1}{2}x-\frac{1}{2\cdot4}x^{2}+\frac{1\cdot3}{2\cdot4\cdot6}x^{3}-\cdots$$
$$+(-1)^{n-1}\frac{1\cdot3\cdots(2n-3)}{2\cdot4\cdots(2n)}x^{n}+\cdots\quad(-1\leqslant x\leqslant1).$$

为了便于读者熟练应用，现将几个常用的函数幂级数展开式归纳如下，请务必牢记.

(1) $e^{x}=\sum_{n=0}^{\infty}\frac{x^{n}}{n!}=1+x+\frac{x^{2}}{2!}+\cdots+\frac{x^{n}}{n!}+\cdots\quad(-\infty,+\infty)$；

(2) $\sin x=\sum_{n=0}^{\infty}(-1)^{n}\frac{x^{2n+1}}{(2n+1)!}$

$$= x - \frac{x^3}{3!} + \cdots + (-1)^n \frac{x^{2n+1}}{(2n+1)!} + \cdots \quad (-\infty, +\infty);$$

(3) $\cos x = \sum_{n=0}^{\infty} (-1)^n \frac{x^{2n}}{(2n)!} = 1 - \frac{x^2}{2!} + \cdots + (-1)^n \frac{x^{2n}}{(2n)!} + \cdots \quad (-\infty, +\infty);$

(4) $\frac{1}{1-x} = \sum_{n=0}^{\infty} x^n = 1 + x + x^2 + \cdots + x^n + \cdots \quad (-1, 1);$

(5) $\frac{1}{1+x} = \sum_{n=0}^{\infty} (-1)^n x^n = 1 - x + x^2 - \cdots + (-1)^n x^n + \cdots \quad (-1, 1);$

(6) $\frac{1}{1+x^2} = \sum_{n=0}^{\infty} (-1)^n x^{2n} = 1 - x^2 + x^4 - \cdots + (-1)^n x^{2n} + \cdots \quad (-1, 1);$

(7) $\ln(1+x) = \sum_{n=0}^{\infty} (-1)^n \frac{x^{n+1}}{n+1}$

$$= x - \frac{x^2}{2} + \frac{x^3}{3} - \cdots + (-1)^n \frac{x^{n+1}}{n+1} + \cdots \quad (-1, 1];$$

(8) $\arctan x = \sum_{n=0}^{\infty} (-1)^n \frac{x^{2n+1}}{2n+1}$

$$= x - \frac{x^3}{3} + \frac{x^5}{5} - \cdots + (-1)^n \frac{x^{2n+1}}{2n+1} + \cdots \quad [-1, 1];$$

(9) $(1+x)^\alpha = 1 + \sum_{n=1}^{\infty} \frac{\alpha(\alpha-1)\cdots(\alpha-n+1)}{n!} x^n$

$$= 1 + \alpha x + \frac{\alpha(\alpha-1)}{2!} x^2 + \cdots + \frac{\alpha(\alpha-1)\cdots(\alpha-n+1)}{n!} x^n + \cdots,$$

其收敛区间为$(-1,1)$,而收敛域由 α 的取值而定.

例 9-26　将函数 $f(x)=\sin x$ 展开成$\left(x-\frac{\pi}{4}\right)$的幂级数.

解　由于

$$\sin x = \sin\left[\left(x - \frac{\pi}{4}\right) + \frac{\pi}{4}\right] = \frac{\sqrt{2}}{2}\left[\cos\left(x - \frac{\pi}{4}\right) + \sin\left(x - \frac{\pi}{4}\right)\right],$$

由 $\cos x$ 和 $\sin x$ 的麦克劳林级数中的 x 换成$\left(x-\frac{\pi}{4}\right)$,有

$$\cos x - \frac{\pi}{4} = 1 - \frac{\left(x - \frac{\pi}{4}\right)^2}{2!} + \frac{\left(x - \frac{\pi}{4}\right)^4}{4!} - \cdots, \quad x \in (-\infty, +\infty),$$

$$\sin x - \frac{\pi}{4} = \left(x - \frac{\pi}{4}\right) - \frac{\left(x - \frac{\pi}{4}\right)^3}{3!} + \frac{\left(x - \frac{\pi}{4}\right)^5}{5!} - \cdots, \quad x \in (-\infty, +\infty).$$

因此,所求函数 $f(x)=\sin x$ 关于$\left(x-\frac{\pi}{4}\right)$的幂级数为

$$\sin x=\frac{\sqrt{2}}{2}\left[1+\left(x-\frac{\pi}{4}\right)-\frac{\left(x-\frac{\pi}{4}\right)^2}{2!}-\frac{\left(x-\frac{\pi}{4}\right)^3}{3!}+\frac{\left(x-\frac{\pi}{4}\right)^4}{4!}+\frac{\left(x-\frac{\pi}{4}\right)^5}{5!}-\cdots\right],\quad x\in(-\infty,+\infty).$$

例 9-27 将函数 $f(x)=\frac{1}{x+5}$在 $x=2$ 处展开为泰勒级数.

解 由于

$$\frac{1}{x+5}=\frac{1}{7+(x-2)}=\frac{1}{7}\frac{1}{1+\frac{x-2}{7}},$$

将$\frac{1}{1+x}$展开式中的 x 换成$\frac{x-2}{7}$,得

$$\begin{aligned}\frac{1}{x+5}&=\sum_{n=0}^{\infty}(-1)^n\frac{(x-2)^n}{7^{n+1}}\\&=\frac{1}{7}-\frac{x-2}{7^2}+\frac{(x-2)^2}{7^3}-\cdots\\&\quad+(-1)^n\frac{(x-2)^n}{7^{n+1}}+\cdots\quad(-5<x<9).\end{aligned}$$

习 题 9.5

1. 利用已知展开式将下列函数展开成 x 的幂级数,并写出其收敛域:

(1) $f(x)=\frac{1}{x-a}(a>0)$; (2) $f(x)=\ln(3+x)$;

(3) $f(x)=\ln(1+x-2x^2)$; (4) $f(x)=\sin^2 x$;

(5) $f(x)=\frac{1}{(x-1)(x-2)}$; (6) $f(x)=\frac{1}{2}(e^x-e^{-x})$.

2. 将下列函数在指定点展开成幂级数,并求其收敛域:

(1) $f(x)=\ln x, x=2$; (2) $f(x)=\frac{1}{x^2-3x+2}, x=-1$;

(3) $f(x)=e^x, x=1$; (4) $f(x)=\cos x, x=-\frac{\pi}{3}$;

(5) $f(x)=\frac{1}{(1+x)^2}, x=1$; (6) $f(x)=\frac{1}{x}, x=2$.

3. 展开$\frac{d}{dx}\left(\frac{e^x-1}{x}\right)$为 x 的幂级数,并证明$\sum_{n=1}^{\infty}\frac{n}{(n+1)!}=1$.

总习题九

(A)

1. 填空题：

(1) 若数列$\{a_n\}$发散，则$\sum\limits_{n=1}^{\infty}a_n$ ________.

(2) 当 p ________时，级数$\sum\limits_{n=1}^{\infty}\dfrac{1}{\sqrt{n^p(n+1)}}$收敛.

(3) 幂级数$\sum\limits_{n=1}^{\infty}\dfrac{1}{2^n n^2}x^2$ 的收敛域为________.

(4) 已知$\dfrac{1}{1-x}=\sum\limits_{n=0}^{\infty}x_n$，则幂级数$\sum\limits_{n=0}^{\infty}\dfrac{(-1)^n}{2^n}x^{2n}$ 的和函数$S(x)=$ ________.

(5) 函数 $f(x)=a^x$ 的麦克劳林级数为________.

2. 单项选择题：

(1) 设 $0\leqslant a_n<\dfrac{1}{n}(n=1,2,\cdots)$，则下列级数肯定收敛的是________.

A. $\sum\limits_{n=1}^{\infty}a_n$　　B. $\sum\limits_{n=1}^{\infty}(-1)^n a_n$

C. $\sum\limits_{n=1}^{\infty}\sqrt{a_n}$　　D. $\sum\limits_{n=1}^{\infty}(-1)^n a_n^2$

(2) 设$\sum\limits_{n=1}^{\infty}a_n$ 条件收敛，则下列结论中不正确的是________.

A. $\sum\limits_{n=1}^{\infty}|a_n|$ 发散　　B. $a_n\to 0(n\to\infty)$

C. $\sum\limits_{n=1}^{\infty}a_n$ 收敛　　D. $\sum\limits_{n=1}^{\infty}|a_n|$ 收敛

(3) 若幂级数$\sum\limits_{n=1}^{\infty}a_n(x+3)^n$ 在 $x=-5$ 处收敛，则此级数在 $x=0$ 处是________.

A. 发散　　B. 条件收敛

C. 绝对收敛　　D. 敛散性不定

(4) 下列命题正确的是________.

A. 若$\sum\limits_{n=1}^{\infty}|u_n|$ 收敛，则$\sum\limits_{n=1}^{\infty}u_n$ 必定收敛

B. 若$\sum\limits_{n=1}^{\infty}|u_n|$ 发散，则$\sum\limits_{n=1}^{\infty}u_n$ 必定发散

C. 若$\sum\limits_{n=1}^{\infty}u_n$ 收敛，则$\sum\limits_{n=1}^{\infty}|u_n|$ 必定收敛

D. 若$\sum\limits_{n=1}^{\infty}u_n$ 发散，则$\sum\limits_{n=1}^{\infty}|u_n|$ 未必发散

(5) 下列各选项正确的是________.

A. 若$\sum_{n=1}^{\infty}u_n^2$和$\sum_{n=1}^{\infty}v_n^2$都收敛，则$\sum_{n=1}^{\infty}(u_n+v_n)^2$收敛

B. 若$\sum_{n=1}^{\infty}|u_nv_n|$收敛，则$\sum_{n=1}^{\infty}u_n^2$与$\sum_{n=1}^{\infty}v_n^2$都收敛

C. 若正项级数$\sum_{n=1}^{\infty}u_n$发散，则$u_n\geqslant\frac{1}{n}$

D. 若级数$\sum_{n=1}^{\infty}u_n$收敛，且$u_n\geqslant v_n(n=1,2,\cdots)$，则级数$\sum_{n=1}^{\infty}v_n$也收敛

3. 判别下列级数的敛散性：

(1) $\sum_{n=1}^{\infty}\frac{1}{n\sqrt[n]{n}}$；　　(2) $\sum_{n=1}^{\infty}n^2\left(1-\cos\frac{1}{n}\right)$；

(3) $\sum_{n=1}^{\infty}\frac{a^nn!}{n^n}(a>0)$；　　(4) $\sum_{n=1}^{\infty}\left(\frac{n}{3n+1}\right)^{\frac{n}{2}}$.

4. 判别下列级数的敛散性，如果收敛，指出是绝对收敛还是条件收敛？

(1) $\sum_{n=1}^{\infty}\frac{\sin x}{n\sqrt{n+1}}$；　　(2) $\sum_{n=1}^{\infty}(-1)^n\frac{\ln n}{n}$.

5. 设$a_n>0,b_n>0,\frac{a_n+1}{a_n}\leqslant\frac{b_n+1}{b_n}$且$\sum_{n=1}^{\infty}b_n$收敛，证明$\sum_{n=1}^{\infty}a_n$收敛.

6. 求下列级数的收敛域：

(1) $\sum_{n=0}^{\infty}\frac{2^n}{n^2+1}x^n$；　　(2) $\sum_{n=1}^{\infty}\frac{n^2}{n^2+1}(1-2x)^n$；

(3) $\sum_{n=1}^{\infty}\frac{(\ln x)^n}{n\cdot 2^n}$；　　(4) $\sum_{n=0}^{\infty}(-1)^n\frac{x^{2n}}{(2n)!}$.

7. 求下列幂级数的和函数：

(1) $\sum_{n=1}^{\infty}\frac{x^{n+1}}{n(n+1)}$；　　(2) $\sum_{n=0}^{\infty}\frac{1}{2^n}x^n$；

(3) $\sum_{n=0}^{\infty}\frac{(-1)^n}{3^{n+1}}(x-3)^n$；　　(4) $\sum_{n=1}^{\infty}\left(\frac{1}{n}x^n-\frac{1}{n+1}x^{n+1}\right)$.

8. 求级数$\sum_{n=1}^{\infty}n(x-2)^n$的收敛域与和函数，并求级数$\sum_{n=1}^{\infty}\frac{n}{2^n}$的和.

9. 求数项级数$\sum_{n=1}^{\infty}\frac{2n}{3^n}$的和.

10. 将下列函数展开成x的幂级数：

(1) $f(x)=\frac{1}{(1-2x)^2}$；　　(2) $f(x)=\frac{1}{4}\ln\frac{1+x}{1-x}+\frac{1}{2}\arctan x-x$.

(B)

1. 填空题：

(1) 幂级数$\sum_{n=1}^{\infty}\frac{n}{2^n+(-3)^n}x^{2n-1}$的收敛半径$R=$________.

(2) 设幂级数 $\sum_{n=0}^{\infty} a_n x^n$ 的收敛半径为3,则幂级数 $\sum_{n=1}^{\infty} na_n(x-1)^{n+1}$ 的收敛区间为________.

(3) 级数 $\sum_{n=1}^{\infty} \frac{(x-2)^{2n}}{n \cdot 4^n}$ 的收敛域为________.

(4) 级数 $\sum_{n=0}^{\infty} \frac{(\ln 3)^n}{2^n}$ 的和为________.

(5) $\sum_{n=1}^{\infty} n\left(\frac{1}{2}\right)^{n-1} =$ ________.

(6) 幂级数 $\sum_{n=1}^{\infty} \frac{e^n-(-1)^n}{n^2} x^n$ 的收敛半径为________.

2. 单项选择题:

(1) 设 $p_n=\frac{a_n+|a_n|}{2}$, $q_n=\frac{a_n-|a_n|}{2}$, $n=1,2,\cdots$,则下列命题正确的是________.

A. 若 $\sum_{n=1}^{\infty} a_n$ 条件收敛,则 $\sum_{n=1}^{\infty} p_n$ 与 $\sum_{n=1}^{\infty} q_n$ 都收敛

B. 若 $\sum_{n=1}^{\infty} a_n$ 绝对收敛,则 $\sum_{n=1}^{\infty} p_n$ 与 $\sum_{n=1}^{\infty} q_n$ 都收敛

C. 若 $\sum_{n=1}^{\infty} a_n$ 条件收敛,则 $\sum_{n=1}^{\infty} p_n$ 与 $\sum_{n=1}^{\infty} q_n$ 的敛散性都不定

D. 若 $\sum_{n=1}^{\infty} a_n$ 绝对收敛,则 $\sum_{n=1}^{\infty} p_n$ 与 $\sum_{n=1}^{\infty} q_n$ 的敛散性都不定

(2) 设有以下命题:

① 若 $\sum_{n=1}^{\infty}(u_{2n-1}+u_{2n})$ 收敛,则 $\sum_{n=1}^{\infty} u_n$ 收敛

② 若 $\sum_{n=1}^{\infty} u_n$ 收敛,则 $\sum_{n=1}^{\infty} u_{n+1000}$ 收敛

③ 若 $\lim_{n\to\infty}\frac{u_{n+1}}{u_n}>1$, 则 $\sum_{n=1}^{\infty} u_n$ 发散

④ 若 $\sum_{n=1}^{\infty}(u_n+v_n)$ 收敛,则 $\sum_{n=1}^{\infty} u_n$, $\sum_{n=1}^{\infty} v_n$ 都收敛,则以上命题中正确的是________.

A. ①②　　B. ②③　　C. ③④　　D. ①④

(3) 设 $\sum_{n=1}^{\infty} a_n$ 为正项级数,下列正确的是________.

A. 若 $\lim_{n\to\infty} n a_n = 0$,则 $\sum_{n=1}^{\infty} a_n$ 收敛

B. 若存在非零常数 λ,使 $\lim_{n\to\infty} na_n=\lambda$, 则 $\sum_{n=1}^{\infty} a_n$ 发散

C. 若级数 $\sum_{n=1}^{\infty} a_n$ 收敛,则 $\lim_{n\to\infty} n^2 a_n = 0$

D. 若级数 $\sum_{n=1}^{\infty} a_n$ 发散,则存在非零常数 λ,使得 $\lim_{n\to\infty} na_n = \lambda$

(4) 若级数 $\sum_{n=1}^{\infty} a_n$ 收敛，则级数________.

A. $\sum_{n=1}^{\infty} |a_n|$ 收敛　　B. $\sum_{n=1}^{\infty} (-1)^n a_n$ 收敛

C. $\sum_{n=1}^{\infty} a_n a_{n+1}$ 收敛　　D. $\sum_{n=1}^{\infty} \frac{a_n + a_{n+1}}{2}$ 收敛

(5) 设幂级数 $\sum_{n=1}^{\infty} a_n x^n$ 与 $\sum_{n=1}^{\infty} b_n x^n$ 的收敛半径分别为$\frac{\sqrt{5}}{3}$与$\frac{1}{3}$，则幂级数 $\sum_{n=1}^{\infty} \frac{a_n^2}{b_n^2} x^n$ 的收敛半径为________.

A. 5　　B. $\frac{\sqrt{5}}{3}$　　C. $\frac{1}{3}$　　D. $\frac{1}{5}$

(6) 设$\{u_n\}$是数列，则下列命题正确的是________.

A. 若 $\sum_{n=1}^{\infty} u_n$ 收敛，则 $\sum_{n=1}^{\infty} (u_{2n-1} + u_{2n})$ 收敛

B. 若 $\sum_{n=1}^{\infty} (u_{2n-1} + u_{2n})$ 收敛，则 $\sum_{n=1}^{\infty} u_n$ 收敛

C. 若 $\sum_{n=1}^{\infty} u_n$ 收敛，则 $\sum_{n=1}^{\infty} (u_{2n-1} - u_{2n})$ 收敛

D. 若 $\sum_{n=1}^{\infty} (u_{2n-1} - u_{2n})$ 收敛，则 $\sum_{n=1}^{\infty} u_n$ 收敛

(7) 若级数 $\sum_{n=1}^{\infty} a_n$ 收敛，则级数________.

A. $\sum_{n=1}^{\infty} |a_n|$ 收敛　　B. $\sum_{n=1}^{\infty} (-1)^n a_n$ 收敛

C. $\sum_{n=1}^{\infty} a_n a_{n+1}$ 收敛　　D. $\sum_{n=1}^{\infty} \frac{a_n + a_{n+1}}{2}$ 收敛

(8) 已知级数 $\sum_{n=1}^{\infty} (-1)^n \sqrt{n} \sin \frac{1}{n^{\alpha}}$ 绝对收敛，$\sum_{n=1}^{\infty} \frac{(-1)^n}{n^{2-\alpha}}$ 条件收敛，则 α 的范围为________.

A. $0<\alpha<\frac{1}{2}$　　B. $\frac{1}{2}<\alpha<1$

C. $1<\alpha<\frac{3}{2}$　　D. $\frac{3}{2}<\alpha<2$

3. 求幂级数 $\sum_{n=1}^{\infty} \frac{1}{3^n + (-2)^n} \frac{x^n}{n}$ 的收敛区间，并讨论该区间端点处的收敛性.

4. 设 $I_n = \int_0^{\frac{\pi}{4}} \sin^n x \cos x \mathrm{d}x, n = 0,1,2,\cdots$，求 $\sum_{n=0}^{\infty} I_n$.

5. 求幂级数 $1 + \sum_{n=1}^{\infty} (-1)^n \frac{x^{2n}}{2n} (|x| < 1)$ 的和函数 $f(x)$ 及其极值.

6. 求幂级数 $\sum_{n=1}^{\infty} \left(\frac{1}{2n+1} - 1\right) x^{2n}$ 在区间$(-1,1)$内的和函数 $S(x)$.

7. 求幂级数 $\sum_{n=1}^{\infty} \frac{(-1)^{n-1} x^{2n+1}}{n(2n-1)}$ 的收敛域及和函数 $S(x)$.

8. 将函数 $f(x)=\frac{x}{2+x-x^2}$ 展开成 x 的幂级数.

9. 将函数 $f(x)=\frac{1}{x^2-3x-4}$ 展开成 $x-1$ 的幂级数,并指出其收敛区间.

10. 将函数 $f(x)=\arctan\frac{1-2x}{1+2x}$ 展开成 x 的幂级数，并求级数 $\sum_{n=0}^{\infty}\frac{(-1)^n}{2n+1}$ 的和.

11. 设 $a_1=2,a_{n+1}=\frac{1}{2}\left(a_n+\frac{1}{a_n}\right)(n=1,2,\cdots)$. 证明：

(1) $\lim_{n\to\infty}a_n$ 存在；　　(2) 级数 $\sum_{n=1}^{\infty}\left(\frac{a_n}{a_{n+1}}-1\right)$ 收敛.

12. 设 $a_n=\int_0^{\frac{\pi}{4}}\tan^n x\,\mathrm{d}x$.

(1) 求 $\sum_{n=1}^{\infty}\frac{1}{n}(a_n+a_{n+2})$ 的值；

(2) 试证:对任意的常数 $\lambda>0$，级数 $\sum_{n=1}^{\infty}\frac{a_n}{n^\lambda}$ 收敛.

13. 设方程 $x^n+nx-1=0$. 其中 n 为正整数,证明此方程存在唯一正实根 x_n,并证明当 $\alpha>1$ 时，级数 $\sum_{n=1}^{\infty}x_n^\alpha$ 收敛.

14. 将函数 $f(x)=\frac{1}{x^2-3x-4}$ 展开成 $x-1$ 的幂级数,并指出其收敛区间.

15. 求幂级数 $\sum_{n=0}^{\infty}\frac{x^{2n+2}}{(n+1)(2n+1)}$ 的收敛域及和函数.

第 10 章　微 分 方 程

微分方程是与微积分学一起成长起来的重要的数学分支. 从它诞生之日起就成为人们认识客观规律和经济规律、探索或控制事物及经济运动过程强有力的工具. 比如在海王星发现之前,天文学家对其存在性及其运行轨道的可靠预测、万有引力定律的揭示等都是微分方程理论方法成功应用的范例. 可以不夸张地说,哪里有运动和变化,哪里就是微分方程的用武之地. 就具体而言,在研究事物、经济发展规律时,经常要用变量间的函数关系进行描述与刻画. 而对于复杂问题往往难以直接得到这种函数关系. 但我们可以从实际问题出发,通过建立微分方程模型并求解模型,进而得到所求函数的信息. 本章介绍微分方程的概念、微分方程的建立,并研究几种常见微分方程的求解方法,最后讲述微分方程的简单应用.

10.1　微分方程的基本概念

10.1.1　引例

为介绍微分方程的概念,让我们先看两个例子.

例 10-1　某商品需求量 Q 对价格 P 的弹性为 $P\ln 3$. 已知该商品的最大需求为 1200,试求需求函数.

解　设该商品的需求函数为 $Q=Q(P)$. 由题意,有

$$\frac{EQ}{EP}=-\frac{P}{Q}\frac{\mathrm{d}Q}{\mathrm{d}P}=P\ln 3.$$

即

$$\frac{\mathrm{d}Q}{\mathrm{d}P}=-\ln 3\cdot Q.$$

又因该商品的最大需求为 1200,即 $P=0$ 时,$Q=1200$. 所以,该问题的数学模型为

$$\begin{cases}\dfrac{\mathrm{d}Q}{\mathrm{d}P}=-\ln 3\cdot Q, & (10\text{-}1)\\ Q\big|_{P=0}=1200. & (10\text{-}2)\end{cases}$$

先将(10-1)式改写为

$$\frac{\mathrm{d}Q}{Q}=-\ln 3\mathrm{d}P,$$

两端积分,得

$$\int \frac{dQ}{Q} = -\int \ln 3 dP,$$

即 $\ln Q = -\ln 3 \cdot P + C_1$. 若记 $C = e^{C_1}$，则得到一族需求函数

$$Q = C \cdot 3^{-P}, \tag{10-3}$$

其中 C 为任意常数. 再将条件(10-2)代入(10-3)式，得

$$C = 1200.$$

把 $C=1200$ 代入(10-3)式即得所求的需求函数

$$Q = 1200 \cdot 3^{-P}. \tag{10-4}$$

例 10-2　一质量为 m 的物体受重力作用而下落，假设初始位置和初始速度都为 0，试确定该物体下落的距离 s 与时间 t 的函数关系.

解　设物体在 t 时刻下落的距离为 $s=s(t)$. 则物体运动的加速度为

$$a = s''(t) = \frac{d^2 s}{dt^2}.$$

由于物体仅受重力的作用，重力加速度为 g，根据牛顿第二定律知

$$\frac{d^2 s}{dt^2} = g.$$

又由题设知，未知函数 $s=s(t)$ 还应满足下列条件：

$$t = 0 \text{ 时}, \quad s = 0, \quad v = \frac{ds}{dt} = 0.$$

所以该问题的数学模型为

$$\begin{cases} \dfrac{d^2 s}{dt^2} = g, & (10\text{-}5) \\ s\big|_{t=0} = 0, & (10\text{-}6) \\ \dfrac{ds}{dt}\Big|_{t=0} = 0. & (10\text{-}7) \end{cases}$$

将(10-5)式的两端积分一次，得

$$v = \frac{ds}{dt} = gt + C_1, \tag{10-8}$$

再积分一次得

$$s = \frac{1}{2} g t^2 + C_1 t + C_2. \tag{10-9}$$

这里 C_1, C_2 均为任意常数.

将条件 $v|_{t=0}=0$ 代入(10-8)式，得 $C_1=0$；

将条件 $s|_{t=0}=0$ 代入(10-9)式，得 $C_2=0$.

将 C_1, C_2 的值代入(10-9)式，得

$$s = \frac{1}{2}gt^2. \tag{10-10}$$

这正是我们在中学就已熟知的物理学中的自由落体运动公式.

10.1.2 微分方程的概念

定义 10-1 表示未知函数、未知函数的导数与自变量之间关系的方程,称为**微分方程**.未知函数为一元函数的,称为**常微分方程**;未知函数为多元函数的,则称为**偏微分方程**.微分方程有时也简称**方程**.

例如,上面两例中的方程$\frac{\mathrm{d}Q}{\mathrm{d}P}=-\ln 3\cdot P$和方程$\frac{\mathrm{d}^2 s}{\mathrm{d}t^2}=g$均为常微分方程.而方程$\frac{\partial^2 u}{\partial x^2}+\frac{\partial^2 u}{\partial y^2}=0$则为偏微分方程.本章只讨论常微分方程.

定义 10-2 微分方程中所出现的未知函数最高阶导数的阶数,称为**微分方程的阶**.

例如,方程$\frac{\mathrm{d}Q}{\mathrm{d}P}=-\ln 3\cdot P$为一阶微分方程;方程$\frac{\mathrm{d}^2 s}{\mathrm{d}t^2}=g$为二阶微分方程.又如,方程

$$xy''' + x^2y'' - 5x^3y' = \ln(1+x)$$

为三阶微分方程.而方程

$$y^{(4)} + xy' + (\mathrm{e}^{2x})^{(5)} = \sin x$$

并非五阶微分方程,而是四阶的,因未知函数的最高阶导数为四阶.

一般地,n 阶微分方程的形式为

$$F(x,y,y',\cdots,y^{(n)}) = 0, \tag{10-11}$$

其中 F 是$n+2$ 个变量的函数.这里需强调的是,在方程(10-11)中 $y^{(n)}$ 是必须出现的,而 $x,y,y',\cdots,y^{(n-1)}$ 等变量可以不显现.例如,方程

$$y^{(n)} = 1,$$

虽然除 $y^{(n)}$ 外,其他变量并没有显现,但它是 n 阶微分方程.

另外,若能从方程(10-11)中将最高阶导数解出,得微分方程

$$y^{(n)} = f(x,y,y',\cdots,y^{(n-1)}). \tag{10-12}$$

以后我们所讨论的微分方程均为最高阶导数已解出或能解出的方程,且微分方程(10-12)右端的函数 f 在所讨论的范围内连续.

定义 10-3 设函数 $y=\varphi(x)$在区间 I 上有 n 阶连续导数,若在区间 I 上,有

$$F[x,\varphi(x),\varphi'(x),\cdots,\varphi^{(n)}(x)] \equiv 0,$$

则称函数 $y=\varphi(x)$为微分方程 $F(x,y,y',\cdots,y^{(n)})=0$ 在**区间 I 上的解**.

从引例中可以看到,在研究实际问题时,首先要建立微分方程模型,然后是通

过求积分等方法去求解微分方程模型,得到使方程两端恒等的函数,该函数实际上就是**微分方程的解**.

例如,函数 $Q=C\cdot 3^{-P}$ 和 $Q=1200\cdot 3^{-P}$ 均为微分方程 $\frac{\mathrm{d}Q}{\mathrm{d}P}=-\ln 3\cdot P$ 的解;而函数 $s=\frac{1}{2}gt^2+C_1t+C_2$ 和 $s=\frac{1}{2}gt^2$ 均为微分方程 $\frac{\mathrm{d}^2s}{\mathrm{d}t^2}=g$ 的解. 但同样作为同一个微分方程的解,它们之间却有着明显的不同:一类解中含有任意常数,而另一类解中任意常数已被具体确定为数值. 为加以区别,并使讨论更加规范与系统,我们给出如下定义.

定义 10-4 若微分方程的解中含有任意常数,且任意常数是相互独立的,其个数恰好等于微分方程的阶数,这样的解称为微分方程的**通解**.

注 这里所说的"任意常数是相互独立的"是指:它们之间不能通过合并而使得任意常数的个数减少.

例如,函数 $Q=C\cdot 3^{-P}$ 含有一个任意常数,它是一阶微分方程 $\frac{\mathrm{d}Q}{\mathrm{d}P}=-\ln 3\cdot P$ 的通解;又如,函数 $s=\frac{1}{2}gt^2+C_1t+C_2$ 含有两个相互独立的任意常数,它是二阶微分方程 $\frac{\mathrm{d}^2s}{\mathrm{d}t^2}=g$ 的通解.

由于通解中含有任意常数,因此它不能完全确定地反映某一客观事物的运动规律. 那么要完全确定地反映客观事物的规律性,就必须确定这些常数值. 为此,要根据事物运动的实际过程,给出确定这些常数的条件. 例如,例 10-1 中的条件 $Q|_{P=0}=1200$;例 10-2 中的 $s|_{t=0}=0$, $\left.\frac{\mathrm{d}s}{\mathrm{d}t}\right|_{t=0}=0$,便是这样的条件.

设微分方程中的未知函数为 $y=y(x)$,若微分方程是一阶的,通常用来确定任意常数的条件:$x=x_0$ 时 $y=y_0$,或写成 $y|_{x=x_0}=y_0$,其中 x_0, y_0 都是确定的值;若微分方程是二阶的,通常用来确定任意常数的条件:$x=x_0$ 时,$y=y_0$, $y'=y_1$,或写成 $y|_{x=x_0}=y_0$, $y'|_{x=x_0}=y_1$,其中 x_0, y_0 和 y_1 都是确定的值. 上述这种条件称为**初始条件**.

确定了通解中的任意常数后,就得到了**微分方程的特解**. 例如,$Q=1200\cdot 3^{-P}$ 是方程 $\frac{\mathrm{d}Q}{\mathrm{d}P}=-\ln 3\cdot P$ 满足条件 $Q|_{P=0}=1200$ 的特解;$s=\frac{1}{2}gt^2$ 是方程 $\frac{\mathrm{d}^2s}{\mathrm{d}t^2}=g$ 满足条件 $s|_{t=0}=0$, $\left.\frac{\mathrm{d}s}{\mathrm{d}t}\right|_{t=0}=0$ 的特解.

求微分方程 $y'=f(x,y)$ 满足初始条件 $y|_{x=x_0}=y_0$ 的特解这样一个问题,称为一阶微分方程的初值问题,记作

$$\begin{cases} y' = f(x,y), \\ y\big|_{x=x_0} = y_0. \end{cases} \tag{10-13}$$

微分方程的解的图形是一条曲线，称为**微分方程的积分曲线**. 初值问题(10-13)的几何意义，就是求微分方程的通过点(x_0,y_0)的那条积分曲线. 二阶微分方程的初值问题

$$\begin{cases} y'' = f(x,y,y'), \\ y\big|_{x=x_0} = y_0, y'\big|_{x=x_0} = y_1. \end{cases}$$

的几何意义，是求微分方程的通过点(x_0,y_0)且在该点处的切线斜率为y_1的那条积分曲线.

例 10-3 验证函数$y=C_1\cos x+C_2\sin x+x$是二阶微分方程$y''+y=x$的通解；并求其满足初始条件$y|_{x=0}=2, y'|_{x=0}=-1$的特解.

解 由于$y'=-C_1\sin x+C_2\cos x+1, y''=-C_1\cos x-C_2\sin x$，将$y', y''$的表达式代入原微分方程，有

$$y''+y=-C_1\cos x-C_2\sin x+C_1\cos x+C_2\sin x+x=x.$$

上式为恒等式，又由于函数$y=C_1\cos x+C_2\sin x+x$中含有两个相互独立的任意常数，因此该函数是所给二阶微分方程的通解.

依题设，将初始条件$y|_{x=0}=2, y'|_{x=0}=-1$代入y、y'的表达式中，得

$$\begin{cases} C_1\cos 0+C_2\sin 0+0=2, \\ -C_1\sin 0+C_2\cos 0+1=-1, \end{cases}$$

即有$C_1=2, C_2=-2$. 故所求特解为

$$y=2\cos x-2\sin x+x.$$

习 题 10.1

1. 指出下列微分方程的阶数：

(1) $(y'')^2+2(y')^6-x^5=0$；　(2) $y'=xy^2+y^6$；

(3) $y'y''+xy=1$；　(4) $\sqrt{1-x^2}\,dy=\sqrt{1-y^2}\,dx$；

(5) $y-x\dfrac{dy}{dx}=a\left(y^2+\dfrac{dy}{dx}\right)$；　(6) $y'''+(\sin x)^{(4)}=\sin x$.

2. 验证下列各题中所给函数是否是所给方程的解，若是，指出是通解还是特解(其中C及C_1, C_2表示任意常数).

(1) $y''+4y=0, y=\sin 2x$；

(2) $y''-2y'+y=0, y=xe^x$；

(3) $y''+y=e^x, y=C_1\sin x+C_2\cos x+\dfrac{1}{2}e^x$；

(4) $y''-9y=0, y=Ce^{3x}$.

3. 验证 $y=Cx+\frac{1}{C}$(任意常数 $C\neq 0$)是微分方程 $x\left(\frac{\mathrm{d}y}{\mathrm{d}x}\right)^2-y\frac{\mathrm{d}y}{\mathrm{d}x}+1=0$ 的通解,并求满足初始条件 $y|_{x=0}=2$ 的特解.

4. 验证函数 $y=C_1\mathrm{e}^x+C_2\mathrm{e}^{-x}-x^3-6x$ 是微分方程 $y''=y+x^3$ 的通解,并求满足 $y|_{x=0}=1, y'|_{x=0}=-6$ 的特解.

5. 求解下列初值问题:

(1) $\begin{cases}\dfrac{\mathrm{d}y}{\mathrm{d}x}=\sin x,\\ y|_{x=0}=1;\end{cases}$　　(2) $\begin{cases}\dfrac{\mathrm{d}^2y}{\mathrm{d}x^2}=6x,\\ y|_{x=0}=0,\\ y'|_{x=0}=2.\end{cases}$

6. 设曲线 $y=f(x)$ 上点 $P(x,y)$ 处的切线与 y 轴的交点为 Q,线段 PQ 的长度为 2,且曲线通过点(2,0),试建立曲线所满足的微分方程.

10.2　一阶微分方程

一阶微分方程的一般形式为 $F(x,y,y')=0$. 本节所讨论的是能把导数解出的一阶微分方程. 其一般形式为

$$y'=f(x,y),$$

或写成对称形式

$$P(x,y)\mathrm{d}x+Q(x,y)\mathrm{d}y=0.$$

我们仅就几种特殊类型的一阶微分方程讨论其求解方法.

10.2.1　可分离变量的微分方程

形如

$$\frac{\mathrm{d}y}{\mathrm{d}x}=f(x)\cdot g(y) \tag{10-14}$$

的一阶微分方程称为**可分离变量的微分方程**.

例如,方程 $y'=\frac{y\ln y}{x}$ 及 $y'=\mathrm{e}^{x+y}$ 都是可分离变量的微分方程. 该方程的特征是方程右端可以表示成关于 x 的函数与关于 y 的函数之积.

现在讨论求解方程(10-14)的**分离变量法**:若 $g(y)\neq 0$,则可将(10-14)式写成如下形式

$$\frac{1}{g(y)}\mathrm{d}y=f(x)\mathrm{d}x,$$

上式已成为变量已分离的微分方程. 若 $f(x)$、$g(y)$ 均为连续函数,将上式两端分别求积分,有

$$\int\frac{1}{g(y)}\mathrm{d}y=\int f(x)\mathrm{d}x+C.$$

若记 $F(x)=\int f(x)\mathrm{d}x, G(y)=\int \frac{1}{g(y)}\mathrm{d}y$，各表示某个确定的原函数，则得到由隐函数方程

$$G(y)=F(x)+C \tag{10-15}$$

所确定的关于 x 和 y 之间的函数关系，由隐函数求导法可以证明，由方程(10-15)所确定的隐函数确实是方程(10-14)的解. 通常称其为微分方程(10-14)的**隐式通解**.

注 当 $g(y)=0$ 时，若从中解出 $y=\beta$，则称 $y=\beta$ 是方程(10-14)的**常数解**.

另外，可分离变量的微分方程也可写成如下形式

$$M_1(x)M_2(y)\mathrm{d}y+N_1(x)N_2(y)\mathrm{d}x=0.$$

若 $M_1(x)\neq 0, N_2(y)\neq 0$，可改写成变量已分离的形式

$$\frac{M_2(y)}{N_2(y)}\mathrm{d}y=-\frac{N_1(x)}{M_1(x)}\mathrm{d}x.$$

两边分别积分，即得隐式通解

$$\int \frac{M_2(y)}{N_2(y)}\mathrm{d}y=-\int \frac{N_1(x)}{M_1(x)}\mathrm{d}x+C.$$

注 若从 $M_1(x)=0$ 或 $N_2(y)=0$ 中分别解出 $x=\alpha$ 或 $y=\beta$，则称 $x=\alpha$ 或 $y=\beta$ 为方程的常数解.

例 10-4 求微分方程 $\frac{\mathrm{d}y}{\mathrm{d}x}=(1-\mathrm{e}^{-x})y^2$ 的通解.

解 所给方程为可分离变量的微分方程. 分离变量($y\neq 0$ 时)，得

$$\frac{1}{y^2}\mathrm{d}y=(1-\mathrm{e}^{-x})\mathrm{d}x,$$

两端积分

$$\int \frac{1}{y^2}\mathrm{d}y=\int (1-\mathrm{e}^{-x})\mathrm{d}x+C.$$

得

$$-\frac{1}{y}=x+\mathrm{e}^{-x}+C,$$

整理得方程通解

$$y=-\frac{1}{x+\mathrm{e}^{-x}+C}.$$

注 $y=0$ 也是方程的解，但并没有被包含在通解中.

例 10-5 求微分方程 $y'\sin x=y\ln y$ 的通解. 并求满足 $y|_{x=\frac{\pi}{2}}=\mathrm{e}$ 的特解.

解 这是可分离变量的微分方程. 分离变量，得

$$\frac{\mathrm{d}y}{y\ln y}=\frac{1}{\sin x}\mathrm{d}x,$$

两端积分

$$\int \frac{dy}{y\ln y} = \int \csc x dx + C_1,$$

得

$$\ln|\ln y| = \ln|\csc x - \cot x| + C_1,$$

从而

$$|\ln y| = e^{C_1}|\csc x - \cot x|,$$

即

$$\ln y = \pm e^{C_1}(\csc x - \cot x).$$

令$\pm e^{C_1} = C$,则C为任意常数,得方程通解为

$$y = e^{C(\csc x - \cot x)}.$$

再将条件$y|_{x=\frac{\pi}{2}} = e$代入上式,得$C=1$. 从而得所求特解为

$$y = e^{\csc x - \cot x}.$$

例 10-6　放射性元素铀由于不断地有原子放射出微粒子而变成其他元素,铀的含量就不断减少,这种现象称为**衰变**. 由原子物理学知道,铀的衰变速度与当时未衰变的原子的含量M成正比. 已知$t=0$时铀的含量为M_0. 求在衰变过程中铀含量$M(t)$随时间t的变化规律.

解　铀的衰变速度就是$M(t)$关于时间t的变化率$\frac{dM}{dt}$. 由于铀的衰变速度与其含量成正比,故得微分方程

$$\frac{dM}{dt} = -\lambda M,$$

其中$\lambda(\lambda>0)$是常数,称为**衰变系数**,λ前置负号是由于当t增加时M单调减少,即$\frac{dM}{dt}<0$的缘故.

按题意,初始条件为$t=0$时,$M=M_0$,这样就建立起铀衰变规律的微分方程模型,为如下初值问题:

$$\begin{cases} \frac{dM}{dt} = -\lambda M, \\ M|_{t=0} = M_0. \end{cases}$$

先将方程分离变量,得

$$\frac{dM}{M} = -\lambda dt,$$

两边积分

$$\int \frac{dM}{M} = -\int \lambda dt.$$

以 $\ln C$ 表示任意常数,并考虑到 $M>0$,得

$$\ln M = -\lambda t + \ln C,$$

即

$$M = C\mathrm{e}^{-\lambda t}.$$

这就是微分方程的通解,将初始条件 $M|_{t=0}=M_0$ 代入上式,得

$$M_0 = C\mathrm{e}^0 = C.$$

所以

$$M = M_0\mathrm{e}^{-\lambda t}.$$

这就是所求铀的衰变规律. 由此可见,铀的含量随时间的增加而呈指数规律衰减.

例 10-6 中,关于放射性元素衰变规律的数学模型及其解,在考古学、计算地质构造的年龄等许多现实问题的研究中有着重要应用.

10.2.2 齐次微分方程

形如

$$\frac{\mathrm{d}y}{\mathrm{d}x} = \varphi\left(\frac{y}{x}\right) \tag{10-16}$$

的一阶微分方程称为**齐次方程**. 这里 $\varphi(u)$ 为 u 的连续函数.

现在讨论求解齐次方程(10-16)的**变量替换法**:令 $u=\dfrac{y}{x}$,则 $y=xu$,两端对 x 求导,得

$$\frac{\mathrm{d}y}{\mathrm{d}x} = u + x\frac{\mathrm{d}u}{\mathrm{d}x}.$$

代入方程(10-16),有

$$u + x\frac{\mathrm{d}u}{\mathrm{d}x} = \varphi(u),$$

即

$$\frac{\mathrm{d}u}{\mathrm{d}x} = \frac{1}{x}[\varphi(u) - u].$$

这是以 x 为自变量,u 为未知函数的可分离变量的微分方程. 按照分离变量法可得通解

$$\int\frac{\mathrm{d}u}{\varphi(u)-u} = \int\frac{1}{x}\mathrm{d}x + C = \ln|x| + C,$$

在上述结果中将 u 换回 $\dfrac{y}{x}$ 即可得到原方程的通解.

例 10-7 求微分方程 $xy'=\sqrt{x^2-y^2}+y$ 的通解.

解 该方程属齐次方程. 当 $x>0$ 时,有

$$\frac{dy}{dx}=\sqrt{1-\left(\frac{y}{x}\right)^2}+\frac{y}{x}.$$

令 $u=\frac{y}{x}$，$y=xu$，则$\frac{dy}{dx}=u+x\frac{du}{dx}$，代入上式，有

$$u+x\frac{du}{dx}=\sqrt{1-u^2}+u,$$

即$\frac{du}{\sqrt{1-u^2}}=\frac{dx}{x}$. 两端积分，得 $\arcsin u=\ln x+C$，将 u 换回$\frac{y}{x}$可得原方程在 $x>0$ 时的通解为

$$\arcsin\frac{y}{x}=\ln x+C.$$

又当 $x<0$ 时，原方程可化为

$$\frac{du}{\sqrt{1-u^2}}=-\frac{dx}{x}.$$

两端积分，并将 $u=\frac{y}{x}$代回，便得原方程在 $x<0$ 时的通解为

$$\arcsin\frac{y}{x}=-\ln|x|+C.$$

注　该微分方程还有两个特解：$u=\pm 1$，即 $y=\pm x$.

例 10-8　求微分方程 $xy'=y\ln\frac{y}{x}$满足条件 $y|_{x=1}=e^2$ 的特解.

解　该方程属齐次方程，可写成形式

$$\frac{dy}{dx}=\frac{y}{x}\ln\frac{y}{x}.$$

令 $u=\frac{y}{x}$，$y=xu$，则$\frac{dy}{dx}=u+x\frac{du}{dx}$，代入上式，有

$$u+x\frac{du}{dx}=u\ln u,$$

即$\frac{du}{u(\ln u-1)}=\frac{dx}{x}$. 两边求积分，即得

$$\ln|\ln u-1|=\ln|x|+\ln C,$$

去掉对数符号，有

$$\ln u-1=Cx\quad 或\quad u=e^{Cx+1},$$

从而得原方程的通解为 $y=xe^{Cx+1}$.

其实，在求解过程中作除法运算所去掉的特解 $u=e$，亦即 $y=ex$ 已包含于通

解之中.

再将初始条件 $y|_{x=1}=e^2$ 代入通解中,得 $C=1$. 故所求初值问题的特解为

$$y = xe^{x+1}.$$

10.2.3 一阶线性微分方程

1. 一阶线性微分方程

形如

$$\frac{dy}{dx} + P(x)y = Q(x) \tag{10-17}$$

的微分方程称为**一阶线性微分方程**,其中 $P(x)$,$Q(x)$都是连续函数;$Q(x)$称为**自由项**. 该微分方程的特征是它对于未知函数 y 及 y'是一次方程.

若 $Q(x)\equiv 0$ 时,方程(10-17)变为

$$\frac{dy}{dx} + P(x)y = 0, \tag{10-18}$$

称其为**一阶齐次线性微分方程**;若 $Q(x)\neq 0$,则称方程(10-17)为**一阶非齐次线性微分方程**.

现在讨论微分方程的解法. 首先,求齐次线性微分方程(10-18)的通解. 显然,方程(10-18)是可分离变量的,分离变量后得

$$\frac{dy}{y} = -P(x)dx,$$

两端积分,得

$$\ln|y| = -\int P(x)dx + C_1,$$

即得对应的齐次方程的通解

$$y = Ce^{-\int P(x)dx} \quad (C = \pm e^{C_1} \text{ 为任意常数}).$$

其次,再利用所谓的**常数变易法**求非齐次线性方程(10-17)的通解. 该方法是将齐次方程通解中的常数 C 换成 x 的未知函数 $u(x)$,并设非齐次方程(10-17)具有形如

$$y = u(x)e^{-\int P(x)dx} \tag{10-19}$$

的解,将其代入非齐次方程(10-17)中,它应满足方程,并由此来确定 $u(x)$.

为此,将式(10-19)对 x 求导,得

$$\frac{dy}{dx} = u'(x)e^{-\int P(x)dx} - u(x)P(x)e^{-\int P(x)dx},$$

将上式和式(10-19)代入非齐次方程(10-17)中去,有

$$u'(x)e^{-\int P(x)dx}-u(x)P(x)e^{-\int P(x)dx}+P(x)u(x)e^{-\int P(x)dx}=Q(x).$$

即

$$u'(x)e^{-\int P(x)dx}=Q(x),\quad du=Q(x)e^{\int P(x)dx}dx.$$

两边积分,得

$$u=\int Q(x)e^{\int P(x)dx}dx+C.$$

将上式代入式(10-19),便得非齐次线性方程(10-17)的通解

$$y=e^{-\int P(x)dx}\left[\int Q(x)e^{\int P(x)dx}dx+C\right].\tag{10-20}$$

将式(10-20)改写成两项之和,有

$$y=Ce^{-\int P(x)dx}+e^{-\int P(x)dx}\cdot\int Q(x)e^{\int P(x)dx}dx.$$

上式右端第一项是对应齐次线性方程(10-18)的通解,记作 $Y(x)$,第二项是非齐次线性方程(10-17)的一个特解,记作 $y^*(x)$(因在(10-17)的通解(10-20)中取 $C=0$ 便得到这个特解). 由此可知,一阶非齐次线性方程的通解等于对应的齐次方程的通解与非齐次方程自身的一个特解之和,即 $y=Y(x)+y^*(x)$.

请注意,求通解公式(10-20)中的记号 $\int P(x)dx$ 仅表示 $P(x)$ 的某个确定的原函数.

例 10-9　求微分方程 $y'+y\cos x=\ln x\cdot e^{-\sin x}$ 的通解.

解　这是一阶非齐次线性微分方程. 其中 $P(x)=\cos x$, $Q(x)=\ln x\cdot e^{-\sin x}$, 由求通解公式(10-20),得

$$\begin{aligned}y&=e^{-\int\cos xdx}\left(\int\ln x\cdot e^{-\sin x}e^{\int\cos xdx}dx+C\right)\\&=e^{-\sin x}\left(\int\ln xe^{-\sin x}e^{\sin x}dx+C\right)\\&=e^{-\sin x}\left(\int\ln xdx+C\right)=e^{-\sin x}(x\ln x-x+C),\end{aligned}$$

即所求方程的通解为

$$y=e^{-\sin x}(x\ln x-x+C).$$

例 10-10　已知连续函数 $f(x)$满足 $f(x)=\int_0^{3x}f\left(\frac{t}{3}\right)dt+e^{2x}$,求函数 $f(x)$.

解　所给方程为积分方程. 由于 $f(x)$连续,因而方程右端为可导函数,又由等式关系知 $f(x)$亦为可导函数. 对积分方程两端求导,得微分方程

$$f'(x)=3f(x)+2e^{2x}.$$

令积分方程两端 x 为 0,则有 $f(0)=1$. 这样题设中的积分方程就转化为如下微分方程的初值问题:

$$\begin{cases} f'(x) - 3f(x) = 2e^{2x}, & (10\text{-}21) \\ f(0) = 1. & (10\text{-}22) \end{cases}$$

方程(10-21)为一阶非齐次线性方程，由公式(10-20)，得其通解为

$$\begin{aligned} f(x) &= e^{\int 3dx}\left(\int 2e^{2x}e^{-\int 3dx}dx + C\right) \\ &= e^{3x}\left(\int 2e^{-x}dx + C\right) \\ &= e^{3x}(C - 2e^{-x}) = Ce^{3x} - 2e^{2x}. \end{aligned}$$

再将初始条件(10-22)代入上式，有

$$f(0) = C - 2 = 1,$$

即 $C=3$. 因此，所求函数为

$$f(x) = 3e^{3x} - 2e^{2x}.$$

例 10-11　求微分方程 $(x-\ln y)dy + y\ln y dx = 0$ 满足初始条件 $y|_{x=1} = e$ 的特解.

解　首先判断题设中微分方程的类型. 显然，既不属可分离变量的，也非齐次方程，整理变形后，有

$$\frac{dy}{dx} = \frac{y\ln y}{\ln y - x},$$

直观上，它又非一阶线性微分方程. 以惯有的思维方式，求解似乎进入艰难境地，此时，不妨利用一阶微分方程的对称性，以 y 为自变量，x 为未知函数，则方程可变成如下形式

$$\frac{dx}{dy} + \frac{1}{y\ln y}x = \frac{1}{y},$$

而初始条件可改写成 $x|_{y=e} = 1$. 那么由公式(10-20)有

$$\begin{aligned} x &= e^{-\int P(y)dy}\left[\int Q(y)e^{\int P(y)dy}dy + C\right] \\ &= e^{-\int \frac{1}{y\ln y}dy}\left(\int \frac{1}{y}e^{\int \frac{1}{y\ln y}dy}dy + C\right) \\ &= \frac{1}{\ln y}\left(\int \frac{1}{y}\ln y dy + C\right) = \frac{C}{\ln y} + \frac{\ln y}{2}. \end{aligned}$$

将初始条件 $x|_{y=e} = 1$ 代入上式通解中，得 $C = \frac{1}{2}$. 故，所求特解为

$$x = \frac{1}{2}\left(\ln y + \frac{1}{\ln y}\right).$$

例 10-12　如图 10-1 所示. 曲线 $y=f(x)$ 之下有阴影部分的面积，恰好与其终点 A 向上延伸至曲线 $y=x^2$ 的长度相等，求曲线方程 $y=f(x)$.

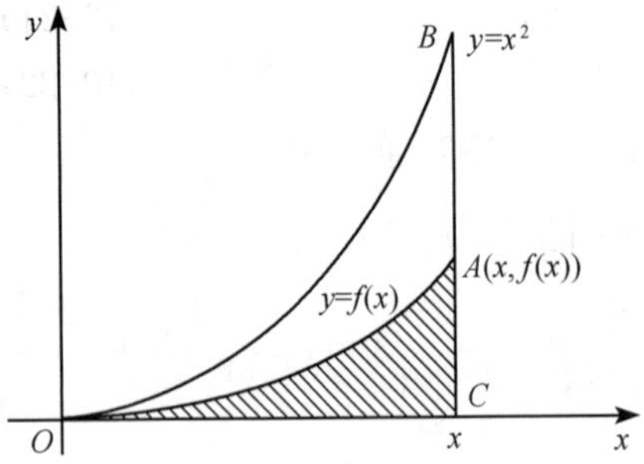

图 10-1

解 设点 A 的坐标为 $(x,f(x))$，则曲边三角形 OAC 的面积

$$A=\int_0^x f(x)\mathrm{d}x.$$

若点 A 向上延伸至曲线 $y=x^2$ 上点 B，则 B 点的坐标为 (x,x^2)，$|AB|=x^2-f(x)$. 由题意，有

$$\int_0^x f(x)\mathrm{d}x=x^2-f(x).$$

两边对 x 求导，得微分方程

$$f(x)=2x-f'(x) \quad \text{或} \quad f'(x)+f(x)=2x.$$

这是一阶线性微分方程. 因曲线 $y=f(x)$ 过原点，所以初始条件为 $y|_{x=0}=0$. 应用求通解公式及初始条件可得所求曲线方程为

$$y=2\mathrm{e}^{-x}+2x-2.$$

求解一阶线性微分方程常见的方法有常数变易法和公式法. 特别提醒注意，在用公式法求通解时，需先把方程化为标准形式 $y'+P(x)y=Q(x)$.

*2. 伯努利方程

形如

$$\frac{\mathrm{d}y}{\mathrm{d}x}+P(x)y=Q(x)y^n \quad (n\neq 0,1) \tag{10-23}$$

的一阶微分方程，称为伯努利(Bernoulli)方程.

注 当 $n=0$ 时为一阶非齐次线性方程；当 $n=1$ 时为一阶齐次线性微分方程. 这两种情形已讨论过.

现在讨论方程(10-23)的解法. 实际上，我们可以用变量替换法将其化成一阶线性微分方程：将方程(10-23)的两端同乘以 $(1-n)y^{-n}$，得

$$(1-n)y^{-n}\frac{\mathrm{d}y}{\mathrm{d}x}+(1-n)P(x)y^{1-n}=(1-n)Q(x).$$

令 $z=y^{1-n}$，则 $\frac{\mathrm{d}z}{\mathrm{d}x}=(1-n)y^{-n}\frac{\mathrm{d}y}{\mathrm{d}x}$，代入上式，化为以 x 为自变量，z 为未知函数的一阶线性微分方程

$$\frac{\mathrm{d}z}{\mathrm{d}x}+(1-n)P(x)z=(1-n)Q(x).$$

由其解出 z，再还原变量 y 即得伯努利方程的解.

例 10-13 求一阶微分方程 $x\mathrm{d}y-[y+xy^3(1+\ln x)]\mathrm{d}x=0$ 的通解.

解 将题设微分方程整理后，有

$$\frac{\mathrm{d}y}{\mathrm{d}x}-\frac{1}{x}y=(1+\ln x)y^3.$$

两边同乘$(-2y^{-3})$,得

$$-2y^{-3}\frac{\mathrm{d}y}{\mathrm{d}x}+\frac{2}{x}y^{-2}=-2(1+\ln x).$$

令 $z=y^{-2}$,则化成一阶线性微分方程

$$\frac{\mathrm{d}z}{\mathrm{d}x}+\frac{2}{x}z=-2(1+\ln x).$$

由通解公式可求得其通解

$$z=\frac{1}{x^2}\left[-\frac{2}{3}x^3\left(\frac{2}{3}+\ln x\right)+C\right].$$

故,原方程的通解为

$$\frac{x^2}{y^2}=-\frac{2}{3}x^3\left(\frac{2}{3}+\ln x\right)+C.$$

本节最后要告诉读者,上面是针对几种特殊类型的一阶微分方程展开通解问题讨论的,事实上绝大多数微分方程的通解是不可能用初等函数或初等函数的积分予以表示的,即使一阶微分方程也是如此. 例如,貌不惊人的 Riccati 方程$\frac{\mathrm{d}y}{\mathrm{d}x}=x^2+y^2$ 历经 150 多年几代数学家的努力而不得其通解,1838 年 Liouville 严格证明了上面的 Riccati 方程确实不可能用初等函数的积分表达其通解. 在这种形势下,人们对微分方程的研究做了哪些改变与调整呢? 有兴趣的读者可参看微分方程教材.

习　题　10.2

1. 求下列微分方程的通解:

(1) $y'=\mathrm{e}^y\sin x$;　　(2) $x\frac{\mathrm{d}y}{\mathrm{d}x}=y\ln y$;

(3) $x\sqrt{1+y^2}+yy'\sqrt{1+x^2}=0$;　　(4) $x(y^2-1)\mathrm{d}x+y(x^2-1)\mathrm{d}y=0$;

(5) $6x\mathrm{d}x-6y\mathrm{d}y=2x^2y\mathrm{d}y-3xy^2\mathrm{d}x$;　　(6) $\sec^2 x\tan y\mathrm{d}x+\sec^2 y\tan x\mathrm{d}y=0$;

(7) $y'=\frac{1+y^2}{xy+x^3y}$;　　(8) $x\sec y\mathrm{d}x+(x+1)\mathrm{d}y=0$.

2. 求下列微分方程满足所给初始条件的特解:

(1) $y'=y\ln x, y|_{x=1}=2$;　　(2) $(1+\mathrm{e}^x)yy'=\mathrm{e}^x, y|_{x=1}=1$;

(3) $\frac{\mathrm{d}y}{\mathrm{d}x}=(1-y^2)\tan x, y|_{x=0}=2$;　　(4) $y\ln x\mathrm{d}x-x\ln y\mathrm{d}y=0, y|_{x=\mathrm{e}}=1$.

3. 一曲线通过点(1,2),曲线上任何一点处的切线斜率等于自原点到该切点连线的斜率的

两倍，求这曲线的方程.

4. 设一质点在 10s 内走过路程 100m，在 15s 内走过路程 200m，若它的速度与所走过的路程成正比，求路程 s 与时间 t 的函数关系.

5. 求下列齐次方程的通解：

(1) $xy'-y=2\sqrt{xy}$； (2) $xy'=xe^{\frac{y}{x}}+y$；

(3) $xy^2\mathrm{d}y=(x^3+y^3)\mathrm{d}x$； (4) $(x+y)\mathrm{d}x+(y-x)\mathrm{d}y=0$.

6. 求下列齐次方程满足所给初始条件的特解：

(1) $(y^2-3x^2)\mathrm{d}y+3xy\mathrm{d}x=0, y|_{x=0}=1$；

(2) $y\cos\dfrac{x}{y}\mathrm{d}x+\left(y-x\cos\dfrac{x}{y}\right)\mathrm{d}y=0, y|_{x=\frac{\pi}{2}}=1$；

(3) $y-xy'=2(x+yy'), y|_{x=1}=1$.

7. 求下列微分方程的通解：

(1) $y'-\dfrac{n}{x}y=e^x x^n$（n 为常数）； (2) $y'-2xy=x$；

(3) $y'+2xy=xe^{-x^2}$； (4) $xy'-y=\dfrac{x}{\ln x}$；

(5) $\cos^2 x\dfrac{\mathrm{d}y}{\mathrm{d}x}+y=\tan x$； (6) $x\ln x\mathrm{d}y+(y-\ln x)\mathrm{d}x=0$；

(7) $(x^2-1)y'+2xy-\cos x=0$； (8) $x^2\mathrm{d}y+(12xy-x+1)\mathrm{d}x=0$；

(9) $\mathrm{d}x+(x+y^2)\mathrm{d}y=0$； (10) $y'=\dfrac{y}{2x-y^2}$.

8. 求下列微分方程满足所给初始条件的特解：

(1) $y'+y=x+e^x, y|_{x=0}=0$； (2) $y'+y\tan x=\cos^2 x, y|_{x=\frac{\pi}{4}}=\dfrac{1}{2}$；

(3) $y'x\ln x-y=1+\ln^2 x, y|_{x=e}=1$； (4) $t\dfrac{\mathrm{d}x}{\mathrm{d}t}=-x+\sin t, x|_{t=\pi}=1$.

9. 曲线上任一点的切线在 y 轴上的截距，等于该切点两坐标的等差中项，求此曲线方程.

10. 求连续函数 $f(x)$，使它满足 $f(x)+2\int_0^x f(t)\mathrm{d}t=x^2$.

*11. 求下列微分方程的通解：

(1) $y'-6\dfrac{y}{x}=-xy^2$； (2) $\dfrac{\mathrm{d}y}{\mathrm{d}x}=\dfrac{1}{x+yx^3}$；

(3) $y'+2xy=y^2e^{x^2}$； (4) $(e^x+3y^2)\mathrm{d}x+2xy\mathrm{d}y=0$.

*10.3 可降阶的高阶微分方程

从本节起我们将讨论高阶微分方程. 所谓**高阶微分方程**指的是二阶及二阶以上的微分方程. 有些特殊类型的高阶微分方程，我们可以通过代换将其化成较低阶的方程来求解. 比如，二阶微分方程 $y''=f(x,y,y')$，若我们能通过代换将它从二阶降至一阶，那么就有可能应用 10.2 节所介绍的方法对其求解.

下面讨论三类容易降阶的高阶微分方程的求解方法.

10.3.1 $y^{(n)}=f(x)$型的微分方程

形如 $y^{(n)}=f(x)$的微分方程的特征是右端仅含有自变量 x. 事实上，我们只需将 $y^{(n-1)}$作为新的未知函数，那么 $y^{(n)}=f(x)$等价于$[y^{(n-1)}]'=f(x)$，而成为新未知函数的一阶微分方程. 两边积分，就得到一个 $n-1$ 阶的微分方程

$$y^{(n-1)}=\int f(x)\mathrm{d}x+C_1.$$

同理可得

$$y^{(n-2)}=\int\left[\int f(x)\mathrm{d}x+C_1\right]\mathrm{d}x+C_2.$$

依此法积分 n 次，便得到方程 $y^{(n)}=f(x)$的含有 n 个任意常数的通解.

例 10-14 求微分方程 $y'''=\mathrm{e}^{-3x}+\sin 2x$ 的通解.

解 对所给方程连续积分三次，便得

$$y''=\int(\mathrm{e}^{-3x}+\sin 2x)\mathrm{d}x+C=-\frac{1}{3}\mathrm{e}^{-3x}-\frac{1}{2}\cos 2x+C,$$

$$\begin{aligned}y'&=\int\left(-\frac{1}{3}\mathrm{e}^{-3x}-\frac{1}{2}\cos 2x+C\right)\mathrm{d}x+C_2\\&=\frac{1}{9}\mathrm{e}^{-3x}-\frac{1}{4}\sin 2x+Cx+C_2,\end{aligned}$$

$$\begin{aligned}y&=\int\left(\frac{1}{9}\mathrm{e}^{-3x}-\frac{1}{4}\sin 2x+Cx+C_2\right)\mathrm{d}x+C_3\\&=-\frac{1}{27}\mathrm{e}^{-3x}+\frac{1}{8}\cos 2x+C_1x^2+C_2x+C_3\quad\left(C_1=\frac{C}{2}\right).\end{aligned}$$

这就是所求的通解.

10.3.2 $y''=f(x,y')$型的微分方程

形如

$$y''=f(x,y')\tag{10-24}$$

的微分方程的特征是其右端不显含未知函数 y.

现在讨论其求解方法. 若设 $y'=p$，则

$$y''=\frac{\mathrm{d}p}{\mathrm{d}x}=p',$$

则方程(10-24)就变为

$$\frac{\mathrm{d}p}{\mathrm{d}x}=f(x,p),$$

这是关于变量 x、p 的一阶微分方程.设其通解为

$$p=\varphi(x,C_1),$$

这样由 $p=\dfrac{dy}{dx}$ 又得到一个一阶微分方程

$$\frac{dy}{dx}=\varphi(x,C_1),$$

对上式两端积分,便得方程(10-24)的通解

$$y=\int\varphi(x,C_1)dx+C_2.$$

例 10-15　求微分方程 $xy''-2y'-x^2=0$ 的通解.

解　所给方程不显含未知函数 y.属 $y''=f(x,y')$ 型.设 $y'=p$,则 $y''=p'$,从而原方程化为

$$xp'-2p=x^2,$$

即

$$p'-\frac{2}{x}p=x.$$

这是一个一阶线性微分方程,其通解为

$$\begin{aligned}p&=e^{\int\frac{2}{x}dx}\left(\int xe^{-\int\frac{2}{x}dx}dx+C_1'\right)\\&=x^2\left(\int\frac{1}{x}dx+C_1'\right)=x^2(\ln x+C_1').\end{aligned}$$

于是

$$y'=x^2\ln x+C_1'x^2.$$

两端积分便得原方程的通解为

$$y=\frac{1}{3}x^3\ln x+C_1x^3+C_2\quad\left(C_1=\frac{C_1'}{3}-\frac{1}{9}\right).$$

例 10-16　求初值问题

$$\begin{cases}(1+x^2)y''=2xy',\\ y|_{x=0}=1,\quad y'|_{x=0}=3\end{cases}$$

的特解.

解　所给方程中不显含未知函数 y,属 $y''=f(x,y')$ 型.设 $y'=p$,则 $y''=p'$,从而原方程化为

$$(1+x^2)p'=2xp,$$

为可分离变量的,将变量分离后得

$$\frac{dp}{p}=\frac{2x}{1+x^2}dx,$$

两端积分,得

$$\ln|p| = \ln(1+x^2) + C,$$

即

$$p = y' = C_1(1+x^2) \quad (C_1 = \pm e^C).$$

代入初始条件 $y'|_{x=0}=3$，得 $C_1=3$. 所以

$$y' = 3(1+x^2).$$

两端再积分，得

$$y = x^3 + 3x + C_2.$$

又由初始条件 $y|_{x=0}=1$，得 $C_2=1$. 故所求初值问题的特解为

$$y = x^3 + 3x + 1.$$

10.3.3 $y''=f(y,y')$ 型的微分方程

形如

$$y'' = f(y,y') \tag{10-25}$$

的微分方程的特征是其右端不显含自变量 x.

现讨论其求解方法. 我们仍设 $y'=p$. 利用复合函数求导法则，可把 y'' 化成对 y 的导数，即

$$y'' = \frac{dp}{dx} = \frac{dp}{dy}\frac{dy}{dx} = p\frac{dp}{dy}.$$

代入原方程，就有

$$p\frac{dp}{dy} = f(y,p).$$

这是关于 y、p 的一阶微分方程，设其通解为

$$y' = p = \varphi(y,C_1).$$

分离变量并积分便得方程(10-25)的通解为

$$\int\frac{dy}{\varphi(y,C_1)} = x + C_2.$$

例 10-17 求微分方程 $2yy''=y'^2+1$ 的通解.

解 所给方程不显含自变量 x，属 $y''=f(y,y')$ 型. 令 $y'=p$，则 $y''=p\dfrac{dp}{dy}$，将其代回原方程，就有

$$2yp\frac{dp}{dy} = p^2 + 1.$$

这是可分离变量的微分方程，可以求得其通解为

$$p^2 = C_1 y - 1.$$

由于 $p=y'$，所以上式可化成

$$\frac{dy}{dx}=\pm\sqrt{C_1y-1}.$$

分离变量并积分,得

$$\frac{dy}{\pm\sqrt{C_1y-1}}=dx,\quad \pm\frac{2}{C_1}\sqrt{C_1y-1}=x+C_2.$$

两边平方便得所求方程的隐式通解

$$\frac{4}{C_1^2}(C_1y-1)=(x+C_2)^2.$$

习 题 10.3

1. 求下列各微分方程的通解:

(1) $y''=x+\cos x$;

(2) $y''=\arctan x$;

(3) $x^2y^{(4)}+1=0$;

(4) $y''=\frac{1}{x}y'+xe^x$;

(5) $x^2y''+xy'=1$;

(6) $y^{(5)}-\frac{1}{x}y^{(4)}=0$;

(7) $yy''-(y')^2=0$;

(8) $y''=1+(y')^2$.

2. 求下列各微分方程满足所给初始条件的特解:

(1) $y''=\sin x-\cos x, y|_{x=0}=2, y'|_{x=0}=1$;

(2) $y''=x(y')^2, y|_{x=0}=1, y'|_{x=0}=1$;

(3) $y''+\frac{1}{1-y}(y')^2=0, y|_{x=1}=e+1, y'|_{x=1}=e$;

(4) $y''=2y^3, y|_{x=0}=1, y'|_{x=0}=1$.

3. 已知某曲线,其方程满足微分方程 $yy''+(y')^2=1$,并且与另一曲线 $y=e^{-x}$ 相切于点(0,1),求此曲线方程.

10.4 高阶线性微分方程及其通解结构

如果微分方程具有形式

$$y^{(n)}+a_1(x)y^{(n-1)}+\cdots+a_{n-1}(x)y'+a_n(x)y=f(x),\tag{10-26}$$

则称其为 n 阶线性微分方程. 其中 $a_1(x), a_2(x), \cdots, a_n(x), f(x)$ 均为 x 的已知函数, $f(x)$ 称为自由项,当 $f(x)\equiv 0$ 时,有

$$y^{(n)}+a_1(x)y^{(n-1)}+\cdots+a_{n-1}(x)y'+a_n(x)y=0\tag{10-27}$$

称为方程(10-26)所对应的 ***n* 阶齐次线性微分方程**;当 $f(x)\not\equiv 0$ 时,方程(10-26)称为 ***n* 阶非齐次线性微分方程**.

当 $n\geqslant 2$ 时,方程(10-26)称为高阶线性微分方程. 本节主要讨论二阶线性微分

方程

$$y'' + p(x)y' + q(x)y = f(x) \tag{10-28}$$

解的理论与结构. 进而推广到 n 阶线性微分方程.

10.4.1 二阶线性微分方程的通解结构

1. 二阶齐次线性微分方程的通解结构

若方程(10-28)中的自由项 $f(x)\equiv 0$,便得到形如

$$y'' + p(x)y' + q(x)y = 0 \tag{10-29}$$

的二阶齐次线性微分方程. 其解具有如下结论:

定理 10-1 若函数 $y_1(x)$、$y_2(x)$均为(10-29)的解,那么

$$y = C_1 y_1(x) + C_2 y_2(x), \tag{10-30}$$

也是(10-29)的解,其中 C_1、C_2 为任意常数.

证 将(10-30)式代入(10-29)式左端,得

$$\begin{aligned}&[C_1y_1''+C_2y_2''] + p(x)[C_1y_1'+C_2y_2'] + q(x)[C_1y_1+C_2y_2]\\ =&C_1[y_1''+p(x)y_1'+q(x)y_1] + C_2[y_2''+p(x)y_2'+q(x)y_2]\\ \equiv&C_1\cdot 0 + C_2\cdot 0\equiv 0,\end{aligned}$$

所以(10-30)式是方程(10-29)的解.

齐次线性方程的这个性质表明其解符合**叠加原理**.

现在的问题是:式(10-30)是方程(10-29)的解,且形式上又含有两个任意常数,那么它是否是方程(10-29)的通解呢? 请看,假若 $y_1(x)$是方程(10-29)的解,则 $y_2(x)=ky_1(x)$也是方程(10-29)的解. 这时的式(10-30)成为

$$y = C_1y_1(x) + C_2y_2(x) = (C_1 + kC_2)y_1(x) = Cy_1(x),$$

其中 $C=C_1+kC_2$. 这显然不是式(10-29)的通解,因此实际上仅有一个任意常数. 那么,满足什么条件式(10-30)才是方程(10-29)的通解呢? 回答这个问题之前,需引入一个新概念,即函数的线性相关性.

定义 10-5 设 $y_1(x)$、$y_2(x)$是定义在区间 I 上的两个函数,如果存在两个不都为零的数 k_1、k_2,使对 $\forall x\in I$,有

$$k_1y_1(x) + k_2y_2(x) \equiv 0, \tag{10-31}$$

则称 $y_1(x)$、$y_2(x)$在区间 I 上线性相关;如果只有当 $k_1=k_2=0$ 时才有(10-31)式成立,则称 $y_1(x)$、$y_2(x)$在区间 I 上线性无关.

例如,函数 $y_1(x)=\cos^2x$, $y_2(x)=1-\sin^2x$ 在$(-\infty,+\infty)$上是线性相关的. 因取 $k_1=1$, $k_2=-1$ 时,在$(-\infty,+\infty)$上恒有 $k_1y_1(x)+k_2y_2(x)\equiv 0$ 成立. 又如 $y_1(x)=e^{-3x}$, $y_2(x)=xe^{-3x}$在$(-\infty,+\infty)$上是线性无关的. 因只有当 $k_1=0$, $k_2=0$ 时才会有 $k_1y_1(x)+k_2y_2(x)=(k_1+k_2x)e^{-3x}=0$. 同样函数 $y_1(x)=e^{2x}\sin 3x$、

$y_2=e^{2x}\cos 3x$ 在$(-\infty,+\infty)$上也是线性无关的.

对于区间 I 上的两个函数 $y_1(x)$，$y_2(x)$通常用如下方法判别其线性相关性：若$\dfrac{y_1(x)}{y_2(x)}\equiv$常数，则 $y_1(x)$、$y_2(x)$在区间 I 上线性相关；若$\dfrac{y_1(x)}{y_2(x)}\neq$常数，则 $y_1(x)$、$y_2(x)$在区间 I 上线性无关.

定理 10-2(二阶齐次线性微分方程解的结构定理) 若函数 $y_1(x)$、$y_2(x)$是二阶齐次线性微分方程(10-29)的线性无关解，则

$$Y(x)=C_1y_1(x)+C_2y_2(x)$$

为方程(10-29)的通解，其中 C_1、C_2 是任意常数.

例如，函数 $y_1=e^x$、$y_2=e^{2x}$都是二阶齐次线性方程 $y''-3y'+2y=0$ 的解，且$\dfrac{y_1}{y_2}=e^{-x}\neq$常数，即 $y_1=e^x$、$y_2=e^{2x}$线性无关，从而 $Y=C_1e^x+C_2e^{2x}$为该方程的通解.

2. 二阶非齐次线性微分方程的通解结构

定理 10-3(二阶非齐次线性微分方程解的结构定理) 设 $y^*(x)$是二阶非齐次线性方程(10-28)的一个特解，$Y(x)$是方程(10-28)所对应的齐次方程(10-29)的通解，则

$$y=Y(x)+y^*(x)=C_1y_1(x)+C_2y_2(x)+y^*(x), \tag{10-32}$$

是二阶非齐次线性微分方程(10-28)的通解.

证 将式(10-32)代入式(10-28)，并根据定理假设，有

$$\begin{aligned}&[Y''+y^{*\prime\prime}]+p(x)[Y'+y^{*\prime}]+q(x)[Y+y^*]\\=&[Y''+p(x)Y'+q(x)Y]+[y^{*\prime\prime}+p(x)y^{*\prime}+q(x)y^*]\\\equiv&0+f(x)=f(x),\end{aligned}$$

即式(10-32)是二阶非齐次线性微分方程(10-28)的通解.

定理 10-3 表示，欲求非齐次方程(10-28)的通解，首先求出它所对应的齐次方程(10-29)的两个线性无关解 $y_1(x)$、$y_2(x)$，再求出方程(10-28)自身的一个特解 $y^*(x)$，便求得非齐次方程(10-28)的通解

$$y=Y(x)+y^*(x)=C_1y_1(x)+C_2y_2(x)+y^*(x).$$

例如，$y''-3y'+2y=2x^2-6x+2$ 是二阶非齐次线性微分方程，已知 $Y=C_1e^x+C_2e^{2x}$是它所对应的齐次方程 $y''-3y'+2y=0$ 的通解；又可以验证 $y^*=x^2$ 是所给方程的一个特解，因此所给方程的通解为

$$y=C_1e^x+C_2e^{2x}+x^2.$$

有时非齐次线性微分方程右端的自由项是两个函数的叠加，即 $f(x)=f_1(x)+f_2(x)$，此时方程(10-28)的特解需用下述定理帮助求得.

定理 10-4　设非齐次线性方程(10-28)的右端 $f(x)=f_1(x)+f_2(x)$，即有二阶非齐次线性微分方程

$$y''+p(x)y'+q(x)y=f_1(x)+f_2(x), \tag{10-33}$$

而 $y_1^*(x)$、$y_2^*(x)$分别是方程

$$y''+p(x)y'+q(x)y=f_1(x)$$

与

$$y''+p(x)y'+q(x)y=f_2(x)$$

的特解. 那么 $y^*=y_1^*(x)+y_2^*(x)$就是方程(10-33)的特解.

证明留给读者自己完成.

定理 10-4 通常称为非齐次线性微分方程的特解对其自由项的**叠加原理**.

*10.4.2　*n* 阶线性微分方程的通解结构

这里仅将上面的有关概念和结论推广至 n 阶线性微分方程，不作详细讨论.

定义 10-6　设 $y_1(x),y_2(x),\cdots,y_n(x)$是定义在区间 I 上的 n 个函数，如果存在 n 个不全为零的常数 $k_1,k_2,\cdots,k_n$，使得当 $x\in I$ 时有恒等式

$$k_1y_1(x)+k_2y_2(x)+\cdots+k_ny_n(x)\equiv 0 \tag{10-34}$$

成立，则称这 n 个函数在区间 I 上线性相关；若仅当 $k_1=k_2=\cdots=k_n=0$ 时才有式(10-34)成立. 则称这 n 个函数在区间 I 上线性无关.

定理 10-5(n 阶齐次线性微分方程解的结构定理)　设 $y_1(x),y_2(x),\cdots,y_n(x)$是$n$ 阶齐次线性微分方程

$$y^{(n)}+a_1(x)y^{(n-1)}+\cdots+a_{n-1}(x)y'+a_n(x)y=0$$

的 n 个线性无关解，则

$$Y(x)=C_1y_1(x)+C_2y_2(x)+\cdots+C_ny_n(x)$$

为方程(10-27)的通解，其中 $C_1,C_2,\cdots,C_n$ 是任意常数.

定理 10-6(n 阶非齐次线性微分方程解的结构)　设 $y^*(x)$是 n 阶非齐次线性方程(10-26)的一个特解，$Y(x)$是方程(10-26)所对应的齐次方程(10-27)的通解，则

$$y=Y(x)+y^*(x)=C_1y_1(x)+C_2y_2(x)+\cdots+C_ny_n(x)+y^*(x)$$

是 n 阶非齐次线性微分方程(10-26)的通解.

习　题　10.4

1. 判断下列函数在定义区间内的线性相关性：

(1) x,x^2；　　(2) $x^3,-3x^3$；

(3) e^x,e^{x+1}；　　(4) e^{-x},e^x；

(5) $e^{-x}, \sin x$;　　(6) $0, 1, x$;

(7) $\sin x, \cos x$;　　(8) $x-1, x+1$.

2. 验证三个函数 $y_1=e^x, y_2=e^{x-1}, y_3=e^{-x}$ 都是微分方程 $y''-y=0$ 的解，并问：三个函数 $Y_1=C_3y_3+C_2y_2, Y_2=C_1y_1+C_3y_3, Y_3=C_1y_1+C_2y_2$ 中哪一些是这个方程的通解.

3. 如果 y_1, y_2, y_3 是二阶线性非齐次微分方程 $y''+P(x)y'+Q(x)y=f(x)$ 的线性无关的解，试用 y_1, y_2, y_3 表示该方程的通解.

10.5　高阶常系数线性微分方程

本节主要讨论二阶常系数线性微分方程的解法，然后再将二阶方程的解法推广至 n 阶方程.

10.5.1　高阶常系数齐次线性微分方程

1. 二阶常系数齐次线性微分方程的解法

在二阶齐次线性微分方程

$$y''+p(x)y'+q(x)y=0 \tag{10-35}$$

中，若 y'、y 的系数 $p(x)$、$q(x)$ 均为常数，即式(10-35)成为

$$y''+py'+qy=0, \tag{10-36}$$

其中 p、q 为常数，则称(10-36)为**二阶常系数齐次线性微分方程**. 若 p、q 不全为常数，称式(10-35)为**二阶变系数齐次线性微分方程**.

根据齐次线性微分方程解的结构定理，欲求方程(10-36)的通解，只需求出其两个线性无关的特解 y_1、y_2，$\left(\dfrac{y_1}{y_2}\neq\text{常数}\right)$，那么 $Y=C_1y_1+C_2y_2$ 即为所求.

在微分方程(10-36)中，由于 p、q 都是常数，通过观察可以发现，若某一函数 $y=y(x)$ 与其一阶导数 y'、二阶导数 y'' 之间仅相差一个常数因子，通过调整其常数，那么就可能得到该方程的解. 显然，指数函数 $y=e^{rx}$ (r 为常数)就具有这一特性，我们尝试能否通过选取适当的常数 r，使 $y=e^{rx}$ 满足齐次方程(10-36). 这时将

$$y=e^{rx}, \quad y'=re^{rx}, \quad y''=r^2e^{rx}$$

代入方程(10-36)，得

$$(r^2+pr+q)e^{rx}=0.$$

由于 $e^{rx}\neq 0$，所以必有

$$r^2+pr+q=0. \tag{10-37}$$

它是关于 r 的二次方程，只要 r 满足代数方程(10-37)，那么函数 $y=e^{rx}$ 就一定是二阶齐次微分方程(10-36)的解. 代数方程(10-37)完全由微分方程(10-36)所确定，所以我们称代数方程(10-37)为微分方程(10-36)的**特征方程**；特征方程的根称

为特征根.

由上述分析,求微分方程(10-36)的通解问题就转化为求其特征方程根的问题.

特征方程(10-37)的两个根 r_1、r_2 可由公式

$$r_{1,2}=\frac{-p\pm\sqrt{p^2-4q}}{2}$$

求得. 按其判别式 $\Delta=p^2-4q$ 的三种不同情形,对应着其特征根有三种不同情形,从而微分方程(10-36)的通解有如下三种情形.

1) 当 $\Delta>0$ 时,特征方程有两个相异实根 r_1、$r_2(r_1\neq r_2)$的情形

此时得到微分方程(10-36)两个特解 $y_1=e^{r_1x}$ 和 $y_2=e^{r_2x}$,且 $\frac{y_1}{y_2}=\frac{e^{r_1x}}{e^{r_2x}}=e^{(r_1-r_2)x}\neq$ 常数,所以它们线性无关. 这样便求得微分方程(10-36)的通解是

$$Y_C=C_1e^{r_1x}+C_2e^{r_2x}\quad (C_1、C_2 \text{ 为任意常数}).$$

2) 当 $\Delta=0$ 时,特征方程有两个相等实根 $r_1=r_2$ 的情形

此时,因 $r_1=r_2=-\frac{p}{2}$,我们只得到微分方程(10-36)的一个特解 $y_1=e^{r_1x}$. 为了求出微分方程(10-36)的通解,还需求出另外一个与 y_1 线性无关的解 y_2. 为此我们验证 $y_2=xe^{r_1x}$ 也是微分方程(10-36)的一个特解. 实际上,将

$$y_2=xe^{r_1x},\quad y_2'=e^{r_1x}+r_1xe^{r_1x},\quad y_2''=2r_1e^{r_1x}+r_1^2xe^{r_1x}$$

代入微分方程(10-36),并注意到 $r_1=-\frac{p}{2}$,有

$$\begin{aligned}&2r_1e^{r_1x}+r_1^2xe^{r_1x}+p(e^{r_1x}+r_1xe^{r_1x})+qxe^{r_1x}\\=&e^{r_1x}[(r_1^2+pr_1+q)x+2r_1+p]\equiv 0.\end{aligned}$$

又因 $y_1=e^{r_1x}$、$y_2=xe^{r_1x}$ 线性无关. 这样便求得微分方程(10-36)的通解是

$$Y_C=C_1e^{r_1x}+C_2xe^{r_1x},$$

即

$$Y_C=(C_1+C_2x)e^{r_1x}.$$

3) 当 $\Delta<0$ 时,特征方程有一对共轭复根的情形

此时 $r_1=\alpha+i\beta$, $r_2=\alpha-i\beta$. 其中 $\alpha=-\frac{p}{2}$, $\beta=\frac{\sqrt{4q-p^2}}{2}$. 那么 $y_1=e^{(\alpha+i\beta)x}$ 和 $y_2=e^{(\alpha-i\beta)x}$ 是微分方程(10-36)的特解. 但它们是复数形式,而非我们所希望的实数形式. 通过验证可知

$$\tilde{y}_1=e^{\alpha x}\cos\beta x,\quad \tilde{y}_2=e^{\alpha x}\sin\beta x$$

是微分方程(10-36)的两个实数形式的解,且它们线性无关. 由此便得微分方程(10-36)的通解是

$$Y_C = e^{\alpha x}(C_1\cos\beta x + C_2\sin\beta x).$$

综上所述,求二阶常系数齐次线性微分方程(10-36)的通解的步骤如下:

第一步 写出齐次微分方程(10-36)的特征方程

$$r^2 + pr + q = 0.$$

第二步 求出两个特征根 r_1、r_2.

第三步 由两个特征根的三种不同情形,按照表10-1给出齐次微分方程(10-36)的通解.

表 10-1

特征方程	特 征 根	微分方程 $y''+py'+qy=0$ 的通解
$r^2+pr+q=0$	两个相异实根 r_1,r_2	$Y_C=C_1e^{r_1x}+C_2e^{r_2x}$
	两个相等实根 r_1,r_2	$Y_C=(C_1+C_2x)e^{r_1x}$
	一对共轭复根 $r_{1,2}=\alpha\pm i\beta$	$Y_C=e^{\alpha x}(C_1\cos\beta x+C_2\sin\beta x)$

例 10-18 求微分方程 $y''-y'-6y=0$ 的通解.

解 所给方程为二阶常系数齐次线性微分方程.其特征方程为

$$r^2 - r - 6 = 0.$$

特征根为 $r_1=-2,r_2=3$,从而该微分方程的通解是

$$Y_C = C_1e^{-2x} + C_2e^{3x}.$$

例 10-19 求微分方程 $y''+6y'+9y=0$ 的通解.

解 所给微分方程的特征方程为

$$r^2 + 6r + 9 = 0.$$

特征根为 $r_1=r_2=-3$.从而得方程的通解是

$$Y_C = (C_1 + C_2x)e^{-3x}.$$

例 10-20 求微分方程 $y''-3y'+5y=0$ 的通解.

解 所给微分方程的特征方程为

$$r^2 - 3r + 5 = 0,$$

特征根为 $r_{1,2}=\frac{3}{2}\pm\frac{\sqrt{11}}{2}i$,是一对共轭复根.因此,所求微分方程的通解为

$$Y_C = e^{\frac{3}{2}x}\left(C_1\cos\frac{\sqrt{11}}{2}x + C_2\sin\frac{\sqrt{11}}{2}x\right).$$

*2. n阶常系数齐次线性微分方程的解法

n 阶常系数齐次线性微分方程的一般形式是

$$y^{(n)} + p_1y^{(n-1)} + p_2y^{(n-2)} + \cdots + p_{n-1}y' + p_ny = 0. \tag{10-38}$$

方程(10-38)的**特征方程是 n 次代数方程.**

$$r^n + p_1 r^{n-1} + p_2 r^{n-2} + \cdots + p_{n-1} r + p_n = 0 \tag{10-39}$$

根据特征方程的根，即特征根，可以写出其对应的微分方程的线性无关的特解如表 10-2 所示.

表 10-2

特征根 r	齐次线性微分方程(10-38)对应于 r 的线性无关解
单实根 r	1 个：e^{rx}
一对单复根 $r_{1,2}=\alpha\pm i\beta$	2 个：$e^{\alpha x}\cos\beta x, e^{\alpha x}\sin\beta x$
k 重实根 r	k 个：$e^{rx}, xe^{rx}, \cdots, x^{k-1}e^{rx}$
一对 k 重复根 $r_{1,2}=\alpha\pm i\beta$	$2k$ 个：$e^{\alpha x}\cos\beta x, xe^{\alpha x}\cos\beta x, \cdots, x^{k-1}e^{\alpha x}\cos\beta x$ $e^{\alpha x}\sin\beta x, xe^{\alpha x}\sin\beta x, \cdots, x^{k-1}e^{\alpha x}\sin\beta x$

特征方程(10-39)为 n 次代数方程，由代数学知道，它有 n 个根(重根按重数计算)，特征方程的每一个根都对应着齐次线性微分方程(10-38)的一个特解，且这 n 个特解线性无关. 设这 n 个线性无关的解分别为 $y_1, y_2, \cdots, y_n$，这样就得到 n 阶常系数齐次线性微分方程的通解

$$Y_C = C_1 y_1 + C_2 y_2 + \cdots + C_n y_n \quad (C_1, C_2, \cdots, C_n \text{ 为任意常数}).$$

例 10-21 求微分方程 $y^{(4)}+2y'''+3y''=0$ 的通解.

解 所给微分方程的特征方程为

$$r^4 + 2r^3 + 3r^2 = 0,$$

即

$$r^2(r^2 + 2r + 3) = 0.$$

特征根是 $r_1=r_2=0, r_{3,4}=-1\pm\sqrt{2}i$.

因此所求微分方程的通解为

$$Y_C = C_1 + C_2 x + e^{-x}(C_3\cos\sqrt{2}x + C_4\sin\sqrt{2}x).$$

例 10-22 求微分方程 $y^{(4)}+5y''-36y=0$ 的通解.

解 所给微分方程的特征方程为

$$r^4 + 5r^2 - 36 = 0,$$

即

$$(r^2 - 4)(r^2 + 9) = 0.$$

特征根是 $r_{1,2}=\pm 2, r_{3,4}=\pm 3i$.

因此所求微分方程的通解为

$$Y_C = C_1 e^{2x} + C_2 e^{-2x} + C_3\cos 3x + C_4\sin 3x.$$

10.5.2 高阶常系数非齐次线性微分方程

这里将重点讨论二阶常系数非齐次线性微分方程的解法，并将解法推广至 n

阶常系数非齐次线性微分方程.

二阶常系数非齐次线性微分方程的一般形式是

$$y'' + py' + qy = f(x), \tag{10-40}$$

其中 p、q 是常数.

由于我们已经会求其对应的齐次微分方程(10-36)的通解,现在问题的焦点就是如何求得方程(10-40)的一个特解 y^*.

在这里首先介绍当方程(10-40)的右端自由项 $f(x)$取两种常见形式时求特解 y^* 的方法,然后再将求解方法向 n 阶非齐次方程推广. 自由项 $f(x)$的两种形式是:

(1) $f(x)=P_m(x)e^{\lambda x}$,其中 λ 是常数,$P_m(x)$是 x 的一个 m 次多项式.

(2) $f(x)=e^{\lambda x}[P_l(x)\cos wx+P_n(x)\sin wx]$,其中 λ、w 是常数,$P_l(x)$、$P_n(x)$分别是 x 的 l 次、n 次多项式,其中有一个可以为零.

我们介绍的求解方法是根据微分方程及 $f(x)$的形式,断定特解 y^* 应该具有的某种特定形式,将其代入原微分方程,利用恒等关系确定出具体特解 y^*,该方法的特点是不用积分,**通常称为待定系数法**,下面分别介绍 $f(x)$为上述两种形式时特解 y^* 的求法.

1. $f(x)=P_m(x)e^{\lambda x}$ 型

在二阶常系数非齐次线性微分方程(10-40)中右端自由项 $f(x)$取 $P_m(x)e^{\lambda x}$ 形式,其中 $P_m(x)$为给定的 m 次多项式,即

$$P_m(x) = a_0x^m + a_1x^{m-1} + \cdots + a_{m-1}x + a_m.$$

方程(10-40)的特解 y^* 是使方程(10-40)成为恒等式的函数,因为(10-40)式右端 $f(x)$是多项式 $P_m(x)$与指数函数 $e^{\lambda x}$ 的乘积,而多项式与指数函数之积的导数仍然是多项式与指数函数的乘积. 所以我们有理由推断特解的形式为 $y^*=Q(x)e^{\lambda x}$,其中$Q(x)$是某个待定的多项式,现在我们将 $y^*=Q(x)e^{\lambda x}$ 代回原方程(10-40),选取适当的多项式 $Q(x)$以确定 y^* 的具体形式. 为此,将 $y^*=Q(x)e^{\lambda x}$ 及其一、二阶导数

$$y^{*\prime} = e^{\lambda x}[\lambda Q(x) + Q'(x)],$$

$$y^{*\prime\prime} = e^{\lambda x}[\lambda^2 Q(x) + 2\lambda Q'(x) + Q''(x)],$$

代入方程(10-40)并消去 $e^{\lambda x}$,得

$$Q''(x) + (2\lambda + p)Q'(x) + (\lambda^2 + p\lambda + q)Q(x) = P_m(x). \tag{10-41}$$

根据 λ 与方程(10-36)所对应的齐次方程

$$y'' + py' + qy = 0$$

的特征根 r_1,r_2 的关系,对 y^* 的形式讨论如下:

当 λ 不是方程(10-36)的特征方程 $r^2+pr+q=0$ 的根时,$\lambda^2+p\lambda+q\neq 0$,此时式(10-41)左端多项式的次数由 $Q(x)$的次数来决定,右端 $P_m(x)$为 m 次多项式,

欲使式(10-41)两端恒等,则可取 $Q(x)$ 为另一 m 次多项式 $Q_m(x)$:

$$Q_m(x)=b_0x^m+b_1x^{m-1}+\cdots+b_{m-1}x+b_m.$$

其中 $b_0,b_1,\cdots,b_m$ 为待定系数.在具体解方程时,可将其代入式(10-41)来确定.即此时特解形式为 $y^*=Q_m(x)e^{\lambda x}$.

当 λ 是特征方程 $r^2+pr+q=0$ 的单根时,$\lambda^2+p\lambda+q=0$ 但 $2\lambda+p\neq0$.此时式(10-41)左端多项式的次数由 $Q'(x)$ 的次数来决定,欲使式(10-41)两端恒等,则 $Q'(x)$ 必须是 m 次多项式,因此可取

$$Q(x)=xQ_m(x).$$

且 $Q_m(x)$ 的系数 $b_i(i=0,1,\cdots,m)$ 的确定与上一情形相同.那么该情形下特解形式为 $y^*=xQ_m(x)e^{\lambda x}$.

当 λ 是特征方程 $r^2+pr+q=0$ 的重根时,$\lambda^2+p\lambda+q=0$,且 $2\lambda+p=0$.此时式(10-41)左端多项式的次数由 $Q''(x)$ 的次数来决定,欲使式(10-41)两端恒等,则 $Q''(x)$ 必须是 m 次多项式,此时可取

$$Q(x)=x^2Q_m(x)$$

并用同样的方法确定 $Q_m(x)$ 中的系数,那么该情形下特解形式为 $y^*=x^2Q_m(x)e^{\lambda x}$.

综上所述,我们将讨论的结果归纳如表 10-3 所示.

表 10-3

λ 与特征方程 $r^2+pr+q=0$ 的根的关系	方程 $y''+py'+qy=P_m(x)e^{\lambda x}$ 的特解形式 $y^*=x^kQ_m(x)e^{\lambda x}$
λ 不是特征根	$k=0,y^*=Q_m(x)e^{\lambda x}$
λ 是单重特征根	$k=1,y^*=xQ_m(x)e^{\lambda x}$
λ 是二重特征根	$k=2,y^*=x^2Q_m(x)e^{\lambda x}$

例 10-23　求微分方程 $y''+2y'-3y=2x^2+x+1$ 的一个特解.

解　这是二阶常系数非齐次线性微分方程,且自由项 $f(x)$ 为 $P_m(x)e^{\lambda x}$ 型(其中 $P_m(x)=2x^2+x+1,\lambda=0$).

与所给方程对应的齐次方程为

$$y''+2y'-3y=0,$$

其特征方程为

$$r^2+2r-3=0,$$

特征根 $r_1=1,r_2=-3$.

由于 $\lambda=0$ 不是特征根,所以应设特解为

$$y^*=b_0x^2+b_1x+b_2.$$

把它代入所给方程,得

$$-3b_0x^2+(4b_0-3b_1)x+2b_0+2b_1-3b_2=2x^2+x+1.$$

比较两端 x 同次幂的系数,得

$$\begin{cases}-3b_0=2,\\ 4b_0-3b_1=1,\\ 2b_0+2b_1-3b_2=1.\end{cases}$$

由此求得 $b_0=-\frac{2}{3},b_1=-\frac{11}{9},b_2=-\frac{43}{27}$,于是求得的一个特解为

$$y^*=-\frac{2}{3}x^2-\frac{11}{9}x-\frac{43}{27}.$$

例 10-24 求微分方程 $y''-3y'-4y=(2x+3)e^{-x}$ 的通解.

解 所给方程也是二阶常系数非齐次线性微分方程,且 $f(x)$ 呈 $P_m(x)e^{\lambda x}$ 型(其中 $P_m(x)=2x+3,\lambda=-1$).

与所给方程对应的齐次方程为

$$y''-3y'-4y=0.$$

其特征方程

$$r^2-3r-4=0,$$

有两个实根 $r_1=-1,r_2=4$. 于是所给方程对应的齐次方程的通解为

$$Y_C=C_1e^{-x}+C_2e^{4x}.$$

由于 $\lambda=-1$ 是单重特征根,所以应设特解 y^* 为

$$y^*=x(b_0x+b_1)e^{-x}.$$

将其代入原方程,得

$$-10b_0x+2b_0-5b_1=2x+3,$$

比较等式两端同次幂的系数,得

$$\begin{cases}-10b_0=2,\\ 2b_0-5b_1=3.\end{cases}$$

解得 $b_0=-\frac{1}{5},b_1=-\frac{17}{25}$. 因此求得一个特解为

$$y^*=-\left(\frac{1}{5}x^2+\frac{17}{25}x\right)e^{-x}.$$

从而所求的通解为

$$y=C_1e^{-x}+C_2e^{4x}-\left(\frac{1}{5}x^2+\frac{17}{25}x\right)e^{-x}.$$

2. $f(x)=e^{\lambda x}[P_l(x)\cos wx+P_n(x)\sin wx]$ 型

在二阶常系数非齐次线性微分方程(10-40)中右端自由项 $f(x)$ 取

$e^{\lambda x}[P_l(x)\cos wx+P_n(x)\sin wx]$形式，其中 $P_l(x)$、$P_n(x)$分别为 l 次、n 次多项式. 类似于上一节的讨论，关于特解 y^* 具有如表 10-4 的结论.

表 10-4

$\lambda+iw$(或 $\lambda-iw$)与特征方程 $r^2+pr+q=0$ 的根的关系	方程 $y''+py'+qy=e^{\lambda x}[P_l(x)\cos wx+P_n(x)\sin wx]$的特解形式 $y^*=x^k e^{\lambda x}[R_m^{(1)}(x)\cos wx+R_m^{(2)}(x)\sin wx]$
$\lambda+iw$(或 $\lambda-iw$)不是特征根	$k=0,y^*=e^{\lambda x}[R_m^{(1)}(x)\cos wx+R_m^{(2)}(x)\sin wx]$
$\lambda+iw$(或 $\lambda-iw$)是特征根	$k=1,y^*=xe^{\lambda x}[R_m^{(1)}(x)\cos wx+R_m^{(2)}(x)\sin wx]$

注：其中 $R_m^{(1)}(x)$、$R_m^{(2)}(x)$为 m 次多项式，$m=\max\{l,n\}$.

例 10-25 求微分方程 $y''+y'-2y=\cos x-3\sin x$ 满足初始条件 $y(0)=1$, $y'(0)=2$ 的特解.

解 所给方程为二阶常系数非齐次线性微分方程，且 $f(x)$ 属于 $e^{\lambda x}[P_l(x)\cos wx+P_n(x)\sin wx]$型(其中 $\lambda+iw=i,P_l(x)=1,P_n(x)=-3$. 从而 $m=\max\{l,n\}=0$).

与所给方程对应的齐次方程为

$$y''+y'-2y=0,$$

其特征方程为

$$r^2+r-2=0.$$

特征根 $r_1=1,r_2=-2$,可得相应的齐次方程的通解

$$Y_C=C_1e^x+C_2e^{-2x}.$$

其次，求非齐次方程的一个特解 y^*. 因 $\lambda+iw=i$ 不是特征根，所以可设

$$y^*=a\cos x+b\sin x.$$

代入原方程，整理得

$$(-3a+b)\cos x+(-a-3b)\sin x=\cos x-3\sin x.$$

比较两端同名三角函数的系数，得

$$\begin{cases}-3a+b=1,\\-a-3b=-3.\end{cases}$$

由此解出 $a=0,b=1$. 从而得到方程的一个特解

$$y^*=\sin x.$$

从而方程的通解为

$$y=C_1e^x+C_2e^{-2x}+\sin x.$$

最后，由初始条件定出 C_1,C_2. 为此，对 y 求导得

$$y'=C_1e^x-2C_2e^{-2x}+\cos x.$$

再将初始条件代入通解 y 及 y'的表达式，整理得

$$\begin{cases}C_1+C_2=1,\\C_1-2C_2+1=2,\end{cases}\quad 解出\quad \begin{cases}C_1=1,\\C_2=0.\end{cases}$$

故满足初始条件的特解为

$$y = e^x + \sin x.$$

例 10-26　求微分方程 $y''+3y'+2y=e^{-x}\cos x$ 的通解.

解　所给方程为二阶常系数非齐次线性微分方程. 且自由项 $f(x)$ 属于 $e^{\lambda x}[P_l(x)\cos wx+P_n(x)\sin wx]$ 型($\lambda+iw=-1+i, P_l(x)=1, P_n(x)=0, m=\max\{l,n\}=0$).

与所给方程对应的齐次方程为

$$r^2+3r+2=0,$$

其特征根 $r_1=-1, r_2=-2$. 所以对应的齐次微分方程的通解为

$$Y_C = C_1 e^{-x} + C_2 e^{-2x}.$$

由于这里 $\lambda+iw=-1+i$ 不是特征根, $m=0$, 因此可设非齐次方程的特解为

$$y^* = e^{-x}(a\cos x + b\sin x).$$

将 y^* 代入所给方程并约去 e^{-x}, 得

$$(-a+b)\cos x - (a+b)\sin x = \cos x.$$

比较两端同名三角函数的系数, 得

$$\begin{cases} -a+b=1, \\ a+b=0. \end{cases}$$

解得 $a=-\frac{1}{2}, b=\frac{1}{2}$, 因而特解为

$$y^* = \frac{1}{2}e^{-x}(\sin x - \cos x).$$

故所求非齐次微分方程的通解为

$$y = C_1 e^{-x} + C_2 e^{-2x} + \frac{1}{2}e^{-x}(\sin x - \cos x).$$

例 10-27　求微分方程 $y''+y=4x\sin x$ 的一个特解.

解　所给方程为二阶常系数非齐次线性微分方程. 且自由项 $f(x)$ 属于 $e^{\lambda x}[P_l(x)\cos wx+P_n(x)\sin wx]$ 型. 这里 $\lambda+iw=i, P_l(x)=0, P_n(x)=4x, m=\max\{l,n\}=\{0,1\}=1$.

特征方程为 $r^2+1=0$, 特征根 $r_{1,2}=\pm i$. 因此 $\lambda+iw=i$ 为特征根, $k=1$, 所以可设特解为

$$y^* = x[(ax+b)\cos x + (cx+d)\sin x].$$

将 y^* 代入原方程, 并整理得

$$[-ax^2+(4c-b)x+2a+2d]\cos x - [cx^2+(4a+d)x+(2b-2c)]\sin x$$
$$+(ax^2+bx)\cos x + (cx^2+dx)\sin x = 4x\sin x.$$

比较两端同类项系数, 得

$$\begin{cases} 4c = 0, \\ 2a + 2d = 0, \\ -4a = 4, \\ 2b - 2c = 0. \end{cases}$$

解得 $a=-1, b=0, c=0, d=1$. 于是所求微分方程的特解为

$$y^* = x\sin x - x^2\cos x.$$

*3. n 阶常系数非齐次线性微分方程的解法

n 阶常系数非齐次线性微分方程的一般形式是

$$y^{(n)} + p_1 y^{(n-1)} + p_2 y^{(n-2)} + \cdots + p_{n-1}y' + p_n y = f(x), \qquad (10\text{-}42)$$

其中 $p_1, p_2, \cdots, p_n$ 均为实常数，$f(x)$为方程的自由项. 与方程(10-42)所对应的齐次线性微分方程是

$$y^{(n)} + p_1 y^{(n-1)} + p_2 y^{(n-2)} + \cdots + p_{n-1}y' + p_n y = 0.$$

由于齐次方程(10-38)的通解已在前面讨论过. 根据非齐次线性微分方程解的结构定理，现在只需讨论非齐次线性微分方程特解的求法.

这里仅对 n 阶常系数非齐次线性微分方程(10-42)的自由项 $f(x)=P_m(x)e^{\lambda x}$ 或 $f(x)=e^{\lambda x}(A\cos wx+B\sin wx)$型时，给出特解的形式. 归纳如表 10-5 所示.

表 10-5

$f(x)$的形式	确定特解的条件	特解 y^* 的形式
$P_m(x)e^{\lambda x}$	λ 不是特征根	$y^*=Q_m(x)e^{\lambda x}$
	λ 是单特征根	$y^*=xQ_m(x)e^{\lambda x}$
	λ 是 $k(\geqslant 2)$ 重特征根	$y^*=x^kQ_m(x)e^{\lambda x}$
$e^{\lambda x}(A\cos wx+B\sin wx)$	$\lambda\pm iw$ 不是特征根	$y^*=e^{\lambda x}(a\cos wx+b\sin wx)$
	$\lambda\pm iw$ 是单特征根	$y^*=xe^{\lambda x}(a\cos wx+b\sin wx)$
	$\lambda\pm iw$ 是 $k(\geqslant 2)$ 重特征根	$y^*=x^ke^{\lambda x}(a\cos wx+b\sin wx)$

其中 $Q_m(x)$为待定 m 次多项式. 对具体方程，可以采用待定系数法求出其特解 y^*. 于是，n 阶常系数非齐次线性微分方程(10-42)的通解为

$$y = Y_C + y^*.$$

例 10-28 求微分方程 $y^{(4)}-2y'''+2y''-2y'+y=e^x$ 的通解.

解 所给方程的特征方程为

$$r^4 - 2r^3 + 2r^2 - 2r + 1 = (r-1)^2(r^2+1) = 0,$$

特征根 $r_{1,2}=1, r_{3,4}=\pm i$.

$f(x)=e^x$. 所以 $\lambda=1$，且为二重特征根，故 $k=2$. 则特解形式为

$$y^* = ax^2e^x.$$

将 $y^*, y^{*\prime}, y^{*\prime\prime}, y^{(4)}$ 的表示式代入原方程，可求得 $a=\frac{1}{4}$. 于是所求方程的通解为

$$y = Y_C + y^* = (C_1 + C_2 x)e^x + C_3\cos x + C_4\sin x + \frac{1}{4}x^2 e^x.$$

习　题　10.5

1. 求下列微分方程的通解：

(1) $2y''+y'-y=0$；　(2) $y''+2y'+3y=0$；

(3) $y''+3y'+2y=0$；　(4) $y''-4y'+4y=0$；

(5) $y''+2y=0$；　(6) $4y''-4y'+y=0$.

*2. 求下列微分方程的通解：

(1) $y^{(4)}+2y''+y=0$；　(2) $y'''-y''+4y'-4y=0$；

(3) $y'''-2y''-3y'=0$；　(4) $y^{(4)}+2y'''+y''=0$.

3. 求下列微分方程满足所给初始条件的特解：

(1) $y''+y'-2y=0, y|_{x=0}=0, y'|_{x=0}=3$；

(2) $y''-2y'+2y=0, y|_{x=0}=1, y'|_{x=0}=2$；

(3) $y''+4y'+4y=0, y|_{x=0}=1, y'|_{x=0}=1$；

(4) $y''+9y=0, y|_{x=\frac{\pi}{3}}=0, y'|_{x=\frac{\pi}{3}}=1$.

4. 求下列微分方程的通解：

(1) $y''-y'-6y=3x^2+x+1$；　(2) $y''-3y'=x-1$；

(3) $y''-2y'-3y=6e^{2x}$；　(4) $y''-5y'+6y=(3x+1)e^{2x}$；

(5) $y''+2y'+y=3e^{-x}$；　(6) $y''-4y'+4y=-e^{2x}\sin 6x$；

(7) $y''+y=2\cos 5x+3\sin 5x$；　(8) $y''+4y=8\sin 2x$；

(9) $y''+5y'+6y=e^{-x}+e^{-2x}$；　(10) $y''-8y'+16y=x+e^{4x}$.

5. 求下列各微分方程满足已给初始条件的特解：

(1) $y''-3y'+2y=1, y|_{x=0}=2, y'|_{x=0}=2$；

(2) $y''-6y'+9y=(2x+1)e^{3x}, y|_{x=0}=1, y'|_{x=0}=2$；

(3) $y''+4y=\sin x, y|_{x=0}=1, y'|_{x=0}=1$；

(4) $y''-4y'=5, y|_{x=0}=1, y'|_{x=0}=0$.

*6. 求下列微分方程的通解或给定条件下的特解：

(1) $y'''-2y''-y'+2y=6x^2-7$；

(2) $y^{(4)}+3y''-4y=e^x$；

(3) $y'''+2y''+y'=-2e^{-2x}, y|_{x=0}=2, y'|_{x=0}=1, y''|_{x=0}=1$.

7. 设 $f(x)$ 连续，$f(0)=0$，同时满足

$$f'(x) = 1 + \int_0^x [3e^{-t} - f(t)]dt,$$

求函数 $f(x)$.

10.6 微分方程在经济管理中的应用

在经济管理中经常要研究各经济变量之间的联系及其变化的内在规律. 为此，有时需要根据经济运行的内在动因，通过建立微分方程模型，并求解微分方程模型，从数量方面刻画与描述经济系统的运行机理、运行过程及变化趋势. 下面仅通过几个简单的例子介绍微分方程在经济管理中的应用.

10.6.1 价格调整模型

例 10-29 已知某商品的需求函数与供给函数分别为

$$Q = a - bP\ (a, b > 0),$$
$$S = -c + dP\ (c, d > 0).$$

(1) 求商品的均衡价格 P_e；

(2) 设 $P=P(t)$，且 $P(t)$ 的变化率与该商品的需求量与供给量的差成正比，当商品的初始价格为 P_0 时，求价格 $P(t)$ 的表达式；

(3) 当时间 $t\to\infty$ 时，价格 $P(t)$ 的变化趋势.

解 (1) 当市场上该商品的需求量与供给量相等时，市场处于均衡状态，此时的价格为均衡价格，由

$$Q = S,$$

即

$$a - bP = -c + dP,$$

解得均衡价格 $P_e=\dfrac{a+c}{b+d}$.

(2) 由题设，该商品的市场价格 $P(t)$ 随时间变化的内在动因在于供需的矛盾运动. 因此商品变化规律的数学模型为微分方程的初值问题：

$$\begin{cases} \dfrac{dP}{dt} = k(Q - S), & (10\text{-}43) \\ P\big|_{t=0} = P_0. & (10\text{-}44) \end{cases}$$

其中 $k>0$ 为价格调整强度系数. 因 P 是 t 的函数，所以 Q、S 也为 t 的函数. 将 Q 和 S 的表达式代入方程(10-43)，并整理，得一阶线性微分方程

$$\frac{dP}{dt} + k(b+d)P = k(a+c).$$

利用公式可求得其通解为

$$P(t) = Ce^{-k(b+d)t} + P_e,$$

其中 C 为任意常数，P_e 为均衡价格.

由初始条件 $P|_{t=0}=P_0$ 可得 $C=P_0-P_e$，于是价格调整模型的解为

$$P(t) = (P_0 - P_e)e^{-k(b+d)t} + P_e.$$

(3) 因 $\lim\limits_{t\to+\infty} P(t) = \lim\limits_{t\to+\infty} [(P_0 - P_e)e^{-k(b+d)t} + P_e] = P_e.$

即无论初始价格 $P_0 < P_e$ 还是 $P_0 > P_e$，当 $t\to+\infty$时，都有 $P_t \to P_e$(图 10-2).

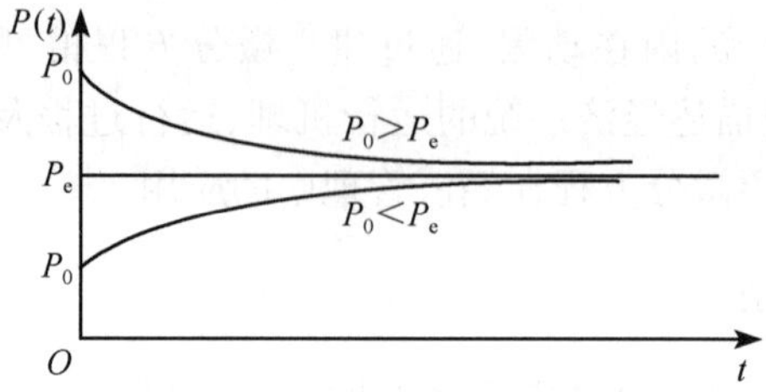

图 10-2

10.6.2　新技术推广模型

例 10-30　某项新技术需要推广，在 t 时刻已掌握该项技术的人数 $x(t)$，该项技术需要掌握的总人数为 N. 若新技术推广的速度与已掌握该新技术的人数与尚待推广人数的乘积成正比($k>0$ 为比例常数)且初始时刻已掌握该技术的人数为 $\frac{1}{4}N$. 求

(1) 已掌握新技术人数 $x(t)$的表达式；

(2) 求 $x(t)$增长最快的时刻 T.

解　(1) 由题意知，$x(t)$随时间 t 的变化规律的数学模型为微分方程的初值问题

$$\begin{cases} \dfrac{dx}{dt} = kx(N-x), & (10\text{-}45) \\ x|_{t=0} = \dfrac{1}{4}N. & (10\text{-}46) \end{cases}$$

方程(10-45)为可分离变量的微分方程，其通解为

$$x(t) = \frac{N}{1+\frac{1}{C}e^{-kNt}}.$$

代入初始条件(10-46)，得 $C=\frac{1}{3}$. 故

$$x(t) = \frac{N}{1+3e^{-kNt}}.$$

(2) 由上式可得

$$\frac{dx}{dt} = \frac{3N^2ke^{-kNt}}{(1+3e^{-kNt})^2},$$

$$\frac{d^2x}{dt^2}=\frac{-3N^3k^2e^{-kNt}(1-3e^{-kNt})}{(1+3e^{-kNt})^3}.$$

令$\frac{d^2x}{dt^2}=0$得$T=\frac{\ln 3}{kN}$. 显然，有当$t<T$时，$\frac{d^2x}{dt^2}>0$；当$t>T$时，$\frac{d^2x}{dt^2}<0$. 故，当$t=\frac{\ln 3}{kN}$时，$\frac{dx}{dt}=x'(t)$取得最大值，即此时$x(t)$的增长速度最快.

注 在经济学、管理学、生物学等领域，微分方程

$$\frac{dx}{dt}=kx(N-x)$$

有着非常重要的应用. 通常称之为**逻辑斯谛(Logistic)方程**.

10.6.3 公司净资产分析模型

例 10-31 某公司t年时有净资产$W(t)$(万元)，资产本身以每年5%的速度连续增加，同时公司要以每年30万元的数额连续支付职工工资.

(1) 给出描述净资产$W(t)$的微分方程；

(2) 当初始净资产为W_0时，求解方程；

(3) 分别讨论在$W_0=500,600,700$三种情况下，$W(t)$的变化特点.

解 (1) 利用平衡法. 由

净资产增长速度 = 资产本身增长速度 − 职工工资支付速度，

可建立起微分方程

$$\frac{dW}{dt}=0.05W-300.$$

(2) 求解方程. 求解初值问题

$$\begin{cases}\frac{dW}{dt}=0.05W-300,\\ W|_{t=0}=W_0.\end{cases}$$

得特解$W=600+(W_0-600)e^{0.05t}$.

(3) 当$W_0=500$(万元)时，净资产额单调递减，且公司将在第36年破产；当$W_0=600$(万元)时，公司将收支平衡，净资产维持在600(万元)不变；当$W_0=700$(万元)时，公司净资产将按指数增长.

10.6.4 储蓄、投资与国民收入关系模型

例 10-32 在宏观经济研究中，发现某地区的国民收入Y，国民储蓄S和投资I均为时间t的函数，且在任一时刻t，储蓄$S(t)$为国民收入的$\frac{1}{8}$倍，投资额$I(t)$是

国民收入增长率的$\frac{1}{4}$倍. $t=0$ 时,国民收入为 20(亿元). 设在 t 时刻的储蓄全部用于投资. 试求国民收入函数.

解　根据题设,可建立起关于储蓄、投资和国民收入关系问题的数学模型如下:

$$\begin{cases} S = \frac{1}{8}Y, & (10\text{-}47) \\ I = \frac{1}{4}\frac{\mathrm{d}Y}{\mathrm{d}t}, & (10\text{-}48) \\ S = I, & (10\text{-}49) \\ Y\big|_{t=0} = 20. & (10\text{-}50) \end{cases}$$

由式(10-47)、(10-48)、(10-49)可得关于国民收入 Y 对 t 的微分方程初值问题

$$\begin{cases} \frac{\mathrm{d}Y}{\mathrm{d}t} = \frac{1}{2}Y, \\ Y\big|_{t=0} = 20. \end{cases}$$

求解得国民收入函数为

$$Y(t) = 20\mathrm{e}^{\frac{1}{2}t}.$$

又由式(10-47)、(10-49)可得储蓄函数和投资函数为

$$S(t) = I(t) = \frac{5}{2}\mathrm{e}^{\frac{1}{2}t}.$$

习　题　10.6

1. 已知需求价格弹性 $\eta(P) = -\frac{1}{Q^2}$,且当 $Q=0$ 时,$P=100$,试求价格函数:将价格 P 表示为需求 Q 的函数.

2. 设市场上某商品的需求和供给函数分别为

$$D_\mathrm{d} = 10 - P - 4P' + P''$$

和

$$D_\mathrm{s} = -2 + 2P + 5P' + 10P''$$

初始条件 $P|_{t=0}=5, P'|_{t=0}=\frac{1}{2}$,试求在市场均衡条件 $D_\mathrm{d}=D_\mathrm{s}$ 下,该商品的价格函数 $P=P(t)$.

3. 已知某厂的纯利润 L 对广告费 x 的变化率$\frac{\mathrm{d}L}{\mathrm{d}x}$与常数 A 和纯利润 L 之差成正比. 当 $x=0$ 时 $L=L_0$. 试求纯利润 L 与广告费 x 之间的函数关系.

4. 某养鱼池最多养 1000 条鱼,鱼数 y 是时间 t 的函数,且鱼的数目的变化速度与 y 及 $1000-y$ 的乘积成正比,现养鱼 100 条,3 个月后为 250 条,求函数 $y=y(t)$,以及 6 个月后养鱼池里鱼的数目.

5. 某银行账户以当年余额的 5% 的年利率连续每年盈取利息，假设最初存入的数额为 10000 元，并且这之后没有其他数额存入和取出，给出账户中余额所满足的微分方程，以及存款到第 10 年的余额.

6. 某种商品的消费量 X 随收入 I 的变化满足方程

$$\frac{dX}{dI} = X + ae^I \quad (a \text{ 为常数}).$$

当 $I=0$ 时，$X=X_0$，求函数 $X=X(I)$ 的表达式.

7. 设 $Y=Y(t)$，$D=D(t)$ 分别为 t 时刻的国民收入和国民债务，有如下经济模型

$$\begin{cases} \dfrac{dY}{dt} = \rho Y, & \rho > 0 \text{ 为常数}, \\ \dfrac{dD}{dt} = kY, & k > 0 \text{ 为常数}. \end{cases}$$

(1) 若 $Y(0)=Y_0$，$D(0)=D_0$，求 $Y(t)$，$D(t)$；

(2) 求 $\lim\limits_{t\to+\infty} \dfrac{D(t)}{Y(t)}$.

8. 设 $w=w(t)$ 为人均小麦产量，$y=y(t)$ 为人均国民收入，它们满足下列方程：

$$w' = \frac{1}{\alpha y} + ke^{\beta t}, \quad y' = \beta y,$$

其中 α, β, k 为已知常数，且有

$$\beta > 0, \quad \alpha > \frac{k}{\beta y_0}, \quad y(0) = y_0 > 0, \quad w(0) = w_0$$

(1) 求 $w(t)$ 和 $y(t)$；(2) 求极限 $\lim\limits_{t\to+\infty} \dfrac{w(t)}{y(t)}$.

总 习 题 十

(A)

1. 填空题：

(1) 微分方程 $y\mathrm{d}x+(x^2-4x)\mathrm{d}y=0$ 的通解为________.

(2) 微分方程 $y'+y\tan x=\cos x$ 的通解为________.

(3) 微分方程 $y''+2y'+5y=0$ 的通解为________.

(4) 微分方程 $y''+2y'-3y=xe^x$ 的特解应设为 $y^*=$________.

(5) 已知 $y=x$，$y=e^x$，$y=e^{-x}$ 是某二阶非齐次线性微分方程的三个解，则该方程的通解为________.

2. 单项选择题：

(1) 微分方程 $y^2\mathrm{d}x-(1-x)\mathrm{d}x=0$ 是________微分方程.

A. 一阶线性齐次　　B. 一阶线性非齐次

C. 可分离变量　　D. 二阶线性齐次

(2) 设 $y_1(x)$，$y_2(x)$ 为二阶线性常系数微分方程 $y''+by'+cy=0$ 的两个特解，则 $c_1y_1+c_2y_2$ ________.

A. 为所给方程的解,但不是通解

B. 为所给方程的解,但不一定是通解

C. 为所给方程的通解

D. 不为所给方程的解

(3) 设 $y_1(x)$是方程 $y'+P(x)y=Q(x)$的一个特解,C 是任意常数,则该方程的通解是________.

A. $y=y_1+\mathrm{e}^{-\int P(x)\mathrm{d}x}$　　B. $y=y_1+C\mathrm{e}^{-\int P(x)\mathrm{d}x}$

C. $y=y_1+\mathrm{e}^{-\int P(x)\mathrm{d}x}+C$　　D. $y=y_1+C\mathrm{e}^{\int P(x)\mathrm{d}x}$

(4) 微分方程 $xy'-y+Q(x)=0$ 的通解为________.

A. $-x\int\frac{Q(x)}{x^2}\mathrm{d}x$　　B. $-x\left[\int\frac{Q(x)}{x^2}\mathrm{d}x+C\right]$

C. $\mathrm{e}^{-x}\int\frac{Q(x)}{x}\mathrm{d}x+C$　　D. $x\int\frac{Q(x)}{x^2}\mathrm{d}x+C$

(5) 设 $y''+py'+qy=f(x)$有三个特解 $y=x\mathrm{e}^{-x}$,$y=\mathrm{e}^x+x\mathrm{e}^{-x}$,$y=\mathrm{e}^{-x}+x\mathrm{e}^{-x}$,则该二阶方程为________.

A. $y''+y'=-\mathrm{e}^{-x}$　　B. $y''-y=-2\mathrm{e}^{-x}$

C. $y''+y'-2y=-2x\mathrm{e}^{-x}-\mathrm{e}^{-x}$　　D. $y''+3y'+2y=\mathrm{e}^{-x}$

3. 求下列微分方程的通解:

(1) $y'+\frac{1}{x}y=\frac{1}{x(x^2+1)}$;　　(2) $y''+4y'+4y=\mathrm{e}^{-2x}$;

(3) $y''+y=x+\cos x$;　　(4) $y''+y'=x^2$;

(5) $y''+a^2y=\sin x(a>0)$.

4. 求下列微分方程满足所给初始条件的特解:

(1) $x^2y'+xy=y^2$,$y|_{x=1}=1$;

(2) $xy'+(1-x)y=\mathrm{e}^{2x}(x>0)$,$y|_{x=1}=0$;

(3) $4y''+16y'+15y=4\mathrm{e}^{-\frac{3}{2}x}$,$y|_{x=0}=3$,$y'|_{x=0}=-\frac{11}{2}$;

(4) $y''+y'-2y=\mathrm{e}^x+2x+3$,$y|_{x=0}=0$,$y'|_{x=0}=\frac{1}{3}$.

5. 设对任意 $x>0$,曲线 $y=f(x)$ 上点$(x,f(x))$处的切线在 y 轴上的截距等于 $\frac{1}{x}\int_0^x f(t)\mathrm{d}t$,求 $f(x)$的一般表达式.

6. 设函数 $f(t)$在$[0,+\infty)$上连续,且满足方程

$$f(t)=\mathrm{e}^{4\pi t^2}+\iint\limits_{x^2+y^2\leqslant 4t^2}f\left(\frac{1}{2}\sqrt{x^2+y^2}\right)\mathrm{d}x\mathrm{d}y,$$

求 $f(t)$.

7. 已知某产品的净利润 P 与广告支出 x 有如下关系:$P'=b-a(x+P)$.其中 a,b 为正的已知数,且 $P(0)=P_0\geqslant 0$,求 $P=P(x)$.

(B)

1. 填空题:

(1) 微分方程$\frac{dy}{dx}=\frac{y}{x}-\frac{1}{2}\left(\frac{y}{x}\right)^3$满足$y|_{x=1}=1$的特解为$y=$________.

(2) 微分方程$y'=\frac{y(1-x)}{x}$的通解是________.

(3) 微分方程$(y+x^3)dx-2xdy=0$满足$y|_{x=1}=\frac{6}{5}$的特解为________.

(4) 设$y=e^x(C_1\sin x+C_2\cos x)$($C_1$、$C_2$为任意常数)为某二阶常系数线性齐次微分方程的通解,则该方程为________.

(5) $y''-4y=e^{2x}$的通解为$y=$________.

(6) 微分方程$xy'+y=0$满足条件$y(1)=1$的解是$y=$________.

(7) 微分方程$\frac{dy}{dx}=\frac{y}{x}-\frac{1}{2}\left(\frac{y}{x}\right)^3$满足$y|_{x=1}=1$的特解为$y=$________.

2. 单项选择题:

(1) 函数$y=C_1e^x+C_2e^{-2x}+xe^x$满足一个微分方程是________.

A. $y''-y'-2y=3xe^x$　　B. $y''-y'-2y=3e^x$

C. $y''+y'-2y=3xe^x$　　D. $y''+y'-2y=3e^x$

(2) 设非齐次线性微分方程$y'+P(x)y=Q(x)$有两个不同的解$y_1(x)$,$y_2(x)$,C为任何常数,则该方程通解是________.

A. $C[y_1(x)-y_2(x)]$　　B. $y_1(x)+C[y_1(x)-y_2(x)]$

C. $C[y_1(x)+y_2(x)]$　　D. $y_1(x)+C[y_1(x)+y_2(x)]$

(3) 微分方程$y''-y=e^x+1$的一个特解应具有形式(式中a,b为常数)________.

A. ae^x+b　　B. axe^x+b

C. ae^x+bx　　D. axe^x+bx

(4) 微分方程$y''+y=x^2+1+\sin x$的特解形式可设为________.

A. $y^*=ax^2+bx+c+x(A\sin x+B\cos x)$

B. $y^*=x(ax^2+bx+c+A\sin x+B\cos x)$

C. $y^*=ax^2+bx+c+A\sin x$

D. $y^*=ax^2+bx+c+A\cos x$

(5) 若连续函数$f(x)$满足关系式$f(x)=\int_0^{2x}f\left(\frac{t}{2}\right)dt+\ln 2$,则$f(x)$等于________.

A. $e^x\ln 2$　　B. $e^{2x}\ln 2$

C. $e^x+\ln 2$　　D. $e^{2x}+\ln 2$

(6) 设y_1,y_2是一阶线性非齐次微分方程$y'+p(x)y=q(x)x$的两个特解,若常数λ,u使λy_1+uy_2是该方程的解,λy_1-uy_2是该方程对应的齐次方程的解,则________.

A. $\lambda=\frac{1}{2}$,$\mu=\frac{1}{2}$　　B. $\lambda=-\frac{1}{2}$,$\mu=-\frac{1}{2}$

C. $\lambda=\frac{2}{3}$,$\mu=\frac{1}{3}$　　D. $\lambda=\frac{2}{3}$,$\mu=\frac{2}{3}$

3. 求下列微分方程的通解或在给定条件下的特解：

(1) $\dfrac{dy}{dx}=\dfrac{y-\sqrt{x^2+y^2}}{x}$；　　(2) $y''+4y'+4y=e^{ax}$；

(3) $xy'+y=xe^x, y|_{x=1}=1$；　　(4) $y''-2y'-e^{2x}=0, y|_{x=0}=1, y'|_{x=0}=1$.

4. 设 $F(x)=f(x)g(x)$，其中函数 $f(x)$，$g(x)$在$(-\infty,+\infty)$内满足下列条件：

$$f'(x)=g(x),\quad g'(x)=f(x)\quad \text{且} f(0)=0,\quad f(x)+g(x)=2e^x.$$

(1) 求 $F(x)$所满足的一阶微分方程；

(2) 求出 $F(x)$的表达式.

5. 设函数 $f(u,v)$有连续偏导数，且 $f'_u(u,v)+f'_v(u,v)=uv$，求 $y(x)=e^{-2x}f(x,x)$所满足的一阶微分方程，并求通解.

6. 设级数$\dfrac{x^4}{2\cdot 4}+\dfrac{x^6}{2\cdot 4\cdot 6}+\dfrac{x^8}{2\cdot 4\cdot 6\cdot 8}+\cdots(-\infty<x<+\infty)$的和函数为 $S(x)$. 求：(1) $S(x)$所满足的一阶微分方程；(2) $S(x)$的表达式.

7. (1) 验证函数 $y(x)=1+\dfrac{x^3}{3!}+\dfrac{x^6}{6!}+\dfrac{x^9}{9!}+\cdots+\dfrac{x^{3n}}{(3n)!}+\cdots(-\infty<x<+\infty)$满足微分方程 $y''+y'+y=e^x$；

(2) 利用(1) 的结果求幂级数$\sum\limits_{n=0}^{\infty}\dfrac{x^{3n}}{(3n)!}$的和函数.

8. 设函数 $f(x)$在$[1,+\infty)$上连续，若由曲线 $y=f(x)$，直线 $x=1$，$x=t(t>1)$与 x 轴所围成的平面图形绕 x 轴旋转一周所成的旋转体体积为

$$V(t)=\frac{\pi}{3}[t^2f(t)-f(1)].$$

试求 $y=f(x)$所满足的微分方程，并求该微分方程满足条件 $y|_{x=2}=\dfrac{2}{9}$的解.

9. 设 $y=f(x)$是第一象限内连接点 $A(0,1)$，$B(1,0)$的一段连续曲线，$M(x,y)$为该曲线上任意一点，点 C 为 M 在 x 轴上的投影，O 为坐标原点. 若梯形 $OCMA$ 的面积与曲边三角形 CBM 的面积之和为$\dfrac{x^3}{6}+\dfrac{1}{3}$，求 $f(x)$的表达式.

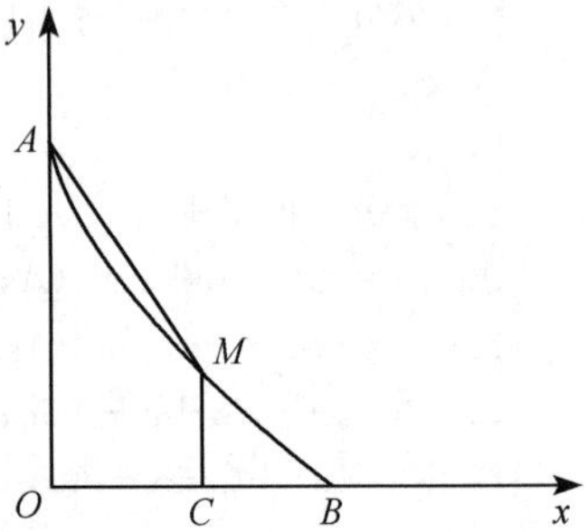

(第 9 题)

10. 设 L 是一条平面曲线，其上任意一点 $P(x,y)(x>0)$到坐标原点的距离，恒等于该点处的切线在 y 轴上的截距，且 L 经过点$\left(\dfrac{1}{2},0\right)$.

(1) 试求曲线 L 的方程；

(2) 求 L 位于第一象限部分的一条切线，使该切线与 L 以及两坐标轴所围图形的面积最小.

11. 设某商品最大需求为 1200 件，该商品的需求函数 $Q=Q(p)$，需求弹性 $\eta=\dfrac{p}{120-p}(\eta>0)$，$p$ 为单元价(万元).

(1) 求需求函数的表达式；

(2) 求 $p=100$ 万元时的边际收益，并说明其经济意义.

12. 设 $f(x)$连续，且满足$\int_0^x f(x-t)dt=\int_0^x (x-t)f(t)dt+e^{-x}-1$，求 $f(x)$.

第 11 章 差分方程

第 10 章介绍的是以微分方程为工具，通过对连续型变量间的相互作用机理的刻画，去探寻事物的变化规律. 但在经济、管理及其他许多实际问题中，统计数据的获取是按等时间间隔进行的，即变量是以定义在整数集上的数列形式变化的. 例如，银行的定期存款按设定的时间等间隔计息、国民收入按年统计、国家的财政预算按年制定等. 这些量也是变量，这类变量通常称为离散型变量. 根据客观事物或经济变量间的作用机理建立起的离散型变量之间的数学模型称为离散型模型. 求解这类模型可以描述离散型变量的变化规律. 本章要介绍的差分方程理论与方法提供了研究这类离散模型的有力工具.

11.1 差分方程的基本概念

11.1.1 差分的概念

在科学技术和经济研究中，前面我们引入$\frac{\mathrm{d}y}{\mathrm{d}t}$来刻画函数 $y=f(t)$的变化率. 但是在通常情况下，函数是否可导，甚至是否连续都不清楚，而仅知道函数的自变量取某些点时的函数值，这时自变量与因变量均是离散变化的. 这时我们用函数的差商$\frac{\Delta y}{\Delta t}$来取代导数刻画函数 $y=f(t)$的变化率. 若选择 $\Delta t=1$，则

$$\Delta y = f(t+1) - f(t)$$

可以近似表达变量 y 的变化率. 这样我们有下面差分的概念.

定义 11-1 设函数 $y=f(t)$，当自变量 t 依次取遍非负整数时，相应的函数值排成一个数列

$$f(0), f(1), \cdots, f(t), f(t+1), \cdots$$

或

$$y_0, y_1, \cdots, y_t, y_{t+1}, \cdots$$

即

$$y_t = f(t)(t = 0,1,2,\cdots).$$

当自变量从 t 改变到 $t+1$ 时，相应的函数改变量 $y_{t+1}-y_t$ 称为函数 y 在 t 点的**一阶差分**，简称**差分**，记作 Δy_t，即

$$\Delta y_t = y_{t+1} - y_t = f(t+1) - f(t) \quad (t = 0,1,2,\cdots).$$

例 11-1　已知 $y_t=C$(C 为常数),求 Δy_t.

解

$$\Delta y_t=y_{t+1}-y_t=C-C=0.$$

即常数的差分为零.

例 11-2　设 $y_t=q^t$($q>0$ 且 $q\neq 1$),求 Δy_t.

解

$$\Delta y_t=y_{t+1}-y_t=q^{t+1}-q^t=(q-1)q^t.$$

即指数函数的差分等于某一常数与指数函数的乘积.

例 11-3　设 $y_t=t^3+2t+5$,求 Δy_t.

解

$$\begin{aligned}\Delta y_t &=y_{t+1}-y_t=[(t+1)^3+2(t+1)+5]-(t^3+2t+5)\\&=3t^2+3t+3.\end{aligned}$$

即多项式的差分是比其低一次的多项式.

差分具有和导数类似的运算性质:

(1) $\Delta(Cy_t)=C\Delta y_t$;

(2) $\Delta(y_t+z_t)=\Delta y_t+\Delta z_t$;

(3) $\Delta(y_t\cdot z_t)=y_{t+1}\Delta z_t+z_t\Delta y_t=y_t\Delta z_t+z_{t+1}\Delta y_t$;

(4) $\Delta\left(\dfrac{y_t}{z_t}\right)=\dfrac{z_t\Delta y_t-y_t\Delta z_t}{z_tz_{t+1}}=\dfrac{z_{t+1}\Delta y_t-y_{t+1}\Delta z_t}{z_tz_{t+1}}$.

证明留给读者完成.

与高阶导数类似,可以定义高阶差分.

函数 $y_t=f(t)$在 t 点的一阶差分的差分定义为该函数在 t 点的**二阶差分**,记作 $\Delta^2 y_t$,即

$$\begin{aligned}\Delta^2 y_t &= \Delta(\Delta y_t) = \Delta y_{t+1} - \Delta y_t = (y_{t+2} - y_{t+1}) - (y_{t+1} - y_t)\\&= y_{t+2} - 2y_{t+1} + y_t.\end{aligned}$$

依次函数 $y_t=f(t)$在 t 点的**三阶差分**定义为

$$\begin{aligned}\Delta^3 y_t &= \Delta(\Delta^2 y_t) = \Delta^2 y_{t+1} - \Delta^2 y_t\\&= (y_{t+3} - 2y_{t+2} + y_{t+1}) - (y_{t+2} - 2y_{t+1} + y_t) = y_{t+3} - 3y_{t+2} + 3y_{t+1} - y_t.\end{aligned}$$

一般地,函数 $y_t=f(t)$在 t 点的 ***n* 阶差分**为

$$\begin{aligned}\Delta^n y_t &= \Delta(\Delta^{n-1} y_t) = \Delta^{n-1} y_{t+1} - \Delta^{n-1} y_t\\&= \sum_{k=0}^{n}(-1)^k\frac{n!}{k!(n-k)!}y_{t+n-k}\\&= \sum_{k=0}^{n}(-1)^k C_n^k y_{t+n-k}.\end{aligned}$$

通常我们把二阶及二阶以上的差分称为**高阶差分**. 在利用差分进行动态分析时,显然,当 $\Delta y_t>0$ 时,表明数列是单调增加的;当 $\Delta y_t<0$ 时,表明数列是单调减少的. 若利用二阶差分进行动态分析时,当 $\Delta^2 y_t>0$ 时,表明数列变化的速度在增大;当 $\Delta^2 y_t<0$ 时,表明数列变化的速度在减少.

例 11-4 已知 $y_t=3^t$,求 $\Delta^2 y_t$.

解 $\Delta y_t=y_{t+1}-y_t=3^{t+1}-3^t=2\cdot 3^t$,

$\Delta^2 y_t=\Delta y_{t+1}-\Delta y_t=2\cdot 3^{t+1}-2\cdot 3^t=4\cdot 3^t$.

例 11-5 已知 $y_t=t^2-3t+2$,求 $\Delta^2 y_t$ 及 $\Delta^3 y_t$.

解 $\Delta y_t=y_{t+1}-y_t=[(t+1)^2-3(t+1)+2]-(t^2-3t+2)$

$=2t-2$.

$\Delta^2 y_t=\Delta y_{t+1}-\Delta y_t=[2(t+1)-2]-(2t-2)=2$.

$\Delta^3 y_t=\Delta(\Delta^2 y_t)=\Delta(2)=0$.

事实上,n 次多项式的 n 阶以上的差分为零.

11.1.2 差分方程的概念

让我们先看这样一个引例:设某商品 t 时期的供给量 S_t 和需求量 D_t 都是 t 时期该商品价格 P_t 的线性函数:

$$S_t=-a+bP_t(a,b>0),\quad D_t=c-dP_t(c,d>0).$$

设 t 时期的价格由 $t-1$ 时期的价格 P_{t-1} 与供给量 S_{t-1} 及需求量 D_{t-1} 之差 $S_{t-1}-D_{t-1}$ 按

$$P_t=P_{t-1}-k(S_{t-1}-D_{t-1})\quad (k\text{ 为常数})$$

所确定,即有如下方程

$$P_t-(1-k)(b+d)P_{t-1}=k(a+c).$$

这样的方程称为差分方程.一般地,我们有如下定义.

定义 11-2 含有未知函数差分的方程称为**差分方程**.其一般形式为

$$F(x,y_t,\Delta y_t,\Delta^2 y_t,\cdots,\Delta^n y_t)=0.$$

且方程中所含未知函数差分的最高阶数称为**差分方程的阶**.

例如,按定义 11-2 可知,方程

$$\Delta^2 y_t+\Delta y_t+2y_t=3^t\text{ 与 }\Delta^2 y_t+3\Delta y_t+2y_t=2t^2+1$$

均为二阶差分方程.

另一方面,根据差分的定义可知,函数的差分可以表示函数在不同时期的函数值之间的关系,因此差分方程还有如下定义.

定义 11-2′ 含有多个点的未知函数值的方程称为**差分方程**,其一般形式为

$$F(t,y_t,y_{t+1},y_{t+2},\cdots,y_{t+n})=0,$$

或

$$G(t,y_t,y_{t-1},y_{t-2},\cdots,y_{t-n})=0.$$

且方程中未知函数的最大下标与最小下标之差称为**差分方程的阶**.

例如,按照定义 11-2′可知,方程

$$y_{t+2}-y_{t+1}+2y_t=3^t$$

为二阶差分方程,而方程

$$y_{t+2}+y_{t+1}=3t^2+1$$

是一阶差分方程.

差分方程这一个概念却给出了两个定义,我们自然要问这两个定义是否等价呢? 回答是否定的. 比如,将差分方程 $\Delta^2 y_t+3\Delta y_t+2y_t=2t^2+1$ 中的差分由函数值表示,则可以等价地转化为 $y_{t+2}+y_{t+1}=3t^2+1$. 若按定义 11-2 判断该方程为二阶差分方程,若以定义 11-2′为准则判断,则该方程为一阶差分方程. 由于在经济学中经常遇到的是形如定义 11-2′所给出的差分方程,因此本书所讨论的差分方程及其阶的概念遵循定义 11-2′.

若把一个函数 $y_t=\varphi(t)$ 代入差分方程中,使方程成为恒等式,则称函数 $y_t=\varphi(t)$ 为该**差分方程的解**;若在差分方程的解中,含有相互独立的任意常数的个数与差分方程的阶数相同,则称这个解为该**差分方程的通解**;给任意常数以确定值的解,称为**该差分方程的特解**;用以确定通解中任意常数的条件称为**初始条件**. 一阶差分方程的初始条件为一个,通常是 $y_0=a_0$(a_0 是常数);n 阶差分方程的初始条件为 n 个,通常是 $y_0=a_0,y_1=a_1,\cdots,y_{n-1}=a_{n-1}$($a_0,a_1,\cdots,a_{n-1}$ 为常数).

例 11-6 验证函数 $y_t=C3^t+2t$(C 是任意常数)是一阶差分方程 $y_{t+1}-3y_t=2-4t$ 的通解,并求满足初始条件 $y_0=5$ 的特解.

解 将 $y_t=C3^t+2t$ 及 $y_{t+1}=C3^{t+1}+2(t+1)$ 代入所给方程,有

$$[3C3^t+2(t+1)]-3(C3^t+2t)=2-4t,$$

显然,这是恒等式,即 $y_t=C3^t+2t$ 是所给方程的解. 由于在该解中含有一个任意常数,故是所给一阶差分方程的通解.

将初始条件 $y_0=5$ 代入通解中,可得 $C=5$,于是所求特解为 $y_t=5\cdot 3^t+2t$.

注 在差分方程中,若保持自变量 t 的滞后结构不变,而仅将 t 前移或推后相同的间隔,则所得新的差分方程与原差分方程具有相同的解,即它们是等价的. 例如,差分方程

$$3y_{t+4}-5y_{t+3}+2y_{t+2}=2t+5$$

与

$$3y_{t+2}-5y_{t+1}+2y_t=2t+1$$

是等价的. 基于此,在求解差分方程时,通常根据需要或为表达方便,将方程中的下标 t 均移动相同的时间间隔.

11.1.3 常系数线性差分方程及其通解结构

线性差分方程在理论和现实应用中,是一类最简单而又最重要的差分方程. 根据教学的要求,本书仅讨论常系数线性差分方程的求解方法及其在经济学中的简单应用.

在这里我们首先介绍常系数线性差分方程解的性质与通解的结构性定理.

n 阶常系数线性差分方程的一般形式为

$$y_{t+n}+a_1y_{t+n-1}+\cdots+a_{n-1}y_{t+1}+a_ny_t=f(t),\tag{11-1}$$

其中 $a_i(i=1,2,\cdots,n)$ 为常数，且 $a_n\neq0$，$f(t)$ 为已知函数. 若 $f(t)\neq0$，则式(11-1)称为 ***n* 阶常系数非齐次线性差分方程**；若 $f(t)\equiv0$，则式(11-1)变为

$$y_{t+n}+a_1y_{t+n-1}+\cdots+a_{n-1}y_{t+1}+a_ny_t=0\tag{11-2}$$

称为方程(11-1)所对应的 ***n* 阶常系数齐次线性差分方程**.

与 n 阶线性微分方程相类似，n 阶常系数线性差分方程有如下解的性质及解的结构定理.

定理 11-1　若函数 $y_i(t)(i=1,2,\cdots,n)$ 均为差分方程(11-2)的解，则对任意常数 $C_i(i=1,2,\cdots,n)$，函数

$$y(t)=C_1y_1(t)+C_2y_2(t)+\cdots+C_ny_n(t)$$

也是方程(11-2)的解.

定理 11-2(齐次线性差分方程通解的结构定理)　若函数 $y_i(t)(i=1,2,\cdots,n)$ 为方程(11-2)的 n 个线性无关解，则函数

$$Y_C(t)=C_1y_1(t)+C_2y_2(t)+\cdots+C_ny_n(t)$$

为方程(11-2)的通解，其中 $C_i(i=1,2,\cdots,n)$ 为任意常数.

定理 11-3(非齐次线性差分方程通解的结构定理)　若 y_t^* 为差分方程(11-1)的一个特解，$Y_C(t)$ 为其所对应的齐次差分方程的通解，则差分方程(11-1)的通解为

$$y(t)=Y_C(t)+y_t^*.$$

定理 11-4(解的叠加原理)　若函数 $y_i^*(t)(i=1,2,\cdots,k)$ 分别为方程

$$y_{t+n}+a_1y_{t+n-1}+\cdots+a_{n-1}y_{t+1}+a_ny_t=f_i(t)\quad(i=1,2,\cdots,k)$$

的特解，则函数 $y_t^*=y_1^*(t)+y_2^*(t)+\cdots+y_k^*(t)$ 必为差分方程

$$y_{t+n}+a_1y_{t+n-1}+\cdots+a_{n-1}y_{t+1}+a_ny_t=f_1(t)+f_2(t)+\cdots+f_k(t)$$

的一个特解.

上述四个定理的证明过程与二阶线性微分方程相应定理的证明相类似，这里从略.

习　题　11.1

1. 求下列函数的差分：

(1) $y_t=t^2-3t$，求 Δy_t；　　(2) $y_t=3^t$，求 Δ^2y_t；

(3) $y_t=2t^2-3$，求 Δ^2y_t；　　(4) $y_t=\ln(1+t)$，求 Δ^3y_t.

2. 将下列差分方程化成用函数值形式表示的方程，并指出方程的阶数：

(1) $\Delta y_t-2y_t-5=0$； (2) $\Delta^2 y_t-3\Delta y_t-3y_t-t=0$；

(3) $\Delta^3 y_t-2\Delta^2 y_t-3y_t=-2(t+1)$； (4) $\Delta^3 y_t+y_t+2=0$.

3. 将差分方程化成以函数差分表示的形式：

(1) $y_{t+1}+y_t-3=0$； (2) $y_{t+2}-5y_{t+1}+y_t-2=0$.

4. 试证下列函数是所给差分方程的解：

(1) $y_t=C+2t+t^2$，$y_{t+1}-y_t=3+2t$；

(2) $y_t=C_1(-2)^t+C_2 3^t$，$y_{t+2}-y_{t+1}-6y_t=0$；

(3) $y_t=\dfrac{C}{1+Ct}$，$y_{t+1}=\dfrac{y_t}{1+y_t}$，并求 $y_0=-4$ 的特解；

(4) $y_t=(C_1+C_2 t)5^t+\dfrac{1}{4}3^t$，$y_{t+2}-10y_{t+1}+25y_t=3^t$，并求 $y_0=1$，$y_1=0$ 的特解.

5. 已知 $y_t=C_1+C_2 a^t$ 是差分方程 $y_{t+2}-3y_{t+1}+2y_t=0$ 的通解，试确定常数 a.

11.2 一阶常系数线性差分方程

本节主要讨论一阶常系数线性差分方程的求解方法.

形如

$$y_{t+1}+ay_t=f(t)\quad (a\neq 0 \text{ 且为常数}) \tag{11-3}$$

的方程称为**一阶常系数线性差分方程**. 其中 $f(t)$为已知函数. 当 $f(t)\neq 0$ 时，方程(11-3)称为**一阶常系数非齐次线性差分方程**；当 $f(t)\equiv 0$ 时，即方程

$$y_{t+1}+ay_t=0\quad (a\neq 0) \tag{11-4}$$

称为方程(11-3)所对应的**一阶常系数齐次线性差分方程**.

根据差分方程通解的结构定理：非齐次差分方程(11-3)的通解是由它所对应的齐次差分方程(11-4)的通解与方程(11-3)自身的一个特解之和构成. 因此我们首先讨论齐次方程(11-4)的解法.

11.2.1 一阶常系数线性齐次差分方程的解法

1. 迭代法

由方程(11-4)知，$y_{t+1}=(-a)y_t(t=0,1,2,\cdots)$. 所以依次可得

$$y_1=(-a)y_0,\ y_2=(-a)^2y_0,\cdots,y_t=(-a)^ty_0,\cdots$$

容易验证，对任意给定的 y_0，函数 $y_t=(-a)^ty_0$ 都是齐次方程 $y_{t+1}+ay_t=0$ 的解. 若记 $y_0=C$ 为任意常数，则其通解为

$$y_t=C(-a)^t.$$

2. 特征根法

为了求出一阶齐次差分方程(11-4)的通解，只需求出方程(11-4)的一个特解.

观察发现,在方程(11-4)中 y_{t+1} 是 y_t 的常数倍,而函数 $\lambda^{t+1}=\lambda\cdot\lambda^t$ 具备这一特点.因此,不妨设方程(11-4)具有如下形式的特解

$$y_t=\lambda^t,$$

其中 λ 是非零待定常数,将其代入方程(11-4),有

$$\lambda^{t+1}+a\lambda^t=0,$$

即

$$\lambda+a=0. \tag{11-5}$$

通常称式(11-5)为齐次差分方程(11-4)的**特征方程**,而 $\lambda=-a$ 为特征根,于是 $y_t=(-a)^t$ 是方程(11-4)的一个解.由定理 11-2 知

$$Y_C(t)=C(-a)^t \quad (C\text{ 为任意常数}),$$

即为所求方程(11-4)的通解.

例 11-7 求差分方程 $y_{t+1}+3y_t=0$ 的通解.

解 特征方程为

$$\lambda+3=0.$$

得特征根为 $\lambda=-3$.故原方程的通解为

$$Y_C(t)=C(-3)^t \quad (C\text{ 为任意常数}).$$

例 11-8 求差分方程 $2y_{t+3}-3y_{t+2}=0$ 满足初始条件 $y_0=5$ 的特解.

解 原方程可以改写为

$$y_{t+1}-\frac{3}{2}y_t=0.$$

其特征方程是

$$\lambda-\frac{3}{2}=0,$$

得特征根 $\lambda=\frac{3}{2}$.故原方程的通解为

$$Y_C(t)=C\left(\frac{3}{2}\right)^t.$$

又由 $y_0=5$,得 $C=5$,因此,所求特解为

$$y_t=5\cdot\left(\frac{3}{2}\right)^t.$$

11.2.2 一阶常系数线性非齐次差分方程的解法

由定理 11-2 知,一阶常系数线性非齐次差分方程(11-3)的通解是由它所对应的齐次差分方程(11-4)的通解 $Y_C(t)$ 与方程(11-3)的特解 y_t^* 的和构成.而方程(11-4)的通解 $Y_C(t)$ 的解法已研究清楚,现在讨论的焦点是方程(11-3)的特解 y_t^* 的求解方法.

类似于二阶常系数非齐次线性微分方程，当非齐次方程(11-3)右端函数 $f(t)$ 是某些特殊函数时用**待定系数法**求出其一个特解 y_t^*.

下面仅就函数 $f(t)$ 具有形式 $P_m(t)q^t$ 或 $\alpha^t(a\cos\beta t+b\sin\beta t)$ 时，把对特解 y_t^* 有关形式的讨论结果归纳如表 11-1 所示.

表 11-1

$f(t)$的形式	确定特解形式的条件	特解的形式
$P_m(t)\cdot q^t$ 其中 $P_m(t)$ 为 m 次多项式	q 不是特征根	$y_t^*=Q_m(t)\cdot q^t$
	q 是特征根	$y_t^*=tQ_m(t)\cdot q^t$
$\alpha^t(a\cos\beta t+b\sin\beta t)$	$\alpha(\cos\beta+\mathrm{i}\sin\beta)$ 不是特征根	$y^*=\alpha^t(A\cos\beta t+B\sin\beta t)$
	$\alpha(\cos\beta+\mathrm{i}\sin\beta)$ 是特征根	$y_t^*=t\alpha^t(A\cos\beta t+B\sin\beta t)$

注：上述 $Q_m(t)$ 为待定 m 次多项式.

例 11-9　求差分方程 $y_{t+1}-2y_t=t3^t$ 的通解.

解　特征方程为 $\lambda-2=0$，得特征根 $\lambda=2$，所以齐次差分方程的通解为

$$Y_C(t)=C2^t.$$

又因 $q=3$，不是特征根，因此可设非齐次线性差分方程有如下形式的特解

$$y_t^*=(At+B)3^t.$$

将其代入所给方程，有

$$[A(t+1)+B]3^{t+1}-2(At+B)3^t=t3^t,$$

等式两端消去 3^t，并整理得

$$At+3A+B=t.$$

比较关于 t 的同次幂系数，可求得 $A=1,B=-3$. 从而所求方程的特解为

$$y_t^*=(t-3)3^t.$$

于是所给方程的通解为

$$y_t=C2^t+(t-3)3^t\quad(C\text{ 为任意常数}).$$

例 11-10　求差分方程 $3y_{t+1}-15y_t=5^t$ 的通解.

解　所给方程可以改写成

$$y_{t+1}-5y_t=\frac{1}{3}5^t.$$

其特征方程为 $\lambda-5=0$，得特征根为 $\lambda=5$. 齐次方程的通解为

$$Y_C(t)=C5^t.$$

又由 $q=5$ 为特征根，因此可设非齐次差分方程的特解形式为

$$y_t^*=At5^t.$$

将其代入所给方程，有

$$A(t+1)5^{t+1}-5At5^t=\frac{1}{3}5^t.$$

可解得 $A=\frac{1}{15}$，故 $y_t^*=\frac{1}{15}t5^t$. 于是所求通解为

$$y_t=\left(\frac{1}{15}t+C\right)5^t \quad (C\text{ 为任意常数}).$$

例 11-11　求差分方程 $y_{t+1}-y_t=2t+1$ 满足初始条件 $y_0=3$ 的特解.

解　特征方程为 $\lambda-1=0$，从而特征根为 $\lambda=1$，齐次差分方程的通解为

$$Y_C(t)=C.$$

又由 $q=1$ 为特征根，因此可设非齐次线性方程的特解形式为

$$y_t^*=t(At+B).$$

将其代入所给方程，有

$$A(t+1)^2+B(t+1)-At^2-Bt=2t+1.$$

解得 $A=1,B=0$，故 $y_t^*=t^2$. 因此所求方程的通解为

$$y_t=C+t^2.$$

由初始条件 $y_0=3$ 可得 $C=3$，于是所求特解

$$y_t=3+t^2.$$

例 11-12　求差分方程 $y_{t+1}+y_t=3\cos\pi t$ 的通解.

解　特征根 $\lambda=-1$. 齐次方程的通解为

$$Y_C(t)=C(-1)^t.$$

又 $f(t)=3\cos\pi t=\alpha^t(a\cos\beta t+b\sin\beta t)$，其中 $a=3,b=0,\alpha=1,\beta=\pi$. 这时

$$\alpha(\cos\beta+\mathrm{i}\sin\beta)=\cos\pi+\mathrm{i}\sin\pi=-1$$

是特征根，可设非齐次差分方程的特解为

$$y_t^*=t(A\cos\pi t+B\sin\pi t).$$

将其代入原方程，有

$$(t+1)[A\cos\pi(t+1)+B\sin\pi(t+1)]+t(A\cos\pi t+B\sin\pi t)=3\cos\pi t,$$

化简后，有

$$-A\cos\pi t-B\sin\pi t=3\cos\pi t,$$

因此，$A=-3,B=0$，故 $y_t^*=-3t\cos\pi t$. 于是所求通解为

$$y_t=C(-1)^t-t\cos\pi t.$$

注　在例 11-12 的解题过程中，若注意到 t 取非负整数，那么 $\cos\pi t=(-1)^t$，$\sin\pi t=0$ 这一事实，可使解题过程得到简化.

例 11-13　求差分方程 $y_{t+1}-3y_t=3^t\left(\cos\frac{\pi}{2}t-2\sin\frac{\pi}{2}t\right)$ 的通解.

解　特征根 $\lambda=3$，齐次差分方程的通解是

$$Y_C(t)=C3^t.$$

题设中 $f(t)=3^t\left(\cos\frac{\pi}{2}t-2\sin\frac{\pi}{2}t\right)=\alpha^t(a\cos\beta t+b\sin\beta t)$，其中 $a=1,b=-2$，

$\alpha=3,\beta=\frac{\pi}{2}$. 这时

$$\alpha(\cos\beta+\mathrm{i}\sin\beta)=3\left(\cos\frac{\pi}{2}+\mathrm{i}\sin\frac{\pi}{2}\right)=3\mathrm{i}$$

不是特征根,因此可设非齐次差分方程的特解

$$y_t^*=3^t\left(A\cos\frac{\pi}{2}t+B\sin\frac{\pi}{2}t\right).$$

将其代入原方程,有

$$3^{t+1}\left[A\cos\frac{\pi}{2}(t+1)+B\sin\frac{\pi}{2}(t+1)\right]-3\cdot 3^t\left(A\cos\frac{\pi}{2}t+B\sin\frac{\pi}{2}t\right)$$
$$=3^t\left(\cos\frac{\pi}{2}t-2\sin\frac{\pi}{2}t\right),$$

化简后,得

$$(B-A)\cos\frac{\pi}{2}t-(A+B)\sin\frac{\pi}{2}t=\frac{1}{3}\cos\frac{\pi}{2}t-\frac{2}{3}\sin\frac{\pi}{2}t.$$

可解出 $A=\frac{1}{6},B=\frac{1}{2}$,故非齐次差分方程的特解

$$y_t^*=3^t\left(\frac{1}{6}\cos\frac{\pi}{2}t+\frac{1}{2}\sin\frac{\pi}{2}t\right).$$

于是所求通解为

$$y_t=C3^t+3^t\left(\frac{1}{6}\cos\frac{\pi}{2}t+\frac{1}{2}\sin\frac{\pi}{2}t\right).$$

习　题　11.2

1. 求下列一阶差分方程的通解:

(1) $y_{t+1}-y_t=3+2t$;　　(2) $2y_{t+1}-y_t=2+t^2$;

(3) $y_{t+1}+2y_t=3\cdot 2^t$;　　(4) $y_{t+1}-3y_t=\sin\frac{\pi}{2}t$;

(5) $y_{t+1}+2y_t=2^t\cos\pi t$.

2. 求下列一阶差分方程满足初始条件的特解:

(1) $y_{t+1}+y_t=40+6t^2,y_0=21$;　　(2) $7y_{t+1}+2y_t=7^{t+1},y_0=1$;

(3) $y_{t+1}+4y_t=3\sin\pi t,y_0=1$;　　(4) $y_{t+1}+2y_t=2t-1+\mathrm{e}^t,y_0=\frac{1}{\mathrm{e}+2}$.

3. 求差分方程 $y_{t+1}-ay_t=\mathrm{e}^{bt}(a\neq0,b$ 为常数)的通解.

4. 证明:通过变换 $z_t=y_t-\frac{b}{1+a}$,可将非齐次差分方程 $y_{t+1}+ay_t=b$ 化为 z_t 的齐次差分方程,并由这个齐次差分方程的通解得到原方程的通解.

5. 用迭代法求差分方程 $y_{t+1}+y_t=2^t$ 的通解.

*11.3 二阶常系数线性差分方程

本节主要讨论二阶常系数线性差分方程的求解方法.

形如

$$y_{t+2}+ay_{t+1}+by_t=f(t) \tag{11-6}$$

的方程称为**二阶常系数线性差分方程**,其中 a,b 为常数,且 $b\neq0$,$f(t)$为已知函数. 当 $f(t)\neq0$ 时,方程(11-6)称为**二阶常系数非齐次线性差分方程**;当 $f(t)\equiv0$ 时,即方程

$$y_{t+2}+ay_{t+1}+by_t=0 \tag{11-7}$$

称为方程(11-6)所对应的**二阶常系数齐次线性差分方程**.

根据差分方程解的结构定理,我们首先讨论齐次方程(11-7)的通解,然后再探讨非齐次方程(11-6)的特解及其通解.

11.3.1 二阶常系数齐次线性差分方程的解法

根据定理 11-2,欲求二阶齐次差分方程(11-7)的通解,只需求出其两个线性无关的特解. 仿照对一阶齐次差分方程的分析过程,设方程(11-7)有形如

$$y_t=\lambda^t$$

的特解,其中 λ 为非零待定常数. 将其代入方程(11-7)有

$$\lambda^{t+2}+a\lambda^{t+1}+b\lambda^t=0 \quad 即 \quad \lambda^t(\lambda^2+a\lambda+b)=0.$$

由 $\lambda^t\neq0$ 知 $y_t=\lambda^t$ 为方程(11-7)的解的充分必要条件为

$$\lambda^2+a\lambda+b=0. \tag{11-8}$$

通常称二次代数方程(11-8)为齐次差分方程(11-7)的**特征方程**,其根称为方程(11-7)的**特征根**.

类似于二阶常系数齐次线性微分方程,根据特征根的不同情况进行如下讨论:

1) 特征方程有两个相异实根 λ_1、λ_2 的情形

由于特征根 $\lambda_1\neq\lambda_2$,因此齐次差分方程(11-7)有两个线性无关解 $y_1(t)=\lambda_1^t$ 及 $y_2(t)=\lambda_2^t$,于是求得通解

$$Y_C(t)=C_1\lambda_1^t+C_2\lambda_2^t \quad (C_1、C_2 为任意常数).$$

2) 特征方程有两个相等实根 $\lambda_1=\lambda_2=\lambda$ 的情形

由于 $\lambda_1=\lambda_2=\lambda$,因此仅得到方程(11-7)的一个特解 $y_1(t)=\lambda^t$. 再通过直接验证可知 $y_2(t)=t\lambda^t$ 亦是方程(11-7)的一个特解. 显然 $y_1(t)$、$y_2(t)$线性无关,于是求得通解

$$Y_C(t)=(C_1+C_2t)\lambda^t \quad (C_1、C_2 为任意常数).$$

3) 特征方程有一对共轭复根 $\lambda_{1,2}=\alpha\pm i\beta$ 的情形

这时 $y_1(t)=(\alpha+i\beta)^t$ 及 $y_2(t)=(\alpha-i\beta)^t$ 均为方程(11-7)的特解,且线性无

关.但不理想的是二者均为复数形式.

通过验证可知,方程(11-7)有两个实数形式的线性无关的特解

$$\tilde{y}_1(t)=r^t\cos\theta t,\quad \tilde{y}_2(t)=r^t\sin\theta t,$$

其中 $r=|\lambda_1|=|\lambda_2|=\sqrt{\alpha^2+\beta^2}$,$\theta=\arctan\dfrac{\beta}{\alpha}(0<\theta<\pi)$;当 $\alpha=0$ 时,$\theta=\dfrac{\pi}{2}$.于是得方程(11-7)的通解

$$Y_C(t)=r^t(C_1\cos\theta t+C_2\sin\theta t)\quad (C_1、C_2\text{ 为任意常数}).$$

综上所述,我们将讨论的结果汇总如表 11-2 所示.

表 11-2

特征方程	特征根的情况	通解的形式
$\lambda^2+a\lambda+b=0$	两个相异实根 λ_1,λ_2	$Y_C(t)=C_1\lambda_1^t+C_2\lambda_2^t$
	两个相等实根 $\lambda_1=\lambda_2=\lambda$	$Y_C(t)=(C_1+C_2t)\lambda^t$
	一对共轭复根 $\lambda_{1,2}=\alpha\pm i\beta$	$Y_C(t)=r^t(C_1\cos\theta t+C_2\sin\theta t)$ $r=\sqrt{\alpha^2+\beta^2}$,$\theta=\arctan\dfrac{\beta}{\alpha}$;当 $\alpha=0$ 时,$\theta=\dfrac{\pi}{2}$

例 11-14　求差分方程 $y_{t+2}+y_{t+1}-12y_t=0$ 的通解.

解　所给差分方程的特征方程为

$$\lambda^2+\lambda-12=0,$$

求得两个相异实根 $\lambda_1=3,\lambda_2=-4$,于是所求通解为

$$Y_C(t)=C_13^t+C_2(-4)^t\quad (C_1、C_2\text{ 为任意常数}).$$

例 11-15　求差分方程 $y_{t+3}-6y_{t+2}+9y_{t+1}=0$ 的通解.

解　所给差分方程可以转化为其等价形式

$$y_{t+2}-6y_{t+1}+9y_t=0.$$

特征方程是

$$\lambda^2-6\lambda+9=0.$$

求解可得两个相同实根 $\lambda_1=\lambda_2=3$,于是所求方程的通解是

$$Y_C(t)=(C_1+C_2t)3^t\quad (C_1、C_2\text{ 为任意常数}).$$

例 11-16　求差分方程 $y_{t+2}-y_{t+1}+y_t=0$ 满足初始条件 $y_0=2,y_1=4$ 的特解.

解　特征方程为

$$\lambda^2-\lambda+1=0.$$

求解得一对共轭复根 $r_{1,2}=\dfrac{1}{2}\pm\dfrac{\sqrt{3}}{2}i$.令

$$r=\sqrt{\left(\frac{1}{2}\right)^2+\left(\frac{\sqrt{3}}{2}\right)^2}=1,\quad \theta=\arctan\sqrt{3}=\frac{\pi}{3}.$$

于是得原方程的通解

$$Y_C(t)=C_1\cos\frac{\pi}{3}t+C_2\sin\frac{\pi}{3}t.$$

代入初始条件有

$$2=C_1,\quad 4=1+C_2\frac{\sqrt{3}}{2},$$

即 $C_1=2, C_2=2\sqrt{3}$. 故所求特解为

$$y_t=2\cos\frac{\pi}{3}t+2\sqrt{3}\sin\frac{\pi}{3}t.$$

例 11-17 求差分方程 $y_{t+2}+4y_t=0$ 的通解.

解 所给方程的特征方程为 $\lambda^2+4=0$，它有一对共轭复根 $\lambda_{1,2}=\pm 2\mathrm{i}$，于是 $r=2,\theta=\frac{\pi}{2}$. 故原方程的通解为

$$Y_C(t)=2^t\left(C_1\cos\frac{\pi}{2}t+C_2\sin\frac{\pi}{2}t\right)\quad (C_1、C_2\text{ 为任意常数}).$$

11.3.2 二阶常系数非齐次线性差分方程的解法

根据线性差分方程解的结构定理，方程(11-6)的通解是由方程(11-7)的通解 $Y_C(t)$ 与方程(11-6)自身的一个特解 y_t^* 的和而构成.

下面仅就二阶常系数非齐次线性差分方程

$$y_{t+2}+ay_{t+1}+by_t=f(t), \tag{11-9}$$

右端函数 $f(t)$ 具有形式 $P_m(t)q^t$ 或 $\alpha^t(a\cos\beta t+b\sin\beta t)$ 时，用待定系数法求其相应的特解形式的讨论结果归纳如表 11-3 所示.

表 11-3

$f(t)$ 的形式	确定特解形式的条件	特解的形式
$P_m(t)\cdot q^t$ 其中 $P_m(t)$ 为 m 次多项式	q 不是特征根	$y_t^*=Q_m(t)q^t$
	q 是单特征根	$y_t^*=tQ_m(t)q^t$
	q 是二重特征根	$y_t^*=t^2Q_m(t)q^t$
$\alpha^t(a\cos\beta t+b\sin\beta t)$	$\alpha(\cos\beta+\mathrm{i}\sin\beta)$ 不是特征根	$y_t^*=\alpha^t(A\cos\beta t+B\sin\beta t)$
	$\alpha(\cos\beta+\mathrm{i}\sin\beta)$ 是单特征根	$y_t^*=t\alpha^t(A\cos\beta t+B\sin\beta t)$
	$\alpha(\cos\beta+\mathrm{i}\sin\beta)$ 是二重特征根	$y_t^*=t^2\alpha^t(A\cos\beta t+B\sin\beta t)$

注：上述 $Q_m(t)$ 为待定 m 次多项式.

例 11-18 求差分方程 $y_{t+2}-y_{t+1}-6y_t=(2t+1)3^t$ 的通解.

解 特征方程为 $\lambda^2-\lambda-6=0$，解得特征根 $\lambda_1=-2,\lambda_2=3$，$f(t)=(2t+1)3^t$ 属于 $P_m(t)q^t$ 型. 其中 $m=1,q=3$ 为多单特征根，从而可设特解的形式为

$$y_t^* = t(At+B)3^t.$$

将其代入原方程，有

$$[A(t+2)^2+B(t+2)]3^{t+2}-[A(t+1)^2+B(t+1)]3^{t+1}-6(At^2+Bt)3^t$$
$$=(2t+1)3^t.$$

即

$$30At+33A+15B=2t+1.$$

解得 $A=\frac{1}{15}, B=-\frac{2}{25}$. 故所给方程的特解

$$y_t^* = \left(\frac{1}{15}t^2-\frac{2}{25}t\right)3^t.$$

于是所求通解为

$$y_t = Y_C(t)+y_t^* = C_1(-2)^t+C_2 3^t+\left(\frac{1}{15}t^2-\frac{2}{25}t\right)3^t.$$

例 11-19　求差分方程 $y_{t+2}-2y_{t+1}+2y_t=t^2+3$ 的通解.

解　特征根 $\lambda_{1,2}=1\pm i, r=\sqrt{2}, \theta=\frac{\pi}{4}$，故所给方程所对应的齐次方程的通解

$$Y_C(t)=(\sqrt{2})^t\left(C_1\cos\frac{\pi}{4}t+C_2\sin\frac{\pi}{4}t\right).$$

又 $f(t)=t^2+3$ 属于 $P_m(t)q^t$ 型，其中 $m=2, q=1$ 不是特征根. 所以可设所给方程的特解形式为

$$y_t^* = At^2+Bt+C.$$

将其代入原方程，有

$$A(t+2)^2+B(t+2)+C-2[A(t+1)^2+B(t+1)+C]$$
$$+2(At^2+Bt+C)=t^2+3.$$

即

$$At^2+Bt+2A+C=t^2+3.$$

可以解出 $A=1, B=0, C=1$，因此 $y_t^*=t^2+1$. 故，所求方程的通解为

$$y_t=(\sqrt{2})^t\left(C_1\cos\frac{\pi}{4}t+C_2\sin\frac{\pi}{4}t\right)+t^2+1.$$

例 11-20　求差分方程 $y_{t+2}-4y_{t+1}+4y_t=2^t$ 满足初始条件 $y_0=3, y_1=-\frac{7}{4}$ 的特解.

解　特征根为 $\lambda_1=\lambda_2=2$，故所给方程对应齐次方程的通解为

$$Y_C(t)=(C_1+C_2t)2^t.$$

又 $f(t)=2^t$ 属于 $P_m(t)q^t$ 型，其中 $m=0, q=2$ 是二重特征根，因此可设

$$y_t^* = At^2 2^t.$$

将其代入原方程，有

$$A(t+2)^2 2^{t+2} - 4A(t+1)^2 2^{t+1} + 4At^2 2^t = 2^t,$$

即可解得 $A=\frac{1}{8}$. 因此 $y_t^* = \frac{1}{8}t^2 2^t$. 于是所给方程的通解为

$$y_t = (C_1 + C_2 t)2^t + \frac{1}{8}t^2 2^t,$$

或

$$y_t = \left(C_1 + C_2 t + \frac{1}{8}t^2\right)2^t.$$

再将初始条件代入上式可确定 $C_1=3, C_2=-4$. 于是所给初值问题的特解为

$$y_t = \left(3 - 4t + \frac{1}{8}t^2\right)2^t.$$

例 11-21 求差分方程 $y_{t+2} - 5y_{t+1} + 6y_t = 3\cos\frac{\pi}{2}t$ 的通解.

解 特征根 $\lambda_1=2, \lambda_2=3$，故所给方程对应的齐次方程的通解

$$Y_C(t) = C_1 2^t + C_2 3^t.$$

又 $f(t)=3\cos\frac{\pi}{2}t$ 属于 $\alpha^t(a\cos\beta t + b\sin\beta t)$ 型. 其中 $a=3, b=0, \alpha=1, \beta=\frac{\pi}{2}$. 由于

$$\alpha(\cos\beta + \mathrm{i}\sin\beta) = \mathrm{i},$$

不是特征根，故可设特解的形式为

$$y_t^* = A\cos\frac{\pi}{2}t + B\sin\frac{\pi}{2}t.$$

将其代入原方程，有

$$\left[A\cos\frac{\pi}{2}(t+2) + B\sin\frac{\pi}{2}(t+2)\right] - 5\left[A\cos\frac{\pi}{2}(t+1) + B\sin\frac{\pi}{2}(t+1)\right]$$
$$+ 6\left[A\cos\frac{\pi}{2}t + B\sin\frac{\pi}{2}t\right] = 3\cos\frac{\pi}{2}t,$$

整理得

$$5(A-B)\cos\frac{\pi}{2}t + 5(A+B)\sin\frac{\pi}{2}t = 3\cos\frac{\pi}{2}t.$$

解方程组

$$\begin{cases} 5(A-B) = 3, \\ 5(A+B) = 0. \end{cases}$$

可得 $A=\frac{3}{10}, B=-\frac{3}{10}$，故有

$$y_t^* = \frac{3}{10}\left(\cos\frac{\pi}{2}t - \sin\frac{\pi}{2}t\right).$$

于是所求通解是

$$y_t = C_1 2^t + C_2 3^t + \frac{3}{10}\left(\cos\frac{\pi}{2}t - \sin\frac{\pi}{2}t\right).$$

例 11-22　求差分方程 $y_{t+2}+4y_{t+1}+4y_t=2^t\cos\pi t$ 的通解.

解　特征根为 $\lambda_1=\lambda_2=-2$,故所给方程对应的齐次方程的通解为

$$Y_C(t) = (C_1 + C_2 t)(-2)^t.$$

又 $f(t)=2^t\cos\pi t$ 属于 $\alpha^t(a\cos\beta t+b\sin\beta t)$ 型. 其中 $\alpha=2,\beta=\pi,a=1,b=0$,且

$$\alpha(\cos\beta + i\sin\beta) = -2$$

为二重特征根. 故可设

$$y_t^* = t^2 2^t(A\cos\pi t + B\sin\pi t).$$

将其代入原方程,有

$$\begin{aligned}(t+2)^2 2^{t+2}&[A\cos\pi(t+2) + B\sin\pi(t+2)]\\ &+4(t+1)^2 2^{t+1}[A\cos\pi(t+1) + B\sin\pi(t+1)]\\ &+4t^2 2^t[A\cos\pi t + B\sin\pi t] = 2^t\cos\pi t.\end{aligned}$$

上式化简后,有

$$8A\cos\pi t + 8B\sin\pi t = \cos\pi t.$$

于是解得 $A=\frac{1}{8}$,$B=0$. 从而

$$y_t^* = \frac{1}{8}t^2 2^t\cos\pi t.$$

所以通解为

$$y_t = (C_1 + C_2 t)(-2)^t + \frac{1}{8}t^2 2^t\cos\pi t.$$

注　在例 11-22 的解题过程中,若注意到 t 取非负整数,$\cos\pi t=(-1)^t$,$\sin\pi t=0$ 这一事实,可使解题过程得以简化. 请读者自己完成简化过程.

习　题　11.3

1. 求下列二阶齐次线性差分方程的通解或满足初始条件的特解:

(1) $y_{t+2}+4y_t=0$;　　(2) $y_{t+2}-y_{t+1}-6y_t=0$;

(3) $y_{t+2}-4(a+1)y_{t+1}+4a^2y_t=0$,$a$ 为常数,$1+2a>0$;

(4) $y_{t+2}+2y_{t+1}-3y_t=0$,$y_0=-1$,$y_1=1$;

(5) $4y_{t+2}+4y_{t+1}+y_t=0$,$y_0=3$,$y_1=-2$;

(6) $y_{t+2}-4y_{t+1}+16y_t=0$,$y_0=1$,$y_1=2+2\sqrt{3}$.

2. 求下列二阶非齐次线性差分方程的通解:

(1) $y_{t+2}-3y_{t+1}+3y_t=5$;　　(2) $y_{t+2}-3y_{t+1}+2y_t=20+4t$;

(3) $y_{t+2}-6y_{t+1}+9y_t=3^t$； (4) $9y_{t+2}+3y_{t+1}-6y_t=(4t^2-10t+6)\left(\frac{1}{3}\right)^t$.

3. 求下列二阶非齐次线性差分方程满足初始条件的特解：

(1) $y_{t+2}-2y_{t+1}+4y_t=1+2t, y_0=0, y_1=1$；

(2) $y_{t+2}-10y_{t+1}+25y_t=3^t, y_0=1, y_1=0$；

(3) $3y_{t+2}-2y_{t+1}-y_t=10\sin\frac{\pi}{2}t, y_0=1, y_1=0$；

(4) $y_{t+2}+\frac{1}{2}y_{t+1}-\frac{1}{2}y_t=3t+2^t, y_0=\frac{2}{9}, y_1=\frac{4}{9}$.

* 11.4 差分方程在经济学中的应用

差分方程在经济管理中有着十分广泛的应用，本节仅举几个简单的例题.

11.4.1 存款模型

例 11-23 设 S_t 是 t 年末存款总额，r 为年利率，设 $S_{t+1}=S_t+rS_t$，且初始存款为 S_0，求 t 年末的本利和.

解 $S_{t+1}=S_t+rS_t$ 即 $S_{t+1}-(1+r)S_t=0$，这是一个一阶常系数线性齐次差分方程. 其特征方程为

$$\lambda-(1+r)=0,$$

特征根为 $\lambda=1+r$. 故齐次方程的通解为

$$S_t=C(1+r)^t.$$

将初始条件代入上式，可得 $C=S_0$. 这样便得 t 年末的本利和为

$$S_t=S_0(1+r)^t.$$

以上便是一笔本金 S_0 存入银行后，年利率为 r，按年复利计息，t 年末的本利和.

11.4.2 消费模型

例 11-24 设 Y_t 为 t 期国民收入，C_t 为 t 期消费，I_t 为 t 期投资，它们之间满足如下关系

$$\begin{cases} C_t=\alpha Y_t+a, \\ I_t=\beta Y_t+b, \\ Y_t-Y_{t-1}=\theta(Y_{t-1}-C_{t-1}-I_{t-1}). \end{cases}$$

其中 α、β、a、b 和 θ 均为常数，且 $0<\alpha<1, 0<\beta<1, 0<\alpha+\beta<1, 0<\theta<1, a\geqslant0, b\geqslant0$. 若基期国民收入 Y_0 已知，求 Y_t, C_t 和 I_t.

解　首先消去模型中的 C_t 和 I_t 得

$$Y_t=[1+\theta(1-\alpha-\beta)]Y_{t-1}-\theta(a+b),\quad t\in\mathbf{N}^+.$$

这是关于 Y_t 的一阶非齐次线性差分方程,可求得其解为

$$Y_t=\left(Y_0-\frac{a+b}{1-\alpha-\beta}\right)[1+\theta(1-\alpha-\beta)]^t+\frac{a+b}{1-\alpha-\beta},\quad t=0,1,2,\cdots.$$

由模型还有

$$\begin{aligned}C_t&=\alpha Y_t+a\\&=\alpha\left(Y_0-\frac{a+b}{1-\alpha-\beta}\right)[1+\theta(1-\alpha-\beta)]^t+\frac{\alpha(a+b)}{1-\alpha-\beta}+a\\&=(C_0-A)[1+\theta(1-\alpha-\beta)]^t+A,\end{aligned}$$

其中 $C_0=\alpha Y_0+a$ 为基期消费,$A=\dfrac{\alpha(a+b)}{1-\alpha-\beta}+a$;

$$\begin{aligned}I_t&=\beta Y_t+b\\&=\beta\left(Y_0-\frac{a+b}{1-\alpha-\beta}\right)[1+\theta(1-\alpha-\beta)]^t+\frac{\beta(a+b)}{1-\alpha-\beta}+b\\&=(I_0-B)[1+\theta(1-\alpha-\beta)]^t+B,\end{aligned}$$

其中 $I_0=BY_0+b$ 为基期投资,$B=\dfrac{\beta(a+b)}{1-\alpha-\beta}+b$.

11.4.3　萨缪尔森乘数——加速数模型

例 11-25　设 Y_t 为 t 期国民收入,C_t 为 t 期消费,I_t 为 t 期投资,G 为政府支出(各期相同). 萨缪尔森(Samuelson, P. A)建立了如下的宏观经济模型(称为乘数——加速数模型):

$$\begin{cases}Y_t=C_t+I_t+G,\\C_t=\alpha Y_{t-1},\quad 0<\alpha<1,\\I_t=\beta(C_t-C_{t-1}),\quad \beta>0.\end{cases}$$

其中 α 为边际消费倾向(常数),β 为加速数(常数). 求 Y_t.

解　首先将模型中的后两个方程代入第一个方程,有

$$Y_t=\alpha Y_{t-1}+\alpha\beta(Y_{t-1}-Y_{t-2})+G.$$

或改写成标准形式

$$Y_{t+2}-\alpha(1+\beta)Y_{t+1}+\alpha\beta Y_t=G.$$

这是关于 Y_t 的二阶常系数非齐次线性差分方程.

(1) 先求其对应的齐次方程的通解 $Y_C(t)$.

原方程对应的齐次方程为

$$Y_{t+2}-\alpha(1+\beta)Y_{t+1}+\alpha\beta Y_t=0.$$

其特征方程为

$$\lambda^2-\alpha(1+\beta)\lambda+\alpha\beta=0.$$

特征方程的判别式为

$$\Delta=\alpha^2(1+\beta)^2-4\alpha\beta.$$

讨论如下：

若$\Delta>0$,则方程有两个互异的特征根

$$\lambda_1=\frac{1}{2}[\alpha(1+\beta)+\sqrt{\Delta}],\quad \lambda_2=\frac{1}{2}[\alpha(1+\beta)-\sqrt{\Delta}].$$

于是$Y_C(t)=C_1\lambda_1^t+C_2\lambda_2^t$.

若$\Delta=0$,则方程有两个相等特征根

$$\lambda=\lambda_{1,2}=\frac{1}{2}\alpha(1+\beta)=\sqrt{\alpha\beta},$$

从而

$$Y_C(t)=(C_1+C_2t)\lambda^t.$$

若$\Delta<0$,则方程有一对共轭复根

$$\lambda_1=\frac{1}{2}[\alpha(1+\beta)+\mathrm{i}\sqrt{-\Delta}],\quad \lambda_2=\frac{1}{2}[\alpha(1+\beta)-\mathrm{i}\sqrt{-\Delta}].$$

这时有

$$Y_C(t)=r^t(C_1\cos\theta t+C_2\sin\theta t),$$

其中$r=\sqrt{\alpha\beta}$，　$\theta=\arctan\dfrac{\sqrt{-\Delta}}{\alpha(1+\beta)}\in(0,\pi)$.

(2) 再求原方程的一个特解Y_t^*.

对于非齐次方程

$$Y_{t+2}-\alpha(1+\beta)Y_{t+1}+\alpha\beta Y_t=G,$$

由于1不是特征方程的根,于是可设特解的形式为$Y_t^*=A$.将其代入原方程解出$A=\dfrac{G}{1-\alpha}$.从而

$$Y_t^*=\frac{G}{1-\alpha}.$$

(3) 原方程的通解为

$$Y_t=Y_C(t)+Y_t^*=\begin{cases}C_1\lambda_1^t+C_2\lambda_2^t+\dfrac{G}{1-\alpha} & (若\Delta>0),\\ (C_1+C_2t)\lambda^t+\dfrac{G}{1-\alpha} & (若\Delta=0),\\ r^t(C_1\cos\theta t+C_2\sin\theta t)+\dfrac{G}{1-\alpha} & (若\Delta<0).\end{cases}$$

这说明,随α、β的取值不同,国民收入Y_t随时间的变化将呈现出各种不同的发展规律.

11.4.4 动态供需均衡模型

例 11-26　假设生产某种产品要求有一个固定的生产周期,并以此周期作为度量时间 t 的单位. 在这种情况下规定,第 t 期的供给量 S_t 由前一期的价格 P_{t-1} 决定,即供给量"滞后"于价格一个时期,而第 t 期的需求量 D_t 由现期价格 P_t 决定,即需求量是"非时滞"的,取"时滞"的供给函数和"非时滞"的需求函数的线性形式,且假定该商品是以销清水平来确定其市场价格,可建立如下**动态供需均衡模型**

$$\begin{cases} D_t = \alpha - \beta P_t \quad (\alpha、\beta > 0), \\ S_t = -a + bP_{t-1} \quad (a、b > 0), \\ D_t = S_t. \end{cases}$$

又设初始价格为 P_0.

(1) 试求价格 P_t 随时间 t 变化的规律;

(2) 分析价格 P_t 的变化趋势.

解　(1) 将模型中的前两个方程代入第三个方程,得

$$P_t + \frac{b}{\beta}P_{t-1} = \frac{\alpha + a}{\beta} \quad 或 \quad P_{t+1} + \frac{b}{\beta}P_t = \frac{\alpha + a}{\beta}.$$

这是一阶常系数非齐次线性差分方程. 其通解为

$$P_t = C\left(-\frac{b}{\beta}\right)^t + \frac{\alpha + a}{\beta + b} \quad (C 为任意常数).$$

将初始价格 P_0 代入上式得

$$C = P_0 - \frac{\alpha + a}{\beta + b},$$

若记静态均衡价格 $P_e = \dfrac{\alpha + a}{\beta + b}$,于是满足初始条件的解为

$$P_t = (P_0 - P_e)\left(-\frac{b}{\beta}\right)^t + P_e.$$

(2) 若初始价格 $P_0 = P_e$,则此时

$$P_t = P_e.$$

若初始价格 $P_0 \neq P_e$,那么当 $b < \beta$ 时,有

$$\lim_{t \to +\infty} P_t = \lim_{t \to +\infty}\left[(P_0 - P_e)\left(-\frac{b}{\beta}\right)^t + P_e\right] = P_e,$$

即价格 P_t 稳定地趋于均衡价格 P_e.

若初始价格 $P_0 \neq P_e$,且 $b > \beta$ 时,有

$$\lim_{t \to +\infty} P_t = \lim_{t \to +\infty}\left[(P_0 - P_e)\left(-\frac{b}{\beta}\right)^t + P_e\right] = \infty.$$

在这种情形下,市场价格的波动越来越大,呈发散状态.

若初始价格 $P_0 \neq P_e$,且 $b = \beta$ 时,在 $t \to +\infty$ 时,P_t 在 P_0 和 $2P_e - P_0$ 两个价格

水平上来回摆动,即市场价格呈周期变化状态.

习　题　11.4

1. 已知某人欠有债务25000元,月利率为1%,计划在12个月内用分期付款的方法还清债务,每月要付出多少钱? 设 a_t 为付款 t 次后还剩欠款数,求每月付款 P 元使 $a_{12}=0$ 的差分方程.

2. 某公司由银行贷款5000万元购买设备.银行年利率为6%,该公司计划在10年内用分期付款方式还清贷款,试问该公司每年需要向银行付款多少万元?

3. 某公司在每年支出总额比前一年增加10%的基础上再追加100万元,若以 C_t 表示第 t 年的支出总额(单位:百万元),求 C_t 满足的差分方程;若2005年该公司的支出总额为2000万元,问3年后支出总额为多少万元?

4. 已知需求函数和供给函数如下:

$$D_t=80-4P_t,\quad S_t=-10+2P_{t-1}.$$

(1) 求动态均衡价格 P_t,并确定均衡是否是稳定的;

(2) 若初始价格 $P_0=18$,计算 P_1,P_2,P_3,P_4.

5. 设某商品在 t 时期的需求量 D_t,供给量 S_t 都是现时期价格 P_t 的函数,有如下模型:

$$\begin{cases}D_t=21-2P_t,\\ S_t=-3+6P_t,\\ P_{t+1}=P_t-0.3(S_t-D_t).\end{cases}$$

求动态均衡价格 P_t,并确定它是否收敛? 初始价格 P_0 已知.

6. 试解下述卡恩(Kahn)模型,即求 Y_t 和 C_t:

$$\begin{cases}Y_t=C_t+I,\\ C_t=\alpha Y_{t-1}+\beta,\quad 0<\alpha<1,\beta>0.\end{cases}$$

其中 Y_t,C_t 分别是时期 t 的国民收入和消费,I 是投资,假设每期数量相同.

总习题十一

(A)

1. 填空题:

(1) 已知函数 $y_t=\ln t+t^2-1$,则 $\Delta^3 y_t=$________.

(2) 设 $y_0=0$,且 y_t 满足差分方程 $y_{t+1}-y_t=t$,则 $y_{100}=$________.

(3) 已知 $y_1(t)=4t^3,y_2(t)=3t^2$ 是方程 $y_{t+1}+a(t)y_t=f(t)$ 的两个特解,则方程 $y_{t+1}+a(t)y_t=0$ 的一个特解 $y_t=$________,通解 $y_C(t)=$________,方程 $y_{t+1}+a(t)y_t=f(t)$ 的通解 $y(t)=$________.

(4) 差分方程 $y_{t+1}+3y_t=3^t\cos\pi t$ 的待定特解形式 $y_t^*=$________.

(5) 差分方程 $y_{t+2}+y_t=a\cos\dfrac{\pi}{2}t+b\sin\dfrac{\pi}{2}t$ 的通解形式是 $y_t=$________.

2. 单项选择题：

(1) 下列等式中，是差分方程的是________.

A. $2\Delta y_{t+1}+2y_{t+1}=2^t$　　B. $\Delta^2 y_t+y_{t+2}+2y_{t+1}-y_t=0$

C. $\Delta^2 y_t-y_{t+3}+3y_{t+2}-3y_{t+1}-y_t=0$　　D. $y_{t+1}-y_{t-1}=2$

(2) 下列差分方程中，是二阶差分方程的是________.

A. $\Delta^2 y_t+\Delta y_t=0$　　B. $y_{t+2}+2y_{t+1}-3y_{t-1}=t$

C. $3y_t+y_{t-2}=3^t$　　D. $\Delta^3 y_t-y_{t+3}+y_t=3$

(3) 若函数 $y_1(t)$，$y_2(t)$是二阶齐次线性差分方程的解，则 $y(t)=C_1y_1(t)+C_2y_2(t)$（C_1，C_2是任意常数）________.

A. 一定是该方程的解　　B. 一定是该方程的通解

C. 一定是该方程的特解　　D. 未必是该方程的解

(4) 差分方程 $3y_t-3y_{t-1}=1$ 的通解是________.

A. $y_t=C+\frac{1}{3}$　　B. $y_t=C+\frac{1}{3}t$

C. $y_t=C3^t+\frac{1}{3}$　　D. $y_t=C3^t+\frac{1}{3}t$

(5) 差分方程 $y_{t+1}-2y_t=(a_1t^2+a_2t+1)\cdot 2^t$（$a_1$、$a_2$ 为常数，$a_1\neq 0$）有形如 $y_t^*=$________的特解.

A. $t(B_1t+B_2)\cdot 2^t$　　B. $(B_1\cdot t^2+B_2\cdot t+B_3)\cdot 2^t$

C. $t(B_1t^2+B_2t+B_3)\cdot 2^t$　　D. $t^2(B_1t^2+B_2t+B_3)\cdot 2^t$

（B_1、B_2、B_3 为待定常数）

3. 证明函数差分的四则运算性质：

(1) $\Delta(y_t\pm z_t)=\Delta y_t\pm\Delta z_t$；　　(2) $\Delta(Cy_t)=C\Delta y_t$（C 是常数）；

(3) $\Delta(y_t\cdot z_t)=y_{t+1}\Delta z_t+z_t\Delta y_t$；　　(4) $\Delta\left(\frac{y_t}{z_t}\right)=\frac{z_t\Delta y_t-y_t\Delta z_t}{z_t\cdot z_{t+1}}$.

4. 选择适当的变量代换，化差分方程

$$(t+1)^2y_{t+1}+2t^2y_t=\mathrm{e}^t$$

为常系数线性差分方程，并求其通解.

*5. 已知差分方程$(a+by_t)y_{t+1}=cy_t$，其中 $a>0$，$b>0$，$c>0$，又知 $y_0>0$，

(1) 试证对所有的 $t=1,2,\cdots$，$y_t>0$；

(2) 试证代换 $z_t=\frac{1}{y_t}$ 可将已知方程化为关于 z_t 的线性差分方程，并由此求出原方程的通解和 y_0 为已知的特解；

(3) 求方程$(2+3y_t)y_{t+1}=4y_t$，$y_0=\frac{1}{2}$ 的特解，并考查当 $t\to+\infty$ 时 y_t 的极限.

*6. 选择适当的变量代换，化差分方程

$$\frac{y_{t+2}}{t+3}+\frac{2y_{t+1}}{t+2}-\frac{3y_t}{t+1}=2\cdot 3^t$$

为常系数线性差分方程，并求其通解.

*7. 求差分方程 $y_{t+2}-y_t=\sin\theta t$（θ 是常数）的通解.

*8. 求差分方程 $y_{t+2}-2\cos\alpha y_{t+1}+y_t=1$($\alpha$ 是常数)的通解.

(B)

1. 填空题:

(1) 差分方程 $6y_{t+1}+9y_t=3$ 的通解为________.

(2) 差分方程 $y_{t+1}-y_t=t2^t$ 的通解为________.

(3) 差分方程 $2y_{t+1}+10y_t-5t=0$ 的通解为________.

(4) 已知 $y_t=\mathrm{e}^t$ 是差分方程 $y_{t+1}+ay_{t-1}=2\mathrm{e}^t$ 的一个特解,则 $a=$________.

(5) 某公司每年的工资总额在比上一年增加 20%的基础上再追加 2 百万元. 若以 W_t 表示第 t 年的工资总额(单位:百万元),则 W_t 满足的差分方程是________.

2. 设某产品在时期 t 的价格,总供给与总需求分别为 P_t,S_t,D_t,并设对于 $t=0,1,2,\cdots$有(1)$S_t=2P_t+1$;(2)$D_t=-4P_{t-1}+5$;(3)$S_t=D_t$.

根据以上关系式:

(1) 推出差分方程 $P_t+2P_{t-1}=2$;

(2) 已知 P_0 时,求上述方程的解.

3. 设 $f(x)$在 R 上有定义,$h>0$ 为常数,称

$$\Delta f(x)=f(x+h)-f(x)$$

为 $f(x)$的步长为 h 的一阶差分.

(1) 证明:$\Delta[Cf(x)]=C\Delta f(x)$($C$ 为常数),

$$\Delta[f_1(x)+f_2(x)]=\Delta f_1(x)+\Delta f_2(x).$$

(2) 若定义 $\Delta^n f(x)=\Delta[\Delta^{n-1}f(x)]$,$n=2,3,\cdots$为 $f(x)$的步长为 h 的 n 阶差分,用数学归纳法证明:

$$\Delta^n f(x)=\sum_{k=0}^{n}\mathrm{C}_n^k(-1)^{n-k}f(x+kh).$$

4. 设 $f(x)$是 R 上的二阶连续可导函数,证明:

$$\Delta^2 f(x)=\int_0^h\mathrm{d}z\int_0^h f''(x+y+z)\mathrm{d}y.$$

5. 设 Y_t 为 t 期国民收入,S_t 为 t 期储蓄,I_t 为 t 期投资. 三者之间有如下关系:

$$\begin{cases}S_t=\alpha Y_t+\beta, & 0<\alpha<1,\beta\geqslant 0,\\ I_t=\gamma(Y_t-Y_{t-1}), & \gamma>0,\\ S_t=\delta I_t, & \delta>0.\end{cases}$$

已知 Y_0,试求 Y_t,S_t,I_t.

6. 设 Y_t、C_t、I_t 分别为 t 期国民收入、消费和投资,三者之间有如下关系:

$$\begin{cases}Y_t=C_t+I_t,\\ C_t=\alpha Y_t+\beta, & 0<\alpha<1,\beta\geqslant 0,\\ Y_{t+1}=Y_t+\gamma I_t, & \gamma>0.\end{cases}$$

已知 Y_0,试求 Y_t,C_t,I_t.

7. 已知如下的市场模型:

$$\begin{cases} D_t = \alpha - \beta P_t \text{—— 需求函数}, \\ S_t = -\gamma + \delta \widetilde{P}_t \text{—— 供给函数}, \\ D_t = S_t \text{—— 供需均衡条件}, \\ \widetilde{P}_t = \widetilde{P}_{t-1} + \eta(P_{t-1} - \widetilde{P}_{t-1}) \text{—— 价格调节方程}, \end{cases}$$

其中 D_t 和 S_t 分别为某商品的 t 期需求量和供给量，P_t 为 t 期商品实际售价，$\widetilde{P}_t$ 为 t 期卖方的"适应性预期价格"；α、β、γ、δ、η 为正的常数，且 $0<\eta<1$. 已知 $\widetilde{P}_0$，试求 P_t 和 $\widetilde{P}_t$ 关于 t 的表达式.

习题参考答案及提示

习 题 1.1

1. (1) $A\cup B=\{x|x>5\}$;(2) $A\cap B=\{x|6<x<7\}$;(3) $A\backslash B=\{x|5<x\leqslant 6\}$.
2. $a=1,b=5$.
3. (1) $x<-4$ 或 $x>4$;(2) $2\leqslant x<4$ 或 $4<x\leqslant 6$;(3) $x<-3$ 或 $x>1$;(4) $x<-\dfrac{1}{2}$.
4. (1) $(-\infty,-5]\cup[5,+\infty)$;(2) $\left(\dfrac{1}{3},1\right)$;(3) $(a-\varepsilon,a+\varepsilon)$;(4) $(-\infty,-2)\cup(0,+\infty)$.

习 题 1.2

1. (1) 不相同;(2) 不相同;(3) 相同;(4) 不相同;(5) 相同;(6) 相同.
2. (1) $[2,+\infty)$;(2) $(-\infty,1)\cup(2,+\infty)$;(3) $[-1,3]$;

   (4) $[-2,-1)\cup[-1,1)\cup(1,+\infty)$;(5) $\mathbf{R}\backslash\left\{\left(k+\dfrac{1}{2}\right)\pi-1|k\in\mathbf{Z}\right\}$;(6) $[1,4]$;

   (7) $(-\infty,+\infty)$;(8) $(-4,-2)\cup(-2,2)\cup(2,4)$.
3. $f\left(\dfrac{\pi}{2}\right)=\dfrac{3\pi}{2},f\left(\dfrac{\sqrt{3}}{2}\right)=\dfrac{3\sqrt{3}}{8},f(1)=3,f(0)=0$.
4. (1) 单调增加;(2) 单调增加.
5. (1) 奇函数;(2) 奇函数;(3) 非奇非偶函数;(4) 偶函数;(5) 奇函数;(6) 奇函数.
6. (1) 是,$T=\pi$;(2) 是,$T=\pi$;(3) 不是;(4) 是,$T=1$.
7. (1) $y=\left(\dfrac{5-x}{4}\right)^{\frac{1}{3}}$;(2) $y=\dfrac{5x-1}{3+2x}$;(3) $y=\dfrac{1}{2}\arcsin 3x$;(4) $y=3^{x-1}-3$.
8. (1) $y=\sqrt{2+\cos x}$;(2) $y=\ln^2\dfrac{x}{3}$;(3) $y=\arctan(e^{x^2})$;(4) $y=\log_a(\sin 2^x)$.
9. (1) $y=\arcsin u,u=\sqrt{v},v=\sin x$;(2) $y=u^3,u=\log_2 v,v=\cos x$;

   (3) $y=2^u,u=v^3,v=\sin w,w=\dfrac{1}{x}$;(4) $y=\arctan u,u=v^2,v=\tan w,w=a^2+x^2$.
10. $f(x-1)=\begin{cases}1, & x<1,\\ 0, & x=1,\\ -1, & x>1.\end{cases}\qquad f(x^2-1)=\begin{cases}1, & |x|<1,\\ 0, & |x|=1,\\ -1, & |x|>1.\end{cases}$
11. $f(x)=x^2-2$.
12. $f[f(x)]=\dfrac{x}{1-2x};\qquad f\{f[f(x)]\}=\dfrac{x}{1-3x}$.
13. (1) x^4;(2) $\sin^2 x$;(3) $\sin x^2$;(4) $\sin(\sin x)$.

习　题　1.3

1. (1) $y=\sqrt{u},u=x^3+\sqrt{x}$；(2) $y=u^2,u=\arctan v,v=\frac{2x}{1-x^2}$；(3) $y=\ln u,u=\frac{(1-x)e^x}{\arccos x}$；

   (4) $y=e^u,u=\sqrt[3]{v},v=\frac{1-x^2}{1+x^2}$.

2. $f(x)=x+x^2,x\in(-\infty,0)$.

习　题　1.4

1. $\bar{P}=10,\bar{Q}=240$.

2. (1) $C(Q)=1000+4Q$；(2) $\bar{C}(Q)=4+\frac{1000}{Q}$；(3) $R(Q)=8Q$；(4) $L(Q)=4Q-1000$.

3. $L(20)=140$(万元)，$\bar{L}(20)=7$(万元).

4. $R(Q)=\begin{cases} aQ, & 0<Q\leqslant 50, \\ 50a+0.8a(Q-50), & Q>50. \end{cases}$

5. $V=\pi h\left(r^2-\frac{h^2}{4}\right),h\in(0,2r)$.

6. $y=5\pi a\left(r^2+\frac{16}{r}\right)$.

总习题一

(A)

1. (1) $a^{\ln x}(\ln^2 x-1)$；(2) Φ；(3) $0\leqslant k<2$；(4) 2π；(5) $\frac{1}{2}\ln\frac{1+x}{1-x}$.

2. (1) D；(2) D；(3) B；(4) D；(5) C.

3. $\varphi(x)=\sin[\ln(x-1)],x\in[1+e^{-\frac{\pi}{2}},1+e^{\frac{\pi}{2}}]$.

4. $f[\varphi(x)]=\begin{cases} e^{x+2}, & x<-1, \\ x+2, & -1\leqslant x<0, \\ e^{x^2-1}, & 0\leqslant x<\sqrt{2}, \\ x^2-1, & x\geqslant\sqrt{2}. \end{cases}$

5. $f(x)+g(x)=\begin{cases} 2x, & x<0, \\ x, & 0\leqslant x<1, \\ 1, & x\geqslant 1. \end{cases}$

6. (1) $L(Q)=-Q^2+12Q-10,L(6)=26$(万元)；(2) $L(7)=25$ 万元，能赢利.

(B)

1. (1) D；(2) D；(3) D；(4) B.

2. $\varphi(x)=\sqrt{\ln(1-x)},x\leqslant 0$.

习　题　2.1

1. (1) 0;(2) 1;(3) 没有极限;(4) $\frac{3}{2}$.

2. (1) 提示　$\left|\frac{2n+1}{n+2}-2\right|=\frac{3}{n+2}<\frac{3}{n}<\varepsilon$,取 $N=\left[\frac{3}{\varepsilon}\right]$;

(2) 提示　$\left|1-\frac{1}{3^n}-1\right|=\frac{1}{3^n}<\varepsilon$,取 $N=\left[\log_3\frac{1}{\varepsilon}\right]$;

(3) 提示　$\left|\frac{\sin n}{n}-0\right|<\frac{1}{n}<\varepsilon$,取 $N=\left[\frac{1}{\varepsilon}\right]$;

(4) 提示　$\left|\frac{n!}{n^n}-0\right|=\left|\frac{1}{n}\cdot\frac{2}{n}\cdot\frac{3}{n}\cdots\frac{n-1}{n}\cdot\frac{n}{n}\right|<\frac{1}{n}<\varepsilon$,取 $N=\left[\frac{1}{\varepsilon}\right]$.

3. 提示　$||a_n|-0|=|a_n|=|a_n-0|$.

4. 提示　① 已知 $\lim\limits_{n\to\infty}a_n=a$,则 $\forall\varepsilon>0$,$\exists N$,当 $n>N$ 时,$|a_n-a|<\varepsilon$ 成立. 此时 $n+1>N$,则 $|a_{n+1}-a|<\varepsilon$,即 $\lim\limits_{n\to\infty}a_{n+1}=a$;

② 已知 $\lim\limits_{n\to\infty}a_{n+1}=a$,则 $\forall\varepsilon>0$,$\exists N_1$,当 $n>N_1$ 时,$|a_{n+1}-a|<\varepsilon$ 成立. 此时,取 $N=N_1+1$,当 $n>N=N_1+1>N_1$ 时,$|a_n-a|<\varepsilon$,即 $\lim\limits_{n\to\infty}a_n=a$.

*5. (1) 不能;(2) 能.

习　题　2.2

1. (1) 提示　$|2x+3-7|=2|x-2|<\varepsilon$,取 $\delta=\frac{\varepsilon}{2}$;

(2) 提示　$\left|\frac{4x^2-1}{2x-1}-2\right|=2\left|x-\frac{1}{2}\right|<\varepsilon$,取 $\delta=\frac{\varepsilon}{2}$;

(3) 提示　$\left|\frac{2x+3}{x}-2\right|=\frac{3}{|x|}<\varepsilon$,取 $N=\left[\frac{3}{\varepsilon}\right]$;

(4) 提示　$\left|\frac{3x^2-1}{x^2+1}-3\right|=\frac{4}{x^2}<\varepsilon$,取 $N=\left[\frac{2}{\sqrt{\varepsilon}}\right]$.

*2. $0<|x-3|<\frac{0.01}{6}$.

*3. 提示　$||f(x)|-|A||\leqslant|f(x)-A|$.

4. $\lim\limits_{x\to0}f(x)$不存在,$\lim\limits_{x\to1}f(x)$存在.

5. $a=-1$.

习　题　2.3

1. (2),(3),(5)为无穷小量,(4)为无穷大量,(1),(6)既不是无穷小量也不是无穷大量.

2. 当 $x\to1$ 时,为无穷大量;当 $x\to0$,$x\to\infty$时,为无穷小量.

3. (1) 提示　$\left|x\cos\frac{1}{x}-0\right|\leqslant|x|<\varepsilon$,取 $\delta=\varepsilon$;

(2) 提示　$\left|\frac{3x-1}{x}\right|=\left|3-\frac{1}{x}\right|\geqslant\left|\frac{1}{x}\right|-3>M$,取 $\delta=\frac{1}{M+3}$.

4. (1) 0;(2) 0.

习　题　2.4

1. (1) 2;(2) 1;(3) 3;(4) $\dfrac{2^{20}\cdot 3^{30}}{5^{50}}$;(5) ∞;(6) $\dfrac{1}{2}$;(7) $\dfrac{3}{2}$;(8) n;(9) -2;(10) $\dfrac{1}{2}$;

(11) 1;(12) $\dfrac{1}{2}$;(13) 2;(14) $\dfrac{1}{5}$.

2. (1) $a=4,b=-12$;(2) $a=4,b=-5$.

3. (1) $a=-4,b=-4$;(2) $a\neq-4$,b 为任意数;(3) $a=-4,b=-2$;(4)a 为任意数,$b=4$.

习　题　2.5

1. (1) 1;(2) $\dfrac{\alpha}{\beta}$;(3) 0;(4) $\dfrac{3}{5}$;(5) x;(6) $\cos a$;(7) $\dfrac{1}{\sqrt{2}}$;(8) $-\dfrac{1}{2}$.

2. (1) e^{-3};(2) e^{-3};(3) e^{2};(4) $\dfrac{1}{\mathrm{e}}$;(5) e^{-2};(6) e^{-1};(7) e;(8) 1.

3. (1) 1;(2) $\dfrac{1}{2}$;(3) $\max\{a_1,a_2,\cdots,a_m\}$.

4. (1) 2;(2) 提示　$a_{n+1}=3-\dfrac{6}{3+a_n}$,$\sqrt{3}$.

5. 12.763 万元.

6. 现投资 23 万元.

习　题　2.6

1. (1) 低阶;(2) 等价;(3) 同阶;(4) 低阶.

2. (1) $\dfrac{a^2}{2b^2}$;(2) $\dfrac{1}{2^n}$;(3) 2;(4) $\dfrac{1}{3}$;(5) 2;(6) $\dfrac{1}{2}$.

3. $a=2$.

4. (1) $\lim\limits_{x\to1}\dfrac{\ln x}{x-1}=\lim\limits_{x\to1}\ln[(1+(x-1))^{\frac{1}{x-1}}]=\ln\mathrm{e}=1$;

(2) $\lim\limits_{x\to0}\dfrac{\sec x-1}{\dfrac{x^2}{2}}=\lim\limits_{x\to0}\dfrac{1}{\cos x}\cdot\dfrac{1-\cos x}{\dfrac{x^2}{2}}=|x|=1$.

习　题　2.7

1. (1) 连续区间为$(-\infty,-1)\cup(-1,+\infty)$;(2) 连续区间为$(-1,0)\cup(0,1)\cup(1,+\infty)$;

(3) 连续区间为$(-\infty,+\infty)$;(4) 连续区间为$(-1,0)\cup\left(0,\dfrac{1}{2}\right)\cup\left(\dfrac{1}{2},1\right)$.

2. (1) $x=0$ 为可去间断点,$x=k\pi$($k\in Z$ 且 $k\neq0$ 为第二类间断点(无穷型));

(2) $x=0$ 为第二类间断点;

(3) $x=0$ 为可去间断点,$x=\pm1$ 为第二类间断点(无穷型);

(4) $x=0$ 为可去间断点,$x=1$ 为无穷间断点;

(5) $x=1$ 为可去间断点,$x=2$ 为无穷间断点;

(6) $x=-1$ 为第二类间断点,$x=0$ 为可去间断点,$x=1$ 为跳跃间断点.

3. (1) 0;(2) 1;(3) $\cos a$;(4) 0;(5) $\frac{1}{2}$;(6) e^2;(7) e^2;(8) $\sqrt{e}$;(9) 1;(10) e;(11) $\sqrt{e}$;(12) 1.

4. (1) 定义域:$(-\infty,+\infty)$,$a=1,b=0$;

(2) 定义域:$(-\infty,+\infty)$,$a=\frac{5}{7},b=\frac{1}{7}$;

(3) 定义域:$(-\infty,+\infty)$,$a=2,b=1$.

5. 提示 利用习题2.2中3题结论. 反例:$f(x)=\begin{cases}x+1, & x\geqslant 0,\\ x-1, & x<0,\end{cases}$有 $x=0$ 处,$f(x)$不连续,而$|f(x)|$连续.

6. 提示 $F(x)=\max\{f(x),g(x)\}=\frac{1}{2}\{f(x)+g(x)+|f(x)-g(x)|\}$,

$$\phi(x)=\min\{f(x),g(x)\}=\frac{1}{2}\{f(x)+g(x)-|f(x)-g(x)|\}.$$

习 题 2.8

1. 提示 利用零点定理.
2. 提示 利用零点定理.
3. 提示 反证法,再利用零点定理.
4. 提示 $m\leqslant\frac{f(x_1)+f(x_2)+\cdots+f(x_n)}{n}\leqslant M$,其中 m,M 分别为 $f(x)$在$[x_1,x_n]$上的最小值与最大值.
5. 提示 令 $F(x)=f(x+a)-f(x)$,则其在$[0,1-a]$上连续.

总 习 题 二

(A)

1. (1) $\frac{\ln a}{2}$;(2) -3;(3) 3;(4) 2;(5) $(-\infty,1)\cup(1,+\infty)$.
2. (1) C;(2) D;(3) B;(4) A;(5) B.
3. (1) $a=2,b=\ln 2$;(2) $a=e,b=e^e$.
4. $f[g(x)]$的连续区间$(-\infty,1)\cup(1,+\infty)$,$x=1$为第一类间断点(跳跃型).
5. (1) e^{-2};(2) $\frac{1}{4}$;(3) 2;(4) $\frac{\beta^2-\alpha^2}{2}$;(5) $\ln 2$;(6) $\frac{2}{3}$.
6. $a=2$.
7. $k=2$.
8. (1) 提示 对函数 $y=\sin x+x+1$ 在 $\left(-\frac{\pi}{2},\frac{\pi}{2}\right)$上利用零点定理;

(2) 提示 设 $f(x)=2^x-4x$,在$[0,0.5]$上利用零点定理.

9. 提示 设 $F(x)=(p+q)f(x)-pf(c)-qf(d)$,在区间$[c,d]$上利用零点定理.

(B)

1. (1) $\frac{\sqrt{2}}{2}$;(2) $\frac{3}{2}$;(3) $a=1,b=-4$;(4) ln2;(5) $-\frac{3}{2}$;(6) 6.

2. (1) B;(2) D;(3) D;(4) D;(5) D.

3. (1) $e^{-\frac{\pi}{2}}$;(2) e^2;(3) 1;(4) $\frac{4}{\pi}$;(5) $(ab)^{\frac{3}{2}}$;(6)$e^{\frac{1}{2}(n+1)}$.

4. $x=\frac{\pi}{4}$、$\frac{5\pi}{4}$为无穷间断点;$x=\frac{3\pi}{4}$、$\frac{7\pi}{4}$为可去间断点.

5. $x=0$ 为可去间断点,$x=1$ 为跳跃间断点,$x=2k(k=\pm1,\pm2,\cdots)$为无穷间断点,其余点处处连续.

6. $a=0,b=1$.

7. 提示 对方程通分,设分子为辅助函数,利用零点定理证明.

8. 提示 利用单调有界定理,$\lim\limits_{n\to\infty}x_n=3$.

9. 提示 对辅助函数 $F(x)=f(x)-x$,利用零点定理证明.

10. 提示 考虑函数 $F(x)=f(x)-f\left(x+\frac{a}{2}\right)$.

11. 提示 令 $F(x)=f(x)-f\left(x+\frac{1}{n}\right)$,将$[0,1]$区间 n 等分,若在以下 $n-1$ 个区间 $\left[0,\frac{1}{n}\right],\left[\frac{1}{n},\frac{2}{n}\right],\cdots,\left[\frac{n-2}{n},1-\frac{1}{n}\right]$的某个端点使 $F(x)=0$,本题结论已成立;若在以上 $n-1$ 个区间端点上均有 $F(x)\neq0$,则由 $f(0)=f(1)$可知,在以上 $n-1$ 个区间中至少有一个区间,$F(x)$在该区间两端点异号,由连续函数介值定理知,存在 ξ,使 $F(\xi)=0$,即 $f(\xi)=f\left(\xi+\frac{1}{n}\right)$.

习 题 3.1

1. (1) v_0-gt;(2) $\frac{v_0}{g}$;(3) $-v_0$.

2. (1) $-f'(x_0)$;(2) $2f'(x_0)$;(3) $(a+b)f'(x_0)$.

3. (1) $\frac{2}{3}x^{-\frac{1}{3}}$;(2) $-\frac{1}{2}x^{-\frac{3}{2}}$;(3) $\frac{16}{5}x^{\frac{11}{5}}$;(4) $\frac{1}{6}x^{-\frac{5}{6}}$.

4. $f'(1)=2$.

5. $y=ex$;$ey+x-e^2-1=0$.

6. 在 $x=0$ 处连续,不可导.

7. $a=2,b=-1$.

8. $f'(x)=\begin{cases}\cos x, & x<0,\\ 1, & x\geqslant0.\end{cases}$

9. $f_+'(0)=0,f_-'(0)=1,f'(0)$不存在.

10. 提示 利用导数定义证明.

习 题 3.2

1. (1) $\frac{1}{\sqrt{x}}+\frac{1}{x^2}$；(2) $15x^2-2^x\ln2+3e^x$；(3) $-\frac{1+x}{2x\sqrt{x}}$；(4) $3e^x(\cos x-\sin x)$；

(5) $x(2\ln x+1)$；(6) $2x\ln x\cos x+x\cos x-x^2\ln x\sin x$；(7) $\frac{e^x(x-2)}{x^3}$；

(8) $\frac{x-x\ln x+(1+x-x^2-x\ln x)e^x}{x(x+e^x)^2}$；(9) $(1+x\tan x)\sec x-\csc x\cot x$；

(10) $3(\sin x+\cos x)^{-2}$；(11) $1-\frac{1}{2\sqrt{x}}$；(12) $-\sin x-\cos x$.

2. 切线方程 $2x-y=0$；法线方程 $x+2y=0$.

4. (1) $5(x^3-x)^4(3x^2-1)$；(2) $3\sin(4-3x)$；(3) $\frac{2x}{1+x^2}$；(4) $\frac{x}{\sqrt{(1-x^2)^3}}$；(5) $\frac{e^x}{1+e^{2x}}$；

(6) $\frac{2\arcsin x}{\sqrt{1-x^2}}$；(7) $\frac{1}{x\ln x\ln\ln x}$；(8) $\frac{2}{\sin2x}$；(9) $-\frac{1}{2}e^{-\frac{x}{2}}(\cos3x+6\sin3x)$；

(10) $\frac{|x|}{x^2\sqrt{x^2-1}}$；(11) $\sec x$；(12) $-\frac{2}{x(1+\ln x)^2}$；(13) $\frac{\ln x}{x(1+\ln^2x)}$；(14) $\frac{e^{\arctan\sqrt{x}}}{2\sqrt{x}(1+x)}$；

(15) $\sqrt{\frac{4}{x}-1}$；(16) $\tan^3x$；(17) $\frac{1}{x^2}\sin\frac{2}{x}e^{-\sin^2\frac{1}{x}}$；(18) $\frac{1}{x^2}\tan\frac{1}{x}$；(19) $\frac{2\sqrt{x}+1}{4\sqrt{x}\sqrt{x+\sqrt{x}}}$；

(20) $-\frac{1}{(1+x)\sqrt{2x(1-x)}}$.

5. (1) $2xf'(x^2)$；(2) $4x^3f(x^2)f'(x^2)+2x[f(x^2)]^2$；(3) $\frac{1}{2\sqrt{x}}f'(\sqrt{x}+1)$；

(4) $\frac{2f(x)f'(x)}{1+f^2(x)}$；(5) $e^{f(x)}[e^xf'(e^x)+f(e^x)f'(x)]$；(6) $\sin2x[f'(\sin^2x)-f'(\cos^2x)]$.

7. (1) 提示　对 $f(-x)=f(x)$ 两端求导；

(2) 提示　对 $f(-x)=-f(x)$ 两端求导；

(3) 提示　对 $f(x+T)=f(x)$ 两端求导.

8. $F'(x)=\begin{cases}2xf'(x^2), & x\geqslant0,\\ -2xf'(-x^2), & x<0.\end{cases}$

习 题 3.3

1. (1) $4-\frac{1}{x^2}$；(2) $-2e^{-x}\cos x$；(3) $-\frac{a^2}{(a^2-x^2)^{3/2}}$；(4) $2\sec^2x\tan x$；(5) $\frac{6x(2x^3-1)}{(x^3+1)^3}$；

(6) $-\frac{x}{(1+x^2)^{3/2}}$；(7) $-2\cos2x\ln x-\frac{2\sin2x}{x}-\frac{\cos^2x}{x^2}$；(8) $\frac{3x}{(1-x^2)^{5/2}}$.

2. (1) $2f'(x^2)+4x^2f''(x^2)$；(2) $\frac{2}{x^3}f'\left(\frac{1}{x}\right)+\frac{1}{x^4}f''\left(\frac{1}{x}\right)$；

(3) $(e^x+1)^2f''(e^x+x)+e^xf'(e^x+x)$；(4) $\frac{f''(x)f(x)-[f'(x)]^2}{[f(x)]^2}$.

3. (1) 提示　$y'=-2e^{-x}\sin x, y''=2e^{-x}(\sin x-\cos x)$；

(2) 提示 $y'=\frac{1}{2\sqrt{x}}(e^{\sqrt{x}}-e^{-\sqrt{x}}),y''=\frac{1}{4x}(e^{\sqrt{x}}+e^{-\sqrt{x}})+\frac{1}{4\sqrt{x^3}}(e^{-\sqrt{x}}-e^{\sqrt{x}})$.

4. (1) $e^x(x+n)$;(2) $y^{(n)}=\begin{cases}\ln x+1, & n=1,\\ (-1)^n\frac{(n-2)!}{x^{n-1}}, & n\geqslant 2;\end{cases}$ (3) $2^{n-1}\sin\left[2x+(n-1)\frac{\pi}{2}\right]$;

(4) $(-1)^n\frac{2\cdot n!}{(1+x)^{n+1}}$.

5. (1) $-4e^x\cos x$;(2) $2^{50}\left(-x^2\sin 2x+50x\cos 2x+\frac{1225}{2}\sin 2x\right)$.

习 题 3.4

1. (1) $-\frac{1+y\sin(xy)}{x\sin(xy)}$;(2) $\frac{y}{y-x}$;(3) $-\frac{e^y}{1+xe^y}$;(4) $\frac{x+y}{x-y}$;(5) $\frac{y(x-1)}{x(1-y)}$;(6) $\frac{y^2-xy\ln y}{x^2-xy\ln x}$.
2. 切线方程 $x+2y-3=0$,法线方程 $2x-y-1=0$.
3. 切线方程 $x-y-4=0,2x+y-4=0$.
4. (1) $\frac{e^{2y}(3-y)}{(2-y)^3}$;(2) $-\frac{b^4}{a^2y^3}$.
5. (1) $\sin x^{\cos x}(\cos x\cot x-\sin x\ln\sin x)$;(2) $(1-\ln x)x^{\frac{1}{x}-2}$;

(3) $\frac{x^2}{1-x}\sqrt[3]{\frac{3-x}{(3+x)^2}}\left[\frac{2-x}{x(1-x)}+\frac{x-9}{3(9-x^2)}\right]$;

(4) $\frac{1}{2}\sqrt{x\sin x\sqrt{1-e^x}}\left[\frac{1}{x}+\cot x-\frac{e^x}{2(1-e^x)}\right]$.

6. (1) $\frac{t(2-t^3)}{1-2t^3}$;(2) $\frac{\cos t-t\sin t}{1-\sin t-t\cos t}$;(3) $\sqrt{3}-2$;(4) $-\frac{b}{a^2\sin^3 t}$;(5) $\frac{1}{f''(t)}$;(6) $\frac{t^4-1}{8t^3}$.

习 题 3.5

1. (1) $2x(1+x)e^{2x}dx$;(2) $\frac{x}{x^2-1}dx$;(3) $\frac{2\ln(1-x)}{x-1}dx$;(4) $e^x(\sin^2x+\sin 2x)dx$;

(5) $[2\sqrt{x}\sqrt{1-x})^{-1}dx$;(6) $-\frac{1}{x^2+1}dx$;(7) $e^x[1+e^{e^x}(1+e^{e^{e^x}})]dx$;

(8) $[2x(1+\ln x^2)+\sin 2x]dx$.

2. (1) $\ln|x|+C$;(2) $-\frac{1}{2}e^{-2x}+C$;(3) $2\sqrt{x}+C$;(4) $\arctan x+C$;(5) $\frac{1}{2}\ln(1+x^2)+C$;

(6) $\frac{2}{3}(x+1)^{\frac{3}{2}}+C$;(7) $\arcsin x+C$;(8) $\frac{1}{3}\tan 3x+C$.

3. (1) $\frac{2}{2-\cos y}dx$;(2) $\frac{\sqrt{1-y^2}}{1+2y\sqrt{1-y^2}}dx$;(3) $\frac{2x\cos 2x-y-xye^{xy}}{x^2e^{xy}+x\ln x}dx$;

(4) $-\frac{y^2+\sin(x+y^2)}{e^y+2xy+2y\sin(x+y^2)}dx$.

4. (1) 1.007;(2) 0.4849;(3) $60°2'$;(4) -0.96509.
5. 此钟每天大约加快 17.28s.

习 题 3.6

1. $C'(Q)=0.02Q+10$，$L(Q)=-0.01Q^2+20Q-1000$，边际利润为零时的产量为 1000 个单位.

2. $L'(Q)=-0.02Q+5$，$L'(200)=1$(元)，$L'(250)=0$(元)，$L'(300)=-1$(元) 经济意义：在日产量为 200kg 的基础上，再增加 1kg 产量，利润可增加 1 元；在日产量为 250kg 的基础上，再增加 1kg 产量，利润无增加，在日产量为 300kg 的基础上，再增加 1kg 产量，将亏损 1 元.

3. (1) $C'(Q)=3+Q$，$R'(Q)=50Q^{-\frac{1}{2}}$，$L'(Q)=50Q^{-\frac{1}{2}}-Q-3$；(2) $\frac{ER}{EP}=-1$.

4. (1) $Q'(P)=-200\mathrm{e}^{-0.02P}$，$Q'(100)=-200\mathrm{e}^{-2}$；(2) $\frac{EQ}{EP}=-\frac{P}{50}$；(3) $\left.\frac{EQ}{EP}\right|_{P=100}=-2$. 经济意义：在商品的价格为 100 个单位基础上，价格上涨 1%时，需求量减少 2%.

5. (1) $0<P<\frac{16}{9}$ 时缺乏弹性，$\frac{16}{9}<P<4$ 时有弹性；

(2) $0<P<\sqrt{\frac{a}{3}}$ 时缺乏弹性，$\sqrt{\frac{a}{3}}<P<\sqrt{a}$ 时有弹性.

6. (1) a；(2) kx；(3) $\frac{\sqrt{x}}{2(\sqrt{x}-4)}$；(4) $\frac{x}{2(x-9)}$.

总习题三

(A)

1. (1) $-f'(a)$；(2) $\mathrm{e}^{2t}(1+2t)$；(3) $-\frac{uu'+vv'}{(u^2+v^2)^{3/2}}\mathrm{d}x$；(4) $a^n f^{(n)}(ax+b)$；(5) $y=x+1$.
2. (1) B；(2) C；(3) B；(4) D；(5) D.
3. $a=0$，$b=1$.
4. (1) $\sin x\cdot\ln\tan x$；(2) $2^x\ln 2\arcsin x+\frac{2x}{\sqrt{1-x^2}}-\frac{2}{\sqrt[3]{x}}$；(3) $-\frac{1}{\sqrt{1-2x}}\sin(2\sqrt{1-2x})$；

(4) $\frac{1}{2\sqrt{x+1}}2^{\sqrt{x+1}}\ln 2-\cot x$；(5) $\left(1-\frac{1}{2x}\right)^x\left[\ln\left(1-\frac{1}{2x}\right)+\frac{1}{2x-1}\right]$；

(6) $2\sqrt{x^2+a^2}$.

5. $\mathrm{d}y=-\frac{y\mathrm{e}^{-xy}+\cos(x+y)}{x\mathrm{e}^{-xy}+\cos(x+y)}\mathrm{d}x$，法线方程为 $y=x$.
6. (1) 1；(2) $\ln 2-1$；(3) -1.
7. 提示 $y'=c_1r_1\mathrm{e}^{r_1x}+c_2r_2\mathrm{e}^{r_2x}$，$y''=c_1r_1^2\mathrm{e}^{r_1x}+c_2r_2^2\mathrm{e}^{r_2x}$.
8. (1) $a=\frac{1}{\mathrm{e}}$，$x_0=\mathrm{e}^2$，$y_0=1$；(2) $\mathrm{e}^{-2}x-2y+1=0$.
9. (1) 提示 $R(P)=PQ(P)$；(2) $\left.\frac{ER}{EP}\right|_{P=6}=\frac{7}{13}\approx 0.54$.

(B)

1. (1) $\frac{3}{4}\pi$；(2) 1；(3) $-\frac{ye^{xy}+\sin x}{xe^{xy}+2y}$；(4) $e^{f(x)}\left(\frac{1}{x}f'(\ln x)+f'(x)f(\ln x)\right)dx$；(5) $4a^6$.

2. (1) D；(2) C；(3) D；(4) B；(5) C.

3. (1) $\lambda>0$；(2) $\lambda>1$；(3) $\lambda>2$.

4. (1) $-\sin[f(x^2)]\cdot 4x^2[f'(x^2)]^2+\cos[f(x^2)]\cdot[4x^2f''(x^2)+2f'(x^2)]$；(2) $\frac{f''}{(1-f')^3}$.

5. (1) $-\frac{y}{2x\ln x}$；(2) $\frac{(y^2-e^t)(1+t^2)}{2(1-ty)}$.

6. $\frac{1}{e}$.

7. $P_0=\frac{ab}{b-1}$；$Q_0=\frac{c}{1-b}$.

8. (1) $E_d=\frac{P}{20-P}$；(2) $P\in(10,20)$.

习　题　4.1

1. (1) 满足，$\xi_1=\frac{\sqrt{3}}{3}$，$\xi_2=-\frac{\sqrt{3}}{3}$；(2) 满足，$\xi=\frac{\pi}{2}$.

2. 满足，$\xi=\sqrt{\frac{4}{\pi}-1}$.

3. 满足，$\xi=\frac{14}{9}$.

习　题　4.2

1. (1) $\frac{m}{n}a^{m-n}$；(2) $\frac{1}{2}$；(3) 2；(4) $-\frac{1}{8}$；(5) 1；(6) $\frac{1}{5}$；(7) -1；(8) 1；(9) $-\frac{2}{\pi}$；(10) $\frac{1}{2}$；
   (11) 0；(12) $e^{-\frac{2}{\pi}}$；(13) 1；(14) 1.

2. (1) 1；(2) 1.

3. 1.

4. 提示　先利用洛必达法则，然后利用二阶导数的定义求之.

5. (1) $f'(x)=\begin{cases}\frac{xg'(x)-g(x)+(x+1)e^{-x}}{x^2}, & x\neq 0,\\ \frac{g''(0)-1}{2}, & x=0;\end{cases}$

   (2) $f'(x)$在$(-\infty,+\infty)$上为连续函数.

习　题　4.3

1. $x^6=1+6(x-1)+15(x-1)^2+20(x-1)^3+15(x-1)^4+6(x-1)^5+(x-1)^6$.

2. $f(x)=5-13(x+1)+11(x+1)^2-2(x+1)^3$.

3. (1) $f(x)=1-x^2+\frac{1}{2!}x^4+\cdots+\frac{(-1)^n}{n!}x^{2n}+o(x^{2n})$；

(2) $f(x)=\frac{2}{2!}x^2-\frac{2^3}{4!}x^4+\cdots+\frac{(-1)^{n-1}2^{2n-1}}{(2n)!}x^{2n}+o(x^{2n})$；

(3) $f(x)=1+(\ln2)x+\frac{(\ln2)^2}{2!}x^2+\cdots+\frac{(\ln2)^n}{n!}x^n+o(x^n)$；

(4) $f(x)=-x^3-\frac{1}{2}x^5-\frac{1}{3}x^7-\cdots-\frac{1}{n}x^{2n+1}+o(x^{2n+1})$.

4. $\tan x=x+\frac{1}{3}x^3+\frac{\sin(\theta x)[\sin^2(\theta x)+2]}{3\cos^5(\theta x)}x^4 \quad (0<\theta<1)$.

5. (1) 1.9961;(2) 0.0198.

习 题 4.4

1. (1) 在$(-\infty,-1]$,$[3,+\infty)$内单调增加,在$[-1,3]$上单调减少；

(2) 在$\left(0,\frac{1}{2}\right]$内单调减少,在$\left[\frac{1}{2}+\infty\right)$内单调增加；

(3) 在$(-\infty,-1]$,$[1,+\infty)$内单调减少,在$[-1,1]$上单调增加；

(4) 在$(-\infty,+\infty)$内单调增加；

(5) 在$\left[-1,-\frac{\sqrt{2}}{2}\right]$,$\left[\frac{\sqrt{2}}{2},1\right]$上单调减少,在$\left[-\frac{\sqrt{2}}{2},\frac{\sqrt{2}}{2}\right]$上单调增加；

(6) 在$\left[0,\frac{\pi}{3}\right]$,$\left[\frac{5\pi}{3},2\pi\right]$上单调减少,在$\left[\frac{\pi}{3},\frac{5\pi}{3}\right]$上单调增加.

4. $a>\frac{1}{e}$时无实根,$a<\frac{1}{e}$时2个根,$a=\frac{1}{e}$时1个根.

6. (1) 极大值$y(-1)=17$,极小值$y(3)=-47$；

(2) 极小值$y(e^{\frac{-1}{2}})=-\frac{1}{2}e^{-1}$；

(3) 极大值$y\left(\frac{1}{2}\right)=\frac{9}{4}\left(\frac{1}{2}\right)^{\frac{2}{3}}$,极小值$y(0)=0$,$y(2)=0$；

(4) 极大值$y\left(2k\pi+\frac{\pi}{4}\right)=\frac{\sqrt{2}}{2}e^{2k\pi+\frac{\pi}{4}}$,极小值$y\left((2k+1)\pi+\frac{\pi}{4}\right)=-\frac{\sqrt{2}}{2}e^{(2k+1)\pi+\frac{\pi}{4}}$ $(k=0,\pm1,\pm2,\cdots)$；

(5) 极小值$y(0)=0$；

(6) 极大值$y(1)=\frac{\pi}{4}-\frac{1}{2}\ln2$.

8. $a=\frac{1}{2}$,$b=\sqrt{3}$,$x=\frac{\sqrt{3}}{3}$.

9. $a=2$,极大值.$f\left(\frac{\pi}{3}\right)=\sqrt{3}$.

习 题 4.5

1. (1) 在$(-\infty,-3]$,$[2,+\infty)$内是凸的,在$[-3,2]$上是凹的,拐点:$(-3,294)$和$(2,114)$；

(2) 在$(-\infty,+\infty)$内是凹的,无拐点；

(3) 在 $(-\infty, 0]$, $\left(\frac{1}{4}+\infty\right)$ 内是凹的，在 $\left[0,\frac{1}{4}\right]$ 上是凸的，拐点：$(0,0)$ 和 $\left(\frac{1}{4},-\frac{3}{16\sqrt[3]{16}}\right)$；

(4) 在 $(-\infty,2]$ 内是凸的，在 $[2,+\infty)$ 内是凹的，拐点：$\left(2,\frac{2}{e^2}\right)$；

(5) 在 $\left(-\infty,\frac{1}{2}\right]$ 内是凹的，在 $\left[\frac{1}{2},+\infty\right)$ 内是凸的，拐点：$\left(\frac{1}{2},e^{\arctan\frac{1}{2}}\right)$；

(6) 在 $[2k\pi,(2k+1)\pi]$ 上是凸的，在 $[(2k+1)\pi,(2k+2)\pi]$ 上是凹的，拐点：$(k\pi,k\pi)$（k 为整数）.

3. $a=\frac{1}{3},b=-1,c=\frac{8}{3}$.

5. $k=\pm\frac{\sqrt{2}}{8}$.

6. $(x_0,f(x_0))$ 为拐点.

习 题 4.6

1. (1) 水平渐近线 $y=0$；

(2) 铅直渐近线 $x=0$，水平渐近线 $y=0$；

(3) 铅直渐近线 $x=-\frac{1}{e}$，斜渐近线 $y=x+\frac{1}{e}$；

(4) 铅直渐近线 $x=-3,x=1$，斜渐近线 $y=x-2$；

(5) 斜渐近线 $y=2x+\frac{\pi}{2},y=2x-\frac{\pi}{2}$；

(6) 斜渐近线 $y=x,y=-x$.

2. (1) 在 $(-\infty,0]$，$[1,+\infty)$ 内单调增加，在 $[0,1]$ 上单调减少；极大值 $y(0)=0$，极小值 $y(1)=-3$；在 $\left(-\infty,-\frac{1}{2}\right]$ 内是凸的，在 $\left[-\frac{1}{2}+\infty\right)$ 内是凹的；拐点 $\left(-\frac{1}{2},-3\sqrt[3]{2}\right)$；

(2) 定义域为 $x\neq1$；在 $(-\infty,0]$，$(1+\infty)$ 内单调减少，在 $[0,1)$ 内单调增加；极小值 $y(0)=-1$；在 $\left(-\infty,-\frac{1}{2}\right]$ 内是凸的，在 $\left[-\frac{1}{2},1\right)$，$(1,+\infty)$ 内是凹的；拐点 $\left(-\frac{1}{2},-\frac{8}{9}\right)$；水平渐近线 $y=0$，铅直渐近线 $x=1$；

(3) 定义域为 $x\neq-1$；在 $(-\infty,-5]$，$(-1,+\infty)$ 内单调增加，在 $[-5,-1)$ 内单调减少；极大值 $y(-5)=-13.5$；在 $(-\infty,-1)(-1,1]$ 内是凸的，在 $[1,+\infty)$ 内是凹的；拐点 $(1,0)$；铅直渐近线 $x=-1$，斜渐近线 $y=x-5$；

(4) 定义域为 $x>0$；在 $(0,e]$ 上单调增加，在 $[e,+\infty)$ 内单调减少；极大值 $y(e)=\frac{1}{e}$；在 $(0,e^{\frac{3}{2}}]$ 内是凸的，在 $[e^{\frac{3}{2}},+\infty)$ 内是凹的；拐点 $\left(e^{\frac{3}{2}},\frac{3}{2}e^{-\frac{3}{2}}\right)$；水平渐近线 $y=0$，铅直渐近线 $x=0$.

习 题 4.7

1. (1) 最大值 $f(1)=5$，最小值 $f(-2)=-4$；

(2) 最大值 $f(1)=2e^{-1}$,最小值 $f(3)=4e^{-3}$;

(3) 最大值 $f(0)=0$,最小值 $f(1)=-1$;

(4) 最大值 $f(2)=2$, 最小值 $f\left(\frac{3}{4}\right)=-\frac{3}{4}\sqrt[3]{\frac{1}{4}}$.

2. $x=1$ 时函数有最小值 1.

4. $\frac{2}{3}\sqrt{3}R$.

5. $\frac{a}{6},\frac{2a^3}{27}$.

6. $\alpha=\frac{2\sqrt{6}}{3}\pi$.

7. (1)$Q=100,\overline{C}(100)=250$;(2) $C'(100)=250$.

8. $P=9,\left.\frac{ER}{EP}\right|_{P=9}=0$.

9. $Q=20$ 件,$L=3146$ 元.

10. $Q=300$ 台,$L=2.5$ 万元.

11. (1) $C=44,Q=3,P=28$;

(2) $T=27,t=18$;

(3) $C=3.5,Q=1.5,P=34$.

12. $Q=3000$ 件,最小费用 7200 元.

13. $\sqrt{\frac{DC_2}{2C_1}}$.

总习题四

(A)

1. (1) $(-2,1)$;(2) $\left(\frac{1}{e}\right)^{\frac{1}{e}}$;(3) $-\frac{1}{6}$;(4) $a=-\frac{3}{2},b=\frac{9}{2}$;(5) -1.

2. (1) D;(2)B;(3)A;(4)C;(5)B.

8. (1) $\frac{1}{2^7}$;(2) $+\infty$;(3) $-\frac{1}{3}$;(4) $\frac{1}{2}$;(5) e;(6) 0.

10. (1) $a>0,b^2-3ac\leqslant 0$;(2) $b^2-3ac>0$.

12. (1) $Q=20$;(2) $Q=10$;(3) $Q=10$;(4) $Q=10$;(5) $Q=6$;(6) $Q=12$.

(B)

1. (1) $(ab)^{\frac{3}{2}}$;(2) $-(n+1),-e^{-(n+1)}$;(3) $\frac{\pi}{6}+\sqrt{3}$;(4) $y=x+\frac{3}{2}$;(5) $y=\frac{1}{5}$.

2. (1) C;(2) B;(3) C;(4) C;(5) B.

3. (1) $\frac{4}{\pi}$;(2) $\frac{a^2}{2}$;(3) $\frac{4}{3}$;(4) $\frac{3}{2}$;(5) e;(6) $e^{-\frac{\pi}{2}}$;(7) e;(8) $e^{\frac{1}{3}}$.

10. 当 $k<4$ 时,无交点;当 $k=4$ 时,只有一个交点;当 $k>4$ 时,有两个交点.

11. $a=e^e$,最小值 $t(e^e)=1-\frac{1}{e}$.

12. 凸的.

13. $t=\frac{1}{25r^2}$(年);当 $r=0.06$ 时,$t\approx 11$(年).

14. $P_0=\frac{5}{8}b+\frac{1}{2}a, L|_{P=P_0}=\frac{c}{16b}(5b-4a)^2$(元).

习　题　5.1

1. (1) $\frac{4(x^2+7)}{7\sqrt[4]{x}}+C$;(2) $-\frac{4}{3}x^{-\frac{3}{2}}-e^x+\ln|x|+C$;(3) $-\frac{1}{x}-3\arcsin x+C$;

(4) $\frac{1}{3}x^3+\frac{3}{2}x^2+9x+C$;(5) $\frac{2}{5}x^{\frac{5}{2}}-\frac{8}{3}x^{\frac{3}{2}}+8\sqrt{x}+C$;(6) $e^x-\cot x+C$;

(7) $\frac{3^x e^x}{1+\ln 3}+C$;(8) $5\arctan x+\frac{1}{15}x^3+C$;(9) $\arctan x+\ln|x|+C$;

(10) $-\frac{1}{x}-\arctan x+C$;(11) $\frac{x^3}{3}-x+\arctan x+C$;(12) $\tan x-x+C$;

(13) $\frac{1}{2}(x-\sin x)+C$;(14) $-\cot x+\csc x+C$;(15) $-\cot x-\tan x+C$;

(16) $\frac{1}{2}(x+\tan x)+C$;(17) $\sin x+\cos x+C$.

2. (1) $y=\ln x+1$;(2) $y=\frac{1}{2}x^2+e^x+1$.

习　题　5.2

1. (1) $\frac{1}{a}$;(2) $-\frac{1}{2}$;(3) 2;(4) $\frac{1}{12}$;(5) $\frac{1}{2}$;(6) $-\frac{1}{5}$;(7) $-\frac{2}{3}$;(8) $\frac{1}{3}$;(9) -1;(10) -1.

2. (1) $\frac{1}{10}(2x+3)^5+C$;(2) $\sqrt{3+2x}+C$;(3) $-\frac{1}{2}e^{-2x}+C$;(4) $-\frac{1}{3}\ln|1-3x|+C$;

(5) $-\frac{1}{4}e^{-2x^2}+C$;(6) $\frac{2}{\sqrt{\cos x}}+C$;(7) $-e^{\frac{1}{x}}+C$;(8) $\frac{1}{2}\ln(1+x^2)+C$;

(9) $\ln(2+e^x)+C$;(10) $\frac{1}{3}(3+\ln x)^3+C$;(11) $\frac{2^{\ln\ln x}}{\ln 2}+C$;(12) $\ln\left|\frac{x+1}{x+2}\right|+C$;

(13) $-\frac{1}{2}\left(\arctan\frac{1}{x}\right)^2+C$;(14) $2\arctan\sqrt{x}+C$;(15) $-\frac{1}{x\ln x}+C$;

(16) $\frac{3}{2}(\sin x-\cos x)^{\frac{2}{3}}+C$;(17) $\frac{1}{2}(\ln\tan x)^2+C$;(18) $\frac{1}{2}\arctan(\sin^2 x)+C$;

(19) $\ln|\ln\sin x|+C$;(20) $-\frac{10^{\arccos x}}{\ln 10}+C$;(21) $x-\ln(1+e^x)+C$;

(22) $\frac{x^2}{2}-\frac{9}{2}\ln(x^2+9)+C$;(23) $\frac{1}{2}\arctan x^2+\frac{1}{4}\ln(1+x^4)+C$;(24) $\sin x-\frac{\sin^3 x}{3}+C$;

(25) $\tan x+\frac{1}{3}\tan^3 x+C$;(26) $\frac{1}{2}\sec^2 x+\ln|\cos x|+C$;

(27) $\frac{1}{7}\sec^7 x-\frac{2}{5}\sec^5 x+\frac{1}{3}\sec^3 x+C$;(28) $\frac{1}{2}\cos x-\frac{1}{10}\cos 5x+C$.

3. (1) $\frac{x}{\sqrt{1-x^2}}+C$;(2) $\frac{1}{2}\arcsin x-\frac{1}{2}x\sqrt{1-x^2}+C$;(3) $-\frac{\sqrt{4+x^2}}{4x}+C$;

(4) $\ln|x+\sqrt{x^2-9}|-\frac{\sqrt{x^2-9}}{x}+C$;(5) $-\frac{(a^2-x^2)^{\frac{3}{2}}}{3a^2x^3}+C$;

(6) $\frac{\sqrt{x^2-1}}{x}-\arcsin\frac{1}{x}+C$;(7) $\frac{2}{3}\sqrt{(1+x)^3}-(x+1)+C$;

(8) $3\sqrt[3]{x}-6\sqrt[6]{x}+6\ln(\sqrt[6]{x}+1)+C$;(9) $\sqrt{x^2-1}-\ln|x+\sqrt{x^2-1}|+C$;

(10) $\ln(\sqrt{1+e^{2x}}-1)-x+C$.

4. (1) $\frac{1}{4}\arctan\frac{2x+1}{2}+C$;(2) $\arcsin\frac{x+1}{\sqrt{6}}+C$;(3) $\ln[(x-2)+\sqrt{5-4x+x^2}]+C$;

(4) $\frac{1}{2}\ln|2x+\sqrt{4x^2-9}|+C$.

习　题　5.3

1. (1) $-\frac{1}{9}(3x+1)e^{-3x}+C$;(2) $\frac{x^2a^x}{\ln a}-\frac{2xa^x}{(\ln a)^2}+\frac{2a^x}{(\ln a)^3}+C$;

(3) $\frac{x^2}{4}-\frac{1}{4}x\sin 2x-\frac{1}{8}\cos 2x+C$;(4) $-\frac{1}{2}\left(x^2-\frac{3}{2}\right)\cos 2x+\frac{x}{2}\sin 2x+C$;

(5) $x\ln^2 x-2x\ln x+2x+C$;(6) $x\ln(1+x^2)-2x+2\arctan x+C$;

(7) $x\arctan x-\frac{1}{2}\ln(x^2+1)+C$;(8) $x(\arcsin x)^2+2\sqrt{1-x^2}\arcsin x-2x+C$;

(9) $-\frac{2}{17}e^{-2x}\left(\cos\frac{x}{2}+4\sin\frac{x}{2}\right)+C$;(10) $\frac{x}{2}[\sin(\ln x)+\cos(\ln x)]+C$;

(11) $x\tan x+\ln|\cos x|-\frac{x^2}{2}+C$;(12) $-\cot x\ln\tan x-\cot x+C$;

(13) $-\cos x\ln\tan x+\ln|\csc x-\cot x|+C$;(14) $\frac{1}{2}(x^2-1)e^{x^2}+C$;

(15) $3e^{\sqrt[3]{x}}(\sqrt[3]{x^2}-2\sqrt[3]{x}+2)+C$;(16) $-2\sqrt{x}\cos\sqrt{x}+2\sin\sqrt{x}+C$;

(17) $\frac{e^x}{1+x}+C$;(18) $-\frac{1}{x}(\ln^3 x+3\ln^2 x+6\ln x+6)$.

2. $I_n=-\frac{1}{n}\sin^{n-1}x\cos x+\frac{n-1}{n}I_{n-2}\,(n\geqslant 2)$, $I_0=x+C$, $I_1=-\cos x+C$.

3. $e^{2x}(2x-1)+C$.

习　题　5.4

1. (1) $-\ln|x-1|+2\ln|x-3|+C$;

(2) $\frac{1}{2}x^2+4x+5\ln|x-3|+8\ln|x-1|+C$;

(3) $\frac{1}{4}x+\ln|x|-\frac{7}{16}\ln|2x-1|-\frac{9}{16}\ln|2x+1|+C$;

(4) $3\ln|x|-\ln|x-1|-2\ln|x+1|+C$;

(5) $\frac{1}{2}\ln\left|\frac{x^3-1}{(x+1)^3}\right|+\frac{1}{\sqrt{3}}\arctan\frac{2x+1}{\sqrt{3}}+C$;

(6) $\frac{1}{3}\ln|x+1|-\frac{1}{6}\ln(x^2-x+1)+\frac{1}{\sqrt{3}}\arctan\frac{2x-1}{\sqrt{3}}+C$;

(7) $\frac{1}{x^2+2}+\frac{1}{2}\ln(x^2+2)+\frac{1}{\sqrt{2}}\arctan\frac{x}{\sqrt{2}}+C$;

(8) $\arctan x-\frac{1}{x^2+1}+C$;

(9) $\frac{1}{4}\ln\left|\frac{x-1}{x+1}\right|-\frac{1}{2}\arctan x+C$;

(10) $\frac{1}{4}\ln\frac{1+x^2}{(1+x)^2}+\frac{x-1}{2(1+x^2)}+C$.

2. (1) $\frac{1}{\sqrt{5}}\arctan\frac{3\tan\frac{x}{2}+1}{\sqrt{5}}+C$; (2) $\frac{1}{4}\ln\left|\frac{2+\tan\frac{x}{2}}{2-\tan\frac{x}{2}}\right|+C$;

(3) $-\frac{1}{\sqrt{6}}\arctan\frac{\sqrt{2}}{\sqrt{3}}\cot x+C$; (4) $\frac{\sin x}{\cos x+\sin x}+C$.

总 习 题 五

(A)

1. (1) $e^{-x^2}+C$; (2) $\frac{1}{3}x^3+2x+C$; (3) $\arcsin\sqrt{x}+C$; (4) $xf'(x)-f(x)+C$; (5) $2\sqrt{x}+C$.

2. (1) D; (2) A; (3) C; (4) D; (5) D.

3. (1) $\arcsin(\ln x)+C$; (2) $-\frac{1}{x\sin x}+C$; (3) $(\arcsin\sqrt{x})^2+C$; (4) $\ln|1+\sin x\cos x|+C$;

(5) $\frac{1}{3}\tan^3x-\tan x+x+C$; (6) $\frac{1}{2}\arcsin(2x+3)+C$; (7) $\arccos\frac{1}{x}+C$;

(8) $\sqrt{4+x^2}+\frac{4}{\sqrt{4+x^2}}+C$; (9) $\frac{1}{9}(2x+3)^{\frac{9}{4}}-\frac{3}{5}(2x+3)^{\frac{5}{4}}+C$;

(10) $x\ln(x+\sqrt{1+x^2})-\sqrt{1+x^2}+C$; (11) $\frac{x^3}{3}\arccos x+\frac{1}{9}(1-x^2)^{\frac{3}{2}}-\frac{1}{3}\sqrt{1-x^2}+C$;

(12) $x-e^{-x}\arctan e^x-\frac{1}{2}\ln(1+e^{2x})+C$; (13) $\frac{xe^x}{e^x+1}-\ln(1+e^x)+C$;

(14) $(x+1)\arctan\sqrt{x}-\sqrt{x}+C$; (15) $x+\frac{1}{3}\arctan x-\frac{8}{3}\arctan\frac{x}{2}+C$;

(16) $\frac{1}{(x-1)^2}+\ln|x-1|-\ln|x+2|+C$; (17) $-\frac{1}{5x^5}+\frac{1}{3x^3}-\frac{1}{x}-\arctan x+C$;

(18) $-\ln|\csc x+1|+C$.

4. (1) $x\sin x+\cos x+C$; (2) $x\cos x-\sin x+C$; (3) $-x\sin x-\cos x+C$;

(4) $-x\cos x+\sin x+C$.

5. $\frac{1}{x}+C$.

6. $\int\max(1,x^2,x^3)\mathrm{d}x=\begin{cases}\frac{1}{3}x^3-\frac{2}{3}+C, & x\leqslant -1,\\ x+C, & |x|<1,\\ \frac{1}{4}x^4+\frac{3}{4}+C, & x\geqslant 1.\end{cases}$

(B)

1. (1) $\frac{1}{2}\ln^2 x$;(2) $\frac{2}{\sqrt{\cos x}}+C$;(3) $-\frac{1}{3}\sqrt{(1-x^2)^3}+C$;(4) $2\ln x-\ln^2 x+C$;

(5) $2\sqrt{x}\arcsin\sqrt{x}+2\sqrt{1-x}+C$.

2. (1) C;(2) A;(3) B.

3. (1) $\frac{1}{3}(1+x^2)^{3/2}-(1+x^2)^{1/2}+C$;(2) $2x\sqrt{e^x-1}-4\sqrt{e^x-1}+4\arctan\sqrt{e^x-1}+C$;

(3) $\arctan\left(\frac{x}{\sqrt{1+x^2}}\right)+C$;(4) $\frac{(x-1)e^{\arctan x}}{2\sqrt{1+x^2}}+C$;(5) $-\frac{x}{8\sin^2\frac{x}{2}}-\frac{1}{4}\cot\frac{x}{2}+C$;

(6) $x\arctan x-\frac{1}{2}\ln(1+x^2)-\frac{1}{2}(\arctan x)^2+C$;

(7) $-\frac{\arctan x}{x}-\frac{1}{2}(\arctan x)^2+\frac{1}{2}\ln\frac{x^2}{1+x^2}+C$;

(8) $e^{2x}\tan x+C$;(9) $-\frac{1}{2}\left(\frac{\arctan e^x}{e^{2x}}+\frac{1}{e^x}+\arctan e^x\right)+C$;(10) $\frac{1}{4}\arctan\frac{x^2+1}{2}+C$.

4. $x-(1+e^{-x})\ln(1+e^x)+C$.

5. $x^2\cos x-4x\sin x-6\cos x+C$.

6. $\frac{xe^{\frac{x}{2}}}{2(1+x)^{\frac{3}{2}}}$.

习　题　6.1

1. $\frac{1}{3}(b^3-a^3)+b-a$.

2. (1) $\frac{1}{2}(b^2-a^2)$;(2) 3.

3. $\frac{\pi a^2}{2}$.

4. 正确.

习　题　6.2

1. (1) 对;(2) 否;(3) 对.

提示 (2) 令 $f(x)=x-\ln(1+x)$，在$(0,1)$上，因 $f'(x)>0$，则 $f(x)\geqslant f(0)=0$；

(3) $I\leqslant\int_{10}^{20}\left|\dfrac{\sin x}{\sqrt{1+x^2}}\right|\mathrm{d}x<\int_{10}^{20}\dfrac{1}{10}\mathrm{d}x$.

2. $I_1<I_2$ 提示 $\sin(\sin x)<\sin x,\cos(\sin x)>\cos x$.

3. (1) $I<0$；(2) $I>0$.

提示 (1) 在$\left[\dfrac{1}{4},1\right]$上，$x^3\ln x<0$；(2) 在$\left[-\dfrac{\pi}{2},0\right]$上，$\mathrm{e}^x\sin x<0$.

4. (1) $\dfrac{2}{\mathrm{e}}<I<2$；(2) $\pi<I<2\pi$；(3) $\dfrac{\pi}{9}<I<\dfrac{2}{3}\pi$；(4) $\dfrac{1}{2\mathrm{e}}<I<1$；(5) $0<I<\dfrac{1}{\sqrt{2}}$；

(6) $1<I<\dfrac{\pi}{2}$.

6. (1) $\int_0^1 x^2\mathrm{d}x$ 较大；(2) $\int_1^2 x^3\mathrm{d}x$ 较大；(3) $\int_1^2 \ln x\mathrm{d}x$ 较大；(4) $\int_0^1 x\mathrm{d}x$ 较大；(5) $\int_0^1 \mathrm{e}^x\mathrm{d}x$ 较大；

(6) $\int_0^1 \mathrm{e}^x\mathrm{d}x$ 较大.

习 题 6.3

1. (1) $2x\sqrt{1+x^4}$；(2) $-x^2\cos 2x$；(3) $\sin x^2\cos x$；(4) $\cos x\cos(2\sin^2x+5)$；

(5) $(\sin x-\cos x)\cos(\pi\sin^2x)$；(6) $\dfrac{4x^3\sin x^4}{\sqrt{1+\mathrm{e}^{x^4}}}-\dfrac{2x\sin x^2}{\sqrt{1+\mathrm{e}^{x^2}}}$.

2. (1) $\dfrac{1}{2}$；(2) 1；(3) 2；(4) $\dfrac{2}{3}$.

3. $-\mathrm{e}^{y^2}\cos x^2$.

4. 提示 证 $F(x)$在$[a,b]$上增，并用零点定理.

5. 最大值 $f(2)=6$，最小值 $f\left(\dfrac{1}{2}\right)=-\dfrac{3}{4}$.

提示 先求 $f(x)$，再求 $f(x)$的最值；等式两端求导，$\int_0^{2x}xf(t)\mathrm{d}t=x\int_0^{2x}f(t)\mathrm{d}t$.

6. (1) $2\dfrac{5}{8}$；(2) $\dfrac{\pi}{3a}$；(3) $\dfrac{\pi}{6}$；(4) $1-\dfrac{\pi}{4}$；(5) -1；(6) $2\ln 3$；(7) 2；(8) $\dfrac{1}{3}(|b|^3-|a|^3)$.

7. $2\sqrt{2}$. 提示 $\sqrt{1-\sin 2x}=|\sin x-\cos x|$.

8. $\begin{cases}1-\mathrm{e}^{-x}, & 0\leqslant x\leqslant 1,\\ x^2-\mathrm{e}^{-1}, & 1<x<2.\end{cases}$

提示 当 $0\leqslant x\leqslant 1$ 时，$F(x)=\int_0^x\mathrm{e}^{-t}\mathrm{d}t$；当 $1<x\leqslant 2$ 时，$F(x)\int_0^1\mathrm{e}^{-x}\mathrm{d}t+\int_1^x 2t\mathrm{d}t$.

习 题 6.4

1. (1) $\dfrac{\pi^3}{192}$；(2) $2+2\ln\dfrac{2}{3}$；(3) $\dfrac{1}{3}\ln\dfrac{1+\sqrt{5}}{2}$；(4) $\dfrac{a^4}{16}\pi$；(5) $7\dfrac{1}{3}$；(6) $\dfrac{4}{3}$；(7) $\ln\dfrac{\sqrt{3}}{3}(\sqrt{2}+1)$；

(8) $\frac{2}{3}$;(9) $2\sqrt{2}$;(10) $\ln\frac{2e}{1+e}$.

2. $\ln3+\frac{4\sqrt{2}}{3}$. 提示　令 $t=x-3$.

3. (1) 0;(2) $\frac{3}{2}\pi$;(3) $\frac{\pi^3}{324}$;(4) 0.

4. (1) $\frac{3}{16}\pi$;(2) $\frac{4}{3}\ln2$;(3) $\pi\sin1$.

提示　(3) $\arccos(-x)=\pi-\arccos x$.

9. (1) $1-\frac{2}{e}$;(2) $\frac{\pi}{8}-\frac{1}{4}$;(3) $\frac{1}{5}(e^{\pi}-2)$;(4) $\frac{1}{2}(e\sin1-e\cos1+1)$;(5) $\frac{\pi}{8}-\frac{1}{4}\ln2$;

(6) $\frac{\pi}{4}+\frac{1}{2}\ln2$;(7) $\frac{16}{3}\pi-2\sqrt{3}$;(8) $2e-4$;

(9) $\begin{cases}\dfrac{1\cdot3\cdot5\cdot\cdots\cdot m}{2\cdot4\cdot6\cdot\cdots\cdot(m+1)}\cdot\dfrac{\pi}{2}, & m\text{ 为奇数},\\ \dfrac{2\cdot4\cdot6\cdot\cdots\cdot m}{1\cdot3\cdot5\cdot\cdots\cdot(m+1)}, & m\text{ 为偶数}.\end{cases}$

(10) $J_m=\begin{cases}\dfrac{1\cdot3\cdot5\cdot\cdots\cdot(m-1)}{2\cdot4\cdot6\cdot\cdots\cdot m}\cdot\dfrac{\pi^2}{2}, & m\text{ 为偶数},\\ \dfrac{2\cdot4\cdot6\cdot\cdots\cdot(m-1)}{1\cdot3\cdot5\cdot\cdots\cdot m}\pi, & m\text{ 为大于 1 的奇数},\end{cases}$ $J_1=\pi$.

10. $\frac{1}{6}(e-2)$. 提示　已知 $f(0)=0$,令 $u=f(x)$,$dv=(x-1)^2dx$.

11. 2. 提示　用分部积分法.

习　题　6.5

1. (1) $\frac{1}{a}$;(2) $1-\ln2$;(3) $\ln2$;(4) $\frac{1}{2}$;(5) 1;(6) $\frac{\pi^2}{4}$;(7) 发散;(8) $\frac{\pi}{2}$.

2. 当 $k>1$ 时收敛于$\frac{1}{(k-1)(\ln2)^{k-1}}$;当 $k\leqslant1$ 时发散;当 $k=1-\frac{1}{\ln\ln2}$时取得最小值.

3. $e^{-1}-1$. 提示　用分部积分法.

4. $p<1$ 时收敛,其值是$\frac{1}{1-p}(b-a)^{1-p}$;$p\geqslant1$ 时发散.

5. $\frac{105}{16}\sqrt{\pi}$;$\frac{12}{5}$.

6. (1) $\frac{(2n-1)!!}{2^{n+1}}\sqrt{\pi}$;(2) $\Gamma(n+1)=n!$.

提示　(1) $I=\frac{1}{2}\cdot2\int_0^{+\infty}x^{2\left(n+\frac{1}{2}\right)-1}e^{-x^2}dx=\frac{1}{2}\Gamma\left(n+\frac{1}{2}\right)$;

(2) $I\xlongequal{t=\ln\frac{1}{x}}\Gamma(n+1)$.

7. 1. 提示　令$\frac{x-u}{\sqrt{2}\sigma}=t$.

习　题　6.6

1. (1) $2\pi+\frac{4}{3}, 6\pi-\frac{4}{3}$; (2) $\frac{1}{3}$; (3) $e+\frac{1}{e}-2$; (4) $\frac{7}{6}$; (5) πa^2; (6) $18\pi a^2$.

2. $\frac{9}{4}$.

3. (1) $p=-\frac{4}{5}, q=3$; (2) $\frac{225}{32}$.

4. $\frac{8}{3}a^2$.

5. (1) $\frac{3}{10}\pi$; (2) $\frac{64}{3}\pi$; (3) $\frac{512}{7}\pi$; (4) $\frac{\pi^2}{6}$; (5) $V_x=\frac{\pi^2}{2}, V_y=2\pi^2$;

(6) $V_x=\pi(2-\frac{2}{3}e), V_y=\pi\left(\frac{e^2}{6}-\frac{1}{2}\right)$.

6. $\frac{32}{105}\pi a^3$.

7. $\frac{4\sqrt{3}}{3}R^3$.

8. $\frac{2}{3}a^3\tan\alpha$.

习　题　6.7

1. 总收入为 10000 元,平均收入为 100 元.
2. 800 件.
3. 41,5615.4.
4. (1) $R=7Q-Q^2$; (2) 250 台,3.25 万元; (3) −0.25 万元.
5. (1) 20 万元,19 万元; (2) 320 台; (3) 20.48 万元,15.08 万元,5.4 万元.
6. 4 台,9 万元/台.
7. 65940 元.
8. 4.213 万元.
9. 606.61 万元.

总 习 题 六

(A)

1. (1) $y=2x$; (2) $2x^5\sqrt{1+x^2}$; (3) 4; (4) 3; (5) 1.
2. (1) B; (2) B; (3) A; (4) B; (5) C.

3. $k=\frac{1}{2}$.

4. $\frac{1+2x}{x+x^2+1}$. 提示　令 $x+t=u$.

5. $(-\infty,-1)\cup(1,+\infty)$为单调增加区间,$(-1,1)$为单调减少区间;极大值为 $f(-1)=\frac{2}{3}$,极小值为 $f(1)=-\frac{2}{3}$.

6. $a=1,b=0,C=\frac{1}{2}$.

7. $\frac{1}{2}$. 提示　$\frac{\infty}{\infty}$型.

9. 提示　令 $F(x)=\int_0^x f(t)\mathrm{d}t-x\int_0^1 f(t)\mathrm{d}t$.

10. $C=1,I=\ln 2$.

11. (1) $\left(1,\frac{1}{2}\right)$;(2) $\frac{1}{12}$;(3) $\frac{3\pi}{160}$;(4) $\frac{\pi}{10}$.

12. 8 年,18.4×10^6 元.

(B)

1. (1) $\left(0,\frac{1}{4}\right)$;(2) $\sin x^2$;(3) $\frac{\pi}{4}$;(4) $\frac{\pi}{4-\pi}$;(5) $-\frac{1}{2}$;(6) $\sin1-\cos1$.

2. (1) A;(2) B;(3) B;(4) B;(5) A.

3. $\frac{\pi}{6}$.

4. $\ln 2$.

5. 提示　利用积分中值定理与罗尔定理.

6. 提示　利用积分中值定理与罗尔定理.

7. $\frac{1}{2n}f'(0)$.

8. $f'(x)=\begin{cases}4x^2-2x, & 0<x<1,\\ 2x, & x\geqslant 1,\end{cases}$ $f(x)$的最小值为 $f\left(\frac{1}{2}\right)=\frac{1}{4}$.

9. $a=3$.

10. (1) 提示　设该抛物线方程为 $y=a(x-1)(x-3)$;(2) 19∶8.

11. (1) $a=\frac{1}{\sqrt{2}}$时 S_1+S_2 最小,最小值为$\frac{2-\sqrt{2}}{6}$;(2) $\frac{\sqrt{2}+1}{30}\pi$.

12. (1) $V(\xi)=\frac{\pi}{2}(1-\mathrm{e}^{-2\xi})$,$a=\frac{1}{2}\ln 2$;(2) $(1,\mathrm{e}^{-1})$,最大面积为$\frac{2}{\mathrm{e}}$.

13. (1) $a=\frac{1}{\mathrm{e}}$,切点为$(\mathrm{e}^2,1)$;(2) $\frac{\pi}{2}$.

14. (1) $V_1=\frac{4\pi}{5}(32-a^5)$,$V_2=\pi a^4$;(2) $a=1$ 时 V_1+V_2 最大,等于$\frac{129}{5}\pi$.

习　题　7.1

1. (1) Ⅱ;(2) Ⅳ;(3) Ⅶ;(4) Ⅴ;(5) Ⅷ;(6) Ⅲ.

2. (3,−2,1);(−3,−2,1),(−3,−2,−1),(3,−2,−1),(−3,2,1),(3,2,−1),(−3,−2,−1).

4. (0,1,−2).

5. $x+2y+3z=4$;在平面上.

6. 4,6,−2.

7. $x^2+y^2+z^2-2x-6y+4z=0$.

8. 以点(1,−2,2)为球心,半径等于4的球面.

9. 母线平行于z轴的圆柱面.

10. $\left(x+\frac{2}{3}\right)^2+(y+1)^2+\left(z+\frac{4}{3}\right)^2=\frac{116}{9}$;它表示一球面,球心为点$\left(-\frac{2}{3},-1,-\frac{4}{3}\right)$,半径等于$\frac{2}{3}\sqrt{29}$.

习　题　7.2

1. (1) 开集,无界集,边界:$\{(x,y)\mid x=0$ 或 $y=0\}$;(2) 非开集,有界集,边界:$\{(x,y)\mid x^2+y^2=1\}\cup\{(x,y)\mid x^2+y^2=4\}$;(3) 开集,区域,无界集,边界:$\{(x,y)\mid y=x^2\}$;(4) 非开集,有界集,边界:

$$\{(x,y)\mid x^2+(y-1)^2=1\}\cup\{(x,y)\mid x^2+(y-2)^2=4\}.$$

2. (1) $\frac{5}{2},\frac{x^2+y^2}{xy}$;(2) $\frac{x^2+y^2}{2x},\frac{xy}{1+x^2}$;(3) $t^2f(x,y)$;(4) $(x+y)^{xy}+(xy)^{2x}$.

3. (1) $\frac{x^2(1-y)}{1+y}$;(2) $\frac{e^x+\ln y}{x+y}$.

4. (1) $\{(x,y)\mid y^2-2x+1>0\}$;(2) $\{(x,y)\mid x\geqslant 0,0\leqslant y\leqslant x^2\}$;
   (3) $\{(x,y)\mid 1\leqslant x^2+y^2\leqslant 4\}$;(4) $\{(x,y)\mid y>0,x>y+1$ 或 $y<0,y<x<y+1\}$;
   (5) $\{(x,y)\mid x>0,y\neq k\pi+\frac{\pi}{2},k\in Z\}$;(6) $\{(x,y)\mid y\leqslant x,(x,y)\neq(0,0)\}$;
   (7) $\{(x,y)\mid x+y>0,x-y>0\}$;(8) $\{(x,y)\mid y>x\geqslant 0,x^2+y^2<1\}$.

5. (1) 0;(2) 2;(3) 1;(4) 2;(5) ln2;(6) 0.

7. $\{(x,y)\mid y^2=2x\}$.

8. $f(x,y)$在(0,0)点连续.

习　题　7.3

1. (1) $-\frac{y^2}{(x-y)^2},\frac{x^2}{(x-y)^2}$;(2) $\frac{x}{2y}\sec^2\frac{x}{y},-\frac{x^2}{y^2}\sec^2\frac{x^2}{y}$;(3) $\frac{1}{x-2y},-\frac{2}{x-2y}$;
   (4) $\frac{x^2+y-2xy^2}{1+(y^2-x)^2},\frac{-y^2-x+2yx^2}{1+(y^2-x)^2}$;
   (5) $\left[\frac{\cos(\sqrt{x}+\sqrt{y})}{2\sqrt{x}}+\sin(\sqrt{x}+\sqrt{y})\cdot y\right]e^{xy},\left[\frac{\cos(\sqrt{x}+\sqrt{y})}{2\sqrt{y}}+\sin(\sqrt{x}+\sqrt{y})\cdot x\right]e^{xy}$;

(6) $\dfrac{1}{\sqrt{x^2+y^2}},\dfrac{y}{\sqrt{x^2+y^2}\cdot(x+\sqrt{x^2+y^2})}$;

(7) $y^z\cdot x^{y^z-1},x^{y^z}\cdot\ln x\cdot z\cdot y^{z-1},x^{y^z}\cdot\ln x\cdot y^z\cdot\ln y$;

(8) $\dfrac{z}{y}\left(\dfrac{x}{y}\right)^{z-1},-\dfrac{z}{y}\left(\dfrac{x}{y}\right)^z,\left(\dfrac{x}{y}\right)^z\ln\dfrac{x}{y}$;(9) $\dfrac{z}{y}e^{\frac{xz}{y}}\ln y,\dfrac{1}{y}e^{\frac{xz}{y}}\left(1-\dfrac{xz\ln y}{y}\right),\dfrac{x\ln y}{y}e^{\frac{xz}{y}}$;

(10) $\dfrac{z(x-y)^{z-1}}{1+(x-y)^{2z}},-\dfrac{z(x-y)^{z-1}}{1+(x-y)^{2z}},\dfrac{(x-y)^z\ln(x-y)}{1+(x-y)^{2z}}$.

3. (1) $-1,0$;(2) $1,-1$;(3) $1,-1,0$.

4. (1)$x^2y+y^2+\phi(x)$,$\phi(x)$是x的任意函数;(2) $(2-x)\sin y+\dfrac{1}{y}\ln\left|\dfrac{1-y}{1-xy}\right|$.

5. (1) $y^x\ln^2y,x(x-1)y^{x-2},y^{x-1}(1+x\ln y)$;(2) $-\dfrac{2xy}{(x^2+y^2)^2},\dfrac{2xy}{(x^2+y^2)^2},\dfrac{x^2-y^2}{(x^2+y^2)^2}$;

(3) $e^{xe^y+2y},xe^{xe^y+y}(xe^y+1),e^{xe^y+y}(xe^y+1)$;

(4) $-\dfrac{4y}{(x-y)^3}\sin\dfrac{x+y}{x-y}-\dfrac{4y^2}{(x-y)^4}\cos\dfrac{x+y}{x-y}$,

$-\dfrac{4x}{(x-y)^3}\sin\dfrac{x+y}{x-y}-\dfrac{4x^2}{(x-y)^4}\cos\dfrac{x+y}{x-y},\dfrac{2(x+y)}{(x-y)^3}\sin\dfrac{x+y}{x-y}+\dfrac{4xy}{(x-y)^4}\cos\dfrac{x+y}{x-y}$.

6. (1) $\dfrac{3}{8}y^2x^{-\frac{5}{2}},0,-\dfrac{1}{2}yx^{-\frac{3}{2}},x^{-\frac{1}{2}}$;(2) $-2x\sin(xy)-x^2y\cos(xy)$;(3) $0,-\dfrac{1}{y^2}$.

8. $-1,1$.

习 题 7.4

1. (1) $\left(y+\dfrac{1}{y}\right)dx+x\left(1-\dfrac{1}{y^2}\right)dy$;(2) $-\dfrac{1}{x}e^{\frac{y}{x}}\left(\dfrac{y}{x}dx-dy\right)$;

(3) $-\dfrac{x}{(x^2+y^2)^{3/2}}(ydx-xdy)$;(4) $y^{\sin x}\cdot\cos x\ln ydx+y^{\sin x-1}\sin xdy$;

(5) $\dfrac{\sqrt{y}}{\sqrt{1-x^2y}}dx+\dfrac{x}{2\sqrt{y(1-x^2y)}}dy$;(6) $\dfrac{1}{\sqrt{x^2+y^2}}\left(dx+\dfrac{y}{x+\sqrt{x^2+y^2}}dy\right)$;

(7) $yzx^{yz-1}dx+zx^{yz}\ln xdy+yx^{yz}\ln xdz$;(8) $\dfrac{1}{\sqrt{x^2+y^2+z^2}}(xdx+ydy+zdz)$.

2. (1) $\dfrac{1}{5}dx+\dfrac{6}{5}dy$;(2) $\dfrac{3}{\sqrt{2e}}(dx+dy)$;(3) $\dfrac{1}{2}dx$.

3. $\Delta z=-0.119,dz=-0.125$.

4. $0.25e$.

5. 2.039.

6. $x^4+5x^2y^3-3xy^4+y^5+C$,C为任意常数.

7. 33.2mm^3.

8. 减少了 $200\pi\text{cm}^3$.

习 题 7.5

1. (1) $e^x(\sin x+\cos x)$;(2) $\dfrac{3(1-4t^2)}{\sqrt{1-(3t-4t^3)^2}}$;(3) $4t^3+36t+30$;(4) $e^{ax}\sin x$.

2. (1) $4x,4y$;(2) $\frac{2x}{y^2}\ln(3x-2y)+\frac{3x^2}{(3x-2y)y^2},-\frac{2x^2}{y^3}\ln(3x-2y)-\frac{2x^2}{(3x-2y)y^2}$;

(3) $e^{x^2+y^2}[2x(\sin x+\cos y)+\cos x],e^{x^2+y^2}[2y(\sin x+\cos y)-\sin y]$;

(4) $e^{xy}\left[\frac{(\sqrt{x}+\sqrt{y})}{2\sqrt{x}}+y\sin(\sqrt{x}+\sqrt{y})\right],e^{xy}\left[\frac{\cos(\sqrt{x}+\sqrt{y})}{2\sqrt{y}}+x\sin(\sqrt{x}+\sqrt{y})\right]$;

(5) $2x\frac{d\phi}{du},1-2y\frac{d\phi}{du}$;(6) $2xf_1'+2xf_2'+2yf_3',2yf_1'-2yf_2'+2xf_3'$;

(7) $f_1'+yf_2'+yzf_3',xf_2'+xzf_3',xyf_3'$;(8) $\frac{1}{y}f_1',-\frac{x}{y^2}f_1'+\frac{1}{z}f_2',-\frac{y}{z^2}f_2'$;

(9) $f_1'+2xf_2',f_1'+2yf_2',f_1'+2zf_2'$.

3. $f_1'+f_2'\cdot f_x,f_2'\cdot fy$,其中 $u=x,v=f(x,y)$.

6. (1) $2f'+4x^2f'',4xyf'',2f'+4y^2f''$;

(2) $f_{11}''+\frac{2}{y}f_{12}''+\frac{1}{y^2}f_{22}'',-\frac{x}{y^2}\left(f_{12}''+\frac{1}{y}f_{22}''\right)-\frac{1}{y^2}f_2',\frac{2x}{y^3}f_2'+\frac{x^2}{y^4}f_{22}''$;

(3) $2yf_2'+y^4f_{11}''+4xy^3f_{12}''+4x^2y^2f_{22}'',2yf_1'+2xf_2'+2xy^3f_{11}''+2x^3yf_{22}''+5x^2y^2f_{12}''$,
$2xf_1'+4x^2y^2f_{11}''+4x^3yf_{12}''+x^4f_{22}''$;

(4) $e^{x+y}f_3'-\sin xf_1'+\cos^2xf_{11}''+2e^{x+y}\cos xf_{13}''+e^{2(x+y)}f_{33}''$,
$e^{x+y}f_3'-\cos x\sin yf_{12}''+e^{x+y}\cos xf_{13}''-e^{x+y}\sin yf_{32}''+e^{2(x+y)}f_{33}''$,
$e^{x+y}f_3'-\cos yf_2'+\sin^2yf_{22}''-2e^{x+y}\sin yf_{23}''+e^{2(x+y)}f_{33}''$.

7. $f_1'+xyf_{11}''+yzf_{13}''+xzf_{31}''+z^2f_{32}'',y^2f_{12}''+xyf_{13}''+f_3'+yzf_{32}''+xzf_{33}''$.

9. $dz=\left(2xe^{x^2+y^2}f_1'-\frac{y^2}{x^2}f_2'\right)dx+\left(2ye^{x^2+y^2}f_1'+\frac{2y}{x}f_2'\right)dy,\frac{\partial z}{\partial x}=2xe^{x^2+y^2}f_1'-\frac{y^2}{x^2}f_2'$,

$\frac{\partial z}{\partial y}=2ye^{x^2+y^2}f_1'+\frac{2y}{x}f_2'$.

习 题 7.6

1. (1) $\frac{y^2-e^x}{\cos y-2xy}$;(2) $\frac{y^x\ln y}{1-xy^{x-1}}(xy^{x-1}\neq1)$;(3) $\frac{x+y}{x-y}$;(4) $-\frac{y^2f_1'+f_2'}{2xyf_1'+f_2'}$.

2. $\frac{2(x^2-y^2)}{x-2y}$.

3. (1) $\frac{yz-\sqrt{xyz}}{\sqrt{xyz}-xy},\frac{xz-2\sqrt{xyz}}{\sqrt{xyz}-xy}$;(2) $\frac{z}{x+z},\frac{z^2}{y(x+z)}$;

(3) $\frac{z\sin x-\cos y}{\cos x-y\sin z},\frac{x\sin y-\cos z}{\cos x-y\sin z}$;(4) $\frac{y^2z^3\sqrt{x^2+y^2+z^2}+x}{3xy^2z^2\sqrt{x^2+y^2+z^2}+z},\frac{2xyz^3\sqrt{x^2+y^2+z^2}-y}{3xy^2z^2\sqrt{x^2+y^2+z^2}+z}$.

6. $\frac{2y^2ze^z-2xy^3z-y^2z^2e^z}{(e^z-xy)^3}$.

7. $\frac{1}{e^z-1},\frac{e^z}{(1-e^z)^3},\frac{e^z}{(1-e^z)^3}$.

8. $y^2z^3+3xy^2z^2\cdot\frac{3yz-2x}{2z-3xy},2xyz^3+3xy^2z^2\cdot\frac{3xz-2y}{2z-3xy}$.

9. $\dfrac{2x}{\phi'\left(\dfrac{z}{y}\right)-2z}$, $\dfrac{\dfrac{z}{y}\phi'\left(\dfrac{z}{y}\right)-\phi\left(\dfrac{z}{y}\right)}{\phi'\left(\dfrac{z}{y}\right)-2z}$.

提示　由 $x^2+y^2-y\phi\left(\dfrac{z}{y}\right)=0$ 确定 $z=f(x,y)$.

习　题　7.7

1. (1) 极大值 $f(2,-2)=8$;(2)极小值 $f\left(\dfrac{1}{2},-1\right)=-\dfrac{e}{2}$;

(3) 极小值 $f(3,-1)=-8$;(4) 极小值 $f(0,0)=f(1,0)=0$;

(5) 极小值 $f(1,1)=f(-1,1)=f(1,-1)=f(-1,-1)=2$;

(6) 极小值 $f(1,0)=-5$,极大值 $f(-3,2)=31$.

2. (1) 极小值 $f(1,-2)=-2$,极大值 $f(1,-2)=8$;

(2) 极小值 $f(-2,0)=1$,极大值 $f\left(\dfrac{16}{7},0\right)=-\dfrac{8}{7}$.

3. 极大值 $z\left(\dfrac{1}{2},\dfrac{1}{2}\right)=\dfrac{1}{4}$.

4. 当 $x=\dfrac{ab^2}{a^2+b^2}$,$y=\dfrac{a^2b}{a^2+b^2}$时,最小值 $z=\dfrac{a^2b^2}{a^2+b^2}$.

5. 最长距离为$\sqrt{9+5\sqrt{3}}$,最短距离为$\sqrt{9-5\sqrt{3}}$.

6. $\left(\dfrac{21}{13},2,\dfrac{63}{26}\right)$.

7. 长、宽为 $\sqrt[3]{2a}$,高为$\dfrac{\sqrt[3]{2a}}{2}$.

8. 各边长分别为 6m,6m,3m.

9. 最大值 $z(\sqrt{2},\sqrt{2})=2\sqrt{2}+1$,最小值 $z(-\sqrt{2},-\sqrt{2})=-2\sqrt{2}+1$.

提示　$z=x+y+1$ 是空间平面,在 $x^2+y^2<4$ 时无极值,最值在 $x^2+y^2=4$ 上取得.

10. 最大值 $f\left(\dfrac{3}{2},4\right)=f\left(-\dfrac{3}{2},-4\right)=106\dfrac{1}{4}$,最小值 $f(2,-3)=f(-2,3)=-50$.

11. 当矩形的边长为$\dfrac{2p}{3}$及$\dfrac{p}{3}$时,绕短边旋转所得到圆柱体的体积最大.

习　题　7.8

1. $\dfrac{\partial Q_1}{\partial P_1}$,$\dfrac{\partial Q_1}{\partial P_2}$,$\dfrac{\partial Q_2}{\partial P_1}$,$\dfrac{\partial Q_2}{\partial P_2}$分别为:

(1) $-2,-1,-1,-2$,互补;

(2) $-ae^{P_2-P_1}$,$ae^{P_2-P_1}$,$be^{P_1-P_2}$,$-be^{P_1-P_2}$,竞争.

2. $E_{11}=-4$,$E_{22}=-2$,$E_{12}=-3.4$,$E_{21}=-0.1$.

3. (1) $4Q_1+Q_2$,Q_1+10Q_2;(2) 18,63.

4. $E_{11}=-\alpha, E_{22}=-\beta, E_{12}=\beta, E_{21}=\alpha; E_{1Y}=r, E_{2Y}=1-r$.

5. $Q_1=5, Q_2=3$,最大利润为 120.

6. $Q_1=50, Q_2=23, P_1=318, P_2=64$.

7. $K=16, L=64, Q=128$,最大利润为 128.

8. $Q_1=5, Q_2=3$.

9. $K=16, L=4, C=64$.

10. $K=8, L=6, Q=200\sqrt[3]{6}$.

11. 10,15.

总 习 题 七

(A)

1. (1) $\{(x,y)\mid 0<x+y\neq 1\}$;(2) $\mathrm{e}dx+\mathrm{e}dy$;(3) $2z$;(4) $-2x-2\left(y+\frac{1}{2}\right)$;

(5) $yf''(xy)+\phi'(x+y)+y\phi''(x+y)$.

2. (1) D;(2) B;(3) A;(4) C;(5) D.

3. $\{(x,y)\mid 0<x^2+y^2<1, y^2\leqslant 4x\}$, $\dfrac{\sqrt{2}}{\ln\frac{3}{4}}$.

4. 1,−1. 提示　由 $f(x,1)$ 求 $f_x(0,1)$,由 $f(0,y)$ 求 $f_y(0,1)$.

6. $\dfrac{du}{dt}=yx^{y-1}\phi'(t)+x^y\ln x\cdot\psi'(t)$.

7. $\dfrac{\partial^2 z}{\partial x\partial y}=xe^{2y}f''_{uu}+e^y f''_{uy}+xe^y f''_{xu}+f''_{xy}+e^y f'_u$.

8. $\dfrac{\partial z}{\partial x}=f'(u)\cdot(2xy^2+2x)$, $\dfrac{\partial z}{\partial y}=f'(u)(2x^2y+3y^2)$,

$\dfrac{\partial^2 z}{\partial x^2}=f''(u)(2xy^2+2x)^2+f'(u)(2y^2+2)$,

其中 $u=x^2y^2+x^2+y^3$.

10. x^2+y^2.

11. $f_1+f_2\cdot\dfrac{y\sin(xy)}{\cos y-x\sin(xy)}+f_3\cdot\dfrac{e^{(x+3)^2}}{e^z-e^{(x+z)^2}}$.

12. 极大值 $f\left(\frac{\sqrt{3}}{3},\frac{\sqrt{3}}{3}\right)=f\left(-\frac{\sqrt{3}}{3},-\frac{\sqrt{3}}{3}\right)=\frac{\sqrt{3}}{9}$;

极小值 $f\left(\frac{\sqrt{3}}{3},-\frac{\sqrt{3}}{3}\right)=f\left(-\frac{\sqrt{3}}{3},\frac{\sqrt{3}}{3}\right)=-\frac{\sqrt{3}}{9}$.

13. 在点$(\pm a,0,0)$取最大值 a^2;

在点$(0,0,\pm c)$取最小值 c^2.

14. (1) $K=\dfrac{80}{4\left(\dfrac{9}{4}\right)^{\frac{4}{3}}+3}$, $L=\dfrac{80\left(\dfrac{9}{4}\right)^{\frac{4}{3}}}{4\left(\dfrac{9}{4}\right)^{\frac{4}{3}}+3}$; (2) $K=6\left[\dfrac{3}{4}\left(\dfrac{9}{4}\right)^{\frac{1}{5}}+\dfrac{1}{4}\right]^4$,

$L=6\left[\dfrac{1}{4}\left(\dfrac{9}{4}\right)^{\frac{1}{3}}+\dfrac{3}{4}\right]^4$.

提示 (1) 以$\left(\dfrac{Q}{20}\right)^{-\frac{1}{4}}=\dfrac{3}{4}L^{-\frac{1}{4}}+\dfrac{1}{4}K^{-\frac{1}{4}}$为目标函数

(2) 约束条件可简化为 $6^{-\frac{1}{4}}=\dfrac{3}{4}L^{-\frac{1}{4}}+K^{-\frac{1}{4}}$.

(B)

1. (1) $e^{\sin xy}\cos xy(y\mathrm{d}x+x\mathrm{d}y)$; (2) $yf_1'+\dfrac{1}{y}f_2'-\dfrac{y}{x^2}y'$; (3) $2z$; (4) $2(x-2y)-e^{-x}+e^{2y-x}$;

(5) $\left(\dfrac{\pi}{e}\right)^2$.

2. (1) C; (2) A; (3) A; (4) B; (5) B.

3. $\mathrm{d}z=\dfrac{\ln a}{\sqrt{x^2-y^2}}\cdot a^{\sqrt{x^2-y^2}}(x\mathrm{d}x-y\mathrm{d}y)$.

4. $\mathrm{d}z=e^{-\arctan\frac{y}{x}}[(2x+y)\mathrm{d}x+(2y-x)\mathrm{d}y]$, $\dfrac{\partial^2 z}{\partial x\partial y}=\dfrac{y^2-xy-x^2}{x^2+y^2}e^{-\arctan\frac{y}{x}}$.

5. $\mathrm{d}u=\left(f_x'+f_z'\dfrac{x+1}{z+1}e^{x-z}\right)\mathrm{d}x+\left(f_y'-f_z'\dfrac{y+1}{z+1}e^{y-z}\right)\mathrm{d}y$.

6. $\dfrac{\mathrm{d}u}{\mathrm{d}x}=\dfrac{\partial f}{\partial x}+\dfrac{\partial f}{\partial y}\cos x-\dfrac{\partial f}{\partial z}\dfrac{1}{\phi_3'}(2x\phi_1'+e^{\sin x}\cos x\phi_2')$.

7. 0.

8. $\dfrac{2y}{x}f'\left(\dfrac{y}{x}\right)$.

10. 点(9,3)是$z(x,y)$的极小值点,极小值为$z(9,3)=3$;
点(−9,−3)是$z(x,y)$的极大值点,极大值为$z(-9,-3)=-3$.

11. $f(x,y)$在椭圆域D上的最大值为$f(\pm1,0)=3$,最小值为$f(0,\pm2)=-2$.

12. 当$p_1=80$, $p_2=120$时,厂家所获得的总利润最大,其最大利润为$L|_{p_1=80,p_2=120}=605$.

13. 甲和乙两种鱼的放养数分别为:$\dfrac{3\alpha-2\beta}{2\alpha^2-\beta^2}$, $\dfrac{4\alpha-3\beta}{2(2\alpha^2-\beta^2)}$.

14. 当$x_1=6\left(\dfrac{p_2\alpha}{p_1\beta}\right)^{\beta}$, $x_2=6\left(\dfrac{p_1\beta}{p_2\alpha}\right)^{\alpha}$时,投入总费用最小.

习 题 8.1

1. (1) $V=\iint\limits_D(1-x^2-y^2)\mathrm{d}\sigma$; (2) $\iint\limits_D(4-x-y)\mathrm{d}\sigma$; (3) $V=\iint\limits_D\sqrt{y-x^2}\mathrm{d}\sigma$.

2. $\iint\limits_D \mu(x,y)\mathrm{d}\sigma$.

3. $I_1=4I_2$.

5. 1.

6. $\frac{2}{3}\pi R^3$.

7. (1) $I_1\leqslant I_2$;(2) $I_1\leqslant I_2$;(3) $I_1\leqslant I_2$;(4) $I_1\geqslant I_2$.

8. (1) $2\leqslant I\leqslant 8\delta$;(2) $36\pi\leqslant I\leqslant 100\pi$;(3) $ab\pi\leqslant I\leqslant ab\pi e^{a^2}$;(4) $\frac{2}{5}\leqslant I\leqslant\frac{1}{2}$.

习　题　8.2

1. (1) $(e-1)^2$;(2) $\frac{7}{12}\pi$;(3) $\frac{1}{2}$;(4) $\frac{2}{15}(2^{\frac{5}{2}}-1)$;(5) $\frac{33}{140}$;(6) $\frac{1}{6}+\frac{1}{12}\sin 2$;

(7) $\frac{1}{6}-\frac{1}{3e}$;(8) $\ln 2$.

2. (1) $\int_{-1}^{1}\mathrm{d}x\int_{x^3}^{1}f(x,y)\mathrm{d}y=\int_{-1}^{1}\mathrm{d}y\int_{-1}^{\sqrt[3]{y}}f(x,y)\mathrm{d}x$;

(2) $\int_{-\sqrt{2}}^{\sqrt{2}}\mathrm{d}x\int_{x^2}^{4-x^2}f(x,y)\mathrm{d}y=\int_0^2\mathrm{d}y\int_{-\sqrt{y}}^{\sqrt{y}}f(x,y)\mathrm{d}x+\int_2^4\mathrm{d}y\int_{-\sqrt{4-y}}^{\sqrt{4-y}}f(x,y)\mathrm{d}x$;

(3) $\int_0^2\mathrm{d}x\int_{-\sqrt{2x}}^{\sqrt{2x}}f(x,y)\mathrm{d}y+\int_2^6\mathrm{d}x\int_{x-4}^{\sqrt{2x}}f(x,y)\mathrm{d}y=\int_{-2}^{4}\mathrm{d}y\int_{\frac{y^2}{2}}^{y+4}f(x,y)\mathrm{d}x$;

(4) $\int_{-\frac{1}{2}}^{\frac{1}{2}}\mathrm{d}x\int_{\frac{1}{2}-\sqrt{\frac{1}{4}-x^2}}^{\frac{1}{2}+\sqrt{\frac{1}{4}-x^2}}f(x,y)\mathrm{d}y=\int_0^1\mathrm{d}y\int_{-\sqrt{y-y^2}}^{\sqrt{y-y^2}}f(x,y)\mathrm{d}x$.

3. (1) $\int_0^1\mathrm{d}y\int_y^{\sqrt{y}}f(x,y)\mathrm{d}x$;(2) $\int_0^1\mathrm{d}y\int_{\sqrt{1-y}}^{e^y}f(x,y)\mathrm{d}x$;

(3) $\int_0^1\mathrm{d}x\int_{1-x^2}^{1}f(x,y)\mathrm{d}y+\int_1^2\mathrm{d}x\int_{x-1}^{1}f(x,y)\mathrm{d}y$;(4) $\int_0^2\mathrm{d}x\int_{2x}^{6-x}f(x,y)\mathrm{d}y$.

5. (1) 4;(2) π.

6. (1) $\int_{-\frac{\pi}{2}}^{\frac{\pi}{2}}\mathrm{d}\theta\int_a^b f(r\cos\theta,r\sin\theta)r\mathrm{d}r$;(2) $\int_{-\frac{\pi}{2}}^{\frac{\pi}{2}}\mathrm{d}\theta\int_0^{a\cos\theta}f(r\cos\theta,r\sin\theta,)r\mathrm{d}r$;

(3) $\int_0^{2\pi}\mathrm{d}\theta\int_0^a f(r\cos\theta,r\sin\theta)r\mathrm{d}r$; (4) $\int_0^{\frac{\pi}{2}}\mathrm{d}\theta\int_0^{(\cos\theta+\sin\theta)^{-1}}f(r\cos\theta,r\sin\theta)r\mathrm{d}r$.

7. (1) 4π;(2) $\pi(e^4-1)$;(3) $\frac{R^3}{9}(3\pi-4)$; (4) $\frac{3}{64}\pi^2$;(5) $\frac{\pi}{4}(2\ln 2-1)$.

8. (1) $\frac{3}{4}\pi a^4$;(2) $\frac{1}{6}a^3[\sqrt{2}+\ln(1+\sqrt{2})]$;(3) $\sqrt{2}-1$;(4) $\frac{1}{8}\pi a^4$.

9. (1) $\frac{1}{2}$;(2) π;(3) $\frac{1}{2}$;(4) $\frac{\pi}{2}$.

10. (1) $\frac{64}{3}$;(2) $\frac{1}{3}$;(3) $\frac{1}{6}+\frac{\pi}{4}$;(4) $2\sqrt{2}$.

11. (1) $4\frac{9}{140}$;(2) $8\pi-\frac{32\sqrt{2}}{3}$;(3) $\frac{32}{15}\sqrt{2}$;(4) $\frac{1}{3}$.

*12. $I=\int_{0}^{\frac{1}{2}}\mathrm{d}y\int_{1-y}^{+\infty}f(x,y)\mathrm{d}x+\int_{\frac{1}{2}}^{+\infty}\mathrm{d}y\int_{y}^{+\infty}f(x,y)\mathrm{d}x$；$I=\int_{0}^{\frac{\pi}{4}}\mathrm{d}\theta\int_{\frac{1}{\cos\theta+\sin\theta}}^{+\infty}f(r\cos\theta,r\sin\theta)r\mathrm{d}r$.

总习题八

(A)

1. (1) $\frac{1}{6}$；(2) $\frac{1}{2}(1-\mathrm{e}^{-4})$；(3) $\int_{0}^{1}\mathrm{d}x\int_{0}^{x^2}f(x,y)\mathrm{d}y+\int_{1}^{\sqrt{2}}\mathrm{d}x\int_{0}^{\sqrt{2-x^2}}f(x,y)\mathrm{d}y$；

   (4) $\pi[f(R^2)-f(0)]$；(5) 2.

2. (1) D；(2) A；(3) C；(4) B；(5) A.

3. (1) $\frac{1}{3}$；(2) $\frac{243}{4}$；(3) $\frac{ab^2}{30}$；(4) $\frac{\pi^2}{16}-\frac{1}{2}$；(5) 2π；(6) $\frac{3}{2}\pi$.

4. $\frac{88}{105}$.

5. $-\frac{2}{5}$.

8. $\frac{1}{3}$. 提示　利用二重积分中值定理或交换累次积分次序，然后用洛比达法则.

9. 0. 提示　利用二重积分中值定理与函数的连续性定义.

(B)

1. (1) $\frac{1}{2}$；(2) $\frac{8}{15}$；(3) $\int_{0}^{\frac{1}{2}}\mathrm{d}x\int_{x^2}^{x}f(x,y)\mathrm{d}y$；(4) $\left(\frac{1}{a^2}+\frac{1}{b^2}\right)\frac{\pi R^4}{4}$；(5) $\frac{1}{3}\left(1-\frac{2}{\mathrm{e}}\right)$.

2. (1) A；(2) C；(3) D；(4) B；(5) A；(6) B.

3. (1) $\frac{\pi}{4}-\frac{1}{3}$；(2) $4-\frac{\pi}{2}$；(3) $-\frac{2}{3}$；(4) $\frac{16}{9}(3\pi-2)$；(5) $\frac{\pi}{2}(1+\mathrm{e}^{\pi})$.

4. $\frac{49}{20}$.

5. $\sqrt{1-x^2-y^2}-\frac{4}{3\pi}\left(\frac{\pi}{2}-\frac{2}{3}\right)$.

6. $\frac{1}{2}A^2$.

*8. $(4\pi t^2+1)\mathrm{e}^{4\pi t^2}$.

习　题　9.1

1. (1) $\frac{1}{\sqrt{2}}+\frac{2}{\sqrt{3}}+\frac{4}{\sqrt{4}}+\frac{8}{\sqrt{5}}+\cdots$；(2) $-x+\frac{1}{3!}x^3-\frac{1}{5!}x^5+\frac{1}{7!}x^7-\cdots$；

   (3) $\frac{1}{2}+\frac{1\cdot 3}{2\cdot 4}+\frac{1\cdot 3\cdot 5}{2\cdot 4\cdot 6}+\frac{1\cdot 3\cdot 5\cdot 7}{2\cdot 4\cdot 6\cdot 8}+\cdots$；

(4) $\frac{\sqrt{x}}{1}+\frac{x}{1\cdot 3}+\frac{x\sqrt{x}}{1\cdot 3\cdot 5}+\frac{x^2}{1\cdot 3\cdot 5\cdot 7}+\cdots$.

2. (1) $\frac{n}{n^2+1}$;(2) $(-1)^{n-1}\frac{a^{2n}}{n^2+2}$;(3) $\frac{1}{(3n-2)(3n+1)}$;(4) $\frac{2+(-1)^{n-1}}{2n}$.

3. $u_1=\frac{1}{3}$, $u_n=\frac{1}{(2n-1)(2n+1)}$, $\sum_{n=1}^{\infty}\frac{1}{(2n-1)(2n+1)}$, $\frac{1}{2}$.

4. (1) 发散;(2) 收敛,$s=1-\sqrt{2}$;(3) 发散;(4) 收敛,$s=\frac{1}{4}$.

5. (1) 发散;(2) 收敛;(3) 收敛;(4) 发散;(5) 发散;(6) 收敛;(7) 发散;(8) 收敛.

6. (1) $2s-u_1-u_2-u_3$.

7. a_1-a.

习　题　9.2

1. (1) 发散;(2) 发散;(3) 收敛;(4) 收敛;(5) 收敛;(6) 收敛;(7) 收敛;
(8) 当 $a>1$ 时收敛,当 $a\leqslant 1$ 时发散.

2. (1) 收敛;(2) 收敛;(3) 收敛;(4) 收敛;(5) 收敛;(6) 当 $x<1$ 时收敛,当 $x\geqslant 1$ 时发散.

3. (1) 收敛;(2) 收敛;(3) 发散;(4) 收敛;
(5) 当 $b<a$ 时收敛,当 $b>a$ 时发散,当 $b=a$ 时不能肯定.

4. (1) 收敛;(2) 收敛;(3) 收敛;(4) 发散;
(5) 当 $a>1$ 时收敛,当 $a\leqslant 1$ 时发散;
(6) 当 $|x|>1$ 时收敛,当 $|x|\leqslant 1$ 时发散.

5. (1) 发散;(2) 不一定;(3) 不一定.

习　题　9.3

1. (1) 收敛;(2) 发散.

2. (1) 绝对收敛;(2) 条件收敛;(3) 发散;(4) 绝对收敛;(5) 条件收敛;(6) 绝对收敛;
(7) 发散;(8) 当 $|a|<1$ 时绝对收敛,当 $|a|>1$ 时发散,当 $a=1$ 时条件收敛,当 $a=-1$ 时发散.

习　题　9.4

1. (1) $R=\infty$, $(-\infty,+\infty)$, $(-\infty,+\infty)$;(2) $R=\frac{1}{2}$, $\left(-\frac{1}{2},\frac{1}{2}\right)$, $\left[-\frac{1}{2},\frac{1}{2}\right)$;
(3) $R=1$, $(-1,1)$, $[-1,1)$;(4) $R=1$, $(-1,1)$, $(-1,1)$;(5) $R=2$, $(-2,2)$, $(-2,2)$;
(6) $R=\sqrt{2}$, $(-\sqrt{2},\sqrt{2})$, $[-\sqrt{2},\sqrt{2}]$;(7) $R=3$, $(-1,5)$, $(-1,5]$;
(8) $R=\frac{1}{2}$, $(-1,0)$, $[-1,0)$;(9) $R=\frac{1}{3}$, $\left(-\frac{4}{3},-\frac{2}{3}\right)$, $\left[-\frac{4}{3},-\frac{2}{3}\right)$;
(10) $R=\frac{\sqrt{2}}{2}$, $\left(1-\frac{\sqrt{2}}{2},1+\frac{\sqrt{2}}{2}\right)$, $\left(1-\frac{\sqrt{2}}{2},1+\frac{\sqrt{2}}{2}\right)$;(11) $R=\max(a,b)$, $(-R,R)$, $(-R,R)$;
(12) $R=1$, $(-\infty,0)\cup(6,+\infty)$, $(-\infty,0)\cup[6,+\infty)$.

2. (1) $-\ln(1-x), x\in[-1,1)$；(2) $\dfrac{1-x^2}{(1+x^2)^2}, x\in(-1,1)$；(3) $\dfrac{1+x}{(1-x)^2}, x\in(-1,1)$；

(4) $\dfrac{1+x}{(1-x)^3}, x\in(-1,1)$.

3. $\dfrac{1}{1+x}, x\in(-1,1), \ln 2$.

4. $\dfrac{\pi}{4}$.

习 题 9.5

1. (1) $-\sum\limits_{n=0}^{\infty}\dfrac{x^n}{a^{n+1}}, x\in(-a,a)$；(2) $\ln 3+\sum\limits_{n=1}^{\infty}\dfrac{(-1)^{n-1}}{n\cdot 3^n}x^n, x\in(-3,3]$；

(3) $\sum\limits_{n=1}^{\infty}\dfrac{(-1)^{n-1}2^n-1}{n}x^n, x\in\left(-\dfrac{1}{2},\dfrac{1}{2}\right]$；(4) $\sum\limits_{n=1}^{\infty}\dfrac{(-1)^{n-1}2^{2n-1}}{(2n)!}x^{2n}, x\in(-\infty,+\infty)$；

(5) $\sum\limits_{n=0}^{\infty}\left(1-\dfrac{1}{2^{n+1}}\right)x^n, x\in(-1,1)$；(6) $\sum\limits_{n=1}^{\infty}\dfrac{x^{2n-1}}{(2n-1)!}, x\in(-\infty,+\infty)$.

2. (1) $\ln 2+\sum\limits_{n=1}^{\infty}\dfrac{(-1)^{n-1}}{n\cdot 2^n}(x-2)^n, x\in(0,4]$；

(2) $\sum\limits_{n=0}^{\infty}\left(\dfrac{1}{2^{n+1}}-\dfrac{1}{3^{n+1}}\right)(x+1)^n, x\in(-3,1)$；

(3) $\mathrm{e}\sum\limits_{n=0}^{\infty}\dfrac{(x-1)^n}{n!}, x\in(-\infty,+\infty)$；

(4) $\dfrac{1}{2}\sum\limits_{n=0}^{\infty}(-1)^n\left[\dfrac{\left(x+\dfrac{\pi}{3}\right)^{2n}}{(2n)!}+\dfrac{\sqrt{3}\left(x+\dfrac{\pi}{3}\right)^{2n+1}}{(2n+1)!}\right], x\in(-\infty,+\infty)$；

(5) $\sum\limits_{n=0}^{\infty}\dfrac{(-1)^n(n+1)}{4\cdot 2^n}(x-1)^n, x\in(-1,3)$；(6) $\dfrac{1}{2}\sum\limits_{n=0}^{\infty}(-1)^n\dfrac{1}{2^n}(x-2)^n, x\in(0,4)$.

3. $\sum\limits_{n=1}^{\infty}\dfrac{n}{(n+1)!}x^{n-1}, x\in(-\infty,+\infty)$.

总习题九

(A)

1. (1) 发散；(2) >1；(3) $[-2,2]$；(4) $\dfrac{2}{2+x^2}$；(5) $\sum\limits_{n=0}^{\infty}\dfrac{(\ln a)^n}{n!}x^n, x\in(-\infty,+\infty)$.

2. (1) D；(2) D；(3) D；(4) A；(5) A.

3. (1) 发散；(2) 发散；(3) 当 $a<\mathrm{e}$ 时收敛，当 $a\geqslant\mathrm{e}$ 时发散；(4) 收敛.

4. (1) 绝对收敛；(2) 条件收敛.

6. (1) $\left[-\dfrac{1}{2},\dfrac{1}{2}\right]$；(2) $(0,1)$；(3) $[\mathrm{e}^{-2},\mathrm{e}^2)$；(4) $(-\infty,+\infty)$.

7. (1) $s(x)=\begin{cases}(1-x)\ln(1-x)+x, & -1\leqslant x<1,\\ 1, & x=1;\end{cases}$ (2) $\dfrac{2}{2-x}, x\in(-2,2)$;

(3) $\dfrac{1}{x}, x\in(0,6)$; (4) $x, x\in[-1,1]$.

8. $(1,3), s(x)=\dfrac{x-2}{(3-x)^2}, 2$.

9. $\dfrac{3}{2}$.

10. (1) $\sum\limits_{n=1}^{\infty}2^{n-1}nx^{n-1}, x\in\left(-\dfrac{1}{2},\dfrac{1}{2}\right)$; (2) $\sum\limits_{n=1}^{\infty}\dfrac{x^{4n+1}}{4n+1}, x\in(-1,1)$.

(B)

1. (1) $\sqrt{3}$; (2) $(-2,4)$; (3) $(0,4)$; (4) $\dfrac{2}{2-\ln 3}$; (5) 4; (6) $\dfrac{1}{\mathrm{e}}$.
2. (1) B; (2) B; (3) B; (4) D; (5) A; (6) A; (7) D; (8) D.
3. 收敛区间$(-3,3)$,级数在$x=3$处发散,在$x=-3$处收敛.
4. $\ln(2+\sqrt{2})$.
5. $f(x)=1-\dfrac{1}{2}\ln(1+x^2), (|x|<1)$,极大值为$f(0)=1$.
6. $s(x)=\begin{cases}\dfrac{1}{2x}\ln\dfrac{1+x}{1-x}-\dfrac{1}{1-x^2}, & |x|<1,\\ 0, & x=0,\end{cases}$
7. $s(x)=2x\left[x\arctan x-\dfrac{1}{2}\ln(1+x^2)\right], x\in[-1,1]$.
8. $\sum\limits_{n=0}^{\infty}\dfrac{1}{3}\left[\dfrac{1}{2^{n+1}}+(-1)^{n+1}\right]x^n, |x|<1$.
9. $-\dfrac{1}{30}\sum\limits_{n=0}^{\infty}\left[\dfrac{2}{3^n}+\dfrac{(-1)^n\cdot 3}{2^n}\right](x-1)^n, x\in(-1,3)$.
10. $f(x)=\dfrac{\pi}{4}-2\sum\limits_{n=0}^{\infty}\dfrac{(-1)^n4^n}{2n+1}x^{2n+1}, x\in\left(-\dfrac{1}{2},\dfrac{1}{2}\right]$; $\sum\limits_{n=0}^{\infty}\dfrac{(-1)^n}{2n+1}=\dfrac{\pi}{4}$.
14. $f(x)=-\dfrac{1}{5}\left(\sum\limits_{n=0}^{\infty}\dfrac{(x-1)^n}{3^{n+1}}+\sum\limits_{n=0}^{\infty}\dfrac{(-1)^n(x-1)^n}{2^{n+1}}\right)$,收敛区间为$-1<x<3$.
15. 收敛域为$[-1,1]$,其和函数

$$s(x)=\begin{cases}x\ln\dfrac{1+x}{1-x}+\ln(1-x^2), & x\in(-1,1),\\ 2\ln 2, & x=\pm 1.\end{cases}$$

习　题　10.1

1. (1) 二阶; (2) 一阶; (3) 二阶; (4) 一阶; (5) 一阶; (6) 三阶.
2. (1) 特解; (2) 特解; (3) 通解; (4) 是解,但既不是通解也不是特解.
3. $y=\dfrac{x}{2}+2$.

4. $y=\frac{1}{2}(e^{x}+e^{-x})-x^{3}-6x$.

5. (1) $y=2-\cos x$；(2) $y=x^{3}+2x$.

6. $x^{2}[1+(y')^{2}]=4, y|_{x=2}=0$.

习　题　10.2

1. (1) $e^{-y}-\cos x=C$；(2) $y=e^{Cx}$；(3) $\sqrt{1+x^{2}}+\sqrt{1+y^{2}}=C$；(4) $(y^{2}-1)(x^{2}-1)=C$；
   (5) $(x^{2}+3)^{\frac{3}{2}}=C(y^{2}+2)$；(6) $\tan x\tan y=C$；(7) $(1+x^{2})(1+y^{2})=Cx^{2}$；
   (8) $\sin y=\ln|1+x|-x+C$.

2. (1) $y=2e^{x(\ln x-1)+1}$；(2) $y^{2}-1=2\ln\frac{1+e^{x}}{1+e}$；(3) $y=\frac{3+\cos^{2}x}{3-\cos^{2}x}$；(4) $\ln^{2}x-\ln^{2}y=1$.

3. $y=2x^{2}$.

4. $s=25\times 2^{\frac{t}{5}}$.

5. (1) $e^{\sqrt{\frac{y}{x}}}=Cx$；(2) $\ln x+e^{-\frac{y}{x}}=C$；(3) $y^{3}=3x^{3}\ln(Cx)$；(4) $e^{\arctan\frac{y}{x}}=C\sqrt{x^{2}+y^{2}}$.

6. (1) $\ln y=-\frac{3}{2}\cdot\left(\frac{x}{y}\right)^{2}$；(2) $y=e^{\left(1-\sin\frac{x}{y}\right)}$；(3) $\arctan\frac{y}{x}=\ln\frac{2e^{\frac{\pi}{4}}}{x^{2}+y^{2}}$.

7. (1) $y=x^{n}(e^{x}+C)$；(2) $y=Ce^{x^{2}}-\frac{1}{2}$；(3) $y=e^{-x^{2}}\left(\frac{x^{2}}{2}+C\right)$；(4) $y=x(C+\ln|\ln x|)$；
   (5) $y=(\tan x-1)+Ce^{-\tan x}$；(6) $y=\frac{1}{2}\ln x+\frac{C}{\ln x}$；(7) $y=\frac{\sin x+C}{x^{2}-1}$；
   (8) $y=\frac{1}{12}-\frac{1}{11x}+\frac{C}{x^{12}}$；(9) $x=Ce^{-y}-y^{2}+2y-2$；(10) $x=y^{2}(C-\ln|y|)$.

8. (1) $y=x-1+\frac{1}{2}(e^{x}+e^{-x})$；(2) $y=\sin x\cos x$；(3) $y=\ln^{2}x+\ln x-1$；
   (4) $x=\frac{\pi-1-\cos t}{t}$.

9. $y=C\sqrt{x}-x$.

10. $\frac{1}{2}e^{-2x}+x-\frac{1}{2}$.

*11. (1) $\frac{x^{6}}{y}-\frac{x^{8}}{8}=C$；(2) $\frac{1}{x^{2}}=Ce^{-2y}-y+\frac{1}{2}$；(3) $y=\frac{e^{-x^{2}}}{C-x}$；
   (4) $y^{2}=\frac{C}{x^{3}}-\left(\frac{1}{x}-\frac{2}{x^{2}}+\frac{2}{x^{3}}\right)e^{x}$.

习　题　10.3

1. (1) $y=\frac{1}{6}x^{3}-\cos x+C_{1}x+C_{2}$；(2) $y=\frac{1}{2}(x^{2}-1)\arctan x-\frac{1}{2}x\ln(1+x^{2})+C_{1}x+C_{2}$；
   (3) $y=\frac{x^{2}}{2}\ln|x|+C_{1}x^{3}+C_{2}x^{2}+C_{3}x+C_{4}$；(4) $y=(x-1)e^{x}+C_{1}x^{2}+C_{2}$；
   (5) $y=\frac{1}{2}\ln^{2}|x|+C_{1}\ln|x|+C_{2}$；(6) $y=C_{1}x^{5}+C_{2}x^{3}+C_{3}x^{2}+C_{4}x+C_{5}$；

(7) $y=C_2e^{C_1x}$；(8) $y=-\ln|\cos(x+C_1)|+C_2$.

2. (1) $y=\cos x-\sin x+2x+1$；(2) $y=\frac{\sqrt{2}}{2}\ln\left|\frac{\sqrt{2}+x}{\sqrt{2}-x}\right|+1$；(3) $y=e^x+1$；(4) $y=\frac{1}{1-x}$.

3. $y=1-x$.

习　题　10.4

1. (1) 线性无关；(2) 线性相关；(3) 线性相关；(4) 线性无关；(5) 线性无关；
   (6) 线性相关；(7) 线性无关；(8) 线性无关.

2. Y_1 和 Y_2.

3. $y=C_1(y_1-y_2)+C_2(y_1-y_3)+y_1$.

习　题　10.5

1. (1) $y=C_1e^{-x}+C_2e^{\frac{x}{2}}$；(2) $y=e^{-x}(C_1\cos\sqrt{2}x+C_2\sin\sqrt{2}x)$；(3) $y=C_1e^{-x}+C_2e^{-2x}$；
   (4) $y=(C_1+C_2x)e^{2x}$；(5) $y=C_1\cos\sqrt{2}x+C_2\sin\sqrt{2}x$；(6) $y=(C_1+C_2x)e^{\frac{1}{2}x}$.

*2. (1) $y=(C_1+C_2x)\cos x+(C_3+C_4x)\sin x$；(2) $y=C_1e^x+C_2\cos 2x+C_3\sin 2x$；
   (3) $y=C_1+C_2e^{-x}+C_3e^{3x}$；(4) $y=C_1+C_2x+(C_3+C_4x)e^{-x}$.

3. (1) $y=e^x-e^{-2x}$；(2) $y=e^x(\cos x+\sin x)$；(3) $y=(1+3x)e^{-2x}$；(4) $y=-\frac{1}{3}\sin 3x$.

4. (1) $y=C_1e^{-2x}+C_2e^{3x}-\frac{1}{2}x^2-\frac{1}{3}$；(2) $y=C_1+C_2e^{3x}-\frac{1}{6}x^2+\frac{2}{9}x$；
   (3) $y=C_1e^{-x}+C_2e^{3x}-2e^{2x}$；(4) $y=C_1e^{2x}+C_2e^{3x}-x\left(\frac{3}{2}x+4\right)e^{2x}$；
   (5) $y=(C_1+C_2x+\frac{3}{2}x^2)e^{-x}$；(6) $y=(C_1+C_2x)e^{2x}+\frac{1}{36}e^{2x}\sin 6x$；
   (7) $y=C_1\cos x+C_2\sin x-\frac{1}{12}\cos 5x-\frac{1}{8}\sin 5x$；(8) $y=C_1\cos 2x+C_2\sin 2x-2x\cos 2x$；
   (9) $y=C_1e^{-2x}+C_2e^{-3x}+\frac{1}{2}e^{-x}+xe^{-2x}$；(10) $y=\left(C_1+C_2x+\frac{x^2}{2}\right)e^{4x}+\frac{1}{16}x+\frac{1}{32}$.

5. (1) $y=e^x+\frac{1}{2}(e^{2x}+1)$；(2) $y=\left(1-x+\frac{1}{2}x^2+\frac{1}{3}x^3\right)e^{3x}$；
   (3) $y=\cos 2x+\frac{1}{3}(\sin 2x+\sin x)$；(4) $y=\frac{11}{16}+\frac{5}{16}e^{4x}-\frac{5}{4}x$.

*6. (1) $y=C_1e^{-x}+C_2e^x+C_3e^{2x}+3x^2+3x+4$；
   (2) $y=e^x\left(C_1+\frac{x}{10}\right)+C_2e^{-x}+C_3\cos 2x+C_4\sin 2x$；(3) $y=4-3e^{-x}+e^{-2x}$.

7. $f(x)=-\frac{3}{2}\cos x+\frac{5}{2}\sin x+\frac{3}{2}e^{-x}$.

习　题　10.6

1. $P=100e^{-\frac{Q^2}{2}}$.

2. $P=e^{-\frac{t}{2}}\left(\cos\frac{\sqrt{3}}{6}t+2\sqrt{3}\sin\frac{\sqrt{3}}{6}t\right)+4$.

3. $L=A-(A-L_0)e^{-kx}$.

4. $y(t)=\frac{1000\cdot 3^{\frac{t}{3}}}{9+3^{\frac{t}{3}}}$, $y(t)=500$ 条.

5. 设 $y(t)$ 为 t 时账户资金余额,则 $\frac{dy}{dt}=0.05y$, $y(10)=10000e^{0.5}$(元).

6. $x=e^I(aI+x_0)$.

7. (1) $Y(t)=Y_0e^{\rho t}$, $D(t)=D_0+\frac{kY_0}{\rho}(e^{\rho t}-1)$;(2) $\frac{k}{\rho}$.

8. (1) $y(t)=y_0e^{\beta t}$, $\omega(t)=\frac{k}{\beta}e^{\beta t}-\frac{1}{\alpha\beta y_0}e^{-\beta t}+C$,其中 $C=\omega_0+\frac{1}{\alpha\beta y_0}-\frac{k}{\beta}$;(2) $\frac{k}{\beta y_0}$.

总习题十

(A)

1. (1) $(x-4)y^4=Cx$;(2) $y=(x+C)\cos x$;(3) $y=e^{-x}(C_1\cos 2x+C_2\sin 2x)$;
(4) $x(Ax+B)e^x$;(5) $y=C_1(x-e^x)+C_2(x-e^{-x})+x$.

2. (1) C;(2) B;(3) B;(4) B;(5) B.

3. (1) $y=\frac{1}{x}(\arctan x+C)$;(2) $y=(C_1+C_2x)e^{-2x}+\frac{x^2}{2}e^{-2x}$;
(3) $y=C_1\cos x+C_2\sin x+x+\frac{1}{2}x\sin x$;(4) $y=C_1+C_2e^{-x}+\frac{1}{3}x^3-x^2+2x$;
(5) $y=\begin{cases}C_1\cos ax+C_2\sin ax+\frac{1}{a^2-1}\sin x, & a\neq 1,\\ C_1\cos x+C_2\sin x-\frac{1}{2}x\cos x, & a=1.\end{cases}$

4. (1) $y=\frac{2x}{1+x^2}$;(2) $y=\frac{e^x}{x}(e^x-e)$;(3) $y=e^{-\frac{3}{2}x}+2e^{-\frac{5}{2}x}+xe^{-\frac{3}{2}x}$;
(4) $y=\frac{5}{3}e^x+\frac{1}{3}e^{-2x}+\frac{1}{3}xe^x-x-2$.

5. $f(x)=C_1\ln x+C_2$.

6. $f(t)=(4\pi t^2+1)e^{4\pi t^2}$.

7. $P(x)=\left(P_0-\frac{b+1}{a}\right)e^{-ax}-x+\frac{b+1}{a}$.

(B)

1. (1) $\frac{x}{\sqrt{1+\ln x}}$, $x>e^{-1}$;(2) $y=Cxe^{-x}$;(3) $y=\frac{1}{5}x^3+\sqrt{x}$;(4) $y''-2y'+2y=0$;
(5) $C_1e^{-2x}+\left(C_2+\frac{1}{4}x\right)e^{2x}$;(6) $\frac{1}{x}$;(7) $\frac{x}{\sqrt{\ln|x|+1}}$.

2. (1) D;(2) B;(3) B;(4) A;(5) B;(6) A.

3. (1) 当 $x>0$ 时,$y+\sqrt{x^2+y^2}=C$,当 $x<0$ 时,$y-\sqrt{x^2+y^2}=Cx^2$;

(2) $y=\begin{cases}(C_1+C_2x)e^{-2x}+\dfrac{1}{(a+2)^2}e^{ax}, & a\neq-2,\\ \left(C_1+C_2x+\dfrac{1}{2}x^2\right)e^{-2x}, & a=-2;\end{cases}$

(3) $y=\dfrac{x-1}{x}e^x+\dfrac{1}{x}$;(4) $y=\dfrac{3}{4}+\dfrac{1}{4}(1+2x)e^{2x}$.

4. (1) $F'(x)+2F(x)=4e^{2x}$;(2) $F(x)=e^{2x}-e^{-2x}$.

5. $y'+2y=x^2e^{-2x}$,$y=\left(\dfrac{x^3}{3}+C\right)e^{-2x}$($C$ 为任意常数).

6. (1) $S'-xS=\dfrac{x^3}{2}$,$S(0)=0$;(2) $S(x)=-\dfrac{x^2}{2}-1+e^{\frac{x^2}{2}}$.

7. (2) $\dfrac{2}{3}e^{-\frac{x}{2}}\cos\dfrac{\sqrt{3}}{2}x+\dfrac{1}{3}e^x(-\infty<x<+\infty)$.

8. $x^2y'=3y^2-2xy$;$y=\dfrac{x}{1+x^3}$.

9. $f(x)=(x-1)^2$.

10. (1) $y=\dfrac{1}{4}-x^2$;(2) $Y=-\dfrac{\sqrt{3}}{3}x+\dfrac{1}{3}$.

11. $\begin{cases}-\dfrac{p}{Q}\dfrac{dQ}{dp}=\dfrac{p}{120-p},\\ Q|_{p=0}=1200.\end{cases}$

(1) 需求函数 $Q=1200-10p$;

(2) $p=100$ 时,$Q=200$,$R(Q)=120Q-\dfrac{1}{10}Q^2$,$R'(200)=\left(120-\dfrac{1}{5}Q\right)\Big|_{Q=200}=80$.

其经济意义为:产量(或销量)已为 200 件,在此基础上,产量(或销量)每增加 1 件,总收益将近似增加 80 万元.

12. $f(x)=-\dfrac{1}{2}(e^x+e^{-x})$.

习　题　11.1

1. (1)$2t-2$;(2) $4\cdot3^t$;(3) 4;(4) $\ln\dfrac{(4+t)(2+t)^3}{(3+t)^3(1+t)}$.

2. (1) $y_{t+1}-3y_t-5=0$,一阶;(2) $y_{t+2}-5y_{t+1}+y_t-t=0$,二阶;

(3) $y_{t+3}-5y_{t+2}+7y_{t+1}-6y_t=-2(t+1)$,三阶;(4) $y_{t+3}-3y_{t+2}+3y_{t+1}+2=0$,二阶.

3. (1) $\Delta y_t-3=0$;(2) $\Delta^2y_t-3\Delta y_t-3y_t-2=0$.

4. (3) $y_t=\dfrac{4}{4t-1}$;(4) $y_t=\left(\dfrac{3}{4}-\dfrac{9}{10}t\right)5^t+\dfrac{1}{4}3^t$.

5. 2 或 1.

习 题 11.2

1. (1) $C+2t+t^2$；(2) $C\left(\frac{1}{2}\right)^t+8-4t+t^2$；(3) $C(-2)^t+\frac{3}{4}2^t$；

(4) $C3^t-\frac{1}{10}\cos\frac{\pi}{2}t-\frac{3}{10}\sin\frac{\pi}{2}t$；(5) $C(-2)^t-2^{t-1}t\cos\pi t$.

2. (1) $(-1)^t+3t^2-3t+20$；(2) $\frac{44}{51}\left(-\frac{2}{7}\right)^t+\frac{1}{51}7^{t+1}$；(3) $(-4)^t+\sin\pi t$；

(4) $\frac{5}{9}(-2)^t+\frac{2}{3}t-\frac{5}{9}+\frac{1}{e+2}e^t$.

3. $\begin{cases} Ca^t+\frac{1}{e^b-a}e^{bt}, & e^b\neq a, \\ Ca^t+te^{b(t-1)}, & e^b=a. \end{cases}$ 提示 $f(t)=(e^b)p_o(t)$.

4. $y_t=C(-a)^t+\frac{b}{1+a}$.

提示 将 $y_t=z_t+\frac{b}{1+a}$ 代入已知方程得 $z_{t+1}+az_t=0$.

5. $C(-1)^t+\frac{1}{3}\cdot 2^t$.

习 题 11.3

1. (1) $2^t\left(C_1\cos\frac{\pi}{2}t+C_2\sin\frac{\pi}{2}t\right)$；(2) $C_1(-2)^t+C_2 3^t$；

(3) $2^t[C_1(a+1+\sqrt{2a+1})^t+C_2(a+1-\sqrt{2a+1})^t]$；(4) $-\frac{1}{2}[1+(-3)^t]$；

(5) $\left(-\frac{1}{2}\right)^t(3+t)$；(6) $4^t\left(\cos\frac{\pi}{3}t+\sin\frac{\pi}{3}t\right)$.

2. (1) $(\sqrt{3})^t\left(C_1\cos\frac{\pi}{6}t+C_2\sin\frac{\pi}{6}t\right)+5$；

(2) $C_1+C_2 2^t-22t-2t^2$；

(3) $(C_1+C_2t)3^t+\frac{1}{18}t^2 3^t$；

(4) $C_1(-1)^t+C_2\left(\frac{2}{3}\right)^t-(t^2-t+2)\left(\frac{1}{3}\right)^t$.

3. (1) $2^t\left(-\frac{1}{3}\cos\frac{\pi}{3}t+\frac{1}{3\sqrt{3}}\sin\frac{\pi}{3}t\right)+\frac{1}{3}(1+2t)$；

(2) $\left(\frac{3}{4}-\frac{9}{10}t\right)5^t+\frac{1}{4}3^t$；

(3) $\frac{3}{2}-\frac{3}{2}\left(-\frac{1}{3}\right)^t+\cos\frac{\pi}{2}t-2\sin\frac{\pi}{2}t$；

(4) $\frac{1}{2}(-1)^{t+1}+8\left(\frac{1}{2}\right)^t+3t-\frac{15}{2}+\frac{2}{9}\cdot 2^t$.

习　题　11.4

1. $a_{t+1}=1.01a_t-P, a_0=25000, a_{12}=0, P=2221.22$(元).

2. 679.34 万元. 提示　$y_{t+1}=1.06y_t-p$.

3. $C_{t+1}=(1+0.1)C_t+1$(单位:百万元);$C_0=20\times10^6$ 元时,$C_3=29.93\times10^6$ 元.

4. (1) $P_t=C_1(-0.5)^t+15$,稳定;

   (2) 13.5,15.75,14.625,15.

5. $P_t=(P_0-3)(-1.4)^t+3$,不收敛.

提示　将 D_t, S_t 代入 P_{t+1} 中,得 $P_{t+1}+1.4P_t=7.2$,并由 P_0 确定任意常数 C.

6. $Y_t=(Y_0-\overline{Y})\alpha^t, \overline{Y}=\dfrac{I+\beta}{I-\alpha}$;$C_t=(Y_0-\overline{Y})\alpha^t+\dfrac{\alpha I+\beta}{I-\alpha}$.

提示　由 $Y_t-\alpha Y_{t-1}=I+\beta$ 及 $C_t-\alpha C_t=\alpha I+\beta$ 解得通解 Y_t, C_t,并由 Y_0 及 $C_0=Y_0-I$ 确定任意常数.

总习题十一

(A)

1. (1) $\ln\dfrac{(t+3)(t+1)^3}{t(t+2)^3}$;(2) $99+98+\cdots+1=4950$;

   (3) $y_t=4t^3-3t^2, y_C(t)=C(4t^3-3t^2), y(t)=C(4t^3-3t^2)+3t^2$ 或 $y(t)=C(4t^3-3t^2)+4t^3$;

   (4) $3^t t(A\cos\pi t+B\sin\pi t)$;

   (5) $C_1\cos\dfrac{\pi}{2}t+C_2\sin\dfrac{\pi}{2}t+t\left(A\cos\dfrac{\pi}{2}t+B\sin\dfrac{\pi}{2}t\right)$.

2. (1) D;　(2)C;　(3) A;　(4) B;　(5) C.

3. 提示　用差分的定义.

4. $\dfrac{C(-2)^t}{t^2}+\dfrac{e^t}{(e+2)t^2}$. 提示　设 $z_t=t^2y_t$.

*5. (2) 通解 $y_t=\begin{cases}\left[C_1\left(\dfrac{a}{c}\right)^t+\dfrac{b}{c-a}\right]^{-1}, & a\neq c,\\ \left[C_1+\dfrac{b}{c}t\right]^{-1}, & a=c\end{cases}$ (c 是任意常数).

特解 $y_t^*=\begin{cases}\left[\left(\dfrac{1}{y_0}-\dfrac{b}{c-a}\right)\left(\dfrac{a}{c}\right)^t+\dfrac{b}{c-a}\right]^{-1}, & a\neq c,\\ \left(\dfrac{1}{y_0}+\dfrac{b}{c}t\right)^{-1}, & a=c.\end{cases}$

(3) $y_t^*=\left[\left(\dfrac{1}{2}\right)^{t+1}+\dfrac{3}{2}\right]^{-1}$,当 $t\to+\infty, y_t^*\to\dfrac{2}{3}$.

提示　(1) 用数学归纳法.

* 6. $(t+1)\left[C_1+C_2(-3)^t+\frac{1}{6}3^t\right]$. 提示 令 $z_t=\frac{y_t}{t+1}$.

* 7. $\begin{cases} C_1+C_2(-1)^t+\frac{1}{2}t\sin\theta t, & \theta=k\pi, \\ C_1+C_2(-1)^t-\frac{1}{2\sin\theta}\cos\theta(t-1), & \theta\neq k\pi, \end{cases}\quad k=0,\pm1,\pm2,\cdots.$

* 8. $\begin{cases} C_1+C_2t+\frac{1}{2}t^2, & \cos\alpha-1=0, \\ (C_1+C_2t)(-1)^t+\frac{1}{4}, & \cos\alpha+1=0, \\ C_1\cos\alpha t+C_2\sin\alpha t+\frac{1}{2(1-\cos\alpha)}, & \cos^2\alpha-1\neq0. \end{cases}$

(B)

1. (1) $C\left(-\frac{2}{3}\right)^t+\frac{1}{5}$；(2) $C+(t-2)2^t$；(3) $C(-5)^t+\frac{5}{12}\left(t-\frac{1}{6}\right)$；(4) $2\mathrm{e}-\mathrm{e}^2$；

(5) $W_t=1.2W_{t-1}+2$.

2. (2) $P_t=\left(P_0-\frac{2}{3}\right)(-2)^t+\frac{2}{3}$.

4. 提示 利用牛顿-莱布尼茨公式

$$\int_0^h f'(x+t)\mathrm{d}t=f(x+h)-f(x).$$

等式两端均为 $f(x+2h)-2f(x+h)+f(x)$.

5. $Y_t=\left(Y_0+\frac{\beta}{\alpha}\right)A^t-\frac{\beta}{\alpha}, A=\frac{\delta r}{\delta r-\alpha}, S_t=(\alpha Y_0+\beta)A^t, I_t=\frac{1}{\delta}(\alpha Y_0+\beta)A^t$.

6. $Y_t=(Y_0-Y_e)A^t+Y_e, Y_e=\frac{\beta}{1-\alpha}, A=1+r(1-\alpha), C_t=\alpha(Y_0-Y_e)A^t+Y_e, I_t=(1-\alpha)(Y_0-Y_e)A^t$.

7. $\widetilde{P}_t=(\widetilde{P}_0-P_e)A^t+P_e, A=1-\eta-\frac{\delta\eta}{\beta}, P_e=\frac{\alpha+\gamma}{\beta+\delta}, P_t=-\frac{\delta}{\beta}(\widetilde{P}_0-P_e)A^t+P_e$.